KB189298

근본설일체유부비나야잡사(상)
根本說一切有部毘奈耶雜事(上)

근본설일체유부비나야잡사(상)

根本說一切有部毘奈耶雜事(上)

三藏法師 義淨 漢譯 | 釋 普雲 國譯

혜안

추천의 글

대한불교조계종교육원 교육원장 현응

종단의 교육아사리이자 중앙승가대학교 교수인 보운 스님께서 이번에 근본설일체유부의 율장의 일부분으로서 현재 종단의 청규의 근간을 이루는 여러 내용을 포함하는 『근본설일체유부비나야잡사』를 번역하여 출간하게 되었습니다. 기존의 오부(五部)의 광율(廣律) 등에서는 잡사의 내용들이 자세하게 전해지지 않았고, 신라의 자장율사가 중국 남산율종을 표방한 역사적인 흐름에 따라서 『사분율(四分律)』을 의지한 한국불교의 전통에서 청규의 근간을 이루는 율장의 주석에 여러 관점이 존재하고 있습니다.

『사분율』은 인도의 상좌부 계통의 법장부의 율장이고 중국의 도선율사에 의하여 중국의 여건에 맞추어 재해석되고 본격적으로 유통되었으며, 잡사에 대한 내용이 매우 적은 분량으로 전해지는 것은 매우 아쉬운 점입니다. 그렇지만 한국불교의 승가 위상과 역할은 과거 왕조시대를 거치면서 매우 큰 역할을 수행하여 왔고, 또한 현대사회에서 불교의 가치를 훌륭하게 실현해야하는 시대적 책무를 요구받고 있습니다. 동시에 현대사회의 승단 역시 율장에 의지해 수행과 교화를 펼쳐야 합니다.

한국불교는 현대에 이르러 교단의 운영체제인 종헌과 종법을 제정하여 시행하고 있습니다. <종헌>과 수많은 <종법>들은 율장과 조화를 이루는 것으로, 이것들은 근본율장을 보완하여 현대의 승단과 종단을 운영하기 위한 역할입니다. 역사적으로도 율장의 여러 부분에 대한 연구와 해석은 많은 연구자들의 노력에 의하여 지속적으로 이루어져야 왔으나, 많은 부분에서 바라제목차와 건도부에 대하여 번역과 주석이 이루지고 있습니다.

또한 잡사의 내용이 여러 광율에서는 적은 분량으로 전하였던 현실적인 한계에 의하여 상대적으로 연구와 번역은 비교적 소홀하게 이루어져 왔습니다. 다행스럽게도 설일체유부의 율장에서는 많은 분량으로 전하고 있어 다른 광율에 비교하여 상세하게 살펴볼 수 있는 특징이 있습니다. 보운 스님은 그동안의 노력으로 『근본설일체유부필추니비나야』, 『근본설일체유부백일갈마』, 『근본설일체유부비나야』 등을 번역하였고, 다시 『근본설일체유부비나야잡사』를 상재(上梓) 하였으니 그 수고에 대해 치하를 드리지 않을 수 없습니다.

이 책의 출간을 계기로 한국불교계에서 율장의 잡사에 대한 연구가 더욱 풍부하게 이루어지기를 기대합니다.

불기(佛紀) 2561년(2017년) 12월

추천의 글

중앙승가대학교 동문회장 범해

중앙승가대학교는 사문들을 현대 사회에 알맞은 신지식을 양성하기 위한 전문적인 교육기관으로서 최고의 과정을 갖춘 현대적인 교육기관이며 승가의 구성원에 의하여 설립된 특수성을 지니고 있습니다. 승가를 구성하는 개개인의 화합과 열정에 기초하여 세존의 적극적으로 실천하려는 보살행과 학문적 성취의 목표를 위하여 여러 현실적인 고난을 극복하면서 현재에 이르고 있습니다.

또한 종단의 대표적인 기본교육기관의 교육에 충실한 관계로 종합대학의 성격을 지니고 있으나 기능적으로는 단과대학의 역할을 수행하고 있는 현실적인 한계점도 있습니다. 이러한 현실에서도 학문적으로는 많은 발전을 이루어 왔고 현재도 종단에서 요구하는 인재를 양성하는 것에 많이 공헌하고 있습니다. 현재 다른 대학에서도 불교교학의 학문적 접근은 여러 분야에서 활발하게 연구되고 있고 많은 성과물이 생산되고 있으나, 각 대학은 독자적인 특성을 갖추고 발전되고 있고 학문의 기초영역도 다르게 발전되는 것입니다.

율장은 경장과 함께 빠른 시대부터 한국에 수용되었고 실천되고 있습니다. 이러한 변화의 흐름을 선도하고 있는 중앙승가대학교는 활성화된 교육을 지향하고 있고 학문적 다양화를 실천하고 있으며 현대사회가 요구하는 인문학적 양식을 갖추고자 노력하고 있습니다. 따라서 대한불교조계종의 근본율장인『사분율』이외의 다른 여러 광율들의 학습기회도 부여하고 있습니다.

현대사회는 점차 학문의 영역이 좁아지고 있는데 일례로 대만전자불전

협회에서는 세계의 여러 대장경과 불전(佛典) 등을 데이터베이스를 통하여 온라인상에서 보급하고 있어 세계에서 쉽게 접근하도록 허용하고 있습니다. 이러한 경향의 증가는 학문적인 벽을 허무는 동시에 우리에게 더욱 많은 개방적 혁신을 요구하고 있습니다.

또한 승가는 세상을 인도하여 나아가야 하는 의무를 지니고 있습니다. 세상의 근원은 진리에 위치하고 있고 진리는 세존의 설법에 내재되어 있습니다. 세존의 가르침을 이해하고 실천하는 첫걸음은 삼장의 정확한 해석과 이해에 있습니다. 이러한 노력은 주춧돌인 승가교육에 있으며 그 중추기관은 중앙승가대학교가 맡게 될 것입니다.

여러 소임의 고된 과정 속에서도 번역에 수고하신 본교 동문인 보운스님의 그 동안의 열정에 찬사를 보냅니다.

불기(佛紀) 2561년(2017년) 12월

역자의 말

보운

율장에서 부정될 수 없는 수범수제(隨犯隨制)의 근본적인 종지는 세존의 법을 실천하는 진리의 등불이나 시대의 변화에 따른 바라제목차의 실천에서는 간극(間隙)도 발생되고 있다. 또한 율장의 개정은 오직 세존께서 살피시고 다시 여실 수 있는 까닭이나, 차나와 같은 시공간의 세간적인 변화를 어찌 인지하지 못하였겠는가?

중생들이 자기도취에 빠져 사유가 한계에 부딪힌다면 관념에 갇혀서 광대한 진리의 바다를 인식하지 못하고 아만(我慢)에 염착하며 눈앞을 응시할 뿐이다. 여러 해를 오부광율의 연구를 진행하면서 쌓여졌던 의문의 부호들이 주마등이 되어 나의 귓가를 때린다. '그대는 어찌 본 율장을 먼저 살펴보지 않았는가?' 수행과 정진이 뒤바뀐 것과 같아서 번역 후에 오랜동안을 번민하였다.

본 율장의 번역과정에서 현재의 청규의 근간을 이루는 월법(越法)의 섭송들을 차례로 마주하면서 문장의 수려함에 매료되었고 나아가 당시에 철저한 계율과 중도를 실천하였던 수행자들의 모습들을 전하는 한편의 대서사시가 인간세상의 어떠한 역사적 장면보다도 선명하게 눈앞에 펼쳐지는 모습에 승가의 일원으로서 머리숙여 예경드린다.

세존께서 승가를 위하여 고뇌하시는 인간적인 모습, 진리를 향한 아라한들의 열정, 재가와 승가의 관계 정립, 세존과 주변 국가의 정치역학 관계, 석가족의 출가와 국가의 멸망 등의 여러 인연사들은 율장의 다른 부분에서는 살펴볼 수 없는 내용들이다. 따라서 본 번역서를 통하여 다른 율장과 경장에서는 자세하게 살펴볼 수 없는 당시의 정치와 사회 및 경제제도의 개략적인 상황을 이해할 수 있는 기회가 마련되었으면 하는 바람이다.

번역을 마치며 느끼는 점은 마음의 번민이 늘어나는 것이다. 수행의 길이 올바르게 실천되고 있는가? 나는 계율에 어느 부분이 부합되는가?

끝으로 이러한 연구와 번역을 위한 학문적 연구와 번역에 항상 관심과 격려를 보내주시는 교육원장 스님과 중앙승가대학교 동문회장 스님 및 동문 스님, 항상 수행자의 여법한 모습을 지도하여 주시는 본교의 교수이신 법상 스님과 능인대학교의 신대현 교수님께도 깊이 감사드린다.

아울러 항상 상좌의 학문적 연구를 뒷받침하여 주시는 은사이신 세영 스님께 깊은 감사를 드리며, 저의 건강을 항상 염려하시고 응원을 아끼지 않는 용주사의 신도님들께도 깊은 감사를 드린다.

불기(佛紀) 2561년(2017년) 12월
중앙승가대학교 정진관에서 삼가적다.

차 례

추천의 글 | 현응 5
추천의 글 | 범해 7
역자의 말 9
일러두기 16

근본설일체유부비나야잡사 해제 17

근본설일체유부비나야잡사 제1권 21

대문(大門)의 총섭송(總攝頌) 21
별문(別門)의 총섭송 21
제1문의 제1자섭송(子攝頌) 22
제1문의 제2자섭송 36

근본설일체유부비나야잡사 제2권 47

제1문의 제2자섭송 47

근본설일체유부비나야잡사 제3권 76

제1문의 제2자섭송 76
제1문의 제4자섭송 94

근본설일체유부비나야잡사 제4권 108

제1문의 제4자섭송 108
제1문의 제5자섭송 ① 113
존자 선화(善和)의 인연사 118
제1문의 제6자섭송 ① 130

근본설일체유부비나야잡사 제5권 134

제1문의 제6자섭송 ② 134
제1문의 제7자섭송 ① 138
제1문의 제8자섭송 ① 155

근본설일체유부비나야잡사 제6권 165

제1문의 제9자섭송 ① 165
제1문의 제10자섭송 ① 169
제2문의 제1자섭송 ① 176
제2문의 제2자섭송 ① 180

근본설일체유부비나야잡사 제7권 190

제2문의 제2자섭송 ② 190
제2문의 제3자섭송 ① 195
제2문의 제4자섭송 ① 198

근본설일체유부비나야잡사 제8권 217

제2문의 제4자섭송 ② 217

근본설일체유부비나야잡사 제9권 238

제2문의 제4자섭송 ② 238
제2문의 제5자섭송 ① 256

근본설일체유부비나야잡사 제10권 264

제2문의 제5자섭송 ② 264
제2문의 제6자섭송 ① 271
제2문의 제7자섭송 ① 278
제2문의 제8자섭송 ① 293
제2문의 제9자섭송 ① 295
제2문의 제10자섭송 ① 300

근본설일체유부비나야잡사 제11권 302

제2문의 제10자섭송 ② 302

근본설일체유부비나야잡사 제12권 331

제2문의 제10자섭송 ② 331

근본설일체유부비나야잡사 제13권 362

제3문의 별문 총섭송 362
제3문의 제1자섭송 ① 362
제3문의 제2자섭송 ① 368
제3문의 제3자섭송 ① 371
제3문의 제4자섭송 ① 385

근본설일체유부비나야잡사 제14권 390

제3문의 제4자섭송 ② 390
제3문의 제5자섭송 ① 408
제3문의 제6자섭송 ① 412

근본설일체유부비나야잡사 제15권 420

제3문의 제7자섭송 ① 420
제3문의 제8자섭송 ① 428
제3문의 제9자섭송 ① 435
제3문의 제10자섭송 ① 444
제4문의 총섭송 448
제4문의 제1자섭송 ① 448

근본설일체유부비나야잡사 제16권 451

제4문의 제2자섭송 ① 451
제4문의 제3자섭송 ① 463
제4문의 제4자섭송 ① 477

근본설일체유부비나야잡사 제17권 487

제4문의 제5자섭송 ① 487
제4문의 제6자섭송 ① 487
제4문의 제7자섭송 ① 494
제4문의 제8자섭송 ① 498
제4문의 제9자섭송 ① 505
제4문의 제10자섭송 ① 511

근본설일체유부비나야잡사 제18권 517

제5문의 총섭송 517
제5문의 제1자섭송 ① 517
제5문의 제2자섭송 ① 549

근본설일체유부비나야잡사 제19권 551

제5문의 제3자섭송 ① 551
제5문의 제4자섭송 ① 555
제5문의 제5자섭송 ① 563
제5문의 제6자섭송 ① 568
제5문의 제7자섭송 ① 569
제5문의 제8자섭송 ① 573
제5문의 제9자섭송 ① 577
제5문의 제10자섭송 ① 581

근본설일체유부비나야잡사 제20권 585

제6문의 총섭송 585
제6문의 제1자섭송 ① 585
안의 섭송 ① 586
안의 섭송 ② 588
안의 섭송 ③ 589
안의 섭송 ④ 592
제6문의 제2자섭송 ① 600
안의 섭송 ① 605
안의 섭송 ② 613

일러두기

1. 이 책의 저본(底本)은 고려대장경(高麗大藏經) 22권 『근본설일체유부비나야잡사』이다.
2. 원문은 40권으로 구성되어 있으나 이 책에서는 각 권수를 표시하되 한 책으로 번역하였다.
3. 번역의 정밀함을 기하기 위해 여러 시대와 왕조에서 각각 결집된 북전대장경과 남전대장경을 대조 비교하며 번역하였다.
4. 원문 속 의정 스님의 주석은 [ ]으로 표시하였다. 또 원문에는 없으나 독자의 이해를 위해 번역자의 주석이 필요한 경우 본문에서 ( ) 안에 표시했다.
5. 원문에 나오는 '필추', '필추니'는 각각 현재 보편적으로 '비구', '비구니'라고 부르지만, 이 책에서는 원의를 최대한 살리는 뜻에서 원문 그대로 '필추', '필추니'로 썼다.
6. 원문에서의 '속가(俗家)'는 '재가(在家)'로, '속인(俗人)'은 '재가인(在家人)'으로 번역하였다.
7. 원문의 한자 음(音)과 현재 불교용어로 사용되는 음이 다른 경우 현재 용어의 발음으로 번역하였다.
   예) 파일저가법(波逸底迦法) → 바일저가법
8. 원문에서 사용한 용어 중에 현재는 뜻이 통하지 않는 것이 상당수 있다. 원문의 뜻을 최대한 살려 번역하였으나 현저하게 의미가 달라진 용어의 경우 현재 사용하는 단어 및 용어로 바꾸어 번역하였다.

근본설일체유부비나야잡사 해제

『근본설일체유부비나야잡사』는 다른 상좌부 율장의 건도(建度)에서 전하지 않는 여러 행법(行法)과 인연사(因緣事)에 대하여 미세한 부분까지도 자세하게 서술하고 있다. 전체적으로 모두 40권으로 결집되었는데 여덟 대문으로 구성하였고, 대문은 하나의 송(頌)으로서 모든 연기를 섭수하였다. 또한 하나하나의 대문에 각각의 별문(別門)이 있고 총섭송(總攝頌)에 여덟 송이 있으며, 또한 별도의 문에 각각 10송이 있으므로 합하여 모두 89송으로 구성되어 있다.

그렇지만 여러 상좌부의 율장과 다른 특징은 결집의 과정에서 본생담(本生談)을 많이 삽입하여 설명하고 있는 것이다. 이러한 서술적 특성은 처음의 결집과정에서 이루어진 것인지 후대에 이루어진 것인지는 확인할 수 없으나 건도부와 분리과정에서 삽입된 것으로 생각된다. 나아가 바라제목차에서 율로서 제정되었던 내용들이 다시 설해지고 있어 설일체유부의 율장의 해석에서 근본율장으로 회귀를 시도하였던 것이 아닌가 생각된다. 따라서 잡사는 세존의 대열반 뒤에 이후의 율장에서 제정되지 않는 미세한 율의의 현상들을 청규로 제정하여 실천이 가능하도록 만든 토대를 구축하고 있는 것이다.

각권의 내용에서는 경장에서 확인할 수 없는 세존의 제자들과 정치적 군왕들에 관한 전생담이 많은 부분에 걸쳐 서술되고 있고, 그 당시의 여러 왕에 대하여 여러 정치적인 상황이 많은 부분에서 서술되고 있어 당시의 역사를 살펴볼 수 있는 자료가 되고 있다.

개략적으로 살펴보면 제1권의 제1문의 제1자섭송에서는 몸의 치장에 관련된 여러 내용 등을 서술하고 있는데 위의의 문제를 먼저 제시하여 잡사의 종지를 세운 것으로 생각된다. 제1권의 제2자섭송부터 제3권의 제2자섭송까지는 화생(火生) 장자의 출생과 성장 출가와 성도를 통하여 설일체유부의 업감연기(業感緣起)의 교설을 정립하고 있다.

제4권의 제4자섭송에서는 율고비와 관련된 복발갈마를 서술하고 있고, 제5자섭송에서는 노래 등의 오락을 금지한 것과 가영(歌詠)을 허락한 것 등을 서술하고 있고, 제6권의 제2문의 제1자섭송에서는 옷을 염색하는 것 등을 서술하고 있고, 제2자섭송에서는 불을 피우지 않는 것과 유행하며 의지를 찾는 것 등을 서술하고 있는데, 이러한 섭송은 필추율의 바라제목차와 중복되고 있어 이후에 논쟁이 발생되어 추가된 것으로 생각된다.

제7~9권의 제4자섭송에서는 악생의 출생과 부왕인 승광왕으로부터의 왕위 찬탈 및 석가족의 겁비라성을 침략과 약탈 그리고 악생의 죽음과 석가족의 전송의 과보에 대하여 서술하고 있고, 제10권의 제7자섭송에서는 세존의 장수를 발원하여 대세주 필추니가 열반한 것 등을 서술하고 있다.

제11~12권은 제10자섭송의 나머지로서 난타의 출가와 전생담 및 인간의 태의 성장과 출생 등을 자세히 서술하고 있고, 제14권의 제5자섭송에서는 석염을 저축하는 것과 송경하는 법식 등을 서술하고 있는 것과 제15권의 제7자섭송에서는 가람에 그림을 그린 것 등을 서술하고 있는데 율장에서 제정되지 어않았으나 현대의 신행에 많은 영향을 끼치는 조목들이다.

제19권의 제3자섭송에서는 세존의 삼전법륜과 다섯 필추의 제도 등을 서술하고 있고, 제20권은 제6문의 제1자섭송에서는 맹수의 힘줄을 사용하지 않을 것 등을 설하면서 세존의 탄생의 인연사를 시간적으로 서술하고 있는데 다른 경장이나 율장과 비교하여 매우 세밀하게 설명되고 있다.

제21~24권은 세존과 함께 출생한 등광왕의 일생과 증양이라는 신하와 스승인 가전연 존자와의 관계를 상대적으로 대비시켜 불법에 귀의하고 교화하며 정진하는 과정을 통하여 한편의 서사시와 같이 세존의 가르침을 전하고 있다. 그 가운데에서도 등광왕의 대규모 토지의 시주에 의하여 사찰의 경제적인 기반을 이루어주는 내용에서 당시에 의식주의 문제가 얼마나 절박하였는가를 살펴볼 수 있다.

제26권의 제4자섭송에서는 세존께서 유정들의 제도를 신통을 보이신 인연을 서술하고 있고, 제27~28권은 세존과 상수제자인 사리불과의 업연의 인연을 서술하고 있으며, 제29권의 제5자섭송에서는 필추니의 팔경법 등을 다시 서술하고 있고, 제31권의 제7문의 제1자섭송에서는 왕사성의 약차신과 이름을 부르면서 제사를 부르는 것 등을 서술하고 있는데 현재의 사찰의 천도의식과 연관되어 주목되는 부분이다.

제32권의 제2자섭송에서 필추니가 아란야에 있지 않을 것과 성밖의 사찰에 머무르지 않을 것 등을 설하고 있고, 제6자섭송에서는 필추니가 갈마를 지을 때 필추니가 듣는 것과 필추니가 자리를 분별하는 것 등을 설하고 있으며, 제8자섭송에서는 필추니가 근이 바뀌어 세 번에 이르면 쫓아내는 것과 법여필추니가 연화색을 사자(使者)로 삼아서 재가에서 출가한 것 등이 있어 율이 매우 유연하였음을 살펴볼 수 있다.

제37~38권에서는 세존께서 광엄성의 열반처로 향한 연기, 열반처를 정한 전생담, 열반의 시간적 과정, 열반 뒤의 공양 및 다비 등 설하고 있고, 제39권은 다비 이후의 사리의 분배과정을 자세히 서술하고 있다. 제39~40권에서는 오백결집과 칠백결집을 서술하고 있다. 끝부분에는 세존의 대열반과 오백결집 및 칠백결집의 내용들은 세심하게 서술되고 있으나 다른 경장과 율장 및 논장과의 차이점을 발견할 수 있다. 그러므로 여러 경장 및 광율과 대조를 통하여 많은 고증적인 연구가 필요할 것으로 생각된다.

근본설일체유부비나야잡사 제1권

삼장법사 의정 한역
석보운 번역

이 잡사(雜事)는 40권 가운데에 모두 여덟 문(八門)이 있다. 이 대문(大門)은 하나의 송(頌)으로 모든 큰 강령(綱領)을 섭수하였고, 하나하나의 문(門)에는 각각 별문(別門)이 있다. 총섭송(總攝頌)에 여덟 송이 있고 나아가 별도의 문에 각각 열의 송이 있으니 합하면 89송이다. 아울러 섭송의 안에는 일천 행(千行)이 있으나 만약 독송하고 기억하며 지니는 사람은 곧 모든 그 뜻을 자세히 알게 될 것이다.

대문(大門)의 총섭송(總攝頌)

대문(大門)의 총섭송(總攝頌)으로 말하겠노라.

벽돌과 돌 및 쇠털과
삼의(三衣)와 상좌(上座)와
사리자(舍利子)와 맹수(猛獸)와 힘줄과
급다필추니와 탑을 제거하는 것이 있다.

별문(別門)의 총섭송

별문(別門)의 총섭송으로 말하겠노라.

벽돌로 문지르는 것과 손톱을 깎는 것과 발우와
거울과 생지(生支)와 옷을 밟는 것과
수라(水羅)와 날 것과 두주(豆珠)와
발을 씻는 것과 군의(裙衣)를 묶는 것이 있다.

제1문의 제1자섭송(子攝頌)

제1문의 제1자섭송(子攝頌)으로 말하겠노라.

벽돌과 돌로서 문지르는 것과 백토(白土)와
우황(牛黃)과 향이 눈에 이익되는 것과
기둥을 때리는 것과 여러 선(線)과
영락과 도장(印)을 마땅히 알라.

어느 때 세존께서는 광엄성(廣嚴城)[1] 미후지(獼猴池)의 옆에 있는 높은 누각 안에 머무르셨다.

이때 육중필추(六衆苾芻)들은 초분(初分)에 옷과 발우를 집지(執持)하고 광엄성에 들어가서 차례로 걸식하고자 하였다. 성에서 멀지 않은 곳에 율고비자(栗姑毘子)라는 동산이 있었는데 그곳은 맑고 조용하며 꽃과 과일이 무성하였고 흐르는 샘물이 흩어져 있었으며 좋은 새들이 조화롭게 노래하였으므로 천제석(天帝釋)의 환희원(歡喜園)과 같았다. 이 가운데에는 여러 종류의 피로를 풀어주는 기구가 있었고 다시 기이하고 절묘한 악기 등이 있었으며 아울러 훈향(薰香)과 목욕하는 여러 물건들이 있었다. 이때 육중이 함께 서로에게 말하였다.

"난타여, 오파난타여. 이곳을 듣건대 이 동산은 사랑할 곳이고 세존께서

---

1) 산스크리트어 Vashali의 음사로서 폐사리(吠舍離)·유야리(維耶離) 또는 광엄성(廣嚴城)이라고 번역된다. 중인도(中印度)에 있었고 항하(恒河)를 사이에 두고 남방(南方)으로 마갈타국과 대치하였던 나라를 가리킨다.

도 항상 삼십삼천(三十三天)과 같다고 찬탄하셨으니 우리들이 시험삼아 얼마나 수승한 형상인가를 보도록 하세.”

육중은 의논하고서 함께 동산 안으로 들어갔다. 다시 여러 길고 짧은 나무절구공이와 두껍고 가는 방망이 및 크고 작은 돌멩이들을 보았다. 이러한 것들은 모두가 문지르고 두드리며 가지고 희롱하는 것으로 몸을 운동시켜 막힌 것을 풀어주고 아픈 것을 낫게 하며 능히 음식을 소화시키는 것이었다. 또한 기이하고 절묘한 공후(箜篌)[2]와 금슬(琴瑟)[3]과 여러 북 등의 악기(樂器)를 보았고, 다시 훈향과 목욕하는 물건인 물에 뜨는 벽돌(浮甎)과 조두(澡豆)[4]와 매우 향기로운 여감이 있었는데[여감은 광주(廣州)에서 생산되는 것으로 머리를 감는데 쓰이며 서방(西方)에서는 암마락가과(菴摩洛迦果)라고 이름한다.], 이것을 사용하여 몸을 문지르고 머리를 감으면 능히 흰머리를 다시 검게 할 수 있는 것이다. 육중이 보고서 함께 서로에게 알려 말하였다.

“이 여러 악기들은 근심스런 마음을 없애주는 것을 구족하였네. 우리들이 지금 사용하여 힘써 노력하여 마땅히 노래하고 춤추며 목욕해야 할 것인데 무슨 일을 먼저 지어야 하겠는가?”

한 사람이 알려 말하였다.

“우리들은 오랜 시간을 목욕하지 못하였으니 먼저 씻는 것이 마땅하네.”

---

2) 공후는 세계적인 수금(竪琴)체계에 속하는 악기로 그 발원지는 서아시아의 메소포타미아 지역으로 보인다. 이집트에서는 기원전 1~2천년의 벽화에서 공후 형태의 악기가 목격되는데 인도에까지 유입되어 라지푸타나(Rajputana) 시대의 대표적인 현악기가 되었다. 인도 부다가야의 석각에는 4세기 중엽부터 5세기 초의 것으로 보이는 공후 연주 장면이 보이고, 중국 한(漢)대에는 공후(箜篌)라고 하다가 후에 감후(坎侯)·공후(空侯)로 음사하였다. 공후의 형체는 슬(瑟)과 비슷하나 조금 작으며 연주법은 비파(琵琶)와 같다.

3) 금(琴)은 거문고이고 다섯 줄 혹은 일곱 줄로 되어 있다. 슬(瑟)도 거문고의 일종인데, 금(琴)보다 훨씬 크며, 줄이 매우 많아서 열다섯, 열아홉, 스물다섯, 스물일곱 개 등 다양한 종류가 있다. 고대에 음악을 연주할 때 금과 슬은 같이 연주하였는데 둘이 조화를 잘 이루어야만 아름다운 음악을 연주할 수 있었다고 한다.

4) 녹두나 팥 따위를 갈아서 만든 가루비누를 말한다.

이와 같이 의논하고서 모두가 함께 물에 들어가서 곧 뜨는 벽돌을 사용하여 몸을 문질렀다. 이 여섯 필추들은 아울러 기이한 공교(工巧)를 소유하여 기예(技藝)에 모르는 것이 없었다. 만약 목욕할 때에는 벽돌로 몸을 문지르면 곧 여러 종류의 오락(五樂)의 음성이 나왔는데 그 연기자가 악기를 불고 튕기며 두드리는 것과 같았다. 이때 여러 사람들이 이곳을 지나가다가 그것을 연주(奏樂)하는 것으로 의심하고서 곁에서 귀를 기울여 듣다가 각자 서로에게 알려 말하였다.

"율고비원에 성대한 노래와 춤판이 벌어졌으니 우리들도 마땅히 잠시 봅시다."

모두가 이렇게 말하고서 곧 다시 서로가 다투어 동산 안으로 들어갔다. 여러 사람들이 들어갈 때에 육중이 곧 나오고 있었으므로 물어 말하였다.

"성자여. 음악하는 사람들은 지금 어느 곳에 있습니까?"

대답하여 말하였다.

"그대들 어리석은 사람이여. 귀가 있어 소리는 들었으나 마음은 좋고 나쁜 것을 모르는구려. 어찌 음악하는 사람이 이와 같이 기묘(奇妙)한 음성을 지을 수 있겠는가?"

물어 말하였다.

"성자여. 그렇다면 들었던 소리는 누가 지은 것입니까?"

대답하여 말하였다.

"현수(賢首)여. 그대들이 들은 것은 곧 우리들이 목욕할 때에 벽돌로 몸을 문질러서 이러한 음악의 곡조가 생겨난 것이오."

대답하여 말하였다.

"성자여. 당신들은 사문인데 역시 오욕(五欲)으로 몸과 마음을 괴롭히십니까?"

알려 말하였다.

"어리석은 사람이여. 우리들은 다른 사람을 괴롭히지 않고 스스로가 욕락(欲樂)을 받으면서 도를 닦는 것을 그만두지 않았는데 무엇이 잘못인가? 그대들이 어찌 우리들의 스승이라고 이렇게 비난하고 부끄러움을 짓게 하는가? 마땅히 조용할 것이고 재앙과 근심을 부르지 말라."

그들이 듣고서 두려워서 입을 다물고서 갔으나 광엄성의 네거리에 들어가서 각자 떠들고 서로에게 의논하면서 함께 비난하고 싫어하였다. 이때 여러 필추들이 듣고서 세존께 아뢰니 세존께서는 이와 같이 생각을 지으셨다.

'필추가 목욕하면서 벽돌로서 몸을 문지르니 이러한 과실이 있다. 이러한 까닭으로 필추는 마땅히 벽돌로 몸을 문지르면서 목욕하지 않아야 한다. 만약 몸을 문지르는 자는 월법죄(越法罪)를 얻는다.'

세존께서 이미 물에 뜨는 벽돌로써 몸을 문지르는 것을 허락하지 않으셨다. 이때 여러 필추들은 발에 먼지와 때가 생겨나서 피부가 주름지고 갈라졌고, 성에 들어가 걸식할 때에 사람들이 보고 이와 같이 말을 지었다.

"성자여. 발이 주름지고 갈라졌으며 다시 때가 많은데 왜 문질러 씻지 않고 누추한 모습의 위의를 짓습니까?"

대답하여 말하였다.

"현수여. 세존께서 허락하지 않으셨습니다."

그들이 말하였다.

"당신들이 몸에 때가 있어 더러운데 어찌 청정하겠습니까?"

필추들이 묵연(默然)하였다.

이미 음식을 얻고서 주처(住處)에 돌아가서 이 인연으로 세존께 아뢰었다. 세존께서는 여러 필추들에게 알리셨다.

"이전의 것은 처음으로 제정한 것이고, 지금은 나아가서 여는 것이다. 내가 지금 여러 필추들에게 벽돌로 발을 닦는 것을 허락하겠으나, 몸의 다른 부분은 아니 되느니라. 만약 다른 곳을 문지른다면 월법죄를 얻느니라."

이때 육중이 벽돌로 문지르는 것을 허락하지 않으시는 것을 보고서 곧 뜨는 돌을 사용하였으므로 세존께서는 말씀하셨다.

"이것도 역시 월법죄를 얻느니라."

연기(緣起)의 처소는 앞에서와 같다.

이때 여러 필추들이 하루의 초분에 옷과 발우를 집지하고 성에 들어가 걸식하면서 바라문들이 스스로 세 손가락으로 백토(白土)로 점(點)을 찍거나 혹은 백회(白灰)의 가루를 취하여 그 이마 위에 세 줄을 그리고서 구걸하여 좋은 음식을 많이 얻어서 소유한 것을 보았다. 육중이 보고서 함께 서로에게 알려 말하였다.

"이것은 좋은 방편이니 우리들도 마땅히 짓도록 하세."

드디어 다른 날에 이마에 세 줄을 그리고서 성안에 들어가서 걸식하였는데 믿지 않는 사람들이 보고 웃으면서 말하였다.

"우리들이 지금 무릎을 꿇고 예배하겠습니다."

육중이 알려 말하였다.

"그대들 어리석은 사람들이여. 예식(禮式)을 모르는구려. 누구에게 무릎을 꿇고 예배하는 것이 합당한가? 누구에게 마땅히 공경스럽게 예배해야 하는가?"

그 사람들이 대답하여 말하였다.

"우리는 다만 늙은 바라문을 보면 곧 무릎을 꿇고 예배한다고 말하고, 만약 필추들을 보면 곧 공경스럽게 예배한다고 말합니다."

"이와 같다면 우리들 필추를 보고 어찌 공경스럽게 예배하지 않고 무릎을 꿇겠다고 말하는가?"

대답하여 말하였다.

"성자여. 우리가 당신들을 보니 얼굴에 세 줄이 있으므로 바라문이라고 말한 것이며 필추가 아니라고 말한 것입니다. 우리들이 알지 못하였으니 바라건대 마땅히 용서하십시오."

육중은 묵연하였다.

이때 여러 필추들이 듣고서 세존께 아뢰니 세존께서는 이렇게 생각을 지으셨다.

'만약 필추가 얼굴에 세 줄을 짓는다면 이와 같은 과실이 있다. 이러한 까닭으로 필추가 세 줄을 짓는 자는 월법죄를 얻는다.'

세존께서 말씀하셨다.

"필추는 마땅히 백토로 세 줄을 그리지 말라."

필추가 병이 있어 의사가 백토를 몸에 바르라고 처방하였으나 필추들이 감히 바르지 못하였다. 인연으로써 세존께 아뢰니 세존께서 말씀하셨다.

"이전에는 처음으로 제정한 것이고, 이것은 따라서 여는 것이니라. 의사가 처방으로 백토를 몸에 바르게 하였다면 의사가 가르침을 따라서 짓더라도 범한 것이 없느니라."

세존께서는 실라벌성(室羅伐城)에 머무르셨다.

육중필추가 하루의 초분에 옷과 발우를 집지하고 성으로 들어가서 걸식하였는데 바라문들이 우황(牛黃)의 점을 이마에 소유하고 구걸하여 맛있는 음식을 많이 얻는 것을 보았다. 이 일을 보고 함께 서로에게 알려 말하였다.

"이것은 좋은 방편이네. 우리들도 마땅히 짓도록 하세."

마침내 다른 날에 우황으로 이마에 점을 찍고서 성에 들어가 걸식하였는데 믿지 않는 사람이 이마에 점이 있는 것을 보고 비웃으며 말하였다.

"내가 지금 무릎을 꿇고 예배하겠습니다. 내가 지금 무릎을 꿇고 예배하겠습니다."

여러 사람에게 묻고 대답하였으며, [자세한 설명은 앞에서와 같다.]

"우리들이 당신들의 얼굴에 우황으로 스스로가 장식(莊飾)한 것이 있어 바라문이라고 말하였고 필추가 아니라고 말하였습니다. 우리들이 알지 못하였으니 바라건대 마땅히 용서하십시오."

육중은 묵연하였다.

이때 여러 필추들이 듣고 인연으로써 세존께 아뢰었다. 세존께서는 이렇게 이 생각을 지으셨다.

'만약 필추가 우황으로 이마에 점을 찍고 스스로가 장엄하면 이러한 과실이 있다. 이러한 까닭으로 필추는 마땅히 우황으로 이마에 점을 찍지 않아야 하느니라. 만약 짓는 자는 월법죄를 얻는다.'

세존께서 우황으로 이마에 점을 찍지 않도록 하셨다. 이때 필추가 이마에 악성 종기가 있어 의사에게 가서 물어 말하였다.

"현수여. 나에게 처방해 주십시오."

의사가 대답하여 말하였다.

"성자여. 그 종기의 사방(四方)에 우황을 바르십시오. 곧 마땅히 나으실 것입니다."

필추가 알려 말하였다.

"세존께서 계율을 제정하시어 우황을 이마에 바르는 것을 허락하지 않으셨습니다."

의사가 대답하여 말하였다.

"성자여. 그대의 스승께서는 크게 자비하시므로 병이 있으니 반드시 허락하실 것입니다."

인연으로써 세존께 아뢰니 세존께서 여러 필추들에게 알리셨다.

"이전에는 처음으로 제정한 것이고, 이것은 따라서 여는 것이니라. 병을 없애기 위한 인연이고 나아가 의사의 가르침으로서 우황을 얻어 사용하라. 만약 쉽게 짓는 자는 월법죄를 얻느니라."

인연의 처소는 앞에서와 같다.

육중필추들이 몸에 향수를 바르고 젊은 필추들 가운데에 들어가서 알려 말하였다.

"젊은 필추들이여. 그대들은 우리들이 무슨 향과 같은가를 맡을 수 있겠는가?"

여러 사람들이 대답하여 말하였다.

"어찌 상좌(上座)께서 몸에 향을 바를 수 있습니까?"

알려 말하였다.

"우리는 바른다네."

그들이 말하였다.

"상좌여. 향을 바르는 것은 재가인들이 꾸미는 것인데 어찌 합당하겠습니까?"

대답하여 말하였다.

"합당하거나 합당하지 않더라도 우리는 지금 이미 발랐다네."

그들이 함께 경멸(輕賤)하면서 모두가 함께 비난하고 싫어하였다.

이때 여러 필추들이 인연으로써 세존께 아뢰었다. 세존께서는 이렇게 이 생각을 지으셨다.

'필추가 몸에 향을 바르니 이러한 과실이 있다. 이러한 까닭으로 필추는 마땅히 몸에 향을 바르지 않아야 한다. 만약 짓는 자는 월법죄를 얻는다.'

세존께서는 "몸에 향을 바르지 말라."고 마땅히 말씀하셨다. 이때 어느 필추가 몸에 병에 있어 고통을 받았으므로 의사에게 가서 물어 말하였다.

"현수여. 나의 병에 의거하여 약을 처방하여 주십시오."

알려 말하였다.

"성자여. 향을 바르면 마땅히 평소와 같이 회복될 것입니다."

대답하여 말하였다.

"현수여. 어찌 내가 지금 애욕으로 즐겁게 하겠습니까?"

알려 말하였다.

"성자여. 이것은 병의 약이고 다른 것은 능히 낫게 할 수 없습니다."

필추가 세존께 아뢰니 세존께서 말씀하셨다.

"내가 지금 열어서 허락하겠노라. 의사의 처방으로 향을 바르는 것은 범한 것이 없느니라."

이때 병든 필추가 몸에 향을 바르고 대중의 가운데에 들어가서 앉았고, 바라문과 거사 등에게 설법하였으며, 혹은 재가인의 집에도 갔으므로 사람들이 보고 비난하고 싫어하였다. 이때 여러 필추들이 인연으로써 세존께 아뢰니 세존께서 말씀하셨다.

"향을 바른 필추가 소유할 행법(行法)을 내가 지금 마땅히 제정하겠노라. 만약 필추가 몸에 향을 발랐다면 마땅히 대중들에게 들어가서 앉지 않을 것이고, 역시 바라문과 거사 등을 위하여 설법하지 않을 것이며, 역시 재가인의 집에 왕래하지 말라. 만약 필추가 병이 나았다면 곧 몸을 씻고서 뜻을 따라서 대중의 가운데에 들어가서 앉고, 역시 다른 여러 사람들을 위하여 설법할 수 있느니라. 이 행법을 의지하지 않는 자는 월법죄를 얻느니라."

이때 신심이 있는 바라문과 거사 등이 바르는 향을 가지고 와서 여러 필추들에게 보시하였으나 필추들이 받지 않았으므로 여러 거사 등이 말하였다.

"성자여. 세존께서 세상에 출현하지 않으셨던 때에는 우리 사람들 모두는 외도(外道)를 복을 닦는 처소로 삼았으나, 지금 세존께서 세상에 출현하셨고 우리들은 당신들을 큰 복전(福田)으로 삼았는데, 가져온 공양을 어찌하여 받지 않습니까? 어찌 우리들에게 선량한 자량(資糧)을 버리고 후세(後世)에 나아가도록 하십니까? 원하건대 자비를 내리시어 우리의 작은 보시를 받아 주십시오."

필추가 알려 말하였다.

"기다리십시오. 내가 세존께 여쭙겠습니다."

이때 여러 필추들이 인연으로써 세존께 아뢰니 세존께서 말씀하셨다.

"마땅히 받을지니라."

필추가 받고서 이 사람을 마주하고 땅에 버리니 시주(施主)가 알려 말하였다.

"성자여. 우리들이 비싼 값으로 사가지고 왔는데 어찌하여 버리십니까?"

이때 여러 필추들이 인연으로써 세존께 아뢰니 세존께서 말씀하셨다.

"마땅히 받은 것을 시주를 마주하고서 가볍게 버리지 말고, 여래의 제저(制底)[5] 앞의 땅에 발라서 공양하라."

세존께서는 "마땅히 제저 앞의 땅에 발라서 공양하라."고 마땅히 말씀하셨다. 이때 여러 필추들이 이러한 향을 받고서 발조탑(髮爪塔)[6] 앞에 손으로

---

5) 산스크리트어 caitya의 음사로서 본래는 세존의 사리를 안치하고 일정한 형식에 따라 흙·벽돌·나무·돌 따위를 높게 쌓은 구조물을 탑이라 하였고, 사리를 안치하지 않은 것을 지제라고 하였으나 보통은 구별하지 않고 모두 탑이라 말한다.

바르며 공양하는데 시주가 보고서 이와 같이 말하였다.

"성자여. 우리들이 어찌 탑에 공양하는 것을 알지 못하겠습니까? 뜻으로 당신들께 베푸는 것입니다. 그 불탑(佛塔)에는 우리들이 먼저 받들어 공양하였습니다."

필추가 세존께 아뢰니 세존께서 말씀하셨다.

"향을 받았다면 머무르는 방안에 바르도록 하라."

그들이 곧 향을 사용하여 머무르는 방과 문선(門扇)에 발랐다. 이때 그 사람들이 이것을 불전(佛殿)이라고 말하면서 곧바로 예배하였으므로 세존께서 말씀하셨다.

"이것은 마땅하지 않느니라."

마침내 문 옆에 발랐으나 도리어 이전의 허물과 같았으므로 세존께서 말씀하셨다.

"마땅히 머리 옆의 판자 위에 바르고, 때때로 코로 냄새를 맡을 것이며, 다만 이 향기로운 물건의 냄새를 맡을 때에 사람들의 눈에 비쳐져서 의혹에 이르게 하지 말라."

어느 때 세존께서는 실수마라산(室收摩羅山) 공외림원(恐畏林園)에 머무르셨다.

이때 보리왕자(菩提王子)가 조명루(鳥鳴樓)를 지었는데 처음으로 완성하고서 경축(慶讚)하기 위하여 세존과 승가께서 집으로 오시도록 청하여 음식을 베풀었다. 세존께서 집에 이르시어 그 누각 아래에서 모든 대중들과 함께 나아가서 앉으셨고 음식을 드셨다. 이때 오파난타가 음식을 먹는 때에 곧 스스로의 손으로 그 누각의 기둥을 때려서 누각을 흔들었다. 이때 공양하는 사람이 알려 말하였다.

"성자여. 보리왕자께서 새롭게 이 누각을 지으면서 101종류의 그림을 그리고 색칠하여 꾸몄는데 무슨 뜻으로 당신은 손실하고 파괴하고자

---

6) 세존께서 세상에 머무를 때에 그 머리카락과 손톱과 발톱을 넣고 만들었던 탑을 가리킨다.

합니까?"

오파난타가 대답하여 말하였다.

"빈한(貧寒)한 사람인 보리가 이곳에 애착심(愛着心)을 일으키면 목숨을 마친 뒤에 마땅히 어느 곳에 떨어지겠는가? 그대도 다시 이곳에 애착심을 갖게 되면 목숨을 마친 뒤에 대영귀(大瘿鬼)의 가운데에 떨어질 것이오."

그 사람이 듣고서 매우 비난하고 싫어하였다. 이때 여러 필추들이 듣고서 세존께 아뢰니 세존께서 이렇게 생각을 지으셨다.

'필추가 기둥을 때렸으므로 이러한 과실이 있다. 이러한 까닭으로 필추는 마땅히 손으로 기둥을 때리지 않아야 한다. 어기는 자는 월법죄를 얻는다.'

세존께서 말씀하셨다.

"마땅히 손으로 기둥을 때리지 말라."

육중이 곧바로 주먹·어깨·등·다리와 아울러 여러 벽돌·기와와 돌로 때리고 흔들어서 다시 비난과 의논이 생겨났고 이전과 같은 허물을 불렀다. 세존께서 말씀하셨다.

"이러한 어떤 물건을 따라서도 모두 마땅히 때리지 말라."

이때 육중이 다시 담장을 때리고 땅을 때렸으므로 세존께서 말씀하셨다.

"설령 이러한 나머지의 물건으로도 모두 마땅히 때려서는 아니된다. 어기는 자는 월법죄를 얻느니라."

연기의 처소는 앞에서와 같다.

육중필추가 하루의 초분에 옷과 발우를 집지하고 성으로 들어가서 걸식하였다. 여러 바라문들을 보았는데 몸에 범선(梵線)을 붙이고 걸식하는 때에 맛있는 음식을 많이 얻었으므로 함께 서로에게 알려 말하였다.

"난타. 오파난타여. 우리들도 지금 좋은 방편을 얻었네. 곧 몸에 범선을 붙이도록 하세."

나아가 다른 날에 곧 범선을 붙이고 성에 들어가서 걸식하였다. 믿지 않는 사람이 그 범선을 보고서 마침내 업신여김과 천박함이 생겨나서 이와 같이 말하였다.

"내가 지금 무릎을 꿇고 예배하겠습니다." [묻고 대답한 것은 앞에서와 같다.]

나아가 이때 여러 필추들이 세존께 아뢰니 세존께서 이렇게 생각을 지으셨다.

'필추가 범선을 붙였으므로 이러한 과실이 있다. 이러한 까닭으로 필추는 마땅히 범선을 붙이지 않아야 한다. 만약 붙이는 자가 있다면 월법죄를 얻는다.'

연기의 처소는 앞에서와 같다.

육중필추가 걸식하면서 여러 바라문들이 묘한 향과 꽃으로서 몸을 장엄하였고 오색선(五色線)을 팔뚝에 묶었으며 떡과 음식을 얻어 배부르게 먹고서 충일(充溢)한 모습과 얼굴로 집에서 나오는 것을 보았다. 육중이 서로에게 말하였다.

"난타. 오파난타여. 이것은 좋은 방편이네. 우리들도 하도록 하세."

곧 다른 날에 오색선을 팔뚝에 묶고서 성으로 들어가 걸식하였는데 여러 바라문들이 보았고 업신여김과 천박함이 생겨나서 말하였다.

"우리들이 지금 무릎을 꿇고 예배하겠습니다."

육중을 비난하고 희롱하였으며, [자세한 설명은 앞에서와 같다.]

나아가 이때 여러 필추들이 세존께 아뢰니 세존께서 이렇게 생각을 지으셨다.

'여러 필추가 오색선으로 어깨를 묶었으므로 이러한 과실이 있다. 이러한 까닭으로 필추는 마땅히 팔뚝을 묶지 않아야 한다. 만약 묶는 자가 있다면 월법죄를 얻는다.'

이미 세존께서는 팔뚝에 선을 묶는 것을 허락하지 않으셨다. 이때 어느 필추가 몸에 병에 있어 고통을 받았으므로 의사에게 가서 물어 말하였다.

"현수여. 나의 몸에 병이 있으니 바라건대 처방하여 주십시오."

대답하여 말하였다.

"성자여. 오색선을 취하여 주문을 외우고 팔뚝에 묶는다면 반드시 나을 것입니다."

알려 말하였다.

"세존께서 허락하지 않으셨습니다."

의사가 말하였다.

"당신의 대사께서는 자비를 근본으로 삼으십니다. 병을 인연하여 열어서 허락하실 이치는 의심이 없습니다."

이때 여러 필추들이 세존께 아뢰니 세존께서 말씀하셨다.

"내가 지금 허락하겠노라. 여러 필추들이 병을 인연하였고 의사의 가르침이라면 선을 묶어도 범한 것이 없느니라."

세존께서 선으로 팔뚝을 묶는 것을 허락하셨고 필추가 오른쪽 팔뚝의 1주(肘) 앞에 묶었으나 도리어 비난과 허물이 있었다. 세존께서 말씀하셨다.

"마땅히 묶지 말라."

마침내 팔뚝의 뒤에 묶었으므로 세존께서 말씀하셨다.

"마땅히 묶지 말라."

다시 왼쪽 팔뚝의 1주 앞에 묶었으므로 세존께서 말씀하셨다.

"마땅히 묶지 말라. 왼손의 뒤쪽에 묶으라."

필추가 이것을 까닭으로 곧 병이 나았다. 묶었던 선으로서 곳에 따라서 던져서 버렸으므로 믿지 않은 사람들이 보고서 모두가 싫어하고 천박하게 생각하면서 알려 말하였다.

"성자여. 그 선을 까닭으로 내 이름을 묶고 이것을 인연하고 주문한 까닭으로 병이 나았는데 지금 업신여기는 것입니까?"

필추가 세존께 아뢰니 세존께서 말씀하셨다.

"마땅히 곳을 따라서 던져서 버려서는 아니된다. 만약 그 몸에 병이 아직 낫지 않았다면 그것을 옷자락에 묶어두고, 평소와 같이 잘 나았다면 담장이나 기둥의 사이에 뜻에 따라서 넣어두어라."

연기의 처소는 앞에서와 같다.

육중필추가 걸식하다가 여러 재인들이 장엄구(莊嚴具)인 영락 등이 귀속된 것을 보았다. 이때 그 필추들도 여러 영락과 손발의 팔찌 등을 취하여 그들의 몸을 장식하고서 함께 서로에게 알려 말하였다.

"장엄이 좋은가?"

이때 여러 재가인들이 조롱하며 말하였다.

"성자여. 위의 머리는 깎았고 겨드랑이 아래의 털은 길렀는데 어느 곳의 장엄이 묘하고 좋겠습니까? 어찌 당신들이 욕염(欲染)에 얽매이지 않았겠습니까?"

육중은 묵연하였다.

필추가 세존께 아뢰니 세존께서 이렇게 생각을 지으셨다.

'필추가 영락을 몸에 착용하였으므로 이러한 과실이 있다. 이러한 까닭으로 필추는 마땅히 여러 영락을 손발에 착용하지 않아야 한다. 만약 고의적으로 착용하는 자가 있다면 월법죄를 얻는다.'

연기의 처소는 앞에서와 같다.

이때 어느 도둑이 와서 승가 창고의 물건과 개인의 물건들을 훔쳐갔으나 기록된 증거가 없어서 필추들이 어느 때에 물건을 잃어버렸는가를 알지 못하였다. 세존께서 말씀하셨다.

"필추들은 그러한 도장(印)을 저축하라."

이때 육중이 곧 금·은·유리(琉璃)·수정(水精)·옥돌로 그 도장을 만들었고, 손가락의 반지 위를 보배로서 장식하고서 여러 재가인들을 보면 곧바로 손을 펼쳐서 반지를 보여주면서 발원하며 말하였다.

"당신들은 병이 없고 장수하시오."

여러 재가인들이 물어 말하였다.

"손가락 위에는 무슨 물건입니까?"

대답하여 말하였다.

"현수여. 이것은 손가락 도장이오. 세존께서 열어서 허락하신 것이오."

여러 재가인들이 비난하고 웃으면서 이와 같이 말하였다.

"사문인 석자(釋子)가 교만한 일을 하십니다. 여러 보배로 엄숙히 장식한 반지의 도장을 하였으니 진실로 사문도 아니고 바라문도 아니십니다."

이때 여러 필추들이 듣고서 세존께 아뢰니 세존께서 말씀하셨다.

"필추는 마땅히 반지와 보배의 장식품을 착용하지 말고 마땅히 다섯 종류의 물건을 도장으로 사용하라. 이를테면, 두석(鍮石)[7]·적동(赤銅)·백동(白銅)·아각(牙角)[8]이니라."

육중은 도장 위에다 남녀가 비법(非法)을 행하는 모습을 새겼으므로 여러 재가인들이 보고서 비난하였다.

"당신들은 사문인데도 오히려 염욕심(染欲心)이 있습니까?"

필추가 세존께 아뢰니 세존께서 말씀하셨다.

"일반적으로 도장에 두 종류가 있으니 첫째는 대중의 것이고, 둘째는 개인의 것이니라. 만약 대중의 도장이라면 전법륜(轉法輪)의 모습을 새기고 양변(兩邊)에는 사슴이 엎드려 무릎을 꿇고 머무르는 모습을 새기고 그 밑에는 본래의 사찰을 지었던 시주의 이름을 새겨라. 만약 개인의 도장이라면 골쇄상(骨鎖像)을 새기거나, 혹은 해골(髑髏) 모습을 지을 것이니, 보는 때에 염리(厭離)가 생겨나도록 하려는 까닭이니라."

제1문의 제2자섭송

제1문의 제2자섭송으로 말하겠노라.

손톱과 머리카락을 깎는 것과 문질러서 광택이 없는 것과
봄의 때에 어린 과일을 먹는 것과
갈증에 다섯 종류의 약을 허락하신 것과
불이 생겨나는 인연을 자세히 설명한 것이 있다.

---

7) 주석(朱錫)을 다르게 부르는 말이다
8) 상아나 동물의 뿔을 가리킨다.

연기의 처소는 앞에서와 같다.

어느 때 급고독장자(給孤獨長者)가 세존 승가를 위하여 서다림(逝多林)에 주처(住處)를 지어 대중에게 보시하고서 이발사에게 알려 말하였다.

"그대는 지금 서다림원(逝多林園)으로 가서 여러 성중들의 수염과 머리카락을 깎아드리도록 하게."

이발사는 가르침을 받고 곧 동산으로 갔다. 이때 육중은 차례로 사찰의 문을 끊임없이 바라보고 있었다. 이때 오파난타가 사찰의 문 앞에서 경행하며 다니다가 멀리 이발사가 오는 것을 보고서 알려 말하였다.

"잘 왔소. 잘 왔소. 현수여. 오히려 초승달과 같구려. 어찌 오랫만에 나타났는가?"

그가 말하였다.

"성자여. 장자께서 보내셨으므로 대중들의 머리를 깎아드리고자 합니다."

물어 말하였다.

"그대는 손톱을 깎을 수 있는가?"

대답하여 말하였다.

"성자여. 이것은 나의 직업입니다."

알려 말하였다.

"그대는 와보게. 시험삼아 공교(工巧)를 살펴보겠네."

그 사람은 곧 존자 앞에서 손을 펼쳤다. 이발사가 말하였다.

"성자여. 어떻게 깎고자 합니까?"

"현수여. 벼이삭의 모양으로 하게."

그가 곧 말과 같이 하였으나 또한 마땅히 사람 머리와 같게 하라고 말하였고, 혹은 칼과 같게 하라고 하였으며, 혹은 도끼날과 같게 하라고 말하였고, 혹은 반달과 같게 하라고 말하였으므로 그는 존자의 가르침을 따라서 모두 지었다. 뒤에 곧 알려 말하였다.

"그대는 어리석은 사람이구려. 거짓된 말의 공교가 묘(妙)한 것이고 하나도 알지 못하는구려. 마땅히 평소처럼 깎아놓고 빨리 가시오."

나아가 날이 저물어 비로소 돌아가라고 말하였다. 땅거미가 진 뒤에 장자의 처소에 이르니 장자가 물어 말하였다.

"그대는 몇 분이나 수염과 머리를 깎아드렸는가?"

대답하여 말하였다.

"어찌 대중들의 머리를 깎을 겨를이 있었겠습니까? 관장(官長) 필추인 오파난타가 나에게 손톱을 깎아달라고 하면서 여러 종류의 형세로 짓게 하였고, [자세한 설명은 앞에서와 같다.] 나아가 날이 저물어서 비로소 놓아주었는데 다시 무엇을 할 수 있었겠습니까?"

장자가 듣고서 마침내 싫어하는 마음을 일어났다.

'비록 선설(善說)하는 법과 율에 출가하였으나 마음이 적정하지 않구나.'

필추들이 듣고서 세존께 아뢰니 세존께서 이렇게 생각을 지으셨다.

'필추가 손톱을 깎았으므로 이와 같은 과실이 있다. 이러한 까닭으로 필추는 마땅히 손톱을 깎지 않아야 한다. 만약 어기는 자가 있다면 월법죄를 얻는다.'

세존께서 손톱을 깎는 것을 허락하지 않으셨다. 이때 필추들의 손톱이 모두 길었으므로 재가인이 보고 물어 말하였다.

"무슨 까닭으로 손톱이 이와 같이 길으십니까?"

대답하여 말하였다.

"세존께서 손톱을 깎는 것을 허락하지 않으셨습니다."

알려 말하였다.

"손톱을 길게 남겨두는 것이 어찌 청정하겠습니까?"

인연으로써 세존께 아뢰니 세존께서 말씀하셨다.

"이전의 것은 처음으로 제정한 것이고, 지금은 따라서 여는 것이다. 손톱을 깎는 법에는 두 종류가 있느니라. 첫째는 칼의 모양으로 깎는 것이고 둘째는 도끼의 모양으로 깎는 것이다."

연기의 처소는 앞에서와 같다.

급고독장자가 이발사에게 사찰에 들어가서 대중의 머리카락을 깎게 하였고, [자세한 설명은 앞에서와 같다]. 나아가 물어 말하였다.

"그대는 손톱을 빛나게 할 수 있는가?"

대답하여 말하였다.

"성자여. 이것은 나의 직업입니다."

알려 말하였다.

"그대는 와보게. 시험삼아 살펴보겠네."

먼저 황색으로 지었고, 다음은 적색으로 지었으며, 또한 백색으로 지었고, 다시 금색으로 지었으며, 가르침을 따라서 모두를 지었으나, 그가 곧 알려 말하였다.

"그대는 어리석은 사람이구려. 거짓된 말의 공교가 묘(妙)한 것이고 하나도 알지 못하는구려. 마땅히 평소처럼 갈고서 빨리 가시오."

장자의 처소에 이르렀고, 나아가 "다시 무엇을 할 수 있었겠습니까?" 장자가 듣고서 마침내 싫어하는 마음을 일으켰고, [자세한 설명은 앞에서와 같다.]

필추들이 듣고서 세존께 아뢰니 세존께서 이렇게 생각을 지으셨다.

'필추가 손톱을 갈았으므로 이와 같은 과실이 있다. 이러한 까닭으로 필추는 마땅히 손톱을 갈지 않아야 한다. 만약 어기는 자가 있다면 월법죄를 얻는다.'

세존께서 이미 필추에게 손톱을 가는 것을 허락하지 않으셨으므로 필추들이 옷을 물들이거나 혹은 발우를 훈증하면서 손톱에 때가 생겨나서 형색(形色)이 추악(醜惡)하였다. 발우를 지니고 걸식할 때에 재가인이 보고서 이와 같이 말하였다.

"성자여. 무슨 까닭으로 손톱이 부정(不淨)합니까?"

그들이 일로써 대답하니 재가인이 알려 말하였다.

"성자여. 어찌 갈아내지 않습니까?"

대답하여 말하였다.

"세존께서 허락하지 않으셨습니다."

알려 말하였다.

"손톱에 때가 있는데 어찌 청정하겠습니까?"

인연으로써 세존께 아뢰니 세존께서 말씀하셨다.

"만약 때를 없앨 때에는 마땅히 손톱도 갈도록 하라. 마땅히 곱게 문질러서 광택이 생겨나지 않게 하라."

세존께서는 왕사성에 머무르셨다.

이때 영승왕(影勝王)은 이와 같이 생각하였다.

'매번 봄과 가을에 이르러 계절이 변하면 새로운 곡식과 햇과일을 반드시 먼저 세존과 여러 성중께 받들고서 뒤에 비로소 내 스스로 먹어야겠다.'

이때 한 대신이 새롭게 익은 암몰라과(菴沒羅果)를 [이 과일은 큰 복숭아와 같으나 생겨나고 익는 것을 알기 어렵다. 네 종류가 차별이 있어서 같지 않다. 암마락가(菴摩洛迦)는 큰 멧대추(酸棗)와 같고 오직 약으로 사용한다.] 대왕에게 바치니 왕이 말하였다.

"이 과일을 가지고 먼저 세존과 승가께 받드시오."

대신이 미소를 지으니 왕이 말하였다.

"경은 무슨 까닭으로 웃는 것이오."

대답하여 말하였다.

"대왕께서는 신(臣)이 아직 세존과 성중들께 이미 받들지 않았다고 말씀하십니까?"

왕이 말하였다.

"경이 알지 못할까 두려웠소. 이러한 인연을 까닭으로 내가 지금 성중들께 일천 그루의 과수원(果林)을 받들어 보시하고자 합니다."

대답하여 말하였다.

"이것은 진실로 묘한 일입니다. 신도 진실로 기쁘게 따르겠습니다."

곧 일천 그루의 과수원을 사방의 일체 성중들께 받들어 보시하고 아울러 대회를 베풀어서 복전(福田)을 경사스럽게 찬탄하였다. 이 과수원은 옛날의 때에 과일이 매우 많이 열려서 가령 마갈타국(摩揭陀國)의 백성들이 크게 모였을 때에 함께 이 과일을 먹더라도 역시 모두를 충족하는 것이었다. 왕이 이 과수원을 승가에 보시하였는데, 이때 여러 필추들이 과일이 작은 때에 향기가 있고 맛있는 것을 보고서 모두가 와서 따먹었고 마침내 모두 없어졌다. 다른 나라의 왕이 이 과일이 필요하였으므로 곧 사자(使者)에게 영승왕의 처소에 나아가서 암몰라(菴沒羅)를 구하도록 하였다.

영승왕이 사자에게 말하였다.

"내가 소유한 과수원을 이미 승가께 보시하였으니 그대는 지금 가서 성중들에게 구해보시오."

사자는 죽림원(竹林園)으로 갔다. 이때 육중은 항상 문 앞에 있으면서 번갈아서 빠짐없이 살피고 있었다. 이때 오파난타가 문밖에서 경행하고 있었는데 사자가 이미 이르러 존자의 발에 예배하고 알려 말하였다.

"성자여. 나는 어느 국왕의 사신입니다. 왕이 나를 보내어 암몰라과를 구하고 있습니다. 당신께서 만약 소유하고 있다면 바라건대 나누어 주십시오."

오파난타가 사자에게 말하였다.

"그대는 지금 과수원에 나아가서 많고 적음의 욕망을 따라서 마음대로 따가시오."

사자가 과수원에 가서 주변을 두루 관찰하여 오직 비어있는 가지를 보았으나 과일은 하나도 없었다. 마침내 곧 돌아와서 빈 숲이고 과일이 없다고 말하였다. 오파난타가 곧 사자와 함께 숲 가운데에 나아가서 두루 관찰하고서 알려 말하였다.

"그대는 이 높은 나무에 올라가 보시오."

사자가 곧 올라갔으나 과일을 볼 수 없었으므로 또한 알려 말하였다.

"그대는 동쪽 가지로 올라가 보시오."

남쪽·서쪽·북쪽 가지를 모두 오르게 하였고, 사자가 두루 올라갔으나 결국 얻는 것이 없었다. 마침내 곧 나무를 내려와서 물어 말하였다.

"성자여. 어찌 이 과수원에 올해에는 과일이 없습니까?"

알려 말하였다.

"현수여. 오히려 지나간 해와 같이 지금의 해에도 역시 그렇소."

"만약 이와 같다면 올해에는 바람과 비에 떨어진 것입니까?"

대답하여 말하였다.

"아니오."

물어 말하였다.

"어찌 없습니까?"

대답하여 말하였다.

"이 과일이 작았을 때에 우리들이 모두 먹은 것이오."

이때 그 사신이 왕의 처소에 돌아가서 이 일을 갖추어 아뢰니 왕이 말하였다.

"옳구려. 내가 본래의 마음에서 성중들이 먹는 것을 바랬었소."

그 사신은 언짢아서 하직하고 본국으로 돌아갔다. 이때 마갈타국에 대회가 있었던 인연으로 많은 사람이 모였고 필추에게 물어 말하였다.

"성자여. 무슨 까닭으로 올해에는 일천 그루의 과수원에 과일이 열리지 않았습니까?"

대답하여 말하였다.

"현수여. 열매가 열지 않은 것이 아니고 나아가 우리들이 모두 따먹은 것입니다."

알려 말하였다.

"성자여. 요즈음은 이 과일이 익을 때이고 마갈타국의 사람들이 모두 먹어도 충족합니다. 다만 당신들이 작은 것을 모두 먹은 까닭으로 마침내 과일이 없으니 이것은 좋은 일이 아닙니다."

대답하여 말하였다.

"이 과수원은 왕께서 그대들 나라의 여러 사람들에게 주었던 것이 아니고 다만 승가의 대중에게 받들었습니다. 이러한 까닭으로 함께 먹었는데 이것이 무슨 허물입니까?"

이때 여러 사람들이 이 말을 듣고는 함께 싫어함과 부끄러움이 생겨났다.

"사문인 석자(釋子)가 오히려 만족을 모르는데 하물며 우리들 재가인들은 어떠하겠는가?"

필추가 세존께 아뢰니 세존께서 이렇게 생각을 지으셨다.

'필추가 그 과일을 먹었으므로 이러한 과실이 있는 것이다. 이러한 까닭으로 필추는 마땅히 과일을 먹지 않아야 한다. 만약 어기는 자가 있다면 월법죄를 얻느니라.'

세존께서는 "마땅히 과일을 먹지 말라."고 마땅히 말씀하셨다. 이때 어느 신심있는 장자가 작은 암몰라향과를 가지고 와서 필추들에게 보시하니 필추가 알려 말하였다.

"세존께서 먹는 것을 허락하시지 않으셨습니다."

여러 장자들이 말하였다.

"세존께서 세상에 출현하시지 않았던 때에는 우리들 여러 사람들이 모두가 외도를 복전으로 삼았으나, [자세한 설명은 앞에서와 같다.] 나아가 자비로서 우리의 작은 보시를 받아주십시오."

여러 필추들이 세존께 아뢰니 세존께서 말씀하셨다.

"씨가 여물었을 때에 먹는 것은 범한 것이 없느니라."

다시 어느 신심있는 장자가 익은 암몰라과를 가지고 와서 필추에게 보시하였으며, [자세한 설명은 앞에서와 같다.] 나아가 나의 작은 보시를 받아주십시오."

이때 필추들이 감히 받아서 먹지 못하였다. 인연으로써 세존께 아뢰니 세존께서 말씀하셨다.

"씨가 여물은 뒤와 나아가 익었다면 모두 마땅히 먹을 것이고 의심을 일으키지 말라."

연기는 실라벌성에서 이루어졌다.

이때 어느 필추가 몸에 병이 있어 고통을 받았으므로 의사에게 가서 알려 말하였다.

"나에게 이와 같은 병의 고통이 있으니 바라건대 처방하여 주십시오."

의사가 알려 말하였다.

"마땅히 소(酥)를 복용하여서 몸을 보호하십시오. 내가 마땅히 설사약을 보시하겠습니다."

그가 곧 소를 복용하였으나 다시 갈증으로 고생하였다. 의사가 와서 물어 말하였다.

"성자여. 나았습니까?"

대답하여 말하였다.

"현수여. 나는 다시 갈증으로 고통받고 있습니다."

의사가 말하였다.

"여감자(餘甘子)[9]를 드십시오."

필추가 손을 잡으니 의사가 보고 물어 말하였다.

"갈증이 없어졌습니까?"

대답하여 말하였다.

"아직 제거되지 않았습니다."

의사가 말하였다.

"성자여. 어찌 여감자를 드시지 않았습니까?"

대답하여 말하였다.

"현재 손안에 있습니다."

알려 말하였다.

"입안에 넣어야 합니다."

곧 입안에 넣었다. 다른 날에 의사가 다시 와서 물었다.

"갈증이 없어졌습니까?"

대답하여 말하였다.

"지금도 오히려 없어지지 않았습니다."

의사가 말하였다.

"어찌 여감자를 입안에 넣지 않습니까?"

대답하였다.

---

9) 산스크리트어 āmalaka로서 아마락가(阿摩落迦), 암마락가(菴摩洛迦), 암마륵(菴摩勒) 등으로 음사되고 여감자(餘甘子)라고 번역된다.

"입안에 있습니다."

"마땅히 그것을 씹으십시오."

알려 말하였다.

"세존께서 허락하지 않으셨습니다."

의사가 말하였다.

"세존께서는 크게 자비하시므로 반드시 허락하실 것입니다."

필추가 세존께 아뢰니 세존께서 말씀하셨다.

"마땅히 씹도록 하라."

씹고서 뱉어버리고 감히 삼키지 못하였으므로 갈증은 여전히 제거되지 않았다. 의사가 말하였다.

"어찌 즙을 삼키지 않습니까?"

알려 말하였다.

"때가 아닌 때에 먹는 것을 세존께서는 허락하지 않으셨습니다."

인연으로써 세존께 아뢰니 세존께서 말씀하셨다.

"내가 지금 허락하겠노라. 다섯 종류의 과일은 병이 있거나 병이 없거나 때이거나 때가 아닌데 먹더라도 범한 것이 없느니라."

세존께서 "다섯 종류의 과일은 병이 있거나 병이 없거나 때이거나 때가 아닌데 먹더라도 범한 것이 없다."고 마땅히 말씀하셨다. 필추들은 그 다섯 종류가 무엇인가를 알지 못하였다. 세존께서 말씀하셨다.

"이를테면, 여감자[범어로는 암마락가(菴摩洛迦)이다. 이것은 여감자라고 말하고 광주(廣州)에 많이 있으나 상암몰라(上菴沒羅)와는 완전하게 구별된다. 상성(上聲)[10]의 람(濫)은 사람들이 모두 의혹하는 까닭으로 주(注)에서 출처하였으나 손바닥 가운데에서 보는 것이다.]·하리륵(訶梨勒)[11]·비혜륵(毘醯勒)[12]·필발리(畢鉢梨)[13]·호초(胡椒)[14]이다. 이 다섯의

10) 한자(漢字)의 사성(四聲)의 하나로 현대 중국어의 발음에서는, 처음은 낮게 계속하다가 차차 높아져서 가장 높게 되었다가 그치는 소리이다. 거성(去聲), 입성(入聲)과 함께 측자(仄字)라 한다.

11) 산스크리트어 harītakī의 음사로서 인도의 고원지역에서 자라는 낙엽 교목이다.

약은 병이 있거나 병이 없거나 때이거나 때가 아니더라도 뜻에 따라서 모두 먹을 것이고 의심하지 말라."

잎은 긴 타원형이며 흰 꽃이 핀다. 달걀 모양의 과일은 시고 쓰며 변비약으로 사용된다.

12) 산스크리트어 vibhītaka의 음사로서 모양이 복숭아와 비슷한 검은색의 과일이다. 맛은 달고, 먹으면 문둥병에 효험이 있다.

13) 필발은 필발(蓽茇)에서 유래됐으며 고대 중인도의 한 나라인 마가타국(摩伽陀國)에서는 필발리(蓽撥梨)라고 하였다. 생김새는 원주형으로 과축(果軸)의 주위에는 작은 알맹이의 열매가 무수히 붙어 있어 그물눈 모양을 나타낸다. 바깥면은 적갈색이나 흑갈색이다.

14) 인도 남부가 원산지인 후추나무의 열매로 호초는 후추의 음사이다.

근본설일체유부비나야잡사 제2권

삼장법사 의정 한역

석보운 번역

제1문의 제2자섭송

제1문의 제2자섭송의 나머지이다. 화생장자(火生長者)의 인연을 논하겠노라.

세존께서는 왕사성 죽림원(竹林園)에 머무르셨다.

이때 성안에 한 장자가 있어 선현(善賢)이라고 이름하였다. 재산이 많아서 풍족하게 수용하였는데, 노형외도(露形外道)에게 깊은 신심과 공경이 생겨났고, 아내를 얻고서 오래지 않아서 곧 임신하였다. 이때 세존께서는 하루의 초분에 옷과 발우를 지니시고 왕사성에 들어가시어 차례로 걸식하면서 선현장자의 집에 이르셨다. 이때 장자가 멀리서 세존을 보고 마침내 그 아내를 데리고 세존께 나아가서 청하여 말하였다.

"박가범(薄伽梵)이시여. 제 아내가 임신하였습니다. 아들입니까? 딸입니까?"

세존께서 말씀하셨다.

"장자여. 이것은 틀림없이 마땅하게 아들이고 가족을 빛내며 일으킬 것이오. 여러 천인(天人)의 묘한 상을 모두 구족할 것이고, 나의 법 가운데에 출가하여 수행한다면 모든 여러 의혹을 끊고 아라한과를 얻을 것이오."

장자가 수기를 듣고 곧 청정하고 상묘(上妙)한 떡과 음식을 세존의 발우에 가득 채워서 세존께 받들었다. 세존께서는 말씀하셨다.

"원하건대 그대에게 병이 없으시오."

그 집에서 나오시어 떠나가셨다. 이곳에서 멀지 않는 곳에 노형외도가 있어 멀리서 세존을 보고 곧 이렇게 생각을 지었다.

'나에게 오직 이 집이 항상 음식을 베풀었는데 역시 사문 교답마(喬答摩)[1]의 유혹(誘攝)에 빠졌구나. 내가 지금 시험삼아 가서 그에게 무슨 인연을 수기하였는가를 물어야겠구나.'

이미 문에 이르러 장자에게 물어 말하였다.

"사문 교답마가 일찍이 이곳에 왔는가?"

대답하여 말하였다.

"이미 왔었습니다. 내가 말한 것은 '성자여. 나의 아내가 임신하였는데 누구를 낳을 것인가를 물었습니다.' 그는 아들을 낳는다고 수기하였고, 가족을 빛내고 일으킬 것이며, 여러 천인(天人)의 묘한 상을 모두 구족할 것이고, 나의 법 가운데에 출가하여 수행한다면 모든 여러 의혹을 끊고 아라한과를 얻을 것이라고 수기하였습니다."

이때 그 외도는 역수(歷數)[2]에 매우 밝았으므로 곧바로 음양(陰陽)을 관찰하고 계산하였는데 세존께서 말씀하신 것과 같았으므로 곧 이렇게 생각을 지었다.

'내가 만약 수순(隨順)하여 진실한 일이라고 찬탄한다면 장자가 그에게 두 배나 존경이 생겨날 것이다. 내가 지금 마땅히 진실을 덮어버리고 거짓을 말해야겠다.'

이렇게 생각을 짓고서 곧바로 손을 뒤집어서 그의 얼굴을 때렸다. 장자가 보고 물어 말하였다.

"성자여. 손을 뒤집어 얼굴을 때리는데 무엇을 하는 것입니까?"

알려 말하였다.

---

1) Gautama의 음사로서 석가족을 가리키는 말이고, 그 뜻은 "가장 훌륭한 소" 또는 "소를 제일 소중히 여기는 자"란 의미이다.

2) 세월과 자연의 흐름을 설명한 것이다.

"장자여. 사문의 말이 반(半)은 진실이고 반은 거짓이오."

장자가 물어 말하였다.

"무엇이 진실이고 무엇이 거짓입니까?"

대답하여 말하였다.

"아들을 낳는다는 것은 진실이고 집안을 빛내고 일으킨다는 이것도 역시 거짓은 아니오. 빛내고 일으킨다는 말은 불의 다른 이름이므로 이것은 복이 없는 아들이고 겨우 낳은 뒤에라도 가족을 불태울 것이오. 여러 천인(天人)의 묘한 상을 모두 구족할 것이라는 이것은 거짓된 말이오. 장자여. 그대는 일찍이 인간으로 태어난 자가 천인의 모습을 구족한 것을 보았소? 나의 법 가운데에 출가하여 수행한다는 이것은 사실이오. 태어난 뒤에 빈한(貧寒)하여서 옷이 없고 음식이 부족하니 자연히 사문의 법 가운데로 향하여 돌아갈 것이오. 모든 번뇌를 끊고 아라한과를 얻는다는 이것도 역시 거짓이오. 사문 교답마도 오히려 능히 일체의 번뇌와 의혹을 끊고서 아라한과를 얻지 못하였는데 하물며 나머지의 제자들이 얻었겠소."

선현장자는 이 말을 듣고서 곧 근심이 생겨나서 알려 말하였다.

"성자여. 나는 무엇을 해야 합니까?"

외도가 말하였다.

"장자여. 나는 출가하여 금계(禁戒)를 수지(受持)하였으니 망령스럽게 자세히 말하지 않소. 일의 진실과 거짓은 뒤에 스스로가 마땅히 알 것이오."

마침내 버리고 떠나갔다. 선현이 생각하면서 말하였다.

"그 뱃속의 아이를 죽여서 버려야겠구나."

곧바로 낙태시키는 약을 주었다. 그러나 이 자식은 최후의 생이었으므로 비록 독약을 복용한다는 것을 알고서 반대로 양약(良藥)으로 성취시켰다. 장자가 마침내 곧 아내의 왼쪽 옆구리를 밟았으나 태(胎)는 오른쪽으로 돌아갔고 오른쪽 옆구리를 밟는 때에는 왼쪽으로 전이(轉移)하였다. 최후의 생인 사람은 여러 번뇌가 아직 없어지지 않았어도 반드시 중간에 목숨이 끊어지는 일이 없는 것이다. 이미 여러 달이 지났다. 이때 장자의 아내는 아이가 움직여 배가 아팠으므로 곧 크게 비명을 질렀다. 이때 이웃 사람들이 그 비명을 듣고 급하게 와서 서로 물었다.

"무슨 인연으로 그대의 아내가 큰 비명을 질렀습니까?"

장자가 대답하여 말하였다.

"나의 아내가 배가 아프니 지금 아이를 낳으려는 것입니다."

이웃 사람들은 마침내 돌아갔다. 장자가 생각하면서 말하였다.

"내가 지금 능히 뱃속에 있는 물건을 죽일 수가 없으니 마땅히 텅빈 숲의 사람이 없는 곳으로 데려가서 그 어미의 목숨을 끊어야겠구나."

곧바로 함께 떠나가서 악한 방편을 베풀어 그녀의 목숨을 끊고서는 도리어 몰래 본래의 집으로 돌아왔다. 마침내 그 친속(親屬)과 이웃 사람들에게 말하였다.

"나의 아내가 환란을 만나서 갑자기 죽었습니다."

이때 여러 친속들이 모두 함께 슬퍼하면서 오색(五色) 비단으로 그녀의 시체(屍骸)를 감싸서 한림(寒林)의 화장터로 보냈다. 외도들이 듣고 모두가 크게 기뻐하고 날뛰면서 마침내 당번(幢幡)을 세우고 왕성(王城) 안으로 들어와서 여러 방곡(坊曲)[3]과 네거리를 돌아다니면서 큰소리로 외치면서 이와 같이 말하였다.

"그대들 사람들이여. 함께 모두가 사문 교답마의 수기를 알 것이오. 선현장자는 그 아내가 아들을 낳고, 가족을 빛내고 일으킬 것이며, 인간과 천인(天人)의 묘한 상을 모두 구족할 것이고, 나의 법 가운데에 출가하여 수행한다면 모든 여러 의혹을 끊고 아라한과를 얻을 것이라고 수기하였습니다. 아내는 지금 몸이 죽었고 시체는 한림으로 보내졌으니 오히려 큰 나무가 뿌리가 있더라도 가지와 잎과 꽃과 열매가 없는 것과 같습니다. 일이 장차 어떻게 부촉되겠습니까?"

세존의 법은 이미 일체의 시간에 중생을 관찰하시고, 듣고 보지 못하는 것이 없으시며, 모르는 것이 없으시고, 항상 대비와 요익(饒益)을 일으켜 일체를 구호하시는 가운데에서 최고의 제일이신 것이다. 최고로 용맹하시

---

3) 이(里) 단위의 마을이나 촌락을 다르게 부르는 말이다.

어 두 말씀이 없으시고, 정혜(定慧)에 의지하여 머무르시며, 삼명(三明)[4]을 일으켜 나타내시고, 삼학(三學)을 잘 수행하셨으며, 삼업(三業)[5]을 잘 조절하셨고, 사폭류(四瀑流)[6]를 건너서 사신족(四神足)[7]에 머무르시며, 장야(長夜)에 사섭행(四攝行)[8]을 닦으시어 오개(五蓋)[9]를 없애셨고, 오지(五支)[10]를 멀리 떠나셨으며, 오도(五道)[11]를 초월하셨고, 육근(六根)[12]을 구족하셨으며, 육도(六度)[13]가 원만하시고, 칠재(七財)[14]를 널리 베푸시어 칠각화(七

---

4) 세존이나 아라한이 갖추고 있는 세 가지 자유자재한 지혜를 뜻한다. 첫째는 숙명지증명(宿命智證明)으로 나와 남의 전생을 환히 아는 지혜를 뜻하고, 둘째는 생사지증명(生死智證明)으로 중생의 미래의 생사와 과보를 환히 아는 지혜를 뜻하며, 셋째는 누진지증명(漏盡智證明)으로 번뇌를 모두 끊어 내세에 미혹한 생존을 받지 않음을 아는 지혜를 뜻한다.

5) 몸과 말과 생각으로 짓는 세 가지 행위로서 몸으로 짓는 것은 신업(身業), 말로 짓는 것은 구업(口業), 생각으로 짓는 것은 의업(意業)을 가리킨다.

6) 번뇌가 내심(內心)의 선(善)한 성질을 씻어 흘러버리는 것이 폭류와 같아서 번뇌의 다른 이름으로 사용한다. 네 가지 번뇌란 욕(欲)·유(有)·견(見)·무명번뇌(無明煩惱)이다.

7) 신통(神通)을 얻기 위한 뛰어난 선정(禪定)에 드는 네 가지 기초로서, 첫째는 욕신족(欲神足)으로 신통을 얻기 위한 뛰어난 선정에 들기를 원하는 것이고, 둘째는 정진신족(精進神足)으로 신통을 얻기 위한 뛰어난 선정에 들려고 노력하는 것이며, 셋째는 심신족(心神足)으로 신통을 얻기 위한 뛰어난 선정에 들려고 마음을 가다듬는 것이고, 넷째는 사유신족(思惟神足)으로 신통을 얻기 위한 뛰어난 선정에 들려고 사유하고 주시하는 것을 말한다.

8) 사섭사(四攝事)라고도 하며, 첫째는 보시(布施)이고, 둘째는 애어(愛語)이며, 셋째는 이행(利行)이고, 넷째는 동사(同事) 등이다.

9) 청정한 마음을 덮는 다섯 가지 번뇌로서 첫째는 탐욕개(貪欲蓋)이고, 둘째는 진에개(瞋恚蓋)이며, 셋째는 수면개(睡眠蓋)이고, 넷째는 도회개(掉悔蓋)이며, 다섯째는 의개(疑蓋) 등이다.

10) 안으로는 무명(無明)이 인이 되고 행(行)이 연이 되어 식(識), 명색(名色), 육입(六入), 촉(觸), 수(受) 등을 뜻한다.

11) 오취(五趣)라고도 하며, 중생이 선악의 업보(業報)에 따라 가게 되는 다섯 곳으로 지옥도(地獄道), 아귀도(餓鬼道), 축생도(畜生道), 아수라(阿修羅), 인간(人間) 등을 뜻한다.

12) 육식(六識)이 경계(六境)를 인식하면서 의지하는 여섯 가지의 감각기관으로서 눈(眼根)·귀(耳根)·코(鼻根)·입(舌根)·몸(身根)·뜻(意根) 등을 말한다.

13) 육바라밀(六波羅蜜)를 다르게 부르게 부르는 말이다.

14) 불도(佛道)를 이루는 데 필요한 신(信)·계(戒)·참(慚)·괴(愧)·문(聞)·시(施)·혜(慧)의

覺花)[15]를 여셨으며, 팔난(八難)[16]을 벗어나서 팔정도(八正道)를 수행하셨고, 영원히 구결(九結)을 끊어 묘하고 밝은 구정(九定)[17]을 맺으셨으며, 십력(十力)[18]을 원만히 구족하시어 명성이 시방(十方)에 들리셨으므로 모든 것이 자재(自在)하여 최고로 수승(殊勝)하시다.

무외(無畏)의 법을 얻으시어 마군과 원수의 항복을 받으셨고, 큰 우레를 진동시켜 사자후(獅子吼)를 지으셨으며, 낮과 밤의 육시(六時)[19]에 항상 불안(佛眼)으로써 모든 세간에서는 선근(善根)의 처소에서 누구는 늘어나고 누구는 줄어들며, 누구는 고액(苦厄)을 만나고, 누구는 악취(惡趣)로 향하며, 누구는 탐욕의 수렁에 빠지고, 누구는 능히 교화를 받을 수 있으며,

---

일곱 가지를 재물에 비유한 말이다.

15) 칠각지(七覺支)라고 말하며, 첫째는 염각지(念覺支)이고, 둘째는 택법각지(擇法覺支)이며, 셋째는 정진각지(精進覺支)이고, 넷째는 희각지(喜覺支)이며, 다섯째는 경안각지(輕安覺支)이고, 여섯째는 정각지(定覺支)이며, 일곱째는 사각지(捨覺支) 등을 뜻한다.

16) 깨달음으로 향하는 청정한 수행에 방해가 되는 여덟 가지 난관으로 첫째는 지옥(地獄)이고, 둘째는 아귀(餓鬼)이며, 셋째는 축생(畜生)이고, 넷째는 장수천(長壽天)이며, 다섯째는 변지(邊地)이고, 여섯째는 맹롱음아(盲聾瘖瘂)이며, 일곱째는 세지변총(世智辯聰)이고, 여덟째는 불전불후(佛前佛後) 등을 뜻한다.

17) 중생의 마음과 생존 상태를 욕계·색계·무색계의 삼계(三界)로 나누고, 다시 욕계를 1지(地)로 하고 색계·무색계를 각각 4지(地)로 나눈 것을 말한다. 첫째는 욕계오취지(欲界五趣地)이고, 둘째는 이생희락지(離生喜樂地)이며, 셋째는 정생희락지(定生喜樂地)이고, 넷째는 이희묘락지(離喜妙樂地)이며, 다섯째는 사념청정지(捨念清淨地)이고, 여섯째는 공무변처지(空無邊處地)이며, 일곱째는 식무변처지(識無邊處地)이고, 여덟째는 무소유처지(無所有處地)이며, 아홉째는 비상비비상처지(非想非非想處地) 등이다.

18) 세존께서 갖추고 있는 열 가지 지혜의 능력을 가리킨다. 첫째는 처비처지력(處非處智力)이고, 둘째는 업이숙지력(業異熟智力)이며, 셋째는 정려해탈등지등지지력(靜慮解脫等持等至智力)이고, 넷째는 근상하지력(根上下智力)이며, 다섯째는 종종승해지력(種種勝解智力)이고, 여섯째는 종종계지력(種種界智力)이며, 일곱째는 변취행지력(遍趣行智力)이고, 여덟째는 숙주수념지력(宿住隨念智力)이며, 아홉째는 사생지력(死生智力)이고, 열째는 누진지력(漏盡智力) 등이다.

19) 하루를 6등분한 것으로 신조(晨朝, 아침)·일중(日中, 한낮)·일몰(日沒, 해질 녘)·초야(初夜, 초저녁)·중야(中夜, 한밤중)·후야(後夜, 한밤중에서 아침까지)를 가리키는 말이다.

무슨 방편을 지어야 구제하여 벗어나게 할 것인가를 관찰하신다.

성재(聖財)가 없는 자에게는 성재를 얻게 하시고, 지혜의 안선나(安膳那)[20]로서 무명(無明)의 막을 깨트리시며, 선근(善根)이 없는 자에게는 선근을 심도록 하셨고, 선근이 있는 자는 증장(增長)을 얻게 하셨으며, 인간과 천상의 길이 안은(安隱)하고 장애가 없게 하시어 열반성(涅槃城)으로 나아가도록 하셨다. 어느 게송에서 말한 것과 같다.

가령(假使) 큰 바다의 파도이고
혹은 기한(期限)을 잃었더라도
세존께서 교화하시는 것에는
제도에 때를 잃지 않으신다네.

세존께서는 모든 유정들을
자비로서 버리고 떠나지 않으시므로
그 고난을 구제하려는 생각은
어미소가 송아지를 따르는 것과 같다네.

이때 세존께서 경행(經行)하는 곳에서 마침내 곧 미소를 지으시니 입에서 오색의 미묘한 광명이 나와서 혹은 때에 아래를 비추었고 혹은 위로 올라갔다. 그 광명이 아래로 내려간다면 무간지옥(無間地獄)과 아울러 나머지의 지옥에서 현재 불꽃과 뜨거움의 고통을 받는 곳에서는 널리 청량(淸涼)함을 얻었고, 만약 추운 얼음이 있는 곳에서는 곧 따뜻함을 얻었으므로 그 모든 유정들은 각자 안락을 얻어 모두 이렇게 생각을 지었다.

'내가 그대들과 함께 지옥에서 죽어서 다른 곳에 태어났는가?'

이때 세존께서는 그 모든 유정들에게 신심을 일으키고자 다시 다른

20) 산스크리트어 añjana의 음사로서 안선나(安繕那) 또는 안선나(安膳那)라고 음역된다. 눈병에 사용되는 약이다.

모습을 나타내시니 그들은 다른 모습을 보고서 모두 이렇게 생각을 지었다.

'우리들이 이곳에서 죽어서 다른 곳에 태어난 것이 아니다. 그러나 우리들은 반드시 무상(無上)한 대성(大聖)의 위덕력(威德力)을 까닭으로 우리의 몸과 마음이 현재의 안락을 받는 것이다.'

이미 공경과 신심을 일으켜 능히 모든 고통을 없애고 사람과 천인이 뛰어나고 묘한 몸을 받아서 마땅히 법기(法器)가 되어 진제(眞諦)의 이치를 보았다. 그것이 위로 오르니 색구경천(色究竟天)에 이르러 빛 속에서 고(苦)·공(空)·무상(無常)·무아(無我) 등의 법을 연설(演說)하셨으며 아울러 두 가타로 설하여 말하였다.

그대들은 마땅히 출리도(出離道)를 구하면서
세존의 가르침에서 부지런히 닦아서
생사의 군사를 항복받는 것을
코끼리가 초가집(草舍)을 부수듯이 하라.

이러한 법과 율의 가운데에서
항상 방일하지 않는다면
능히 번뇌의 바다를 마르게 하고
마땅히 고통의 변제(邊際)를 마치리라.

이때 그 광명은 널리 삼천대천세계를 비추고 세존의 처소에 되돌아왔다. 만약 불·세존께서 과거의 일을 설하시면 광명이 등을 따라서 들어가고, 만약 미래의 일을 설하시면 광명이 가슴을 따라서 들어가며, 만약 지옥의 일을 설하시면 빛이 발바닥을 따라서 들어가고, 만약 방생의 일을 설하시면 빛이 발꿈치를 따라서 들어가며, 만약 아귀의 일을 설하시면 빛이 발가락을 따라서 들어가고, 만약 사람의 일을 설하시면 빛이 무릎을 따라서 들어가며, 만약 역륜왕(力輪王)의 일을 설하시면 왼손의 바닥을 따라서 들어가고, 만약 전륜왕의 일을 설하시면 빛이 오른손의 바닥을 따라서 들어가며,

만약 하늘의 일을 설하시면 빛이 배꼽을 따라서 들어가고, 만약 성문(聲聞)의 일을 설하시면 빛이 입을 따라서 들어가며, 만약 독각(獨覺)의 일을 설하시면 빛이 눈썹을 따라서 들어가고, 만약 아뇩다라삼먁삼보리의 일을 설하시면 빛이 이마를 따라서 들어가는 것이다.

이때의 광명은 멀리서 세존을 세 번을 돌고서 입을 따라서 들어갔다. 이때 구수 아난타가 합장하고 공경스럽게 세존께 아뢰어 말하였다.

"세존이시여. 여래·응(應)·정등각(正等覺)께서 빙그레 미소를 지으시는 것은 인연이 없지 않습니다."

곧 가타를 설하여 세존께 청하여 말하였다.

입으로 여러 종류의 미묘한 광명을 비추시니
대천세계에 가득하여 하나의 모양이 아니고
시방의 모든 찰토(刹土)에 널리 두루하시므로
햇빛이 허공을 모두 비추는 것과 같다네.

세존께서는 중생에게 가장 뛰어난 인연이시고
능히 교만과 근심과 슬픔을 없애주시며
인연이 없으면 금구(金口)를 열지 않으시는데
미소를 지으시니 마땅히 반드시 희기(希奇)함을 나타내시리라.

안상(安詳)[21]하게 자세히 살피시는 모니존(牟尼尊)께선
즐거이 들으려는 자에게는 능히 설해주시는데
사자왕이 크게 포효하여 진동하는 것과 같으시니
원하건대 우리들을 위하여 의심을 끊어주십시오.

큰 바다 안의 묘산왕(妙山王)과 같아서

21) 마음이 평온한 상태를 뜻한다.

만약 인연이 없다면 움직이지 않으시나
자재(自在)하고 자비로운 미소를 나타내셨으니
우러러 갈망하는 사람을 위해 인연을 설해주십시오.

이때 세존께서 아난타에게 알려 말씀하셨다.

"그와 같다. 그와 같다. 아난타여. 인연이 없으면 여래·응·정등각께서는 곧 미소를 나타내지 않느니라. 그대는 지금 마땅히 여러 필추에게 알리도록 하게. '여래께서는 시림(屍林)으로 가고자 하니 만약 여러 구수께서 즐거이 따르고자 하는 자는 마땅히 옷을 지니십시오.'"

이때 구수 아난타는 세존의 가르침을 받들어 여러 필추에게 알려 말하였다.

"세존께서 지금 시림으로 가고자 하시니 만약 여러 구수들께서 즐거이 따르고자 하는 자는 마땅히 옷을 지니십시오."

이때 여러 필추들이 함께 세존의 처소에 이르렀다. 이때 대사(大師)께서는 스스로 조복(調伏)을 받으신 까닭으로 조복에 위요(圍繞[22])되셨고, 스스로 적정(寂靜)하신 까닭으로 적정에 위요되셨으며, 해탈하셨으므로 해탈에 위요되셨고, 안은(安隱)하셨으므로 안은에 위요되셨으며, 순선(善順)하셨으므로 순선함에 위요되셨고, 아라한이셨으므로 아라한에 위요되셨으며, 이욕(離欲)이셨으므로 이욕에 위요되셨고, 단엄(端嚴)하셨으므로 단엄에 위요되셨으며, 전단림(旃檀林)이 전단림에 위요된 것과 같았고, 코끼리왕이 코끼리의 무리에 위요된 것과 같았으며, 사자왕이 사자들에게 위요된 것과 같았고, 소의 왕이 여러 소들에게 위요된 것과 같았으며, 거위의 왕이 거위의 무리에게 위요된 것과 같았고, 묘시조(妙翅鳥)가 여러 새들에게 위요된 것과 같았으며, 바라문이 배우는 무리들에게 위요된 것과 같았고, 큰 의사가 병자에게 위요된 것과 같았으며, 대장군이 병사들에게 위요된 것과 같았고, 대도사(大導師)가 수행하는 사람에게 위요된 것과 같았으며, 상주(商主)가 손님에게 위요된 것과 같았고, 큰 장자가 사람의

---

22) 첫째는 세존이나 탑 등에 경의를 표할 때에 그 대상을 오른쪽으로 향하게 하여 도는 예법을 말하는 것이고, 둘째는 주위를 둘러싼다는 뜻이 있다.

대중에게 위요된 것과 같았으며, 국왕이 모든 대신에게 위요된 것과 같았고, 전륜왕이 일천의 자식에게 위요된 것과 같았으며, 밝은 달이 별들에게 위요된 것과 같았고, 햇빛(日輪)이 일천 개의 빛에 위요된 것과 같았으며, 지국천왕(持國天王)이 건달바의 대중에게 위요된 것과 같았고, 증장천왕이 구반다(拘畔茶)의 대중에게 위요된 것과 같았으며, 추목천왕(醜目天王)이 용의 무리에게 위요된 것과 같았고, 다문천왕(多聞天王)이 야차의 무리에게 위요된 것과 같았으며, 정묘왕(淨妙王)이 아소라(阿蘇羅)[23] 무리에게 위요된 것과 같았고, 제석이 삼십삼천(三十三千)에 위요된 것과 같았으며, 범천왕(梵天王)이 범중(梵衆)에게 위요된 것과 같았고, 오히려 큰 바다가 맑고 안정된 것과 같았으며, 오히려 큰 구름이 펼쳐진 것과 같았고, 오히려 코끼리왕이 취(醉)하여 날뛰는 것을 멈춘 것과 같았으며, 모든 근(根)을 조복받아 위의가 적정하셨고, 32상으로 장식되셨으며, 80종호(種好)로 스스로의 몸을 장엄하시어 원광(圓光)이 한번 펼치면 오히려 천개의 햇빛보다 밝으셨고, 편안한 걸음으로 천천히 나아가시는 모습은 보배산을 옮기는 것과 같으셨으며, 십력(十力)·사무애(四無碍)[24] 및 대비한 삼염주(三念住)[25]의 무변(無邊)한 복과 지혜를 널리 훈수(薰修)하시어 무량

23) 전쟁이 끊이지 않는 아수라도에 머무는 귀신들의 왕이다. 아수라는 아소라(阿素羅)·아소락(阿素洛)·아수륜(阿素倫) 등으로 음역되며 수라(修羅)라고 약칭하기도 한다. 원래 고대 인도 최고의 신 중 하나였는데 나중에 제석천과 싸우는 악신(惡神)으로 바뀌었다.

24) 설법하는 데 있어서 두려움 없게 하는 네 가지를 말한다. 첫째는 정등각무외(正等覺無畏)로서 일체 법을 깨닫고 증득했다는 두려움이 없는 것이고, 둘째는 일체누진무외(一切漏盡無畏)로서 일체의 번뇌를 모두 끊었다라는 두려움 없는 것이며, 셋째는 설장법무외(說障法無畏)로서 수행에 장애가 되는 것은 모두 설했다는 두려움 없는 것이고, 넷째는 설진고도무외(說塵苦道無畏)로서 고통스러운 미망의 세계에서 벗어나 해탈의 길에 드는 길을 설했다는 것이다.

25) 어떠한 상황에도 동요하지 않고 바른 지혜에 안주하는 세존의 경지를 세 가지로 나눈 것이다. 첫째는 제일염주(第一念住)로서 중생의 공경을 받아도 기뻐하지 않고 바른 기억과 바른 지혜에 안주하는 것이고, 둘째는 제이염주(第二念住)로서 중생의 공경을 받지 않아도 근심하지 않고 바른 기억과 바른 지혜에 안주하는 것이며, 셋째는 제삼염주(第三念住)로서 어떤 중생에게는 공경 받고 어떤 중생에게는 공경 받지 않아도 기뻐하거나 근심하지 않고 바른 기억과 바른 지혜에

(無量)한 공덕이 모두 원만하셨다.

다시 존자 아신야교진여(阿愼若憍陳如)·존자 마승(馬勝)·존자 파삽파(婆濕波)·존자 대명(大名)·존자 무멸(無滅)·존자 사리자(舍利子)·존자 대목련(大目連)·존자 가섭파(迦攝波)·존자 아난타(阿難陀)·존자 힐리벌저(頡離伐底) 등이 있었고, 이와 같은 여러 대성문과 나아가 여러 필추 대중과 아울러 무량한 일억의 인간과 천인의 대중들에게 공경스럽게 위요되시어 시림으로 가고자 하셨다.

그러나 세존을 따라 유행한다면 18종류의 수승한 이익이 있는 것이다. 첫째는 왕의 두려움이 없고, 둘째는 도적의 두려움이 없으며, 셋째는 물의 두려움이 없고, 넷째는 불의 두려움이 없으며, 다섯째는 적국(敵國)의 두려움이 없고, 여섯째는 사자·호랑이·늑대 등의 악한 짐승의 두려움이 없으며, 일곱째는 관채(關寨)[26]의 두려움이 없고, 여덟째는 나루터의 세금의 두려움이 없으며, 아홉째는 도움에 막히는 두려움이 없고, 열째는 사람의 두려움이 없으며, 열한째는 비인(非人)[27]의 두려움이 없고, 열두째는 시간과 시간의 사이에 여러 천인을 볼 수 있으며, 열셋째는 천인의 소리를 들을 수 있고, 열넷째는 큰 광명을 보는 것이며, 열다섯째는 수기(授記)의 소리를 듣는 것이고, 열여섯째는 함께 묘법(妙法)을 받는 것이며, 열일곱째는 함께 음식을 받는 것이고, 열여덟째는 몸에 병고가 없는 것이다.

이때 인간과 천상의 대중들이 세존의 뒤를 따라서 시림에 이르니 사면(四面)에 청량한 바람이 있었다. 이때 왕사성에는 두 동자가 있었는데 한명은 찰제리 종족이었고 다른 한명은 바라문 종족이었다. 함께 나와서 놀고 있었는데 찰제리의 동자는 본래 신심이 있었으나 바라문의 동자는 곧 신심과 존경이 없었다. 이때 바라문 동자가 찰제리 동자에게 알려 말하였다

안주하는 것이다.

26) 지나가는 관문이나 성문을 가리킨다.

27) 팔부중(八部衆)의 천(天)·용(龍)·야차(夜叉)·건달바(乾闥婆)·아수라(阿修羅)·가루라(迦樓羅)·긴나라(緊那羅)·마후라가(摩睺羅伽) 등을 가리킨다.

"그대는 지금 아는가? 그대의 스승인 여래가 선현장자의 아내는 아들을 낳는다고 수기하였고 가족을 빛내고 일으킬 것이며 여러 천인의 묘한 모습을 모두 구족할 것이고 나의 법의 가운데에 출가하여 수행하면 여러 의혹을 모두 끊고 아라한과를 얻는다고 하였다. 그의 부인이 죽었고 시림으로 보내졌으니 어찌 세존이 말한 것이 허망하지 않겠는가?"

이때 찰제리의 동자가 가타를 설하여 말하였다.

가령 별과 달이 모두 떨어지고
땅의 산과 숲이 공중으로 올라가며
바닷물과 큰 파도가 일시에 없어져도
대선(大仙)의 말씀에는 허망함이 없다네.

바라문의 동자가 말하였다.

"만약 이와 같다면 함께 한림(寒林)의 화장터로 가서 그것이 진실인가? 거짓인가를 증명하자."

대답하여 말하였다.

"함께 가자."

이때 찰제리 동자가 멀리서 세존을 보고 가타를 설하여 말하였다.

모니(牟尼)께서는 모든 희롱(調戲)을 없애고 끊으셨으며
인간과 천상의 대중이 구름처럼 모이셨으므로
마땅히 최고로 수승한 사자후를 하실 것이고
외도들의 논리를 걸림이 없이 항복시킬 것이리라.

대사께서 지금 시림의 가운데로 가시므로
시원한 바람이 널리 차가운 들판으로 불어오고
무량한 중생들은 함께 우러러 보고 있으니
신통으로 조복받는 것을 환희하며 보리라.

이때 영승왕(影勝王)도 이와 같은 일을 들었다.

“세존께서는 선현의 아내가 마땅히 아들을 낳는데 가족을 빛내고 일으킬 것이며, 여러 천인의 묘한 모습을 모두 구족할 것이고, 나의 법의 가운데에 출가하여 수행한다면 여러 의혹을 모두 끊고 아라한과를 얻는다고 하셨으나, 지금 그 부인이 죽어서 상여가 시림으로 갔으며, 여래이신 대사 및 여러 성문들과 원근(遠近)의 대중들이 함께 상을 치르는 곳으로 갔다.”

다시 이렇게 생각을 지었다.

‘인연이 없다면 세존께서 곧 한림의 처소로 향하지 않았을 것이다. 이것은 반드시 그 선현의 아내를 위하는 까닭이고, 이것으로 인연하여 인연이 있는 중생을 조복하실 것이다. 내가 지금 마땅히 가서 함께 그 일을 보아야겠구나.’

곧 빠르게 군대의 위의를 정비하고 나아가 태자·후궁(後宮)의 비(妃)·왕후 및 여러 호종(扈從)[28]과 함께 성문을 나갔다. 이때 그 찰제리 동자가 멀리서 영승왕을 보고 가타를 설하여 말하였다.

지금 국왕께서 왕성을 나가서 보시고
아울러 여러 군사와 시종(侍從)이 함께 하시니
내가 지금 생각하는 여러 대중들은
반드시 분명하게 모두 수승한 요익을 얻을 것이다.

이때 모든 대중들이 세존을 보고 앞 길을 열었다. 세존께서는 미소를 지으시면서 대중의 가운데에 들어가셨는데 노형외도의 무리는 각자 이러한 생각이 생겨났다.

‘지금 교답마가 미소를 지으며 대중 가운데에 들어오니 어찌 이 아들의 목숨이 끊어졌겠는가?’

장자에게 알려 말하였다.

---

28) 임금의 행차 때에 어가(御駕) 주위에서 임금을 모시는 사람들을 가리킨다.

"이것은 이 박복한 중생이 목숨을 마친 것이 아니오."

알려 말하였다.

"성자여. 지금 이러한 화(禍)를 만났으니 그것을 어떻게 해야 합니까?"

대답하여 말하였다.

"장자여. 우리는 출가한 사람이오. 금계를 받들어 지니고 다만 선을 알고 생각하야 하오. 뒤는 스스로가 알게 될 것이오."

이때 그 장자는 아내의 시신을 나무 위에 올려놓고 불을 붙였다. 맹렬한 불꽃이 이미 몸을 모두 태웠으나 오직 배(腹)의 근처는 조금도 손상(傷損)이 없었다. 이때 그 어머니의 배가 마침내 곧 찢어지면서 푸른 연꽃이 솟아났고 그 가운데에 아기가 있었는데 위의와 얼굴이 단정하였으며 엄연(儼然)하게 앉아 있었으므로 보는 사람이 즐거워하였다. 이때 대중들이 이 일을 보고서 매우 희유(希有)함이 생겨났다. 그 여러 외도들은 모두 위세와 빛을 잃고 함께 아만(我慢)이 항복하였다. 이때 대사께서는 선현장자에게 알려 말씀하셨다.

"그대는 불속의 아기를 안아서 꺼내시오."

장자는 오히려 외도의 얼굴만 바라보았고 노형외도가 알려 말하였다.

"당신이 지금 불에 들어가면 모습과 목숨을 함께 잃을 것이오."

그가 듣고서 두려움이 생겨나서 감히 아기를 꺼내지 못하였다. 세존께서 다시 시박가(侍縛迦)[29]에게 명하셨다.

"그대가 불속에서 아기를 안고 오시오."

시박가가 곧 생각하면서 말하였다.

'세존께서 마땅하지 않은 곳과 마땅하지 않은 때에 나에게 시키지 않으셨을 것이다. 내가 지금 마땅히 이 아기를 꺼내리라.'

두려움이 없는 마음으로서 곧 불속에서 아기를 꺼냈다. 이때 여러

---

29) Jivaka의 음사로 기파가(耆婆伽)·시박가(時縛迦)·시파(時婆)·지파(祇婆) 등으로 불린다. 세존의 풍병을 고쳤고 아니로타 아난타의 창병 등을 고쳐 의왕(醫王)으로 존경을 받았으며, 부왕을 살해한 후 뉘우치고 있는 아사세왕을 불교에 귀의시켰다.

천인들이 가타를 설하여 말하였다.

세존께서 그를 시켜서 불속에 들어가게 하셨고
아기를 안아서 꺼냈으며 두려움이 없게 하셨는데
세존의 위신력과 자재력을 까닭으로
능히 맹렬한 불속이 시원한 연못으로 바뀌었다네.

이때 세존께서 시박가에게 알려 말씀하셨다.

"그대가 불속에 들어갔어도 몸에 손상이 없는데, 어찌 창포(瘡皰)[30]가 생겨나겠는가?"

세존께 아뢰어 말하였다.

"세존이시여. 제가 왕궁에 태어났고 왕궁에서 자랐으며 일찍이 우두전단향(牛頭栴檀香)으로써 몸을 닦았고 발랐어도 오늘처럼 몸에 청량함을 받은 것이 없습니다."

세존께서 선현장자에게 알리셨다.

"그대는 지금 아들을 데리고 돌아가시오."

이때 장자는 악견(惡見)으로 마음이 무너졌으므로 나아가 믿음을 일으키지 못하고 도리어 다시 몸을 돌려서 외도의 얼굴을 바라보았다. 사특한 무리의 여러 사람이 동시(同時)에 알려 말하였다.

"장자여. 이 아이는 아주 박복하고 품성이 흉폭(凶暴)하오. 불은 능히 모든 것을 먹는데, 이 아이가 타지 않는 것은 확실히 악으로 굳게 뭉쳐진데다 죄로 고통스러운 중생이라는 것을 분명히 알 수 있소. 눈으로 증명하여 함께 보았으므로 다시 수고롭게 말하지 마시오. 만약 데리고 집으로 가면 반드시 재액(災厄)을 볼 것이오. 그대의 목숨은 확실하고 마땅히 죽을 것이오. 인간 세상에서 몸보다 소중한 것은 없소."

재앙이 있다는 말을 듣고서 마침내 아이를 거두지 않았다. 이때 세존께

---

30) 헌데와 여드름을 아울러 이르는 말이다.

서 영승왕에게 알려 말씀하셨다.

"대왕이여. 마땅히 이 아이를 데려가십시오."

왕은 마침내 경망(驚忙)히 손을 펼쳐서 받았고 주위를 돌아보고서 세존께 청하여 말하였다.

"이 아이를 마땅히 무엇이라고 이름지어야 합니까?"

세존께서 알리셨다.

"대왕이여. 이 아기는 불속에서 얻었으니 화생(火生)이라고 이름하십시오."

세존께서는 대중을 살펴보시면서 면(眠)[31]·의락(意樂)[32]·근기(稱機)를 따라서 설법하셨다. 이때 그 대중의 가운데에서 무량한 만억(萬億)의 중생이 수승행(殊勝行)을 얻었고, 혹은 예류과(預流果)·일래과(一來果)·불환과(不還果)를 얻었으며, 혹은 다시 출가하여 곧 여러 의혹을 끊고 아라한과를 얻었고, 혹은 난(煖)·정(頂)·인(忍)의 선근(善根)을 얻었으며, 혹은 성문의 보리심을 일으켰고, 혹은 독각의 보리심을 일으켰으며, 혹은 무상보리심(無上菩提心)을 일으켰고, 혹은 삼보에 귀의하였고, 혹은 금계를 받고 깊이 신심을 일으켰다. 이때 영승대왕은 곧 이 아기에게 여덟의 양모(養母)를 공급하였으며, [자세한 것은 다른 곳에서 설명한 것과 같다.]

이때 화생동자의 외삼촌은 먼저 재물을 가지고 다른 지방에서 무역하면서 누이가 임신하였다는 것을 듣고서 마음으로 환희하였다. 세존께서 수기하시기를 반드시 아들을 낳아서 가족을 빛내고 일으키며, [자세한 설명은 앞에서와 같다.] 나아가 아라한과를 얻는다고 하신 것도 들었다. 드디어 자기의 재화(財貨)를 바꾸고 다시 다른 물건도 거두어 왕사성으로 돌아왔는데 누이가 죽었다는 말을 듣고서 곧 이렇게 생각하였다.

'세존께서 아들을 낳고 아라한과를 얻는다고 수기하신 것이 어찌 허망하지 않겠는가?'

둘러보고서 이웃 사람들에게 물었다.

---

31) 면(眠)은 산스크리트어 middha로 어둡고 자유롭지 못한 마음 상태를 가리킨다.
32) 어떤 목적을 향하여 나아가려는 애욕이나 의지를 가리킨다.

"나의 누이가 아이를 임신하였고 세존의 수기를 받았다는 것을 듣고서 일찍이 환희하였으나, 지금 죽었다고 들으니 본래의 희망이 무너졌습니다. 어찌 세존의 말씀하신 것이 진실이 아니라는 말입니까?"

이웃 사람이 알려 말하였다.

"그렇습니다. 세존이신 대사의 말씀은 허망함이 없습니다. 다만 그 남편이 외도의 말을 수용하였고 죽이도록 왜곡하여 죽인 것이오. 태어난 아이는 큰 위신력이 있어 불속에서도 몸이 손상되지 않았고 현재 왕궁에 있습니다."

외삼촌이 이 말을 듣고는 선현장자에게 가서 문신(問訊)[33]하고서 알려 말하였다.

"장자여. 그대가 옳지 않은 짓을 하였구려."

대답하여 말하였다.

"내가 무엇을 지었습니까?"

"그대가 외도의 악견인 자의 말을 들어 임신한 나의 누이를 왜곡하여 죽인 것이다. 태어난 아이는 큰 위신력이 있어서 불속에서도 몸이 조금도 상하지 않았고 지금 현재는 왕궁에서 잘 자라고 있다. 일이 이미 이와 같은데 또한 다시 말할 것이 있는가? 만약 아기를 데려온다면 내가 용서하겠으나 만약 그렇지 않다면 내가 마땅히 고향의 친척들을 모두 모아놓고 그대를 빈척(擯斥)하면서 산가지를 땅에 놓고서 그대의 그 무지함을 셀 것이고, 저 거리와 거리에는 '내 누이는 잘못이 없는데 선현이 죽였다.'고 그대의 나쁜 짓을 말하겠노라. 여인을 죽인 놈과는 마땅히 함께 말하지 않을 것이고 법관에게 가서 죄에 알맞게 벌하도록 하겠다."

장자가 듣고는 크게 근심하고 괴로워하면서 곧 이렇게 생각을 지었다.

'고약한 말과 같이 반드시 서로를 풀어주지 않겠구나.'

곧 영승왕의 처소에 나아가 발에 예배하고 아뢰어 말하였다.

"대왕이시여. 이전의 일을 갖추어 말하였고, 나아가 죄를 벌하여 주십시

---

33) 합장하고 머리 숙여 안부를 묻거나, 또는 공경하는 마음으로 인사하는 것을 가리킨다.

오. 오직 원하건대 은혜를 내리시어 아기를 돌려주십시오."

왕이 말하였다.

"나는 그대에게 아이를 얻은 것이 아니고, 세존께서 직접 나에게 주신 것이오. 그가 만약 필요하다면 세존께 가서 물어보시오."

장자는 곧 세존의 처소로 가서 두발에 예경하고 아뢰어 말하였다.

"세존이시여. 저에게 친척들이 고통스럽게 서로를 책망하고 있습니다. [자세한 설명은 앞에서와 같다. 나아가 죄를 벌한다는 그 말까지 아뢰었다.] 원하건대 세존께서는 자비로 아이를 저에게 주십시오."

세존께서는 생각하시면서 말씀하셨다.

'만약 이 장자가 아이를 얻지 못한다면 곧 뜨거운 피를 토하고 목숨을 마치겠구나.'

드디어 구수 아난타에게 알려 말씀하셨다.

"그대는 지금 이 장자를 데리고 영승왕의 처소에 가서 나의 말을 전하도록 하게. '대왕께서는 병이 없으십시오.' 알려 말하게. '대왕이시여. 장자에게 화생동자를 돌려주십시오. 만약 이 장자가 아이를 얻지 못한다면 곧 뜨거운 피를 토하고 목숨을 마칠 것입니다.'"

이때 존자 아난타가 왕에게 나아가서 세존의 가르침을 갖추어 전하여 알게 하였다. 왕이 말하였다.

"존자여. 나를 위하여 세존의 발아래에 반체(畔睇)[34]를 드리십시오. 나는 마땅히 세존의 가르침을 받들어 행하겠습니다."

이때 아난타는 왕에게 병이 없기를 축원하고 하직하고서 떠나갔다. 왕이 장자에게 알려 말하였다.

"내가 세존의 가르침을 받들어 이 동자를 기르면서 정을 쏟고 깊이 사랑하였다. 함께 약속을 짓고서 그 뒤에 놓아주겠노라. 날마다 삼시(三時)에 와서 나를 보겠다면 뜻을 따라서 데려가도록 하라."

장자가 대답하여 말하였다.

---

34) 산스크리트어 vandana의 음사로서 경례(敬禮) 또는 공경(恭敬)이라 번역된다. 경건한 마음으로 예배하거나 합장하고 머리 숙여 안부를 묻는 것을 가리킨다.

"감히 명령을 어기지 않겠습니다."

이때 왕은 곧 좋은 옷에 영락을 갖추고 향상(香象)에 태워서 그의 집으로 보냈다. 인간세상에서 항상 있는 일로서 만약 아버지가 있다면 자식의 이름이 빛나지 않는 것이다. 뒤에 장자가 죽고서 화생동자가 스스로 집안일을 맡았는데 삼보께 깊은 존경심을 일으켰고, 곧 그의 아버지가 어머니를 죽인 땅에 승방을 세워서 수용(受容)하는 자구(資具)를 부족한 것이 없게 하였다. 사방의 일체 승가의 대중에게 보시하였으므로 유복림(蹂腹林)이라고 이름하였다. 이러한 까닭으로 경에서는 "세존께서는 왕사성의 유복림에 머무르셨다."고 말하는 것이다.

어느 때 선현장자가 일찍이 상인을 다른 지방에 보내어서 무역하였다. 그는 장자가 이미 죽었고 지금은 화생동자가 가업(家業)을 대신하고 있으며 삼보의 처소에 공경심이 많다는 말을 들었다. 상인은 많은 우두전단의 상묘한 발우를 얻었고 곧 하나의 발우를 가지고 진귀한 보물을 가득 담아서 사람을 시켜서 화생에게 보냈다. 그는 이를 이미 얻고서 높은 장대의 위에 올려놓고 널리 알렸다.

"만약 모든 사람들이 사다리를 사용하지 않고 이 발우를 취하거나, 혹은 사문이고 바라문이며, 큰 위력이 있고 신통이 자재하여 취하여 얻을 수 있다면 내가 이 발우를 그 사람에게 드리겠습니다."

이때 여러 외도들이 새벽에 일어나서 목욕을 하려고 나왔고 높은 장대의 위를 보고서 장자에게 알려 말하였다.

"이것은 무슨 물건이오?"

장자가 곧바로 그 일을 갖추어 알리니 외도가 대답하여 말하였다.

"장자여. 요즘에 석가자(釋迦子)를 존경하므로 그들이 마땅히 취할 것이오."

말을 마치고 떠나갔다. 이때 여러 기숙(耆宿) 필추들이 성에 들어와서 걸식하다가 높은 장대를 보고서 함께 장자에게 물었다.

"이것은 무슨 물건인가?"

그가 곧바로 갖추어 대답하였다.

필추가 알려 말하였다.

"우리들이 어찌 발우를 위하여 스스로의 능력을 나타내겠는가? 세존께서는 '선을 감추고 악을 드러내는 것이 출가행(出家行)이다.'고 마땅히 말씀하셨네."

버리고 떠나갔다. 이때 구수 십력가섭파(十力迦攝波)가 이곳을 지나면서 역시 장자에게 물었다.

"이것은 무슨 물건인가?"

그가 다시 갖추어 대답하였다.

이때 존자는 곧 이렇게 생각을 지었다.

'내가 시작이 없는 생사를 따라서 왔던 오래 길렀고 소유한 번뇌와 원수(怨家)를 내가 이미 변화시켜 토(吐)하고서 모두 버렸다. 내가 지금 마땅히 그 장자가 널리 청하는 인연을 받아들여서 그 소원을 만족시켜야겠다.'

곧 손을 향상(香象)의 코와 같이 펼쳐서 그 장대에 이르게 하였고 전단발우를 취하여 지니고서 주처(住處)로 돌아오니 필추가 보고 물었다.

"존자여. 어느 곳에서 이러한 우두전단의 수승한 발우를 얻어 왔습니까?"

그가 곧 그 일을 갖추어 여러 필추들에게 알리니 여러 필추들이 대답하여 말하였다.

"존자여. 어찌 이러한 나무 발우를 위하여 신통을 나타냈습니까?"

알려 말하였다.

"구수여. 합당하거나 합당하지 않아도 나는 이미 지어 마치었소. 지금 무엇을 해야 하는가?"

여러 필추들이 인연으로써 세존께 아뢰니 세존께서 말씀하셨다.

"필추는 마땅히 재가인의 앞에서 그 신통력을 나타내지 말라. 만약 보이고 나타내는 자는 월법죄를 얻느니라. 그리고 발우에는 네 종류가 있으니 금·은·유리(琉璃)·파리(頗梨)[35]로 이루어진 것이니라. 다시 네 종류

35) 산스크리트어 sphaṭika의 음사로서 수정(水晶)을 가리킨다.

의 발우가 있으니 이를테면, 두석(鍮石)·적동(赤銅)·백동(白銅)·여러 나무 등이다. 앞의 네 종류는 만약 이전부터 없더라도 마땅히 쉽게 받아서는 아니되고, 이전부터 소유하였다면 마땅히 반드시 버리도록 하라. 뒤의 네 종류는 만약 이전부터 없더라도 마땅히 저축하면 아니되고, 이전부터 소유하였다면 마땅히 약그릇으로 삼아서 때에 따라 수용하라. 수지하는 것에 합당한 발우는 두 종류가 있으니 철과 도기(瓦)를 말한다. 마땅히 알지니라."

뒤의 다른 때에 화생동자에게 인간과 천인의 묘상(妙相)이 모두 나타났다. 점파성(占波城)에서 왕사성에 이르는 그 중간에 세관처(輸稅處)가 있었다. 세관(稅官)이 죽어서 약차(藥叉)로 태어났고 드디어 밤의 꿈에 그의 아들에게 알려 말하였다.

"내 몸이 죽은 뒤에 약차 가운데에 태어났으니 어느 곳의 세물(稅物)을 받는 곳에 나를 위하여 약차신당(藥叉神堂)을 짓고 그 문 앞에 방울을 하나 매달아 놓아라. 만약 여러 사람들이 물건을 가지고 지나갈 때에 세금을 내지 않는 자가 있다면 방울이 곧 울릴 것이니, 곧 불러서 세금을 받고 풀어주어라."

그 아들이 다른 날에 여러 친족들에게 그 밤의 꿈을 말하고 함께 요처(要處)를 살펴서 신당을 안치하고 밖에는 방울을 매달았다. 이때 점파성에 바라문의 아내가 있어 마침내 이렇게 생각을 지었다.

'바라문들이 처소를 따라서 경영하고 다스리며 얻은 재물로 우리들이 항상 먹고 수용하면서 단정하게 팔짱끼고 앉아서 생업(生業)의 일이 없는 이것은 마땅하지 않다.'

마침내 시장으로 가서 겁패(劫貝)[36]를 사서 가는 실을 뽑았다. 직사(織師)의 처소에서 그것을 잘 짜도록 하였고 일천 금전(金錢)의 값과 같은 한 쌍의 백첩(白疊)[37]을 얻었다. 그 남편에게 알려 말하였다.

---

36) 산스크리트어 karpāsa의 음사로서 씨가 솜털로 덮여 있는 나무 이름, 또는 그 솜털로 만든 옷이나 깔개를 가리킨다.

37) 산스크리트어 bhardrdji에서 유래되었는데 인도 모헨조다로 유적에서는 기원전

“이 백첩은 값이 일천 금전이니 시장에 가지고 가서 파시고 그 값을 취하세요. 만약 사는 사람이 있으면 좋으나, 만약 묻는 사람이 없다면 알려 말하세요. ‘시장(市場)이 없구나.’ 다시 다른 곳으로 가세요.”

그 남편이 가지고 시장으로 가서 그것을 팔고자 하였으나 값이 천전(千錢)이라고 말하니 결국 그 값을 주려는 사람이 없었다. 곧 “시장이 없구나.”라고 외치고서 곧 그 백첩을 일산(日傘) 자루의 대나무 속에 넣어가지고 다른 상인들과 함께 왕사성으로 나아갔다. 점차 약차신당이 있는 세처(稅處)에 이르러 다른 사람들과 같이 세금을 걷는 길에 오르고자 하였는데 걸려있는 방울이 울렸다. 세관이 듣고서 여러 사람에게 알려 말하였다.

“방울이 울렸으니 세물(稅物)이 공평하지 않소. 마땅히 다시 자세히 살펴서 탈루(脫漏)가 없게 하시오.”

다시 상인들을 돌려세우고 세밀하게 조사하고 구하였으나 재화에 세금을 내지 않은 것이 없었다. 드디어 상인들을 놓아주었으나 방울이 도리어 울렸다. 다시 거듭하여 두·세 번을 자세히 관찰하였으므로 상인들이 괴이하여 각자 싫어하고 성내면서 세관에게 알려 말하였다.

“그대가 우리를 겁탈하고자 방편으로 곧 잡아두는 것입니까?”

이때 세관이 그 상인들을 두 곳으로 나누어 한 무리씩 있게 하였고 바라문이 없는 곳에는 소리가 없었으므로 풀어주어 떠나보냈다. 그들의 한 무리가 떠나갔는데 방울이 다시 소리를 지었다. 다시 둘로 나누었고 이와 같이 보냈고 남겨졌으며 다른 상인들은 모두 떠나갔는데 오직 바라문 한 사람이 남았다. 세관이 붙잡고 가는 것을 허락하지 않았다. 바라문이 말하였다.

“내 몸을 관찰하고 인연하는 물건이 있다면 따라서 가져가시오.”

그 세관이 두루 수색하였으나 물건이 없어서 풀어주고 보냈다. 방울이 소리를 내었으므로 다시 붙잡아 머물게 하고 바라문에게 알려 말하였다.

2500~기원전 1500년대에 속하는 면포가 발견되었다. 중국 『양서(梁書)』에 의하면, 남북조시대에 고창(高昌) 지방에서 이미 면화를 심어 면직업이 일어나고 있었으며, 원대에 신장에서 면화 재배법이나 기술이 내지에 전해졌다고 한다.

“그대에게 비록 재물이 있어도 내가 취하지 않겠소. 마땅히 진실을 말하여 영기(靈祇)를 속이지 마시오. 나는 신명(神明)이 이렇게 성스러운 것을 알도록 나타내려는 것이오.”

바라문이 말하였다.

“말이 거짓이 아니라면 내가 마땅히 진실을 알리겠소.”

일산의 자루 속에서 두 백첩을 꺼내니 세관이 보고서 희기(希奇)함을 경탄하였다.

“좋소. 대신(大神)의 기별(記別)이 허망하지 않구려.”

이때 그 세관이 그 백첩 하나를 펼쳐서 신에게 바치니 바라문이 말하였다.

“그대들은 분명히 세금으로 취하지 않는다고 말하였는데 지금 형세를 보니 모두 빼앗으려는 것이 아니오?”

알려 말하였다.

“겁내지 마시오. 우리는 물건을 취하지 않소. 대신의 말씀이 허망하지 않음을 증명하려는 것이오. 잠시 하나의 백첩을 사용하여 신의 은혜에 보답하고 곧 그대에게 돌려주어 떠나가게 할 것이오.”

그는 이미 받아서 일산의 자루 속에 넣어가지고 길을 따라서 떠나갔다. 점차로 왕사성에 이르러 큰 시장의 가운데로 향하였다. 그 백첩을 길게 펼쳐서 일천 금전을 찾았으나 결국 한 사람도 와서 같이 사지 않았다. 곧 시장의 가운데에서 외쳐 말하였다.

“시장(市場)이 없구나.”

이때 화생동자가 왕궁에서 나와서 큰 코끼리를 타고 시장 가운데에 들어갔다가 본래의 집으로 돌아가고자 하면서 그 외치는 소리를 들었다.

‘무슨 까닭으로 시장이 없다고 외치는가를 불러다가 내가 물어보아야겠다.’

바라문에게 이르러 물어 말하였다.

“무슨 까닭으로 시장이 없다고 말합니까?”

바라문이 말하였다.

"나에게 두 개의 백첩이 있는데 값이 일천 금전인데 결국 한 사람도 함께 서로에게 흥정하지 않소."

알려 말하였다.

"가져오십시오. 시험삼아 관찰하겠습니다."

그가 곧 가져다가 보여주니 화생이 알려 말하였다.

"하나는 새로운 것이지만 다른 하나는 이미 입었던 것입니다. 일찍이 입었던 것은 250을 드리고 입지 않은 것은 500금전을 드리겠습니다."

백첩의 주인이 알려 말하였다.

"무슨 뜻으로 이러는 것이오? 모두 일찍이 사용하지 않았소."

화생이 말하였다.

"그대가 스스로 관찰하여 거짓과 진실을 알게 하겠습니다."

아직 사용하지 않은 것을 펼쳐서 공중으로 던지니 일산처럼 머무르며 천천히 내려왔다. 다음으로 사용한 것을 던지니 곧 빠르게 땅으로 떨어졌다. 백첩의 주인이 보고서 희유(希有)한 마음이 생겨나서 알려 말하였다.

"장자여. 당신은 큰 지혜가 있어 신통한 예지(叡知)가 무리들을 뛰어넘는구려."

화생동자가 다시 거듭 말하였다.

"사용하지 않는 것은 찌르는 가시(刺) 위에 놓고 당기면 가시가 들어가지 않고 지나가지만 사용한 것은 가시에 걸려서 멈춥니다."

말과 같은 사실이 있었다. 이때 바라문은 다시 거듭하여 희유함을 생겨나서 알려 말하였다.

"장자의 총명(聰明)과 지식(智識)은 진실로 일찍이 없던 것입니다. 흥정한 값으로 백첩을 가져가시오."

화생이 알려 말하였다.

"당신은 객으로 오셨으니 곧 공양을 드리겠습니다. 수고롭게 값을 깎지 않겠으니 일천 금전을 모두 받으십시오."

바라문이 받고서 기뻐하면서 떠나갔다. 이때 장자는 사용한 백첩은 집안사람에게 주어서 입게 하였고 그 사용하지 않은 것은 자신의 목욕옷으로 충당하였다. 뒤의 다른 때에 영승왕이 여러 대신들과 함께 높은 누각에 올랐는데 누각의 모퉁이에 말렸던 화생장자의 목욕옷이 갑자기 바람에 날려서 왕이 있는 곳에 떨어졌다. 왕이 말하였다.

"이 옷은 천인의 처소에서 입었던 옷인데 어디에서 온 것이오?"

대신이 알려 말하였다.

"일찍이 들으니 옛날에 만타다(曼陀多)라고 이름하는 왕이 있었고 칠일 동안 하늘에서 금과 보물의 비가 내렸다고 합니다. 대왕께도 지금 옷이 떨어졌으니 오래지 않아서 금이 올 것입니다."

왕이 말하였다.

"내가 들으니 화생장자는 세존께서 '인천의 묘상이 있다.'고 수기하셨소. 묘한 천의(天衣)가 하늘에서 떨어졌으니 그가 오기를 기다려서 내가 마땅히 그에게 주겠소."

화생이 이미 왔으므로 왕이 말하였다.

"동자여. 세존께서 그대에게 '인천의 묘상이 있다.'고 수기하셨다. 이러한 묘한 천의가 하늘에서 떨어졌으니 그대가 입도록 하라."

곧 손을 뻗쳐서 왕이 주는 옷을 받았다. 받고서 자세히 관찰하니 바로 자기의 물건이었으므로 마침내 곧 미소를 지으며 아뢰어 말하였다.

"대왕이시여. 왕께서는 일찍이 만지지 않으셨습니까?"

알려 말하였다.

"이미 만졌노라."

아뢰어 말하였다.

"이미 더러운 옷을 만지셨으니 마땅히 손을 씻으십시오. 이것은 하늘의 옷이 아니고 신의 목욕옷입니다."

왕이 말하였다.

"어떻게 알 수 있는가?"

대답하여 말하였다.

"나머지 하나의 옷을 집안사람에게 주어서 입게 하였습니다. 이것의 모습과 비슷하니 왕께는 증명하십시오."

왕이 이것을 보고서 매우 희유하고 기이(奇異)함이 생겨나서 알려 말하였다.

“동자여. 어찌 그대에게 지금 인천의 묘상이 모두 나타난 것이 아니겠는가?”

대답하여 말하였다.

“이미 나타났습니다.”

“만약 그렇다면 어찌 나를 잠시 그의 집으로 청하지 않았는가?”

“대왕께서 만약 허락하신다면 지금 곧 받들어 청하겠습니다.”

왕이 말하였다.

“가겠노라. 음식을 준비하라.”

아뢰어 말하였다.

“대왕이시여. 만약 인천의 묘상이 출현하면 그것을 수고롭게 경영하여 짓지 않아도 자연스럽게 되옵니다. 곧 마땅히 가마를 정비하여 함께 집으로 가시지요.”

왕이 곧 집으로 갔다. 그 바깥문에서 일하는 부녀자를 보고 왕이 곧 눈을 아래로 내려뜨니 장자가 아뢰어 말하였다.

“무슨 까닭으로 눈을 내려뜨십니까?”

왕이 말하였다.

“내가 그대의 아내를 피한 것이다.”

알려 말하였다.

“이 사람은 밖에서 일하는 사람이지 신의 아내가 아닙니다.”

왕이 말하였다.

“희유하구나.”

다음으로 안에서 여인을 보고 왕이 곧 눈을 내려떴다. 장자가 다시 물으니 왕이 앞에서와 같이 대답하였다. 알려 말하였다.

“이 사람은 안에서 일하는 사람이지 신의 아내가 아닙니다.”

왕이 듣고서 더욱 기이함이 생겨났다. 다음으로 중문(中門)에 이르러 보니 유리로 된 땅이 맑은 연못과 같았고 그 문 위에는 기관어(機關魚)를 장치하여 그림자가 그 속에 나타나 있었다. 왕이 보고서 '이것은 물이 있는 연못이구나.'하고 곧 신발을 벗으니 화생이 아뢰어 말하였다.

"대왕께서 어찌 신발을 벗으십니까?"

"지금 물에 들어가는데 젖지 않겠는가?"

화생이 말하였다.

"이것은 물이 아니옵고 유리로 된 땅이옵니다."

왕이 말하였다.

"무슨 인연으로 물고기가 움직이는가?"

대답하여 말하였다.

"물고기가 아니옵고 이것은 기관의 그림자이옵니다."

왕이 마음에 믿어지지 않았으므로 곧 반지를 빼어 땅에 던져보니 반지는 소리를 내면서 한쪽으로 굴러갔다. 왕이 다시 매우 감탄하였고 사자좌(師子座)에 올랐다. 이때 그의 집안에 있던 사람들이 모두 와서 배알(拜謁)하면서 일어나지 않고서 여인들이 모두 눈물을 흘리니, 왕이 화생에게 물어 말하였다.

"무슨 인연으로 집안의 여인들이 나를 보고서 눈물을 흘리는가?"

대답하여 말하였다.

"이것은 우는 것이 아니옵고 대왕의 옷에 전단과 침수향(沈水香)의 연기가 베인 까닭으로 그 연기에 눈이 아파서 눈물이 흐르는 것입니다."

이때 영승왕은 하늘의 묘한 즐거움과 수한 사유에 빠져서 싫어함이 없었으므로 궁궐로 돌아가지 않았고 나라의 기무(機務)[38]를 모두 버렸다. 이때 여러 대신들이 미생원(未生怨) 태자에게 말하였다.

"나라의 주인이신 대왕께서 화생장자의 집에 들어가시어 욕락에 탐착(耽着)하여 기꺼이 궁궐로 돌아오시지 않습니다. 원하건대 태자께서 가시어 그 일을 아뢰십시오."

이때 미생원이 곧 왕의 처소에 이르러 아뢰었다.

38) 근본(根本)이 되는 중요(重要)한 사건(事件)을 가리킨다.

“대왕이시여. 어찌 이곳에 머무시면서 만기(萬機)[39]를 돌보시지 않으십니까?”

왕이 태자에게 말하였다.

“그대가 어찌 하루 동안의 국사(國事)를 마땅히 알지 못하겠는가?”

태자가 말하였다.

“대왕께서는 오직 하루라고 말씀하셨으나 궁궐에서 나오시고서 이미 칠일이 지났습니다.”

왕이 듣고서 화생의 얼굴을 바라보면서 이와 같이 말하였다.

“진실로 칠일이 지났는가?”

대답하여 말하였다.

“사실이옵니다.”

왕이 말하였다.

“만약 이와 같다면 어떻게 밤과 낮을 구별할 수 있는가?”

화생이 아뢰어 말하였다.

“대왕이시여. 만약 꽃이 열리고 합해지거나, 보주(寶珠)가 빛나고 빛나지 않거나, 새가 울고 울지 않는 것으로 밤과 낮을 구별하옵니다.”

왕이 말하였다.

“나는 아직도 알지 못하겠구나.”

대답하여 말하였다.

“어느 꽃은 밤에 열리고 낮에 합해지나 제게 있는 것은 밤에 합해지고 낮에 열리옵고, 어느 구슬은 밤에는 어둡고 낮에는 밝으나 제게 있는 것은 밤에는 밝고 낮에는 어두우며, 어느 새는 밤에 소리를 우나 제게 있는 것은 낮이 되어야 곧 웁니다.”

왕이 듣고서 깊이 기이함이 생겨나서 알려 말하였다.

“동자여. 대사이신 세존의 말씀에 허망함이 없으시어 수기하신 것을 그대가 모두 받았구나.”

---

39) 정치(政治)의 모든 중요한 결정이나 왕이 주관하는 여러 정무(政務)를 말한다.

근본설일체유부비나야잡사 제3권

삼장법사 의정 한역

석보운 번역

제1문의 제2자섭송

화생장자의 나머지이다.(섭송은 앞에 있다.)

이때 미생원이 화생의 집에 들어왔다가 좋은 보주를 보았고 마침내 훔쳐서 그 따르던 사람에게 주었다. 본래의 집으로 돌아와서 따르던 사람에게 말하였다.

"그대에게 맡겼던 보주를 곧 가져오게."

따르던 사람이 주먹을 펼쳤는데 빈손이니 알려 말하였다.

"보주가 어디로 갔는지 모르겠습니다."

태자가 마침내 성내면서 때렸으므로 화생이 말하였다.

"이 따르던 사람이 무엇을 잘못하여 곧 보고서 화내면서 때리십니까?"

대답하여 말하였다.

"나는 작은 도둑이지만 이놈은 큰 도둑이다. 내가 그대의 집에서 보주를 훔쳤는데 지금 이 소인(小人)이 다시 훔친 것이다."

화생이 알려 말하였다.

"태자께서 훔친 것도 아니고, 이 사람이 훔친 것도 아닙니다. 태자께서 취하신 뒤에 다시 본래의 자리로 돌아간 것입니다."

알려 말하였다.

"태자시여. 나의 집에 있는 것은 태자의 물건입니다. 필요에 따라서 마음대로 가져가십시오. 무슨 까닭으로 훔쳐서 취하십니까?"

태자는 묵연하였고 곧 이와 같이 생각하였다.

'내 아버지가 돌아가신 뒤에 마땅히 모두 취하리라.'

이때 미생원이 제바달다(提婆達多)라는 악한 벗의 가르침을 까닭으로 그의 아버지인 명왕(明王)에게 드디어 역해(逆害)를 가하고서 곧 스스로가 관정대왕(灌頂大王)이라고 말하면서 마갈타국의 왕이 되어서 화생에게 알려 말하였다.

"그대는 내 아우이니 함께 재산을 나누도록 하세."

화생이 이와 같이 생각하였다.

'그는 아버지이신 명왕을 살해하고 스스로를 세웠는데 어찌 나의 처소를 능히 용인(容忍)하겠는가? 지금 이러한 악한 왕이 내 집을 빼앗고자 하므로 먼저 주는 것을 허락하리라.'

이렇게 생각하고서 알려 말하였다.

"대왕이시여. 나에게 먼저 뜻이 있었습니다. 집과 모든 재보를 모두 가지고 받들겠는데 다시 무엇을 나누겠습니까? 원하건대 대왕께서 내 집으로 오시고 내가 왕궁으로 가는 것을 허락하여 주십시오."

왕이 만족하였다.

"좋소. 뜻을 따라서 지으시오."

왕이 곧 이사를 갔고 화생이 궁전으로 들어갔다. 집안의 좋은 것들은 모두 궁전의 안으로 옮겨졌는데, 이와 같이 오고 가는 것을 일곱 번을 하였다. 좋은 것은 화생을 쫓아갔고 나쁜 것은 왕의 뒤를 따랐다. 이때 미생원이 이와 같이 생각하였다.

'내가 지금 능히 화생의 보배를 얻을 수 없으니 다시 다른 기술과 방편으로 곧 그것을 취해야겠다.'

훔치는 자에게 알려 말하였다.

"그대가 지금 화생의 집안으로 가서 보주를 훔쳐오라."

그 사람이 말을 듣고서 곧 쇠갈고리를 만들어서 담장에 올라서 들어가려고 하였다. 집안사람이 보고서 마침내 곧 큰소리로 외쳤다.

"도둑이 들어온다. 도둑이 들어온다."

화생이 듣고서 '떠나지 못하게 하겠다.'고 생각하고 마침내 말하였다.

"그대가 그 도둑을 막으면서 곧 담장 위에 아교를 붙이라 시켜서 내려서지 못하게 하시오."

새벽에 이르니 사람들이 모두 함께 보고서 그 도둑에게 물어 말하였다.

"무슨 까닭으로 이곳에 왔는가?"

대답하여 말하였다.

"왕이 나를 보내어 화생의 보배를 훔쳐오라고 하였소."

사람들이 모두 분노하면서 "이 악인이 법왕(法王)이 허물이 없는데 가혹하게 살육(殺戮)을 가하였고, 지금은 다시 도둑을 시켜서 사람의 재물을 빼앗는다. 이러한 허물이 더욱 깊어질 것이니 어떻게 용서하겠는가?"라고 하였다.

왕이 이 말을 듣고서 마침내 사자(使者)에게 화생의 처소에 나아가서 이러한 말을 짓게 하였다.

"마땅히 놓아주고 고해(苦海)를 가하지 말라."

이때 화생이 뜻에 따라 떠나게 풀어주면서 큰소리로 말하였다.

"도둑이여 떠나라."

마침내 곧 벗어날 수 있었다. 화생이 생각하면서 말하였다.

"오히려 능히 아버지도 죽였는데 나를 해치지 않는다는 것은 있을 수 없다. 어찌 재보를 위하여 스스로 목숨을 죽이겠는가? 그러므로 세존께서 옛날에 수기하신 '나의 법 가운데에 출가하고 수행하여 모든 여러 의혹을 끊고 아라한과를 얻으리라.'는 것을 받들어 나는 지금 마땅히 세속을 버리고 출가하리라."

집안에 소유한 재보를 모두 고독한 사람과 걸인과 가난한 부류에게 나누어 주어서 모두가 풍족하게 하였다.

이때 화생장자는 마침내 여러 친척과 벗과 지식들 모두에게 작별하고 세존의 처소에 나아가서 세존의 두 발에 예경하고서 물러나서 한쪽에 앉아서 합장하고 공경스럽게 아뢰어 말하였다.

"세존이시여. 원하건대 저를 선설하는 법과 율에 출가하는 것을 허락하십시오. 아울러 근원을 받아 필추의 성품을 이루어 청정하게 범행을 수행하면서 세존을 받들어 모시겠습니다."

세존께서 보시고서 알려 말씀하셨다.

"잘 왔느니라. 필추여. 범행을 닦도록 하라."

이 말씀을 들으니 수염과 머리털이 스스로 떨어져서 일찍이 칠일 전에 깎은 것과 같아졌고, 법의가 몸에 입혀졌으며, 물병과 발우가 손에 쥐어져서 그 위의가 정숙(整肅)하여 백세의 필추와 같았다. 게송으로 말하였다.

세존께서 잘 왔다고 명하시니
머리카락이 없어지고 법의가 몸에 입혀졌네.
곧 모든 근(根)이 적정(寂靜)을 얻어서
세존의 뜻을 따라서 모두를 이루었다네.

이때 세존께서는 근기를 따라서 교수(教授)하셨다. 그는 곧 책려(策勵)하여 방편으로 부지런히 닦았고 오취(五趣)를 관찰하여 알았으며 생사의 윤회에 동요하지 않았고 유위의 모든 행을 모두 패배시키고 무너트렸다. 싫어해야 할 악법은 항상 다른 사람에게 손해가 되는 것이고, 즐거움은 있어도 잠시의 때인 것이며, 고통을 받는 것은 오랜 세월이고, 비록 천상의 과보가 있더라도 결국 산멸(散滅)로 돌아간다는 것을 깊이 관찰하여 알았다. 곧 여러 의혹을 끊고 아라한과와 삼명과 육통을 얻었고, 팔해탈(八解脫)[1]을 구족하였으며, 여실지(如實知)를 얻어서 내가 태어남을 이미 마쳤고

---

1) 번뇌의 속박에서 벗어나는 여덟 선정(禪定)으로 첫째는 내유색상관외색해탈(內有色想觀外色解脫)이고, 둘째는 내무색상관외색해탈(內無色想觀外色解脫)이며, 셋째는 정해탈신작증구족주(淨解脫身作證具足住)이고, 넷째는 공무변처해탈(空無邊處解脫)이며, 다섯째는 식무변처해탈(識無邊處解脫)이고, 여섯째는 무소유처해탈(無所有處解脫)이며, 일곱째는 비상비비상처해탈(非想非非想處解脫)이고, 여덟째는 멸수상정해탈(滅受想定解脫) 등이다.

범행은 이미 섰으며, 지을 것을 이미 마쳐서 후유(後有)를 받지 않았다. 마음에 장애가 없어 손을 허공으로 휘젓는 것과 같았고 칼로 베거나 향으로 바르는데 사랑과 미움이 일어나지 않았으며, 금을 보아도 흙을 보는 것과 다르지 않았고, 모든 명예나 이익을 버리지 않은 것이 없었으므로 제석과 범천의 여러 천인들이 모두 공경하였다. 이때 여러 필추들이 모두 의심을 일으켰다.

"오직 불·세존께서 능히 외심의 그물을 제거하여 주실 것입니다. 우리들이 지금 함께 여쭈도록 합시다."

곧 세존의 처소에 나아가서 아뢰어 말하였다.

"세존이시여. 화생장자는 이전에 무슨 업을 지었고, 그 업의 과보로 크게 부유한 집에 태어나서 부족함이 없이 수용하였으며, 다시 무슨 업을 지었기에 어머니와 함께 일시에 불 속에 태워졌고, 다시 무슨 업을 까닭으로 인간의 가운데에 태어났으나 하늘의 묘한 상을 받았으며, 다시 무슨 업을 까닭으로 불법의 가운데에 출가하였고 수행하여 여러 번뇌를 끊고 아라한을 증득하였습니까?"

세존께서 알려 말씀하셨다.

"그대들 필추들이여. 모두 마땅히 잘 들을지니라. 화생동자가 이전에 지은 업을 되돌려 반드시 스스로가 받은 것이니라. [자세한 설명은 앞에서와 같다.] 그대들은 마땅히 들을지니라. 지나간 과거의 세상의 때인 91겁에 세존께서 세상에 출현하셨으니 명호는 비바시여래(毘婆尸如來)·응·정등각으로서 십호를 구족하셨느니라. 대필추의 대중 6만2천명과 함께 차례(次第)로 유행하시어 점차 하나의 성에 이르렀는데 친혜(親慧)라고 이름하였고 왕은 유친(有親)이라고 이름하였다. 이곳에서 멀지 않은 곳에 친혜림(親慧林)이 있어서 세존과 필추들은 이곳에 머무르셨다.

그 왕에게는 큰 복덕이 있어서 나라가 안녕(安寧)하였고 백성들이 치성(熾盛)하였으며 여러 투쟁이 없어 대법왕(大法王)이었고, [자세한 설명은 위에서와 같다.] 이 성안에 한 장자가 있었고 천분(天分)이라고 이름하였다. 크게 부유하여 재물이 많았고 풍족하게 수용하였는데 그의 부유함과 풍성함은 비사문왕에 비교되었다. 장자는 생각하며 말하였다.

"내가 비록 자주자주 비바시불과 여러 성중들을 청하여 좋은 음식을 베풀었으나 일찍이 3개월의 안거에 사사공양(四事供養)[2]을 못하였다. 내가 지금 마땅히 세존과 승가를 청하여 3개월의 일체의 생활용품을 모두 희사(喜捨)하고 제공해야겠다."

이렇게 생각을 짓고서 곧 세존의 처소로 가서 두 발에 정례(頂禮)하고 물러나 한쪽에 앉았다. 세존께서는 방편으로써 법요(法要)를 설하시어 보여주시고 가르치셨으며 이익되고 즐겁게 하시고서 설법이 끝나자 묵연히 머무르셨다. 이때 장자가 곧 자리에서 일어나 합장하고 세존을 향하여 아뢰어 말하였다.

"세존이시여. 원하건대 자비로서 애민(哀愍)하게 생각하시어 3개월 동안에 제가 청하는 음식·의복·와구(臥具)·의약(醫藥)을 받아주십시오."

세존께서는 청하는 것을 보시고 묵연히 받아들이셨다. 이때 그 장자는 세존께서 받아들이시는 것을 보고 발에 예경하고 떠나갔다. 이때 국왕인 유친은 비바시여래께서 여러 대중들과 그 나라에 오셨고 숲의 가운데에 머무르신다는 말을 듣고서 곧 스스로가 생각하며 말하였다.

"내가 비록 자주자주 세존과 승가를 집으로 오시도록 청하여 음식을 드렸으나 3개월 동안의 사사공양이 없었다. 내가 지금 세존과 승가를 청하여서 3개월 동안을 공양해야겠다."

곧 세존의 처소에 가서 두 발에 예경하고 물러나서 한쪽에 앉았다. 이때 세존께서는 왕을 위하여 미묘한 법을 설하여 보여주시고 가르치셨으며 이익되고 즐겁게 하시고서 묵연히 머무르셨다. 왕이 일어나서 합장하고 공경스럽게 세존께 사뢰었다.

"제가 자주자주 세존과 승가를 집으로 오시도록 청하여 음식을 드렸으나 3개월 동안의 사사공양이 없었습니다. 원하건대 세존과 여러 대중께서는 애민하게 보시어 보시와 3개월 동안의 공양을 받아주십시오. 사사(四事)

---

2) 4가지 공양으로서 의복·음식·탕약·와구의 4가지를 말하며, 와구 대신에 방사를 포함하기도 한다.

가 부족하지 않도록 하겠습니다."

세존께서 말씀하셨다.

"대왕이여. 나는 이미 천분장자의 3개월 동안의 청을 받았습니다."

왕이 말하였다.

"세존께서 만약 천분장자의 청을 받으시어 허락하지 않으시겠다면 제가 친분과 서로 의논하겠습니다. 그가 반드시 양보할 것입니다."

세존께서 말씀하셨다.

"그가 만약 허락한다면 내가 마땅히 받겠습니다."

왕은 세존의 말씀을 듣고서 발에 예경하고 떠나갔다. 궁중에 이르러 곧 사자를 시켜 친분장자를 오라고 명하였다. 장자가 이르니 왕이 말하였다.

"장자여. 그대는 아시오. 내가 먼저 세존과 승가를 청하여 공양을 베풀고자 하오. 그대는 다음에 사사를 베풀어도 늦지 않을 것이오."

대답하여 말하였다.

"대왕이시여. 내가 이미 가장 먼저 세존과 승가를 청하였습니다. 이미 이것을 생각하였으니 엎드려 원하건대 어긋남이 없게 하십시오."

왕이 말하였다.

"장자여. 비록 이와 같으나 그대는 이 나라의 백성이오. 이치로서 헤아려서 생각하여도 내가 마땅히 먼저 베풀어야 하오."

아뢰어 말하였다.

"대왕이시여. 비록 왕이더라도 이치는 먼저 청한 사람에게서 끝나야 합니다. 만약 왕이 고통스럽게 억압한다면 의리에 어긋남이 있습니다."

왕이 말하였다.

"장자여. 감정과 욕심을 까닭으로 곧 마침내 마음을 얻으면 아니되는 것이오. 그러므로 내가 그대와 함께 격일(隔日)로 공양을 베풀어서 만약 음식이 좋으면 곧 그것을 따르도록 하시오."

장자가 말하였다.

"알겠습니다."

이때 그 장자는 곧 그 밤에 여러 종류의 상묘(上妙)하고 진기(珍奇)한 음식을 힘써 준비하였고 날이 밝으니 음식을 차린 곳에 큰 옹기(瓮器)에 깨끗한 물을 많이 저장하고서 사람을 보내어서 아뢰었다.

"음식이 준비되었습니다. 원하건대 세존께서는 때가 되었음을 아십시오."

이때 비바시불께서는 하루의 초분에 옷과 발우를 집지하고 승가 대중을 따라서 천분장자의 집에 음식을 차려놓은 곳에 이르러 자리에 앉으셨다. 장자는 이미 세존과 승가가 앉은 것을 보고서 곧 스스로의 손으로 여러 공양을 가져다가 세존과 승가께 받들었다. 이와 같이 은근하게 하여 대중이 배부르고 만족한 것을 알았다. 치목(齒木)을 씹고 씻고서 발우를 안치하였으므로 법을 들으려는 까닭으로 세존의 앞에 작은 자리를 취하여 앉았다. 이때 세존께서는 그 장자를 위하여 미묘한 법을 설하여 보여주시고 가르치셨으며 이익되고 즐겁게 하시고서 자리에서 일어나 떠나가셨다.

이때 그 국왕이 다음으로 마땅히 공양을 베푸는 차례이었으므로 곧 여러 종류의 공양을 준비하였으며, [자세한 설명은 앞에서와 같다.] 나아가 자리에서 일어나 떠나가셨다. 이와 같이 차례를 바꾸면서 묘한 공양을 베풀었는데 결국 우열이 없었다. 이때 그 국왕이 이 일을 보고는 손으로 뺨을 괴고서 근심하면서 머물고 있었다. 이때 여러 대신이 왕의 근심하는 얼굴을 보고 아뢰어 말하였다.

"제바(提婆)[3]시여. 무슨 까닭으로 기색이 우울하십니까?"

대답하여 말하였다.

"지금 내가 어찌 근심이 없겠소. 내 나라에 의지하여 머무르는 손님인 세존과 승가에게 베푸는 공양을 능히 이길 수가 없는 까닭으로 근심하는 것이오."

대신이 아뢰어 말하였다.

---

3) 산스크리트어 Deva의 음사로서 '신', '하늘', '밝은'이라는 뜻이며, 실질적으로는 '신성한 인간', 또는 '고차원의 거룩한 존재'라는 말로 사용되고, 반인반신(半神半人)이나 초자연적 존재를 가리킬 때도 있다.

"천분장자의 집안에 땔나무가 없으므로 사서 음식을 짓고 있습니다. 나무를 파는 사람들에게 모두 팔지 못하게 한다면 불을 피우는 땔감이 부족하여 음식을 지을 인연이 없습니다."

왕이 곧 마땅히 명령하였다.

"우리나라 사람은 나무와 풀을 팔지 말라. 만약 범하는 자가 있으면 마땅히 우리나라에서 쫓아내겠노라."

이때 그 장자는 음식을 베푸는 날에 이르렀으나 나무를 구할 수 없었으므로 곧 집안의 전단향목을 사용하여 밥을 짓고 다시 향유(香油)를 면직물의 옷감에 발라서 사용하여 떡과 음식을 익혔다. 이것을 까닭으로 향기가 성안에 두루 퍼지니 왕이 괴이하여 물어 말하였다.

"무슨 까닭으로 오늘은 향기가 가득한 것이 평소와 다른 것인가? 어디에서 오는 것인가?"

여러 사람들이 이 일을 갖추어 왕에게 아뢰니 왕이 말하였다.

"나는 지금 이 일을 할 수 없소."

대신이 간언하여 말하였다.

"대왕께서는 무슨 까닭으로 이러한 일을 지으십니까? 장자의 집에는 다시 자식이 없어 죽은 뒤에는 그 재물이 관청으로 들어갑니다. 이와 같아서 뜻에 따라서 비용도 지을 수 있는 것입니다. 대왕께서는 지금 마땅히 다시 나무를 팔게 하십시오."

곧 나무를 파는 것을 허락하였고 장자는 왕이 나무와 풀을 파는 것을 허락한 것을 듣고 분노심이 생겨나서 악한 말을 하였다.

"나의 집안에 있는 현재의 향목으로 왕과 아울러 그의 어머니를 한 곳에서 태우겠다."

다음의 다른 날에도 왕이 근심하는 까닭으로 여러 신하들이 거듭 물었고 왕은 이전과 같이 대답하였다. 신하가 말하였다.

"원하건대 걱정하지 마십시오. 우리가 방편을 지어서 그가 공양을 베푸는 것이 대왕께 미치지 못하게 하겠습니다."

왕이 공양을 베푸는 날이 되었으므로 여러 신하들이 곧 그 성안에 기왓장과 자갈을 제거하였고, 거리를 쓸고 두루 향수를 뿌리고 향을 피워서 널리 향기롭게 하였으며, 당번과 비단의 일산을 곳곳에 매달고서 좋은 꽃을 흩뿌리어 충분하게 펼쳐서 장엄하였으므로 환희원과 같이 사랑스러웠다. 다음으로 식당을 지었는데 굉장(宏壯)하고 화려(雅麗)하였고, 다시 식탁과 자리를 놓았는데 여러 보배로 꾸몄으며, 그 자리 위에 비단을 덮었고, 바르는 향과 가루의 향을 여러 곳에 바르고 뿌렸으며, 상찬(上饌)은 가늘고 부드러워서 천상의 감로와 같았고, 여러 종류의 자미(滋味)는 세상의 진수(珍羞)를 초월하였는데, 공경스럽게 세존과 승가께 진심으로 공양을 받들었다. 이때 여러 대신들이 함께 왕에게 아뢰어 말하였다.

"우리가 힘을 따라서 함께 이와 같이 지었습니다. 성황(城隍)을 엄숙하게 꾸미고 성찬(盛饌)을 준비하였사오니 대왕께서는 지금 마땅히 기쁜 마음을 일으키십시오."

왕이 스스로 직접 보고 지극한 희유함이 생겨나서 곧 사자에게 명하였다.

"세존의 처소에 나아가서 알려 말하라. '음식이 준비되었습니다. 원하건대 세존께서는 때가 되었음을 아십시오.'"

세존과 대중은 각자 옷과 발우를 지니고 그 왕궁에 이르러 음식이 준비된 처소에 나아가서 자리에 앉으셨다. 왕이 마침내 관정한 큰 코끼리와 100개의 일산을 가지고 불·세존을 가려주었다. 스스로 나머지의 코끼리들이 각자 하나의 일산을 가지고 필추들을 가리게 하였고, 나라의 대부인(大夫人)들이 직접 보배부채를 가지고 세존께 시원한 바람을 부쳐드렸다. 스스로 나머지 내인(內人)들이 필추들에게 부채질을 하여 주었고, 왕과 대신들은 직접 공양을 가지고 세존과 승가께 받들었으며, [자세한 설명은 앞에서와 같다.]

이때 천분장자가 마침내 집안사람에게 알려 말하였다.

"그대는 지금 왕이 공양을 베푸는 곳에 나아가서 몰래 음식이 거친 것인가? 미세한가를 살펴보도록 하게."

사자가 이미 이르렀고 그것이 성찬인 것을 보고서 드디어 돌아오는 것을 잊어버렸다. 제2·제3의 사자도 모두 돌아오지 않았다. 이때 장자가 직접 가서 그것이 성대하게 베풀어진 것을 보고 깊이 희유함을 찬탄하면서 곧 이렇게 생각을 지었다.

'이러한 여러 묘한 공양은 힘써 준비할 수 있으나 코끼리와 궁인을 나는 얻을 수 없구나.'

이와 같이 생각하고서 곧 본래의 거처로 돌아가서 문지기에게 알려 말하였다.

"그대는 만약 어느 걸인이라도 오는 것을 본다면 필요한 것을 모두 주고서 들여보내지 말게."

장자가 방에 들어와 근심하고 머물렀다. 이때 천제석은 항상 천안으로써 세간을 관찰하였는데 천분장자가 방안에서 근심하는 것을 보았고 그의 마음을 관찰하고서 곧 이렇게 생각을 지었다.

'세간의 복전은 세존께서 제일이시고 큰 시주를 지은 것은 천분이 먼저이다. 내가 지금 마땅히 그와 함께 서로를 도와야겠다.'

곧 스스로가 바라문의 모습으로 변화하여 장자의 문에 이르러 문지기에게 알려 말하였다.

"그대는 지금 마땅히 대장자에게 가서 알리게. '어느 교시가(憍尸迦)[4] 종족의 대바라문이 지금 문밖에 와서 서로를 보고자 합니다.'"

문지기가 알려 말하였다.

"장자께서 나에게 그 문을 철저히 지키라고 하였습니다. 걸인을 본다면 필요한 것을 모두 주고 들여보내지 말라고 하셨습니다. 반드시 필요한 것이 있다면 뜻에 따라서 가져갈 수 있는데 어찌 수고롭게 장자의 몸을 볼 필요가 있겠습니까?"

그 사람이 알려 말하였다.

"나는 구하는 것이 없네. 그러나 중요한 인연이 있어 반드시 장자를 보아야 하네."

4) 산스크리트어 kauśika의 음사로서 제석천(帝釋天)의 성(姓)을 가리킨다.

문지기가 드디어 들어가서 알려 말하였다.

"밖에 교시가 종족의 대바라문이 있는데 말하였습니다. '구하는 것은 없으나 반드시 장자를 보고자 하네.'"

장자가 알려 말하였다.

"그 사람에게 말하게. '만약 구하는 것이 있다면 뜻에 따라서 가져갈 수 있는데 어찌 반드시 억지로 나를 보고자 하는가?'"

알려 말하였다.

"대가(大家)여. 가르침과 같이 내가 이미 알렸으나 그가 말하였습니다. '나는 중요한 인연이 있어 반드시 장자를 보아야 하네.'"

문지기에게 알려 말하였다.

"만약 이와 같다면 들여보내게."

문지기가 인도하여 들어왔다. 이때 바라문이 장자가 근심하며 머무르고 있는 것을 보고 물어 말하였다.

"장자여. 무슨 인연으로 손으로 뺨을 괴고 근심하는 얼굴을 하고 있소?"

장자가 듣고 가타로 설하여 말하였다.

만약 누가 능히 근심을 풀어준다면
이 사람과 함께 말을 하겠으나
그 근심을 풀 수 없다면
함께 말하여 무엇을 하겠는가?

이때 천제석이 물어 말하였다.

"장자여. 무슨 걱정스러운 일이 있소? 나에게 방편이 있으므로 능히 풀어 주겠소."

장자가 곧바로 앞의 일을 갖추어 말하였다. 이때 천제석이 곧 본래의 모습을 회복하고 장자에게 알려 말하였다.

"장자여. 내가 상수(上首)의 교묘천(巧妙天)을 오게 하겠으니 서로에게 도움을 빌리도록 하시오."

이와 같이 말하고서 형체를 숨기고 떠나갔다. 이때 제석천은 이미 천궁(天宮)에 이르러 교묘천에게 알려 말하였다.

"그대는 지금 섬부주(贍部洲)의 가운데로 가서 천분장자를 도와주도록 하시오."

대답하여 말하였다.

"알겠습니다."

이때 교묘천은 곧 그 다음 날에 그 성의 가운데에 이르러 뜻에 따라서 변화시켜 네거리를 장엄하였는데 기교(奇巧)하고 초절(超節)하였으며, 여러 종류로 장식하여 그 왕보다 두 배나 수승하였고, 식당의 좌구도 묘한 천상의 공교로 이루어졌으며, 소유한 음식도 아울러 천상에서 요리한 것이었고, 큰 코끼리의 왕은 100개의 일산을 가지고 비바시불을 가려드렸고, 그 나머지의 여러 코끼리들은 일산을 가지고 필추들을 가려주었으며, 사지천녀(舍之天女)는 금부채를 잡고서 세존을 위하여 시원하게 하였고, 나머지의 천녀들은 필추들에게 부채질을 하였다.

이때 그 국왕이 한 사자를 보내어 몰래 가서 장자의 공양이 그것이 어떠한가를 관찰하게 하였다. 그 사자가 가서 그 기이함을 보고 드디어 돌아가는 것을 잊어버렸고, 다시 대신을 보내었으나 돌아가는 것도 잊고서 이전과 같이 머물렀으며, 뒤에 태자를 보냈으나 역시 돌아오지 않았다. 왕은 그 일이 괴이하게 생각하여 곧 자신이 그 장자의 문으로 가서 이르렀다. 이때 세존께서 멀리서 왕을 보시고 장자에게 알려 말씀하셨다.

"이 국왕은 이미 진제를 보았네. 그대는 그에게 추악한 말을 하였고 지금 문밖에 있으니 그대는 사죄를 구하게."

장자는 마침내 나가서 왕에게 사죄하며 아뢰어 말하였다.

"대왕이시여. 지금 잠깐 들어오시어 스스로의 손으로 공양하시기를 청하옵니다."

왕이 곧 들어가서 상묘한 하늘의 요리를 보고 매우 희유함이 생겨나서 장자에게 알려 말하였다.

"그대가 지금부터 날마다 세존과 승가께 공양하시오. 나는 바라지 않겠소."

이때 그 장자는 이와 같은 기묘한 성찬을 지어 세존과 승가께 공양하고서 세존의 발에 예경하고서 발원하며 말하였다.

"제가 지금 최상의 복전에 공양하였사오니, 원하건대 이 수승한 인연으로 제가 내세에는 항상 크게 부귀한 집안에 태어나서 진귀한 재물이 풍족하고 하늘의 묘상을 받으며 수승한 법을 얻고 개전(蓋纏[5])을 벗어나며 이와 같으신 대사를 제가 마땅히 모시는 일에 마음에 싫어함이 없게 하십시오."

그대들 필추들이여. 다른 생각을 일으키지 말라. 지나간 때의 천분장자가 곧 이 화생이니라. 그 왕에게 '전단의 불로써 모자(母子)를 같이 태우겠다.'는 추악한 말을 하였던 까닭과 그 업력을 까닭으로 500생의 가운데에서 어머니와 함께 같은 곳에서 불에 태워졌고, 나아가 지금의 때에도 한 곳에 같이 태워졌느니라. 비바시불께 상묘한 공양을 지었고 또한 발원한 까닭과 그 업력을 까닭으로 항상 크게 부귀한 집안에 태어나서 재보가 풍성하였고, 하늘의 여러 묘상이 자연히 나타났으며, 나의 법 가운데에 출가하고 수행하여 여러 의혹을 모두 끊고 아라한과를 얻었느니라.

그대들 필추들이여. 나와 비바시불의 신통한 도력(道力)이 모두 평등한 것이니라. 만약 나의 처소에서 공양하고 모시는 일에 은중(殷重)한 마음이 생겨난다면 반드시 수승한 과보를 얻는 것이 이와 같음을 마땅히 알라. 만약 순흑업(純黑業)이었다면 순흑과 등을 얻을 것이고." [자세한 설명은 앞에서와 같다.] 이때 여러 필추들이 세존의 말씀을 듣고서 믿고 받들어 행하였다.

제1문의 제3자섭송으로 말하겠노라.

발우를 꿰매고 저축하는 자구와

---

5) 번뇌를 달리 일컫는 말이다.

작은 칼과 바늘과 바늘통과
아울러 세 종류의 옷걸이의 이것을
대선(大仙)께서 열어서 허락하신 것이 있다.

세존께서는 실라벌성에 머무르셨다.

이때 어느 필추가 그 발우에 구멍이 있어 곧바로 가지고 단사(鍛師)의 처소에 나아가서 알려 말하였다.

"현수여. 나의 발우에 구멍이 있으니 바라건대 꿰매어 주십시오."

그는 이렇게 생각을 지었다.

'여러 석가자들은 모두 한가한 사람들이다. 값을 주지 않고 무료로 서로가 줄지어 시키는데 내가 만약 짓는다면 다른 자들도 계속하여 올 것이다. 자주자주 요리(料理)한다면 나는 생업(生務)을 그만두어야 하고 끝이 없을 것이다. 나는 지금 마땅히 또한 시일(時節)을 늦추어야겠다.'

알려 말하였다.

"성자여. 내가 아직 겨를이 없으니 마땅히 내일 마땅히 오십시오."

다음 날에 곧 이르렀는데 알려 말하였다.

"다음 날에, 혹은 아침에, 혹은 저녁에." 날마다 이와 같이 거짓으로 시일을 늦추었으므로 필추도 피로하였다. 지식(知識)인 필추가 있어 보고 물어 말하였다.

"구수여. 날마다 항상 보니 이 집으로 향하는데 어찌 이 집이 그대의 문도(門徒)로 친근한 지식이 아니겠는가?"

알려 말하였다.

"대덕이여. 이 집은 나의 문도도 아니고 역시 친근한 지식도 아닙니다. 내가 소유한 발우가 깨져서 그에게 요리하게 하였으나 그가 나를 조롱하고 속이므로 이렇게 항상 오는 것입니다."

대답하여 말하였다.

"구수여. 그대는 공사(工師)가 교묘한 아이라서 진실한 말을 얻기 어렵다는 것을 듣지 못하였는가? 그러나 내가 짓는 것을 알고 있으니 세존께서 허락하신다면 내가 그대를 위하여 꿰매어 주겠네."
인연으로써 세존께 아뢰니 세존께서 말씀하셨다.
"만약 필추로서 공교(工巧)를 짓는 것을 아는 자가 있다면 마땅히 가려진 곳에서 그 발우를 꿰맬 것이고, 설령 보는 자가 있더라도 비난과 추악함이 생겨나지 않게 하라."
이때 그 필추가 세존께서 허락하신 것을 듣고서 곧바로 그 공교필추에게 가서 알려 말하였다.
"대덕이시여. 세존께서 열어서 스스로가 발우를 꿰매는 것을 허락하셨으니 마땅히 나를 위하여 하여 주십시오."
그가 말하였다.
"구수여. 어찌 나의 손가락을 사용하여 발우를 꿰매겠는가? 반드시 짓는 도구를 얻어야 비로소 꿰맬 수 있는 것이네."
인연으로써 세존께 아뢰니 세존께서 말씀하셨다.
"이것을 까닭으로 나는 지금 승가에게 철을 짓는 도구를 저축하는 것을 열어서 허락하겠노라. 만약 필요한 자가 있다면 빌려서 사용하고 일이 끝나면 돌려보내라."

연기는 실라벌성에서 있었다.
이때 여러 필추들이 삼의(三衣)를 자르면서 곧 손으로 찢었으므로 옷감이 손실되었다. 인연으로써 세존께 아뢰니 세존께서 말씀하셨다.
"마땅히 손으로 찢지 말고 칼로 자르라."
세존께서 이미 허락하셨다. 이때 어느 필추가 옷을 자르려고 하였으므로 재가인의 처소에 가서 알려 말하였다.
"거사여. 내가 옷을 자르는데 칼이 필요합니다."
대답하여 말하였다.
"가져가십시오."
이미 옷을 잘랐으므로 그 사람에게 돌려보내니 거사가 알려 말하였다.
"이것을 곧 서로에게 보시하겠습니다."

대답하여 말하였다.

"세존께서 허락하지 않으셨습니다."

인연으로써 세존께 아뢰니 세존께서 말씀하셨다.

"나는 필추가 칼을 받아서 저축하는 것을 허락하겠노라."

세존께서 허락하신 것을 보고서 이때 육중은 곧 금·은·유리·파리 등의 여러 보배와 아울러 다른 색깔로 여러 종류의 기이하고 진귀하게 그 칼집을 장식하였다. 이때 여러 재가인들이 보고서 물어 말하였다.

"성자여. 이것이 무슨 물건입니까?"

대답하여 말하였다.

"세존께서 작은 칼을 저축하는 것을 허락하셨소."

그들이 말하였다.

"당신들도 오히려 일의 욕망에 얽힌 마음이 있습니까?"

이때 여러 필추들이 인연으로써 세존께 아뢰니 세존께서 말씀하셨다.

"필추는 마땅히 금·은·유리·파리 등의 여러 보배와 아울러 다른 색깔로 여러 종류의 기이하고 진귀하게 그 칼집을 장식하지 말라. 만약 칼이 필요하면 순수한 철을 사용하여 지으라."

그들이 곧 매우 길게 만들었으므로 재가인이 물어 말하였다.

"성자여. 이것이 무슨 물건입니까?"

대답하여 말하였다.

"이것은 작은 칼인데 세존께서 저축하는 것을 허락하셨소."

그들이 말하였다.

"성자여 이것은 큰 칼이지 작은 칼이 아닙니다."

인연으로써 세존께 아뢰니 세존께서 말씀하셨다.

"필추는 큰 칼을 저축하지 말라."

그들이 매우 작게 만들었고 물건을 자를 수가 없었으므로 세존께서 말씀하셨다.

"그대들은 마땅히 알라. 세 종류의 칼이 있으니 이를테면, 대·중·소이니라. 큰 것의 길이는 손가락 여섯 마디이고, 작은 것은 네 마디이며, 이 가운데를 중간이라고 이름한다. 그 모양도 두 종류가 있으니 첫째는 까마귀의 깃털과 같이 굽은 것이고, 둘째는 닭의 깃털과 같은 것이니 마땅히 뾰족하고 곧게 하지 말라."

연기는 실라벌성에서 있었다.

이때 여러 필추들이 삼의를 바느질하는 때에 대나무 칼이나, 혹은 새의 깃털을 사용하여 옷이 마침내 손괴되었다. 세존께서 말씀하셨다.

"마땅히 바늘을 사용하라."

이때 육중이 곧 금·은·유리·파리 등의 여러 보배로서 그 바늘을 만들었다. 재가인들이 보고 물어 말하였다.

"성자여. 이것이 무슨 물건입니까?"

대답하여 말하였다.

"세존께서 바늘을 저축하는 것을 허락하셨소."

그들이 말하였다.

"사문이 일의 욕망에 얽힌 마음이 있구나."

인연으로써 세존께 아뢰니 세존께서 말씀하셨다.

"필추는 마땅히 금 등의 물건으로 바늘을 만들지 말라. 그러나 네 종류의 바늘은 있으니 구리·철·주석 및 적동 등이다."

필추들이 바늘을 저축하였고 처소에 따라서 놓아두었으므로 마침내 곧 녹이 생겨났다. 세존께서 말씀하셨다.

"마땅히 침통을 사용하라."

필추들이 어떻게 짓는가를 알지 못하였으므로 세존께서 말씀하셨다.

"두 종류의 바늘통이 있느니라. 첫째는 추관(抽管)이고, 둘째는 죽통(竹鷺)이니라. 이러한 관을 사용할 것이고 그 작은 칼도 철에 녹이 생겨나는 것이 두렵다면 역시 이것도 관을 사용하는 것을 허락하겠노라."

연기는 실라벌성에서 있었다.

세존께서는 필추들이 승가지(僧伽胝)를 짓는 것을 허락하셨다. 이때 여러 필추들이 곧 땅위에 그 무명을 내려놓으니 벌레가 많이 씹어 먹었고 먼지와 때에 더럽혀졌다. 인연으로써 세존께 아뢰니 세존께서 말씀하셨다.

"마땅히 땅에 놓지 않을 것이고 옷걸이(衣楨)를 지으라."

필추가 이해하지 못하여 인연으로써 세존께 아뢰니 세존께서 말씀하셨다.

"두 종류의 옷걸이가 있나니, 혹은 나무이고, 혹은 대나무이니라."

옷감과 옷을 위에 걸어두고 끌어내리는데 대나무에 옷이 손괴되었다. 세존께서 말씀하셨다.

"먼저 반드시 구멍을 뚫고 다음은 끈을 감아서 서로를 붙일 것이며 그 위를 꿰매도록 하라."

세존께서 말씀하신 것과 같이 이를테면, 세 종류의 옷이 있었으니 상·중·하였다. 상의는 마땅히 옷걸이에 걸어야 하였고 중·하의 두 옷은 곧 서로가 겹치지 않아야 하였다. 세존께서 말씀하셨다.

"마땅히 세 옷걸이를 지으면서 옷의 크고 작음에 따를지니라."

제1문의 제4자섭송

제1문의 제4자섭송으로 말하겠노라.

거울에 비추고 아울러 물에 비추는 것과
마땅히 빗이나 솔질하지 않는 것과
정수리에 긴 머리카락을 남기는 것과
욕실과 율고비가 있다.

연기는 실라벌성에서 있었다.

이때 육중필추가 하루의 초분에 옷과 발우를 집지하고 성에 들어가서 걸식하였다. 이때 여러 재가인들이 상자 속에서 여러 장신구를 꺼냈는데 육중이 보고 곧 그 거울을 가지고 얼굴을 비추어 보았고 모습도 살폈다.

난타와 오파난타가 서로에게 알려 말하였다.

"우리들은 아주 단정(端正)하구나."

재가인들이 보고서 비웃으며 이와 같이 말하였다.

"성자여. 머리 위에는 머리카락이 없고 겨드랑이 밑에는 털이 긴데 어느 곳이 용모와 위의가 단정하겠습니까?"

그들은 곧 묵연하였다.

필추들이 세존께 아뢰니 세존께서 말씀하셨다.

"필추는 마땅히 거울을 비추어 보지 말라. 만약 얼굴을 비추어 보는 자는 월법죄를 얻느니라."

세존께서 말씀하신 것과 같이 거울을 비추어 보지 못하였으므로 곧바로 물에 비추었으므로 이전과 같이 비웃었다. 세존께서 말씀하셨다.

"역시 다시 마땅히 물에 다가가서도 얼굴을 비추어 보지 말라."

필추가 물의 벌레를 관찰할 때에 스스로가 그 얼굴을 보았는데 곧 후회의 마음이 생겨났다. 세존께서 말씀하셨다.

"물을 관찰하면서 얼굴을 보았다면 이것은 범한 것이 아니므로 의심하지 말라. 만약 종기를 살피거나, 혹은 지나간 때의 늙고 젊음의 형상을 비교하는 것이라면 거울을 보아도 허물이 없느니라."

연기의 처소는 앞에서와 같다.

육중이 걸식하면서 다른 재가에서 장신구(莊飾具)가 있는 것을 보고서 곧 그 빗(梳)을 사용하여 머리카락을 정리하면서 서로에게 말하였다.

"좋은가?"

재가인들이 보는 때에 앞에서와 같이 비웃었고 그들은 곧 묵연하였다. 인연으로써 세존께 아뢰니 세존께서 말씀하셨다.

"필추는 마땅히 머리를 빗질하지 말라. 만약 짓는다면 월법죄를 얻느니라."

필추가 다시 거듭 솔(刷)을 사용하였으므로 도리어 이전의 허물과 같았다. 세존께서 말씀하셨다.

"솥을 사용하여도 월법죄를 얻느니라."

필추가 빗과 솥을 일시에 함께 사용하였으므로 세존께서 말씀하셨다.

"얻는 죄는 이전과 같으니라."

연기의 처소는 앞에서와 같다.

이때 급고독장자가 측포황금(側布黃金)으로 서다림을 사가지고 세존과 승가께 받들었으며 이발사에게 사찰의 가운데에 들어가서 대중의 머리를 깎아주게 하였다. 그 사람이 이미 이르니 육중이 물어 말하였다.

"그대는 능히 정수리의 머리카락을 남기고 깎을 수 있겠는가?"

대답하여 말하였다.

"이것은 나의 공교입니다."

곧 깎도록 시키면서 말하였다.

"길게 깎게."

다시 말하였다.

"다시 일분(一分)을 깎게."

이와 같이 이분·삼분·사분·오분 나아가 팔분까지 깎게 하고서 알려 말하였다.

"어리석은 사람아. 그대는 원래 이해하지 못하는구려. 모두 깨끗이 깎는다면서. 그대를 놓아주고 집으로 돌려보내겠다."

날이 저물어 돌아가라고 말하였다. 장자가 보고 물어 말하였다.

"그대는 몇 분의 머리카락을 깎고 왔는가?"

대답하여 말하였다.

"많이 깎을 겨를이 없었습니다. 오파난타가 정계(頂髻)[6]를 짓도록 시켰고, [자세한 설명은 앞에서와 같다.] 나아가 날이 저물어서 돌아가라고 말하였습니다."

---

6) 산스크리트어 cūḍā의 음사로 주라(周羅)를 말한다. 계(髻)·소계(小髻)·정계(頂髻)라 번역되며 출가하여 삭발할 때에 스승이 직접 깎도록 정수리에 몇 가닥 남겨두는 머리카락을 가리킨다.

장자가 듣고서 마음에서 비난과 싫어함을 일으켰다. 필추가 세존께 아뢰니 세존께서 말씀하셨다.

"필추는 마땅히 정수리의 위에 상투를 지니지 말라. 만약 지니는 자는 월법죄를 얻느니라."

이때 구수 우와(牛臥)는 교섬비국(憍閃毘國)의 수림산(水林山)에 있는 출광왕원(出光王園) 안의 저감굴(豬坎窟)에 머물렀다.

뒤의 다른 때에 그 출광왕원은 따뜻한 봄날에 숲과 나무가 모두 무성하였는데, 거위·기러기·원앙(鴛鴦)·앵무(鸚鵡)·사리(舍利)[7]·공작(孔雀) 등이 두루 여러 수풀에 있으면서 애달프게 울고 있었다. 이때 출광왕(出光王)이 관리인(掌園人)에게 명령하여 말하였다.

"그대는 지금 수림산이 있는 곳과 주변의 방원(芳園)을 모두 관리하면서 기왓장과 자갈 등을 없애고 깨끗한 물을 많이 놓아두고 위인(衛人)에게 지키게 하시오. 내가 잠시 동산의 가운데에 가서 유희(遊戲)하고자 하오."

그 사람이 공경스럽게 승낙하고 왕의 한 가르침에 의지하여 수영(修營)[8]을 마치고서 돌아와서 왕에게 아뢰어 알게 하였다.

"칙명하신 가르침과 같이 제가 수영을 모두 마쳤습니다. 오직 원하건대 때가 되었음을 아십시오."

왕이 곧 여러 내궁(內宮)들을 거느리고 시종을 삼아서 방원으로 나아가서 유희하다가 피곤하여 누워서 잠이 들었다. 이때 그 내인은 성품이 꽃과 과일을 사랑하였으므로 방원의 안을 이리저리 찾아다녔다. 이때 우와필추는 수염과 머리카락이 모두 길었고 윗옷은 찢어졌으며 아래의 군의는 때가 묻어 있었다. 한 나무의 아래에 가부좌로 앉아 있었는데 궁인이 멀리서 보았고 각자 모두가 놀라서 외쳐 말하였다.

"대왕이시여. 귀신이 있사옵니다. 귀신이 있사옵니다."

---

7) 인도 히말라야 산에 사는 앵무새의 한 종류로 눈이 매우 아름답고 영롱한 새를 가리킨다.

8) 건물이나 구조물 따위를 고치고 세우는 것이다.

필추는 곧 굴속으로 들어갔다. 왕이 소리를 듣고 곧바로 잠에서 깨어나서 칼을 뽑아들고 달려가서 궁인에게 물어 말하였다.

"귀신은 어디에 있는가?"

대답하여 말하였다.

"저 감굴의 가운데로 달려 들어갔습니다."

이때 왕이 듣고 굴이 있는 곳으로 가서 칼을 잡고서 물었다.

"그대는 무슨 물건인가?"

대답하여 말하였다.

"대왕이여. 나는 사문입니다."

왕이 말하였다

"어느 사문인가?"

왕이 말하였다

"석가자입니다."

물어 말하였다.

"그대는 아라한과를 얻었는가?"

대답하여 말하였다.

"얻지 못하였습니다."

"그대는 불환·일래·예류과는 얻었는가?"

대답하여 말하였다.

"얻지 못하였습니다."

"이것은 그만두고 그대는 초선정과 나아가 사선정을 얻었는가?"

대답하여 말하였다.

"얻지 못하였습니다."

왕이 이것을 듣고 다시 더욱 진노(瞋怒)하여 대신에게 알려 말하였다.

"이 자는 평범한 놈으로서 나의 궁녀를 범하였으니 큰 개미를 가져다가 굴속에 채워서 그의 몸을 깨물게 하시오."

이때 오래 전부터 이 굴 가까이에 머물고 있던 천신(天神)이 이러한 말을 듣고 곧 이렇게 생각을 지었다.

'이 선한 사문이 와서 나에게 의지하고 있고 진실로 범한 것이 없으며 욕심이 적게 스스로가 머무르고 있거늘 비법(非法)의 악한 왕이 심하게 상해(傷害)하고자 한다. 내가 지금 마땅히 구제하는 인연을 지어야겠구나.'

곧 하나의 큰 돼지로 변화하여 굴에서 뛰쳐나갔다. 왕이 돼지를 보고 대신에게 알려 말하였다.

"곧 말과 활과 화살을 가져오시오."

신하는 곧 가져다가 주었다. 그 돼지는 드디어 급하게 달려서 화원으로 나아갔고 왕은 돼지의 뒤를 따라서 쫓아갔다. 이때 궁녀가 필추에게 알려 말하였다.

"성자여. 가세요. 왕은 매우 포악하니 혹시 상해할 수도 있습니다."

이때 그 필추는 급하게 옷과 발우를 지니고 빠르게 떠나가서 점차로 실라벌성에 이르렀다. 이때 필추들이 우와필추를 보고 알려 말하였다.

"잘 오셨습니다. 구수여. 오랫동안 서로를 보지 못하였습니다. 어느 곳에서 왔습니까?"

대답하여 말하였다.

"교섬비에 머물렀습니다."

"안락하였습니까?"

대답하여 말하였다.

"어찌 안락하였겠습니까? 거의 국왕이 목숨을 끊고자 하였습니다."

물어 말하였다.

"무슨 까닭입니까?"

곧 그 일을 갖추어 말하였다. 이때 여러 필추들이 인연으로써 세존께 아뢰니 세존께서 한 필추에게 알리셨다.

"그대는 지금 우와필추에게 가서 이와 같이 말하게. '세존께서 그대를 부르십니다.'"

이에 세존의 가르침을 받고 우와의 처소에 가서 성지(聖旨)를 공손하게 전하였다. 우와는 가르침을 듣고 곧 세존의 처소에 나아가서 평소와 같이 예경하고서 한쪽에 서있었다. 세존께서 말씀하셨다.

"필추여. 그대가 어찌 이와 같은 비법(非法)으로 악한 형상을 지었는가?"

"진실로 그렇습니다. 대덕이시여."

"그대는 어리석은 사람이니라. 그 굴에 탐심(貪心)으로 애착(戀着)하여 깊은 애락이 생겨났구나."

세존께서는 여러 필추들에게 알려 말씀하셨다.

"머리카락을 길게 한다면 이와 같은 과실이 있느니라. 이러한 까닭으로 그대들은 마땅히 장발(長髮)을 하지 말라. 그러므로 깎지 않는 자는 월법죄를 얻느니라."

세존께서 가르치신 것과 같이 필추는 마땅히 장발을 남기지 않아야 하였다. 난야의 필추가 머리카락을 깎지 않았으므로 마침내 곧 그의 와구 등의 물건을 버렸다. 취락(聚落)의 근처에 와서 머물렀으므로 세존께서 아시면서도 일부러 아난타에게 물어 말씀하셨다.

"무슨 까닭으로 난야필추가 그의 주처에서 버림을 받고서 취락의 근처에 와서 머무르고 있는가?"

아난타가 세존께 아뢰어 말하였다.

"세존께서 제정하신 것과 같이 필추는 마땅히 머리카락이 길지 않아야 합니다."

세존께서 말씀하셨다.

"내가 지금 열어서 허락하겠노라. 난야필추의 머리카락이 매우 길다면 손가락의 두 마디까지로 할 것이고, 취락에 있는 사람은 마땅히 이것을 줄여서 헤아려라."

연기의 처소는 앞에서와 같다.

이때 어느 필추가 몸에 병이 있어서 의사에게 나아가서 알려 말하였다.

"현수여. 나의 몸에 병이 있으니 바라건대 처방하여 주십시오."

알려 말하였다.

"성자여. 마땅히 욕실(浴室)을 짓고 목욕(澡浴)하면 몸이 평소처럼 회복될 것입니다."

알려 말하였다.

“현수여. 내가 어찌 재가인과 같이 욕락을 받겠습니까?”

알려 말하였다.

“성자여. 오직 이것이 약입니다. 다른 것은 낫지 않습니다.”

이때 여러 필추들이 인연으로써 세존께 아뢰니 세존께서 말씀하셨다.

“만약 의사가 ‘반드시 욕실이 그 병을 능히 없앨 수 있고 다른 약이 없다.’고 말하였다면, 이것을 까닭으로 나는 지금 욕실에 들어가는 것을 허락하겠노라.”

세존께서 말씀하신 것과 같이 욕실을 짓고자 필추가 의사에게 돌아가서 알려 말하였다.

“병을 없애는 욕실은 그 모양이 어떻습니까?”

의사가 알려 말하였다.

“내가 일찍이 윤왕의방(輪王醫方)을 읽었는데 그곳에서는 ‘욕실이 능히 그 병을 없앤다고 말하였으나, 그 모양이 어떠한가를 알 수 없다.’라고 대답하여 말하였습니다. 그러나 그대의 대사께서는 일체지(一切智)를 갖추셨으니 당신이 나아가서 그 분께 묻는다면 마땅히 짓는 것을 가르쳐주실 것입니다.”

필추가 세존께 아뢰니 세존께서 말씀하셨다.

“마땅히 욕실을 지으라.”

그가 곧 내부를 좁고 밖은 넓게 그 욕실을 지었으므로 세존께서 말씀하셨다.

“마땅히 이와 같이 하지 말라. 욕실을 짓는 법은 내부는 넓고 밖은 좁게 하고 오이(瓜)나 병(甁)의 모습과 같게 하라.”

내부가 어둡고 연기가 나가지 않았으므로 세존께서 말씀하셨다.

“마땅히 창문을 지어서 연기를 밖으로 내보내라.”

그가 곧 아래에 창문을 지으니 오히려 연기가 나가지 않았으므로 세존께서 말씀하셨다.

“마땅히 아래에 하지 말라.”

그가 곧 높게 지었으므로 오히려 광명이 적었다. 세존께서 말씀하셨다.

"마땅히 너무 높지도 않고 너무 낮지도 않게 마땅히 중간에 지으라."

까마귀·새·비둘기가 곧 욕실의 안으로 날아들었으므로 세존께서 말씀하셨다.

"마땅히 창문에 격자(隔子)와 창령(窗櫺[9])을 만들고, 비와 바람이 불 때에는 물이 흘러 들어오면 문선(門扇[10])을 안치하며, 바람이 불어서 열리면 마땅히 자물쇠를 설치하고, 만약 열고 닫는 것이 어려우면 양갑장(羊甲杖)을 지어서 열고 닫으라."

욕실에 문선이 없었으므로 세존께서 말씀하셨다.

"문선과 가로의 빗장(横居)과 둥근 문고리(鐶鈕)를 달아라."

욕실 안에 물 항아리를 땅에 놓았으므로 식어서 사용할 수 없었다. 세존께서 말씀하셨다.

"마땅히 실내에 두면서 양끝에 받침을 놓고 항아리를 그 위에 놓아라. 높이는 너무 높지도 않고 너무 낮지도 않는 마땅히 무릎에 맞추어라."

땅에서 불을 피우니 땅을 손괴시켰다. 세존께서 말씀하셨다.

"마땅히 벽돌과 돌을 땅에 깔아라."

불꽃이 곧 치성하였으나 필추가 들어갔고 마침내 곧 민절(悶絶)하였다. 세존께서 말씀하셨다.

"불꽃이 만약 맹렬히 타고 있다면 마땅히 들어가지 않을 것이고 연기와 불꽃이 꺼지는 것을 기다려서 뜻에 따라서 들어가라."

그가 불을 흩어놓으니 곧 빠르게 꺼졌으므로 세존께서 말씀하셨다.

"마땅히 한 곳에 모아라."

무슨 물건으로 불을 모으는가를 알지 못하였다. 세존께서 말씀하셨다.

"마땅히 철삽(鐵杴)을 사용하라. 필추가 불의 가운데에서 기절하였을 때에는 마땅히 약간의 순무씨(蔓菁子)의 기름과 보릿가루를 섞어서 불속에 넣으면 깨어나게 될 것이니라."

---

9) 살창, 완자창을 가리킨다.

10) 문 양쪽에 세워 문짝을 끼워 달게 된 기둥을 가리킨다.

곧 나쁜 냄새가 있었으므로 세존께서 말씀하셨다.

"마땅히 향을 피울지니라."

눈에서 눈물이 나왔으므로 세존께서 말씀하셨다.

"구단(糗團)을 사용하여 닦아라."

눈물이 아직도 없어지지 않았다.

"마땅히 암몰라과의 가루를 반죽하여 작은 덩어리로 지어서 그 눈물을 가려라."

욕실에 앉는 판자가 없어서 그가 스스로 지니고 오면서 기름에 더러워졌다. 세존께서 말씀하셨다.

"마땅히 곧 풀로 대체하라."

발로 바닥을 밟았는데, 먼지와 흙에 더러워졌다. 세존께서 말씀하셨다.

"마땅히 풀을 덮으라."

그가 마른 풀을 사용하였는데 곧 불에 탔으므로 세존께서 말씀하셨다.

"마땅히 푸른 풀을 깔아라."

푸른 풀을 구하기 어려웠으므로 세존께서 말씀하셨다.

"마땅히 물에 적셔라."

이때 여러 필추들이 기름을 몸에 두루 바르고 문질렀으므로 모두가 가려웠고 벽돌과 돌과 손톱을 사용하여 문지르니 피부가 벗겨졌다. 세존께서 말씀하셨다.

"몸이 가려워도 손톱으로 긁지 말고 마땅히 뜨는 돌을 사용하라."

그가 곧 날카로운 곳으로 문질렀으므로 이전과 같은 허물을 불렀다. 세존께서 말씀하셨다.

"날카로운 곳을 갈고서 뒤에 사용하라."

그들이 이미 사용하고서 아무 곳에나 던져두었고 이 인연으로 잃어버렸고 없어졌다. 세존께서 말씀하셨다.

"마땅히 아무 곳에나 버리지 않을 것이고 노끈으로 묶어서 상아의 말뚝에 걸어두어라."

뜨는 돌에 기름때가 있어서 자주자주 씻었으므로 세존께서 말씀하셨다.

"마땅히 자주자주 물로 씻지 말고 불에 넣어두어라."

많은 사람이 그 욕실을 출입하였으므로 마침내 차가워졌다. 세존께서 말씀하셨다.

"들어갈 때에 마땅히 닫아야 하고 나갈 때도 역시 그렇게 할 것이며 마땅히 필추에게 문을 지키게 하라."

이때 필추들이 욕실 안에서 농담(漫話)의 말을 하였으므로 세존께서 말씀하셨다.

"마땅히 농담을 하지 말라. 그러나 씻고 목욕할 때에 두 의식(儀式)이 있으니 첫째는 법어(法語)이고, 둘째는 성스러운 침묵이니라."

이 욕실에서 필추들이 씻고 목욕하였는데 마침내 진흙이 끈적거렸다. 세존께서 말씀하셨다.

"마땅히 이 욕실에서 물로 씻지 말고 마땅히 별도의 욕실을 짓고 그 안에서 씻고서 목욕하여라."

이것도 진흙이 있었다.

[이것은 서방(西方)의 욕실의 제도(制度)이다. 벽돌을 겹쳐 쌓아서 만듦으로 곡식을 쌓은 모습과 같다. 위는 좁고 아래는 넓다. 가운데의 높이는 일장(一丈)[11]까지 허락되고, 아래의 계단은 칠척(七尺)[12]이나 팔척이며, 일반(一畔)은 열리는 문이고 문에는 반드시 창호로 가렸다. 재(灰)를 발라서 겉과 속이 얇아서 물이 새지 않게 하였다. 뒤쪽 면에는 작은 감실(龕)을 설치하였고, 감실에는 석상(石象)을 안치하거나, 혹은 동상(銅像)을 안치하였다. 먼저 상(像)을 씻고 다른 곳을 향하여 떠받들었다.

다른 사람들은 뒤에 들어가서 요심(要心)으로 공양하면서 발원하였는데 일상적으로 하였다. 비용이 많지 않아도 무궁(無窮)한 복을 얻는 것이다.

---

11) 자(尺)는 손을 펼쳐서 물건을 재는 형상에서 온 상형문자(象形文字)이며, 처음에는 18㎝ 정도였던 것으로 추정된다. 이것이 차차 길어져 한(漢)나라 때는 23㎝ 정도, 당(唐)나라 때는 24.5㎝ 정도로 되었으며, 이보다 5㎝ 정도 긴 것도 사용되었다고 한다.

12) 1장은 10자[尺]이고, 중국 주(周)나라에서는 8척을 1장이라 하였다.

가운데 있는 바닥의 욕조의 깊이는 1척까지 허용된다. 목욕할 때에 이르면 이곳에 숯을 피우거나 혹은 땔감을 태운다. 그 차갑고 뜨거운 것을 보아서 적당한 시간을 알며, 욕실 안에 등을 밝히고 창문으로 연기를 내보낸다. 서방의 목욕법은 모두 음식을 먹기 이전이나 같지는 않다. 이 지방에서는 굶고 목욕하고 먹고서도 목욕한다.

목욕하는 때에 이르렀을 때에는 군의를 입고 욕실에 들어가서 한쪽에 쪼그리고 앉는다. 잠깐의 시간에 두루 땀이 나면 기름으로서 몸을 바르고, 사람에게 닦고 문지르게 한다. 마침내 침아(沈痾)[13]와 냉비(冷痺)[14]와 풍병(風病)[15]와 번로(煩勞)[16]의 여러 병을 없앨 수 있어서 다른 약이 필요가 없다. 어찌 함께 탕(湯)에서 씻고 때를 벗기겠는가? 그리고 뒤에 따른 별실로 옮겨가서 지난 뒤의 그 때에 약탕(藥湯)에서 몸을 씻는다. 이것은 제석의 목욕법이다. 세존의 가르침에서 필추의 다른 일은 알 수 없다. 두렵게 보이는 것은 알지 못한 것을 의지하는 인연으로 물을 흘려보내는 것이다. 만약 병이 없고 좇아서 살피는 자는 마음대로 시간을 따라서 일을 헤아릴 수 있으나 중천축국(中天)에서 열지(熱地)를 짓는 것은 드물다. 북방 추운 나라에서는 곳곳에 모두 있다.]

세존께서 말씀하셨다.

"마땅히 물건으로 섬돌(砌)을 놓아라."

필추가 무슨 물건으로써 섬돌을 놓는가를 알지 못하였으므로 세존께서 말씀하셨다.

"마땅히 벽돌로 섬돌을 사용하거나, 혹은 모래를 깔아라."

물이 곧 넘쳤으므로 세존께서 말씀하셨다.

---

13) 오래도록 낫지 않아 고치기 어려운 병(病)인 불치병(不治病)을 가리킨다.

14) 한(寒)의 기운으로 인해 손발에 감각이 없고 저린 증상을 말한다.

15) 외풍(外風)과 내풍(內風)에 의해서 생긴 병증의 통칭. 풍사(風邪)가 침입하거나 질병 중에 음혈(陰血)이 허손(虛損)되거나 열(熱)이 몹시 성(盛)하여 생긴다. 피부질환에 있어서 풍병(風病)이란 피부가 건조(乾燥)하고 모발(毛髮)이 꺼칠하며 가피(痂皮)를 형성하여 탈락(脫落)되는 것을 지칭한다.

16) 일이 번거로와 수고로움을 가리킨다.

"구멍을 뚫어서 물을 밖으로 나가게 하라."

또한 물을 끼얹는 때에 물을 끼얹는 사람이 아래에 있고 목욕하는 사람이 위에 있었으므로 물이 옷을 더럽혔다. 세존께서 말씀하셨다.

"마땅히 이와 같이 하지 말라. 목욕하는 사람은 아래에 있고 물을 끼얹는 사람은 위에 있게 하라."

목욕할 때에 필요한 치목(齒木)·조두(澡豆)·우분(牛糞)·토설(土屑)을 다른 곳에서 취하였으므로 세존께서 말씀하셨다.

"욕실에 미리 이러한 물건을 비치하고 멀리서 취하지 말라."

목욕하고서 몸이 허탈하고 야위었으므로 세존께서 말씀하셨다.

"마음대로 적은 음식을 먹어라."

손에 기름때가 있어서 씻어 없애는 것이 어려웠고 만약 다시 늦추면 씻을 때가 지나는 것이 두려웠다. 세존께서 말씀하셨다.

"마땅히 숟가락으로 먹어라. 혹은 뜨거운 죽을 얻었다면 역시 숟가락을 사용하라."

먹는 때에 소금이 필요하였으나 나뭇잎이 없어서 받지 못하였다. 세존께서 말씀하셨다.

"마땅히 승염반자(承鹽盤子)를 저축하라."

세존께서 욕실을 지으라고 하셨으나 누구를 시켜서 짓는가를 알지 못하였다. 세존께서 말씀하셨다.

"마땅히 제자와 문인(門人)들을 시켜서 함께 지을 것이고, 만약 시주가 있으면 역시 의지하여 구할지니라."

씻을 때에 몸을 닦고 문지르는 것을 다시 서로가 지었으므로 세존께서 말씀하셨다.

"들어갈 때에 마땅히 제자를 데리고 들어가서 몸을 닦고 문지르게 하라."

[승염반자(承鹽盤子)는 서방(西方)의 식사법이다. 먼저 반드시 소금을 행익(行益)하고 다음에 생강편(薑片)을 준다. 이것은 성스러운 가르침이나 지방마다 같지 않다. 반자는 본래 헤아려서 소금을 넣어두거나, 혹은

대부분이 물을 관찰하는 것이다. 원래는 중생의 음식에 집착하지 않으려는 것이다. 율에서는 말한다. '먹는 것을 마치고 묻는 것이 없으면 승가가 개인적으로 필요하면 일대초(一大抄)까지 보유하는 것이 허락된다. 중생에게 베푸는 것으로서 곧 그 굶주림을 요익을 구제하는 것에 있다. 이것은 아울러 모두가 전하는 사람의 착오이니라.']

근본설일체유부비나야잡사 제4권

삼장법사 의정 한역
석보운 번역

제1문의 제4자섭송

제1문의 제4자섭송의 나머지이다.

이때 세존께서는 광엄성에 머무르셨다.

이 성안에 장자가 있어 율고비자(栗姑毘子)의 아들이었으며 선현이라고 이름하였다. 성품이 거짓과 아첨이 없었고 바르고 곧게 행하였으며 매일 날마다 세존께 예경하였다. 뒤의 다른 때에 세존의 처소에 나아가고자 하였다. 실력자(實力子) 필추는 우(友)·지(地) 필추들과 세세(世世)의 가운데에서 항상 원수로 대하였다. 이때 우·지의 두 필추가 인간세상을 유력(遊歷)하면서 광엄성에 이르렀다. 갑자기 길에서 차례로 선현을 만났고 보고 물어 말하였다.

"선현이여. 그대는 어디로 향하시오?"

알려 말하였다.

"성자여. 세존께 가서 예경하고자 합니다."

그 두 필추가 알려 말하였다.

"세존의 처소에 이르면 봉헌(奉獻)하는 말을 해야 하오. 그대는 지금 여러 수승하고 묘한 말이 있어 세존께 봉헌할 수 있소?"

대답하여 말하였다.

"나는 보답할 말이 없습니다."

"선현이여. 그대는 세존의 처소에 이르면 이와 같이 말하시오. '필추 실력자는 부끄러움이 없어 비법을 행합니다. 제 아내와 더불어 몸으로 함께 음욕을 행하는 부정행(不淨行)을 지었고 바라시가(波羅市迦)를 범하였습니다.' 세존께서 이것을 듣는다면 반드시 크게 기뻐하실 것이오."

선현이 듣고서 세존의 처소로 가서 세존의 발에 예경하고서 한쪽에 서서 아뢰어 말하였다.

"세존이시여. 실력자 필추는 부끄러움이 없어서 비법을 행합니다. 제 아내와 더불어 몸으로 함께 음욕을 행하는 부정행을 지었고 바라시가를 범하였습니다."

이와 같이 말하고 세존께 하직하고서 떠나갔다. 세존께서 여러 필추들에게 알리셨다.

"그 율고비의 아들이 망녕되게 방훼(謗毁)하였으니 마땅히 복발갈마(覆鉢羯磨)를 짓도록 하라. 만약 다시 이와 같은 나머지 무리의 부류가 있다면 역시 마땅히 같게 하라. 좌석(坐席)을 펴고 건치(揵稚)를 울려서 먼저 알려 말하라. 다음으로 대중을 모두 모으고서 한 필추에게 단백갈마를 짓게 하라.

'대덕 승가께서는 들으십시오. 그 율고비의 아들인 선현이 근거가 없는 바라시가법으로 실력자의 청정필추를 비방하였습니다. 만약 승가께서 때에 이르렀음을 인정하신다면 승가께서는 마땅히 허락하십시오. 승가시여. 지금 선현에게 복발갈마를 짓겠습니다. 이와 같이 아룁니다.'

만약 승가가 복발갈마를 지었다면 필추는 그 집에 가지 않아야 하고 설령 가더라도 자리에 나아가서 앉지 않으며 음식을 받지 않고 설법하지 않아야 하느니라."

세존께서 아난타에게 알리셨다.

"그대가 지금 선현의 주처에 가서 알려 말하게. '승가가 이미 그대에게 복발갈마를 지었습니다.'"

이때 아난타가 세존의 가르침을 공경스럽게 받고서 선현의 처소에 나아갔다. 이때 선현은 인연이 있어 밖으로 외출하였으므로 아난타가 그 부인에게 물어 말하였다.

"선현은 어디에 있습니까?"

대답하여 말하였다.

"성자여. 인연이 있어서 나갔습니다."

물어 말하였다.

"무슨 일을 인연하는 까닭으로 반드시 선현을 보시고자 합니까?"

대답하여 말하였다.

"마땅히 알리십시오. '승가가 이미 그대의 집에 복발갈마를 지었습니다.'"

물어 말하였다.

"대덕이여. 무엇을 복발갈마라고 이름하여 말하는 것입니까?"

대답하여 말하였다.

"만약 어느 사람의 집에 승가가 복발갈마를 짓는다면 모든 필추들이 그 집에 가지 않아야 하고 설령 가더라도 자리에 나아가서 앉지 않으며 음식을 받지 않고 설법하지 않아야 합니다."

여인이 말하였다.

"대덕이여. 이것에 의거한다면 곧 성중(聖衆)들이 우리에게 산가지(籌)를 떨어트리고 제약을 세워 왕래하지 않는 것입니다. 우리에게 무슨 허물이 있어 복발갈마를 지었습니까?"

대답하여 말하였다.

"그대의 남편인 선현이 일찍이 세존의 처소에 나아가서 이와 같이 말하였습니다. '실력자 필추는 부끄러움이 없어서 비법을 행합니다. 제 아내와 더불어 몸으로 함께 음욕을 행하는 부정행을 지었고 바라시가를 범하였습니다.'"

그 아내는 듣고서 곧바로 방으로 들어갔고 존자는 나와서 떠나갔다. 이때 선현이 일을 마치고 집으로 돌아오니 아내가 말하였다.

"당신은 지금은 아십니까? 성중들이 당신에게 복발갈마를 지었습니다.”

대답하여 말하였다.

“복발이라니 좋구려. 복발이라니 매우 좋구려.”

아내가 말하였다.

“당신은 이 복발의 뜻을 확실히 아십니까?”

대답하여 말하였다.

“알지 못하오.”

아내가 말하였다.

“만약 그 성중들께서 복발갈마를 짓는다면 모든 필추들이 그 집에 가지 않아야 하고 설령 가더라도 자리에 나아가서 앉지 않으며 음식을 받지 않고 설법하지 않는다고 합니다. 당신은 일찍이 실력자 필추가 나와 함께 홀로 가려진 곳에서 비법을 행하는 것을 보았습니까?”

대답하여 말하였다.

“보지 못하였소.”

“당신은 지금 마땅히 가서 대사께 예경하고 사죄하십시오. 만약 대자존(大慈尊)께서 보시고 용서하신다면 좋겠으나, 용서하지 않고 버리신다면 집에 들어오지 마십시오.”

선현이 듣고서 마음에 부끄러움과 두려움이 생겨나서 세존의 처소를 찾아가서 세존의 발에 예경하고 합장하여 땅을 두드리면서 아뢰어 말하였다.

“세존이시여. 제가 항상 원하는 것은 아침에 씻고 양치하고서 대사께 예를 행하는 것이었습니다. 제가 길의 중간에서 우·지의 두 필추를 보았는데 그들이 저에게 물었습니다.

‘그대는 어디로 향하는가?’

제가 곧 알려 말하였습니다.

‘세존의 처소에 직접 가서 예경하고자 합니다.’

그들이 말하였습니다.

‘그대가 세존의 처소에 이른다면 세존께 봉헌하는 좋은 말이 있소?’

제가 대답하여 말하였습니다.

'없습니다.'

그들이 나에게 가르쳐 말하였습니다.

'세존의 처소에 이르면 마땅히 이와 같이 말하시오. 「세존이시여. 실력자필추는 부끄러움이 없어 비법을 행합니다. 제 아내와 더불어 몸으로 함께 음욕을 행하는 부정행을 지었고 바라시가를 범하였습니다.」'

그 두 필추가 가르친 것인 그 말을 전하였으니 저에게 무슨 허물이 있겠습니까?"

이때 세존께서 여러 필추들에게 알리셨다.

"선현이 방훼(謗毀)한 것은 원래 자기의 마음이 아니었으니 마땅히 선현에게 앙발갈마(仰鉢羯磨)를 짓도록 하라. 만약 다시 이와 같은 나머지 무리의 부류가 있다면 역시 마땅히 같게 하라. 좌석을 펴고 건치를 울리고 아뢰어 말하라. 널리 대중을 모두 모으고서 그 선현에게 상좌 앞에 무릎을 꿇고 합장하고서 이와 같이 말하게 하라.

'대덕 승가께서는 들으십시오. 그 율고비의 아들인 선현이 근거가 없는 바라가법으로 실력자의 청정필추를 비방하였습니다. 나 선현은 악지식(惡知識)에게 속아서 미혹된 까닭으로 진실이 아닌 법으로 실력자를 비방하였습니다. 이 인연을 까닭으로 승가께서는 저에게 복발갈마를 지었습니다. 나는 지금 대중을 쫓아서 앙발갈마를 지어주기를 애원합니다. 원하건대 대덕 승가께서는 자비롭고 애민한 까닭으로 저에게 앙발갈마를 지어주십시오.'

이와 같이 세 번을 말하게 하라. 곧 선현을 볼 수는 있으나 들을 수 없는 곳으로 보내어 합장하고 서있게 하고 한 필추에게 단백갈마를 짓게 하라.

'대덕 승가께서는 들으십시오. 그 율고비의 아들인 선현은 악지식에게 속아서 미혹된 까닭으로 진실이 아닌 법으로 실력자를 비방하였고, 승가께서는 복발갈마를 지었습니다. 그 선현은 지금 승가를 쫓아서 앙발갈마를 지어주기를 애원하고 있습니다. 만약 승가께서 때에 이르렀음을 인정하신다면 승가께서는 마땅히 허락하십시오. 승가시여. 지금 선현에게 앙발갈마를 짓겠습니다. 이와 같이 아룁니다.'

만약 승가가 앙발갈마를 지어준다면 그때부터 모든 필추들은 마땅히 그 집에 가고 나아가서 자리에 앉을 수 있으며 음식도 받을 수 있고 아울러 설법도 할 수 있느니라."

제1문의 제5자섭송 ①

제1문의 제5자섭송으로 말하겠노라.

생지(生支)와 얼굴이 거울과 같은 것과
노래와 춤과 오락을 하지 않는 것과
가영(歌詠)의 소리를 허락하신 것과
발우를 사용하는 것에 네 종류가 있다.

연기는 실라벌성에서 있었다.

이때 어느 필추가 오로지 적정(寂定)을 닦으면서 가부좌로 앉았으나 생지가 마침내 일어났다. 다시 다른 때에 차례로 걸식하여 먹기를 마치고서 옷과 발우를 거두고 발을 씻고서 한 나무 아래에 단정히 앉아서 정밀하게 사유하였는데 작의(作意)[1]가 현전(現前)하여 생지가 일어났다. 이미 욕정의 번뇌에 시달려서 성내는 마음이 두 배나 일어났으므로 곧 그 생지를 꺼내어 돌 위에 놓고 다시 돌로 때렸다. 마침내 곧 손괴(損壞)되었고 큰 고뇌가 생겨나서 능히 견딜 수 없었으므로 이와 같이 생각을 지었다.

'내가 큰 고통의 핍박을 만나서 마음이 타들어 가는데 대자비이신 세존께서는 어찌 애민하게 생각하시지 않는가?'

이때 세존께서 두루 아시고서 멀리서 괴로움을 살피셨으며 찾아서

---

1) 산스크리트어 manaskāra의 음사로서 마음을 일깨워 대상으로 향하게 하는 마음 작용을 말한다.

이르시어 그의 근처에서 물어 말씀하셨다.

"필추여. 그대는 무슨 일을 지었는가?"

곧바로 갖추어 아뢰니 세존께서 말씀하셨다.

"그대는 어찌 나의 가르침을 듣지 않았는가? 필추가 염욕(染欲)이 생겨난 때에는 부정관(不淨觀)을 지어 음욕의 뜻을 쉬어야 하느니라. 무슨 까닭으로 그대는 지금 어리석은 사람들과 마땅히 화합하여 이렇게 뒤집어서 때렸고 다시 다르게 때렸는가?"

필추가 듣고서 부끄러워하면서 묵연하였다. 세존께서는 이 일을 인연하여 여러 필추들에게 알리셨다.

"어찌 내가 이전의 때에 그대들에게 말하지 않았던가? 만약 염욕심(染欲心)이 일어나는 때에는 마땅히 부정관을 닦을 것이고, 만약 진에심(瞋恚心)이 일어난 때에는 마땅히 자비관(慈悲觀)을 닦을 것이며, 만약 우치심(愚癡心)이 일어났다면 마땅히 십이인연관(十二因緣觀)을 닦을지니라. 만약 마땅히 닦을 것을 닦지 않고 마땅히 때릴 것을 때리지 않으며 다시 다른 것을 때리는 자는 월법죄를 얻느니라."

이 성안에 한 장자가 있었다.

아내를 얻고서 오래지 않아서 한 자식이 태어났는데 얼굴과 용모가 단정(端正)하여 사람들이 보는 것을 즐거워하였다. 정을 따라서 양육하였고 점차 장성하여 세존의 법과 율에 출가하였다. 어느 다른 인연을 만나 서다림(逝多林)을 하직하고 인간세상을 유력(遊歷)하였으나 오래지 않아서 갑자기 얼굴 위에 종기가 생겨났다. 무식(無識)한 의사에게 나아가서 치료를 구하였고 그가 침(針)으로서 찔렀으므로 그의 입이 비뚤어졌다. 유력하는 일을 두루 하고서 급고독원으로 돌아왔으나 옛날 때의 지우(知友)들이 모두 존중하지도 않았고 안위하지도 않았으므로 물어 말하였다.

"대덕이여. 어찌 나를 모르십니까?"

대답하여 말하였다.

"구수여. 내가 서로를 알았던 것을 잊었구려. 그대는 누구신가?"

그는 곧 지나간 날의 일과 나의 이름은 누구라고 갖추어 알렸다. 주인이 괴이하여 말하였다.

"그대는 옛날에 얼굴과 머리가 단정하였는데 무슨 인연을 까닭으로 지금 비뚤어지고 노쇠하게 보이는가?"

곧바로 갖추어 대답하였고 필추는 인연으로써 세존께 아뢰었다. 세존께서 말씀하셨다.

"일반 사람들은 얼굴을 보호하는 것을 밝은 거울과 같이 보호하느니라. 마땅히 곧 무식한 의사에게 침으로 찌르지 않게 하라. 만약 시켜서 짓는 자는 월법죄를 얻느니라."

세존의 말씀과 같이 무식한 의사에게 치료를 구하지 않았다. 이때 어느 필추가 머리와 얼굴에 열병이 있어 이마의 위를 찔러서 뜨거운 피를 없애고자 하였으나 무상(無上)의 의사를 구할 수 없었다. 세존께서 말씀하셨다.

"반드시 무상의 의사가 없다면 중간의 의사를 시켜서 찔러서 그 피를 없애도록 하라."

이 성 가운데에 두 붕당(朋黨)[2]이 있었으니 첫째는 무역을 하는 자들이고 둘째는 바라문들이었다. 그 무역하는 사람들은 노래와 춤으로 바라문을 이겼고, 그 바라문들은 싸움에서는 무역하는 사람들을 이겼다. 뒤의 다른 때에 바라문 붕당이 서로 상의하여 말하였다.

"그 무역하는 사람들은 노래와 춤으로 우리를 이기고 우리들은 싸움으로 항상 그들을 이깁니다. 무슨 방편을 지어야 우리들이 노래와 춤으로 그들을 이길 수 있겠습니까?"

어느 사람이 의논하여 말하였다.

"만약 이기고자 한다면 우리들이 마땅히 노래와 춤을 익혀야 합니다."

다시 어느 사람이 의논하여 말하였다.

---

2) 이해(利害)나 주의(主義) 따위를 함께 하는 사람들의 동아리를 가리킨다.

"이것은 좋은 일입니다. 누가 우리에게 그 노래와 춤을 가르치게 해야 합니까?"

다시 어느 사람이 의논하여 말하였다.

"성자 육중이 음악(音樂)부터 가무(歌舞)에 이르기까지 매우 밝으며 수승한 다른 사람은 없습니다. 우리들이 나아가서 직접 그 업을 받읍시다. 그러나 그들은 탐욕스러운 성품이고 재화를 사랑하니 그들이 소유할 만한 것이 있다면 우리들이 공급합시다."

이렇게 의논하고서 곧 함께 육중의 처소에 가서 공경스럽게 예배하고 청하여 말하였다.

"대덕이여. 원하건대 자비를 내리시어 우리에게 노래와 춤을 가르쳐 주십시오."

육중이 알려 말하였다.

"만약 떡과 과일값을 서로에게 공급한다면 우리들이 마땅히 그대들을 가르치겠소."

그들은 그 알리는 것을 듣고 항상 떡값을 받들었고 마침내 춤과 노래를 잘 가르쳤으므로 모임이 있을 때에 곧 싸우는 법으로 무역하는 사람을 이겼고 다시 노래와 춤을 짓는 것도 역시 다시 이겼다. 그들이 곧 알려 말하였다.

"이전에는 우리들이 노래와 춤으로는 그대들을 이겼고 그대들은 우리들을 싸움으로 이겼습니다. 어떻게 하여서 오늘은 그대들이 두 일이 함께 강한데 이것에 무슨 까닭이라도 있습니까?"

대답하여 말하였다.

"우리들은 노래와 춤을 공들여서 익히고 배웠습니다."

물어 말하였다.

"누가 다시 서로에게 가르쳤습니까?"

대답하여 말하였다.

"성자 육중이 자비로 우리를 가르쳤습니다."

여러 바라문들이 이렇게 말하는 것을 듣고서 함께 싫어하고 천박하게 생각하였다.

“사문 석자가 도거(掉擧)[3]의 법을 지어 노래와 춤의 희롱을 갖추고 여러 재가인을 가르쳤구나.”

필추가 인연으로써 세존께 아뢰니 세존께서 말씀하셨다.

“노래와 춤을 짓는 인연으로 이와 같은 허물이 있는 것이다. 필추는 마땅히 노래와 춤을 익히고 배우지 말라. 짓는 자는 월법죄를 얻느니라.”

세존께서 노래와 춤을 익히는 일을 허락하지 않으셨다. 이때 바라문이 그 노래와 춤을 잊었으므로 육중의 처소에 나아가서 거듭 익히는 것을 구하였다. 이때 그들이 알려 말하였다.

“세존께서 계율을 제정하시어 노래와 춤을 허락하지 않으셨소.”

바라문이 말하였다.

“만약 이와 같다면 떠나가서 도구들을 없애겠습니다.”

육중이 알려 말하였다.

“우리가 없애어 주겠소.”

곧바로 그들에게 나아가서 소유하였던 노래하고 춤추는 악기를 거두어 없앴다. 뒤의 때에 모임에서 그 바라문의 노래와 춤이 그들의 벗들보다 못하였으므로 여러 바라문들이 함께 비난하고 헐뜯음이 생겨났다.

“사문 석자가 심하게 서로를 손괴하고 욕보여서 우리들보다 못하게 하였다.”

필추가 인연으로써 세존께 아뢰니 세존께서 말씀하셨다.

“필추는 마땅히 다른 사람의 노래와 춤의 악기를 거두어서 없애지 말라. 만약 없애는 자는 월법죄를 얻느니라.”

이때 바라문들이 다시 육중에게 나아가서 알려 말하였다.

“우리에게 유희와 오락을 가르쳐 주십시오.”

육중이 허락하지 않으니 알려 말하였다.

“성자여. 만약 능히 가르칠 수 없다면 다만 원하건대 잠시 그곳에

3) 산스크리트어 auddhatya의 번역으로 들뜨고 혼란스러운 마음 상태를 가리킨다.

가서 몸을 보여 주신다면 우리가 마땅히 이길 것입니다."

육중이 곧 가서 몸을 보여주었고 그 무역하는 사람들이 보고 곧 부끄러워하면서 능히 음악을 짓지 못하여 곧 비난이 생겨났다.

"사문 석자가 노래하고 춤추는 곳에 와서 그 몸을 나타냈구나."

세존께서 말씀하셨다.

"필추는 마땅히 그 노래하고 춤추는 곳에 가서 고의적으로 몸을 나타내지 말라. 만약 필추가 몸으로 노래하고 춤추며, 풍송(諷誦)을 읊고, 혹은 다시 사람을 가르치며, 혹은 스스로가 거두어들이고, 혹은 다시 몸을 나타낸다면 월법죄를 얻느니라."

존자 선화(善和)의 인연사

[아래는 존자 선화(善和)의 인연이다.]

이때 교섬비(憍閃毘)에 한 장자가 있었고 대선(大善)이라고 이름하였다.

성품이 부드럽고 온화하였는데 그의 아내가 회임(懷妊)하였다. 존자 사리자(舍利子)는 그녀의 뱃속에 있는 태(胎)가 결국 장차 교화를 받아 수승한 과보를 얻을 것을 알았던 인연으로 그의 집에 이르렀다. 이때 그 장자는 본래 신심이 있었으므로 삼귀의계를 구하여 받았다. 이로부터 뒤에 자주 그 집에 이르렀는데 일찍이 한 때에 존자가 시종(侍從)이 없이 혼자서 장자에게 이르니 물어 말하였다.

"대덕이여. 무슨 인연으로 시종이 없이 혼자이십니까?"

대답하여 말하였다.

"현수여. 어찌 마땅히 내가 수풀 속에서 시자를 얻겠습니까? 당신들의 처소에서 비로소 장차 시자를 얻어 삼고자 합니다."

대답하여 말하였다.

"성자여. 만약 이와 같다면 나의 아내가 임신하였습니다. 만약 아들을 낳는다면 마땅히 대덕에게 드려서 시종으로 삼겠습니다.

알려 말하였다.

"현수여. 원하건대 아이가 병이 없으시오."

곧 버리고 떠나갔다. 그 장자의 아내는 8, 9개월이 지나서 한 아들을 낳았는데 모습과 얼굴이 마르고 수척하였으나 그 목소리는 온화하고 단아하였다. 삼칠일을 채우고 종친을 불러 모으고서 잔치를 베풀었으며 그의 아버지가 아들을 안고서 여러 사람들에게 이름을 지어달라고 하였다. 여러 사람이 의논하여 말하였다.

"이 아이가 모습과 얼굴이 마르고 수척하였으나 목소리가 온화하고 단아하며, 다시 장자 대선의 아들이므로 마땅히 이 아이를 선화(善和)라고 이름합시다."

뒤에 점차로 장대하여서 소년이 되었다. 이때 존자 사리자가 소식시(小食時)에 옷을 입고 발우를 지니고 교섬비성에 들어가서 차례로 걸식하면서 대선의 집에 이르렀다. 장자가 보고서 마침내 외쳤다.

"잘 오셨습니다."

합장하고 발에 예배하고서 곧 그의 발우를 취하여 좋은 떡과 과일 등의 음식을 가득히 담아서 받들어 받드니 선화동자가 성자의 얼굴을 보았다. 존자가 모습을 나타낸 것은 장자를 기억시키려는 것이었다. 장자가 곧 그 아들에게 알려 말하였다.

"네가 어머니의 뱃속에서 있으면서 아직 태어나지 않았을 때에 내가 이미 너를 존자께 바쳐서 제자로 삼았다. 너는 지금 마땅히 존자를 따라서 떠나거라."

동자는 나아가 이렇게 최후생(最後生)인 사람이었으므로 쉽게 세속을 버리고 곧 존자를 따라서 그의 주처에 이르렀다. 존자가 곧 출가시키고 뒤에 원구(圓具)[4]를 주었으며 여법하게 열어서 이해시켰다. 마침내 곧 근책(勤策)하고 고행하면서 게으르지 않았으므로 여러 번뇌를 끊고 아라한과를 얻었다. 이때 선화필추는 경법(經法)을 풍성(諷聲)과 찬송(讚誦)으로

4) 구족계를 다르게 부르는 말이다.

지어서 읊었는데 그 소리가 청량(清亮)하여 위로 범천(梵天)까지 이르렀다. 이때 무수(無數)한 중생이 그 소리를 듣고 모두 해탈분(解脫分)의 선근을 심었고 나아가 방생(傍生)의 성품(稟識)의 부류까지도 귀로서 그 묘음(妙音)을 섭수하지 못하는 것이 없었다. 이때 세존께서는 인연으로 대중을 모으시고 널리 알려 말씀하셨다.

"그대들 필추들이여. 나의 법을 들은 성문 제자 가운데에서 음성이 미묘한 것은 선화필추가 가장 제일이니라. 그가 널리 펼치는 음운(音韻)이 온화하고 단아한 까닭으로 능히 듣는 자에게 환희심을 일으키게 할 것이고, 욕심을 벗어나지 못한 필추들에게 모두 자기의 업을 없애게 할 것이니, 날마다의 가운데에서 그의 찬송(讚誦)을 들을지니라."

뒤의 다른 때에 교살라국의 승광대왕(勝光大王)이 백련화(白蓮華) 코끼리를 타고 여러 종자(從者)들과 후야(後夜)의 때에 일이 있어 성을 나와서 다른 곳으로 가고 있었다. 선화필추가 서다림 안에서 높은 소리로 경을 외웠다. 이때 왕이 타고 있는 코끼리가 그 소리를 듣고 즐거워하여 귀를 기울여 들으면서 좀체 앞으로 가지 않았다. 마부(御者)가 곧바로 갈고리를 채우고 발을 때렸으나 코끼리는 끝내 움직이지 않았다. 왕이 마부에게 알려 말하였다.

"코끼리를 가게 하라."

대답하여 말하였다.

"대왕이시여. 힘을 다하여 앞으로 몰아도 즐거이 발을 옮기려고 하지 않습니다. 이 코끼리가 어디로 가고자 하는가를 알지 못하겠습니다."

왕이 말하였다.

"뜻에 따라서 가도록 놓아두어라."

그가 곧 갈고리를 놓으니 곧 급고독원의 사찰의 문 밖에서 귀를 모아서 소리를 들었다. 선화필추가 송경(誦經)을 마치고서 곧 네 게송을 설하면서 발원하며 말하였다.

천인과 아소라(阿蘇羅)와 약차 등이

와서 법을 듣는 자는 마땅히 지극한 마음으로
불법을 옹호(擁護)하여 길게 보존하고
각각이 세존의 가르침을 부지런히 행할지니라.

여러 듣는 무리가 있다면 이곳에 이르러서
혹은 땅 위에 있고, 혹은 공중에 있더라도
항상 인간 세상에 자비한 마을 일으켜서
낮과 밤에 스스로의 몸을 법에 의지하여 머물지니라.

원하건대 여러 세계가 항상 안은하고
무변(無邊)한 복과 지혜로 군생(群生)을 이롭게 한다면
소유한 죄업은 아울러 모두 없어져서
여러 고통을 멀리 떠나 원적(圓寂)으로 돌아가리라.

항상 계향(戒香)을 수용하고 발라서 몸을 밝게 하고
항상 지닌 정(定)의 옷으로서 몸을 보호하며
보리(菩提)의 묘화(妙花)로 두루 장엄하여서
머무는 곳을 따라서 항상 안락할지니라.

이때 그 코끼리가 이 게송을 듣고 그 송경이 끝난 것을 알고서 곧 귀를 흔들면서 발을 옮겨갔다. 그 마부가 몰아가는 갈고리를 따라서 갔으므로 왕이 마부에게 물어 말하였다.

"무슨 까닭으로 이 코끼리가 지금은 뜻을 따라서 가는가?"

마부가 대답하여 말하였다.

"모르겠습니다. 사찰 안에서 어느 성자가 미묘한 음성으로 경전을 풍송하였는데 코끼리가 듣고 즐거움이 생겨나서 마침내 즐거이 가지 않았습니다."

왕이 말하였다

"만약 이와 같다면 마땅히 코끼리를 되돌려서 그 존자를 방문하여 나아가도록 하라. 내가 원하건대 직접 좋은 옷을 받들어 보시해야겠다. 내일 마땅히 그 성에 나아가겠노라."

마부가 곧 명을 받들어 코끼리를 되돌렸으나 이전의 거처에 아직 이르지 못하였다. 이때 승만부인이 왕이 빠르게 오는 것을 괴이하게 여겨 그 까닭을 청하여 물었다. 왕이 앞의 인연과 그 일을 갖추어 대답하고서 알려 말하였다.

"부인. 상묘한 모직물을 주시오. 내가 직접 가서 그 경사(經師)께 받들고자 하오."

승만부인이 곧 이렇게 생각을 지었다.

'미묘한 음성으로 경전을 풍송하였다면 어찌 성자 선화가 아니겠는가? 그러나 그 존자는 용모와 위의가 추루(醜陋)하고 지금 우리 대왕은 성품이 잘생기고 크신 것을 좋아하므로 만약 그를 본다면 대왕은 마음에서 만족하지 않을 것이다. 만약 거만한 마음이 일어나면 앞에 지나치게 공경하고 존중하였던 것을 후회할 것이므로 방편을 베풀어 직접 가지 않도록 해야겠다.'

알려 말하였다.

"대왕이시여. 그 성에 가는 것이 옳다면 내가 마땅히 면직물을 가지고 존자께 받들어 보시하겠습니다."

대답하여 말하였다.

"부인. 마음대로 다른 것을 가지고 가시오. 어찌 이 물건을 까닭으로 교살라성이 마침내 곧 가난해지겠소."

부인은 묵연하였다. 왕이 곧 상묘한 면직물을 가지고 서다림에 나아갔다. 이때 구수 아난타는 사찰의 문 앞에서 경행하며 돌아다니고 있었다. 왕이 보고 곧 코끼리에서 내려 존자의 발에 예배하고 물어 말하였다.

"대덕이여. 어느 존자가 오늘 이른 새벽에 경법(經法)을 풍송하였습니까?"

대답하여 말하였다.

"대왕이시여. 무슨 까닭으로 물으십니까?"

"대덕이여. 내가 옷을 가지고 왔는데 몸으로 직접 드리고자 합니다."

존자가 생각하면서 말하였다.

'구수 선화는 음성이 미묘하여서 경법을 풍송하면 맑은 음운이 매우 뛰어나다. 그러나 그의 용모와 위의가 평소보다 추루한데 지금 우리 대왕은 성품이 아름답고 단아한 것을 좋아하니 만약 그를 본다면 마땅히 비천함이 생겨나서 불경한 마음을 일으킬 것이다. 방편을 베풀어 직접 가지 못하게 해야겠구나.'

알려 말하였다.

"대왕이시여. 옷을 나에게 주시오. 내가 받들어 보시하겠습니다."

대답하여 말하였다.

"대덕이여. 세존께서는 자기 손으로 가져다가 보시하는 것이 가장 제일이라고 찬탄하셨습니다. 이러한 까닭으로 내가 지금 스스로 가지고 가서 드리고자 합니다."

이때 구수 선화는 낮의 유행처인 한 나무 아래에 가부좌로 앉아 있었다. 이때 구수 아난타는 왕을 그곳에 인도하여 이르렀고 알려 말하였다.

"대왕이시여. 나무 아래에 앉아 있은 사람이 곧 미묘한 음성의 존자입니다."

왕이 나아가서 읍(揖)하고[5] 그를 보았는데 용모가 추루하였으므로 업신여김이 생겨나서 존경하고 믿는 마음이 없어졌다. 머리를 돌리고 눈썹을 숙이면서 옷을 떨치고 떠나가니 선화가 왕의 이러한 모습을 보고 곧 게송을 설하여 말하였다.

만약 모습으로써 나를 보거나
음성으로써 나를 구한다면
애염(愛染)에 어지러운 그 마음이므로

---

5) 두 손을 맞잡아 얼굴 앞으로 들어올리고 허리를 앞으로 공손히 구부렸다가 몸을 펴면서 손을 내리는 예법을 가리킨다.

마땅히 능히 나를 볼 수 없다네.

만약 사람이 다만 안(內)을 알았고
밖을 보지 못하면서
안에서 과(果)를 구한다면
이것은 소리에 미혹된 것이라네.

만약 사람이 밖을 알았고
안을 보지 못하면서
밖에서 과를 구한다면
이것은 역시 소리에 미혹된 것이라네.

만약 사람이 안도 알지 못하고
또한 다시 밖도 보지 못하면서
범부들은 모두 장애를 당하니
이것은 역시 소리에 미혹된 것이라네.

만약 사람이 안을 잘 알고
다시 밖도 잘 본다면
지혜로운 자의 마땅한 출리(出離)이니
이것은 소리에 미혹됨이 아니라네.

이때 여러 필추들이 함께 모두가 의심이 있어 세존께 청하여 말하였다.

"무슨 인연으로 선화필추는 그 형세와 용모가 추루하고 말과 소리는 온화하고 단아하며 불법의 가운데에 출가하고 수행하여 여러 번뇌를 끊고서 아라한의 과보를 얻었습니까?"

세존께서 알려 말씀하셨다.

"선화필추는 일찍이 지었던 업을 되돌려서 스스로가 받은 것이니라."

자세히 설명하셨으며, 게송으로도 말씀하셨다.

가령 백겁이 지나더라도
지은 업은 없어지지 않으며
인연이 모여 만나는 때에
과보가 돌아와서 스스로 받는다네.

이때 세존께서는 여러 필추들에게 말씀하셨다.

"그대들은 마땅히 들을지니라. 지나간 옛날의 이 현겁 가운데에서 사람의 수명이 4만세일 때에 구류손불(拘留孫佛)이 세간에 출현하셨으며 십호를 구족하셨느니라. 이때 그 세존께서는 소유한 모든 불사가 원만하셨으므로 무여의묘열반계(無餘依妙涅槃界)에 들어가셨다. 이때 그 나라의 왕은 무우(無憂)라고 이름하였는데, 세존께서 남기신 여러 사리에 공양하였다. 솔도파를 조성하였는데 둘레는 1유선나(踰繕那)[6]였고 높이는 반유선나였으며 감독하는 사람을 시켜서 마땅히 점차로 수리하면서 조성하였다. 그 사람은 신심이 있었고 마음에서 어질고 착한 것을 즐거워하여 은근하게 경영하고 지었으므로 피로와 게으름이 생겨나지 않았다. 이때 어느 일하는 사람이 그 솔도파가 높고 큰 것을 보고 마침내 싫어함과 게으름이 생겨나서 이와 같이 도반(同伴)에게 알려 말하였다.

"왕께서 지금 이렇게 큰 솔도파를 많은 비용과 인력으로 공들여 조성하더라도 어느 날에 성취되겠는가?"

감독하는 사람이 알려 말하였다.

"그대가 능히 지을 수 없다면 뜻에 따라서 마땅히 떠나게. 어찌 곧 싫어하고 게으른 말을 하는가?"

그 사람이 묵묵히 대답이 없었다. 그 감독하는 사람이 마땅히 쫓아내고자 하였으나 그는 곧 사죄하였고 다시 이전의 일을 의지하였다. 탑이

6) 산스크리트어 yojana의 음사로서 고대 인도의 거리의 단위이고 대략 보통 약 8㎞로 인식되고 있다.

오히려 아직 완성되지 않았으나 다시 싫어함과 게으름이 생겨났으므로 감독하는 사람이 몽둥이를 가지고 쫓아냈고 다시 돌아와서 뉘우치고 사죄하였다. 본래의 공력을 회복하였고 나아가 탑이 완성되었으므로 보는 자들이 게으름을 잊어버렸다. 백천의 중생이 모두가 환희하였으므로 싫어하던 자가 보고는 곧 스스로 뉘우치며 한탄하였다.

"내가 지나간 때에 선하지 못하여 탑이 높고 큰 것을 보고 경만(輕慢)[7]한 말을 지었으니 내가 지금 마땅히 그곳에 공양을 해야겠다."

곧 이곳에 와서 받은 품삯으로 묘한 금방울을 만들어서 탑 위에 매달았다.

"그대들은 마땅히 알지니라. 그 고용되었던 사람이 곧 선화이니라. 탑의 있던 곳에서 싫어하고 게으른 마음이 생겼던 까닭으로 지금 사람의 몸을 얻었으나 그 모습이 추루한 것이고 금방울을 받든 까닭으로 음성이 온화하고 단아하여 듣는 자들을 환희하게 하느니라."

이때 여러 필추들이 오히려 의심이 있어 거듭 세존께 아뢰어 말하였다.

"대덕이시여. 선화필추는 이전에 무슨 업을 지었고 그 업력을 까닭으로 경법을 풍송하는 소리가 범천까지 이릅니까?"

세존께서 알려 말씀하셨다.

"그대들 필추들이여. 마땅히 그 일을 들을지니라. 지나간 옛날의 사람의 수명이 2만세일 때에 가섭파불(迦攝波佛)께서 세간에 출현하셨고, 십호를 구족하시고 바라니사국(婆羅尼斯國) 선인(仙人)이 떨어진 곳인 시록림(施鹿林) 가운데에 머무르셨으며, 성과 숲의 중간에 향기로운 과일나무가 있었고 능히 우는 새가 이곳에 의탁하고 살았느니라. 이때 가섭파불께서는 옷과 발우를 집지하고 소식시(小食時)에 성에 들어가 걸식하시고 향기로운 과일나무의 곁을 지나갔다.

이때 새가 불·세존의 용모와 위의가 단정하고 엄숙하여 금산(金山)과 같은 것을 보고 마침내 곧 앵앵(嚶嚶)의 묘한 음향을 내면서 세존의 주위를

---

7) 교만한 마음에서 남을 하찮게 여기는 것이다.

세 번을 돌고서 돌아가서 숲속에 숨었다. 이와 같이 날마다 세존께서 지나가는 것을 보면 세존을 돌면서 울고서 나뭇가지의 사이로 돌아가서 환희하면서 머물렀다. 갑자기 다른 날에 매에게 붙잡혀 목숨을 마친 뒤에 대바라문의 집에 태어났고 이후에는 다시 하열(下劣)하고 나쁜 부류에는 의탁하여 태어나지 않았으며, 나아가 오늘에 이르도록 태어나는 곳마다 좋은 성향(聲響)을 얻어서 범천에 이르렀고 사람들을 애락하게 하였느니라.

그대들 필추들이여. 이와 같이 마땅히 알지니라. 그 능히 울던 새가 곧 선화이니라."

이때 여러 필추들이 다시 의심이 있어 세존께 청하여 아뢰었다.

"대덕이시여. 선화필추는 일찍이 무슨 업을 지었고 그 업력을 까닭으로 세존의 제자 중에서 음성의 미묘함이 가장 제일이 되었습니까?"

세존께서 알려 말씀하셨다.

"선화필추는 발원한 힘을 까닭으로 이러한 과보를 감득(感得)하였느니라."

"무슨 발원을 지었습니까?"

"가섭파불의 때에 선화가 출가하였는데, 그의 친교사(親教師)에게 가섭파불 제자 가운데에서 창도(唱導)와[8] 풍송이 제일이라고 찬탄되었다. 그러나 그 선화는 처음으로 스스로가 출가하여 나이가 늙기까지 비록 범행을 닦았으나 증득하여 얻은 것이 없었으므로 목숨을 마칠 때 이와 같이 발원하였다.

'내가 가섭파불의 성스러운 가르침 가운데에 출가하여 수행하였으나 결국 얻은 것이 없습니다. 원하건대 이러한 수승한 인연으로써 가섭파불께서 수기하신 미래세에 사람의 수명이 100세이고 세존께서 출현하시어 명호가 석가모니·응·정등각일 때에 내가 그 분의 가르침에 출가하여 번뇌와 의혹을 끊어 없애고 아라한과를 얻고, 나의 친교사가 불법의

8) 부처님들의 가르침을 설법하여 이끄는 것으로 중국에서는 연설(演說)이라고도 번역한다.

가운데 찬송(讚誦)하는 제자 중에서 제일이라고 말씀하시는 것과 같이 나도 역시 이와 같이 그 분을 만나서 출가하여 창도하는 사람 가운데에서 제일이 되게 하십시오.'

그 원력을 까닭으로 나의 법 가운데에 출가하였고 수행하여 제자들 중에 창도하는 스승으로서 제일이 되었느니라. 그대들 필추들이여. 마땅히 알지니라. 지나간 업이 만약 순흑(純黑)인 자는 순흑의 과보를 받고 만약 순백(純白)인 자는 순백의 과보를 받으며 만약 잡업(雜業)인 자는 잡업의 과보를 받느니라. 그대들은 마땅히 순흑과 잡업을 버리고 순백의 업을 닦을지니라." [나머지는 자세한 설명과 같다.]

인연의 처소는 앞에서와 같다.

이때 여러 필추들이 송경하는 때에 성운(聲韻)이 명료하지 않고 글귀를 따라서 말하여 오히려 다른 그릇에 대추를 쏟는 것과 같았고, 그 여러 외도들이 경전을 풍송하고 음영(吟詠)의[9] 소리를 짓는 것과 같았다. 급고독장자가 날마다 항상 세존께 가서 예경하였는데 그 길가에서 여러 외도들이 송경하는 소리를 듣고 이와 같이 생각을 지었다.

'이 여러 외도들이 악한 법과 율에 출가하였고 경전을 풍송하고 음영(吟詠)의 소리를 지었으나 소리와 음사(音詞)가 사랑스럽구나. 우리들의 여러 성자들은 소리와 음운이 정확하지 않고 글귀를 쫓으니 오히려 대추를 다른 그릇에 쏟는 것과 같구나. 이러한 일을 내가 마땅히 대사께 아뢰어야겠다.'

세존의 처소에 이르러 두 발에 예경하고서 한쪽에 물러나 앉아서 아뢰어 말하였다.

"세존이시여. 그 여러 외도들은 악한 법과 율에 출가하였고 경전을 풍송하고 음영의 소리를 지었으나 소리와 음사가 사랑스럽습니다. 우리들의 여러 성자들은 소리와 음운이 정확하지 않고 글귀를 쫓으니 오히려

9) 시가(詩歌)에 가락을 붙여서 노래하거나, 시가를 짓는 일을 가리킨다.

대추를 다른 그릇에 쏟는 것과 같습니다. 만약 불·세존께서 자비로서 허락하신다면 여러 성중들께서 음영의 소리를 짓고 경전을 풍송하는 것을 허락하십시오."

세존께서는 허락하시는 뜻으로 묵연히 말이 없으셨고 장자는 세존께서 묵연히 허락하신 것을 보고 세존께 예경하고 떠나갔다. 세존께서는 여러 필추들에게 알리셨다.

"지금부터 나는 그대들에게 음영의 소리를 짓고 경전을 풍송하도록 허락하겠노라."

세존께서 허락하셨으므로 여러 필추들이 음영의 소리를 짓고 경전을 풍송하였고, 나아가 이것으로서 독경하였으며, 가르침을 청하면서 아뢰는 일도 역시 모두 이렇게 하였다. 급고독장자가 인연으로 사중(寺中)으로 들어왔는데 사찰에서 승가가 음성을 합쳐져서 시끄러운 것을 보고 알려 말하였다.

"성자여. 지금 이 가람(伽藍)은 이전에는 법우(法宇)였는데 오늘에는 건달바(乾闥婆)의 성으로 변하였습니다."

이때 여러 필추들이 인연으로써 세존께 아뢰니 세존께서 말씀하셨다.

"필추는 마땅히 음영의 소리를 짓고 여러 경법을 풍송하지 않을 것이고, 나아가 독경하며 가르침을 청하면서 아뢰는 일도 모두 마땅히 짓지 말라. 그러나 두 가지의 일은 음영의 소리를 지으라. 첫째는 대사의 덕을 찬탄하는 것이고, 둘째는 『삼계경(三啓經)』을 외우는 것이다. 나머지는 모두 합당하지 않느니라."

세존께서 두 가지의 일인 세존의 덕을 찬탄하고 『삼계경』을 외우는 것을 음영의 소리로 짓도록 허락하셨다. 어느 한 젊은 필추가 두 가지의 일을 지을 때 음영을 이해하지 못하고 다만 아는 것을 직접 말하여서 대추를 쏟는 소리와 같았다. 여러 필추들이 말하였다.

"세존께서 두 가지의 일을 음영의 소리로 짓도록 허락하셨는데 어찌 갈도록 짓지 않는가?"

대답하여 말하였다.

“나는 이전부터 이해하지 못합니다.”

필추가 세존께 아뢰니 세존께서 말씀하셨다.

“마땅히 배우도록 하라.”

세존께서 보냈으므로 배우는 때에 필추들이 방안·복도·문아래·당전(堂殿)에서 모두 음영의 소리를 배우고 익혔다. 장자가 들어와서 보고 앞에서와 같이 비난하고 싫어하면서 알려 말하였다.

“성자여. 건달바성을 아직도 버리지 못하였습니다.”

다시 가서 세존께 아뢰니 세존께서 말씀하셨다.

“마땅히 가려진 곳에서 음영의 소리를 배우고 기거하거나 드러난 곳에서는 하지 말라. 어기는 자는 월법죄를 얻느니라.”

인연의 처소는 앞에서와 같다.

어느 한 필추가 발랑을 가운데에 세우고 발우를 당겨서 꺼내니 필추가 알려 말하였다.

“구수여. 서서 발우를 꺼내지 마십시오.”

대답하여 말하였다.

“무슨 허물인가?”

알려 말하였다.

“땅에 떨어지면 손괴되므로 어찌 허물이 아니겠습니까?”

그는 곧 묵연하였다. 인연으로써 세존께 아뢰니 세존께서 말씀하셨다.

“필추는 마땅히 서서 발우를 취하지 않을 것이고, 발랑 안에 넣거나 씻거나 말리지 말라. 어기는 자는 월법죄를 얻느니라.”

제1문의 제6자섭송 ①

제1문의 제6자섭송으로 말하겠노라.

옷을 밟고 아울러 여러 발랑과

요(褥) 및 좌구가 있고
인연으로 삼의(三衣)를 떠나는 것과
여섯 종류의 심념법(心念法)이 있다.

세존께서는 강저산(江猪山)의 두려운 곳인 시록림의 가운데에 머무르셨다.

보리왕자(菩提王子)가 세존과 승가를 청하여 묘화루(妙花樓)에서 성대한 공양을 베풀었다. 이 누각 위의 여러 곳에 아침노을(朝霞)의 상묘한 면직물을 펼쳐놓았다. 이때 세존께서 그곳에 이르시어 면직물을 깔린 것을 보시고서 발로 밟지 않으셨다. 이때 모든 필추들도 역시 감히 밟지 못하였다. 왕자가 아뢰어 말하였다.

"세존이시여. 오직 바라옵건대 자비로 밟고 지나가십시오."

세존께서 밟지 않으셨으므로 왕자가 보고 곧 면직물을 펼쳐놓은 옷을 걷었고 세존께서 곧 앞으로 나아가셨다. 외도들이 듣고 이와 같이 말을 지었다.

"사문 교답마가 아직 공양을 감당할 수 없어서 왕자가 펼쳐놓은 면직물을 감히 밟지 못하였다."

세존께서 이것을 아시고서 모든 필추들에게 알리셨다.

"만약 신심있는 바라문·장자·거사가 도로에 상묘한 면직의 옷을 펼쳐놓고 필추에게 청하여 말하였다. '원하건대 자비를 내리시어 밟으십시오.' 만약 외도의 아만심(我慢心)을 항복받으려는 까닭이라면 제행무상이라는 생각을 짓고서 밟을 것이며, 의심과 염려를 일으키지 말라."

인연의 처소는 앞에서와 같다.

이때 어느 필추가 손으로 발우를 들고 가다가 길에서 발이 어긋나서 발우를 떨어뜨렸고 마침내 부서졌다. 이러한 흠집의 일을 인연하여 세존께 아뢰니 세존께서 말씀하셨다.

"필추는 마땅히 손으로 발우를 들지 말고 곧 보자기로 발우를 싸서 다닐지니라."

폐단(廢闕)이 이전과 같았으므로 세존께서 말씀하셨다.

"마땅히 발랑을 지어 넣고서 떠나라."

필추가 손으로 들었는데 앞에서와 같은 허물이 불렀으므로 세존께서 말씀하셨다.

"마땅히 손으로 들고서 다니지 말고 끈을 만들어 어깨에 걸고 다녀라. 만약 다른 자는 월법죄를 얻느니라."

연기의 처소는 앞에서와 같다.

이때 어느 필추가 상인들(商旅)과 동행이 되어 인간세상을 유행하였다. 동행하는 가운데에 바라문이 있었는데 갑자기 전염병(時患)에 걸려서 의사의 처소에 나아갔다.

"나에게 이와 같은 병이 있으니 당신이 처방하여 주십시오."

대답하여 말하였다.

"이러한 병에는 하리륵(訶梨勒)을[10] 복용하면 반드시 마땅하게 나을 것입니다."

알려 말하였다.

"길을 걸으니 구할 곳이 없습니다."

의사가 말하였다.

"사문 석자들이 여러 약을 매우 잘 압니다. 그들에게서 구하면 반드시 마땅하게 은혜를 베풀 것입니다."

이때 그 바라문이 곧바로 필추의 처소에 나아가서 물어 말하였다.

"성자여. 하리륵이 있습니까?"

대답하여 말하였다.

"나는 있습니다. 이것을 어디에 사용하고자 합니까?"

알려 말하였다.

10) 산스크리트어 harītakī의 음사로서 인도의 고원지역에서 자라는 낙엽 교목. 잎은 긴 타원형이며 흰 꽃이 피며, 달걀 모양의 과일은 시고 쓰며 변비약으로 사용한다.

"내 몸에 병이 있는데 의사가 그것을 복용하라고 하였습니다. 있을 때에 은혜를 베푸십시오."

필추가 그에게 대답하고서 발랑을 열고서 안에서 하리륵을 찾았다. 먼저 송곳과 칼이 나왔고, 다음에는 가죽조각을 꺼냈으며, 아울러 여러 가지 약들이 깨끗하거나 더러운 상태로 뒤섞여 있었다. 이때 바라문이 그 잡스러운 것을 보고 알려 말하였다.

"성자여. 당신들 필추는 능히 이와 같은 청결하지 않는 일을 짓는구려. 나는 오히려 몸이 죽더라도 이 약은 먹지 않겠소."

필추가 인연으로써 세존께 아뢰니 세존께서 말씀하셨다.

"필추는 마땅히 세 종류의 주머니를 준비하라. 첫째는 발랑이고, 둘째는 약주머니이며, 셋째는 잡스러운 주머니이니라."

이때 여러 필추들이 세 종류를 가지런히 묶어서 겨드랑이 아래에 메고 다녔는데 곧 옆으로 튀어나와 옷의 아래 밖으로 보였다. 믿지 않는 재가인이 보고 비웃으면서 알려 말하였다.

"성자여. 어찌 겨드랑이 아래에 북을 끼고 다니십니까?"

필추가 인연으로써 세존께 아뢰니 세존께서 말씀하셨다.

"세 종류를 가지런하게 메지 말고 마땅히 차례로 길고 짧게 하여 서로를 알맞게 하라."

곧 매었던 끈이 몸을 손상시켰으므로 세존께서 말씀하셨다.

"마땅히 넓고 크게 지어라. 안에는 천을 덧대고 실로서 꿰매어서 조여지지 않도록 하라. 만약 이와 다른 것은 월법죄를 얻느니라."

근본설일체유부비나야잡사 제5권

삼장법사 의정 한역

석보운 번역

제1문의 제6자섭송 ②

제1문의 제6자섭송의 나머지이다.

연기는 실라벌성에서 있었다.

이때 어느 필추가 많은 담요(氈褥)를 얻고서 곧 이렇게 생각을 지었다.

'세존께서 말씀하신 것과 같이 마땅히 옷을 할절(割截)하여 지녀야겠다.'

곧 담요와 칼을 가지고 한 나무의 아래로 향하여 자르고자 하였는데 세존께서 인연으로 그곳에 이르셨고 물어 말씀하셨다.

"그대는 무엇을 짓는가?"

곧 세존께 아뢰어 말하였다.

"세존께서 말씀하신 것과 같이 필추는 마땅히 삼의를 할절하여 입어야 합니다. 저에게 이미 많은 담요가 있으므로 지금 잘라서 삼의를 짓고자 합니다."

이때 세존께서 지계를 찬탄하시고 파계를 꾸중하셨으며 여러 필추들에게 알리셨다.

"다섯 종류의 물건이 있다면 마땅히 할절하지 말라. 일체의 배자(褙子)[1]

1) 부녀자들이 저고리 위에 덧입는 소매가 없는 옷으로 양옆의 귀가 겨드랑이까지 틔었으며 길이가 짧다.

와 긴 모섬(毛毯)과 짧은 모섬과 아울러 모든 담요와 파쇄(破碎)된 물건 등이니라. 만약 할절하는 자는 월법죄를 얻느니라.”

연기의 처소는 앞에서와 같다.

객필추가 인연이 있어 잠시 외출하면서 좌구를 지니지 않고 사중으로 들어왔다. 곧 날이 저물려고 하였으므로 그곳의 지사인(知事人)에게 알려 말하였다.

“구수여. 와구(臥具)를 취할 수 있습니까?”

그가 곧 대답하여 말하였다.

“나는 좌구가 없는데 무엇으로 요를 대체하겠습니까?”

“만약 이와 같다면 다만 평상만 취할 수 있습니까?”

마침내 그는 평상을 취하였다. 이때는 추운 밤에 속하였고 밤새도록 얼었던 이 인연으로 병이 났다. 필추가 인연으로써 세존께 아뢰니 세존께서 말씀하셨다.

“필추는 마땅히 좌구가 없이 곧 외출(外行)하지 말라. 어기는 자는 월법죄를 얻느니라.”

세존께서 말씀하신 것과 같이 필추는 마땅히 니사단나(尼師但那)가 없으면 외출할 수 없었다. 이때 여러 필추들이 잠시 같은 성안의 촌방(村坊)의 처소를 가고, 혹은 다른 사찰에 나아가며, 혹은 외출하여 경행하면서 그날에 돌아오면서도 역시 좌구를 가지고 다녔다. 또한 늙고 병들어서 몸이 여윈 여러 필추들이 떠날 때에 능히 부구(敷具)를 지닐 힘이 없었고 피곤하고 괴로우며 수고로운 마음이었으므로 여러 필추들에게 이와 같이 알려 말하였다.

“내가 인연이 있어 외출하여도 곧 돌아올 것이네. 부구를 지니지 않으면 대사께서 허락하지 않으시니 이 일을 어떻게 해야 하는가?”

필추가 인연으로써 세존께 아뢰니 세존께서 말씀하셨다.

“만약 낮에 유행하는 곳으로 향하고, 혹은 잠깐 다른 사찰로 향하며, 혹은 사찰 안에서 경행(經行)하고, 만약 가까운 촌방에 나갔다가 곧 돌아오는 자 등 이러한 모두는 니사단나를 지닐 필요가 없느니라."

또한 다시 필추가 인연이 있어 잠시 외출하였고 곧 돌아올 것이었으므로 좌구를 지니지 않고서 그곳에 이르렀는데 다른 인연을 만났고 마침내 곧 날이 어두워졌다. 좌구가 없었으므로 밤이 깊었으나 곧 돌아오다가 벌레와 늑대 및 도적 등에게 상해를 당하였다. 필추가 인연으로써 세존께 아뢰니 세존께서 말씀하셨다.

"만약 그 본래의 뜻은 곧 돌아오려는 것이었으나 다른 인연을 만나서 돌아올 수 없다면 마땅히 그곳에 머물 것이고 마땅히 밤에 다니지 말라. 같은 범행자에게 좌구를 빌려서 대체하여 충당할 것이고, 만약 얻으면 좋으나 없다면 7조의(七條衣)를 취하여 네 겹으로 접어서 자리와 요로 대체하고 조금만 잠자고 많이 깨어 있으면서 날이 밝으면 이르도록 하라."

또한 어느 필추가 다른 사람에게 물건을 빌렸으나, 침구와 와구로 깨끗하지 않으므로 곧 이를 다시 그 필추에게 돌려주었으나 그가 즐거이 받지 않았다. 필추가 인연으로써 세존께 아뢰니 세존께서 말씀하셨다.

"깨끗이 빨아서 비로소 돌려주어라."

필추가 빨아서 돌려주었으나 그는 나아가 받지 않았다. 세존께 아뢰니 세존께서 말씀하셨다.

"값에 의거하여 마땅히 돌려줄 것이고, 혹은 사과하는 말을 지어서 싫어함과 원망이 없게 하라."

[마땅히 알지니라. 문장에서 말하는 좌구라는 것은 곧 양으로는 몸에 긴 것이다. 원래는 곧 침구와 와구에 비교되므로 땅에 깔고서 예배하는 것이 아니다. 땅에 깔고서 예배한다는 것은 본래의 뜻을 크게 훼손하는 것이다.]

세존께서 말씀하신 것과 같이 필추는 마땅히 삼의를 떠나지 않고서 다녔다. 이때 여러 필추들이 잠시 같은 성안의 촌방(村坊)의 처소를 왕래하고, 혹은 다른 사찰에 왕래하며, 혹은 나가서 경행하면서 그날에 돌아오는데도 모두 삼의를 가지고 다녔다. 또한 늙고 병들어서 몸이 여윈 여러 필추들은 떠날 때에 능히 삼의를 지닐 힘이 없어서 피곤하고 괴로우며 수고로운 마음이었으므로 여러 필추들에게 이와 같이 알려 말하였다.

"내가 인연이 있어 외출하여도 곧 돌아올 것이네. 삼의를 지니지 않으면 대사께서 허락하지 않으시네."

필추가 인연으로써 세존께 아뢰니 세존께서 말씀하셨다.

"만약 낮에 유행하는 곳으로 향하고, 혹은 잠깐 다른 사찰로 향하며, 혹은 사찰 안에서 경행하고, 만약 가까운 촌방에 나갔다가 곧 돌아오는 자는 마음대로 지니지 않아도 되느니라."

또한 다시 필추가 인연이 있어 잠시 외출하였고 곧 돌아올 것이었으므로 삼의를 지니지 않고 그곳에 이르렀는데 날이 어두워졌다. 옷을 떠나서 머무는 것이 두려워 곧 밤이 깊었으나 돌아오다가 벌레와 도적 등에게 상해를 당하였다. 필추가 인연으로써 세존께 아뢰니 세존께서 말씀하셨다.

"만약 그 본래의 뜻은 곧 돌아오려는 것이었으나 인연이 있어서 돌아올 수 없다면 마땅히 그곳에서 머물 것이고 마땅히 밤에 다니지 말라. 같은 범행자에게 다른 삼의를 빌려서 수지(受持)하고 충당할 일이니라."

필추가 어떻게 마땅히 수지하는 것을 이해하지 못하였으므로 세존께서 말씀하셨다.

"먼저 옷을 수지하면서 마땅히 마음으로 버릴 것을 생각하고 뒤에 새로운 것을 수지하라. 그러나 모든 필추들에게는 마땅히 여섯의 심념법(心念法)이 있음을 알라. 첫째는 장정(長淨)이고, 둘째는 수의(隨意)이며, 셋째는 지의(持衣)이고, 넷째는 사삼의(捨三衣)이며, 다섯째는 분별장의(分別長衣)이고, 여섯째는 사별청(捨別請)이니라."

필추가 옷감을 얻었으나 할절하고 세탁할 겨를이 없었으므로 세존께서 말씀하셨다.

"만약 바느질하고 세탁하며 염색하는 인연을 갖추지 못한 자는 곧 그때에 백첩(白疊)이나 생연포(生絹布)의 재화(財量)로 헤아려서 충분하게 지니고서 삼의를 지을 것이고, 나아가 재가인의 옷과 물건으로 그것을 차용하여도 범한 것이 없으니, 의혹을 일으키지 말라."

여러 필추들이 니사단나를 지니지 않고 다른 곳에 향하여 머무는 것을 옷을 떠났고 범하였다고 말하였다. 필추가 인연으로써 세존께 아뢰니 세존께서 말씀하셨다.

"내가 제정한 것은 필추가 마땅히 삼의를 떠나서 머무르지 않는 것이며, 니사단나는 아니니라. 그러나 모든 필추들은 마땅히 고의적인 마음으로 지니지 않고 떠나지 않았거나 잊은 것이라면 범한 것이 없느니라."

제1문의 제7자섭송 ①

제1문의 제7자섭송으로 말하겠노라.

수라(水羅)에는 다섯 종류가 있고
그릇으로 함께 한곳에서 먹는 것과
노형(路形)과 음식을 먹는 것과
목욕사(洗浴事)를 마땅히 아는 것이 있다.

연기는 실라벌성에서 있었다.

이때 남방에 두 필추가 있었는데 실라벌성에 가서 세존의 발에 예경하고자 하였으나 함께 수라(水羅)가 없었다. 그 도로의 중간에서 물을 얻을 수 없어서 열에 핍박받아 갈증을 느끼면서 한 연못에 이르렀는데 한 사람이 알려 말하였다.

"구수여. 빨리 관찰하십시오. 물을 마시고 갈증을 없앱시다."

곧바로 관찰(鑒察)하여 물에 벌레가 있는 것을 보았다. 이와 같이 두세 곳을 다녔으나 모두 벌레가 있었다. 두 사람이 의논하여 말하였다.

"물에 벌레가 있으니 마신다면 곧 생명을 해치는 것이고, 지금 갈증에 핍박을 받는 일을 만났으니 어떻게 해야 하는가?"

이때 젊은 필추가 곧 게송으로 설하여 말하였다.

백천 구지(俱胝)의 겁에도

세존을 만나기 어렵나니
나는 지금 마땅히 물을 마시고
대사의 발에 예경하기를 바란다네.

이때 늙은 필추가 역시 게송으로 설하여 말하였다.

여래께서는 대비와 애민의 함식(含識)이시고
삼유(三有)의 애염을 모두 버리셨으며
이 가르침의 가운데에서 금계를 받았으므로
나는 오히려 목숨을 버리더라도 살생하지 않으리라.

이때 젊은 자는 갈증을 능히 인내하지 못하고 곧 벌레가 있는 물을 마시고 길을 따라서 갔다. 늙은 자는 벌레를 보호하겠다는 굳은 마음으로 마시지 않았고 곧 스스로를 책려(策勵)하여 한 나무 아래의 그늘에 나아가서 몸이 단정하게 앉았다. 나아가 기력(氣力)이 아직 쇠진되지 않았으므로 마음으로 선한 일을 헤아렸고 나아가 그 힘이 소진되어 마침내 목숨을 마쳤다. 이러한 복력을 까닭으로 삼십삼천의 승묘한 곳에 태어났다. 일반적으로 천상에 태어나는 자는 남자이거나 여자이거나 곧 세 가지의 생각을 일으키는 것이다.

'나는 어느 곳에서 죽었고, 지금 어느 곳에 태어났으며, 무슨 업을 지은 까닭인가?'

곧 전생의 몸을 기억하여 인취(人趣)에서 죽었고, 지금 삼십삼천에 태어났으며, 세존의 가르침에서 지극한 존중함을 생겨난 까닭을 기억하였다. 이때 그 천자는 곧 이렇게 생각을 지었다.

'내가 만약 세존께 가서 예경하지 않는다면 이것은 공경하는 것이 아니고 마땅한 것도 아니다.'

이때 천자는 이렇게 생각을 짓고서 곧 몸을 하늘의 영락으로 장엄하였는데 광명이 수승하였다. 곧 옷자락에 여러 묘한 꽃을 달았는데 올발라화(嗢

缽羅花)[2]·발두마화(缽頭摩花)[3]·구물두화(拘物頭花)[4]·분타리가화(分陀利迦花)[5]·만다라화(曼陀羅花)[6] 등이었다. 초야분(初夜分)이 지났을 때에 세존의 처소에 나아가서 곧 천화(天花)를 펼쳐서 공양하고 세존의 두 발에 예경하였으며 한쪽에 앉아서 묘법을 들었다. 그 하늘의 광명이 매우 밝게 빛나서 널리 서다원림을 비추었다.

이때 세존께서는 그 천자가 마음에서 즐거워하는 근성(根性)을 따라서 그를 위하여 설법하여 그에게 사성제의 이치를 깨닫게 하셨다. 이때 천자는 금강지저(金剛智杵)[7]로서 20종류의 살가야견(薩迦耶見)[8]의 산을 부수고 예류과를 증득하였다. 이미 견제를 얻고서 세 번을 세존께 아뢰었다.

"대덕이신 불·세존께서는 저에게 해탈과를 증득하게 하셨습니다. 이것은 부모·인왕(人王)·천중(天衆)·사문·바라문·친우·권속들이 능히 지을 수 없는 것입니다. 제가 세존이신 선지식을 만난 까닭으로 지옥·방생(傍生)·아귀의 취의 가운데에서 구제(拔濟)되어 나왔고 인간과 천상의 승묘한 곳에 안치(安置)되어 마땅히 생사를 끝내고 열반을 얻었습니다. 골산(骨山)을 초월하였고 혈해(血海)를 말렸으며 무시(無始)부터 쌓고 모았던 살가야견을 금강지저로 꺾어 부수고서 예류과를 얻었습니다. 저는 지금부터

---

2) 산스크리트어 utpala의 음사로서 청연(靑蓮)을 가리킨다.
3) 산스크리트어 padma의 음사로서 홍연(紅蓮)을 가리킨다.
4) 산스크리트어 kumuda의 음사로서 황연(黃蓮)을 가리킨다.
5) 산스크리트어 puṇḍarīka의 음사로서 백연(白蓮)을 가리킨다.
6) 산스크리트어 Nilotpala의 음사로서 천묘화를 가리킨다.
7) 산스크리트어 Vajra의 음사로서 벌절라(伐折羅)·발왈라(跋曰羅) 등으로 음역되고, 금강지저(金剛智杵)·견혜저(堅慧杵) 등으로도 번역된다. 저(杵)는 인도의 고대 무기 가운데 하나로 제석천이 아수라와 싸울 때 코끼리를 타고 금강저를 무기로 삼아 아수라의 무리를 쳐부순다는 신화에서 그 신비한 힘이 유래되었으며 밀교에서는 인간의 번뇌를 부수는 보리심(菩提心)의 상징으로 인식되고 있다.
8) 살가야(薩迦耶)는 산스크리트어 sat-kāya의 음사이고 견(見)은 산스크리트어 dṛṣṭi의 번역이므로 유신견(有身見)이라 한역된다. 오온(五蘊)의 일시적 화합에 지나지 않는 신체에 불변하는 자아가 있고, 또 오온은 자아의 소유라는 그릇된 견해를 가리킨다.

불·법·승보에 귀의하옵고 5학처(五學處)를 받고서 오늘부터 죽을 때까지 살생하지 않고 나아가 술도 마시지 않겠습니다. 오직 원하옵건대 세존이시여. 제가 오파색가임을 증명하시옵소서.”

곧 세존의 앞에서 합장하고 공경스럽게 게송을 설하여 말하였다.

제가 세존의 힘을 까닭으로
영원히 삼악도를 막았고
승묘천에 태어났으며
길이 열반계에 돌아갔다네.

내가 세존을 의지한 까닭으로
지금 청정한 눈을 얻었고
진제의 이치를 보고 증득하여
마땅히 고해의 끝을 마쳤다네.

세존께서는 인천(人天)을 초월하셨고
나고 늙으며 죽는 걱정을 벗어나시어
유정의 바다에선 만나기 어려우나
저는 지금 만나서 과보를 얻었습니다.

저는 장엄한 몸으로서
청정한 마음으로 세존의 발에 예경하옵고
원수를 없앴으므로 오른쪽으로 돌고서
지금 나아가서 천궁(天宮)으로 돌아갑니다.

이때 그 천자가 이미 소원대로 찬탄하니 오히려 상주(商主)가 많은 재물과 이익을 얻은 것과 같았고, 역시 농부가 밭에서 많은 수확을 거두어 들인 것과 같았으며, 용건(勇健)한 사람이 그 원수들을 항복받은 것과 같았고, 중병이 있는 사람이 모든 병을 없앤 것과 같았다. 이때 그 천자는 세존께 하직하고 떠나서 곧 천궁으로 돌아갔다. 이때 젊은 필추는 점차로 걸어서 실라벌성에 이르러 서다림에 들어가서 옷과 발우를 놓아두고 발을 씻고서 세존께 나아가서 세존의 두 발에 예경하고 한쪽에 머물렀다. 세존의 상법(常法)에는 만약 객필추가 오는 것을 보시면 곧바로 안위(安慰)하고 물어 말씀하시는 것이다.

"잘 왔느니라. 필추여. 어느 곳에서 왔는가? 지금의 하안거는 어느 나라의 성이었는가?"

이때 세존께서는 그 필추에게 물으셨다.

"그대는 어느 곳에서 왔는가?"

아뢰어 말하였다.

"세존이시여. 저는 남방에서 왔습니다."

또한 물으셨다.

"지금의 하안거는 어디였는가?"

대답하여 말하였다.

"역시 남방에 있었습니다."

세존께서 말씀하셨다.

"그대는 매우 먼 길을 왔도다. 일찍이 도반이 있었는가?"

아뢰어 말하였다.

"있었습니다."

세존께서 말씀하셨다.

"그 사람은 어디에 있는가?"

곧 그 일을 갖추어 말하였다. 이때 세존께서 가타로 설하여 말씀하셨다.

만약 나의 계율을 경만(輕慢)한다면
역시 어찌 나를 보고자 노력하는가?
가령 나를 보았더라도
보는 것이 아니고 공양함도 아니라네.

그 필추가 나를 보았던 것은
능히 청정한 계를 지켰던 까닭이고
그대는 지혜가 없는 어리석은 사람이므로
능히 진실로 나를 보지 못한다네.

이때 세존께서는 곧 상의(上衣)를 열어서 가슴을 드러내어 보여주시고 다시 가타로 설하여 말씀하셨다.

그대는 나의 몸을 보았더라도
부모가 낳아준 몸이고
비유하면 진금색(眞金色)과 같나니
이전의 업력인 까닭이라네.

만약 법신을 공경하지 않는다면
그는 여러 부처님을 보지 못하고
만약 법신을 아는 자라면
대모니(大牟尼)를 보게 되리라.

제일은 나의 법신이고
제이는 나의 색신이나니
지혜로운 자는 능히 알고 볼 것이니
마땅히 시라(尸羅)를 잘 지킬지니라.

가섭파불의 때에
필추가 학처를 범하였고
이라엽(伊羅葉)을 손괴한 까닭으로
현재에는 용의 가운데에 떨어졌다네.

이때 세존께서 곧 이렇게 생각을 지으셨다.

'여러 필추가 수라를 지니지 않은 까닭으로 이와 같은 허물이 있는 것이다.'

여러 필추들에게 알리셨다.

"마땅히 수라를 저축하라."

세존께서 말씀하신 것과 같이 수라를 저축하면서 필추가 수라가 몇 종류가 있는가를 알지 못하였으므로 세존께서 말씀하셨다.

"수라에는 다섯 종류가 있으니라. 첫째는 방라(方羅)이고, [만약 이것을 항상 사용하려면 반드시 3척(三尺)이나 혹은 2척·1척의 비단이 필요하다. 승가(僧家)에서 사용하는 것은 혹은 두 폭(幅)이었으나 시대를 따라서 크고 작다. 그 수라를 짓는 것은 모두가 비단이다. 세밀한 벌레도 지나칠 수 없는 것에 곧 사용한다. 만약 이것이 성기고 엷다면 원래 사용할 수 없다. 어느 사람이 나쁜 비단이나 굵은 실로 짠 옷감의 부류를 사용한다면 본래의 벌레를 보호하는 뜻이 아니니라.]

둘째는 법병(法甁)이며, [음(陰)과 양(陽)의 병이다.] 셋째는 군지(君持)이고, [비단으로 주둥이를 옭아매고 가는 실로서 목을 묶은 것이다. 물속에 집어넣고서 들어 올려서 밖으로 꺼내는 것이다. 만약 완전히 물에 잠긴다면 물이 곧 들어오지 않는다. 가득차기를 기다리고 꺼내어서 벌레를 관찰하는 것이 필요하다. 곧은 군지가 아니라면 다만 주둥이가 가냘프고 맵시가 있다. 병과 항아리를 묻지 않고 크고 작은 비단천의 주둥이로서 장차 세밀한 실로서 단단하게 묶어서 때에 따라 물을 취하는 것이다. 지극하게 일을 살핀다면 다시 방생(放生)의 그릇이 반드시 매우 중요한 것은 아니다.] 넷째는 작수라(酌水羅)이며, [이것은 동하(東夏)의[9] 양식이므로 원래의 서술에 없다. 다른 곳과 같이 즉 작은 둥근 수라이다. 비록 뜻이 오히려 크게 같을지라도 본래의 법식이 아니다.]

다섯째는 의각라(衣角羅)이니라. [세밀한 비단을 취하여 네모진 한쪽을

9) 여진족의 한 부족을 가리키므로 지금의 몽골 지역을 가리키는 것으로 생각된다.

묶는 것이 허락된다. 혹은 병의 주둥이를 묶어 물을 급수(汲水)하여 채워서 사용하거나, 혹은 사발을 주둥이에 물을 거를 때에 필요할지라도 가사(袈裟)의 네모는 아니다. 이것은 가늘고 두껍더라도 오히려 물을 거를 수 있다. 다만 미혹된 방법의 날이 오래되었는데 누가 마땅히 지남(指南)[10]을 하겠는가? 그러나 이것 등의 여러 수라는 모두가 서방(西方)에서 사용하는 것을 본 것이다. 대사께서 자비와 애민으로서 모든 함생(含生)[11]들을 구제하였으므로 식육(食肉)을 오히려 끊어야 하느니라. 대자비한 살생이더라도 어찌 마땅히 성불하겠는가? 가령 잠시 사찰 밖으로 나가더라도 곧 수라를 지니고 아울러 가는 실과 방생의 그릇을 가지고 다녀라. 만약 가지고 다니지 않는 자는 올바르지 않고 세존의 가르침을 가볍게 보는 것이다. 역시 어떻게 장려하고 문도(門徒)를 가르칠 것인가? 행자는 그것을 생각하라. 특별하게 마땅히 보호(存護)하고 자신과 남을 이롭게 하라.]"

연기는 실라벌성에서 있었다.

두 필추가 있었는데 이전부터 싫어하고 불화(不和)하였으나 함께 반려(伴侶)가 되어 인간세상을 유행하였다. 한 명은 수라가 있었고 다른 사람은 수라가 없었다. 수라가 있는 자가 물을 걸러서 마셨으므로 그것이 없는 자가 곧 그에게 알려 말하였다.

"구수여. 수라를 나에게 빌려주십시오."

그가 곧 주지 않아서 물을 마시지 못하였다. 필추가 인연으로써 세존께 아뢰니 세존께서 말씀하셨다.

"싫어하여 불화가 있는 자는 마땅히 함께 인간세상을 유행하지 말라. 설령 이러한 인연을 만났다면 마땅히 서로가 참회(愧謝)하고서 곧 동행하라."

연기는 실라벌성에서 있었다.

---

10) 이끌어 가르치거나 교수하는 것을 말한다.
11) 감정이나 의식을 함유하고 있는 존재인 유정들을 가리킨다.

두 필추가 인간세상을 유행하였는데 한 명은 수라가 있었고 다른 사람은 수라가 없었다. 없는 자가 그에게 물었다.

"구수여. 수라가 있습니까?"

그가 대답하여 말하였다.

"있습니다."

다시 빌려서 서로가 쓸 수 있는가를 묻고 말하지 않았는데, 그 수라가 있는 자가 물을 걸러서 마셨다. 없는 자가 그에게 빌려달라고 하였으나 그가 곧 주지 않았고 이것을 인연하여 싫어함이 생겨났으므로 알려 말하였다.

"그대는 있는가? 없는가를 물었고 빌려서 사용한다고 말하지 않았는데, 지금 빌려달라고 말하였습니다. 공경함이 없는 것이 심한 까닭으로 내가 주지 않는 것입니다."

그는 곧 물을 마시지 못하였다. 필추가 인연으로써 세존께 아뢰니 세존께서 말씀하셨다.

"만약 모든 필추들이 일반적으로 유행하려는 때에 자신에게 수라가 없으면 마땅히 도반에게 '그대는 수라가 있습니까?'라고 물어라. 만약 '있습니다.'라고 말한다면 다시 '나와 함께 사용할 수 있습니까?'라고 물어야 한다. 만약 함께 사용하겠다면 곧 동행하고, 주지 않겠다고 말한다면 곧 마땅히 떠나가지 말라."

연기는 실라벌성에서 있었다.

두 필추가 인간세상을 유행하였는데 한 명은 수라가 있었고 다른 사람은 수라가 없었다. 없는 자가 그에게 물었다.

"그대는 수라가 있습니까?"

대답하여 말하였다.

"있습니다."

"함께 사용할 수 있습니까?"

대답하여 말하였다.

“함께 사용할 수 있습니다.”

마침내 동행하였다. 그 도로의 중간에서 상인들을 만나서 수라를 가진 자가 인연으로 되돌아가고자 하였으므로 없는 자가 알려 말하였다.

“그대가 먼저 수라를 허락하였으니 지금 나에게 주고 가십시오.”

알려 말하였다.

“함께 사용하는 것을 허락한 것이고, 전체를 남겨두는 것은 아닙니다.”

남은 자는 수라가 없어서 마침내 곧 물을 마시지 못하였다. 필추가 인연으로써 세존께 아뢰니 세존께서 말씀하셨다.

“필추가 수라가 없다면 그 있는 자에게 ‘수라가 있습니까?’라고 묻고 만약 ‘나에게 있습니다.’라고 대답한다면 마땅히 다시 물어야 한다. ‘그대가 만약 되돌아간다면 나에게 수라를 주겠습니까?’라고 물어야 한다. 만약 주겠다고 말하면 좋으나 만약 주지 않겠다면 곧 마땅히 가지 말라.”

구수 오파리가 세존에 청하여 아뢰었다.

“대덕이시여. 만약 수라가 없더라도 다른 마을과 사찰에 갈 수 있습니까?”

세존께서 말씀하셨다.

“합당하지 않느니라. 만약 그곳에 수라가 있고 구할 수 있는 일을 알았다면 없더라도 범한 것이 없느니라.”

“대덕이시여. 두 사람이 하나의 수라로 유행할 수 있습니까?”

“물을 마실 수 있다면 할 수 있느니라.”

“대덕이시여. 만약 여러 사람에게 하나의 수라가 있다면 나아가 승가 대중이 유행할 수 있습니까?”

“물을 마실 수 있다면 다닐 수 있느니라.”

“대덕이시여. 만약 수라가 없더라도 강가의 언덕으로 유행을 떠날 수 있습니까?”

“오파리여. 만약 물의 흐름이 빠르고 다른 강물이 들어오지 않는다면 5리(五里)를 한 번을 관찰할 것이고, 만약 다른 물이 들어온다면 사용할 때마다 관찰할 것이며, 만약 물이 빠르게 흐르지 않는다면 역시 장소에 따라서 관찰하라."

"대덕이시여. 물을 관찰할 때에 얼마를 헤아려서 마땅히 사용해야 합니까?"

세존께서 말씀하셨다.

"둘레를 1심(尋)으로 헤아려라."

"대덕이시여. 만약 물을 관찰하지도 않았고 거르지도 않았어도 사용할 수 있습니까?"

세존께서 말씀하셨다.

"사용할 수 없느니라. 곧 죄를 얻느니라."

"대덕이시여. 만약 물을 걸렀고 관찰하지 않았더라도 사용할 수 있습니까?"

세존께서 말씀하셨다.

"사용할 수 없느니라."

"대덕이시여. 만약 물을 거르지 않았어도 관찰하였다면 사용할 수 있습니까?"

세존께서 말씀하셨다.

"관찰하여 벌레가 없다면 뜻에 따라서 마땅히 사용하라."

세존께서 오파리에게 알리셨다.

"다섯 종류의 청정한 물이 있느니라. 첫째는 승가정(僧伽淨)이고, 둘째는 별인정(別人淨)이며, 셋째는 여라정(濾羅淨)이고, 넷째는 용천정(涌泉淨)이며, 다섯째는 정수정(井水淨)이니라. 이 가운데에서 승가정은 대중이 한 필추를 뽑아서 살펴보고 거르게 하고서 그가 곧 여법하게 관찰한 것을 말한다. 만약 다른 필추가 온다면 대중이 청정하게 한 까닭으로 마시고 사용하여도 범한 것이 없느니라. 별인정은 그 필추가 계율과 견해와 위의와 생활이 모두 청정한 것을 알았다면 그가 소유한 물은 사용하여도 범한 것이 없느니라. 여라정은 매번 이 수라를 사용하였어도 일찍이 벌레가 없었다면 관찰하지 않아도 범한 것이 없느니라. 용천정은 처음부터 벌레가 없는 것이다. 정수정은 다만 물을 취하여 관찰하였는데 벌레가 없고 청정하며 앞이 밝아 왔다면 모두 뜻에 따라서 사용할 수 있느니라."

필추가 물을 살펴보면서 많은 시간을 관찰하여 마침내 눈빛이 어지러워 다른 물건을 보면서 혼란스러웠으므로 세존께서 말씀하셨다.

"마땅히 오래 관찰하지 말라. 마땅히 육우(六牛)의 죽거(竹車)[12]와 같이 잠깐 돌아보라. 또한 가지런한 마음으로 청정히 와서 관찰하면 범한 것이 없느니라."

연기는 실라벌성에서 있었다.

이때 청정한 신심의 거사와 바라문 등이 여러 식기(食器)를 필추에게 받들어 보시하였다. 이때 모든 필추들이 모두 받지 않으니 그들이 모두 알려 말하였다.

"성자여. 만약 불·세존께서 아직 세상에 출현하지 않으셨다면 우리들은 외도들을 수승한 복전으로 삼았을 것입니다. 세존께서 세간에 출현하시어 우리들이 당신들을 상수로 삼아 소유한 것을 받들어 보시하였는데 당신들이 받지 않았습니다. 어찌 우리들에게 내세로 가는 자량을 지니지 못하게 합니까?"

필추가 인연으로써 세존께 아뢰니 세존께서 말씀하셨다.

"대중을 위하는 까닭이니 마땅히 그릇과 물건을 받으라."

세존께서 대중을 위하여 물건과 그릇을 받으라고 하셨으므로 필추들이 받아서 창고 가운데에 놓아두었고, 매번 먹을 때에 이르면 발우를 사용하여 먹었다. 이때 그 시주들이 보고 물어 말하였다.

"우리들이 장차 그릇과 물건을 성자께 받들었는데 무슨 인연으로 보이지 않습니까?"

대답하여 말하였다.

"현수여. 창고 가운데에 놓아두었습니다."

알려 말하였다.

---

12) 대차(竹車) 나무로 만든 네 개의 바퀴가 달린 놀이용 전차를 가리킨다.

"성자여. 어찌 우리들의 집안에 창고가 없겠습니까? 본래의 뜻에서 보시한 때에는 수용하기를 바랐던 것입니다. 우리들은 수용된 복을 얻고자 하였는데 당신들은 얻고서 창고에 놓아두었으니 마침내 우리들은 다만 보시의 복만 얻었고 수용의 복은 없습니다."

필추가 인연으로써 세존께 아뢰니 세존께서 말씀하셨다.

"다른 사람들에게서 시주받은 물건은 마땅히 수용하도록 하라."

세존의 가르침에 의지하여 곧 수용하였다. 뒤의 다른 때에 별도의 시주가 있었고 마음에서 크게 베푸는 것을 좋아하여서 큰 구리소반을 보시하였다. 어느 늙은 필추가 이 소반을 나누어 얻었는데 몸으로 스스로가 갈고 닦으면서 마침내 노고가 생겨났으므로 세존께서 말씀하셨다.

"마땅히 반기(盤器)를 손질하는 사람을 뽑아서 씻고 닦는 것을 감독하게 하라."

필추가 곧바로 간택(簡擇)하지 않고 손질하는 사람을 뽑았으므로 손괴(損壞)시키는 것에 이르렀다. 세존께서 말씀하셨다.

"만약 다섯 법을 갖추지 않았는데 뽑지 않았다면 마땅히 뽑지 않을 것이고, 이미 뽑았다면 짓지 않게 하라. 무엇이 다섯 가지인가? 애욕이 있고 성냄이 있으며 두려움이 있고 어리석음이 있으며 행하고 행하지 않을 것을 능히 기억하지 못하는 것을 말한다. 만약 다섯 법을 갖추었는데 뽑지 않았다면 마땅히 뽑을 것이고, 이미 뽑았다면 짓게 하라. 무엇이 다섯 가지인가? 애욕이 없고 성냄이 없으며 두려움이 없고 어리석음이 없으며 행하고 행하지 않을 것을 능히 잘 기억하는 것을 말한다. 이와 같다면 마땅히 뽑아라. 좌석을 펼쳐놓고 건치를 울려 말하여 아뢰고, 다시 두루 대중을 모두 같이 모으고서 마땅히 먼저 물어라.

'그대 누구는 능히 승가와 함께 반기를 관리할 수 있습니까?'

스스로가 능력을 안다면 대답하여 말하라.

'나는 할 수 있습니다.'

다음으로 한 필추에게 백갈마를 짓게 하라.

'대덕 승가는 들으십시오. 이 필추 누구는 즐겁게 승가를 위하여 기물을 관리하겠다고 합니다. 만약 승가께서 때에 이르렀음을 인정하신다면 승가께서는 마땅히 허락하십시오. 승가시여. 지금 필추 누구를 뽑아서 그릇과 물건을 관리하는 사람으로 삼고, 마땅히 승가를 위하여 그 그릇과 물건을 관리하도록 하겠습니다. 이와 같이 아룁니다." [갈마는 아뢴 것에 의거하여 마땅히 지어라.]

이때 여러 필추들이 그릇과 물건을 얻어서 받았고 음식을 먹고서 깨끗하지 않은 그릇을 관리하는 사람에게 부탁하였으므로 세존께서 말씀하셨다.

"깨끗하지 않은 그릇은 마땅히 제자와 문인들에게 주어서 그것을 씻고 닦게 하라."

이때 어느 필추는 다시 제자가 없어 곧 스스로 씻고 닦았으므로 세존께서 말씀하셨다.

"이러한 사람은 그릇을 관리하는 사람에게 부탁하고 그에게 맡겨 씻고 닦게 하라. 만약 제자와 문인이 씻는 것을 이해하지 못한다면 이것도 역시 마땅히 관리하는 사람에게 부탁하라."

연기는 실라벌성에서 있었다.

이때 육중이 한 발우의 가운데에서 여섯 사람이 함께 먹으면서 동시(同時)에 손을 넣고서 손을 꺼내는 때에 발우가 곧 따라서 올라왔는데 함께 서로에게 알려 말하였다.

"이 검은 발우를 보니 능히 신통을 나타내는구나."

육중이 모두 손을 거두니 발우가 곧 떨어져서 깨어졌다. 한꺼번에 크게 웃으니 필추가 보고 알려 말하였다.

"구수여. 함께 이와 같은 추악한 일을 지었다면 마땅히 부끄러워하는 것이 합당한데 반대로 크게 웃는 것입니까?"

대답하여 말하였다.

"우리들이 무슨 일을 지었는가? 마땅히 술을 마셨는가? 파와 마늘을 씹었는가?"

필추가 알려 말하였다.

"이러한 일은 오래되지 않았으나 역시 마땅히 지은 것을 보십시오."

육중이 말하였다.

"우리가 비록 발우를 깨트렸으나 어찌 도공(陶師)에게도 역시 없어질 진흙일 것이고 모두가 끝난 것이네. 우리들이 마땅히 다시 무슨 허물이 있겠는가?"

이때 여러 필추들이 부끄러워서 대답이 없었다. 인연으로써 세존께 아뢰니 세존께서 곧 생각하시고서 말씀하셨다.

"여러 필추가 한 곳에서 음식을 먹었으므로 이와 같은 허물이 있는 것이다. 이런 일을 짓는 자는 월법죄를 얻느니라."

세존께서 말씀하신 것과 같이 필추는 마땅히 함께 한 그릇에 음식을 먹지 못하였다. 이때 여러 필추들이 상인들을 따라서 유행하였다. 이때 상인들이 한곳에서 음식을 먹었고 필추도 역시 먹고자 하였으나 작은 그릇이었으므로 감히 같은 곳에서 먹지 못하였다. 결국 기다려서 곧 음식을 먹었으나 시간(時節)이 늘어나서 동행(伴徒)을 따라가지 못하였고 뒤에 있으면서 갔으나 곧 도둑에게 겁탈을 당하였다. 필추가 인연으로써 세존께 아뢰니 세존께서 말씀하셨다.

"만약 길에 있으면서 그릇을 구할 수 없다면 비록 다시 여러 사람이라도 한 그릇에 마땅히 먹을 것이나 한 명이 손을 드는 때에는 다른 사람은 마땅히 내려서 동시에 올리고 내리지 말라."

세존께서 같이 먹는 것을 허락하셨으나 여러 구적들은 감히 필추와 함께 같이 먹지 못하여 앞에서와 같은 허물이 생겨났으므로 세존께서 말씀하셨다.

"필추가 마땅히 먼저 받아서 취하고 손으로 그릇을 잡고 함께 한곳에서 먹을지니라."

정인(淨人)과 함께 가는데 일이 구적과 같았으므로 세존께서 말씀하셨다.

"밥을 잡고 덩어리를 짓고 주어서 함께 먹을지니라."

이때 어느 필추가 태어난 곳에 이르렀는데 여러 친척들이 명하여 말하였다.

"오래 이별하고 삭막하게 지냈는데 지금 모였으니 와서 같은 곳에서 한 그릇에 먹읍시다."

대답하여 말하였다.

"그대들은 재가인이고 나는 출가한 사람이므로 함께 같은 그릇에 먹는 것은 마땅하지 않습니다."

그들은 마침내 슬퍼하여 눈물을 흘리고 울면서 머물렀다. 필추가 인연으로써 세존께 아뢰니 세존께서 말씀하셨다.

"알았던 그들이 은근히 불러서 같이 먹고자 한다면 마땅히 가려진 곳에서 비방을 부르지 않도록 할 것이고, 먼저 그 음식을 받고 손으로 그릇을 잡고서 같이 먹는다면 허물이 없느니라."

연기는 실라벌성에서 있었다.

육중필추가 다만 하나의 군의(裙衣)를 입고 먹었는데 재가인들이 보고서 함께 서로에게 알려 말하였다.

"먹는 자가 누구인가?"

한 사람이 대답하여 말하였다.

"이 사람들은 사문 석자입니다."

그들이 모두 싫어하고 부끄러워하면서 이와 같이 말을 지었다.

"그들의 교주(敎主)는 매우 부끄러움을 품고 있는데 무슨 인연으로 제자들은 이렇게 부끄러움이 없는가?"

필추가 인연으로써 세존께 아뢰니 세존께서는 이렇게 생각을 지으셨다.

'하나의 군의를 입고 먹었으므로 이와 같은 허물이 있다. 필추가 하나의 군의를 입고 음식을 먹는 자는 월법죄를 얻는다.'

세존께서 말씀하셨다.

"마땅히 하나의 군의를 입고서 먹지 말라."

이때 어느 필추가 늙고 병들고 여위고 수척하여 힘이 없었으므로 능히 다시 다른 옷을 입고서 먹을 수가 없었다. 세존께서 말씀하셨다.

"마땅히 부드럽고 가벼운 승각기의(僧脚崎衣)를 입고서 먹는 때에는 범한 것이 없느니라."

다시 병이 있어 이러한 승각기의도 역시 입을 수 없었으므로 세존께서 말씀하셨다.

"만약 병이 심한 자라면 마땅히 가려진 곳에서 외부의 사람들이 보지 않는다면 다만 하나의 군의를 입고 뜻을 따라서 마땅히 먹을지니라."

연기는 실라벌성에서 있었다.

육중필추가 아시라하(阿侍羅河)에 있으면서 몸을 드러내고 목욕하였으므로 재인들이 보는 때에 물어 말하였다.

"이 사람들은 누구인가?"

어느 사람이 알려 말하였다.

"노형외도가 강물에서 목욕하는 것이다."

다시 누가 말하였다.

"석가자이다."

그들이 모두 싫어하고 천박하게 생각하면서 이와 같이 말을 지었다.

"그들의 교주는 매우 부끄러움을 품고 있는데 무슨 인연으로 제자들은 이렇게 부끄러움이 없는가?"

나아가 세존께서는 이러한 생각이 일어나셨다.

'여러 필추들이 몸을 드러내고 목욕하면 이와 같은 허물이 있다. 그러므로 모든 필추는 몸을 드러내고 목욕하지 않아야 하고 짓는 자는 월법죄를 얻는다. 따라서 모든 필추는 마땅히 목욕하는 군의를 저축해야 한다.'

세존께서 말씀하셨다.

"세욕의(洗浴衣)를 저축하는 것을 허락하겠노라."

필추들이 곧바로 두 겹으로 두껍게 지었으므로 세존께서 말씀하셨다.

"벌레가 들어가는 것이 두려우므로 이것을 마땅히 지니지 말라. 만약 오직 두 겹이 있고 한 겹의 군의가 없는 자는 마땅히 그 물을 관찰하여 벌레가 없다면 비로소 목욕하라."

이때 다만 삼의가 있는 자가 법을 어기는 것이 두려워서 이 옷을 입지 못하였으므로 세존께서 말씀하셨다.

"수지하고 마땅히 저축하라."

다시 다른 자가 가난하여 이 물건이 없었으므로 세존께서 말씀하셨다.

"만약 반드시 없는 자라면 끈으로서 나뭇잎을 엮어서 앞뒤로 가리고서 감춰지고 가려진 곳에서 다른 사람이 보지 않도록 목욕할 때에는 범한 것이 없느니라."

필추가 목욕을 마쳤으나 옷에 벌레가 있는 것이 두려워 물을 털어내지 못하였으므로 세존께서 말씀하셨다.

"한 겹인 옷에는 반드시 벌레가 붙지 않느니라. 그러나 물에서 나올 때에는 방편으로 흔들고 들어서 벌레가 붙지 않게 하라."

제1문의 제8자섭송 ①

제1문의 제8자섭송으로 말하겠노라.

콩이 자라는 것과 부정한 땅과
먹은 것을 토하는 것과 가리켜서 찾는 것과
구리그릇에 마땅히 하지 않을 것과
소금그릇 등을 따라서 저축하는 것이 있다.

연기는 실라벌성에서 있었다.

이때 구수 힐리발저(頡離跋底)라는 필추가 있었는데 어느 곳에서나 많은 의혹이 생겨났고 이러한 까닭으로 이때의 사람들은 의혹이 많은 힐리발저라고 불렀다. 그가 다른 때에 일찍 측간(廁間)[13] 가운데에서 콩에 잎이 생겨난 것을 보고 곧 이러한 생각을 일으켰다.

---

13) 현재의 화장실을 가리키는 말이다.

'내가 살아있는 종자를 손상시켰구나.'

뒤의 다른 때에 승가(僧家)에서 녹두(綠豆) 가루떡을 많이 지었는데 그가 감히 먹지 못하였으므로 그의 제자가 말하였다.

"오파타야시여. 승가에 많은 녹두 가루떡이 있는데 무슨 인연으로 드시지 않습니까?"

알려 말하였다.

"내가 지금 어찌 살아있는 종자를 손상하겠는가?"

제자가 말하였다.

"이 일이 무엇입니까?"

그가 보았던 것과 같이 일로써 그에게 알렸고 제자도 이때 역시 감히 먹지 못하였다. 다른 지식이 역시 다시 물어 말하였다.

"그대는 어찌 먹지 않는가?"

그는 곧 스승이 말한 것과 같이 자세하게 모두를 향하여 말하였다. 이때 힐리발저에게는 많은 문도가 있었으므로 말이 계속하여 전하여졌고 나아가 대중들이 모두 먹지 않게 되었다. 필추가 인연으로써 세존께 아뢰니 세존께서 말씀하셨다.

"모든 콩의 가운데에는 익지 않는 종자가 있어서 설사 오랜 시간을 삶아서 먹었어도 오히려 자라나느니라. 이것은 이미 삶은 것이니 먹을 때에도 허물이 없느니라."

연기는 실라벌성에서 있었다.

구수 오파리가 세존께 아뢰었다.

"부정(不淨)한 땅에 과일나무가 자라났고 과일이 부정한 땅에 떨어졌다면 먹을 수 있습니까?"

세존께서 말씀하셨다.

"마땅히 먹지 말라."

"부정한 땅에 과일나무가 자라났고 과일이 청정한 땅에 떨어졌다면 먹을 수 있습니까?"

세존께서 말씀하셨다.

"마땅히 먹을지니라."

"청정한 땅에 과일나무가 자라났고 과일이 부정한 땅에 떨어졌다면 먹을 수 있습니까?"

세존께서 말씀하셨다.

"만약 밤을 지난 것이 아니라면 먹을 수 있느니라."

"대덕이시여. 청정한 땅에 과일나무가 자라났고 과일이 청정한 땅에 떨어졌다면 먹을 수 있습니까?"

세존께서 말씀하셨다.

"마땅히 먹을지니라."

연기는 실라벌성에서 있었다.

바라문이 있었는데 이 사람은 선생들의 우두머리였다. 한 마리의 특우(特牛)[14]를 얻었고 뒤에 암소를 얻었으며 다시 특우를 얻었고 이와 같이 소들이 계속되어 마침내 소들이 무리가 되었다. 이때 바라문은 첫 번째의 특우가 상서로웠으므로 곧바로 풀어서 길렀고 다시 매어두지 않았다. 뒤의 다른 때에 그 소가 늙어서 힘이 없었는데 갈증에 핍박받아 강으로 나아갔고 물을 마시면서 마침내 수렁을 만나 빠져서 능히 빠져나오지 못하였다. 이때 사리자가 그 옆을 지나가면서 그 소가 빠져 있는 것을 보았다. 마침내 곧 선근이 있는가를 관찰하였고, 나아가 그 소가 빠지는 인연에 얽힌 것을 보았다. 곧바로 진흙을 제거하여 나오게 하였고 물로서 깨끗이 씻어주었으며 수초(水草)를 먹게 하고서 삼구법(三句法)을 설하였다.

"현수여. 제행(諸行)은 무상(無常)이고, 제법(諸法)은 무아(無我)이며, 열반(涅槃)은 적멸(寂滅)하다. 마땅히 나의 처소에서 청정한 신심을 일으키고 방생취(傍生趣)에서 깊이 싫어할 마음을 일으켜라."

---

14) 힘이 강한 황소를 가리킨다.

이렇게 말하고서 버리고 떠나갔다. 이날 밤에 야간(野干)에게 잡아먹히게 되었는데 소는 이렇게 생각을 지었다.

“만약 아차리야가 나의 곁에 계셨다면 반드시 분명하게 이와 같은 고통을 만나지 않았을 것이다.”

사리자에게 존중하는 마음을 이어갔고 곧 목숨을 마치고서 대바라문의 가문에 태어났다. 사리자가 곧 이렇게 생각을 지었다.

‘내가 지금 잠시 가서 그 늙은 소를 보아야겠다.’

뜻을 지어 관찰하였고 그 소가 목숨을 마쳤고 어디에 태어났는가를 보아서 바라문의 집으로 간 것을 알았다. 이때 사리자는 교화를 위한 인연을 까닭으로 자주자주 바라문의 집에 이르렀는데 부부가 모두 와서 삼귀의와 오계를 청하여 받았다. 뒤의 다른 때에 존자가 혼자서 그의 집에 이르니 장자가 물어 말하였다.

“존자여. 무슨 까닭으로 시자 없이 혼자 다니십니까?” [자세한 설명은 앞에서와 같다.]

8·9개월이 지나서 한 사내아이를 낳았는데 얼굴과 모습이 소와 비슷하였다. 한 달이 지나고 종친들이 모인 때에 사내아이를 안고서 모두에게 이름을 짓고자 청하였다. 여러 사람이 의논하여 말하였다.

“이 아이의 모습과 얼굴이 우왕(牛王)과 비슷하니 마땅히 우주(牛主)라고 이름을 지읍시다.” [자세한 설명은 그 선화의 인연과 같다.]

출가하여 근원을 받고서 아라한과를 얻었다. 이전의 업력을 까닭으로 목구멍이 두 개가 있었는데 첫째는 토해냈고 둘째는 되새김을 하여서 삼켰다. 세존께서 계율을 제정하지 않았으므로 비시(非時)에 먹을 때에 곧 가려진 곳에서 토하여 다시 먹었다. 계율을 제정하신 뒤에는 토하여 밖으로 버렸으므로 이미 음식의 힘이 없어서 몸이 야위고 손상되었다. 세존께서는 보시고서 아시면서도 일부러 구수 아난타에게 물어 말씀하셨다.

“무슨 까닭으로 필추 우주는 몸이 야위고 수척하고 초췌하며 평소와 다른가?”

이때 아난타가 인연으로써 세존께 아뢰니 세존께서 말씀하셨다.

"만약 숙업(宿業)의 과보로서 목구멍이 2개로 태어난 자는 음식이 나올 때에 마땅히 두·세 번을 밖으로 버리고 다음으로 입을 깨끗하게 하고서 뜻에 따라서 삼켜도 이것은 범한 것이 없느니라."

여러 필추들이 있었고 이미 배부르게 먹었는데 목구멍으로 나왔으므로 곧 의심이 생겨나서 생각하였다.

'내가 비시의 음식을 범하는 것이 아니겠는가?'

세존께서 말씀하셨다.

"만약 이러한 부류가 있다면 마땅히 입을 깨끗하게 하라. 이것은 범한 것이 성립되지 않느니라."

이때 우주필추가 이미 출가하였으므로 많은 여러 재가인들이 모두 싫어하고 천박하게 생각하면서 이와 같이 말하였다.

"사문 석자들이 함께 비법을 행하는구나. 우주 등의 악한 형상을 출가시켰다."

이때 필추들이 인연으로써 세존께 아뢰니 세존께서는 이렇게 생각을 지으셨다.

'나의 성스러운 제자의 덕은 묘고산(妙高山) 같으나 마침내 여러 사람들이 모두 싫어하고 천박하게 생각하는구나. 이러한 인연을 까닭으로 우주필추가 중국에서는 안은한 처소가 아니구나.'

이때 세존께서 우주에게 알려 말씀하셨다.

"그대는 지금부터 중국에 머무르지 말고 마땅히 변방에서 머물도록 하게."

세존의 칙명을 듣고서 세존께 아뢰어 말하였다.

"알겠습니다. 세존이시여."

곧 서다림에서 나와서 곧 세리사궁(世利沙宮)으로 갔으며 안은하게 머물렀다. 세존께서는 필추들에게 알리셨다.

"나의 제자들 가운데에서 변방에 머무는 자로서 우주가 최고이니라."

이때 여러 필추들이 모두가 함께 의심이 있어 세존께 청하여 말하였다.

"구수 우주는 일찍이 무슨 업을 지었고, 그 업력을 까닭으로 비록 인간의 가운데에서 태어났어도 소의 형상을 지었으며, 불법의 가운데에 출가하였고 수행하여 아라한과를 얻었습니까?"

세존께서 여러 필추들에게 알리셨다.

"우주필추가 이전에 지은 업이 증장되고 성숙되었으므로 돌아와서 반드시 스스로가 받은 것이니라." [자세한 설명은 앞에서와 같다.]

"그대들은 마땅히 들을지니라. 지나간 옛날의 이 현겁 중에서 사람의 수명이 2만세일 때에 가섭파불이 세상에 출현하셨고 십호를 구족하셨느니라. 우주는 일찍이 그 세존의 법에 출가하여 수도(修道)하였다. 그의 친교사사는 아라한으로써 대중의 상수였으나 나이가 많아 늙었고 그의 몸은 야위고 수척하여 능히 스스로 먹을 수가 없었다. 이때 우주는 항상 스승에게 음식을 드렸고 발우를 거두어서 깨끗이 씻었으며 함께 여러 필추들과 한곳에서 독송을 익혔다. 뒤의 다른 때에 스승의 공양이 지체된 까닭으로 발우를 씻는 것이 늦어졌으므로 그 함께 독송하는 사람이 물어 말하였다.

"무슨 까닭으로 지금 늦었습니까?"

대답하여 말하였다.

"구수여. 나의 오파타야께서 오랫동안 음식을 드셨습니다."

다시 다른 날에 제자가 음식을 먹고서 스스로의 발우를 씻고서 본 스승의 처소에 이르렀는데 아직도 음식을 먹지 못한 것을 보고서 곧 성난 마음을 일으켜 그의 스승에게 알려 말하였다.

"무슨 까닭으로 늦게 드십니까? 오히려 늙은 소와 같습니다."

스승은 이렇게 생각을 지었다.

"이미 성이 나서 치성한데 내가 만약 말한다면 다시 분노(忿發)할 것이다. 뒤에 그 성난 것이 가라앉는다면 비로소 알려서 알게 해야겠다."

그의 성난 것이 가라앉았으므로 알려 말하였다.

"구수여. 그대는 무슨 말을 지었는가?"

대답하여 말하였다.

"나는 도사(道師)께서 음식 드시는 것이 늦어져서 오히려 늙은 소와 같다고 말하였습니다."

알려 말하였다.

"구수여. 그대는 내가 어떤 사람인가를 모두 아는가?"

대답하여 말하였다.

"내가 아는 것은 스승께서는 가섭파불의 교법의 가운데에 출가하셨고 나도 역시 스승께 출가하였습니다."

알려 말하였다.

"성자여. 이 일은 사실이네. 출가한 사람 가운데에서 할 일을 나는 지어 마쳤고, 나는 모든 얽매임을 벗어났거늘 그대는 곧 갖추고 얽혀 있네. 그대가 나의 처소에서 추악한 말을 하였으니 마땅히 은근하고 지극한 마음으로 죄를 참회해야 이와 같은 악업이 비로소 없어질 수 있을 것이네."

이때 그는 듣고서 지극한 마음으로 참회하였다.

"그대들은 알겠는가? 그가 지나간 때에 아라한에게 추악한 말을 지었던 업을 까닭으로 오백세(五百世)에 항상 소의 몸을 받았고, 나아가 오늘에도 남은 업이 없어지지 않아서 오히려 소의 형상을 지은 것이니라. 그가 부지런히 독송의 일을 지은 까닭으로 나의 법의 가운데에 출가하였고 수행하여 여러 의혹과 번뇌를 끊고 아라한을 증득하였느니라."

이때 여러 필추들이 다시 세존께 청하여 말하였다.

"우주필추는 다시 무슨 업을 지은 까닭으로 지금 세존께서 변방에 살도록 하셨고 변방에서 제일이라고 찬탄하십니까?"

세존께서 말씀하셨다.

"발원한 힘의 까닭이니라. 일찍이 무슨 발원을 지었는가? 곧 그 세존께 출가하였고 목숨이 마치도록 수행하였으나 승묘한 문을 결국 얻은 것이 없었다. 그러나 그의 스승에게 가섭파불의 제자 가운데에서 변방에서 머물면서 옷과 음식을 수용하는 데 제일이라고 찬탄되었다. 그가 이것을 보고 이와 같이 발원하였다.

"제가 세존의 처소에서 출가하였고 목숨이 마치도록 수행하였으나 승묘한 문을 결국 얻은 것이 없었습니다. 세존께서 수기하신 것과 같이 '마납파(摩納婆)여. 그대가 미래의 세상에서 인간의 수명이 백세이고 석가모니불께서 세상에 출현하실 때에, 저도 그 세존의 가르침에 마땅히 출가하여 여러 의혹과 번뇌를 끊고 아라한을 증득하여, 저의 본사께서 세존의 제자로서 변방에 머물면서 수용하는 옷과 음식과 설법이 제일인 것과 같이, 저도 그 세존의 제자 가운데에서 변방에 수용하는 옷과 음식이 역시 다시 이와 같게 하십시오.'"

그가 이러한 원력을 까닭으로 지금의 이러한 과보를 받은 것이니라. 그대들은 마땅히 알라. 순흑업 등을 까닭으로, [자세한 설명은 앞에서와 같다.]"

연기는 실라벌성에서 있었다.

육중필추들이 음식을 "나에게 이것을 주시오. 나에게 저것을 주시오." 라고 가리키고 찾아서 받았으므로 음식을 주는 사람들이 차례(次緖)를 잃게 하였다. 필추가 인연으로써 세존께 아뢰니 세존께서 말씀하셨다.

"필추는 마땅히 음식을 가리키고 찾아서 받지 말라. 만약 고의적으로 짓는 자는 월법죄를 얻느니라. 만약 익히지 않았다면 익힌 것을 찾아도 범한 것이 아니고, 지나치게 익은 것이라면 익히지 않은 것을 취하여도 허물이 없느니라."

연기의 처소는 앞에서와 같다.

구수 오파난타가 구리를 짓는 집에 가서 물어 말하였다.

"현수여. 능히 모든 구리로 발우를 지을 수 있는가?"

대답하여 말하였다.

"이것은 나의 직업인데 어찌 못하겠습니까? 그 발우에 필요한 크기를 알지 못합니다."

대답하여 말하였다.

"크게 만드시오."

물어 말하였다.

"성자여. 이렇게 큰 발우를 당신께서는 어느 곳에 사용하려고 합니까?"

대답하여 말하였다.

"어리석은 사람이여. 그대는 어찌 가치(價値)를 취하지 않고 내게 지어 주고자 하는가?"

그는 곧 생각하였다.

"그를 따라서 크게 짓더라도 나에게 어찌 손해이겠는가?"

곧 크게 만드니 그가 발우를 보고 알려 말하였다.

"다시 작게 만들어서 큰 발우 안에 넣으시오."

이렇게 거듭하여 나아가 일곱 번에 이르렀고 이미 지어진 것을 얻었다. 곧 제자를 시켜서 모두 깨끗이 씻었고, 오색실로서 발랑을 만들어 묶고서 차례로 포개어 발랑에 넣고서 곧 구적을 시켜서 머리에 얹고서 떠나갔다. 다만 청이 있는 곳이면 매번 곧 앞장을 서서 갔고 시주의 집에 이르면 앉아서 열고서 꺼내어 마땅히 앞에 펼쳐놓았다. 이때 거사와 바라문 등이 있었는데 보고 물어 말하였다.

"당신은 어찌 지금 구리그릇 가게를 열었습니까?"

알려 말하였다.

"어리석은 사람이여. 그대가 어떻게 알겠는가? 첫째는 밥을 담는 것이고 둘째는 가루음식을 저장하는 것이며, 셋째는 떡을 넣는데 사용하는 것이고, 넷째는 맛있는 경단을 담는 것이며, 다섯째는 국과 나물을 받는 것이고, 여섯째는 우유와 소(酥)를 넣는 것이며, 일곱째는 양념을 청하는 것이오."

재가인들이 알려 말하였다.

"만약 이와 같다면 다시 반드시 많이 저축해야겠습니다. 혹은 음식을 수용하려면 이것보다 배나 많겠습니다."

이러한 비난을 들었으므로 묵연히 대답이 없었다. 필추가 인연으로써 세존께 아뢰니 세존께서 이렇게 생각을 지으셨다.

'필추들이 구리그릇을 저축하는 까닭으로 이와 같은 허물이 있구나.'

여러 필추들에게 알리셨다.

"구리그릇을 저축하지 말라. 저축하는 자는 월법죄를 얻느니라. 만약 구리수저·소금쟁반·물을 마시는 구리대접은 아울러 모두 범한 것이 없고, 만약 이것이 다른 물건으로 사용하여도 역시 허물이 없느니라."

근본설일체유부비나야잡사 제6권

삼장법사 의정 한역

석보운 번역

제1문의 제9자섭송 ①

제1문의 제9자섭송으로 말하겠노라.

마땅히 발을 씻는 곳과
발을 씻는 대야와
더운 때에 부채를 허락한 것과
모기와 벌레를 쫓는 다섯 불자(拂子)가 있다.

연기의 처소는 앞에서와 같다.

이때 여러 필추들이 어느 땅에 있더라도 곧바로 발을 씻었으므로 마침내 처소에서 여러 파리들이 요란스럽게 날아다녔다. 이때 장자와 바라문들이 사찰에 들어왔다가 발을 씻는 곳을 보고 물어 말하였다.

"성자여. 무슨 까닭으로 이곳에서 벌레와 파리가 요란스럽게 날아다닙니까?"

대답하여 말하였다.

"이곳은 우리들이 발을 씻는 곳입니다."

그들이 듣고 싫어하고 천박하게 생각하였다.

"사문 석자는 모두 청정하지 않구나. 어느 곳에 있더라도 그 발을 씻는구나.”

필추가 인연으로써 세존께 아뢰니 세존께서 말씀하셨다.

“필추는 마땅히 어느 곳에서나 발을 씻지 말라. 그리고 발을 씻는 곳은 마땅히 동남쪽의 모퉁이에서 하라.”

세존께서 말씀하신 것같이 발을 씻는 곳을 설치하고자 하였으나 필추가 마땅히 어떻게 짓는가를 알지 못하였다. 세존께서 말씀하셨다.

“거북이 등의 모양으로 하라.”

이때 여러 필추들이 이미 지었으나 너무 미끄러워서 발을 문지를 수 없었다. 세존께서 말씀하셨다.

“마땅히 거칠게 지어라.”

[이 발을 씻는 곳에서는 역시 목욕할 수 있다. 서방의 여러 사찰과 재가에 모두 있으며, 크고 작은 것은 정해진 것이 없고 노지(露地)에 짓는다. 혹은 큰 것은 평상과 같고 작은 것은 좌석의 반절이다. 네 모서리(畔)를 벽돌로 쌓았고, 높이는 1척(尺)까지 허용되며, 중간(中間)에 벽돌과 섬돌로 거북이 등의 모양으로 지었다. 자갈을 불에 달구어 물에 넣고서 씻으며 떠나지 않고, 옆은 하나의 구멍으로 통하는데 물을 밖으로 흘려보낸다. 발을 씻고 몸을 씻는데 최고로 필요한 것이다.]

어느 늙은 필추가 몸이 야위고 약하여 발을 씻는 곳으로 갈 수 없었다. 세존께서 말씀하셨다.

“마땅히 집사인(執事人)[1]을 두어서 그가 발을 씻기도록 하고, 마땅히 발을 씻는 대야를 지으라.”

이때 육중은 세존께서 허락하신 것을 듣고서 금·은·유리(琉璃)로 발을 씻는 대야를 지었다. 재가인이 보고 물었다.

“이것은 무슨 물건입니까?”

대답하여 말하였다.

“세존께서 우리들이 발을 씻는 대야를 짓는 것을 허락하셨고 이것은

1) 승가의 일을 돕던 사람들로서 고용된 사람을 가리킨다.

곧 그것이오.”

그가 말하였다.

“성자여. 당신은 비록 머리를 깎았으나 탐욕을 물든 것을 없애지 못하였습니다.”

대답하여 말하였다.

“발로 그대의 목을 밟겠다. 내가 지니는 것이 무슨 허물인가? 그대는 우리의 스승이 아닌데 어찌 일로써 서로를 책망하는가?”

재가인이 싫어하고 천박하게 생각하였다. 필추가 세존께 아뢰니 세존께서 말씀하셨다.

“발을 씻는 대야로 보배를 사용하는 것은 합당하지 않느니라. 마땅히 옹기로 지어라.”

필추가 곧 낙타 모양으로 지었으므로 세존께서 말씀하셨다.

“합당하지 않느니라. 마땅히 코끼리가 땅을 밟은 자국과 같게 하고, 그 가운데를 약간 높게 하여 발을 뻗게 할 것이며, 혹은 가운데를 연꽃 봉우리의 모양으로 짓되, 마땅히 거칠게 하고서 문지르도록 하라.”

필추들이 발을 씻고서 대야를 아무 곳에나 놓아두었으므로 세존께서 말씀하셨다.

“마땅히 이와 같이 하지 말라. 만약 대중의 물건이라면 마땅히 뒤집어서 가려진 곳에 놓아두고, 만약 개인의 물건이라면 문의 뒤에 놓아두어라.”

연기의 처소는 앞에서와 같다.

이때 따스한 봄이었는데 필추가 열병이 있어 신체가 누렇고 수척하며 여위고 피곤하여 견딜 수 없었다. 재가인이 보는 때에 물어 말하였다.

“성자여. 무슨 까닭으로 신체가 누렇고 수척하며 여위고 피곤하고 힘이 없습니까?”

대답하여 말하였다.

“때가 따스한 봄이어서 나에게 열병이 있습니다.”

그가 말하였다.

"성자여. 어찌 부채를 지니지 않으십니까?"

대답하여 말하였다.

"현수여. 세존께서 허락하지 않으셨습니다."

대답하여 말하였다.

"당신의 대사께서는 성품이 자비와 애민을 품으셨습니다. 만약 열병을 아신다면 부채를 허락하는데 장애가 없을 것입니다."

필추가 세존께 아뢰니 세존께서 말씀하셨다.

"나는 지금 필추들이 부채를 지니는 것을 허락하겠노라."

육중필추는 세존께서 허락하신 것을 듣고서 금·은·유리와 혹은 자광(紫鑛)[2]을 닦았고 나아가 여러 종류의 빛깔로 부채의 자루를 장식하였으므로 재가인들이 와서 보고 비난하고 부끄러워하였다. 육중의 오만(傲慢)은 [자세한 설명은 앞에서와 같다.] 나아가 세존께서 말씀하셨다.

"보배 등을 사용하여 부채의 자루를 짓지 말라. 마땅히 알라. 부채는 두 종류가 있으니 첫째는 대나무로 만든 것이고, 둘째는 잎을 사용하여 만든 것이니라."

이때 많은 신심이 있는 재가인들이 곧 여러 종류의 빛깔로 장식한 부채를 가지고 와서 필추들에게 보시하였으나 필추들이 받지 않았으므로 세존께서 말씀하셨다.

"만약 승가를 위하여 받아서 취하더라도 범한 것이 없느니라."

연기는 광엄성의 미후지 옆의 높은 누각 가운데에서 있었다.

이때 여러 필추들이 모기에게 물려서 몸이 가려워서 긁는 것을 멈추지 않았다. 재가인들이 보는 때에 물어 말하였다.

"성자여. 무슨 까닭으로 이와 같습니까?"

이 일을 갖추어 대답하니 그들이 말하였다.

"성자여. 무슨 까닭으로 모기를 쫓는 불자(拂子)[3]를 지니지 않습니까?"

---

2) 산화철로서 불순물 때문에 보라색을 띠고 있는 금속이다.

3) 본래는 인도에서 필추가 모기나 파리를 쫓으면서 사용하던 것이다. 중국의

대답하여 말하였다.

"세존께서 허락하지 않으셨습니다." [자세한 설명은 앞에서와 같다.]

나아가 인연으로써 세존께 아뢰니 세존께서 말씀하셨다.

"나는 지금 모든 필추들에게 모기를 쫓는 불자를 지니는 것을 허락하겠노라."

이때 육중필추는 세존께서 허락하신 것을 듣고서 여러 보배로 자루를 만들고 검은 소의 꼬리를 사용하여 그 불자를 만들었다. 재가인들이 와서 보았고 [자세한 설명은 앞에서와 같다.] 나아가 세존께서 말씀하셨다.

"그 모기를 쫓는 물건에는 다섯 종류가 있다. 첫째는 양모(羊毛)로 짓는 것이고, 둘째는 삼베로 짓는 것이며, 셋째는 가늘게 찢어진 면직물을 사용하는 것이고, 넷째는 낡고 부서진 물건을 사용하는 것이며, 다섯째는 나뭇가지 끝을 사용한 것이니라. 만약 보물을 사용하면 악작죄(惡作罪)를 얻느니라."

제1문의 제10자섭송 ①

제1문의 제10자섭송으로 말하겠노라.

아래의 군의(裙衣)[4]를 높게 묶지 않는 것과
무거운 짐을 지니지 않는 것과
병자에게 지팡이와 걸망을 허락하신 것과
마늘 등을 먹는 것을 따라서 허락하신 것이 있다.

연기의 처소는 앞에서와 같다.

선종(禪宗)에서는 필추가 번뇌(煩惱)나 장애(障礙)를 물리치는 표식(標識)으로서 사용되고 있다.

4) 인도 남성의 하의에서 유래되었으며, 허리에서 무릎 아래를 덮는 긴 치마 모양의 옷으로 허리띠를 사용하지 않고 양끝을 여미어 넣어 착용한다.

세존께서 말씀하신 것과 같이 필추는 마땅히 경영하여 짓는 것을 도와야 하였는데 한 필추가 사다리 위에 인연이 있었다. 이때 여러 위에 있는 사람을 아래에서 바라보다가 그의 형체가 드러난 것을 보고 알려 말하였다.

"성자여. 나는 지금 처음으로 성자가 남근(男根)을 갖춘 까닭으로 남자인 것을 알았습니다."

그는 사다리 위에서 부끄러워서 묵연하였다. 필추가 세존께 아뢰니 세존께서는 이렇게 생각하셨다.

'필추가 사다리에 오르면서 아래의 군의를 묶지 않은 까닭으로 이와 같은 허물이 있다.'

여러 필추들에게 알려 말씀하셨다.

"만약 경영하며 짓고자 반드시 사다리에 오르는 자는 마땅히 아래의 군의를 묶고서 비로소 올라가야 하느니라."

또한 여러 필추들이 경영하여 짓는 때에 아래의 군의를 높게 묶었는데 믿지 않는 재가인들이 보고서 비웃으면서 물어 말하였다.

"성자여. 서로가 씨름을 하고자 합니까?"

대답하여 말하였다.

"나는 지을 소임이 있습니다."

그들은 듣고서 묵연하였다. 필추가 세존께 아뢰니 세존께서 말씀하셨다.

"만약 사다리 위에 인연이 있으면서 마땅히 아래 군의를 묶더라도, 평지에서 지을 때에는 마땅히 이렇게 하지 말라." [아래의 군의를 묶는다는 것은 군의를 잡아당겨 뒤의 아래로 향하게 하고 허리의 사이에 단단하게 끼워서 넣는 것을 말한다.]

연기의 처소는 앞에서와 같다.

육중필추가 스스로 무거운 짐을 메었는데 믿지 않는 자가 보고서 이렇게 말하였다.

"우리는 부모와 처자가 능히 생활하지 못하는 것이 두려워서 몸으로서 무거운 짐을 메지만 당신들은 어찌하여 몸으로 스스로 노고를 하십니까?"

알려 말하였다.

"현수여. 우리에겐 많은 인연이 있소. 첫째는 세존께 공양하는 것이고, 둘째는 승가의 음식의 일을 위한 것이며, 셋째는 병자에게 필요한 것을 제공해야 하는 이러한 인연을 까닭으로 몸으로 무거운 짐을 메는 것이오."

그들은 묵연하였고 대답이 없었다. 필추가 세존께 아뢰니 세존께서 말씀하셨다.

"필추는 마땅히 무거운 짐을 메지 말라. 짓는 자는 월법죄를 얻느니라."

세존께서는 왕사성의 취봉산에 머무르셨다.

어느 늙은 필추가 산에 올라갔다 내려오면서 발이 미끄러져 땅에 넘어졌다. 세존께서는 말씀하셨다.

"마땅히 지팡이를 지녀라."

세존께서 지팡이를 허락하신 것을 듣고서 육중필추가 곧 금·은 등과 여러 빛깔의 물건으로 그 지팡이를 조각하고 장식하였으므로 재가인들이 보고 함께 싫어하고 천박하게 생각하였다. 필추가 세존께 아뢰니 세존께서 말씀하셨다.

"필추가 두 종류의 인연이 있다면 마땅히 지팡이를 지닐 수 있느니라. 첫째는 늙어서 여위고 힘이 없는 것이고, 둘째는 병으로 몸이 허약한 것이니라."

이때 어느 필추가 거짓으로 늙고 병든 것처럼 그 지팡이를 짚었다. 이때 여러 필추들이 인연으로써 세존께 아뢰니 세존께서 말씀하셨다.

"만약 진실로 늙고 병들었다면 마땅히 승가를 따라서 지팡이를 지니는 갈마를 애원하고 만약 승가가 허락한다면 마땅히 이와 같이 지녀라. 마땅히 애원하려면 자리를 펼치고 건치를 울려서 말하여 알려라. 이미 대중이 모두 모였을 때에 늙고 병든 필추가 상좌의 앞에 꿇어앉아서 합장하고 이와 같이 아뢰어라.

"대덕 승가께서는 들으십시오. 나 필추 누구는 노후(老朽)하고 허약(瘦弱)

하며, 혹은 다시 몸에 병이 있어서 지팡이가 없는 때에는 곧 능히 몸을 구제할 수 없으므로 지금 승가를 쫓아서 지팡이 지니는 갈마를 애원합니다. 원하건대 대덕 승가께서는 나 필추 누구가 지팡이를 지니는 갈마를 주십시오. 이것은 능히 애민한 자가 자비롭고 애민하게 발원하는 까닭입니다."

이와 같이 세 번을 말하라. 다음으로 한 필추가 백갈마를 짓게 하라.

"대덕 승가께서는 들으십시오. 이 필추 누구는 노후하고 허약하며, 혹은 다시 몸에 병이 있어서 지팡이가 없는 때에는 곧 능히 몸을 구제할 수 없으므로 지금 승가를 쫓아서 지팡이 지니는 갈마를 애원하고 있습니다. 원하건대 대덕 승가께서는 이 필추 누구가 지팡이를 지니는 갈마를 주십시오. 이것은 능히 애민한 자가 자비롭고 애민하게 발원하는 까닭입니다."

[갈마는 아뢴 것에 의거하여 마땅히 지으라.]

만약 승가가 지팡이 지니는 갈마를 지어 주었다면 지팡이를 지녀도 범한 것이 없느니라."

연기는 왕사성에서 있었다.

여러 필추가 늙고 야위어 힘이 없었고 풍병이 더하여졌으며 취봉산에서, 혹은 오르고 내려오는 때에 발이 미끄러져 땅에 넘어져서 조관(澡罐[5])과 군지가 모두 깨졌다. 필추가 세존께 아뢰니 세존께서 말씀하셨다.

"필추는 마땅히 걸망을 지니도록 하라."

이때 육중필추는 세존께서 허락하신 것을 듣고서 오색실로 걸망을 만들었으므로 재가인들이 비난하고 싫어하였으며, [묻고 대답한 인연은 축장(畜杖)과 같다.]

"만약 지팡이와 걸망의 이 두 가지가 모두 필요하다면 합하여 갈마를 지어도 이것도 역시 허물이 없느니라. 이미 법을 얻었다면 마음대로 지녀도 범한 것이 없느니라."

---

5) 필추들이 손 씻는 물을 담아 두는 그릇으로 주전자와 모양이 비슷한 것을 말한다.

연기는 실라벌성에서 있었다.

이때 어느 필추가 마늘을 먹고서 세존의 처소에 나아가서 세존의 발에 예경하고 한쪽에 서있으니 세존께서 말씀하셨다.

"필추여. 앉아서 일심(一心)으로 나의 설법을 들으라."

이때 그 필추가 세존의 가르침을 듣고서 거듭 세존께 예경하고 한쪽에 앉았다. 세존께서 설법하시는데 그가 법을 듣는 때에 자주 얼굴을 돌렸는데 악한 기운이 존엄한 위의에 가볍게 접촉하는 것을 두려워하였다. 이와 같이 두세 번을 하니 세존께서 말씀하셨다.

"필추여. 그대는 마땅히 일심으로 내가 설하는 것을 들으라."

필추가 역시 다시 두세 번 밖을 향하여 얼굴을 돌렸고, 곧 세존의 발에 예경하고 하직하고서 떠나갔다. 이때 세존께서는 아시면서도 일부러 물으셨다.

"아난타여. 무슨 까닭으로 그 필추가 나의 법을 들을 때에 자주 얼굴을 돌렸는가?"

아난타가 말하였다.

"그는 마늘을 먹은 까닭으로 세존의 존엄한 위의에 접촉되는 것이 두려워서 자주 얼굴을 돌렸습니다."

세존께서 아난타에게 알리셨다.

"아난타여. 여러 필추들이 마늘을 먹었는가?"

아난타가 말하였다.

"그렇습니다."

세존께서 말씀하셨다.

"그는 마늘을 먹은 까닭으로 성도(聖道)로 향하여 들어가는데 장애가 있느니라. 마늘을 먹지 않은 자가 나의 설법을 들었다면 금강지저로 20신견(身見)의 큰 산을 부수고 예류과를 얻었을 것이다. 이러한 까닭으로 아난타여. 지금부터는 모든 필추들에게 마땅히 마늘과 부추 등의 부류를 먹지 못하게 제정하겠노라. 먹는 자는 월법죄를 얻느니라."

이때 사리자가 대중 가운데에 있으면서 곧 이렇게 생각을 지었다.

'지금 이 필추가 견제(見諦)를 얻지 못하였으나 내일은 마땅히 볼 수 있는 것인가? 곧바로 관찰하여 내일도 역시 능히 견제를 보는 인연이 없음을 보았으며, 곧 다시 깊은 제4정려(靜慮)에 들어가서 그 후의 때를 관찰하였으나 역시 그가 성과(聖果)를 증득하는 날을 보지 못하였다. 곧 선정에서 일어나서 게송을 설하여 말하였다.

시간이 적었고 생각이 흩어져서
오로지 머물지 못한 까닭으로
그는 미래의 세상에 있어서도
진제(眞諦)의 이치를 볼 수 없다네.

이때 세존께서는 사리자가 마음속으로 생각하는 것을 아시고서 알려 말씀하셨다.

"사리자여. 그대는 지금 마땅히 부처의 경계를 곧 헤아려 사량(思量)하지 말게. 이것은 나아가 일체의 성문과 독각의 경계를 초월하였네. 그러나 미래에 세존이 있어서 세상에 출현하실 것이고 일체존(一切尊)이라고 이름하실 것이며, 이 사람은 그 세존의 법의 가운데에 출가하고 수행하여 여러 번뇌를 끊고 아라한과를 증득할 것이네."

세존께서는 이렇게 생각을 지으셨다.

'그 필추가 마늘을 먹은 까닭으로 진리를 보는 것에 장애가 있었다. 이러한 까닭으로 필추들은 마땅히 마늘을 먹지 않아야 한다. 먹는 자는 월법죄를 얻는다.'

이때 어느 필추가 몸에 질병을 앓아서 의사가 있는 곳에 나아가서 알려 말하였다.

"현수여. 나에게 이러한 병이 있으니 바라건대 처방하여 주십시오."

알려 말하였다.

"성자여. 마땅히 마늘을 복용하십시오. 병이 점차로 없어질 것입니다."

알려 말하였다.

"현수여. 세존께서는 마늘 먹는 것을 허락하지 않으셨습니다."

의사가 말하였다.

"이 병은 다른 약으로는 능히 고칠 수 없습니다."

필추가 세존께 아뢰니 세존께서 말씀하셨다.

"의사가 이 약이 아닌 다른 약으로 고칠 수 없다고 말한다면 복용하여도 범한 것이 없느니라."

필추가 듣고서 곧 사찰 안에서 병을 위하여 마늘을 먹고서 수용하는 방사의 평상과 자리와 대·소변을 보는 곳과 대중 가운데를 출입하고 왕래하였으며, 혹은 제저(制底)를 돌았고, 혹은 향대(香臺)에 예경하였으며, 재가인을 위하여 설법하였고, 혹은 청을 받아 시주의 집에 나아갔으며, 혹은 원림(園林)의 천묘(天廟)와 여러 사람이 모인 가운데에 이르렀는데 이르는 곳마다 모든 사람들이 마늘 냄새를 맡고 함께 싫어하고 천박하게 생각하면서 이와 같이 말을 지었다.

"사문 석자가 비록 다시 출가하였으나 오히려 마늘을 먹고서 냄새를 서로에게 풍기니 어찌 우리들과 다르겠는가?"

필추가 세존께 아뢰니 세존께서 말씀하셨다.

"필추가 병이 있어서 마늘을 먹으면서 소유할 행법을 내가 지금 마땅히 설하겠노라. 모든 병든 필추들이 만약 마늘을 먹고자 한다면 마땅히 사찰 주변의 옆방에 머무르면서 승가의 와구와 대·소변을 보는 곳을 사용하지 않을 것이고, 대중 속에 들어가지 않을 것이며, 재가인을 위하여 설법하지 않을 것이고, 제저를 돌지 않을 것이며, 향대(香臺)에 예경하지 않을 것이고, 제가에 가지 않을 것이며, 원림이나 천묘의 여러 사람이 모이는 곳에 모두 마땅히 가지 말라. 가려진 곳에서 먹거나 복용한다면 설령 사람이 보더라도 비난하고 부끄러워하지 않을 것이다. 만약 마늘을 복용한 때에는 7일을 이곳에 머무를 것이고 파를 복용하였다면 3일을 머무를 것이며, 만약 부추를 먹었다면 하루를 머무른 뒤에 목욕을 하고 아울러 옷도 빨아서 냄새를 없앤 뒤에 사찰에 들어오라. 앞에서와 같이 계율을 의지하지 않는 자는 월법죄를 얻느니라."

[제1문을 마치겠노라.]

제2문의 총섭송으로 말하겠노라.

쇠털(牛毛)처럼 깎는 것과 일산(日傘)과
연두색을 입는 것과 승만(勝鬘)의 인연과
출가와 약을 달이는 병과
문선(門扇)과 망치와 도끼와 솥이 있다.

제2문의 제1자섭송 ①

제2문의 제1자섭송으로 말하겠노라.

쇠털(牛毛)처럼 깎는 것과 가려진 곳과
같은 평상과 침구를 혼자 덮지 않는 것과
만약 하얀 색깔의 옷을 얻었다면
염색하고 다시 네모로 비로소 수용하는 것이 있다.

연기의 처소는 앞에서와 같다.

어느 때에 급고독장자가 서다림을 사방승가(四方僧伽)에게 보시하고 이발사에게 사찰에 나아가서 수염과 머리를 깎아주게 하였다. [자세한 설명은 앞에서와 같다.] 이때 오파난타가 이발사에게 물어 말하였다.

"그대는 쇠털처럼 깎는 것을 아는가?"

대답하여 말하였다.

"이것은 나의 공교입니다. 어찌 모르겠습니까? 가위질을 하여 쇠털의 모양을 짓는데 머리카락을 2분(二分)을 남기는 것을 쇠털처럼 깎는다고 이름합니다."

오파난타가 말하였다.

"다시 일분을 깎게."

이와 같이 계속 말하다 마침내 알려 말하였다.

"그대는 어리석은 사람이고 머리를 깎는 법을 모르는구려. 마땅히 깨끗이 깎아야 그대를 집으로 돌려보내겠네." [자세한 설명은 앞에서와 같다.]

나아가 세존께서 말씀하셨다.

"필추는 마땅히 쇠털처럼 머리를 깎지 말라. 어기는 자는 월법죄를 얻느니라."

세존께서 말씀하신 것과 같이 필추는 쇠털처럼 머리를 깎는 것을 허락하지 않으셨다. 필추가 머리에 종기가 있어 칼로 깎을 때에 고통을 받았다. 필추가 세존께 아뢰니 세존께서 말씀하셨다.

"종기가 있는 곳은 가위로 깎고 다른 곳은 평소와 같이 깎아라."

연기의 처소는 앞에서와 같다.

장자가 사람을 시켜서 대중을 위하여 머리를 깎도록 하였다. [자세한 설명은 앞에서와 같다.] 오파난타가 보고 알려 말하였다.

"나의 보이지 않는 곳의 털을 모두 없앨 수 있겠는가?"

대답하여 말하였다.

"이것은 나의 공교입니다."

곧 가위로 깎게 하였고 이전과 같이 날이 저물어서 돌려보냈다. 이때 재가인들이 싫어하고 천박하게 생각하니 세존께서 말씀하셨다.

"필추는 마땅히 세 곳의 털을 깎지 말라. 어기는 자는 월법죄를 얻느니라."

이때 어느 필추가 보이지 않는 곳에 종기가 생겨났고, 혹은 때에 벌레가 생겨나서 가려운 고통으로 인내가 어려워서 선사(善事)를 닦는 것을 그만두었다. 세존께서 말씀하셨다.

"병의 인연이 있는 자는 마땅히 노숙(老宿) 필추에게 알리고, 뒤에 다시 서로가 종기가 있는 곳을 깎도록 할 것이며, 의혹에 이르지 말라."

연기의 처소는 앞에서와 같다.

육중필추가 나란히 한 평상에 누워서 함께 서로가 밀고 의지하고 흔들면서 웃었다. 필추가 세존께 아뢰니 세존께서 이렇게 생각을 지으셨다.

'함께 한 자리에서 잠자면 이와 같은 허물이 있다. 함께 평상에 눕는 자는 월법죄를 얻는다.'

이때 여러 대중 필추들이 인간세상을 유행하여 한 촌락에 이르렀다. 다른 사람에게 평상을 빌렸는데 주인이 하나를 주었으므로 알려 말하였다.

"많이 필요합니다."

주인이 알려 말하였다.

"우리 집에서는 많은 사람이 한 평상에 눕는데 어찌하여 필추들은 각자 별도로 찾습니까? 여러 사람이 함께 눕더라도 이치적으로 다시 무슨 허물이겠습니까?"

필추가 대답하여 말하였다.

"세존께서 허락하지 않으셨습니다."

필추가 세존께 아뢰니 세존께서 말씀하셨다.

"만약 여러 필추들이 마음에 부끄러움을 품었고 계행을 갖추고 닦았으며 자신의 요를 깔고서 바른 생각을 마음에 두었다면, 중간에서는 옷의 주머니와 혹은 발랑으로 막고서 비로소 누울지니라. 평상에 눕는 것은 이와 같이 할 것이고, 나머지의 요와 자리도 이것에 의거하여 마땅히 알지니라."

연기의 처소는 앞에서와 같다.

여러 필추들이 인간세상을 유행하다가 한 촌락에 이르러 장자의 집에서 잠자리를 구하였는데 이때는 한냉(寒冷)하여 다시 누울 물건을 구하였다. 이때 집안사람들이 필추들의 처소에 애민한 마음이 생겨나서 자기들의 와구를 빌려 주었다. 먼저 손에 넣은 자는 혼자서 덮고 누웠고 그 얻지 못한 자는 추위를 견디면서 밤을 보냈다. 인연으로써 세존께 아뢰니 세존께서 말씀하셨다.

“마땅히 먼저 얻었다면 혼자 눕지 말고 마땅히 함께 사용할 것이며 나이에 따라서 덮어라.”

뒤의 다른 때에 오파난타가 나이를 따라서 물건을 얻었는데 곧 이불을 몸에 두르고 혼자 일어나서 경행하였으므로 다른 사람들은 추운 밤에 고통을 받았다. 젊은 필추가 알려 말하였다.

“우리들은 추워서 고통을 받는데 당신은 경행하십니까?”

오파난타가 말하였다.

“누가 그대들이 일어나서 경행하는 것을 막는가?”

그 여러 필추들은 추위를 견디면서 밤을 보냈다. 필추가 세존께 아뢰니 세존께서 말씀하셨다.

“여러 사람이 이불을 얻었다면 이때에는 함께 덮어라. 반드시 경행하고자 한다면 자기의 물건을 덮어라. 만약 대중의 물건을 덮는다면 악작죄를 얻느니라.”

연기의 처소는 앞에서와 같다.

이때는 마땅히 겨울이었고 필추들이 추위에 고통을 받았으므로 한쪽에 기거하면서 몸을 옆으로 뉘었다. 이때 급고독장자가 사중으로 와서 들어왔다가 여러 필추들이 한쪽으로 누워있는 것을 보고 물어 말하였다.

“성자여. 대사의 교법의 소임은 정근(精勤)에 있는데 무슨 까닭으로 당신들은 옆으로 누워서 하루의 시간을 허망하게 보내면서 선품을 닦지 않습니까?”

필추들이 대답하여 말하였다.

“마음에 희락(喜樂)이 있어야 선품도 닦을 수 있습니다. 우리들은 현재 추운데 어찌 능히 책려하겠습니까? 우리들이 지금 얼음이 된 것을 누가 알겠습니까?”

장자는 하직하고 떠나갔고 집으로 돌아가서 500장(張)의 두꺼운 백첩(白疊)의 배자를 승가의 대중에게 보냈다. 이때 여러 필추들이 곧바로 입고서 사찰의 밖을 유행하였으므로 믿지 않는 재가인들이 보고서 싫어하고 비난하였다.

"성자여. 어찌 당신들은 함께 재가인으로 돌아갔습니까?"

대답하여 말하였다.

"그대들은 마땅히 이와 같이 말을 짓지 마시오. 우리들이 추운 까닭으로 이러한 재가인의 옷을 입은 것이오."

필추가 세존께 아뢰니 세존께서 말씀하셨다.

"재가인의 옷을 입는 것은 합당하지 않다. 반드시 다른 인연이 있다면 그 옷의 위에 물들인 물건으로 덮어라. 만약 승기의(僧祇衣)가 배자라면 안의 물건으로 밖의 물건을 덮고 뒤에 비로소 입어라. 이것과 다르다면 죄를 부르느니라."

제2문의 제2자섭송 ①

제2문의 제2자섭송으로 말하겠노라.

산개(傘蓋)와 후세(後世)가 없는 것과
노랫소리와 불을 피우지 않는 것과
유행하며 의지(依止)를 찾는 것과
털담요(毛毯)를 뒤집지 않는 것이 있다.

연기의 처소는 앞에서와 같다.

이 성안에 한 거사가 있어 항상 옷과 물건을 수입하고 팔아서 스스로 생활을 하였는데 뒤의 다른 때에 많은 이익과 물건을 얻고서 곧 이렇게 생각을 지었다.

'무슨 방편이 있어야 복업을 닦으면 다시 많은 이익을 얻을 수 있을까?'

이 거사는 본래의 마음에서 신심이 있었으므로 이와 같이 생각을 지었다.

'내가 지금 마땅히 세존과 승가를 청하여 자리에 묘한 옷을 펼쳐놓고 여러 음식을 베풀어야겠다. 옷과 음식 공양하는 것은 큰 복전이니, 이렇게

보시하는 인연으로 나는 많은 이익을 얻을 것이다.'

이렇게 생각을 짓고서 세존의 처소에 나아가서 두 발에 예경하고 한쪽에 서서 세존께 아뢰어 말하였다.

"세존이시여. 원하건대 세존과 승가께서 내일 저의 집으로 오시어 저의 작은 공양을 받아주십시오. 오직 바라옵건대 자비로서 청을 받아 주십시오."

이때 세존께서 묵연히 받아들이신 것을 거사는 알고서 세존께 예경하고 떠나갔다. 집으로 돌아와서 여러 종류의 상묘한 음식을 준비하였고 묘한 자리를 설치하고 좋은 옷감을 펼쳐놓았다. 곧 사자에게 달려가서 세존께 알리도록 하였다.

"음식이 준비되었습니다. 원하옵건대 때가 되었음을 아십시오."

이때 대중들은 모두 그의 집으로 갔고 오직 세존과 지사인이 사찰의 안에 남아 있었다. 여러 불·세존께서는 다섯 가지의 인연이 있으시면 지사인을 남기시어 음식을 취하도록 하시었다. 무엇이 다섯 가지인가? 첫째는 적정을 간택하고 여러 소란과 다툼을 벗어나게 하려는 것이고, 둘째는 여러 천인(天人)을 위하여 널리 법요를 설하시는 것이며, 셋째는 병이 있는 필추를 관찰하시려는 것이고, 넷째는 와구를 관찰하시려는 것이며, 다섯째는 모든 제자들을 위하여 학처를 제정하시려는 것이다. 지금은 세존께서 학처를 제정하시기 위한 것이었다.

여러 필추들은 거사의 청으로 나아가는 때에 마침내 길 가운데에서 큰 비를 만나서 의복이 모두 젖었다. 그의 집안에 이르러 자리에 나아가서 앉았는데 그 앉는 곳을 따라서 옷이 모두 더렵혀졌다. 거사가 보고서 매우 싫어하는 마음을 일으키고 이렇게 사유를 지었다.

'나의 여러 옷과 물건이 모두 이익을 잃었구나. 내가 지금 마땅히 오히려 이 물건을 가지고 필추들에게 보시해야겠다.'

이렇게 생각하고서 알려 말하였다.

"성자여. 앉았던 물건을 내가 모두 받들어 보시하겠으니 함께 가지고 가십시오."

필추가 대답하여 말하였다.

"세존께 아뢰겠으니 기다리십시오. 아직 허락하지 않으셨습니다."

필추가 인연으로써 세존께 아뢰니 세존께서 말씀하셨다.

"그대들은 마땅히 알라. 그것은 거사가 본래의 마음에서 가지고 보시하는 것이 아니고 싫어하고 비난하는 마음이 있는 까닭이니 마땅히 받지 말라."

이때 여러 필추들이 세존의 가르침을 받들어 사자를 시켜서 가서 거사에게 알려 말하였다.

"마땅히 아십시오. 세존께서 이렇게 말씀하셨습니다. '거사가 본래의 마음에서 가지고 보시하는 것이 아니고 싫어하고 비난하는 마음이 있는 까닭이니 마땅히 받지 말라.'"

이때 그 거사는 이러한 말을 듣고서 깊이 공경하는 마음을 일으켜 곧 이렇게 생각을 지었다.

'내가 이 옷과 물건을 만약 팔더라도 반값을 받을 수 없다. 만약 여러 성자들이 염색하여 색깔을 무너트리고 입는 것으로 수용한다면 이것은 매우 마땅한 것이다.'

곧바로 그 옷을 가지고 사찰에 나아가서 성중들에게 알려 말하였다.

"내가 본래는 이 물건을 희사(喜捨)할 마음이 없었습니다. 지금 때에는 뜻을 가지고 승가께 받드오니, 오직 원하건대 당신들께서는 마땅히 산개(傘蓋)[6]로 지니시고 옷이 젖지 않게 하십시오."

대답하여 말하였다.

"거사여. 기다리십시오. 우리들이 세존께 물어보겠습니다."

인연으로써 세존께 아뢰니 세존께서 말씀하셨다.

"거사가 이전의 때에는 보시하려는 마음이 없었으나 지금 때에는 뜻을 결정하고 승가에 받들어 보시하였으니 그대들은 받아서 염색하여 입을지니라. 거사의 이익을 위한 것이니 의혹에 이르지 말라. 이러한 까닭으로

6) 인도에서는 낮에 기온이 더운 까닭으로 외출할 때에 햇빛을 가리는 물건으로 고귀한 신분이 사용하던 물건이다.

나는 지금 여러 필추들이 산개를 지니는 것을 허락하겠노라. 만약 지니지 않는 자는 월법죄를 얻느니라.”

육중필추는 산개를 허락하신 것을 듣고서 곧 금 등의 네 가지의 보배로 그 자루를 만들었고 나아가 나머지를 여러 종류 자광(紫礦)의 그림으로 장식하였으며, 공작의 꼬리로서 위를 덮어서 지었다. 이때 거사와 바라문들이 보고 싫어하고 천박하게 생각하였고, [묻고 답한 것은 앞에서와 같다.] 나아가 필추들이 세존께 아뢰니 세존께서 말씀하셨다.

“필추는 마땅히 이와 같은 산개를 지니지 말라. 그러나 두 종류가 있으니, 첫째는 대나무로 만든 것이고, 둘째는 잎으로 만든 것이니라.”

육중필추들이 세존께서 산개를 허락하신 것을 듣고 마침내 곧 산개의 자루를 길게 지었다. 큰 성의 가운데에서 들고 지나갔는데 재가인들이 보는 때에 이와 같이 말을 지었다.

“그 산개를 지닌 자는 어느 상주(商主)인가? 크게 부유한 장자이고 외부의 지방에서 왔는가?”

여러 사람들이 곧 그들에게 나아가서 보고 물었는데 필추인 것을 보고 함께 싫어함과 부끄러움이 생겨났다. 나아가 필추가 세존께 아뢰니 세존께서 말씀하셨다.

“마땅히 산개의 자루를 길게 하지 말라. 길이는 두 주(肘)로 하거나, 혹은 산개와 같게 하라. 또한 취락에 들어갈 때에는 마땅히 산개를 지니지 말라.”

이때 어느 필추가 마침 상인들을 따라서 인간세상을 유행하다가 한 취락에 이르렀는데 길이 마을 안으로 있었다. 필추가 산개를 지니고 감히 마을에 들어가지 못하였고 마을 밖으로 다녔으나 마침내 상인들을 잃고 혼자서 뒤에 있었으므로 곧 도둑에게 겁탈을 당하였다. 필추가 세존께 아뢰니 세존께서 말씀하셨다.

“만약 길이 마을의 가운데에 있다면 바르게 들지 않고 만약 옆으로 지니고 가는 자는 범한 것이 없느니라.”

이때 어느 필추들이 마을에 들어가서 걸식하였는데 산대의 자루가 일찍이 부딪혔으므로 감히 지니고 다니지 못하여서 비를 만나 옷이 젖었다. 필추가 세존께 아뢰니 세존께서 말씀하셨다.

"걸식하는 사람은 깨끗하게 산개의 자루를 씻어서 지니고 떠나라. 그 비에 필요하다면 반드시 처소를 따라서 맡기고 마을에서 나오는 때에 비로소 지니고서 떠나라."

연기의 처소는 앞에서와 같다.

이때 남방에 유행하는 외도가 있었는데 노가야당(盧迦耶黨)이었고, 뒤의 세상이 없다고 주장하였으며, 오타이(鄔陀夷)라고 이름하였다. 점차로 널리 돌아다니며 실라벌성에 이르러 피로를 풀고자 서다림에 들어왔다가 이전부터 머물던 존자 교진여(憍陳如)의 처소에서 알려 말하였다.

"필추여. 나는 스승의 문하에 나아가서 문자를 조금 배웠는데 당신과 함께 간략하게 담설(談說)하고자 합니다."

존자가 대답하여 말하였다.

"바라문이여. 격론하는 일은 나의 일이 아니오. 따라서 그대는 다른 곳을 구하고 마땅히 이곳에 머물지 마시오."

그는 곧 갔고 나아가서 마승(馬勝)·발타라(跋陀羅)·대명(大名)·바삽파(婆澀波)·명칭(名稱)·포율라(晡律拏)·우주(牛主)·비마라(毘摩羅)·선비(善臂)·라호라(羅怙羅) 등에게 이미 이르러 한 사람 한 사람에게 알려 말하였다.

"필추여. 나는 스승의 문하에 나아가 문자를 조금 배웠는데 당신과 함께 간략하게 담설하고자 합니다."

이때 여러 존자들이 대답하여 말하였다.

"바라문이여. 격론하는 일은 나의 일이 아니오. 따라서 그대는 다른 곳을 구하고 마땅히 이곳에 머물지 마시오."

다음으로 다시 존자 사리자의 처소로 가서 앞에서와 같이 물었다. 이때 사리자는 곧바로 정에 들어가서 외도에게 선근이 있는가를 관찰하였고, 관찰하여 있는 것을 보았다. 계속하여 누구에게 귀속하였는가를 보았고 나에게 귀속되었음을 알았다. 다시 다른 사람들의 논의를 듣는 까닭으로 조복(調伏)을 받을 수 있는가를 관찰하여 다시 알았고, 어느 때가 마땅히 모이는가를 관찰하여 7일 이내인 것을 알았다. 이와 같이 알고서 알려 말하였다.

"그대가 토론할 상대를 구하는 것은 좋은 일이오. 어느 곳을 논의할 장소를 짓겠소."

곧 첫날부터 존자 사리자는 스스로 높은 자리에 올라서 종문(宗門)을 건립하였고 그 바라문과 함께 논의하고 사실을 밝혔으나 매번 내려올 때에는 항상 논의를 남겨두었다. 이와 같이 2·3일이 지나고 7일에 이르렀으므로 여러 지방과 나라에 명예로운 칭찬이 널리 들려서 모두가 알게 되었다.

"남방의 한 외도인 노가야당이 있는데 뒤의 세상이 없다고 주장하며 오타이라고 이름한다. 총명하고 크게 지혜로우며 점차로 유행하다가 실라벌성에 이르러 사리자와 함께 논쟁의 단서를 세웠고 지금 7일이 지났으나 아직 승부가 없다. 무량한 백천의 인연이 있는 중생들이 함께 모두가 구름처럼 모여있으며, 혹은 환희심을 일으켰고, 혹은 이전의 선근이 성숙되었다."

존자 사리자가 곧 이렇게 생각을 지었다.

'나에게 인연이 있어 논의를 듣고 교화를 받을 자들이 이때에 모두 모였구나.'

이때 존자는 그 말의 논의를 끝마치고자 모든 대중들을 위하여 설하였다. 이때 그 외도가 신심과 이해로 마음을 열었고 합장하고 일어나서 이와 같이 말하였다.

"대덕이시여. 나는 선설하는 법과 율에 출가하는 것을 구합니다. 원하건대 자비를 내리시어 나를 구제하십시오. 세존께서 머무시는 처소에서 부지런히 범행을 닦겠습니다."

이때 사리자는 그의 마음이 지극함을 알았고 곧 출가시켰으며 아울러 근원을 주었고 여법하게 교수하였다. 그는 곧 책려하였고 용맹심을 일으켜 여러 번뇌를 모두 끊고 아라한과를 증득하였다. 이때 그 회중(會中)에서 일체의 대중들이 이러한 일을 보고서 모두가 희유함이 생겨나서 함께 말하였다.

"존자 사리자가 이와 같이 총명하고 높은 마음의 외도를 법으로써 항복(摧伏)시켜 출가시켰다."

이때 존자는 그 대중들이 근기에 차별이 있어 즐거움이 같지 않는 것을 관찰하고서 그들의 숙세의 인연에 수순하여 법요를 설하였으므로 그 듣는 자들인 억만의 중생들이 각자 증오(證悟)를 얻었고, 혹은 예류과·일래과·불환과를 얻었으며, 혹은 다시 출가하여 아라한과를 얻었다. 혹은 삼귀의와 오학처를 받았고, 나머지의 대중들도 모두 삼보께 깊은 공경을 일으켰으며, 합장하고 은근하게 받들어 하직한 뒤에 흩어졌다. 이때 이곳의 필추들이 이 인연으로 세존께 아뢰니 세존께서는 여러 필추들에게 알리셨다.

"일체의 처소에 사리자가 있는 것이 아니고, 그와 비슷한 자도 역시 구할 수 없느니라. 이러한 까닭으로 나는 지금 모든 필추들에게 노가야(盧迦耶) 등의 여러 외서(外書)와 속론(俗論)을 배우는 것을 허락하겠노라."

이때 여러 필추들이 세존께서 외서와 속론을 배우는 것을 허락하셨으나 마침내 간택과 분별이 없었고 발원이 우매하였으나 역시 외서를 배웠으므로 세존께서 말씀하셨다.

"우치하고 지혜가 적으며 분명하지 않은 자는 외서를 배우는 것이 마땅하지 않느니라. 스스로가 알고 지혜가 밝으며 들은 것이 많아서 비록 알았더라도 능히 외도를 꺾을 수 있는 자는 곧 배우고 익힐지니라."

여러 지혜가 밝은 자들이 외전(外典)을 배우기에 힘쓰고 선품을 닦지 않았으므로 세존께서 말씀하셨다.

"마땅히 이와 같이 항상 외전을 익히지 말라."

세존께서 말씀하셨다.

"마땅히 세 때로 나누어서 매번 두 때에는 불경을 독송하고, 한 때에는 외전을 익혀라."

필추가 마침내 년과 달을 세 때로 나누었다. 인연으로써 세존께 아뢰니 세존께서 말씀하셨다.

"사람의 목숨이 신속하여 찰나에도 정해진 것이 없으니라. 마땅히 년과 달을 세 때로 나누지 말고 하루를 셋으로 나눌지니라."

필추가 아침에 외전을 익히고 저녁에 불경을 독송하였으므로 세존께서 말씀하셨다.

"하루의 초분과 중·후분에 불경을 독송하고 늦은 때를 기다려서 마땅히 외전을 펼쳐라."

필추가 곧바로 잠깐의 때에 찾아서 독송하였으므로 그 문장을 외우지 못하고 오히려 잊어버렸다. 세존께서 말씀하셨다.

"마땅히 외워라."

그들이 모두 어느 때에 외우는가를 알지 못하였으므로 세존께서 말씀하셨다.

"낮을 셋으로 나눈 것과 같이 밤도 역시 셋으로 나누어라."

연기의 처소는 앞에서와 같다.

이때 존자 사리자가 두 바라문의 아들을 출가시켰는데, 첫째는 우수(牛授)라고 이름하였고, 둘째는 우주(牛主)라고 이름하였다. 두 사람을 모두 가르치면서 경교(經敎)를 독송하도록 하였다. 뒤의 때에 이 두 사람은 함께 인간세상을 유행하면서 한 취락에 이르러 많은 이양(利養)을 얻었고 곧 이 마을에 머물렀다. 이때 그 두 사람은 이전에 바라문의 가영과 성법(聲法)을 배웠고 익혔던 습관을 까닭으로 지금의 때에 독송하면서 본래의 음사를 지었다. 이때 그중 한 사람이 병을 만나서 갑자기 죽었고 그 나머지 한 사람은 근심에 빠져서 독경하는 것을 많이 그만두어서 잊어버렸다. 곧바로 돌아와 실라벌성으로 나아가서 서다림에 들어갔으며 머물러 쉬었다. 곧 존자 교진여의 처소에 나아가서 예경하는 일을 마치고서 알려 말하였다.

"존자여. 함께 경을 익힐 수 있습니까?"

대답하여 말하였다.

"그렇네. 내가 그대를 위하여 외우겠네."

이미 조금을 독송하였는데 알려 말하였다.

"존자여. 독송하는 경전의 문장이 모두 오류이고 성운(聲韻)이 길지 않으며 빠진 곳이 있습니다."

대답하여 말하였다.

"그대여. 나는 이전부터 이와 같이 익히고 독송하였네."

곧바로 하직하고 예배하고서 다시 별도로 머무는 마승·발타라·대명·바삽파·명칭·포율라·우주·비마라·선비·라호라 등에게 나아갔다. 이미 그들에게 이르러서 알려 말하였다.

"존자여. 함께 경을 익힐 수 있습니까?"

대답하여 말하였다.

"그렇네. 내가 그대를 위하여 외우겠네."

이미 조금을 독송하였는데 앞에서와 같이 말하였고 나아가 하직하고서 예배하였다. 마침내 존자 사리자의 처소에서 예경하고서 알려 말하였다.

"오파타야시여. 함께 경을 익힐 수 있습니까?"

"그렇네. 내가 그대를 위하여 외우겠네."

함께 독송하는 때에 성운을 길게 이끌었고 그 사리자의 소리는 두 배나 길어졌으므로 알려 말하였다.

"대사여. 다른 존자들에게서는 독송하고 익히는 것이 모두 오류였으나 오직 홀로 친교사의 가르침에 음구(音句)의 오류가 없습니다."

알려 말하였다.

"그대는 어리석은 사람이구나. 스스로가 오류이면서 다른 지혜로운 사람들이 송경을 못한다고 비방하는가? 그 여러 대덕들은 모두가 오류가 없다."

이미 좌절(挫折)되어 묵묵히 말이 없었다. 이때 여러 필추들이 인연으로써 세존께 아뢰니 세존께서는 이렇게 생각을 지으셨다.

'필추가 경을 독송하면서 길게 음운을 이끌어 가영을 지었으므로 이와 같은 허물이 있다. 이러한 까닭으로 필추는 마땅히 가영으로 소리를 이끌어 경법을 독송하지 않아야 한다. 만약 필추가 친타성(闡陀聲)을 지어서 경전을 독송하면 월법죄를 얻는다. 만약 변방 나라의 언음(言音)으로 소리를 이끌 필요가 있다면 짓는 때에는 범한 것은 없다.'

['천타'라고 말하는 것은 바라문의 독송법을 말하는 것으로 그 소리를 길게 이끄는 것이다. 손으로 허공의 점(點)을 가리키고, 단(段)을 나누는 것이다. 박사(博士)가 먼저 외우고 여러 사람들이 뒤를 따르는 것이다.]

근본설일체유부비나야잡사 제7권

삼장법사 의정 한역
석보운 번역

제2문의 제2자섭송 ②

제2문 제2자섭송의 나머지이다.

연기는 실라벌성에서 있었다.

육중필추는 비록 나이가 많았으나 항상 들떠 있었으므로 여러 필추들이 알려 말하였다.

"당신들은 지금 나이가 드셨는데도 들뜨고 쉬지를 못하십니다."

듣고서 묵연하다가 드디어 난타와 오파난타에게 알려 말하였다.

"여러 흑발자(黑鉢者)들은 매우 일이 많아서 곧 남을 경계하는 것에 노력하네. 우리들이 마땅히 치욕적인 일을 짓도록 하여 그들이 부끄럽게 하도록 하세."

이렇게 마음을 짓고서 그 방편을 구하는 것을 엿보았다. 이때 여러 기숙(耆宿) 필추들이 들판의 숲 가운데로 가서 나무 아래에 연좌(宴坐)[1]하고 있었다. 이때 육중도 역시 숲속에 갔다가 그들이 연좌하고 있는 것을 보고 마침내 세 면(面)에서 바람을 거슬러 불을 지르고서 멀리 한쪽에서 바라보며 머물렀다. 이때 그 노숙(老宿)들이 불이 이르려는 것을 곧 모두가

1) 고요히 앉아서 참선(參禪)하는 것을 가리킨다.

놀랐고 일어나서 연기를 따라서 달려 나왔다. 육중 보고는 때에 이와 같이 말을 지었다.

"당신들께서는 지금 연로하신데 들떠서 쉬지 못하십니다. 무슨 까닭으로 달리시면서 상서(庠序)[2]를 무너뜨리십니까?"

알려 말하였다.

"구수여. 그대는 보지 못하였는가? 맹렬한 불꽃이 숲에서 타오르는데 달리는 것이 어찌 괴이한가?"

육중이 알려 말하였다.

"세존께서 어찌 평소의 기거하는 때에 그 계법(戒法)을 제정하시면서 위험한 틈에 곧 범하라고 하셨습니까?"

대답하여 말하였다.

"어찌 그대들이 이러한 불을 지른 것이 아니겠는가?"

육중이 크게 웃었다.

"우리들이 고의적으로 그대들을 치욕스럽게 한 것입니다."

필추가 인연으로써 세존께 아뢰니 세존께서 말씀하셨다.

"필추는 마땅히 숲과 들판에 불을 지르지 말라. 만약 고의적으로 짓는 자는 솔토라저야죄(窣吐羅底也罪)를 얻느니라."

연기는 실라벌성에서 있었다.

두 늙고 젊은 필추가 있었는데 서로를 따라서 인간세상을 유행하였다. 늙은 필추는 많은 옷을 갖추었으나 젊은 필추는 삼의가 있었다. 늙은 필추가 젊은 필추에게 말하였다.

"구수여. 그대가 나를 위하여 옷의 걸망을 들고 가시게. 나는 지금 피로가 극심하여 잠시 어깨를 쉬고자 하네."

젊은 필추가 알려 말하였다.

---

2) 향교(鄕校)를 주(周)나라에서는 상(庠), 은(殷)나라에서는 서(序)라고 부른 것에서 유래하였으며 학교(學校)를 가리킨다. 본 문장에서는 세존의 가르침을 비유한 말이다.

"한 말씀을 드리겠습니다. 원하건대 성내고 꾸짖지 마십시오."

대답하여 말하였다.

"마음대로 말하게. 누가 다시 서로에게 성을 내겠는가?"

젊은 필추가 말하였다.

"노숙께서는 어찌 보지 못하셨습니까? 불·법·승보는 얻는 것을 따라서 받들어 보시하는 것인데 어찌 한가롭게 우치한 물건들을 많이 저축하십니까?"

알려 말하였다.

"현수여. 그대는 지니지 않으면서 누구를 다시 강제로 핍박하는가? 그러므로 내가 그대에게 묻겠네. '그대가 어찌 나의 아차리야이겠는가? 오파타야이겠는가? 어찌 나의 처소를 다니면서 경계하는 것인가?"

젊은 필추는 묵연하였고, 늙은 필추는 이러한 생각을 지었다.

'내가 지금 마땅히 이 젊은 사람을 요리(料理)하리라.'

날이 저물어서 함께 사중에 의지하였다. 사찰 안의 대중들은 이전부터 청규(條制)를 세웠는데 나아가 하룻밤을 쉬더라도 의지사(依止師)가 없다면 곧 머무를 수 없었다. 그 지사인(知事人)이 두 객에게 알려 말하였다.

"당신들은 새롭게 오셨으니 와구를 청하십시오."

늙은 필추는 취하고서 말하였다.

"그대도 청하여 취하게."

젊은 필추가 알려 말하였다.

"나는 아직 의지하지 못하였으니 의지사를 얻는 것을 기다려서 비로소 와구를 청하겠습니다."

곧바로 대중의 상수인 상좌에게 나아가서 예경하고 알려 말하였다.

"상좌시여. 나의 의지사가 되어 주십시오."

알려 말하였다.

"현수여. 그대는 누구와 함께 왔는가?"

대답하여 말하였다.

"필추 누구입니다."

"현수여. 그대는 그에게 나아가서 의지를 청하게. 그 사람이 이와 같이 말을 짓지 않도록 하게. '대중의 상수인 상좌가 나의 문도를 깨뜨렸구나.'"

그는 말을 듣고서 다시 다른 사람에게 갔고 이와 같이 전전(展轉)하였으며 나아가 사찰을 모두 다녔으나 이르는 처소에서 모두가 받아주지 않았다. 뒤에 방으로 돌아와서 문을 두드리면서 불러 말하였다.

"상좌께 경례합니다."

물었다.

"그대는 누구인가?"

대답하여 말하였다.

"누구입니다."

"원하건대 그대에게 병이 없으시오."

알려 말하였다.

"상좌시여. 아십니까? 이 사찰에서 대중이 규칙을 세웠는데 만약 의지사가 없다면 하룻밤도 머물 수 없으니 나의 의지사가 되어 주십시오."

알려 말하였다.

"현수여. 진실로 좋은 규칙이네. 대중이 지어주지 않겠다면 내가 마땅히 세워주겠네. 그대는 이전에 나에게 말하였네. '어찌 삼존(三尊)[3]께서는 어리석은 물건을 많이 저축한 것을 보지 못하였습니까?' 지금은 상좌께 예경한다고 말하니 하나를 어찌 다시 심하게 뒤집을 수 있는가? 이와 같이 거만(誧慢)하니 누가 능히 짓겠는가? 따라서 그대는 별도의 의지사를 찾아보게."

그는 마침내 묵연하였고 문을 열어 주지 않았으므로 밤을 보내며 땅에 앉아 고통을 받았고 날이 밝았다. 필추가 인연으로써 세존께 아뢰니 세존께서 말씀하셨다.

"마땅히 의지사가 없다면 인간세상을 다니지 말라. 또한 여러 필추들은 스승과 제자와 함께 굳은 원한이 있는 마음을 품고 버리지 않는 것이

---

3) 받들어 모셔야 하는 대상인 군(君), 사(師), 부(父)의 세 사람을 가리킨다.

없도록 하라. 그리고 모든 승가는 마땅히 곧 이와 같은 악한 규칙을 만들어 다른 필추들에게 극심한 고뇌를 받지 않게 하라. 만약 필추가 의지사가 없는데 인간세상을 유행하거나, 남을 괴롭히려는 마음으로 비법의 규칙을 세운다면 모두 월법죄를 얻느니라."

세존께서는 마갈타국에 머무르시면서 인간세상을 유행하셨다.

막구산(莫俱山)에 박구라야차(薄俱羅藥叉)의 전각에 안은하게 머무시면서 필추 용호(龍護)를 시자로 삼으셨다. 이때 세존께서는 암야분(闇夜分)에 하늘에서 다시 가는 비가 내리고 번개가 치며 번쩍이는데 공지(空地)의 가운데를 경행하시며 걸으셨다. 모든 세존의 상법에는 세존께서 눕기 이전에는 시자도 마땅히 먼저 눕지 못하는 것이다. 이때 천제석이 곧 천안으로서 하계(下界)를 두루 살피다가 세존을 보았다.

'세존께서 박구라야차의 전각에 머무시면서 암야분에 하늘에서 다시 가는 비가 내리고 번개가 치며 번쩍이는데 공지의 가운데를 경행하시며 걸으시는구나. 내가 지금 마땅히 세존을 뵙고 예경해야겠다.'

곧 묘한 유리전(琉璃殿)으로 변화시켜 지었고 몸을 따르게 하고 갔으며 세존의 위를 덮고서 대사의 뒤를 따라서 거닐었다. 마갈타국에서는 이때 재가의 여러 사람들이 만약 밤에 우는 어린이를 보면 알려 말하였다.

"울지 마라. 박구라야차가 와서 너를 잡아먹으려고 한다."

이때 용호는 불·세존께서 밤이 깊었으나 눕지 않으시고 오래 경행하시는 것을 보고서 이와 같이 생각하였다.

'내가 지금 마땅히 박구라야차라고 말하여 공포스럽게 해야겠다.'

이렇게 생각을 짓고서 곧 큰 털의 담요를 덮고 경행처에서 알려 말하였다.

"사문이여. 박구라야차가 몸을 나타내어 왔노라."

세존께서는 용호에게 알리셨다.

"그대는 어리석은 사람이구나. 박구라야차로서 선서(善逝)를 두렵게 하는가? 여래이신 세존·응·정등각은 오래 전에 두려움을 벗어나서 털이 곤두서고 마음이 놀라는 것도 역시 모두 없앴느니라.”

이때 천제석이 그 용호가 비법의 일을 짓는 것을 보고 마음에 싫어함과 괴이함이 생겨나서 세존께 아뢰어 말하였다.

“불법의 가운데에서도 역시 이와 같은 사람이 있습니까?”

세존께서 천제석에게 알리셨다.

“그대는 지금 마땅히 알라. 교답마의 집은 매우 깊고 너그러우며 넓어서 이 가운데에는 품류(品類)와 많은 길(途)이 있으므로 이 사람을 경멸하지 말라. 역시 내세에는 청정법을 얻으리라.”

이때 천제석은 세존의 발에 예경하고서 곧 천궁으로 갔다. 세존께서 이렇게 생각을 지으셨다.

‘여러 필추들이 털을 밖으로 향하게 하여 큰 담요를 덮으면 이러한 과실이 있다. 내가 지금 제정하겠나니 모든 필추들이 이와 같이 입는 자는 월법죄를 얻는다.’

이때 여러 필추들이 이렇게 제정된 것을 들었고 상인들을 따라서 인간세상을 유행하다가 소를 기르는 사람이 있는 곳에 이르렀다. 이때가 추운 밤이었으므로 긴 털의 담요를 얻었으나 옷감에 냄새가 있었고 또한 이(蟣蝨)가 많았으므로 마음에서 털을 밖으로 향하게 하고 덮고자 하였으나 그들은 범계가 두려워 감히 뒤집어 덮지 못하였다. 필추가 인연으로써 세존께 아뢰니 세존께서 말씀하셨다.

“털이 밖으로 향한다면 다만 단정히 앉을 것이고, 경행하는 것은 합당하지 않느니라. 어기는 자는 월법죄를 얻느니라.”

제2문의 제3자섭송 ①

제2문의 제3자섭송으로 말하겠노라.

담요(毯)를 덮는 것을 허락하고 허락하지 않는 것과
더러운 땅에 발우를 놓아두지 않을 것과

옷을 여는 세 종류의 단추와
허리띠에도 역시 세 종류가 있음을 마땅히 알라.

연기는 실라벌성에서 있었다.

세존께서 여러 필추들에게 알리셨다.

"만약 겁패(劫貝)의 낡는 배자를 얻었고, 혹은 긴 털의 담요를 얻었으며, 혹은 고수파(高袖婆)를 얻었다면, 이와 같은 물건들을 내가 지금 허락하겠으니 만약 승가이거나 다른 사람이라도 모두 뜻에 따라서 수용할지니라. 만약 이것이 수승한 고수파의 담요라면 승가가 저축하는 것을 허락하겠으나 다른 사람에게는 허락하지 않겠노라."

연기는 실라벌성에서 있었다.

이때 어느 걸식필추가 하루의 초분에 옷과 발우를 집지하고 성에 들어가서 걸식하였는데 상의(上衣)가 떨어졌으므로 곧 빠르게 발우를 땅에 놓고 상의를 정리하였다. 이때 거사와 바라문들이 이것을 보고 싫어함이 생겨나서 이와 같이 말을 지었다.

"사문인 석자들은 많이 불결하구나. 더럽고 악한 땅에 그 발우를 놓는구나."

필추가 인연으로써 세존께 아뢰니 세존께서 말씀하셨다.

"마땅하지 않느니라. 그 발우를 놓는다면 월법죄를 얻느니라. 그리고 옷을 보호하기 위해서는 마땅히 고리와 단추를 달도록 하라."

필추가 곧 가시침(刺針)으로서 옷을 꿰매어 옷을 손상되게 하였다. 세존께서 말씀하셨다.

"이것은 마땅하지 않느니라."

다시 끈으로서 묶었으므로 세존께서 말씀하셨다.

"이것도 마땅하지 않느니라. 어깨 위에는 고리를 달고 가슴 앞에는 단추를 달지니라."

필추가 어떻게 매듭을 짓는가를 알지 못하였으므로 세존께서 말씀하셨다.

"단추에는 세 종류가 있느니라. 첫째는 머루(蘡薁) 열매와 같은 것이고, 둘째는 해바라기 열매와 같이 하는 것이며, 셋째는 팔패나무(棠梨) 열매와 같이 것이니라."

필추들이 어깨 위의 옷끝에 고리를 달았으므로 능히 빨리 끊어졌다.

"마땅히 사지(四指)의 뒤에 고리를 달아라."

곧 옷의 위에 고리를 꿰맸으므로 옷이 빠르게 찢어졌다. 세존께서 말씀하셨다.

"마땅히 두 겹으로 패(帖)를 짓고 송곳으로 구멍을 뚫어서 밖으로 묶고 그 안에서 쌍(雙)으로 얽어 묶어라. 그 단추를 가슴 앞의 옷 끝에서 꿰매고자 한다면 옷을 접어서 세 개의 주름으로 하여 이곳에 고리와 단추를 달아라. 만약 어기는 자는 월법죄를 얻느니라."

연기는 실라벌성에서 있었다.

이전과 같이 걸식필추가 걸식할 때 하의(下衣)가 흘러 내려서 발우를 땅에 놓고 하의를 정리하였다. 재가인이 보고 싫어하면서 이와 같이 말을 지었다.

"사문 석자는 깨끗하고 더러운 것도 구별하지 못하는구나. 어디에 있더라도 땅에 그 발우를 놓는구나."

필추가 인연으로써 세존께 아뢰니 세존께서 말씀하셨다.

"마땅히 아래 군의를 묶고 곧 취락에 들어가라."

그가 노끈을 묶어서 옷이 빨리 찢어졌으므로 세존께서 말씀하셨다.

"노끈으로 묶지 말라. 마땅히 허리띠를 사용하라."

필추가 어떻게 허리띠를 짓는가를 알지 못하였으므로 세존께서 말씀하셨다.

"허리띠에는 세 종류가 있느니라. 첫째는 편편한 것이고, 둘째는 네모난 것이며, 셋째는 둥근 것이니라. 만약 이와 다르다면 월법죄를 얻느니라."

제2문의 제4자섭송 ①

제2문의 제4자섭송으로 말하겠노라.

승만(勝鬘)과 악생(惡生)의 일과
다음으로 여러 영락과 금허리띠(金條)와
빛나는 물건과 이것의 모두를
제정하셨으니 마땅히 저축하지 말라.

세존께서는 겁비라성(劫比羅城) 다근수원(多根樹園)에 머무르셨다.

이때 석자인 대명(大名)이 한 취락을 소유하였는데 경영하던 사람이 갑자기 목숨을 마쳤다. 이때 그 여러 사람들이 대명에게 와서 알려 말하였다.

"지사인이 지금 죽었으니 다른 사람을 보내어 마을의 일을 살피게 하여주십시오."

이때 한 마납파가 옆에 서 있었으므로 대명이 알려 말하였다.

"마납파여. 그대가 지금 또한 가서 마을의 일을 검교(撿挍)하게. 내가 마땅히 계속해서 다시 지사인을 보내겠네."

그는 곧바로 떠나갔고 마을의 가운데에 이르러 법에 의지하여 검교하고 살폈다. 땅에서 얻은 이익을 윗사람인 대명에게 보냈는데 이전의 사람보다 두 배나 많았어도 사람들은 원망하는 빛이 없었다. 대명이 물어 말하였다.

"그대가 지금 보낸 조세가 두 배나 많으므로 평소의 때에 여러 사람을 핍박한 것이 아닌가?"

알려 말하였다.

"대가(大家)[4]시여. 나는 이치에 의지하여 세금을 걷었고 사람들을 괴롭히지 않았습니다."

---

4) 대가(大家)는 집주인을 뜻한다.

이때 대명이 마을 사람에게 물어 말하였다.

"이 마납파가 촌읍(村邑)에서 핍박하지는 않았는가?"

모든 사람들이 대답하여 말하였다.

"사람들은 원망하는 마음이 없습니다."

이때 대명이 드디어 마을의 주인으로 세웠다. 그 사람은 평균에 의지하여 세금을 거두었고 억지로 빼앗지 않았으며 지사관(知事官)이 되어 촌읍을 통솔(統領)하였다. 이때 마납파는 대바라문 종족의 아내를 맞이하여 오래지 않아서 곧 한 아들을 낳았다. 다시 몇 년이 지나서 한 딸을 낳았고 명월(明月)이라고 이름하였으며 여법하게 길렀다. 점차 성인에 이르니 지혜가 총명하였고 위의와 용모가 매우 뛰어나서 여러 촌읍에서 아름다움을 찬탄하지 않는 것이 없었다.

뒤의 다른 때에 그녀의 아버지가 병을 얻어서 비록 약을 먹어도 결국 낫지 않았다. 이 촌읍의 가운데에서 거두었던 연세(年稅)를 모두 약값으로 충당하여 남은 것이 없어서 다시 외부의 촌락을 전전하며 빌려서 사용하였다. 그 병은 날마다 심해져서 마침내 목숨을 마쳤다. 이때 촌읍의 사람들이 대명이 있는 곳에 나아가서 알려 말하였다.

"대가시여. 그 지사관이 지금 죽었습니다."

대명이 알려 말하였다.

"그 촌읍에 연세가 있는가?"

대답하여 말하였다.

"올해에 거둔 세금이 많았으나 그가 병을 만난 까닭으로 모두 약값으로 충당하였으나 모두 충족하지 못하여 다시 다른 마을에서 빌렸습니다."

대명이 알려 말하였다.

"남아있는 소유물로 빚을 갚을 수 있는가?"

여러 사람들이 대답하여 말하였다.

"다시 남은 것은 없고 오직 한 아내와 아들과 딸이 있습니다. 딸은 명월이라고 이름하는데 지식이 총명하고 위의와 용모가 매우 뛰어나서 여러 촌읍에서 아름다움을 찬탄하지 않는 사람이 없습니다."

"어머니와 아들은 그들이 스스로 살아가게 맡겨두고 그의 딸인 명월을 불러오시오."

이때 그 촌읍의 사람들은 그 모자를 놓아두고 마침내 명월을 데리고 대명이 있는 곳에 이르렀다. 이때 그 집에는 한 노모가 있어서 항상 두 가지 일을 하였는데 첫째는 밥과 음식을 볶는 것이고, 둘째는 여러 꽃들을 따는 일이었다. 이때 노모가 대명에게 알려 말하였다.

"내가 지금 나이가 많아서 두 가지의 일을 감당하지 못하겠으니 이 소녀를 나에게 주시어 짝이 되게 해주십시오."

그가 말하였다

"뜻을 따르겠소."

노모가 곧 명월에게 알려 말하였다.

"그대는 지금 숲에 가서 꽃을 따오너라. 나는 집안에서 밥과 음식을 경영하겠다."

그녀가 꽃을 따서 끈으로 묶어서 좋은 꽃다발을 대명에게 받들었다. 대명이 이를 보고 기뻐하면서 알려 말하였다.

"승묘한 꽃다발이로구나. 두고서 가도록 하라."

노모를 불렀고 왔는데 물어 말하였다.

"무슨 뜻으로 이전의 때에는 꽃이 적었는데 지금 배나 많은 것이오."

알려 말하였다.

"이전의 때에는 대가의 근처의 친척들이 와서 나에게 꽃을 구걸하여 내가 나눠 주었으나 지금은 주지 않았고, 또한 나는 눈이 어두워서 관찰하여도 살피지 못하였습니다. 지금은 소녀이고 눈이 밝아서 꽃을 따면서 자세히 살피는 까닭으로 꽃이 많은 것입니다."

대명이 말하였다.

"만약 그렇다면 이 소녀를 동산에 남겨 머무르게 하고 날마다 꽃을 따서 좋은 꽃다발을 만들어 나에게 가져오게 하시오."

인연하여 이 소녀를 승만(勝鬘)이라고 이름하였다. 그녀는 뒤의 때에 먹을 것을 취하여 그 동산으로 나아가다가 불·세존께서 성에 들어오시어 걸식하시는 것을 만났다. 승만은 길에서 세존의 색상(色相)을 보고서 깊은 공경심이 일어났다. 존안(尊顔)을 우러러 보고 갈앙(渴仰)하며 머무르다가 곧 이와 같이 생각하였다.

'나는 옛날부터 진실한 복전에 아직 공양하지 못하였고 이러한 까닭으로 내가 지금 이렇게 빈천한 것이다. 만약 불·세존께서 나의 음식을 받으신다면 나는 이 음식을 가지고 받들어 보시해야겠다.'

이때 세존께서는 그 소녀의 마음을 아시고 곧 발우를 펼치면서 알려 말씀하셨다.

"선여인이여. 그대가 생각한 것과 같이 음식을 보시하고자 한다면 발우에 담을지니라."

이때 승만은 음식을 가지고 공경심으로서 세존의 발우에 담고서 세존의 발에 정례(頂禮)하면서 이와 같이 말하였다.

"원하건대 저는 이 복으로 노비의 몸을 벗어나고 영원히 가난의 고통을 떠나며 큰 부귀를 얻게 하십시오."

이렇게 발원하였고 세존께 예경하고 떠나갔다. 길에서 갑자기 아버지의 친구를 만났는데 그 사람은 관상을 잘 보았다. 이미 승만의 몸에 다른 상이 있는 것을 보고 물어 말하였다.

"그대는 어디를 가는가?"

승만이 울었으므로 다시 물었다.

"무슨 까닭으로 이와 같이 슬퍼하는가?"

대답하여 말하였다.

"아부(阿父)[5]여. 나는 대명의 노비(婢使)로 충당되었습니다."

알려 말하였다.

"소녀여. 손을 펼쳐 보아라. 나에게 그대의 상을 보겠다."

그녀가 곧 손을 펼치니 노인이 보고서 곧 게송으로 설하여 말하였다.

---

5) 아버지의 다음 사람이라는 뜻으로 계부(繼父)를 달리 이르는 말이다.

만약 사람의 손 가운데에
만구륜상(鬘鉤輪相)이 있다면
비록 하천(下賤)한 집에 태어났더라도
마땅히 대왕비(大王妃)를 지으리라.

만약 사람의 손 가운데에
성루각상(城樓閣相)이 있다면
비록 하천한 집에 태어났더라도
마땅히 대왕비를 지으리라.

만약 사람의 입이 연못과 같고
소리가 거위왕처럼 짓는다면
비록 하천한 집에 태어났더라도
마땅히 대왕비를 지으리라.

그대는 지금 근심하지 말라.
확실히 노비를 벗어나고
반드시 높은 부귀를 받아서
마땅히 대왕비를 지으리라.

이때 승만은 노인(老父)에게 절하여 하직하고서 동산의 가운데에 나아갔다. 뒤의 때에 그 승광왕(勝光王)이 수레에 사병(四兵)을 거느리고 사냥을 나왔는데 그가 탔던 말이 갑자기 내달렸고 당겼으나 금제할 수 없었다. 마침내 겁비라국(劫比羅國)에 이르러 대명의 동산에 들어갔다. 승만이 보고서 곧 이와 같이 말을 지었다.

"잘 오셨습니다. 대왕이시여."

왕이 승만에게 물었다.

"이곳은 누구의 동산인가?"

대답하여 말하였다.

"대명의 동산입니다."

왕이 말에서 내렸고 그녀가 데리고 가서 나무에 묶었다. 왕이 말하였다.

"물을 가져오라. 나는 발을 씻고자 하노라."

그녀는 이렇게 생각을 지었다.

'따뜻한 물을 구하여 왕이 발을 씻게 해야겠다.'

마침내 곧 가서 햇볕이 비친 물을 연잎에 담아서 왕이 있는 곳에 이르러 바쳐서 발을 씻게 하였다. 왕이 다시 알려 말하였다.

"다시 물을 가져오라. 나는 얼굴을 씻으리라."

그녀는 또한 생각을 지었다.

'따뜻한 물로 눈을 씻는 것은 마땅하지 않다.'

손으로 물을 저어서 온도를 낮아지게 하였고 왕이 있는 곳에 이르러 건네주었다. 왕이 얼굴을 씻고서 다시 그녀에게 말하였다.

"다시 물을 가져오너라. 내가 마시고자 하노라."

그녀는 돌이켜 생각을 지었다.

'반드시 시원한 물이 능히 목마름을 멈추게 할 수 있다.'

곧 연못으로 나아가서 깊이 헤치고 물을 취하여 왕에게 바쳤다. 왕이 마시고서 그녀에게 물어 말하였다.

"이 동산에 세 종류의 물이 있는가?"

대답하여 말하였다.

"동산에 세 종류의 물이 없습니다. 본래는 한곳의 물이옵니다."

왕이 다시 물어 말하였다.

"만약 하나의 물이라면 그대는 어떻게 세 종류로 다르게 얻었는가?"

이전에 지은 것과 같이 갖추어 왕에게 아뢰었다. 왕은 이 말을 듣고 곧바로 사유하였다.

'이 소녀가 방편으로 때와 기회를 잘 이해하는구나.'

이렇게 생각하고서 나아가 그녀에게 알려 말하였다.

"내가 누워서 자고자 한다. 그대는 다리를 주물러라."

왕은 누웠고 승만이 다리를 주물렀는데 왕은 곧 잠이 들었다. 그녀는 다시 생각하며 말하였다.

"여러 왕들은 귀하고 수승하여 원한을 품은 자가 많고 서로가 걱정하는 자가 적다. 왕이 지금 잠들었으므로 악인이 와서 서로를 침해할까 두렵구나. 만약 왕을 위하여 문호(門戶)[6]를 닫지 않아서 갑자기 닥친다면 나와 마을의 주인은 반드시 죄와 책임의 일을 부를 것이다. 반드시 막고 지켜야 한다."

곧 문호를 닫았다. 이때 왕의 사병들이 대왕을 찾아서 그 동산에 이르러 물어 말하였다.

"왕께서 이곳에 계시는가?"

소녀는 그 말을 들었으나 문을 열지 않았다. 군대의 소리가 밖에서 시끄러웠고 따라서 왕이 놀라서 깨어났고 곧 그녀에게 물어 말하였다.

"이것은 무슨 소리인가?"

그녀가 말하였다.

"여러 사람들이 와서 왕이 계시는 곳을 물으면서 문을 열고자 하옵니다."

왕은 곧 그녀에게 물었다.

"누가 그 문호를 닫았는가?"

대답하여 말하였다.

"제가 닫았습니다."

"무슨 까닭으로 닫았는가?"

그녀가 말하였다.

"제가 스스로 생각하였습니다. '여러 왕들은 귀하고 수승하여 원한을 품은 자가 많고 서로가 걱정하는 자가 적다. 왕이 지금 잠들었으므로 악인이 와서 서로를 침해할까 두렵구나. 만약 왕을 위하여 문호를 닫지 않아서 갑자기 닥친다면 나와 마을의 주인은 반드시 죄와 책임의 일을 부를 것이다. 반드시 막고 지켜야 한다.' 이 인연으로 곧 문호를 닫았습니

---

6) 본래는 집으로 드나드는 문을 가리키나 외부와 교류하기 위한 통로나 수단을 비유적으로 이르기도 한다.

다."

왕이 이 말을 듣고는 칭찬하며 말하였다.

"좋은 아가씨로다. 매우 기특한 계교가 있구나."

왕이 말하였다.

"동산의 주인인 대명은 그대와는 어떤 친척인가?"

대답하여 말하였다.

"저는 대명이 부리는 사람이옵니다."

왕이 그녀에게 말하였다.

"그대는 하인이 아니다. 대명의 딸인데 어찌 사실을 말하지 않는가?"

그녀는 곧 묵연하였다. 이때 왕은 그녀에게 말하였다.

"성안으로 가서 대명에게 알려 말하라. '승광대왕이 그대의 동산에 있노라.'"

그녀는 곧 빠르게 떠나가서 갖추어 대명에게 알렸다. 대명은 듣고서 여러 좋은 음식과 향과 꽃 등을 준비하여 많은 사람들과 함께 그 동산으로 나아가서 승광왕을 보고서 소리치며 말하였다.

"잘 오셨습니다. 대왕이시여."

함께 서로를 위문하였고 왕에게 씻도록 하였다. 다음으로 상의를 받들어 향을 바르게 하였고 꽃다발로 장식하고서 좋은 음식을 갖추어 바쳤다. 음식을 먹고서 언의(言議)[7]로 대명에게 물어 말하였다.

"이 소녀는 그대의 무슨 친척인가?"

대답하여 말하였다.

"집안일을 하는 사람입니다."

왕이 말하였다.

"집안일 하는 사람이 아니고 그대의 딸이네. 마땅히 나에게 주겠는가?"

대명이 말하였다.

"기묘(奇妙)한 석가족의 딸이 있습니다. 이 아이보다 몇 배나 수승한데

---

7) 사람들이 전(傳)하여 들리는 말이나 소문을 가리킨다.

어찌 취하지 않으십니까?"

왕이 말하였다.

"이 소녀가 나에게 필요하므로 다른 소녀는 구하지 않네."

대명이 말하였다.

"만약 이와 같다면 제가 마땅히 장엄하고서 예를 갖추어 보내드리겠습니다."

왕이 말하였다.

"옳은 일이네."

대명이 곧바로 성황(城隍)[8]을 엄숙하게 장식하고 거리에 물을 뿌려서 쓸었고 그 승만녀를 여러 영락으로 갖추어 큰 코끼리에 태우고서 강장(康莊)[9]의 처소에서 방울을 흔들며 널리 알렸다.

"겁비라성에서 소유한 대중들과 혹은 여러 지방에서 와서 모이신 사람들이여. 마땅히 아십시오. 석가족 대명의 승만이라고 이름하는 딸은 지금 교살라국에 보내져서 승광대왕의 제일부인(第一夫人)이 됩니다."

성안의 대중들이 듣고서 함께 모두가 나왔고 배웅하였다. 이때 승광왕은 널리 군사의 위의를 갖추고 예로서 맞이하여 나라로 돌아갔다. 이때 왕의 어머니는 왕이 노비를 취하여 부인을 삼는다는 말을 듣고 곧 분노한 마음을 품고서 이와 같이 생각을 지었다.

'이 사람은 착한 아들이 아니다. 헛되게 나의 배를 괴롭혔구나. 태어나고 장성하여 결국 노비의 남편이 되었구나.'

이렇게 생각을 짓고 근심하면서 머물렀다. 나아가 성에 이르니 맞이하면서 왕이 승만에게 알려 말하였다.

"그대는 지금 가서 대가를 배알(拜謁)[10]하시오."

승만이 곧 대가의 처소에 가서 손으로 두 발을 잡고서 머리를 숙여서

---

8) 도성(都城)의 신(神)인 성황신(城隍神)의 이름으로 도시의 수호신(守護神)을 일컫기도 한다. 중국의 경우 성황신의 제사는 남방연안 지방에서 지방적 풍속으로 시작되면서 널리 보급되어 행해지기에 이르렀다.

9) 5갈래의 5거리를 康, 6거리를 莊이라 한다.

10) 지위가 높거나 존경하는 사람을 찾아가 보는 일이다..

절하였다. 그녀의 손이 가늘고 부드러웠으며 그녀가 어머니를 접촉할 때에 몸과 마음이 크게 편안하여 곧 졸음이 왔다. 잠깐사이에 정신을 차리고서 이와 같이 말하였다.

"이 노비년을 보니 몸뚱이가 아름답고 부드러워 틀림없이 마땅하게 우리의 교살라성을 망치겠구나."

이때 승광왕에게는 두 대부인이 있었다. 첫째는 행우(行雨)라고 이름하였고, 둘째는 승만이라고 이름하였다. 만약 왕이 매번 승만과 함께 모이는 때에는 곧 행우를 칭찬하면서 이와 같이 말을 지었다.

"승만은 마땅히 아시오. 행우부인은 용모와 위의가 초절(超絶)하오."

승만이 왕에게 아뢰었다.

"저는 어느 때에 서로를 볼 수 있나요?"

왕이 말하였다.

"오래지 않아서 곧 마땅히 서로를 볼 것이오."

만약 행우와 함께 모이는 때에는 곧 승만을 칭찬하면서 이와 같이 말하였다.

"행우는 마땅히 아시오. 승만부인은 피부가 곱고 부드러워 세상에서 희기하오."

행우가 왕에게 아뢰었다.

"저는 어느 때에 서로를 볼 수 있나요?"

왕이 말하였다.

"오래지 않아서 그대가 보게 하겠소."

왕은 그 두 사람에게 서로를 칭찬하여서 사랑하고 존중함이 생겨났고 서로 가 보고자 하였다. 뒤의 다른 때에 삼춘(三春)[11]의 계절에 이르러 여러 초목이 자라났다. 무성한 수풀과 맑은 연못에 꽃과 새가 서로를 비추며 공작·앵무·거위·기러기·원앙 등의 여러 부류들이 섞여 애달프게 울면서 함께 날면서 노래하였다. 왕이 한 때에 여러 채녀(婇女)들과 방원(芳

11) 봄의 세 달로서 맹춘(孟春) 1월이고 중춘(仲春) 2월이며 계춘(季春) 3월을 가리킨다.

園)에서 처소의 주위를 따라서 돌아다니면서 환오(歡娛)하며 희희(嬉戲)[12] 하였고, 왕이 쉬면서 잠이 들었으며, 궁인(宮人)들은 제멋대로 여러 꽃과 과일을 탐내어 자유롭게 돌아다녔다. 이때 행우는 몸이 피로하여 무우수(無憂樹)의 가지를 붙잡고 잠시 서있는데 승만이 인연으로 그 옆에 이르러 지나갔는데 행우를 보고 이와 같이 생각하였다.

'이 분은 수신(樹神)이구나.'

곧 그녀의 발에 절하였고 승만이 행우를 접촉하니 곧 잠들었다. 왕이 잠에서 깨어나 멀리서 보았는데 승만이 행우가 있는 곳에 있었다. 왕은 곧 모든 채녀들을 불러 궁중으로 들어갔다. 뒤의 다른 때에 왕이 행우를 마주하고 승만을 칭찬하는 때에 행우가 아뢰어 말하였다.

"저는 어느 때에 승만을 볼 수 있나요?"

왕이 말하였다.

"그대는 이미 보지 않았소."

행우가 대답하여 말하였다.

"아직도 보지 못하였습니다."

왕이 말하였다.

"내가 그대에게 일찍이 서로가 보았던 때를 생각나게 하겠소. 그대는 스스로 생각하여 보시오. 먼저 동산의 가운데에서 손으로 무우수의 가지를 잡고 잠시 서있을 때에 승만이 와서 보고서 손으로 그대의 발을 만졌소."

행우가 아뢰어 말하였다.

"그녀가 승만이었나요?"

왕이 말하였다.

"그렇소."

행우가 아뢰어 말하였다.

"왕께서 저를 깊이 사랑하는 생각이 있는 것을 알겠습니다. 능히 이러한 곱고 부드러운 용모와 위의를 버리시고 오히려 저에게 친근하시네요."

---

12) 즐거이 희롱(戲弄)하는 것을 가리킨다.

왕이 다시 그 승만의 처소에 나아가서 행우를 칭찬하였다. 승만이 말하였다.

"저는 어느 때에 행우를 볼 수 있나요?"

왕이 말하였다.

"그대는 이미 보지 않았소."

승만이 말하였다.

"저는 일찍이 보지 못하였습니다."

왕이 말하였다.

"내가 그대에게 일찍이 서로가 보았던 때를 생각나게 하겠소. 그대는 무우수의 아래에서 행우의 발에 절하였소."

승만이 왕에게 아뢰었다.

"그녀가 행우였나요?"

왕이 말하였다.

"그렇소."

곧 왕에게 아뢰어 말하였다.

"왕께서 저를 깊이 사랑하는 생각이 있는 것을 알겠습니다. 능히 이러한 얼굴과 용모의 색상(色相)을 버리시고 오히려 저에게 친근하시네요."

나라의 사람들이 널리 들었고 모두가 알게 되었다.

"승광대왕은 두 부인이 있는데 첫째는 승만이고, 둘째는 행우이다. 승만은 부드러워서 모든 사람보다 초절하고, 행우는 용모와 위의를 비교할 수 없다."

이때 여러 필추들은 함께 모두가 의심이 있어 세존께 청하여 아뢰었다.

"대덕이시여. 승만과 행우는 각자 무슨 업을 지었고 그 업력을 까닭으로 한 명은 곧 몸이 가늘고 부드러우며, 다른 한 명은 곧 용모가 초륜(超倫)합니까?"

세존께서 알려 말씀하셨다.

"이 두 사람은 모두가 스스로의 업이 증장되고 성숙하여 감응한 까닭이니라. [자세한 설명은 다른 곳에서와 같다.]

그대들 필추들이여. 지나간 과거 세상에서 큰 성안에 바라문이 있었는데 아내를 얻어 오래지 않아서 곧 한 아들을 낳았고 몇 년이 지나지 않아서 다시 한 딸을 낳았다. 함께 점차 자라났으나 부모가 병을 만나서 모두 죽었다. 이때 그 동자가 이미 슬픔을 만났으므로 산림(山林)으로 가는 것을 생각하였고 곧 그의 누이를 데리고 함께 숲에 이르러 꽃과 과일을 따고 주워서 스스로가 살았다.

그대들 필추들이여. 큰 흑사(黑蛇)에게는 다섯의 허물과 걱정이 있으니 무엇이 다섯인가? 첫째는 성냄이 많은 것이고, 둘째는 원한이 많은 것이며, 셋째는 악을 짓는 것이고, 넷째는 은혜가 없는 것이며, 다섯째는 날카롭고 독이 있는 것이다. 마땅히 알라. 여인에게도 역시 다섯의 허물이 있느니라. 첫째는 성냄이 많은 것이고, 둘째는 원한이 많은 것이며, 셋째는 악을 짓는 것이고, 넷째는 은혜가 없는 것이며, 다섯째는 날카롭고 독이 있는 것이다.

무엇을 여인이 날카롭고 독한 것이라고 이름하는가? 일반적으로 모든 여인들은 사납고 날카로운 염욕심(染欲心)을 많이 품느니라. 이때 그 동녀가 이미 성인이 되었고 욕심이 점차 치성하였으므로 그 오빠에게 알려 말하였다.

"나는 지금 능히 항상 먹는 꽃과 과일로서 스스로가 살아갈 수가 없으니 인간세상으로 가서 여러 음식을 구하겠어요."

이때 오빠는 누이를 데리고 함께 산림에서 나와 바라문의 집으로 가서 걸식하면서 두 소리로 함께 부르니 주인이 나와서 보고 알려 말하였다.

"은거(隱居)하는 사람도 아내가 있는가?"

오빠가 말하였다.

"아 아이는 나의 아내가 아니고 친누이입니다."

곧 오빠에게 물어 말하였다.

"일찍이 시집을 보냈었는가?"

알려 말하였다

"아닙니다."

"만약 이와 같다면 나에게 주겠는가?"

대답하여 말하였다.

"우리는 이미 세간의 악법(惡法)을 멀리 떠났습니다."

여자의 마음에는 욕심이 치성하였으므로 그 오빠에게 말하였다.

"어찌 내가 숲의 가운데에서 여러 꽃과 과일만 먹으면서 능히 살 수 없겠어요. 그러나 나는 번뇌를 견디지 못하고 핍박당해요. 함께 숲을 떠나서 멀리 인간세상에 왔으니 지금 나를 바라문에게 주세요."

오빠가 말하였다.

"나는 진실로 너를 시집보낼 수 없다. 이것은 악법이므로 내가 할 일이 아니다. 네가 세속이 마음에 있다면 마음대로 하라."

이때 바라문은 여자의 마음을 알았고 집안으로 맞아들여 크게 종친을 모으고서 아내로 삼았다. 그 오빠에게 알려 말하였다.

"지금 나와 함께 같은 집에서 삽시다. 별도로 방을 하나 만들겠소."

오빠가 말하였다.

"나는 욕락을 구하지 않으므로 마땅히 즐겁게 출가하리다."

누이가 말하였다.

"함께 약속(要契)을 세운다면 곧 뜻을 따르겠어요."

오빠가 말하였다.

"무엇을 약속하라고 말하는가?"

누이가 말하였다.

"만약 그 수승한 과를 증득한다면 와서 서로가 보도록 하세요."

오빠가 말하였다.

"옳다. 그대의 소원과 같이 하겠다."

곧바로 하직하고서 은사(隱士)의 처소로 가서 출가하였다. 그는 숙세의 선근의 힘을 까닭으로 마침내 삼십칠품(三十七品) 보리분법(菩提分法)을 스승이 없이 스스로가 깨달았고 독각과를 증득하고서 곧 이렇게 생각하였다.

'내가 이전에 누이와 함께 약속하였으므로 지금 가서 보아야겠다.'

곧 그곳에 이르러 위로 허공에 올라 몸에 신통한 변화를 나타내었는데 위에서는 불빛이 나왔고 아래에서는 맑은 물이 흐르는 등의 기이한 모습이 한 가지가 아니었으며 몸을 세워서 내려왔다. 모든 범부의 사람들은 신통을 보는 때에 마음이 빠르게 회전하는 것이 오히려 큰 나무가 땅에 쓰러지는 것과 같은 것이다. 누이가 존경스럽게 발에 정례하고 알려 말하였다.

"오빠께서는 지금 이와 같은 수승하고 묘한 덕을 얻으셨네요."

대답하여 말하였다.

"내가 증득하였다."

알려 말하였다.

"오빠는 몸을 위하여 필요한 음식을 얻어야 할 것이고, 나는 복을 구합니다. 원하건대 공양을 받들고자 합니다. 이곳에 머무르세요."

대답하여 말하였다.

"그대에게는 자유로움이 없을 것이다. 들어가서 남편에게 알려라."

곧 남편에게 알려 말하였다.

"당신은 지금 아십니까? 우리 오빠가 출가하여 금계를 성취하여 상묘한 과를 얻어서 세간에서 제일입니다. 내가 공양하고자 하여도 감히 내 마음대로 할 수 없습니다. 만약 허락한다면 3개월을 음식과 물건을 제공하겠습니다."

대답하여 말하였다.

"현수여. 그가 출가하지 않았다면 내가 비록 하려고 않았더라도 결국 반드시 제공하여 구제해야 할 것이오. 하물며 이미 출가하여 수승한 도를 얻었으니 그대의 뜻에 따라서 3개월을 공양하시오."

그 남편에게는 다시 한 아내가 있었는데 음식을 베푸는 것을 보고 이렇게 생각하였다.

'집과 재산을 공유하면서 그녀가 이미 복을 구하는데 내가 어찌 하지 않겠는가?'

알려 말하였다.

"그대의 오빠는 역시 나에게도 어른이시오. 나도 하루를 건너서 공양을 하고자 하네."

대답하여 말하였다.

"뜻대로 하세요."

독각의 누이는 그 정을 지켰던 까닭으로 묘한 음식을 속에 담았고 거친 음식은 위에 덮어 가지고 전처(前妻)에게 알렸다.

"나는 이 음식으로 오빠께 공양하겠습니다. 원하건대 마땅히 기뻐하세요."

그때 전처가 음식을 베푸는 날에 이르렀고 역시 그 정을 지키기 위하여 거친 음식은 속에 넣고 좋은 것은 위에 덮어 가지고 새 아내에게 알렸다.

"나는 이 음식으로 어른께 공양하네. 원하건대 마땅히 기뻐하게."

그대들 필추들이여. 마땅히 알라. 승만은 이 독각의 누이였는데, 정묘(精妙)한 음식으로 오빠를 공양한 까닭으로 이 복력을 이유로 500생 가운데에서 몸이 항상 곱고 부드러웠으며 그녀가 제2의 부인이니라. 위에 묘한 음식을 덮어서 독각에게 베푼 사람이 지금의 행우인데 이 업을 까닭으로 500생의 가운데에서 용모와 위의가 단정하였고 나아가 금생에서도 위의와 모습이 매우 뛰어난 것이니라.

그대들 필추들이여. 마땅히 알라. 흑업은 흑업의 과보를 얻고 백업(白業)은 백업의 과보를 얻으며 잡업은 잡업의 과보를 얻느니라. 그대들은 마땅히 순흑과 잡업의 두 업을 버리고 순백을 수행할지니라. 자세한 설명은 앞에서와 같으니 그대들 필추들은 마땅히 이와 같이 배울지니라."

다시 뒤의 때에 승만부인이 마침내 곧 회임(懷妊)을 하였고 같은 날 밤에 대신인 바라문의 아내도 역시 임신하였으며 임신한 까닭으로 극심한 고통을 받았다. 승만부인이 9개월을 채우고 곧 한 아들을 낳았는데 용모가 단엄하여 사람들이 보고서 즐거워하였다. 삼칠일이 지나서 종친들이 모여서 그 아이의 이름을 세우고자 하였으므로 왕이 말하였다.

"이 아이를 안고 데리고 가서 현재의 국대부인(國大夫人)께 보여주고 청하여 이름을 짓도록 하시오."

여러 신하들이 칙명과 같이 안고 가서 대부인께 보여주었다. 그때 대부인이 여러 신하들에게 말하였다.

"내가 어찌 이전의 때에 이와 같이 말하지 않았소? '이 노비년의 몸을 보니 아름답고 촉감이 있어서 반드시 마땅하게 우리들의 교살라성을 망하게 할 것이오.'"

대신이 아뢰어 말하였다.

"진실로 그러한 말씀이 있었습니다. 이 아들이 태어나기 전에 국대부인께서 먼저 이미 상서롭지 않게 예언하셨으니 마땅히 이 아이를 악생(惡生)이라고 이름하겠습니다."

악생이 태어나던 날에 대신의 아내도 역시 한 아들을 낳았다. 태어나서 달이 찼으며, [자세한 설명은 앞에서와 같다.] 나아가 여러 친척들이 모여서 아이의 이름을 지으려고 여러 사람들이 의논하여 말하였다.

"처음 이 아이를 회임하여 어머니가 큰 고통을 받았고 나아가 낳을 때에도 오히려 극심한 고통을 만났으니 마땅히 이 아이를 고모(苦母)라고 이름합시다."

악생태자를 여덟의 양모로서 공급하고 모셨으며, [자세한 설명은 다른 곳에서와 같다.] 그 고모도 역시 여덟의 양모로서 공급하였다. 나아가 장대하였고 바라문의 여러 가지의 업과 예능을 배우지 못한 것이 없었다. 뒤의 다른 때에 악생태자가 고모 등을 데리고 성 밖으로 나가서 사냥하였는데 태자가 탔던 말이 갑자기 마구 달려서 겁비라성에 이르러서 석가족의 동산에 이르렀다. 그 동산을 지키는 사람이 마침내 주인에게 악생태자가 지금 동산의 가운데에 이르렀다고 알렸다. 석가족이 듣고 서로가 의논하여 말하였다.

"우리들은 빠르게 나갑시다. 악생을 죽이고자 한다면 지금이 올바른 때입니다."

여러 사람들이 각자 엄숙히 병사와 갑옷을 정리하고서 곧 성을 나가고자 하였다. 기로(耆老)들이 그것을 보고 함께 서로에게 물어 말하였다.

"그대들은 병사를 이끌고 어느 곳으로 가고자 하는가?"

대답하여 말하였다.

"악생태자가 석가족의 동산에 와 있습니다."

기로들이 말하였다.

"그 사람은 손님으로 처음 이곳에 이르렀고 아직 서로에게 잘못된 접촉이 없으니 지금은 잠시 용인(容忍)하도록 하게."

여러 사람들은 듣고 물러나서 성으로 들어갔다. 뒤에 사병이 태자를 찾았고 돌아와서 동산에 이르렀는데 그 동산 안에서 주유(周遊)하며 머물고 있었다. 그 동산을 지키는 사람이 다시 성에 알렸다.

"악생의 사병이 동산 안에 들어와서 파산(破散)을 멈추지 않습니다."

여러 사람들이 듣고 두 배나 진노가 증가하였고 다시 위세와 무력을 더하여져 함께 모두 성에서 나가서 살육하고자 하였다. 기로들이 다시 물었다.

"그대들은 다시 어느 곳으로 가려고 하는가?"

대답하여 말하였다.

"악생태자가 사병을 거느리고 우리의 동산을 파손하므로 지금 살육(殺戮)하고자 합니다."

기로들이 말하였다.

"또한 마땅히 용인하도록 하게."

이때 악생은 석가족의 군사가 와서 서로를 해치려는 것을 알았다. 마침내 곧 병사를 이끌고 빠르게 본국으로 돌아가면서 오직 한 사람만 남겨두고 알려 말하였다.

"이곳에 머무르면서 석가족들이 무슨 의논을 하는가를 몰래 엿듣도록 하라."

이때 석가족의 병사들이 이미 동산에 이르러 추적하였으나 찾지 못하였다. 그 한 사람을 보고 물어 말하였다.

"노비의 자식인 악생은 지금 어디에 있는가?"

대답하여 말하였다.

"찾았으나 곧 도주하였습니다."

이때 여러 석가족들은 이렇게 의논을 지었다.

"우리들이 만약 악생놈을 잡는다면 먼저 반드시 놈의 손을 잘라야 한다."

혹은 말하였다.

"다리를 잘라야 한다."

혹은 말하였다.

"심장을 도려내야 한다. 지금 몰래 도망하였으니 다시 무엇을 지어야 하는가?"

마침내 손의 힘으로 악생이 다녔고 머물렀던 땅을 무릎의 깊이만큼 파내고서 별도로 그 구덩이에 다른 흙을 가득 메웠으며, 의지하였던 담장과 벽을 역시 모두 깎아내고 별도로 진흙과 유유와 향수를 발랐으며, 나아가 여러 꽃과 물감을 동산 안에 흩뿌렸다. 이러한 일을 지을 때에 그 남아있던 사람이 모두 보았다. 마침내 갔고 교살라성의 악생의 처소에 이르러 머리숙여 예를 짓고 한쪽에 서있으니 악생이 물어 말하였다.

"석가족들이 나에게 무엇을 의논하였는가?"

알려 말하였다.

"태자시여. 그 독해(毒害)한 말은 제가 감히 말할 수 없습니다."

악생이 말하였다.

"그들이 악하게 말하였다면 그들에게 스스로 받게 할 것이다. 그대가 듣고 보았던 것을 사실대로 말하라. 나는 그들이 한 일을 알고자 한다."

그 사람이 곧 말하였고, [자세한 것은 앞에서와 같다.]

악생이 듣고서 곧 분한(忿恨)을 품고서 시위(左右)에게 알려 말하였다.

"그대들은 기억하라. 부왕께서 돌아가시고 뒤에 내가 왕위를 잇는다면 그대들은 마땅히 이 일을 나에게 말하여서 내가 기억하게 하라. 이것은 나에게 이전부터의 원한이므로 반드시 석가종족을 벨 것이다."

고모가 말하였다.

"옳습니다. 태자시여. 이 말씀은 통쾌합니다. 원하건대 스스로가 마음에 간직하고서 왕위를 이으실 때에 제가 마땅히 말씀드리겠습니다."

근본설일체유부비나야잡사 제8권

삼장법사 의정 한역
석보운 번역

제2문의 제4자섭송 ②

제2문의 제4자섭송의 나머지이다.
[승광왕과 세존의 신심의 인연과 악생이 석가족을 죽인 일 등을 설하고 있다.]

뒤의 다른 때에 악생태자가 역모(逆害)할 마음을 일으켰고 마침내 여러 신하들과 몰래 모의하였는데 왕의 500대신들이 함께 모두가 따랐다. 오직 한 대신이 장행(長行)이라고 이름하였는데 왕에서 매우 사랑받았으므로 그 계획에 따르지 않았다. 뒤에 악생이 장행에게 알려 말하였다.
"그대는 어찌 내가 왕위에 오르는 것을 바라지 않는 것이오?"
대답하여 말하였다.
"태자시여. 무슨 까닭으로 이러한 비법의 말을 지으십니까? 부왕께서 연로하셨고 오래지 않아서 붕어하시면 태자께서 스스로가 마땅히 왕위를 받는 것이 합당합니다. 어찌 앉아서 역해를 도모하여 악명에 빠지고자 하십니까? 신이 비록 우둔(愚鈍)하오나 훔치는 것은 불가합니다."
악생이 말하였다.
"내가 그대의 마음을 시험하고자 고의적으로 이러한 말을 지었소. 그대는 마땅히 입을 지키고 다른 사람이 듣지 않도록 하시오."

장행이 말하였다.

"감히 명령을 어기지 않겠습니다."

뒤의 때에 승광왕이 장행대신과 함께 시위(徒從)들을 거느리지 않고 여러 취락을 유행하였다. 이미 그곳에 이르러 왕은 좋은 난야처(蘭若處)가 있는 것을 보았다. 널리 바라보였고 맑고 한가로우며 여러 잡스럽고 더러운 것이 없어서 선정을 닦고 정신을 길러 정진을 얻을 수 있었다. 곧 장행에게 알려 말하였다.

"이와 같이 수승한 처소에 세존이신 대사께서 머무르신다면 어찌 기쁨이 솟아나지 않겠소? 직접 공양하고자 하는데 조어(調御)께서는 지금 어느 곳에 머무시는지 알 수 없구려."

대답하여 말하였다.

"신은 세존께서 길상(吉祥) 취락의 석가종족 주처에 머문다고 들었습니다."

왕이 말하였다.

"이곳에서 떠난다면 먼 곳이오? 가깝소?"

대답하여 말하였다.

"이곳에서 떠난다면 3구로사(拘盧舍)[1]입니다."

왕이 말하였다.

"내가 지금 가서 직접 세존을 받들고자 하오."

장행이 말하였다.

"공손히 대왕의 뜻에 따르겠습니다."

곧바로 어가(御駕)를 되돌려서 길상원(吉祥園)으로 나아갔다. 이미 그곳에 이르러 수레에서 내렸고 걸어서 나아가 예경하고 참알하고자 하였다. 이때 여래께서는 그 강당 안에서 문을 닫고 입정에 드셨고 필추들은 밖에서 경행하고 있었다. 왕이 필추를 보고 곧 앞에서 공경스럽게 물었다.

"세존께서는 어디에 계십니까?"

---

1) 산스크리트어 krośa의 음사로서 소의 울음소리나 북소리를 들을 수 있는 거리로 보통 약 1㎞로 인식된다.

대답하여 말하였다.

"세존께서는 강당 안에서 문을 닫고 선정에 드셨습니다. 대왕께서 만약 세존을 뵙고자 한다면 마땅히 강당으로 나아가서 천천히 문을 두드리십시오. 세존께서는 스스로 때를 아십니다."

왕에게는 다섯 종류의 승묘한 장신구(嚴飾具)가 있었다. 첫째는 보관(寶冠)이었고, 둘째는 보배의 일산(寶傘)이었으며, 셋째는 보검(寶劍)이었고, 넷째는 보배불자(寶拂)이었으며, 다섯째는 보배신(寶履) 등이었다. 이때 왕은 뜻으로 이 모든 장식물을 떠났으므로 세존을 받들어 뵙고자 마침내 장행에게 명하여 이 다섯 물건을 맡기고서 그의 얼굴을 돌아보았다. 장행이 생각하며 말하였다.

"왕께서 여러 물건들을 나에게 집지(執持)하라고 맡기시고 나의 얼굴을 돌아보시는 것은 뜻으로 편안한 마음으로 세존을 뵙고서 인연을 살피시는 것이다. 나는 마땅히 이곳에 머물러야겠다."

왕은 곧 강당으로 나아가서 천천히 문을 두드렸다. 세존께서는 곧 문을 여시었고, 왕은 곧 대사께 나아가서 발에 정례하고 이와 같이 말을 지었다.

"여래를 뵙지 못하고 오랜 시간이 흘렀습니다. 지금 다행스럽게 이곳에서 직접 존안(尊顔)을 받드오니 기쁨을 이길 수 없습니다."

세존께서 말씀하셨다.

"대왕이여. 무슨 까닭으로 나에게 돈독하게 능히 몸을 굽히고 은근하십니까?"

왕이 말하였다.

"내가 세존의 법에서 깊은 신심을 일으켰고 공경하고 믿는 까닭으로 나는 이와 같은 은중(慇重)한 마음을 일으킵니다. 그리고 불·세존·응·정등각께서 선설하시는 법과 율을 성문 대중들께서 모두 받들어 행하시며 어긋나고 거스르는 자가 없습니다."

세존께서 말씀하셨다.

"대왕이시여. 무슨 법의 처소에서 신심과 공경을 일으켰습니까?"

왕이 세존께 아뢰어 말하였다.

"세존이시여. 내가 예전에 일찍이 보았는데 여러 다른 사문과 바라문 등은 작은 지혜가 있다면 스스로를 믿고 높이며 다른 사람을 힐난하기 위하여 서론(書論)을 조작합니다. 사람들이 모두 이것은 잘 분석한 것이라 말하고 소유한 견해를 대중들에게 아울러 수순하게 하며 별도로 종지와 견해와 세우고 문제(問端)를 구성합니다. 이렇게 일을 짓고서 곧 스스로 사유합니다.

'내가 지금 사문 교답마의 처소에 가서 함께 담론하리라. 만약 능히 대답하지 못한다면 내가 곧 그를 욕보일 것이고, 만약 '이와 같은 해석이 있다.'고 말한다면 내가 다시 힐난하여 말해야겠다. '이 해석은 이치가 아니고 상응하지 않는다.'라고 말해야겠다.' 이렇게 삿된 생각을 짓고 세존의 처소에 이르면 비로소 대사의 위신력을 보고 오히려 감히 여래를 바르게 보지 못하는데, 하물며 능히 대적하여 그 담론을 펼칠 수 있겠습니까?

이러한 까닭으로 나는 지금 세존의 처소에서 깊은 신심을 일으켰습니다. 공경하여 믿는 까닭으로 나에게 이와 같은 은근하고 소중한 마음이 일어났습니다. 또한 불·세존·응·정등각께서는 법과 율을 선설하시면 성문들이 모두 받들어 행합니다.

다시 다음으로 세존이시여. 내가 옛날에 일찍이 보았는데 여러 다른 사문과 바라문 등은 작은 지혜가 있다면 스스로를 믿고 높이며, [자세한 설명은 앞에서와 같다.] 스스로가 담론의 실마리를 만들어 가지고 와서 세존을 힐난하고자 하더라도 세존을 우러러 보고서는 감히 묻지를 못하고 찬탄하며 말합니다. '대사이신 법왕이시여. 인간과 천상에서 제일이십니다.' 소유한 지견(知見)에 남음이 없이 통달하셨고 그들의 삿된 근본을 뽑아서 정도(正道)를 존중하게 하셨습니다. 이러한 까닭으로 나는 지금 세존의 처소에서 깊은 신심을 일으켰습니다. 공경하여 믿는 까닭으로 나에게 이와 같은 은근하고 소중한 마음이 일어났습니다. 또한 불·세존·응·정등각께서는 법과 율을 선설하시면 성문들이 모두 받들어 행합니다.

다시 다음으로 세존이시여. 내가 옛날에 일찍이 보았는데 여러 다른 사문과 바라문 등은 작은 지혜가 있다면 스스로를 믿고 높이며, [자세한 설명은 앞에서와 같다.] 많은 담론의 실마리를 만들어 가지고 와서 세존을 힐난하고자 하더라도 세존을 우러러 보고서는 원만(圓滿)하지 못하여 묻지를 못하였습니다. 세존께서는 곧 그를 위하여 원만하게 대답하셨으므로 그들이 듣고 함께 경열(慶悅)이 생겨나서 큰 신심을 일으켜 삼보에 귀의하였고 학처를 수지하였습니다. 이러한 까닭으로 나는 지금 세존의 처소에서 깊은 신심을 일으켰습니다. 공경하여 믿는 까닭으로 나에게 이와 같은 은근하고 소중한 마음이 일어났습니다. 또한 불·세존·응·정등각께서는 법과 율을 선설하시면 성문들이 모두 받들어 행합니다.

다시 다음으로 세존이시여. 내가 옛날에 일찍이 보았는데 여러 다른 사문과 바라문 등은 작은 지혜가 있다면 스스로를 믿고 높이며, [자세한 설명은 앞에서와 같다.] 많은 담론의 실마리를 만들어 가지고 와서 세존을 힐난하고자 하였으나 세존을 우러러 보고서 원만을 지었는데, 세존께서는 곧 기회를 따라서 지극히 원만을 지어 대답하셨습니다. 세존의 묘한 뜻을 듣고 깊은 경희(慶喜)가 생겨나서 다른 도를 버리고 정법을 존중하고 숭상하여 곧 출가를 청하였고 구족계를 받고서 부지런히 범행을 닦아서 오래지 않아 번뇌를 모두 없애고 아라한이 얻었으며 해탈의 즐거움을 받으면서 이렇게 생각하였습니다.

'어찌 헛되게 나를 상실하면서 스스로가 속았던가? 이전에는 사문이 아니면서 사문이라고 말하였고, 바라문이 아니면서 바라문이라고 말하였으며, 아라한이 아니면서 아라한이라고 말하였구나. 내가 지금은 진실한 사문이고 바라문이며 진실한 아라한이구나.'

세존이시여. 나는 이것을 까닭으로 깊은 신심을 일으켰으며, [자세한 설명은 앞에서와 같다.]

다시 다음으로 세존이시여. 내가 옛날에 일찍이 보았는데 여러 다른 사문과 바라문 등은 얼굴빛이 누렇고 수척하였으며 형모(形貌)가 마르고 약하며 여러 근이 결손(缺減)되어 보는 자가 싫어하였습니다. 나는 이 일을 보고 곧바로 사유하였습니다.

'어찌 그 사람들은 범행을 즐거워하지 않는 것인가? 혹은 긴 병으로 이렇게 마르고 약한 것인가? 혹은 가려진 곳에서 죄와 악업을 짓고 마음에서 덮고 감추어 이러한 모습과 얼굴이 되어서 사람들이 보는 것을 즐거워하지 않는가?'

나는 곧 가서 물었습니다.

"당신들은 무슨 인연으로 얼굴빛이 어둡고 모습과 얼굴이 초췌하여 사람들이 보기를 보는 것을 즐거워하지 않습니까?"

그들은 나에게 대답하여 말하였습니다.

"대왕이여. 우리는 욕심에 얽힌 까닭으로 이 모습과 위의에 이르렀습니다."

나는 이 말을 듣고서 이와 같이 생각하였습니다.

'욕심을 끊지 않는다면 이와 같은 허물이 있구나.'

많은 욕심을 행하는 자는 욕락을 사랑하는 까닭으로 마땅히 색력(色力)이 증장(增長)됨을 얻어서 단엄하여야 할 것이나 이런 일이 없습니다. 왜 그러한가? 나는 국왕으로서 오욕락(五欲樂)을 구비하여 걸림이 없이 자재하므로 마땅히 색상(色相)이 수승하고 뛰어나야 할 것이나 이미 그렇지 않은 까닭을 알고 있습니다. 그러므로 여러 욕락을 친근함으로써 색력이 증장되는 것이 아닌 것을 알고 있으나 우치한 사람은 모두가 욕락을 사랑합니다.

내가 세존과 성문제자들을 보면 범행을 사랑하고 즐겨서 모든 근이 밝고 청정하며 얼굴과 모습이 빛나고 윤택하며 열락을 만나서 머무르면서 항상 경계(競懼)를 품고 있는 것이 사슴이 숲에 의지하는 것과 같고, 나아가 목숨을 마치도록 순일(純一)하여 잡스러움이 없으며, 원만하고 청백(淸白)하게 범행을 구족합니다. 나는 이것을 까닭으로 깊은 신심을 일으켰으며, [자세한 설명은 앞에서와 같다.]

다시 다음으로 세존이시여. 내가 옛날에 일찍이 정전(正殿) 가운데에 앉아 국사를 다스릴 때에 많은 사람들을 보면 모두가 오욕을 위하여 나의 처소에 왔습니다. 혹은 부모·남녀·형제·자매·지식(知識)·붕우(朋友) 등이 모두가 서로 말로 다투고 좋고 나쁨을 쟁론하는 것을 보았는데, 하물며 다른 사람이겠습니까? 또한 나는 일찍이 보았습니다. 두 필추가 있었는데 함께 여러 필추들과 다툼이 있어 마침내 곧 계를 버렸습니다. 그러나 두 필추는 불·법·승보에 대하여 작은 과실(過失)도 능히 말하지 않았고 다만 스스로 꾸짖었습니다.

"나는 매우 나쁜 사람이다. 복덕이 없어서 능히 청정한 범행을 닦지 못하는구나. 세존의 가르침에 의지하여 목숨을 마치도록 머물려는 마음이 없어서 범하였구나."

나는 이것을 까닭으로 깊은 신심을 일으켰으며, [자세한 설명은 앞에서와 같다.]

다시 다음으로 세존이시여. 내가 옛날에 일찍이 보았는데 한 부류의 사문과 바라문 등을 보았는데 마음을 다스려 스스로 적정하게 범행을 수지하였으나 8·9개월을 지나니 애욕에 이끌려서 곧 계율과 위의를 버리고 염오(染汚)의 일을 짓고 오욕에 얽혀서 스스로가 즐겼습니다. 내가 세존의 여러 성문들을 보았는데 범행을 닦아서 청정하고 원만하였고, 나아가 목숨을 마치도록 세존의 가르침에 의지하여 마음에서 범한 것이 없었습니다. 나는 이것을 까닭으로 깊은 신심을 일으켰으며, [자세한 설명은 앞에서와 같다.]

다시 다음으로 세존이시여. 나는 이 나라의 주인으로 승광(勝光)이라고 이름합니다. 이 나라 안에서 마음대로 다스리므로 자재합니다. 사람들은 마땅히 나를 죽일 수 없으나 나는 능히 죽일 수 있고, 죽어야 합당한 자도 나는 능히 풀어줄 수 있으므로 다스리는 국토 안에서는 존중하고 믿지 않는 자가 없습니다. 그러나 대신과 재상은 모두 호족(豪族)이고 대바라문이며 찰제리와 장자일지라도, 혹은 국정과 출척(黜陟)[2]을 공평하게 평가하여 계주(啓奏)[3]할 때에 오히려 방자하고 교만함을 품으며 예의와

2) 관직의 강등과 승진을 일컫는 말이다.
3) 신하가 글로서 임금에게 아뢰던 일을 가리킨다.

관용이 부족하여 조정의 기강을 흐리게 하는 것이 있습니다.

내가 세존을 보았는데 무량한 백천 대중의 가운데에 둘러싸여 설법하시면 여러 천인과 인간의 대중이 각자 섭수된 마음으로 존안을 우러르면서 모두가 함께 자세히 들으면서 산란함이 없이 그 자리 아래에 묵연하고, 나아가 기침소리와 재채기도 들리지 않았는데 하물며 다시 다른 여러 시끄러움이 있었겠습니까? 이때 법회에서 한 사람이 기침을 하자 이곳에 앉았던 사람이 알려 말하였습니다.

"그대는 원하건대 조용히 머무르고 시끄럽게 하지 마십시오. 그대는 어찌 듣지 못하는가? 세존의 설법은 미묘하고 기회에 합당하여 오히려 상묘한 꿀과도 같습니다."

이렇게 말하니 그가 곧 조용하였습니다. 이때 나는 이 말을 듣고서 곧 이와 같이 생각하였습니다.

'세존께서는 진실로 대위력이 있어서 생각하며 의논하는 것이 어렵구나. 칼과 몽둥이로서 엄하게 벌하지 않았으나 능히 대중의 부류를 조복하셨으므로 일체가 존중하고 받드는구나.'

나는 이것을 까닭으로 깊은 신심을 일으켰으며, [자세한 설명은 앞에서와 같다.]

다시 다음으로 세존이시여. 나에게 두 신하가 있으니 첫째는 선수(仙授)라고 이름하고, 둘째는 고구(故舊)라고 이름합니다. 그들이 소유한 봉읍(封邑과 상사(賞賜)[4]와 부귀와 명예는 모두 나를 까닭으로 한 것이어서 살아오면서 항상 안락을 받아서 그들이 나에게 비록 다시 은혜를 생각할지라도 오히려 세존의 처소에서 공경하는 마음에는 농후(濃厚)할 수 없습니다.

내가 또한 한 때에 엄숙하게 군마를 정비하고 출행(出行)하여 토벌(土擊)하면서 마음에서 그 두 신하에게 나와 세존께 그 마음에서 누구를 존중하는가를 시험하기 위하여 함께 비밀스런 곳에 이르러 그들에게 물어 말하였습니다.

---

4) 왕이 하사하는 재물을 가리킨다.

"경들이 눈을 뜨는 때에 나와 세존께 머리와 발을 어디로 향하시오?"

이때 그 두 신하는 세존의 공덕 및 정법과 승보의 복전이 이러한 일을 인연하는 까닭으로 머리를 세존께 향하고 발은 왕에게 향한다고 말하였습니다. 나는 이것을 듣고 세존께서 불가사의한 대위력이 있으신 것을 매우 존경하였습니다. 그들은 모두가 나의 총애와 녹봉을 까닭으로 큰 명예와 부귀와 안락을 누릴지라도 그들이 나에게 일으킨 공경은 세존께 미치지 못합니다. 나는 이것을 까닭으로 깊은 신심을 일으켰으며, [자세한 설명은 앞에서와 같다.]

다시 다음으로 세존이시여. 내가 교살라국의 왕이더라도 세존께서도 역시 교살라국에 머무르십니다. 나는 찰제리 종족에서 태어났는데 세존께서도 역시 찰제리 종족이십니다. 나는 이미 나이가 많아서 팔십인데, 세존께서도 역시 세수(爾壽)가 팔십이십니다. 나는 관정(灌頂)[5]한 찰제리의 왕이고 세존께서도 역시 무상(無上)한 법왕이십니다. 나의 힘을 세존께 견주더라도 비교할 수 없습니다. 나는 이것을 까닭으로 깊은 신심을 일으켰으며, [자세한 설명은 앞에서와 같다.] 나아가 모두를 받들어 행합니다."

이때 승광왕은 세존의 앞에서 이와 같이 여러 보았고 들었던 일이 기묘(奇妙)한 법이라고 자세히 말하고서 두 발에 정례하고 하직하고서 떠나갔다. 왕이 떠나고 오래지 않아서 세존께서 필추들에게 알리셨다.

"그대들은 마땅히 왕이 말한 기묘한 법을 모아서 받아들여 수지하고 독송할지니라. 왜 그러한가? 문장의 뜻이 구족된 까닭이고, 정법과 상응(相應)하는 까닭이며, 범행을 성취하는 까닭이고, 능히 변지(遍智)·등각·원명(圓明)·열반과를 얻는 까닭이니라. 이러한 까닭으로 그대들은 마땅히 부지런히 배울지니라."

이때 세존께서 이 말씀을 설하시니 여러 필추들이 함께 환희하며 받들어 행하였다. 앞의 것을 섭수하여 게송으로 설하겠노라.

---

5) 물을 정수리에 붓는다는 뜻으로, 본래 인도(印度)에서 왕이 즉위(卽位)할 때나 태자를 세울 때, 바닷물을 정수리에 붓는 의식(儀式)을 말한다.

사람을 논한다면 네 종류가 있고
욕락을 생각하면 몸이 수척하며
두 신하의 공경함이 달라서
왕을 존경한 것이 세존보다 못하였다네.

이때 장행대신은 왕이 세존을 뵙는 것을 알고서 이렇게 생각하였다.

'왕에게 대신 오백이 있으나 모두가 악생에게 돌아갔고 오직 나 한 사람은 따르지 않았다. 그들이 어찌 능히 대사를 이루겠는가? 내가 지금 나라로 돌아가서 마땅히 악생을 부추겨서 왕위를 잇게 하고 그 승만과 행우의 두 부인 등은 궁전에서 쫓아내야겠다.'

이렇게 생각을 짓고서 집지하고 지키던 것을 버리고 수레를 타고 떠나갔다. 실라벌성에 이르러 악생에게 알려 말하였다.

"태자시여. 지금 왕위에 오르시겠습니까?"

악생이 말하였다.

"내가 하고자 하는 것이오."

이때 장행이 곧 여러 신하들과 함께 책동하여 왕으로 삼고 두 부인에게 칙명하여 노왕(老王)의 처소에 가도록 하였다. 승만과 행우가 장행에게 물어 말하였다.

"왕은 지금 어디에 계시는가?"

대답하여 말하였다.

"왕은 석가묘광원(釋迦妙光園) 안에 계십니다."

이때 두 부인이 도보로 걸어서 떠나가서 노왕을 찾았다. 이때 승광대왕이 문밖에 이르렀으나 장행이 보이지 않았으므로 여러 필추들에게 물어 말하였다.

"대덕이여. 나의 대신은 지금 어디로 가는가를 보았습니까?"

필추가 대답하여 말하였다.

"왕께서 들어가시고 오래지 않아 장행이 곧 수레를 찾아서 타고 떠났습니다."

왕이 듣고 걸어서 점차 나아갔고 세존께서도 역시 이때 왕사성으로 향하셨다. 왕은 도로의 중간에서 행우 등을 만났다. 왕이 곧 물어 말하였다.

"그대들은 무슨 까닭으로 걸어서 멀리 왔는가?"

대답하여 말하였다.

"대왕이시여. 장행대신이 악생을 책동하여 세웠고 우리들을 쫓아냈으므로 걸어서 대왕을 찾아왔습니다."

왕이 이 말을 듣고 승만에게 알려 말하였다.

"그대는 이전에는 남편인 왕의 총애와 녹봉을 받았으나 지금은 또한 돌아가서 아들인 왕의 봉료(奉料)를 받도록 하시오. 나는 행우를 데리고 이곳부터 곧 돌아다니겠소."

이리하여 승만은 마침내 실라벌성으로 돌아가면서 눈물을 흘렸고 울면서 길을 따라서 돌아갔다. 왕은 행우와 함께 왕사성으로 향하여 점점 나아가서 드디어 성에 이르렀다. 한 원림을 보았고 곧 머무르면서 행우에게 말하였다.

"나는 또한 이곳에 있겠으니 그대는 성안에 들어가서 미생원왕에 알려 말하시오. '교살라국의 승광대왕이 지금 성 밖의 동산에서 서로를 보고자 합니다.'"

행우가 곧 가서 미생원을 보고 갖추어 말하였다. 미생원왕이 이 말을 듣고 곧 크게 놀라면서 물어 말하였다.

"교살라국(憍薩羅國)의 승광왕은 대위력이 있고 사병이 강성한데 어찌 갑자기 나에게 왔는가를 알 수 있습니까?"

행우가 대답하여 말하였다.

"왕에게 지금 어찌 군사들이 많이 있겠습니까? 태자가 역모하여 아버지에게 빼앗아서 왕이라 말하였고, 오직 내가 왕을 따라서 이곳에 왔습니다."

미생원이 말하였다.

"만약 그러한 일이 있다면 내가 마땅히 그 분께 권유하여 이 나라의 왕으로 삼고 나는 스스로 물러나서 태자가 되겠습니다."

곧 여러 신하들을 불러 칙명하여 말하였다.

"승광왕은 큰 나라의 주인이고 찰제리 종족의 관정왕이시오. 지금 갑자기 이곳에 오셨으니 마땅히 공경스럽게 모시도록 하시오. 경들은 곧 성과 도로를 깨끗하게 청소하고 사병을 엄숙하게 정리하고 백천의 대중을 통솔하시오. 내가 직접 가서 왕을 맞이하여 들어오겠소."

이때 여러 신하들이 이미 왕의 칙명을 받들어 북을 울렸고 소라를 불어서 여러 사람들에게 알려 성곽을 장엄하였고 네거리를 청소하여 두 배나 깨끗해졌으므로 오히려 천제석의 환희원과 같았다. 그 승광왕은 오래 먹지 못하였고 사자가 오는 것이 늦어졌으므로 괴이하여 곧 원림에서 나와서 음식을 구하고자 장황(慞惶)스럽게 돌아보면서 무우밭에 이르렀다. 이때 밭의 관리인이 평범한 사람이라고 말하면서 드디어 무우 5개를 주었다. 왕은 이미 굶주렸으므로 뿌리와 잎을 함께 먹었다. 먹고서 목이 말랐으므로 곧 물가로 가서 마셨으나 지나치게 마신 인연으로 곽란(霍亂)[6]이 생겨났다. 몸이 야위고 약하였으나 승만을 생각하고 기억하면서 길을 따라서 앞으로 걸어가면서 중간에서 땅에 쓰러졌으며 입에 흙가루가 채워진 인연으로 곧 목숨을 마쳤다. 이때 미생원이 엄숙하게 사병을 거느리고 동산으로 나아갔으나 보이지 않았으므로 곧 말을 탄 병사들에게 사방에서 찾도록 하였다. 이때 한 병사가 무우밭에 이르러 관리인에게 물어 말하였다.

"그대는 이와 같은 사람을 보았는가?"

대답하여 말하였다.

"나는 한 사람이 잠시 이곳에 와서 무우를 구하여 찾았고 곧 물가로 가는 것을 보았습니다."

그가 곧 가서 찾았고 정면에 왕의 시체가 길모퉁이에 쓰러져 있는 것을 보았다. 사자가 곧 앞의 일로써 알리니 미생원왕이 듣고 외쳐 말하였다.

"재앙이로다. 내가 지금 거듭하여 나쁜 소리를 듣게 되었구나. 나는

---

6) 갑자기 토하고 설사(泄瀉)가 나며 고통(苦痛)이 심한 급성(急性) 위장병(胃腸病)이다.

이전에 이미 아버지를 해치고 왕위를 빼앗았다고 말해지고 있는데 지금에 또한 아버지의 지식(知識)을 죽였다고 말해지겠구나."

곧 무량한 사람들을 거느리고 시체가 있는 곳으로 가서 여러 신하들에게 칙명하여 말하였다.

"이 승광왕은 찰제리의 관정대왕으로서 지금 곤경(困苦)을 만나서 이곳에서 목숨을 마친 것이오. 마땅히 성대한 예법에 의거하여 그 몸을 화장하시오."

이때 그 여러 신하들이 왕의 칙명과 같이 엄숙하게 상여(靈輿)를 갖추어 보냈고 한림(寒林)에 이르러 화장의 일을 마쳤다. 왕이 세존의 처소에 나아가서 두 발에 정례하고 물러나 한쪽에 앉아서 세존께 아뢰어 말하였다.

"대덕이신 세존이시여. 알 수 없습니다. 승광대왕은 이전에 무슨 업을 지었기에 무우를 먹은 인연으로 고통을 받다가 목숨을 마쳤습니까?"

이때 세존께서 알려 말씀하셨다.

"대왕이여. 그 승광왕은 스스로가 그 업을 지었고 지금 이러한 과보를 받은 것입니다. [자세한 설명은 앞에서와 같다.]

대왕이여. 지나간 과거에 한 취락의 가운데에 바라문이 있었는데 아내를 얻고서 오래지 않아 곧 한 아들을 낳았습니다. 나이가 들어 점차 장대하여 걸식하면서 스스로가 무우 5개를 얻었고 그 어머니에게 보내면서 곧 어머니에게 알려 말하였습니다.

"지금 잠시 목욕하겠습니다. 내가 돌아오는 것을 기다려 제공하여 먹게 하십시오."

대왕이여. 만약 세존께서 없을 때에는 독각이 세간에 출현하여 고독하고 약한 자를 연민하게 생각하면서 적정함을 즐기고 안거(安居)하면서 세상의 복전이 됩니다. 이때 어느 한 독각이 인간세상을 유행하면서 이른 아침의 때에 옷을 입고 발우를 지니고 마을에 들어가서 걸식하면서 마침내 그 집에 이르렀습니다. 바라문의 아내는 이 독각의 몸과 상호가 단엄하고 육근을 조복받아 적정한 것을 보고서 곧 무우를 가져다가 그에게 받들어 베풀었습니다. 이때 독각이 그 베푸는 것을 받고 몸을 허공으로 솟구쳐서 신통한 변화를 지었습니다. 일반적인 사람들이 신통을 보았을 때에는 마음이 조복되므로 곧 멀리 마음이 매우 환희하면서 예배하였습니다. 이때 바라문의 아들이 목욕을 마치고 집으로 돌아와서 곧 그 어머니에게 말하여 무우를 찾았으므로 어머니가 말하였습니다.

"마침 어느 벽지불이 와서 걸식하였으므로 내가 이미 보시하였다."

아들은 이 말을 듣고 굶주림에 핍박을 받아 마침내 성내는 마음으로 악한 생각을 일으켰습니다.

'원하건대 그가 무우를 먹은 인연으로 곽난으로 죽게 하십시오.'

대왕이여. 그대는 지금 마땅히 아십시오. 그 아들이 어찌 다른 사람이겠습니까. 곧 승광왕입니다. 그가 지나간 옛날에 독각에게 이러한 악심을 일으켰고, 이러한 업력을 인연으로 무량한 백천세(歲)에 지옥에 떨어져서 여러 고뇌를 받았으며, 다시 남은 업보의 인연력(因緣力)을 까닭으로 이미 6번을 곽난병을 만나서 목숨을 마쳤고, 지금 7번째에 태어났으나 남은 업력으로 이렇게 무우를 먹고서 곽난으로 죽은 것입니다.

대왕이여. 마땅히 아십시오. 승광왕의 업보는 이것으로 영원히 끝났고 다시는 거듭 받지 않을 것입니다. 대왕이여. 마땅히 아십시오. 백업은 백업의 과보이고 흑업은 흑업의 과보이며 잡업에는 잡업의 과보입니다. 이러한 까닭으로 마땅히 흑업과 잡업의 두 업을 버리고 백업을 닦을 것이고 악구(惡口)를 하지 마십시오."

이때 미생원왕은 세존께서 설하시는 것을 듣고 몸과 마음에 두루 환희하여 세존의 발에 정례하고 믿고 받들면서 떠나갔다.

이때 악생태자는 이미 왕위를 이어갔다. 뒤의 다른 때에 여러 대신들과 함께 대전(大殿)에서 조회하였는데 고모가 아뢰어 말하였다.

"대왕이시여. 모두 기억하십니까? 지나간 날의 때에 대중 앞에서 사자후를 지으셨습니다. '내가 만약 왕위에 오르면 먼저 마땅히 여러 석종자(釋種子)들을 토벌(誅伐)하여 나의 첫 원수를 갚겠노라.'"

왕이 고모에게 물어 말하였다.

"일반적으로 내가 한 말은 모두 마땅히 지어야 하는가?"

고모가 대답하여 말하였다.

"대왕께서 지금 처음으로 보위(寶位)에 임(臨)하셨으니 마땅히 옛날에 석종을 토벌하겠다고 말씀하신 것을 생각하셔야 합니다. 때에 이르렀는데 하지 않는다면 곧 망어가 성립됩니다. 청하건대 하명하여 칙명하시고 날을 점쳐서 출군하시면서 상(象)·마(馬)·거(車)·보(步)의 사병을 갖추어 분연(奮耀)히 일으키시고 창과 갑옷을 빛나게 하시며 종을 치고 북을 울리면서 실라벌성에서 출정하시어 겁비라국으로 가시어 석종을 토벌해야 합니다."

이때 악생왕은 고모의 간언을 받아들여 곧바로 칙명을 내렸고 군사를 거느리고 가서 그 나라를 정벌하게 하였다. 세존이신 대사께서는 모르시는 것이 없으시고 보지 못하는 것이 없으셨다. 여러 석가족이 반드시 분명히 멸망할 것을 아시고서 두 나라의 경계로 대로(大路) 옆의 작은 나무의 잎이 많지 않은 가지의 아래에 단엄하신 몸으로 앉아 계셨다. 이때 악생왕이 멀리서 세존을 보고 곧 그곳으로 나아가서 아뢰어 말하였다.

"대덕이시여. 원림에 무성하게 그늘진 숲이 있습니다. 무슨 까닭으로 그곳을 버리고서 이곳에 머무르십니까? 이 나무는 잎이 적어 그늘이 없습니다. 어찌하여 머무르십니까?"

세존께서 말씀하셨다.

"대왕이여. 친족의 그늘이 시원한데 어찌 나무를 돌아보고 만족하겠습니까?"

이때 악생은 세존의 말씀을 듣고 곧 이렇게 생각을 지었다.

'겁비라국의 여러 석가족의 가지들은 세존의 친속이므로 여래께서 애민하게 생각하시므로 그 뜻을 어길 수가 없구나.'

이렇게 사유를 짓고서 물러나서 본국으로 돌아갔는데 고모가 두세 번을 토벌하여 없앨 것을 간언하였다. 그 뒤에 악생이 여러 신하들과 조회하였다. 이때 여러 신하들에게 알려 말하였다.

"겁비라국의 여러 석종자들은 항상 내가 노비의 자식이라고 말하오. 꾸짖고 욕하는 것이 이미 극심하여 이것을 잊을 수가 없소. 그러나 그들은 여래의 종족이고 세존께서 애민하게 생각하시므로 매번 스스로가 억누르고 인욕하면서 토벌하지 않은 것이오. 어떻게 능히 이러한 원한을 갚을 수 있겠소?"

고모가 대답하여 말하였다.

"제가 들으니 사문 교답마는 스스로가 '욕심을 떠났다.'고 말하였습니다. 욕심을 떠난 자라면 권속을 생각하는 마음이 없을 것이고, 만약 권속의 생각이 있다면 욕심을 떠난 것이 아닙니다. 도속(道俗)이 각자 다르니 대왕께서 마땅히 스스로가 결정하십시오."

또한 말하였다.

"오늘이 바로 이 석종자를 토벌할 때입니다."

이 악생이 사병을 정비하고 출정하여 토벌하고자 하였는데 아직 떠나기 전에 곧 세존께서는 이렇게 생각을 지으셨다.

'성안에 석가족이 견제를 보지 못한 자로서 만약 악생과 함께 서로 전투한다면 곧 견제의 그릇은 아니다.'

곧 겁비라국으로 가셨고 이르러 다근수원(多根樹園)에 머무르셨다. 이때 여러 석가족들은 세존께서 이곳에 오셨다는 것을 듣고서 대중이 모여서 여래의 처소에 나아가서 두 발에 정례하고 물러나서 한쪽에 앉았다. 이때 세존께서는 여러 석가족의 근성과 본연(本緣)을 아시고서 묘법을 설하셨다. 이때 그 대중 가운데에서 무량한 백천의 여러 유정들이 큰 이익을 얻었고, 혹은 예류과·일래과·불환과·아라한과를 얻었으며, 혹은 독각의 인연을 지었고, 혹은 성불의 인연을 지었으며, 다시 무량한 중생들이 삼보께 귀의하였고, 여러 학처를 받았으며, 세존의 가르침을 받들어 행하였다.

이때 겁비라의 석가족들은 이러한 법의 이익을 얻고서 세존을 받들어 정례하고서 하직하고 떠나갔다. 이때 악생은 직접 사병을 거느리고 가비라성에서 멀지 않은 곳에 머물고 있었다. 구수 대목련이 세존의 처소에 나아가서 세존의 발에 정례하고 한쪽에 물러나 앉아서 세존께 아뢰어 말하였다.

"세존이시여. 제가 들으니 어리석은 사람인 악생이 엄숙하게 사병을 모아가지고 와서 석가족을 정벌한다고 합니다. 저에게 신력(神力)이 있어 능히 병사들을 멀리 다른 지방으로 물리칠 수 있습니다. 원하건대 세존께서 슬프시더라도 허락하여 주십시오. 다시 또 신력으로 성을 철로 변화시킬 수 있으며, 큰 철망으로 두루 성 위를 덮을 수도 있습니다. 그 악생에게 겁비라성을 능히 볼 수도 없게 한다면 어찌 주해(誅害)를 가할 수 있겠습니까?"

세존께서 말씀하셨다.

"나도 역시 그대가 신통력이 있어 모든 것을 지을 수 있음을 알고 있네. 그러나 석가종족이 전생의 업을 쌓은 까닭으로 지금 마땅히 고통스런 업의 과보가 성숙되어 받는 것이네. 폭포수가 흐르는 것과 같아서 금제할 수 없고 반드시 스스로 받아야 하며, [자세한 설명은 앞에서와 같다.]"

이때 세존께서 이것을 게송으로 설하셨다.

가령 백겁이 지나더라도
지은 업은 없어지지 않으며
인연이 모여 만나는 때에
과보가 돌아와서 스스로 받는다네.

세존께서 대목련에게 알리셨다.

"그러므로 알게. 세간에서는 모두가 업력을 까닭으로 그 과보를 받고 업력을 까닭으로 태어나며 업력을 까닭으로 머무는 것이네. 일체의 중생이 모두 업력을 따라서 선악을 반드시 받는다네."

이때 목련은 소원을 이루지 못하고 세존께 예경하고 떠나갔다. 이때 겁비라의 여러 석가 종자들은 악생왕이 대병을 거느리고 와서 정벌하고자 한다는 것을 듣고서 곧 사병에게 칙명하여 무기(器仗)를 엄숙히 정리하였고 성을 나가서 적을 막았고, 그들은 아직 방비하지 못한 악생의 군사를 무찔렀다. 이 여러 석가족들은 아울러 진리를 보았으므로 살해하지 않고 오직 채찍과 몽둥이를 사용하여 좌우로 휘둘렀고, 혹은 다시 활줄에서 화살을 코끼리와 말들의 복대(腹帶)를 쏘아서 모두 끊었으며, 혹은 투구와 갑옷을 쏘아서 땅에 떨어지게 하였고, 혹은 귓가나 안장과 굴대의 끝을 쏘아서 다만 떨어지게 하였고 몸과 머리를 상하지 않게 하였으며 그 목숨을 끊지 않았다. 이때 악생의 병사들이 이윽고 스스로가 패배하여 흩어졌으므로 여러 석가족들이 싸움에서 이기고서 군사들이 함께 들어와서 문을 닫고 성위에 올라가서 제령(制令)을 지었다.

"우리들은 마땅히 악생 및 병사들을 상해하지 않아야 합니다. 만약 범하는 자가 있다면 곧 석가종족이 아닙니다."

이때 악생이 이 석가족들이 모두 인자함이 있고 대용력(大勇力)을 갖추었으므로 고모에게 알려 말하였다.

"우리들은 지금 마땅히 군사를 거두고 또한 본국으로 돌아갑시다."

고모가 대답하여 말하였다.

"대왕께서는 걱정하지 마십시오. 겁비라의 석가족들은 함께 견제를 보았으므로 나아가 모기나 개미 부류도 죽이지 않습니다. 하물며 사람을 상해하겠습니까? 대왕께서 만약 믿지 않으신다면 지금 곧 경험하여 보십시오. 지난번의 대진(大陣)에서도 하나도 손상됨이 없었는데, 그들은 다시 제령을 지었습니다. '마땅히 악생의 몸이나 그의 군사들을 상하지 마십시오. 만약 범하는 자가 있으면 석가의 종족이 아닙니다.'"

악생이 듣고서 묵연히 머물렀다. 한 석가의 종족이 있었는데 섬파(閃婆)라고 이름하였다. 외읍(外邑)에 머무르면서 농사짓는 일을 검교(撿挍)하였는데 그 악생이 직접 사병을 거느리고 겁비라에 이르러 석가족을 정벌한다는 것을 들었다. 석가족들이 지은 제령을 듣지 못하였고 다시 견제를 보지 못하였으므로 엄숙한 군사들과 와서 악생을 습격하였다. 매우 갑자기 습격당하였으므로 악생의 군사는 곧 크게 패하여 많은 살상을 입었다. 이때 악생이 고모에게 말하였다.

"그대가 지난번에 말하였네. '석가족은 견제를 보았으므로 모기나 개미도 상해하지 않는데 하물며 사람을 해치겠습니까?' 지금 섬파라는 한 사람이 군사를 데리고 와서 싸웠으나 죽고 다친 자가 아주 많네. 하물며 겁비라의 여러 남은 석가족이 군사를 일으키고 와서 모인다면 마땅히 대적하기 어려울 것이네. 만약 다시 돌아가지 않는다면 오히려 완전히 죽을 것이네.”

고모가 대답하여 말하였다.

“대왕이시여. 그 설파라는 자는 외부에서 와서 아직 겁비라성에 들어가지 못하여서 제령을 알린 것을 몰랐습니다. 이렇게 졸렬하고 폭력적인 전투에 마음을 일으켰으나 안과 밖이 통하지 못한 것입니다. 원하건대 대왕께서는 염려하지 마십시오.”

이때 섬파는 석가족의 마음으로 성에 들어가려고 하였고 성문 앞에 이르러서 수문장을 불러 말하였다.

“문을 여시오.”

이때 문을 지키는 자가 물어 말하였다.

“누구시오.”

대답하여 말하였다.

“나는 섬파이오. 그대는 마땅히 가서 머무르는 여러 석가족들에게 알리시오.”

성 안에서 곧 사자가 나와서 알려 말하였다.

“그대는 지금부터 석가족이 아니므로 마땅히 뜻을 따라 떠나시오. 왜 그러한가? 그대가 성안의 제령을 범하였으므로 이 성문에 들어올 수 없소.”

섬파가 곧 물었다.

“대중에게 무슨 제령이 있었소. 내가 범한 것을 말해보시오.”

대답하여 말하였다.

“우리들은 제령을 지었소. ‘악생의 병사들을 상해하지 말라. 만약 범하는 자가 있다면 석가족이 아니다.’”

알려 말하였다.

“나는 진실로 듣지 못하였소. 원하건대 너그럽게 받아주시오.”

이와 같이 고달프게 대중에게 청하였으나 모두가 허락하지 않았으므로 나아가 대중에게 알려 말하였다.

"이미 들어가는 것을 허락하지 않겠다면 내 가족을 돌려보내시오."

대중들이 보내주었다. 권속을 얻고서 함께 세존의 처소로 나아가 두 발에 정례하고 물러나 한쪽에 앉아서 세존께 아뢰어 말하였다.

"겁비라성의 여러 석종들이 저를 쫓아냈습니다. 원하건대 세존께서는 자비를 베푸시어 저를 기억하여 주십시오. 항상 여래를 공양하고 존경하며 받들겠습니다."

세존께서는 자비로써 자신의 머리카락과 손톱을 섬파에게 주셨다. 이때 섬파는 은중한 마음으로 여래의 머리카락과 손톱을 받아서 바구다국(婆具茶國)으로 갔다. 그곳의 여러 사람들은 호탕하고 건장한 석자인 설파라고 이름하는 사람이 지금 와서 이곳에 이르렀고 나라의 주인이 되고자 한다는 것을 듣고 우리들이 함께 그를 따를 것인가를 의논하려고 국민들이 모두 하나의 산아래로 와서 이 일을 의논하였다. 이때 섬파 석자는 여러 따르는 사람들을 한곳에 숨어있게 하고서 자신은 서신을 전하는 사자(使人)로 꾸미고 겨드랑이에 예리한 칼을 차고 대중들이 모인 곳으로 가서 이와 같이 말하였다.

"여러분들은 마땅히 아십시오. 섬파 석자는 큰 세력이 있고 용건(勇健)하여 감당하기 어렵습니다. 그가 서신을 보내서 그대들에게 전하고자 합니다."

물어 말하였다.

"무엇을 하는 것인가?"

대답하여 말하였다.

"그는 왕이 되어서 그대들을 다스리고자 하므로 마땅히 나아가 앉아서 함께 그 서신을 읽도록 하십시오."

여러 사람들이 대답하여 말하였다.

"이곳에는 앉을 물건이 없는데 어찌 편안히 앉겠는가?"

그가 곧 칼을 뽑아서 여러 바위들을 자르니 조각조각 자리가 되었으므로 대중들이 함께 앉았다. 여러 사람들이 보고서 모두가 감탄하고 매우 신기하여 물어 말하였다.

"장부여. 그대와 같은 사람이 그곳에는 몇 명입니까?"

대답하여 말하였다.

"나는 서신을 가지고 온 사자인데 어찌 만족스럽게 말할 수 있겠습니까? 다시 나머지 사람들은 나보다 두 배나 수승합니다."

대중들이 이 말을 듣고서 모두가 크게 놀라고 두려워하면 함께 서로에게 의논하여 말하였다.

"사자가 오히려 이와 같은데 하물며 섬파는 어떻겠는가? 우리들이 어찌 그를 주인으로 세우지 못하겠는가?"

모두가 개봉하여 서신을 보고서 곧 사자에게 알려 말하였다.

"잘 오셨습니다. 대왕이시여. 우리들은 소문을 흠모하여 일찍부터 강림하기를 원하였습니다."

섬파는 별도로 옛날부터 머물던 곳으로 가서 무리(徒侶)들을 엄숙하게 꾸미고 엄숙하게 시위들을 정리하여 바구다국으로 들어가니 노소가 환희하면서 필요한 것을 모두가 진심으로 준비하고 길일을 선택하여 왕으로 책봉하였으므로 여러 나라의 멀리까지 들렸다.

"바구다국에서는 석가종족의 섬파라고 이름하는 사람을 모두가 왕으로 세웠고 섬파국이라고 이름하였다."

섬파국이 세워진 뒤에 마침내 나아가 공경스럽게 대솔도파를 조성하여 여래의 머리카락과 손톱을 안치하고 공양하였으므로 그 탑을 섬파솔도파라고 이름하였다. 그 왕비도 이전에는 세존을 믿지 않았으나 나라 안에 명령을 내려서 신묘(神廟)를 건립하고 세속에 의지하여 제사를 지내는데 지금까지 이어지고 있다.

근본설일체유부비나야잡사 제9권

삼장법사 의정 한역
석보운 번역

제2문의 제4자섭송 ②

제2문의 제4자섭송으로 승만의 나머지이다.

이때 악생이 고모에게 알려 말하였다.
"겁비라국의 석가 종자들이 용건하여 감당하기 어려운데 지금 성문을 닫고 성위에 올라가서 방호하니 우리들이 어찌 능히 살해할 수 있겠는가? 지금 또한 돌아가리라."
고모가 대답하여 말하였다.
"대왕이시여. 여러 큰 성이 있어도 공교한 방편으로 곧 모두를 파멸시킬 수 있습니다. 내가 옛날에 일찍이 옛 선인이 말하였던 남에게 이기는 다섯 일을 들었습니다. 무엇이 다섯 종류인가? 게송으로 말하겠습니다.

화합하거 좋게 행하고 재물로
속이고 독술(毒術)을 하며
뒤에는 마땅히 병력의 힘으로서 하나니
이것이 지혜로운 사람의 하는 것이다.

이 도리에 의거하여 마땅히 방편을 베풀어 먼저 속임수로 하시고,

사자를 보내어 그들에게 왕의 교명(教命)[1]을 가지고 알려 말하십시오.

"지금 우리는 그대들에게 사랑하는 마음이 있고 진실로 악한 뜻이 없소. 작은 인연의 일이 있어 반드시 성에 들어가려고 하니 바라건대 문을 열어서 잠시 들어가도록 하시오. 곧 빠르게 다시 나올 것이고, 감히 머무르지 않겠소."

계교에 의지하여 그들에게 이르러 앞에서와 같은 말을 전하였고 성안의 여러 사람들이 함께 모여서 논의하였다. 마땅히 들어오게 열어줄 것인가? 아닌가? 혹은 열어주자고 말하였고, 혹은 아니된다고 말하였으며, 혹은 한곳에서 모두 모여서 함께 투표하자고 말하였다.

"만약 많이 투표하였다면 마땅히 그 말을 따릅시다."

대중들이 그렇게 말하였고 곧 모두 투표하였다. 이때 죄악의 마왕이 이와 같이 생각을 지었다.

'내가 항상 사문 교답마를 따라다니면서 그 틈새를 찾았으나 곧 얻지 못하였다. 내가 지금 마땅히 그의 권속이라도 해쳐야겠는데 바로 그 때이다.'

곧바로 늙은 석자로 변신을 지었고 상좌에 있으면서 먼저 받아들인다고 투표하였다. 이로서 다음의 여러 사람들이 그가 받아들인다고 투표하는 것을 보고 함께 말하였다.

"노숙(老宿)도 이미 받아들였는데 우리들이 어찌 받아들이지 않겠는가?"

이때 대중 안의 많은 사람이 받아들이는 것에 투표하였다. 이미 많이 투표한 것을 보고 마침내 곧 문을 열어서 왕의 군사들에게 들어오도록 하였으므로 왕이 말하였다.

"내가 이미 겁비라성의 여러 석가자들을 버렸으니 마음대로 주살(誅殺)하라."

대중들이 명령을 듣고서 곧 사병을 쫓았고 깃발이 하늘을 덮었고 북소리

---

1) 임금의 명령(命令)을 다르게 부르는 말이다.

가 요란하게 땅을 진동시켰으며 도처에서 무자비한 살육(誅戮)이 일어났다. 이때 석가족의 대명(大名)은 이러한 일을 보고서 여러 권속들에게 지극히 슬픈 연민이 일어나서 머리카락을 쑥대처럼 흐트러트리고 곧 빠르게 악생이 있는 곳으로 나아가서 알려 말하였다.

"대왕이시여. 마땅히 나의 소원을 들어주십시오."

왕이 말하였다.

"무슨 소원이 필요하오?"

알려 말하였다.

"여러 석가족들에게 바라건대 두려움이 없게 하십시오."

왕이 말하였다.

"여러 다른 석가종족들은 내가 능히 버릴 수 없으나 그대의 가속(家屬)들 뜻에 따라서 마땅히 나가시오."

대답하여 말하였다.

"내가 지금 연못에 들어가서 스스로 물속에 가라앉고서 나아가 내 몸이 나오지 못하는 동안에 권속들을 모두 풀어주십시오."

왕이 이 말을 듣고 여러 신하들을 눈으로 살폈다. 여러 신하들이 왕에게 아뢰었다.

"이 대명이란 자는 선왕의 친우입니다. 그 소원을 윤허하십시오."

왕이 말하였다.

"만약 그렇다면 잠깐이니 나가게 하시오."

이때 대명이 허락을 받고서 권속들을 불쌍하게 여기면서 근심과 괴로움의 마음에 얽혀서 연못으로 달려가서 물속에 가라앉아 곧 머리카락을 나무뿌리에 묶었고 이것을 인연하여 죽었다. 이때 여러 석가종족들은 과거의 때에 업이 같지 않았던 자는 성을 떠나가서 혹은 말라국(末羅國)으로 갔고, 혹은 니파라(泥波羅)로 갔으며, 혹은 그 나머지의 취락과 성읍으로 갔다. 만약 옛날에 같은 악업이었던 자들은 비록 동문으로 나갔으나 남문으로 돌아서 들어왔고, 남문으로 나갔으나 서문으로 들어왔으며, 서문으로 나갔으나 북문으로 들어왔고, 북문으로 나갔으나 동문으로 들어왔다. 여러 신하들이 보고서 왕에게 아뢰어 말하였다.

"지금 때에 석가종족들이 모두가 스스로 타죽고자 합니다. 어떻게 알 수 있는가? 여러 문으로 나갔으나 모두가 들어오고 있습니다."

왕이 말하였다.

"대명이 물속으로 들어갔는데 어떻게 오래 있는가를 빨리 살펴보시오."

사람을 시켜 그를 관찰하였고 그가 이미 죽은 것을 보았다. 돌아와서 왕에게 그가 이미 죽었다고 알리니 왕이 더욱 진노하여 곧 신하에게 알려 말하였다.

"높은 자리를 설치하시오. 내가 그 위에 몸으로 올라가서 스스로가 바라보겠소. 만약 내가 사람의 피가 거리에 흘러넘치는 것을 보지 못한다면 나는 결국 능히 이 자리를 떠날 수 없소."

곧 자리에 올라 멀리서 바라보았다. 여러 용건한 사람들은 살해될 때에 피가 적은 법이다. 여러 신하가 의논하며 말하였다.

"그대들은 마땅히 아십시오. 지금 이 악한 왕이 큰 죄업을 지으면서 스스로가 피가 흘러넘치는 것을 매우 바라고 있습니다. 어느 곳에서 이 일과 같은 것이 있겠습니까? 마땅히 자광(紫礦)을 취하여 삶아서 붉게 하여 천 개의 항아리에 가득히 채워서 잠깐사이에 거리에 쏟아서 그것이 흐르는 것을 보고 피와 다르지 않게 합시다."

방편을 계획과 같이 짓고서 알려 말하였다.

"피가 흐릅니다."

악생이 멀리서 보고 말하였다.

"이것은 피가 맞구려."

곧 이렇게 생각을 지었다.

'내가 지금 바랐던 것을 만족하였으니 마땅히 돌아가리라.'

이때 어리석은 사람인 악생이 타살한 석가종족은 7만7천이었는데 이 여러 사람들 안에는 성스러운 견제를 보았던 사람이 많았다. 이와 같이 여러 현선(賢善)을 살육하고 드디어 석가족의 동남 500명과 동녀 500명을 데리고 한 동산에 이르렀는데 이곳은 외도들의 주처이었다. 고모가 알려 말하였다.

"이들의 1000명의 사람은 모두가 원수인데 어찌 모두 죽이지 않습니까?"

왕이 말하였다.

"어떻게 죽여야 마땅한가?"

대답하여 말하였다.

"코끼리들에게 밟게 하십시오."

이때 500의 석자들은 크고 용건한 힘이 있었으므로 코끼리를 때려서 쓰러트리고 손으로 들어서 버렸다. 고모가 보고서 악생에게 알려 말하였다.

"대왕이시여. 이렇게 용건한 사람들을 보셨습니까?"

왕이 말하였다.

"나도 보았소."

대답하여 말하였다.

"만약 이 무리들을 버린다면 마땅히 대왕께 이익이 없도록 지을 것입니다."

왕이 말하였다.

"사실이라면 어떻게 해야 죽일 수 있겠소."

대답하여 말하였다.

"땅을 파서 구덩이를 짓고 파묻어서 머리를 위로 나오게 하고 철복(鐵伏)으로 갈아서 부수십시오."

이때 두 동자가 도주하여 세존의 처소에 이르렀다. 이때 세존께서는 업에 감응된 과보가 헛되지 않음을 알게 하시고자 곧 신력으로 발우를 변화시켜 크게 하였고 두 동자를 덮어두었는데 곧 발우의 아래에서 익혀져서 죽었다. 석가족들이 살해될 때에 세존께서는 극심한 두통이 있으셨으므로 곧 아난타에게 알려 말씀하셨다.

"발우에 물을 채워서 나의 처소로 가지고 오게."

이때 아난타는 곧 발우의 물을 드렸다. 이때 세존께서 이마 위의 땀

두세 방울을 물그릇 안에 떨어뜨렸는데 곧바로 연기가 나오고 진동하면서 소리를 지었는데 달구어진 쇳덩어리를 물에 던진 것과 같았다. 이때 악생이 한 신하에게 알려 말하였다.

"그대는 마땅히 이곳에 머무르면서 세존께서 만약 나에게 수기하시는 것이 있다면 빠르게 와서 알리도록 하시오."

곧 500의 석가녀들을 데리고 본국으로 돌아갔다. 이때 여러 필추들이 이 일을 보고 모두 의심이 있어 세존께 청하여 아뢰었다.

"대덕이시여. 무슨 인연의 업을 까닭으로 세존께 머리를 아프게 하였고, 겁비라성의 여러 석가족은 다시 무슨 업을 지은 까닭으로 그것이 연(緣)이 되어 진실로 범한 죄가 없으나 우치한 악생에게 살육되었습니까?"

세존께서는 아난타에게 알려 말씀하셨다.

"그대는 지금 가서 여러 필추들에게 모두 마땅히 외도원(外道園)의 가운데에 모이라고 알리게. 내가 마땅히 우치한 악생이 여러 석가족을 살육한 이전의 업의 인연을 설하고자 하네."

존자는 가르침을 받고 곧 가서 대중에게 알렸다. 이때 세존께서는 여러 필추들과 함께 그 동산으로 나아가셨다. 이때 어느 바라문이 도로의 가운데 멀리서 세존을 보고 이와 같이 말을 지었다.

"교답마여. 우치한 악생이 많은 악업을 지었습니다. 석가족은 죄가 없으나 억울하게 살해되었습니다."

세존께서 바라문에게 알리셨다.

"그렇구려. 그렇구려. 우치한 악생이 무량하고 무거운 악업을 지었구려. 석가족은 죄가 없으나 억울하게 살육되었소."

세존께서 동산에 이르셨는데 그 갈아진 동남과 동녀가 아직도 남은 목숨이 있었고 세존을 보는 때에 모두가 울부짖었다. 세존께서는 곧바로 그 한쪽에 펼쳐진 자리에 나아가서 앉으셨고 필추들에게 알려 말씀하셨다.

"겁비라성의 여러 석가종족은 이미 지난 세 번에 걸쳐서 다른 사람에게 도살되어 크게 울부짖었느니라. 옛날에 어부에게 여러 어류로 죽었고, 다시 취락에서 여러 사람에 상해되었으며, 지금의 이때에 악생에게 살해되었는데 오히려 남은 목숨이 있어서 크게 울부짖는 것이 옛날과 다르지 않느니라. 그대들 필추들이여. 모두가 일찍이 여러 사냥꾼이나 도회(屠膾)의 부류들이 그것으로서 스스로 업을 삼아 살아가면서 능히 상병·마병·거병·보병의 위엄이 치성함을 얻은 것을 보았는가?"

여러 필추들이 말하였다.

"일찍이 이러한 일을 보지도 듣지도 못하였습니다."

세존께서 말씀하셨다.

"옳도다. 필추여. 나도 역시 일찍이 사냥하는 무리들이 이와 같이 치성한 병사들을 거느린 이러한 일을 듣지도 보지도 못하였느니라. 왜 그러한가? 그 도살하는 사람은 죄악의 마음으로 다른 사람의 목숨을 엿보므로 이러한 악업을 인연하여 능히 상병·마병·거병·보병이 치성한 위의와 많은 재물을 얻지 못하느니라. 왜 그러한가? 그 양 등과 금수의 부류가 살해되는 때에 그 악한 마음으로 그 사람을 보는 까닭이다. 이러한 까닭으로 상병·마병·거병·보병과 많은 재물을 얻지 못하느니라.

그대들 필추들이여. 그 축생의 취에서 소유한 중생들이 악한 눈으로 보는 때에도 오히려 능히 그 사병 및 여러 재물과 보물을 얻지 못하는데 어찌 하물며 악생은 우치하고 허물이 무거운데 큰 위덕을 갖추었고 청정한 계율을 지닌 학인(學人)들을 죽이고도 능히 상병·마병·거병·보병 및 여러 재물이 늘어나고 치성하여 안락하게 머무는 것을 얻어서 손해와 멸망을 만나지 않고 이곳에 있겠는가?

그대들은 마땅히 알라. 교살라성은 비유하건대 독룡이 돌아보는 곳은 모두가 마땅히 없어지고 파괴되는 것과 같이 이 성도 역시 그러할 것이니라. 칠일 뒤에는 우치한 악생과 고모가 불에 태워지고 크게 울부짖으면서 무간대지옥에 떨어져서 극심한 고뇌를 받으리라. 이러한 까닭으로 그대들은 마땅히 이와 같이 알지니라. 모든 마른 나무도 오히려 악한 마음을 쉬어야 하는데 어찌 하물며 다른 함식(含識)[2]의 부류들에게 악한 마음이

---

2) 산스크리트어의 사트바(sattva), 잔투(jantu), 자가트(jagat), 바후자나(bahujana) 등을 유정(有情), 함식(含識) 등으로도 번역하였는데 과거에는 중생으로 한역하였고,

있어야 하겠는가?"

이때 여러 필추들이 이 일을 보고서 모두 의심이 있어서 세존께 청하여 아뢰었다.

"이 500의 석자들은 일찍이 무슨 업을 지었고 그 업력을 까닭으로 현재에 허물을 범하지 않았으나 어리석은 사람인 악생에게 억울하게 죽음을 당하였고, 또한 무슨 업을 인연하여 살육될 때에 세존의 머리를 아프게 하였습니까?"

세존께서 여러 필추들에게 알리셨다.

"그 여러 석자와 내가 전생에 지었던 업을 그대들은 잘 들을지니라. 그 지었던 업은 인연이 화합하고 모여서 성숙되는 때에는 사납게 흐르는 물과 같아서 능히 멈추고 막을 수 없고 대신하여 받을 자도 없는 것이며, [자세한 설명은 앞에서와 같다.] 나아가 과보가 각자에게 돌아와서 스스로가 받느니라.

그대들 필추들이여. 지나간 옛날에 한 강가에 500명의 어부가 의지하여 머물렀느니라. 이때 두 큰 물고기가 바다에서 강으로 물을 거슬러서 올라왔다. 그 두 마리의 물고기를 보고 마음에 희열이 생겨나서 함께 큰 그물을 펼쳐서 그 물고기들을 잡았다. 그 물고기가 매우 큰 것을 보고서 함께 서로에게 의논하여 말하였다.

"지금 어떻게 해야 하는가? 물고기가 매우 큰데 만약 당장에 죽인다면 고기가 곧 썩을 것이므로 무슨 소용이 있겠는가?"

혹은 말하였다.

"또한 하나는 죽이고 하나는 물속에 묶어둡시다."

혹은 말하였다.

"두 물고기가 매우 크므로 만약 하나만 죽이더라도 그 고기가 역시 상할 것이오. 물속의 말뚝에 묶어두어 죽이지 말고 고기가 필요할 때에 살아있는 것을 팔도록 합시다."

당대의 현장 이후의 모든 신역에서는 유정(有情)이라고 한역하였다.

함께 말하였다.

"그것이 옳습니다."

곧 함께 분할(分割)하였으므로 물고기가 고통을 받으면서 크게 울부짖었다. 이때 어부들 가운데에 한 동자가 있었고 이와 같은 일을 보고서 환희심이 생겨났다. 이때 두 큰 물고기가 이렇게 생각을 지었다.

'우리에게 진실로 죄가 없는데 지독한 고통을 주는구나. 마땅히 내세에는 이들이 태어나는 곳에 우리도 그곳에 태어나서 비록 죄를 범하지 않더라도 우리가 고통스럽게 죽이겠다.'

그대들 필추들이여. 다르게 생각하지 말라. 그 두 물고기는 곧 악생과 고모이고, 500의 어부들은 곧 이 500의 석자이니라. 그 500의 어부가 그 두 물고기에게 극심한 고통을 받게 하였던 까닭으로 지금 악생과 고모에게 땅에 몸을 묻혔고 철복으로 갈렸으며 여러 석자들에게 큰 고뇌를 받게 하였던 것이니라. 여러 나머지의 석가종족도 모두 당시에 따라서 기뻐한 부류들이었고, 그 어부들 가운데에 있던 한 동자가 바로 나의 몸이니, 물고기를 죽이는 것을 보고 마음에 환희가 생겨났던 까닭이니라. 마침내 그 업이 성숙되었고 그 업을 까닭으로 내가 비록 무상보리를 증득하였으나 오히려 이 두통의 괴로움을 받았느니라. 만약 내가 이와 같은 복취(福聚)와 무변한 공덕을 얻지 못하였다면 역시 그들과 같이 그들에게 살육을 당하였을 것이다.

다시 다음으로 그대들 필추들이여. 자세히 들을지니라. 겁비라성의 여러 석종자들은 과거의 세상의 때에 이러한 업도 지었느니라. 500의 도둑들이 있었고 한 마을의 가운데에 이르러 재물을 겁탈하였다. 두 장자가 누각 위에 머물렀고 도둑들이 내려오라고 불렀으나 장자들이 내려오지 않았으므로 도둑들이 또한 말하였다.

"만약 내려오지 않는다면 너희들을 모두 죽이겠다."

장자가 알려 말하였다.

"내가 오히려 죽을지라도 끝내 내려가지 않겠다."

도둑들이 곧 짚을 쌓고 불을 질러 누각을 태웠고 불꽃이 위로 치솟아서 불타는 고통을 받으면서 장자는 생각을 지었다.

'우리는 죄를 범하지 않았는데 우리에게 고통을 받게 하는구나. 미래의 세상에서 너희들이 태어나는 곳을 따라서 나도 역시 함께 태어나고 너희에게 이러한 고통을 갚겠다.'

그대들 필추들이여. 다르게 생각하지 말라. 그 두 장자는 곧 악생과 고모이었고 500의 도둑들은 곧 500의 석자이니라. 그 도둑들이 두 장자를 죽였던 까닭으로 지금 이 두 사람이 역시 오히려 그들을 죽인 것이니라.

이러한 까닭으로 필추들이여. 흑업을 지으면 흑보를 얻고 백업을 지으면 백보를 얻으며 잡업은 잡보를 얻느니라. 이러한 까닭으로 그대들은 마땅히 흑잡의 두 업을 버리고 부지런히 백업을 닦을 것이고 이와 같이 배울지니라."

이때 악생왕이 석자들을 죽이고서 실라벌성으로 가서 성으로 들어가려는 때에 서다태자(逝多太子)는 높은 누각 위에서 여러 채녀(婇女)들과 함께 묘한 음성을 연주하면서 5욕락을 받고 있었다. 악생이 듣고 물어 말하였다.

"누구인가?"

여러 신하들이 대답하여 말하였다.

"서다태자입니다."

왕이 말하였다.

"불러오시오."

곧 명령을 받고 이르니 꾸짖어 말하였다.

"나는 원수의 가문을 토벌하면서 항상 피곤하고 괴로웠다. 너는 어찌 이렇게 욕락을 받고 있는가?"

태자가 대답하여 말하였다.

"알지 못하겠습니다. 대왕이시여. 누가 원수입니까?"

왕이 말하였다.

"겁비라의 석가족들이 곧 나의 원수이니라."

태자가 말하였다.

"만약 석자들이 원수라면 누가 좋은 벗입니까?"

왕이 이 말을 듣고서 곧 크게 진노하여 여러 신하에게 알려 말하였다.

"이놈도 역시 여러 석자들과 함께 패거리가 되었구나. 어서 죽여라."

여러 신하들이 곧 죽였고 목숨을 마친 뒤에 삼십삼천에 태어났다. 인간세상에서의 수승한 과보가 오히려 끝나지 않았으므로 천상의 묘한 즐거움을 차례로 받았다. 이때 세존께서 이 뜻을 펼치시고자 게송으로 설하여 말씀하셨다.

금생에 만약 기쁘다면 내생에도 기쁘고
그 복을 지은 까닭으로 두 기쁨을 갖추며
스스로가 이러한 기쁨을 아는 것은 이전의 업인 까닭으로
다시 거듭하여 유전하면서 선취(善趣)에 태어난다네.

금생에 만약 즐겁다면 내세에도 즐겁고
그 복을 지은 까닭으로 두 즐거움을 갖추며
스스로 이러한 즐거움을 아는 것은 이전의 업인 까닭으로
다시 거듭하여 다른 취에서 즐거움을 받는다네.

이때 구수 아난타가 세존께서 설하신 것을 듣고 세존께 아뢰어 말하였다.

"대덕이시여. 저는 지금 이와 같은 게송의 뜻을 이해하지 못하겠습니다."

세존께서 말씀하셨다.

"아난타여. 그 서다태자는 죄를 범한 것이 없으나 어리석은 사람인 악생에게 억울하게 죽음을 당하였으나 인간세상에서의 수승한 과보가 오히려 끝나지 않아서 천상의 가운데에서 묘한 즐거움을 차례로 받고 있느니라. 내가 이 일의 인연을 까닭으로 이 게송을 설한 것이니라."

이때 아난타는 묵연히 믿고 받들었다. 뒤의 다른 때에 어리석은 사람인 악생이 여러 채녀들과 함께 궁전 가운데에 있으면서 곧 스스로 과장하면서

찬탄하였다.

"나의 대력과 용건을 마땅히 구경(究竟)에 할 수 있는 것은 어렵다. 이 세간에서 비슷한 자가 있겠는가?"

이때 악생에게 붙들려 왔던 500의 석가족 여인들이 이 말을 듣고서 함께 게송으로 설하였다.

그들은 불가의 아들이고
계율에 구속되었는데
그대가 지금 모두 살육하고서
스스로 칭찬하여도 무엇을 하겠는가?

왕이 석가녀들의 이러한 게송을 듣고 크게 진노하여 역시 게송으로써 여러 신하들에게 알려 말하였다.

용을 베고서 용녀를 남겼더니
나에게 성내고 독을 뿜는구려.
빠르게 마땅히 손발을 잘라서
빠르게 친족을 따르게 하시오.

이때 여러 신하들이 곧 500의 석가녀들을 데리고 파타라지(波吒羅池)의 옆에서 그녀들의 손발을 잘랐다. 인연으로 이곳을 '손발을 끊은 연못(截手足池)'이라고 이름하였고, 여러 경전의 앞에서 "세존께서 실라벌성의 절수족지의 옆에 머무르셨다."고 말하는데 이것이 그 일인 것이다. 이때 500의 석가녀들이 손발을 잘려서 크게 고통을 받았고 능히 참지 못하여 곧 이렇게 생각을 지었다.

'우리들은 지금 때에 여러 고통에 몸을 핍박을 받아서 고통을 견딜 수 없는데 세존께서는 대자비로 어찌 가엾게 여기시지 않는가?'

모든 세존의 상법은 하나의 일도 모르는 것이 없으시다. 이때 세존께서는 대비심을 일으키셨고 마침내 그곳에 이르렀다. 여러 석가녀들이 알몸으로 앉아있는 것을 세존께서는 보시고 세간의 지혜를 일으키셨다. 모든 세존의 상법은 만약 세속심을 일으키신다면 나아가 곤충과 개미까지도 모두 세존의 뜻을 알게 되는 것이고, 만약 출세간의 마음을 일으키신다면 나아가 성문이나 독각도 세존들의 뜻을 알지 못하는 것인데 하물며 그 나머지 함식(含識)이 능히 알겠는가? 세존께서는 이렇게 생각을 지으셨다.

'옳다. 만약 사지천녀(舍支天女)의 옷과 물을 얻어서 지니고 와서 이곳에 이른다면 지극히 요긴한 일이겠구나.'

세존께서 이렇게 생각을 지으셨다. 사지천녀는 곧 세존의 뜻을 알고서 이렇게 생각을 지었다.

'무슨 까닭으로 여래께서 세간의 생각을 일으키셨는가를 나는 알겠다. 세존께서는 500의 석가녀들을 위하여 마땅히 묘법을 설하시고자 옷과 물이 필요하시구나.'

곧 500의 천의(天衣)을 가지고 무열지(無熱池)가 있는 곳으로 가서 병에 물을 취하여 세존의 처소로 왔고 세존의 발에 정례하고 아뢰어 말하였다.

"대덕이시여. 500의 천의와 묘향수(妙香水)를 지금 아울러 가지고 왔습니다."

세존께서 말씀하셨다.

"그대들은 가서 여러 석가녀들을 위문하고 함께 몸을 씻어주고 옷을 입혀주도록 하게."

이때 사지천녀는 세존의 가르침과 같이 차례로 모두에게 지어 주었다. 이때 여래께서는 신통력으로써 그 500의 석가녀들의 고통을 모두 없애주시고 알려 말씀하셨다.

"그대들 선여인들이여. 스스로가 지은 이러한 업이 지금 성숙된 것이고 반드시 스스로가 받는 것이며 다른 사람이 기꺼이 대신할 수 없느니라."

이때 세존께서 이렇게 말씀하시고서 버리고 떠나셨다. 그 여러 석가녀들은 세존의 처소에서 청정한 신심을 일으켰고 곧 목숨을 마쳤으며 사천왕궁에 태어났다. 만약 남자이거나 여자이더라도 천상에 태어나는 자는 곧 세 가지의 생각을 일으킨다.

'나는 어느 곳에서 죽었고 지금은 어느 곳에 태어났으며 무슨 업을 지은 까닭인가?'

곧 이전의 몸이 인취에서 죽었고 지금 사천왕궁에 태어났으며 세존의 처소에서 지극한 존중이 생겨나서 청정한 신심을 일으켰음을 기억하였다. 이때 그 500의 석가녀들은 곧 이렇게 생각을 지었다.

'우리들이 만약 세존께 가서 예경하지 않는다면 이것은 공경하지 않는 것이고 이것은 마땅한 것도 아니다.'

이때 500의 천녀들이 이렇게 생각을 짓고서 곧 각자 몸을 엄숙히 꾸미고 여러 영락을 갖추었는데 그 광명이 아름답고 묘하였다. 곧 천의로서 천화(天花)를 담았는데 이를테면, 온발라화·발두마화·구물두화·분다리화·만다라화 등이었다. 초야분이 지나자 세존의 처소에 나아가서 천화로 공양하였고 두 발에 예경하고서 한쪽에 앉아서 묘법을 들었다. 이때 그 천녀들의 광명이 매우 밝아서 서다원림을 두루 비추었다. 이때 세존께서는 여러 천녀들이 마음으로 즐거워하는 근성을 따라서 묘법을 설하셨고 그녀들에게 사성제의 진리를 깨달아 얻게 하셨다. 이때 여러 천녀들이 금강지저로서 20살가야견의 산을 부수고서 예류과를 얻었다. 이미 견제하고서 세 번을 세존께 아뢰어 말하였다.

"대덕이시여. 불·세존을 까닭으로 저희들이 해탈과를 증득하였습니다. 이것은 부모·인왕·천중·사문·바라문·친우·권속들이 능히 지을 수 없는 것입니다. 저희들이 세존이신 선지식을 만난 까닭으로 지옥·방생·아귀의 취의 가운데에서 구제되어 나왔고 인간과 천상의 승묘한 곳에 안치되어 마땅히 생사를 끝내고 열반을 얻었습니다. 골산을 초월하였고 혈해를 말렸으며 무시부터 쌓고 모았던 살가야견을 금강지저로 꺾어 부수고서 예류과를 얻었습니다. 저는 지금부터 불·법·승보에 귀의하옵고 5학처를 받고서 오늘부터 죽을 때까지 살생하지 않고 나아가 술도 마시지 않겠습니다. 오직 원하옵건대 세존이시여. 저희들이 오파색가임을 증명하십시오."

곧 세존 앞에서 합장하고 공경스럽게 게송을 설하였다.

우리들이 세존의 힘을 까닭으로
영원히 삼악도를 막고
승묘천에 태어났으니
길이 열반계에 돌아갈 것이고

우리들이 세존을 의지한 까닭으로
지금 청정한 눈을 얻었고
진제의 이치를 보고 얻었으니
마땅히 고해의 끝을 마칠 것이며

세존께서는 인천을 초월하였고
나고 늙으며 죽는 걱정을 떠나셨으므로
유정의 바다에선 만나기 어려운데
우리들이 지금 만나서 초월을 얻었으므로

우리들이 장엄한 몸으로서
청정한 마음으로 세존의 발에 예경하옵고
원수를 없앤 자이므로 오른쪽으로 돌고서
지금 가서 천궁(天宮)으로 나아가겠습니다.

이때 그 500의 천녀들이 이미 소원대로 찬탄하였으므로 오히려 상주(商主)가 많은 재물과 이익을 얻은 것과 같았고, 역시 농부가 밭에서 많은 수확을 거두어들인 것과 같았으며, 그 용건한 사람이 원수들에게 항복받은 것과 같았고, 그 중병이 있는 사람이 모든 병을 없앤 것과 같았다. 큰 환희가 생겨나서 세존께 하직하고 떠나서 함께 천궁으로 돌아갔다. 이때 여러 필추들이 이렇게 말하는 것을 듣고서 함께 모두가 의심이 있어 세존께 청하여 아뢰었다.

“이 500의 석가녀들은 일찍이 무슨 업을 지었고, 그 업력을 까닭으로 이 생의 가운데에서 범한 죄가 없으나 어리석은 사람인 악생에게 손발을 억울하게 잘렸으며, 또한 무슨 업을 인연하여 천상에 태어났고, 세존의 정법을 듣고 진제의 이치를 증득하였습니까?"

세존께서 여러 필추들에게 알리셨다.

"그 여러 석가녀들은 지었던 업이 성숙하였을 때에 인연이 화합하고 모였으며, [자세한 설명은 앞에서와 같다.] 소유한 과보가 각자 돌아와서 스스로가 받았느니라.

그대들 필추들이여. 지나간 과거의 이 현겁의 가운데에서 인간의 수명이 2만세일 때에 세존께서 머무셨느니라. 가섭파(迦葉波) 여래·응·정등각·명행족·선서·세간해·무상사·조어장부·천인사·불·세존이라고 명호하셨으며 세상에 출현하셨느니라. 이 500의 석가녀들은 그 세존의 법 가운데서 출가하여 필추니가 되었으나 항상 학(學)과 무학(無學)의 필추니들의 옆에서 "손이 잘려져라. 발이 잘려져라."라는 말로서 욕설을 지었느니라.

이러한 업력을 까닭으로 무량한 세월의 가운데에서 지옥에 떨어져서 불타는 고통을 받았고, 다시 남은 업으로 500생의 가운데에서 항상 손발이 잘렸으며, 나아가 지금의 생에서도 역시 이러한 고통을 받았으나, 나에게 청정한 신심을 일으킨 까닭으로 천상에 태어남을 얻었느니라. 다시 옛날에 필추니가 되어 정법의 가르침을 수지하고 독송한 까닭으로 나를 만나서 법을 듣고 견제의 이치를 증득하였느니라. 그대들 필추들이여. 이것은 모두가 업의 까닭이며, [자세한 설명은 앞에서와 같다.]"

이때 악생이 남겨두었던 사람이 세존께서 수기하시는 것을 듣고 악생의 처소로 돌아갔다. 그가 곧 물어 말하였다.

"세존이 나에게 무슨 말을 수기하였는가?"

그가 말하였다.

"대왕이시여. 여래께서 설하여 말씀하셨습니다. '교살라국은 모두가 마땅히 파멸할 것이고, 다시 7일이 지나면 악생과 고모를 맹렬한 불이 몸을 태울 것이며, 무간대지옥의 가운데에 떨어질 것이다.'"

이때 악생은 그의 말을 듣고 극심한 근심을 품었고 손바닥으로 턱을 괴고서 머물렀다. 고모가 보고 물어 말하였다.

"대왕이시여. 무슨 까닭으로 근심하십니까?"

왕이 말하였다.

"고모여. 내가 지금 어떻게 근심하지 않겠소? 세존께서 말로 수기하셨소. '나와 그대가 7일 뒤에는 맹렬한 불에 타서 죽을 것이고 무간대지옥의 가운데에 떨어질 것이다.'"

고모가 대답하여 말하였다.

"대왕이시여. 걸식하여 찾는 바라문도 집에 들어가서 걸구(乞求)하면서 물건을 얻지 못하는 때에는 그 집에 '백천 종류의 불길한 일이 생겨나라.'고 합니다. 하물며 사문 교답마는 소유한 친족들이 대왕께 모두 죽음을 당하였는데 어찌 깊은 원한의 말이 없겠습니까? 그가 악심을 따라서 저주한 것입니다. 대왕께서 만약 두렵다면 후원의 가운데에 연못 속에 한 주루(柱樓)를 짓고 대왕께서 마땅히 그곳에 나아가서 7일을 거주하시고 날이 지나간 뒤에 비로소 성으로 들어오십시오."

왕이 말하였다.

"옳구려."

곧 누각을 지었고 여러 궁인과 고모 등을 데리고 누각에 올라가서 머물렀다. 하룻밤을 지나자 고모가 알려 말하였다.

"대왕이시여. 하룻밤이 지났으니 나머지 6일 밤을 계시면 마땅히 함께 성으로 들어갈 수 있습니다."

이와 같이 이틀 사흘이 지났고 7일에 이르자 고모가 말하였다.

"오늘도 안은(安隱)하니 함께 성안으로 들어가십시오."

이때 사방에서 갑자기 구름이 일어났다. 여인들의 평소의 일은 영락을 보고 즐기는 것이므로 여러 궁인들이 함께 서로에게 알려 말하였다.

"장엄하게 묶고서 성안으로 들어갑시다."

곧 의복을 정리하였다. 이때 한 여인이 일광주(日光珠)를 베개 위에 놓고서 스스로를 엄숙하게 꾸몄는데 구름이 지나가고 하늘이 맑아지면서 햇빛이 갑자기 나타났고 보주를 비추었다. 곧바로 불이 일어나서 그 베개를 태웠고 맹렬한 불꽃이 위로 솟아서 곧 누각을 태웠다. 여러 궁인들은 사방으로 흩어져서 달아났고 악생과 고모는 모두 불꽃에 탔으므로 곧 달려서 나가고자 하였다. 이때 어느 비인(非人)이 그 문을 닫아서 능히 나갈 수 없었다. 이때 악생이 불꽃에 데었고 극심한 고통에 얽힌 마음으로 고모에게 말하였다.

"재앙이구려. 내가 지금 불에 타는 고통을 받는구려."

고모가 말하였다.

"대왕이시여. 나도 역시 이와 같습니다."

큰 불에 몸이 태워졌고 모두 타들어갔으므로 함께 크게 부르짖다가 곧 무간대지옥의 가운데에 떨어져서 여러 극심한 고통을 받았다. 이때 세존께서는 곧 게송을 설하여 말씀하셨다.

금생에 만약 불에 탄다면 내생에도 탈 것이니
그가 죄를 지은 까닭으로 둘이 함께 타는 것이며
이렇게 타는 것이 악업의 까닭임을 스스로가 알더라도
다시 거듭 악취에 태어나서 유전한다네.

금생에 만약 괴롭다면 내생에도 괴롭나니
그가 죄를 지은 까닭으로 둘이 함께 괴로운 것이며
이렇게 괴로운 것이 악업의 까닭임을 스스로가 알더라도
다시 거듭 다른 취에서 고통을 받는다네.

이때 구수 아난타가 세존께서 설하신 것을 듣고 세존께 아뢰어 말하였다.

"대덕이시여. 저는 지금 이와 같은 게송의 뜻을 이해하지 못하겠습니다."

세존께서 아난타에게 말씀하셨다.

"어리석은 사람인 악생과 고모가 불에 태워졌고 아비지대지옥(阿毘止大地獄)의 가운데에 떨어졌으므로 내가 이 일을 인연하여 은밀하게 이러한

계송으로 설하였노라.” [자세한 설명은 앞에서와 같다.]

이때 악생왕이 석가종족을 죽였으므로 그 성안에는 영락의 반지와 팔찌 등의 장신구(嚴身具)들이 남아 있었다. 여러 석가녀들은 보고서 곧 울었고 마음에 번뇌를 품고서 곧 스스로가 생각하면서 말하였다.

“그 여러 사람들이 살아있을 때에 승가대중을 공경하고 존중하였으니 마땅히 이 물건을 가지고 그들을 복으로 추모하고 승가대중에게 받들어 보시해야겠다.”

곧 가져다가 보시하였다. 이때 육중필추들이 이 물건들을 얻고서 곧 스스로의 몸을 꾸미고 겁비라성에 들어가서 차례로 걸식하였다. 석가녀들이 그것을 보고 앞에서와 같이 울면서 알려 말하였다.

“성자여. 우리들은 이러한 물건을 보지 않으려는 까닭으로 당신들에게 보시하여서 근심하는 마음을 쉬고자 하였습니다. 지금은 오히려 우리에게 지나간 날의 추억을 일으키게 하십니다.”

육중이 묵연하였다. 이것을 여러 필추들이 인연으로써 세존께 아뢰니 세존께서는 이렇게 생각을 지으셨다.

‘필추들이 몸에 영락 및 여러 반지와 아울러 금선대(金線帶)를 붙인 까닭으로 이러한 허물이 있다. 지금부터 여러 필추들이 다만 몸을 꾸미고자 여러 빛나는 도구들을 모두가 마땅히 착용하지 말라. 만약 착용하는 자가 있다면 월법죄를 얻는다.’

제2문의 제5자섭송 ①

제2문의 제5자섭송으로 말하겠노라.

출가의 다섯의 이익과
금전을 잡지 않고 수학(授學)하는 것과
대중에게 가타를 설하는 것과
흡연하는 대나무통을 허락하신 것이 있다.

연기는 실라벌성에서 있었다.

취락의 가운데에 한 장자가 있었는데 아내를 얻어 처음에는 환희를 품고 머물렀으나 뒤의 다른 때에 장자가 친족 및 재물을 모두 잃고서 곧 이렇게 생각을 지었다.

'내가 지금 늙어서 금전과 재물을 구하고 찾아도 수용할 수 없고 더욱이 친족들도 죽어서 없어졌으므로 내가 지금 마땅히 세속을 버리고 출가해야 겠다.'

이렇게 생각하고서 그 아내에게 알려 말하였다.

"현수여. 나는 이미 늙어서 금전과 재산을 구할 수 없고 친족들도 죽어서 없어졌으므로 지금 출가하고자 하오."

아내가 대답하여 말하였다.

"좋습니다. 그러나 때때로 나에게 와주십시오."

남편이 알려 말하였다.

"알겠소."

곧 갔고 서다림원의 가운데 필추의 처소에 나아가서 두 발에 예배하고 알려 말하였다.

"성자여. 나는 출가를 구합니다."

알려 말하였다.

"현수여. 이것은 좋은 일이니 그대의 뜻을 따라서 지으십시오. 세존께서 말씀하신 것과 같이 '여러 지혜가 있는 자는 다섯의 이익을 보았던 까닭으로 마땅히 즐겁게 출가합니다. 무엇이 다섯인가? 첫째는 내가 스스로 이익을 얻으나 다른 사람과 함께 하지 않습니다. 이러한 까닭으로 지혜로운 자는 마땅히 출가를 구하는 것이고, 둘째는 스스로 내가 비천한 사람으로 다른 사람에게 부려진다는 것을 알았더라도 출가한 뒤에는 사람들에게 공경과 찬양(讚揚)과 예배를 받습니다. 이러한 까닭으로 지혜로운 자는 마땅히 출가를 구하는 것이며, 셋째는 마땅히 안은한 무상보리를 얻으려는 이러한 까닭으로 지혜로운 자는 마땅히 출가를 구하는 것이고, 넷째는 목숨을 마치고서 마땅히 천상에 태어나려는 이러한 까닭으로 지혜로운 자는 마땅히 출가를 구하는 것이며, 다섯째는 항상 모든 부처님 및 성문 대중들이 여러 수승한 사람들의 찬탄을 받는 이러한 까닭으로 지혜로운 자는 마땅히 출가를 구하는 것이다.'고 하였습니다. 그대가 지금 이러한 마음을 일으킨 것은 좋은 일이오."

이때 그 필추는 곧 출가시키고 아울러 원구도 받게 하였다. 이삼일을 지내면서 법식을 가르치고서 알려 말하였다.

"현수여. 사슴은 사슴을 기를 수 없네. 실라벌성은 처소가 넓고 세존의 경계이니 마땅히 가서 걸식하면서 스스로가 살아가게."

그는 이른 아침에 옷과 발우를 집지하고 실라벌성에 들어가서 걸식하다가 한 여인을 만났는데 모습이 그의 아내와 비슷하였다. 보고서 생각을 지었다.

'내가 먼저 아내와 함께 <출가한 뒤에 때때로 가서 보겠다.>고 이렇게 약속하였다. 지금 이미 출가하였으니 마땅히 믿음을 말하여 근심하지 않게 해야겠다.'

걸식하여 음식을 얻고서 서다림으로 돌아갔다. 오래지 않은 때에 오파타야에게 말하였다.

"내가 먼저 고이(故二)[3]에게 이렇게 약속을 지었습니다. '출가한 뒤에는 때때로 와서 살펴보겠소.' 원하건대 허락하여 주십시오."

스승이 말하였다.

"그대의 뜻을 따라서 떠나갈 것이나 스스로 잘 마음을 지키게."

대답하여 말하였다.

"알겠습니다."

하직하고 떠나서 점점 유행하여 옛 마을에 이르렀다. 그의 아내가 멀리서 보고 빠르게 이르러 맞이하면서 크게 말하였다.

"잘 오셨습니다. 잘 오셨습니다. 성자여."

곧 옷을 잡고서 발우를 들고자 하였다. 필추가 말하였다.

---

3) 필추의 출가하기 이전의 아내를 가리킨다.

"현수여. 무엇을 하는 것이오?"

대답하여 말하였다.

"옷과 발우를 들고자 합니다."

"옷과 발우에 손대지 마시오."

물어 말하였다.

"무슨 까닭인가요?"

대답하여 말하였다.

"나는 마음을 잘 지키라는 오파타야의 경계를 받들었소."

그녀가 말하였다.

"성자여. 그대가 스스로 마음을 지키는데 내가 어찌 서로를 방해하겠습니까?"

곧 옷과 발우를 잡고 자리를 펼쳐 앉게 하고서 발을 씻을 물을 가져왔다. 그가 물었다.

"무엇을 하고자 하오?"

아내가 말하였다.

"발을 씻겨 드리려고 합니다."

대답하여 말하였다.

"내 발에 손을 대지 마시오."

물어 말하였다.

"무슨 까닭인가요?"

알려 말하였다.

"나는 마음을 잘 지키라는 오파타야의 경계를 받들었소."

아내는 앞에서와 같이 대답하고는 발을 씻겼다. 뒤에 기름을 가지고 와서 발에 바르고자 하였으므로 필추가 보고 물었으므로 대답하여 말하였다.

"발에 바르려고 합니다."

필추가 말하였다.

"그대는 바르지 마시오."

묻고 대답한 것은 앞에서와 같다.

"오파타야께서 나의 마음을 지키라고 경계하셨소."

그녀가 물었다.

"성자여. 그대는 스스로 마음을 막습니까?"

또한 밥을 가지고 와서 같은 상에서 먹고자 하였으므로 물어 말하였다.

"무엇을 하시오?"

대답하여 말하였다.

"이별하고 오래되어 같은 곳에서 먹지 못하였으므로 마음으로 함께 먹고자 합니다."

필추가 허락하지 않았으나 문답은 묻고 대답한 것은 앞에서와 같다.

곧 담요를 펼치고서 알려 말하였다.

"성자여. 멀리서 오셨고 피곤하시니 원하건대 조금만 쉬십시오."

필추는 이미 발을 씻었으므로 곧 누워서 쉬었다. 이때 그녀가 와서 같이 눕고자 하였으므로 필추가 물었다.

"그대는 무엇을 하는 것이오?"

대답하여 말하였다.

"성자여. 같이 눕지 못한 지도 오래되었으니 마음으로 함께 눕고자 합니다."

묻고 대답한 것은 앞에서와 같다. 필추가 허락하지 않았으나 곧 와서 끌어안았다. 여자를 접촉하면 독인 것이다. 어루만지고 접촉할 때에 마음이 곧 움직이고 어지러워졌으며 여러 악한 생각이 일어나서 곧 함께 교합(交合)하였다. 여러 날을 함께 머무르다가 그의 아내에게 알려 말하였다.

"나는 사찰로 돌아가고자 하오."

아내가 이렇게 생각하였다.

'이렇게 나와 함께 개인적으로 교합한 것을 바깥사람들이 보지는 않았더라도 내가 지금 여러 사람에게 그것을 알게 한다면 여러 필추들이 분명하게 마땅히 쫓아낼 것이므로 내에게 돌아올 것이다.'

이렇게 생각하고서 알려 말하였다.

"성자여. 빈손으로 가는 것은 옳지 못하니 적은 식량값으로 패치(貝齒)를 가지고 가십시오."

"나는 금과 패치 등을 잡을 수 없는데 어떻게 가지고 가겠소?"

아내가 말하였다.

"내가 지금 계교를 베풀어 몸에 닿지 않게 하겠습니다."

곧 물건을 석장(錫杖) 위에 묶고서 알려 말하였다.

"가지고 가세요."

필추가 곧 석장을 지니고 떠나서 실라벌성에 이르렀다. 육중필추의 상법은 문을 지키고서 그냥 지나치게 하지 않는 것이었다. 이때 오파난타가 문 앞을 경행하다가 멀리서 그 필추가 오는 것을 보았는데 머리는 부엉이와 비슷하였고 눈썹이 길게 늘어져 있었다. 보고 곧 생각하였다.

'어느 존자가 이곳에 오시는가? 마땅히 서로를 맞이하리라.'

곧 앞으로 거슬러 가서 불러 말하였다.

"잘 오셨습니다. 잘 오셨습니다. 존자여."

이때 필추가 알려 말하였다.

"예경합니다. 아차리야께 예경합니다."

이때 오파난타가 곧 이렇게 생각을 지었다.

'이 자는 분명히 마하라(摩訶羅) 필추이구나. 오파타야도 알지 못하고 아차리야도 알지 못하는구나. 내가 지금 그에게 어디서 오는가를 물어보아야겠다.'

곧 앞에서와 같이 물어 말하였다.

"노수(老叟)여. 어느 곳에서 오시는가?"

대답하여 말하였다.

"아차리야여. 나는 옛 아내를 보고 왔습니다."

오파난타가 말하였다.

"그대는 착한 사람이니 마음에 은혜가 있는 것이오. 옛 은혜를 생각하는 자는 사람들은 모두 칭찬할 것이오. 세존께서도 역시 말씀하셨소. '그대들 필추는 항상 보은을 배울지니라.' 작은 은혜도 오히려 갚아야 하는데 하물며 많은 은혜는 어찌 하겠소? 그대는 옛 은혜가 있어서 아내를 본 것이오?"

대답하여 말하였다.

"나는 보았습니다."

또한 물어 말하였다.

"안은하시오?"

알려 말하였다.

"다행스럽게 복호(覆護)를 받아서 매우 평안하였습니다."

"그대의 석장 위에는 무슨 물건이오?"

대답하여 말하였다.

"아내가 길 위에서 먹을 식량으로 나에게 패치를 주었습니다."

오파난타가 말하였다.

"노수여. 그대는 아주 복도 많구려. 가서 아내를 보았고 이러한 이익을 얻어서 왔구려."

다시 이렇게 생각을 지었다.

'이 거동(擧容)을 보니 마땅히 다른 일도 있었구나. 내가 지금 마땅히 부드러운 말로 그것을 물어보리라.'

마하라는 성품이 우직하였으므로 지었던 일을 갖추어 그에게 말하였다. 오파난타가 말하였다.

"그대가 지은 것을 다시 갖추어 오파타야의 처소에서 말하시오. 그가 듣는다면 환희할 것이오."

그 필추가 스승에게 이르러 하나하나를 갖추어 말하였고, 스승은 이 말을 듣고서 여러 필추들에게 말하였다. 이 여러 필추들이 인연으로써 세존께 아뢰니 세존께서 여러 필추들에게 알리셨다.

"그 마하라는 가볍고 무거움을 몰랐으므로 고의적으로 범한 마음이 없느니라. 만약 일찍이 4바라시가를 설하여 주었다면 그가 곧 범하지 않았을 것이다. 그대들 필추들이여. 이러한 인연을 까닭으로 근원을 주었다면 곧 마땅히 4바라시가법을 설할지니라. 만약 설하지 않는 자는 월법죄를 얻느니라.”

근본설일체유부비나야잡사 제10권

삼장법사 의정 한역
석보운 번역

제2문의 제5자섭송 ②

제2문의 제5자섭송으로 나머지이다.

연기는 실라벌성에서 있었다.

한 필추가 있었고 환희(歡喜)라고 이름하였다. 난야의 적정한 처소에서 주거하면서 항상 좌선을 즐겼고 선정을 익히는 까닭으로 이때 사람들이 주정환희(住定歡喜)라고 불렀다. 장차 정에 들어가고자 하였는데 마녀가 와서 함께 욕정의 일을 행하고자 청하였으나 환희가 받아들이지 않았다. 뒤의 다른 때에 다시 정에 들어가고자 하였는데 마녀가 돌아와서 그의 무릎 위에 앉았다. 이와 같이 마땅히 여인의 경계는 큰 독이므로 접촉하면 곧 사람을 해친다는 것을 알아야 한다. 환희는 염심이 이미 생겨나서 곧 함께 음욕을 행하였다. 이때 환희는 함께 음행을 행하였고 독화살이 가슴에 박힌 것 같아서 마음에 근심을 품고 생각하면서 말하였다.

"내가 우치하여 청정행을 훼손하고 음염(婬染)의 일을 지었으니 곧 환속해야겠다."

다시 이렇게 생각을 지었다

'내가 진실로 덮고서 감출 마음이 없으니 마땅히 세존께 가서 이 일을 갖추어 아뢰고 만약 궤식(軌式)이 있어 출가를 얻을 수 있다면 마땅히

여법하게 행하겠고, 만약 그렇지 않는다면 뒤에 마땅히 환속하리라.'

곧 오른손으로 법의(法衣)를 지니고 왼손으로 추한 모습을 가렸으며 눈물을 흘리고 슬프게 울면서 세존의 처소로 나아갔다. 이때 세존께서는 무량한 백천의 대중에게 정법을 연설하시다가 멀리서 그가 오는 것을 보고 곧 이렇게 생각을 지으셨다.

'내가 만약 먼저 그 필추에게 <잘 왔느니라. 잘 왔느니라.>라고 말하지 않는다면 그 필추는 뜨거운 피를 토하고서 곧 목숨을 마칠 것이다.'

이와 같이 생각하시고서 환희하며 알려 말씀하셨다.

"잘 왔느니라. 잘 왔느니라. 무슨 까닭으로 슬프게 우는가?"

대답하여 말하였다.

"대덕이신 세존이시여. 제가 이전에는 환희였으나 지금은 환희가 아닙니다."

세존께서 말씀하셨다.

"그대가 무슨 허물을 지었기에 이렇게 말을 하는가?"

대답하여 말하였다.

"세존이시여. 제가 학처를 버린 것은 아니었으나 청정행을 무너트리고 음욕의 일을 지었습니다. 비록 이러한 허물을 지었으나 나아가 조금도 숨기고 감출 마음이 없습니다."

세존께서 말씀하셨다.

"환희여. 그대는 능히 종신학처(終身學處)를 받겠는가?"

대답하여 말하였다.

"대덕이시여. 제가 능히 수지하겠습니다."

이때 세존께서 여러 필추들에게 알려 말씀하셨다.

"그대들은 마땅히 알지니라. 환희필추는 비록 청정한 계를 범하였으나 덮고 감출 마음이 없으니 바라시가가 아니니라. 그대들은 마땅히 환희에게 종신의 학처를 줄 것이고, 다시 이러한 부류가 있다면 역시 마땅히 줄 것이며 이와 같이 주도록 하라. 자리를 펴고 건치를 울리고서 말로써 알려라, 다시 널리 대중을 모으고서 환희필추에게 두루 승가에 예배하게 하고서 상좌 앞에 무릎을 꿇고 합장하고 마땅히 이와 같이 애원하게 하라.

'대덕 승가께서는 들으십시오. 나 환희필추는 학처를 버린 것은 아니었으나 청정행을 무너트리고 음욕의 일을 지었습니다. 비록 이러한 허물을 지었으나 나아가 조금도 숨기고 감출 마음이 없습니다. 나 환희필추는 지금 승가께 종신학처를 애원합니다. 원하건대 대덕승가께서는 애민한 까닭으로 나 환희필추에게 종신학처를 주십시오.'

제2·제3도 짓게 하라. 역시 이와 같이 애원하면 승가는 환희에게 눈으로는 볼 수 있고 귀로는 들을 수 없는 곳에 머물게 하고 한 필추를 뽑아서 갈마를 짓게 하라.

'대덕 승가께서는 들으십시오. 그 환희필추는 학처를 버린 것은 아니었으나 청정행을 무너트리고 음욕의 일을 지었고, 나아가 조금도 숨기고 감출 마음이 없으며, 지금 승가께 종신학처를 애원하고 있습니다. 만약 승가께서 허락하실 때에 이르셨다면 승가께서는 마땅히 허락하십시오. 승가시여. 지금 환희필추에게 종신학처를 주십시오.'

이와 같이 아뢴다. 다음은 갈마를 짓는다.

'대덕 승가께서는 들으십시오. 그 환희필추는 학처를 버린 것은 아니었으나 청정행을 무너트리고 음욕의 일을 지었고, 나아가 조금도 숨기고 감출 마음이 없으며, 지금 승가께 종신학처를 애원하고 있습니다. 승가시여. 지금 환희필추에게 종신학처를 주겠습니다. 만약 승가께서 환희필추에게 종친학처를 주는 것을 허락하신다면 묵연히 계시고, 만약 허락하지 않으신다면 말씀하십시오.'

제2·제3도 역시 이와 같이 설하게 하라.

'승가시여. 이미 환희필추에게 종신학처를 주는 것을 마쳤습니다. 승가께서 이미 인정하시고 허락하신 것은 묵연히 계셨기 때문입니다. 나는 지금부터 이와 같이 지니겠습니다.'"

세존께서 여러 필추들에게 알리셨다.

"학처를 받은 필추가 소유할 행법을 내가 지금 마땅히 설하겠노라.

학처를 받은 필추는 마땅히 본성(本性)에 머물고 있는 선한 필추에게 공경·예배·영접·합장을 받을 수 없고, 같은 한 자리에 앉지 않을 것이며, 일반적으로 앉을 때에 마땅히 낮은 자리에 앉을 것이고, 같이 경행하지 않을 것이며, 설사 동행하더라도 마땅히 한 걸음 물러나서 갈 것이다.

만약 장자와 바라문의 집으로 향한다면 마땅히 본성에 머무는 필추와 함께 가지 않을 것이고, 설령 같이 가더라도 그가 앞에 가게 할 것이며, 같은 방에서 자지 말라. 다른 사람을 출가시킬 수 없고 아울러 근원을 줄 수 없으며, 남의 의지가 될 수 없고, 구적(求寂)을 둘 수 없으며, 단백(單白)·백이(白二)·백사(白四)의 갈마를 지을 수 없고, 마땅히 갈마를 집전하는 사람으로 뽑힐 수 없으며, 역시 필추니에게 교계(敎誡)하는 필추로 뽑지 않을 것이고, 설령 뽑혀도 갈 수 없느니라.

다른 필추를 보고서 파계(破戒)·파견(破見)·파위의(破威儀)·비정명(非正命)을 거론할 수 없고, 역시 다시 여러 제령(制令)을 짓지 못하며, 장정(長淨)과 수의사(隨意事)를 같이 할 수 없느니라. 매일 새벽이 되면 항상 반드시 일찍 일어나서 여러 문을 열고 등대(燈臺)[1]를 걷을 것이고, 방원(房院)을 물을 뿌리고 쓸며, 새로운 쇠똥(牛糞)으로 곳을 따라 바르면서 측간(廁間)[2] 위에도 역시 발라서 깨끗하게 하고, 모든 물과 흙과 잎을 준비하여 놓아두어 부족한 일이 없게 할 것이며, 필요한 물은 차고 따뜻하게 조절하고, 하수구를 정결하게 씻을 것이고, 건치를 울리고 자리를 펼 것이며, 여러 꽃을 준비하고 향을 태워서 공양할 것이니라.

만약 스스로가 할 수 있다면 때를 따라서 게송을 설하여 부처님의 덕을 찬탄할 것이고, 만약 할 수 없다면 다른 사람을 청하여라. 만약 여름이라면 마땅히 부채를 가지고 여러 필추들을 부쳐줄 것이고, 일반적으로 자리에 앉고자 한다면 대필추의 아래에 구적의 위에 앉을 것이다. 매번 음식을 받을 때에는 마음을 안정히 할 것이고, 만약 음식을 먹었을 때에는 자리를 거두고 소유한 식기들을 본래의 자리에 두고서 먹은 자리를

1) 등잔을 적당한 높이에 얹어 불을 밝힐 수 있도록 고안된 등잔걸이를 가리킨다.
2) 대소변을 보도록 만들어 놓은 곳을 가리킨다.

청소할 것이니라.

항상 대중에게 날짜를 알리면서 이와 같이 아뢰어 지어라.

'대덕 승가께서는 들으십시오. 오늘은 이 달의 초하루이므로 대중은 한 사람 한 사람이 마음을 사용하여 사찰을 짓는 시주와 사찰을 지키는 천신(天神)·국왕·대신·스승·부모·시방의 시주들을 위하여 마땅히 경전의 가운데서 복과 보시의 묘한 게송을 설하실 것이고, 만약 스스로 못하신다면 다른 사람에게 청하십시오.'

다른 날도 의거하여 알지니라."

이때 여러 필추들이 함께 방사를 나누는데 그 학처를 받은 사람에게는 주지 않았으므로 세존께서 말씀하셨다.

"마땅히 주어라."

이양을 주지 않았으므로 세존께서 말씀하셨다.

"마땅히 주어라."

그 학처를 받은 필추가 선품을 닦지 않았으므로 세존께서 말씀하셨다.

"마땅히 닦아라. 이 행법은 나아가 번뇌를 끊어 오면서 항상 수순하여 행할지니 행하지 않는다면 월법죄를 얻느니라."

이때 필추가 칙명하신 것과 같이 차례로 지었다. 환희필추는 지극한 생각으로 은근하게 책려하였고 게으름이 없어서 곧 오취(五趣)에 얽매인 번뇌를 끊고서 아라한과를 증득하여 삼명(三明)[3]·육통(六通)[4]과 팔해탈(八解脫)[5]을 갖추어 여실지(如實知)[6]를 얻었으며, 아생(我生)을 이미 마쳤고,

---

3) 부처님이나 아라한이 갖추고 있는 세 가지 자유자재한 지혜이다. 첫째는 나와 남의 전생을 명확히 아는 지혜로서 숙명지증명(宿命智證明)이고, 둘째는 중생의 미래의 생사와 과보를 명확히 아는 지혜인 생사지증명(生死智證明)이며, 셋째는 번뇌를 모두 끊어서 내세에 생을 받지 않는 것을 아는 지혜인 누진지증명(漏盡智證明) 등이다.

4) 육신통을 다르게 부르는 말로서 천안통(天眼通)·천이통(天耳通)·타심통(他心通)·숙명통(宿命通)·신족통(神足通)·누진통(漏盡通) 등을 가리킨다.

5) 번뇌의 속박에서 벗어나는 여덟 선정(禪定)을 말한다. 첫째는 내유색상관외색해탈(內有色想觀外色解脫)이고, 둘째는 내무색상관외색해탈(內無色想觀外色解脫)이며, 셋째는 정해탈신작증구족주(淨解脫身作證具足住)이고, 넷째는 공무변처해탈

범행이 이미 섰으며, 짓는 것이 끝나서 후유(後有)를 받지 않게 되었고, 마음에 걸림 없는 것이 손으로 허공을 휘젓고 칼로 베거나 향을 바르는 것과 같았다. 사랑과 미움이 일어나지 않았고 금을 보아도 흙 등과 다를 것이 없었으며, 여러 명리를 버리지 않는 것이 없었으므로 제석과 범천과 여러 하늘이 모두 공경하였다.

이때 환희가 과를 증득하였으나 여전히 이전의 학처에 의지하였고 소유한 행법을 감히 어기지 못하였으므로 세존께서 말씀하셨다.

"마땅히 다시 행하지 말라. 마땅히 크고 작음의 차례에 따라서 앉을 것이고 본성에 머무는 사람과 함께 머물지니라."

연기는 왕사성에서 있었다.

이때 구수 필린타바차(畢隣陀婆蹉)가 출가한 뒤에 항상 병을 앓으니 같이 범행을 닦는 자가 있어서 와서 물어 말하였다.

"대덕이여. 기거(起居)가 가볍고 이익되며 안락한 행입니까?"

대답하여 말하였다.

"구수여. 내가 항상 병으로 고통스러운데 어찌 안락이 있겠습니까?"

물어 말하였다.

"무슨 고통입니까?"

대답하여 말하였다.

"기침병이네."

물었다.

"무슨 약을 복용합니까?"

대답하였다.

"일찍이 약의 연기를 피우고 들여 마시니 효과가 있었네."

(空無邊處解脫)이며, 다섯째는 식무변처해탈(識無邊處解脫)이고, 여섯째는 무소유처해탈(無所有處解脫)이며, 일곱째는 비상비비상처해탈(非想非非想處解脫)이고, 여덟째는 멸수상정해탈(滅受想定解脫) 등이다.

6) 모든 현상을 항상 아시는 부처님들의 지혜를 가리킨다.

"대덕이여. 지금은 어찌 복용하지 않습니까?"

대답하여 말하였다.

"세존께서 허락하지 않으셨네."

이때 여러 필추들이 인연으로써 세존께 아뢰니 세존께서 말씀하셨다.

"병이 있는 자에게는 연기를 마시고 치료하는 것을 허락하겠노라."

필추가 안락을 이해하지 못하여 약을 불 위에 놓고서 직접 연기를 마셨으나 연기가 입으로 들어가지 않았으므로 세존께서 말씀하셨다.

"두개의 그릇을 아래에 서로 합하였고 위에 구멍을 뚫었으며 가운데에 불을 담고 약을 피워서 그것을 마셔라."

일이 오히려 좋지 않았으므로 세존께서 말씀하셨다.

"마땅히 대롱을 지으라."

그가 대나무로 이것을 지었으나 도리어 허물이 있었으므로 세존께서 말씀하셨다.

"마땅히 대나무를 사용하지 말고 철을 가지고 지으라."

그가 크거나 작게 지었으므로 세존께서 말씀하셨다.

"크거나 작게 하지 말라."

그가 너무 크게 지었으므로 세존께서 말씀하셨다.

"마땅히 너무 크게 하지 않을 것이고, 길이를 12지(指)로 할 것이며, 뾰쪽하고 날카롭지 않을 것이고, 추악하지 않을 것이며, 그릇 위의 입구에서 연기를 마셔라."

그가 사용하고서 곳을 따라서 버리고 던졌으므로 세존께서 말씀하셨다.

"마땅히 버리지 않을 것이고, 작은 주머니를 지어 넣고서 걸어두어라."

그가 땅에 놓아두었으므로 세존께서 말씀하셨다.

"땅에 놓아두어 깨트리지 말고 마땅히 상아 옷걸이에 걸어두거나, 혹은 대나무 횟대에 걸어두어라."

철에 곧 녹이 생겨났으므로 세존께서 말씀하셨다.

"마땅히 소유(蘇油)로서 칠하여 두어라."

뒤에 사용할 때에 씻어두지 않아 많이 괴로웠으므로 세존께서 말씀하셨다.

"마땅히 물로 씻지 말고, 마땅히 불에 넣고 태워서 깨끗하게 하라."

제2문의 제6자섭송 ①

제2문의 제6자섭송으로 말하겠노라.

약을 끓여서 마땅히 씻는 것과
관비(灌鼻)하는 것과 구리잔과
늙고 병든 자가 가마를 타는 것과
반드시 대소변(便利)의 일을 아는 것이 있다.

연기는 실라벌성에서 있었다.

한 필추가 있었는데 몸에 병의 고통을 만나서 의사에게 나아가서 알려 말하였다.

"현수여. 나에게 병이 있으니 바라건대 처방을 하여 주십시오."

대답하여 말하였다.

"성자여. 약을 끓여서 씻는다면 곧 회복될 것입니다."

대답하여 말하였다.

"세존께서 허락하지 않으셨습니다."

의사가 말하였다.

"성자여. 세존께서는 대비하시니 이것을 반드시 허락하실 것입니다."

필추가 이 인연으로 세존께 아뢰니 세존께서 말씀하셨다.

"의사가 만약 약을 끓여서 씻으라고 하였으면 뜻에 따라서 마땅히 짓도록 하라."

세존께서 이미 약탕을 사용하여 씻을 것을 허락하셨으나 여러 필추들이 무슨 약을 끓여야 하는가를 알지 못하여서 돌아가서 의사에게 알려 말하였다.

"세존께서 이미 나에게 약을 끓여서 목욕하라고 허락하셨으나 무슨 약을 사용해야 하는가를 알지 못하겠습니다."

의사가 말하였다.

"성자여. 나도 역시 무슨 약인가를 알지 못합니다. 그러나 일찍이 윤왕방(輪王方)을 읽으면서 그곳에서 이러한 탕명(湯名)을 보았습니다. 당신들의 대사께서는 일체지(一切智)이시니 묻는다면 마땅히 설하실 것입니다."

이때 여러 필추가 인연으로써 세존께 아뢰니 세존께서 말씀하셨다.

"다만 뿌리·줄기·꽃·과일 및 나무껍질 등을 함께 삶아서 몸을 씻어서 이 풍병(風病)을 다스릴지니라."

여러 필추들이 탕으로 씻을 때에 피부에 빛깔이 없어졌으므로 세존께서 말씀하셨다.

"기름으로써 바르고 문질러라."

그들이 너무 많이 발라서 의복이 더러워졌으므로 세존께서 말씀하셨다.

"조두(澡豆)로써 닦아라."

다시 얼굴빛이 없어졌으므로 세존께서 말씀하셨다.

"씻고서 시간이 흐른 뒤에 탕 안에 한두 방울의 기름을 떨어트려 몸을 윤택하게 하라."

또한 구수 필린타바차가 병이 있었고 나아가 필추가 물어 말하였다.

"어디가 아프십니까?"

대답하여 말하였다.

"나는 코에서 콧물이 흐르네."

의사에게 물었다.

"이것에는 무슨 약을 복용해야 합니까?"

대답하여 말하였다.

"일찍이 관비(灌鼻)[7]를 하였네."

"대덕이여. 지금은 어찌 관비를 아니하십니까?"

---

7) 갑자기 급병(急病)으로 이를 악물어서 약을 먹을 수 없을 때에는 토하게 하는 약이나 담(痰)을 삭게 하는 방법으로 코에 넣는 것을 가리킨다.

대답하여 말하였다.

"세존께서 허락하지 않으셨네."

이때 여러 필추가 인연으로 세존께 아뢰니 세존께서 말씀하셨다.

"만약 콧병이 있는 자에게는 내가 지금 소유(蘇油)[8]로 관비하는 것을 허락하겠노라."

필추가 직접 코의 가까이에 하였으므로 코 가운데의 기름이 몸을 더럽혔다. 세존께서 말씀하셨다.

"마땅히 이와 같이 하지 말라."

필추 다시 나뭇잎을 사용하여 콧속에 관비의 일을 하였으나 오히려 좋지 않았다. 세존께서 말씀하셨다.

"마땅히 나뭇잎을 사용하지 말라."

또한 작은 헝겊을 관비하였으나 앞에서와 같은 허물이 있었다. 세존께서 말씀하셨다.

"구리나 철 및 주석으로 관비하는 대롱을 지어라."

필추가 곧 한쪽으로 넣었으므로 세존께서 말씀하셨다.

"마땅히 양쪽으로 넣어라."

그가 뾰족하고 날카로우며 추악하게 지었으므로 세존께서 말씀하셨다.

"뾰족하고 날카로우며 추악하게 짓지 말라."

필추가 손을 깨끗하게 씻지 않고 관비를 하였으므로 세존께서 말씀하셨다.

"마땅히 손을 깨끗하게 씻고 약을 받아서 곧 콧속을 관비하라."

또한 다시 필린타바차가 조갈증[9]을 앓았는데 필추가 와서 물었다.

"당신은 무슨 병이 있습니까?"

대답하여 말하였다.

"조갈증인데 물을 마실 물건이 없네."

---

8) 두 종류가 있는 데 첫째는 우유로 만든 것이고 둘째는 소마나화에서 짠 향유(香油) 등이다.

9) 갈증으로 입 안이나 목이 몹시 마르는 병을 가리킨다.

세존께 아뢰니 세존께서 말씀하셨다.

"물을 마시는 동잔(銅盞)을 저축하라."

또한 다시 필린타바차에게 여러 친족들이 왔고 나아가서 법을 들었다. 듣고서 하직하고 돌아가서 그 아내에게 알려 말하였다.

"성자 필린타바차가 미묘한 법을 설하였으므로 내가 듣고 왔소."

아내가 말하였다.

"세존께서 세간에 출현하시어 당신은 이익을 얻으셨습니다."

남편이 말하였다.

"무슨 까닭으로 그대들은 법을 듣지 않소."

아내가 말하였다.

"우리 여인들은 밖에 나가는 것을 부끄러워합니다. 만약 성자 필린타바차께서 이곳에 오셔서 우리를 위하여 설하신다면 마땅히 그것을 받아들을 것입니다."

남편이 곧 청하니 대답하여 말하였다.

"현수여. 나의 몸에 병이 있어서 능히 그곳에 갈 수가 없습니다."

대답하여 말하였다.

"성자여. 내가 가마를 가져오겠습니다."

알려 말하였다.

"세존께서는 필추가 가마를 타는 것을 아직 허락하지 않으셨습니다."

이때 여러 필추가 인연으로써 세존께 아뢰니 세존께서 말씀하셨다.

"이러한 인연을 까닭으로 여러 필추가 병이 있다면 가마를 타는 것을 허락하겠노라."

세존께서 이미 허락하셨다. 이때 필린타바차가 곧 가마를 타고 여러 제자들을 데리고 그들이 청하는 곳으로 나아갔다. 이때 육중필추들이 길에 있으면서 만났는데 보고서 여러 제자들에게 물어 말하였다.

"가마를 탄 사람은 누구인가?"

대답하여 말하였다.

"이 분은 우리의 오파타야입니다."

육중들이 말하였다.

"세존께서 여러 필추들이 가마를 타는 것을 허락하셨는가?"

대답하여 말하였다.

"허락하셨습니다."

또한 말하였다.

"세존께서 대자비로 여러 석자들이 몸이 유연하여 능히 걸어 다닐 수 없는 까닭에 탈 것을 허락하셨구나."

이때 육중들이 서로에게 말하였다.

"우리들도 역시 좋은 가마로 장엄하세."

다음 날에 이르러 묘한 실과 털 및 방울 등의 장식품을 가마 위에 묶어 타고서 네거리로 향하였으므로 여러 장자와 바라문이 보고 물어 말하였다.

"성자여. 이것은 무슨 물건입니까?"

알려 말하였다.

"세존께서 우리들이 가마를 타는 것을 허락하셨소."

알려 말하였다.

"그대들은 사문인데 어찌 오히려 욕락을 받습니까?"

육중은 묵연하였다. 이때 여러 필추가 인연으로 세존께 아뢰니 세존께서 말씀하셨다.

"병이 없는 필추가 만약 가마를 탄다면 월법죄를 얻느니라. 두 가지의 인연이 있다면 곧 가마를 탈 수 있나니, 첫째는 늙어서 노쇠한 것이고, 둘째는 병들어 힘이 없는 것이다."

연기는 실라벌성에서 있었다.

한 장자가 있었는데 마음에 바른 신심을 품고 있었다. 신심이 없는 바라문과 함께 서다림으로 나아가서 여러 곳을 구경하였고 한 나무 아래 대소변을 본 곳에 이르렀다. 바라문이 말하였다.

"장자여. 사문 석자들은 매우 정결하지 않습니다. 꽃과 과일나무의 아래에 부정을 남겼습니다."

장자가 말하였다.

"여러 성자들은 모두 대덕입니다. 어찌 스스로가 변을 보았겠습니까? 마땅히 이것은 재가인(白衣)들이 지은 위의가 없는 일입니다."

이렇게 말하는 틈에 갑자기 한 마하라 필추를 보았는데 옷으로 머리를 덮고서 나무 아래에서 변을 보고 있었다. 신심이 없는 바라문이 보고 장자에게 말하였다.

"당신은 재가인이 이러한 부정을 지었다고 말하였습니다. 이 필추가 옷으로 머리를 덮고 나무 아래에서 변을 보는 것을 보십시오. 어찌 재가인이겠습니까?"

이때 장자는 매우 부끄러워서 묵연하였고 대답하지 못하였다. 이때 여러 필추가 인연으로써 세존께 아뢰니 세존께서 말씀하셨다.

"필추들은 마땅히 모든 나무 아래에서 대소변을 보지 말라. 만약 고의적으로 범하는 자는 월법죄를 얻느니라."

세존께서 이미 제정하셨다. 여러 필추들이 길을 다니면서 큰 숲속에 이르러 대소변에 핍박받았으나 계율을 지켰던 까닭으로 억제하면서 변을 보지 못하였더니, 다시 다른 질병을 불렀다. 이때 여러 필추가 인연으로써 세존께 아뢰니 세존께서 말씀하셨다.

"필추가 길을 다니면서 큰 숲에 이른다면 뜻에 따라서 곧 변을 보아라."

세존께서는 이미 길을 다니면서 숲속에서 변을 보는 것을 허락하셨다. 이때 어느 필추가 취락 안의 나무 아래에서 감히 변을 못보고 마침내 햇볕의 가운데에 데었고 심하게 고생하였다. 이때 여러 필추가 인연으로써 세존께 아뢰니 세존께서 말씀하셨다.

"다만 이곳이 가시 숲의 아래라면 뜻에 따라서 변을 보아라."

그 오파난타가 다시 대변으로서 다른 사람의 채소밭을 더럽혔으므로 세존께서 필추들에게 살아있는 풀 위에 대소변을 보지 못하게 제정하셨다. 이때 여러 필추들이 풀이 없는 곳으로 가서 변을 보았으므로 오물이 낭자(狼藉)하였다. 이때 여러 장자와 바라문이 보고서 함께 비난하고 비웃으며 말하였다.

"사문 석자들의 의식이 매우 좋습니다. 함께 모여서 한 자리에서 먹고서 역시 한 곳에서 변을 보십니다."

이때 여러 필추가 인연으로써 세존께 아뢰니 세존께서 말씀하셨다.

"이러한 인연을 까닭으로 나는 지금 여러 필추들이 측간을 짓는 것을 허락하겠노라."

그들이 곧 절 밖에다 지었는데 밤에 나가면서 호랑이·늑대·사자와 여러 도둑들을 두려워하였다. 인연으로써 세존께 아뢰니 세존께서 말씀하셨다.

"사찰 안에 마땅히 측간을 짓도록 하라."

여러 필추들이 어디에 짓는가를 알지 못하였으므로 세존께서 말씀하셨다.

"마땅히 사찰 뒤에 있는 서북쪽의 모퉁이에 지어라."

다시 어떻게 짓는가를 알지 못하였으므로 세존께서 말씀하셨다.

"두 종류의 측간이 있으니 첫째는 직사(直舍)이고, 둘째는 방출(傍出)이니라. 직사라는 것은 방장옥(方丈屋)과 같이 측간이 가운데에 있는 것이고, 방출이라는 것은 방의 뒤에 처마 가목(架木)[10]의 옆으로 나가서 주위를 판자로 막고 측간을 그 안에 있게 하는 것이다. 측간 밖에는 손발을 씻을 곳과 병을 놓는 곳을 만들고 측간의 안에 문을 달고 아울러 빗장도 갖추어라. 또한 밖에 나막신을 놓아두고 들어갈 때 마땅히 신도록 하라."

이때 한 필추가 측간에 들어갔는데 다시 어느 필추가 거듭 들어갔으므로 세존께서 말씀하셨다.

"마땅히 이와 같이 하지 말라. 일반적으로 측간에 들어갈 때에는 반드시 손가락으로 문을 두드리고 헛기침을 할 것이며, 그 측간에 있는 자도 역시 이와 같이 할지니라."

측간에 악취가 심하였으므로 세존께서 말씀하셨다.

---

10) 툇마루나 계단 등의 높게 꾸미는 난간의 가장 위에 있는 횡목(橫木)을 가리킨다.

"마땅히 곧 차례대로 씻고 닦아서 깨끗하게 하고 나뭇잎과 흙 등을 덮어서 파리가 모이지 않게 하라."

여러 필추들이 손으로 측간을 청소하면서 혐오감을 품었으므로 세존께서 말씀하셨다.

"다만 물을 부어서 빗자루로 쓸고 문지를 것이며, 마땅히 손을 사용하지 말라."

이때 필추들이 측간 안에서 손발을 씻으면서 오래 기다려도 나오지 않았으므로 세존께서 말씀하셨다.

"밖에 손발을 씻는 곳을 마련하라."

그들이 곧 멀리 두었으므로 세존께서 말씀하셨다.

"가까이에 두어라. 이것을 까닭으로 나는 지금 여러 필추들이 만약 측간을 짓는 때에 필요한 여러 물건으로 모두 그것을 짓는 것을 허락하겠노라."

세존께서 측간을 짓는 것을 허락한 때에 여러 소변을 보는 필추가 역시 측간에 있었으므로 대변을 보는 자가 빨리 들어갈 수가 없어서 오래 기다리면서 병을 불렀다. 세존께서 말씀하셨다.

"마땅히 소변을 보는 곳을 별도로 지어라."

여러 필추들이 어디인가를 알지 못하였으므로 세존께서 말씀하셨다.

"가까이에 측간을 마땅히 짓고, 물이 통하여 나가게 할 것이며, 별도의 문을 모두 측간과 같게 하라."

제2문의 제7자섭송 ①

제2문의 제7자섭송으로 말하겠노라.

물병의 정병(淨甁)과 촉병(觸甁)[11]을 아는 것과

---

11) 측간에 가지고 다니는 손 씻을 물을 담은 병으로 더러움을 씻는 병이라는 뜻이다.

세존의 장수를 발원하는 것과
이것을 인연하여 필추니가 열반한 것과
먹고 씹는 것에는 모두 다섯 종류가 있다.

연기는 실라벌성에서 있었다.

이때 마땅히 무더웠고 한 바라문이 있었는데 갈증으로 인해 핍박받아 물을 마시고자 사찰 안으로 들어가서 필추에게 알려 말하였다.

"나에게 갈증이 있으니 당신은 물을 주십시오."

필추가 촉병의 물을 가지고 마시라고 하였으므로 바라문이 보고서 물어 말하였다.

"성자여. 이 병은 정병입니까? 촉병입니까?"

대답하여 말하였다.

"촉병입니다."

"만약 그렇다면 무슨 인연으로 이것을 가지고 나에게 주었습니까?"

알려 말하였다.

"병이 한곳에 있어서 내가 마침내 가지고 왔습니다."

알려 말하였다.

"성자여. 정병과 촉병은 마땅히 섞어 놓지 말고 별도의 곳에 두십시오. 만약 사문이나 바라문이 와서 물을 구하는데 그의 갈증을 구제하여 준다면 어찌 복이 아니되겠습니까?"

바라문은 그 물을 마시는 것을 싫어하면서 버리고 떠나갔다. 필추가 인연으로써 세존께 아뢰니 세존께서 말씀하셨다.

"대중은 마땅히 깨끗한 물병을 두고서 목이 마른 자에게 제공하라."

이때 어느 장자가 세존께서 허락하신 것을 듣고서 많은 병과 항아리를 사찰 안에 희사(喜捨)[12]하였다. 그것이 필요한 자들이 곧바로 가지고 떠났고, 혹은 동산을 지키는 자와 여러 재가인들도 뜻에 따라서 가지고 갔다.

---

12) 사찰에 금전(金錢)이나 토지(土地) 등을 마음에서 즐겁게 기부(寄附)하는 것을 말한다.

필추가 이것을 보는 때에 막지 않았으므로 오래지 않은 시간에 병과 그릇이 모두 없어졌다. 이때 여러 필추들이 그 시주에게 알려 말하였다.

"당신이 보시한 그릇이 지금 모두 깨지고 없어졌으니 마땅히 다시 가지고 오십시오."

대답하여 말하였다.

"성자여. 내가 많은 그릇을 보시하였는데 무슨 인연으로 빨리 없어졌습니까?"

이때 여러 필추가 인연을 갖추어 시주에게 알리니 그가 말하였다.

"성자여. 나는 여러 재가인에게 주었던 것이 없습니다. 어찌 막지 않아서 그것이 모두 없어지게 하였습니까?"

이때 여러 필추들이 인연으로써 세존께 아뢰니 세존께서 말씀하셨다.

"마땅히 이와 같이 희사하였는데 묻지 않는다면 아니된다. 대중은 마땅히 기물(器物)을 돌보는 사람을 뽑아서 맡겨라."

세존께서는 이미 허락하셨다. 이때 여러 필추들이 뜻을 따라서 간택(簡擇)하여 곧 뽑았으므로 세존께서 말씀하셨다.

"다섯 가지의 일이 있다면 곧 마땅히 뽑지 않아야 한다. 무엇이 다섯 가지인가? 애욕·성냄·두려움·어리석음이 있고 역시 다시 소유한 기물을 간직하는 것과 간직하지 않을 것을 모르는 것이다. 만약 다섯 가지의 일이 있다면 곧 마땅히 뽑아야 한다. 무엇이 다섯 가지인가? 애욕·성냄·두려움·어리석음이 없고, 기물을 간직하는 것과 간직하지 않을 것을 잘 아는 것이다. 마땅히 이와 같이 뽑아야 한다. 앞에서와 같이 대중을 모으고서 대중을 마주하고서 마땅히 물어야 한다.

'필추 누구는 능히 대중을 위하여 기물을 돌보는 사람이 될 수 있습니까?'

그가 할 수 있다고 말하면 한 필추에게 백이갈마를 짓게 하라.

'대덕 승가께서는 들으십시오. 이 필추 누구는 즐거이 승가를 위하여 기물을 돌보는 사람이 되고자 합니다. 만약 승가께서 허락하실 때에 이르셨다면 승가께서는 마땅히 허락하십시오. 승가시여. 지금 이 필추

누구를 대중을 위하여 기물을 돌보는 사람으로 뽑겠습니다. 이와 같이 아룁니다.'

다음으로 갈마를 짓는다.

'대덕 승가께서는 들으십시오. 이 필추 누구는 즐거이 승가를 위하여 기물을 돌보는 사람이 되고자 합니다. 승가시여. 만약 승가께서 이 필추 누구는 즐거이 승가를 위하여 기물을 돌보는 사람이 되는 것을 허락하신다면 묵연히 계시고, 만약 허락하지 않으신다면 말씀하십시오. 승가시여. 이미 이 필추 누구를 승가를 위하여 기물을 돌보는 사람으로 지었습니다. 승가께서 이미 인정하시고 허락하신 것은 묵연히 계셨기 때문입니다. 나는 지금부터 이와 같이 지니겠습니다.'"

이때 어느 재가인이 와서 목이 말라서 물이 필요하여 필추가 새로운 병에 채워 재가인에게 주었고 장차 오래된 병의 물을 가져다가 필추에게 주었다. 세존께서 말씀하셨다.

"이와 같은 것은 마땅하지 않다. 마땅히 새로운 그릇을 가져다가 필추들에게 제공하고 오래된 그릇은 재가인에게 주어라."

필추는 사용을 마치고서 곧 거두어 놓았으나 재가인은 사용하고서 곳에 따라서 가볍게 버렸다. 세존께서 말씀하셨다.

"모두 마땅히 거두고 취하라."

필추들이 잘 방호하지 않아서 손실이 이르렀으므로 세존께서 말씀하셨다.

"마땅히 창고에 저축하라."

필추가 가르침에 의지하여 지었다. 이때 어느 상주가 북방에서 와서 세존과 승가를 청하여 3개월의 공양을 준비하면서 곧 이렇게 생각을 지었다.

'내가 지금 공양하면서 디른 사람의 여러 기구(器具)를 구하여 사용하지 않을 것이고, 내가 마땅히 스스로 준비해야겠다.'

곧 백동(白銅)과 적동(赤銅)으로 많은 식기를 지어서 3개월 동안을 상묘(上妙)한 음식으로 여래와 성문들께 공양하였고 기한이 지나자 모든 기구를 갖추어 승가 대중에게 보시하였다. 필추들이 곧 이 그릇을 가지고 옹기 창고 안에 넣었으므로 서로 부딪혀서 손괴에 이르렀다. 세존께서 말씀하셨다.

"동그릇과 옹기그릇은 마땅히 별도로 놓아두어라."

이때 어느 목마른 바라문이 서다림에 들어왔다가 필추들의 처소에 이르러 알려 말하였다.

"성자여. 원하건대 나에게 물을 주십시오."

필추가 곧 두레박과 밧줄을 가져다가 바라문에게 주었으므로 그가 물었다.

"성자여. 이것으로 무엇을 하는 것입니까?"

대답하여 말하였다.

"나는 옛날부터 물을 스스로 길어서 사용하지 않았습니다."

바라문이 말하였다.

"당신들은 일체의 중생에게 연민하므로 만약 능히 마실 물을 조금이라도 미리 준비한다면 매우 좋은 일이 될 것입니다."

필추가 알려 말하였다.

"세존께서 아직 허락하지 않으셨습니다."

이때 여러 필추가 인연으로써 세존께 아뢰니 세존께서 말씀하셨다.

"대중들은 마땅히 깨끗한 물을 미리 준비하여 놓아두어라."

필추가 듣고 곳에 따라서 두었으므로 혹은 뜰의 가운데에 있었고, 혹은 기거하는 방안과 처마의 앞과 문 옆의 물은 깨끗하지 않게 되었다. 세존께서 말씀하셨다.

"마땅히 이와 같지 않을 것이고, 마땅히 물을 저장하는 창고를 지어라."

필추들이 들었으나 어느 곳에 짓는가를 알지 못하였으므로 세존께서 말씀하셨다.

"사찰에 들어오는 문의 동쪽에 물을 저장하는 곳을 지을지니라."

창고 안이 어두웠으므로 세존께서 말씀하셨다.

"마땅히 창문을 만들라. 땅바닥에 진흙이 있다면 마땅히 벽돌을 깔고 아울러 물을 밖으로 빠지게 할 것이고, 마땅히 문을 닫을 것이며, 아울러 문고리와 자물쇠를 만들 것이고, 물병이나 항아리를 마땅히 땅바닥에 놓아두지 말고 목상(木床) 위에 놓아두어라. 만약 목상이 없다면 마땅히 벽돌로 받치고 항아리를 물건으로 지탱하여 넘어지지 않게 하라."

물병이 깨끗하지 않아서 때때로 씻고자 하였으나 무엇으로 씻는가를 알지 못하였으므로 세존께서 말씀하셨다.

"마땅히 솔과 빗자루와 아울러 여러 나뭇잎으로 씻어라."

비록 자주 씻었으나 곧 냄새가 남았으므로 세존께서 말씀하셨다.

"마땅히 남은 그릇을 저축하고 다시 서로를 물을 채우면서 한 부분은 물을 넣어두고 한 부분은 말려서 건조시켜라."

마침내 뜨거운 한낮에 말렸으므로 세존께서 말씀하셨다.

"햇볕이 없는 곳에서 말리도록 하라."

곧 입구를 덮지 않아서 먼지와 흙이 그릇 속에 들어갔으므로 세존께서 말씀하셨다.

"마땅히 뚜껑을 덮도록 하고 깨끗하지 않은 손으로 만지지 않을 것이며 마땅히 깨끗하게 손을 씻도록 하라."

그들이 그릇을 만질 때에 자주 손을 씻었으므로 수고스러움과 싫증이 나기에 이르렀다. 세존께서 말씀하셨다.

"만약 이것이 깨끗한 동그릇이고 옹기그릇이면서 손가락이 물에 닿지 않았다면 물을 취하여도 범한 것이 아니고, 혹은 마른 쇠똥(牛糞)으로 손을 문질러서 기름을 없앴다면 역시 물을 취하도록 하라."

세존께서 이미 그 물을 미리 놓아두는 것을 허락하셨으나 누구를 시켜서 마땅히 짓는가를 알지 못하였으므로 다시 말씀하셨다.

"마땅히 제자와 문인을 시켜서 그 물을 놓아두고 필요한 것도 모두 마땅히 미리 준비할지니라."

세존께서는 겁비라성 다근수원에 머무르셨다.

이때 대세주 필추니인 교답미(喬答彌)가 권속인 필추니 500명과 함께 세존의 처소에 와서 두 발에 정례하고 한쪽에 물러나서 앉았으므로 세존께서는 설법하셨다. 이때 세존께서 갑자기 기침을 하시니 대세주 교답미가 세존께 아뢰어 말하였다.

"오직 원하옵건대 세존이시여. 수명이 장수(長遠)하시어 겁이 지나도록 머무르십시오."

그 500명의 필추니들도 대세주가 이렇게 말을 할 때에 모두 곧 같은 소리로 대세주와 같이 소원하였다. 땅위에 있는 약차 귀신들이 그 500명의 필추니들이 이렇게 말을 할 때에 모두 곧 같은 소리로 소원하였고, 허공의 약차 귀신들도 듣고서 역시 이렇게 소원하였으며, 이와 같이 사천왕궁(四天王宮)·삼십삼천·야마천(夜摩天)·도사다천(都史多天)·화락천(化樂天)·타화자재천(他化自在天) 나아가 범천(梵天)까지 서로서로가 소리를 듣고서 모두 이렇게 말하였다.

"오직 원하옵건대 세존이시여. 수명이 장수하시어 겁이 지나도록 머무르십시오."

이때 세존께서 대세주 교답미 필추니에게 알려 말씀하셨다.

"그대는 지금 일체의 중생과 큰 장애를 지었습니다. 그대가 이렇게 말을 한 까닭으로 500의 필추니와 약차 따위와 공중(空中)과 나아가 범천에까지 그대의 이러한 말을 들었습니다. 세존의 처소에서는 마땅히 이와 같이 공경하지 않아야 합니다. 이와 같은 공경은 선한 것이라고 이름할 수 없습니다."

대세주가 아뢰었다.

"대덕이신 세존이시여. 여래의 처소에서는 어떻게 그 공경을 보여야 선한 것이라고 이름합니까?"

세존께서 말씀하셨다.

"교답미여. 여래의 처소에서는 마땅히 이렇게 말하십시오. '원하옵건대 세존과 승가께서는 오래 세상에 머무시옵고, 항상 화합함이 마치 물과 우유와 같을 것이며, 대사의 가르침이 빛으로 나타나십시오.' 교답미여. 무상정등각에게 이와 같이 공경을 짓는다면 선한 예경이라고 말합니다."

이때 한 필추가 곧 게송으로 설하여 말하였다.

대세주인 교답미가
여래의 발에 예경하면서
모니께서는 연수(延壽)하시고
겁에 머무시면서 중생을 교화하라고 발원하였네.

세존의 어머니는 은중한 마음으로
예경하고 말하였으나
마땅히 세존의 처소에서는
이와 같은 발원의 말을 짓지 말라.

이때 대세주 교답미는 곧 이렇게 생각을 지었다.

'세존께서는 대중 가운데에서 화합을 찬탄하셨고, 나아가 대사께서는 현재의 세상에 머무시며, 필추승가 대중도 다시 무너지고 떠나지 않았으므로 나는 지금 마땅히 열반에 들어야겠다.'

곧 세존의 처소에 나아가서 두 발에 예경하고 아뢰어 말하였다.

"세존이시여. 나는 지금 마음에서 빠르게 열반에 들고자 합니다."

이렇게 말을 지었으나 세존께서는 묵연하셨다. 이와 같이 두세 번을 말하였으나 세존께서 모두 묵연하였으므로 이때 대세주가 다시 아뢰어 말하였다.

"세존이시여. 나는 지금 마음에서 빠르게 열반에 들고자 합니다."

세존께서 말씀하셨다.

"교답미여. 그대가 열반하기 위하여 이러한 말을 지으십니까?"

대답하여 말하였다.

"열반하기 위한 까닭으로 이와 같이 말합니다."

세존께서 말씀하셨다.

"이미 열반하기 위하여 이렇게 말하는데 내가 다시 무엇을 말하겠습니까? 제행은 무상하고 모두 이것과 같습니다."

이때 500의 필추니가 또한 아뢰어 말하였다.

"세존이시여. 우리들도 지금 마음에서 빠르게 열반에 들고자 합니다."

세존께서 여러 필추니에게 알리셨다.

"그대들도 열반하기 위한 까닭으로 이러한 말을 짓는가?"

대답하여 말하였다.

"그렇습니다."

세존께서 말씀하셨다.

"그대들이 이미 열반하기 위하여 이렇게 말하는데 내가 다시 무엇을 말하겠는가? 제행은 무상하고 모두 이것과 같으니라."

이때 대세주와 여러 필추니들은 세존의 말씀을 듣고 마음에서 크게 환희하면서 세존의 발에 정례하고 난타(難陀)의 처소에 나아가서 알려 말하였다.

"성자여. 나는 지금 마음에서 빠르게 열반에 들고자 합니다."

난타가 말하였다.

"열반하기 위한 까닭으로 이렇게 말합니까?"

세존께서 말씀하신 것과 같았으며, 이와 같이 다시 구수 아니로타(阿尼盧陀)·라호라(羅怙羅)·아난타와 나아가 여러 상좌들의 처소에서 정례하고 말하였다.

"성자여. 우리들은 마음에서 빠르게 열반에 들고자 합니다."

난타필추와 여러 상좌들이 물어 말하였다.

"열반하기 위한 까닭으로 이러한 말을 짓습니까?"

대답하여 말하였다.

"그렇습니다."

알려 말하였다.

"그대들이 이미 열반하기 위하여 이렇게 말하는데 우리들이 다시 무엇을 말하겠습니까? 제행은 무상하고 모두 이것과 같습니다."

이때 대세주와 500의 필추니들은 여러 상좌들에게 정례하면서 하직하고 주처로 돌아왔다. 본사(本寺)에 이르러 7일 동안 삼중(三衆)[13]을 위하여서 묘법을 연설하였고 법을 들은 무량한 중생들이 광대하고 수승한 이익을 얻었다. 여러 필추니들은 각자 사찰에서 나와서 한가한 곳으로 나아가서 그 차례를 따라서 반가부좌로 단정히 앉았고 나아가 500의 필추니가 모두 이렇게 하였다. 이때 대세주 교답미가 곧 삼매에 들어가서 수승한 정력(定力)으로써 마음을 따라서 몸을 숨기어 나타나지 않았고, 곧 동방(東方)에서 허공으로 올라가서 행주좌와의 네 가지의 위의를 나타내었고, 화광정(火光定)에 들어가 곧 몸 안에서 여러 종류의 광명을 놓으니 청·황·적·백 및 홍광(紅光)이 일시에 함께 나타났으며, 몸의 아래에서 불이 나왔고, 몸의 위에서는 맑은 물이 흘렀으며, 몸의 아래에서 물이 나왔고 몸의 위에서는 화광이 일어났다. 동방에서는 이미 이와 같았고, 남·서·북방에서도 역시 다시 이와 같았으며, 500의 필추니들도 대세주 교답미와 함께 나타낸 모습이 다르지 않았다.

이때 대세주가 다시 초정(初定)에 들어갔다가 초정에서 일어나서 제2정에 들어갔으며, 제2정에서 일어나서 제3정에 들어갔고, 제3정에서 일어나서 제4정에 들어갔으며, 제4정에서 일어나서 공처(空處)에 들어갔고, 공처에서 일어나서 식처(識處)에 들어갔으며, 식처에서 일어나서 무소유처(無所有處)에 들어갔고, 무소유처에서 일어나서 비상비비상처(非想非非想處)에 들어갔으며, 비상비비상처에서 일어나서 차례로 거슬러 다시 초정려(初靜慮)에 이르러 들어서 반열반하였다. 500의 필추니들도 모두 대세주 교답미와 같이 차례로 수순하고 거슬러 모든 선정에 들어갔으며 역시 반열반하였다.

이때 대지가 모두 진동하였고 사유(四維)[14]와 상하(上下)가 밝게 빛났으며 허공 가운데에서는 여러 천인들의 울부짖는 소리가 마치 북을 치는 것과 같았다. 이때 여러 필추들은 혹은 묘고산(妙高山)[15]에 있었고, 혹

---

13) 필추니와 정학녀 및 구적녀의 세 부류의 대중을 가리킨다.
14) 동남·동북·서남·서북 등 4개 방위를 말한다.
15) 수미산(須彌山)을 다르게 부르는 말이다.

다른 산중에 있었으며, 나아가 성읍·취락·난야·숲속의 적정한 처소에 있으면서 이 모양을 보고 생각을 거두어 관찰하였고 대세주 교답미가 500의 필추니와 함께 열반한 것을 보았다. 이때 여러 필추니들은 다시 이렇게 생각하였다.

'세존의 자비하신 어머니가 이미 열반하였으므로 우리들이 마땅히 가서 서로를 돕고 사리에게 공양해야겠다.'

이렇게 생각을 짓고서 각자 힘을 따라서 여러 향나무를 가지고 대세주 교답미 등이 열반한 곳으로 나아갔다. 이때 세존께서는 교진여·파삽파·대명·아니로타·사리불·대목련 등과 나머지의 성문 대중들과 대세주 교답미 등의 사리에 공양하려는 까닭으로 모두 집회로 왔다. 이때 승광대왕은 태자와 여러 신하와 여러 권속들을 데리고 역시 사리에 공양하려는 까닭으로 그곳에 이르렀고, 급고장자·선수장자(仙授長者)·고구장자(故舊長者)와 녹자모(鹿子母) 등이 권속들과 함께 그곳에 이르렀다. 다시 여러 나라의 대왕들이 그 권속인 무량한 백천과 함께 모두 집회에 왔다.

이때 승광왕이 여러 종류의 보의(寶衣)와 장신구를 갖추어 500의 보여(寶輿)를 치장하였고 다시 여러 종류의 향·꽃·당번·보개(寶蓋) 및 여러 음악을 갖추었다. 이때 구수 난타·아니로타·아난타·라호라 등의 네 필추가 대세주의 영여(靈輿)를 들었고, 세존께서도 역시 오른손으로서 영여를 들으시었다. 나머지 여러 필추들도 각자 여러 필추니의 영여를 들고 은중한 마음으로 널리 엄숙하게 장엄을 베풀면서 넓고 평평하며 한적한 곳으로 보내었다. 이때 세존께서는 곧 대세주 교답미와 500의 필추니들을 덮었던 상의를 들고서 여러 필추들에게 알려 말씀하셨다.

"그대들은 이것을 보아라. 대세주 교답미 등이 나이가 120세가 되었으나 몸에 늙은 모양이 없어서 16세의 동녀와 같구나."

이때 승광왕 및 여러 대중이 여러 종류의 향나무로 필추니들의 몸을 다비하였다. 세존께서는 대중을 위하여 무상법(無常法)을 설하셨고 사찰 안으로 돌아오셨다. 발을 씻고 자리에 나아가서 앉으셨고 여러 필추들에게 알리셨다.

“그대들은 마땅히 알라. 이와 같은 일은 모두 다른 사람이 기침하는 것을 보았을 때에 오래 살도록 발원하는 말을 하였던 까닭이니라. 이러한 까닭으로 필추는 만약 다른 사람이 기침할 때에는 마땅히 오래 살라고 말하지 말라. 만약 고의적으로 말하는 자는 월법죄를 얻느니라.”

이때 여러 필추들이 이 일을 보고 함께 모두가 의심이 있어서 세존께 아뢰어 말하였다.

“세존이시여. 이 대세주 교답미 및 500의 필추니 등은 일찍이 무슨 업을 지었고 그 업력을 까닭으로 나이가 120이 되었으나 늙은 모습이 없으며 16세의 동녀와 같습니까?”

세존께서 여러 필추들에게 알리셨다.

“그 대세주 교답미와 500의 필추니들이 지었던 업을 그대들은 잘 들을지니라. 그녀들은 스스로의 업을 까닭으로 나아가 과보를 되돌려 받은 것이니라. 그대들 필추들이여. 지나간 옛날에 이 현겁 가운데에서 사람의 수명이 2만세일 때에 세존께서 계셨으며 가섭파여래·응·정등각이라고 명호하셨고 십호를 구족하셨느니라. 세상에 출현하시어 바라니사의 선인이 떨어진 곳인 시록림에 머무르셨다. 이때 그 세존께서는 교화의 인연이 끝나서 무여열반에 들어가셨으므로 마치 짚단의 불이 꺼지는 것과 같았다.

이때 길리지(吉利枳)라고 이름하는 국왕이 있었고, 그 여래의 사리에 공양하기 위하여 사보탑(四寶塔)을 일으켰는데 가로와 세로가 한 유선나였고, 높이는 반 유선나이었다. 왕에게는 대비(大妃)와 500의 채녀가 있었는데 나이가 많아 노쇠하여 왕이 곧 버렸으므로 자연스럽게 서로가 상의하여 말하였다.

“무슨 까닭으로 대왕께서는 지금 우리들을 버려두고 돌아보지 않는 것인가?”

대중들이 의논하여 말하였다.

“나이가 많고 늙은 까닭이다. 이러한 까닭으로 돌아보지 않는 것이다.”

이때 어느 채녀가 이와 같이 말하였다.

“모든 자매들이여. 무슨 업을 수행해야 늙지 않고 능히 원만하겠는가?”

왕비가 대답하여 말하였다.

"만약 가섭파불의 사리탑에 공양한다면 소원이 모두 이루어질 것이네."

함께 매우 좋다고 말하였고 왕의 윤허(允許)를 얻어 여러 종류의 말향(末香)·도향(塗香)·화만(花鬘)·영락·당번·보개와 여러 묘한 음식을 가지고 탑이 있는 곳으로 가서 널리 공양을 베풀었고, 은중하게 찬탄하였으며, 오륜(五輪)16)으로 예경하였고, 오른쪽으로 돌고서 장궤(長跪) 합장하고 이와 같이 발원하였다.

"이 무상(無上)한 복전에 공양하여 소유한 선근으로 원하건대 우리들이 어느 생에서나 나아가 목숨을 마치도록 몸에 늙는 모습이 없게 하십시오."

그대들 필추들이여. 그 왕의 대비와 500의 채녀였던 자들이 지금의 대세주 교답미와 500의 필추니들이니라. 이 복력을 까닭으로 나아가 금생에도 120세이었으나 늙은 모습이 없고 오히려 16세의 동녀와 같은 것이니라. 그대들 필추들이여. 마땅히 알라. 모두 스스로의 업력을 까닭으로 [자세한 설명은 앞에서와 같다.] 이와 같이 배워야 하느니라."

연기는 실라벌성에서 있었다.

이때 세존께서는 모든 필추들에게 다른 사람이 기침하는 것을 보았을 때에 "장수하십시오."라고 말하지 않도록 제정하셨다. 이 성의 가운데에 한 장자가 있었는데 비록 다시 아내를 얻었으나 결국 자식이 없었다. 나이가 들어 노쇠하고 금전과 재물을 모두 잃었으므로 아내에게 알려 말하였다.

"나는 지금 늙었고 다시 자식도 없으니 마음에서 출가하고자 하오."

아내가 말하였다.

"마음대로 하세요."

곧 서다림 필추의 처소에 나아가서 출가하였고 아울러 원구를 받았다. 뒤의 다른 때에 세존께서 대중을 위하여 법요를 마땅히 설하셨다. 이때

16) 두 팔과 두 다리와 머리를 말한다.

그 늙은 필추는 대중들 밖에 앉아 있었는데 옛 아내가 갑자기 와서 남편이 기침하는 것을 들었다. 여러 필추들이 어느 한 사람도 장수하라고 발원하는 사람이 없는 것을 그 아내가 보고 마음에서 참을 수 없어서 곧 왼손으로 흙을 쥐고서 필추의 머리를 밖으로 돌리면서 "원하건대 장수하시오."라고 축원하였다. 이때 필추들이 함께 그 일을 보았는데 아내가 앞에서 팔뚝을 붙잡고 악한 입으로 욕하면서 알려 말하였다.

"성자여. 당신은 지금 무슨 까닭으로 원수들 가운데에서 출가하였소? 이 서다림에는 항상 500의 푸른 옷의 약차가 있으나 내가 축원한 까닭으로 당신이 장수하게 된 것이오. 만약 이렇게 하지 않았다면 틀림없이 약차들에게 정기를 빼앗겼을 것이오. 마땅히 이곳에 머무르지 말고 마땅히 집으로 갑시다."

곧 이끌고 함께 떠나갔다. 이때 필추들이 알려 말하였다.

"마하라여. 이곳에 머무르고 가지 마시오."

그는 즐거이 머무르고자 하지 않았으므로 필추가 곧 그의 한쪽의 팔뚝을 끌어당겼다. 이때 마하라가 외치며 말하였다.

"나는 아픕니다. 나는 아픕니다."

필추가 세존께 아뢰니 세존께서 말씀하셨다.

"마하라에게 어느 쪽의 팔뚝이 아픈가를 물어보라. 필추가 잡은 팔뚝이 아픈 것인가? 아내가 잡은 팔뚝이 아픈 것인가? 만약 필추가 잡은 팔뚝이 아프다고 말한다면 그가 마음에서 떠나가는 것을 즐거워하니 뜻을 따라서 가도록 놓아주고, 만약 아내가 잡은 팔뚝이 아프다고 말한다면 그는 머무르고자 하려는 마음이니 마땅히 가지 못하도록 할지니라."

이때 여러 필추들이 말씀하신 것과 물으니 대답하여 말하였다.

"당신들이 잡은 팔뚝이 아픕니다."

마침내 놓아주어 떠나가게 하였고 곧 집으로 돌아갔다. 인연으로 출가와 원구의 주는 것에 큰 장애가 되었으므로 세존께서 말씀하셨다.

"늙은 필추는 모두 장수하기를 즐거워하므로 기침하는 것을 보는 때에는 마땅히 '장수하시오.'라고 말하라. 만약 말하지 않는 자는 월법죄를 얻느니라."

연기의 처소는 앞에서와 같다.

한 장자가 있었고 마음에 바른 신심을 품었는데 신심이 없는 다른 한 바라문과 함께 서다림에 나아갔다. 이때 신심이 있는 장자가 갑자기 기침을 하였으나 여러 필추들이 장수하라는 말을 하지 않았다. 그 믿지 않는 바라문이 "원하건대 장수하시오."라고 말하고서 알려 말하였다.

"당신은 지금 나아가 원수들 안에서 공경스런 신심을 일으키고 있습니다. 이 서다림에는 항상 500의 푸른 옷의 약차가 있으나 내가 축원한 까닭으로 당신이 장수하게 된 것이오. 만약 이렇게 하지 않았다면 틀림없이 약차들에게 정기를 빼앗겼을 것이오. 마땅히 오래 머물지 말고 마땅히 빨리 나갑시다."

이때 여러 필추가 인연으로써 세존께 아뢰니 세존께서 말씀하셨다.

"재가인들의 부류는 모두 장수하기를 즐거워하므로 기침하는 것을 보는 때에는 마땅히 '장수하시오.'라고 말하라. 만약 여러 필추들이 늙은 자가 기침하는 것을 보았다면 젊은 자는 마땅히 일어나서 한 번을 예배하고 '반제(畔睇)[17]합니다.'라고 입으로 말하고 늙은 자는 마땅히 '병이 없으시오.'라고 말하라. 만약 짓지 않는 자는 월법죄를 얻느니라."

세존께서는 바라니사의 선인이 떨어진 곳인 시록림에 머무르셨다.

세존께서는 오필추(五苾芻)에게 정정위(正定位)[18]에 머무르게 하셨다. 그들은 선설하는 법과 율에 이미 출가하였으나 음식을 받아서 먹는 종류에 대하여 나아가고 멈추는 위의를 능히 이해하지 못하였으므로 함께 세존께 가서 그 일이 무엇인가를 아뢰었다. 세존께서 말씀하셨다.

---

17) 산스크리트어 vandana의 음사로서 경례(敬禮)·공경(恭敬)이라 번역된다. 경건한 마음으로 인사하거나, 합장하고 머리숙여 안부를 묻는 것을 가리킨다.

18) 삼취(三聚)의 하나인 정정취(正定聚)를 말하는데 견혹(見惑)을 끊어 반드시 열반에 이를 중생의 부류를 가리킨다.

"그대들 필추들이여. 다섯 종류의 음식을 먹을 수 있나니, 첫째는 뿌리이고, 둘째는 줄기이며, 셋째는 잎이고, 넷째는 꽃이며, 다섯째는 열매이니라. 다시 다섯 종류의 음식을 먹을 수 있나니, 첫째는 보릿가루이고, 둘째는 밥이며, 셋째는 보리밥과 콩밥이고, 넷째는 물고기와 고기이며, 다섯째는 떡이니라."

그들이 다시 무엇이 조미료인가를 알지 못하였으므로 세존께서 말씀하셨다.

"마땅히 우유·락(酪)·소(酥)·꿀(密)·물고기(魚)·고기(肉)·건포(乾脯)·여러 채소(雜菜) 부류이고, 만약 이것들이 없다면 물에 말아서 먹어라. 일반적으로 습기가 있고 자미(滋味)[19]가 있는 음식은 사람의 안색과 힘을 충족시키므로 선품을 닦을 수 있느니라."

제2문의 제8자섭송 ①

제2문의 제8자섭송으로 말하겠노라.

문을 매다는 것과 사립문과 손잡이와 구멍과
가죽을 덧댄 곳과 가운데의 창문과
내부의 넓은 그물과 선추(扇樞)[20]와
문지도리(樞)와 문빗장(扂)과 양갑(洋甲) 등이 있다.

연기는 실라벌성에서 있었다.

이때 필추들이 방사를 지었는데 문을 매다는 것을 알지 못하였으므로 세존께서 말씀하셨다.

"문을 매달도록 하라."

다시 사립문을 매달지 않아서 적정을 닦는 것을 그만두었으므로 세존께

19) 자양분(滋養分)이 많고 좋은 맛을 지닌 음식(飮食)을 가리킨다.
20) 사립문을 고정하는 문틀을 가리킨다.

서 말씀하셨다.

"사립문을 매달도록 하라."

손잡이를 매달지 않아서 열고 닫는 것이 어려웠으므로 세존께서 말씀하셨다.

"문고리와 자물쇠와 빗장구멍을 만들라."

여는 때에 소리가 났으므로 세존께서 말씀하셨다.

"소리가 나는 곳에 가죽을 덧대어라."

방안이 어두웠으므로 세존께서 말씀하셨다.

"창문을 달아라."

아래에 달았는데 여러 도둑의 액난을 만났으므로 세존께서 말씀하셨다.

"마땅히 아래 달지 말라."

그것이 곧 매우 높아서 앞에서와 같이 방안이 어두웠으므로 세존께서 말씀하셨다.

"마땅히 높지도 않고 낮지도 않도록 마땅히 중간에 달아라."

필추가 지을 때에 밖은 넓고 안은 좁게 하였으므로 세존께서 말씀하셨다.

"안을 넓게 하고 밖을 좁게 하라."

새와 참새가 들어왔으므로 세존께서 말씀하셨다.

"그물을 치도록 하라."

그물을 치고서 다시 문을 달지 않았는데 밤에 뱀과 전갈 등이 방안에 들어왔으므로 세존께서 말씀하셨다.

"창문과 문을 두어라."

바람에 열렸으므로 세존께서 말씀하셨다.

"마땅히 문지도리를 붙이라."

위에 다시 문빗장을 달았는데 열고 닫는 때에 어려웠으므로 세존께서 말씀하셨다.

"양갑장(羊甲杖)을 사용하여 그것을 열고 닫으라." [작은 철의 차자(叉子)[21]를 짓는데 형태가 양의 발굽과 같은 것이다.]

제2문의 제9자섭송 ①

제2문의 제9자섭송으로 말하겠노라.

쇠망치와 쇠그릇(鐺子)과
철삽과 나무가래(木杴)와
솥과 평상과 화덕 500개와
도끼와 끌을 대중에게 모두 허락하신 것이 있다.

연기는 왕사성에서 있었다.
이때 구수 필린타라차에게 병이 있어 여러 필추들이 와서 물었다.
"존자여. 어디가 아프십니까?"
대답하여 말하였다.
"나는 풍진(風疹)을 앓고 있습니다."
"대덕이여. 이것에는 무슨 약을 복용해야 합니까?"
대답하여 말하였다.
"내가 이전에 병이 있을 때에 뜨거운 쇠망치를 병의 물속에 넣었다가 이 데운 물로 몸을 씻었을 때에 곧 나았었습니다."
"만약 이와 같다면 지금 어찌 하지 않습니까?"
알려 말하였다.
"세존께서 허락하지 않으셨습니다."
이때 여러 필추가 인연으로써 세존께 아뢰니 세존께서 말씀하셨다.
"내가 지금 풍병이 있는 필추가 쇠망치를 달구어 데운 물로 몸을 씻는 것을 열어서 허락하겠노라."
세존께서 허락하신 것을 듣고 필추가 망치를 달구었으나 열이 오르지 않았으므로 세존께서 말씀하셨다.

---

21) 쇠스랑이나 갈퀴 또는 작살 등의 모양을 지닌 물건을 가리킨다.

"마땅히 쇠사슬로 묶어서 뜨거워지는 것을 기다려 꺼내도록 하라."

필추가 쇠사슬까지 함께 불속에 넣었으므로 뜨거워서 잡을 수가 없었으므로 세존께서 말씀하셨다.

"쇠사슬은 불의 밖으로 내놓고 망치 가까이에는 진흙으로 감싸서 차가운 곳을 잡고 끄집어내어 그릇 속에 넣고서 뜻에 따라서 사용하도록 하라."

사용할 때에 여러 필추들이 조두(澡豆)와 쇠똥(牛糞)으로 그 망치를 깨끗이 씻었으므로 세존께서 말씀하셨다.

"마땅히 씻지 않아도 불에 넣으면 곧 깨끗하여 지느니라."

여러 필추들이 먼저 더러운 물을 데우고 뒤에 깨끗한 물을 데웠으므로 세존께서 말씀하셨다.

"먼저 깨끗한 물을 데우고 뒤에 더러운 물을 데워라. 만약 이와 같지 않다면 월법죄를 얻느니라."

연기의 처소는 앞에서와 같다.

필추가 필린타바차에게 와서 물었다.

"존자여 어디가 아프십니까?"

대답하여 말하였다.

"나에게 이와 같은 병이 있습니다."

"대덕이여. 어찌 치료하지 않습니까?"

알려 말하였다.

"구수여. 내가 이전에는 작은 약을 데우는 그릇을 저축하였으나 지금 때에는 없고 이 일로 인해 병이 심해졌습니다."

물어 말하였다.

"지금은 어찌 저축하지 않습니까?"

대답하여 말하였다.

"세존께서 허락하지 않으셨습니다."

이때 여러 필추가 인연으로써 세존께 아뢰니 세존께서 말씀하셨다.

"병이 필추에게 병이 있다면 약을 데우는 그릇을 저축하는 것을 허락하겠노라."

연기는 실라벌성에서 있었다.

어느 한 장자가 승가를 위하여 욕실을 지었는데 그 가운데 숯덩이가 여기저기에 흩어져 있었으므로 세존께서 말씀하셨다.

"한곳에 모아두어라."

필추가 무엇을 사용하여 모아야 하는가를 알지 못하였으므로 세존께서 말씀하셨다.

"철로 삽을 지어라."

세존께서 허락하셨으나 여러 난야에서 필추들이 능히 철을 얻지 못하였으므로 세존께서 말씀하셨다.

"나무로 삽을 지어라."

불에 곧 타고 손괴되었으므로 세존께서 말씀하셨다.

"쇠똥과 진흙을 반죽하고 발라서 사용하라."

연기의 처소는 앞에서와 같다.

이때 한 필추가 몸에 병이 있어서 의사가 있는 곳에 나아가서 물어 말하였다.

"현수여. 나에게 이와 같은 병이 있으니 바라건대 처방하여 주십시오."

의사가 말하였다.

"마땅히 이와 같이 치료하십시오."

그 필추가 약을 끓이려는 까닭으로 솥이 필요하였으므로 장자에게 빌려서 사용하고 곧 돌려보냈는데 장자가 말하였다.

"내가 지금 곧 성자께 보시하겠습니다."

필추가 말하였다.

"세존께서 허락하지 않으셨습니다."

장자가 말하였다.

"만약 그렇다면 땅에 놓고 가십시오."

이때 여러 필추가 인연으로써 세존께 아뢰니 세존께서 말씀하셨다.

"취하는 것을 허락하겠노라."

이때 비사거녹자모(毘舍佉鹿子母)가 세존께서 허락하신 것을 듣고서 필추들이 솥을 저축하도록 500개의 철솥을 보내왔다. 이때 여러 필추들이 어떻게 하는가를 알지 못하였으므로 세존께서 말씀하셨다.

"차례를 따라서 필추들에게 나누어 주어라."

세존의 가르침을 따랐으나 여러 연소자들은 얻지 못하였으므로 세존께서 말씀하셨다.

"마땅히 진흙솥(瓦釜)을 주어라."

연기의 처소는 앞에서와 같다.

어느 한 필추가 차가운 땅에 누웠는데 음식이 소화되지 않았다. 장자가 있는 곳에 나아가서 평상과 자리를 빌려서 와구로 충당하여 사용하고서 병이 곧 나아서 사용한 것을 돌려주었는데 장자가 말하였다.

"내가 지금 곧 성자께 보시하겠습니다."

필추가 말하였다.

"세존께서 허락하지 않으셨습니다."

이때 여러 필추가 인연으로써 세존께 아뢰니 세존께서 말씀하셨다.

"취하는 것을 허락하겠노라."

이때 비사거녹자모가 세존께서 여러 필추들에게 평상을 받도록 허락하신 것을 듣고서 곧 500개의 평상을 보내왔다. 이때 여러 필추들이 어떻게 하는가를 알지 못하였으므로 세존께서 말씀하셨다.

"차례를 따라서 필추들에게 나누어 주어라."

연기의 처소는 앞에서와 같다.

이때 한 필추가 화덕이 필요하여 장자에게 빌려 사용하고서 곧 돌려주었는데 장자가 말하였다.

"내가 지금 곧 성자께 보시하겠습니다."

필추가 알려 말하였다.

"세존께서 허락하지 않으셨습니다."

이때 여러 필추가 인연으로써 세존께 아뢰니 세존께서 말씀하셨다.

"취하는 것을 허락하겠노라."

이때 비사거녹자모가 이전과 같이 500개의 화덕을 보내왔으며, 나아가 차례에 따라서 나누어 주었다.

연기의 처소는 앞에서와 같다.

이때 한 필추가 의복을 염색하는데 반드시 도끼가 필요하여 장자에게서 빌려 사용하고서 곧 돌려주었는데 그가 곧 말하였다.

"내가 지금 곧 성자께 보시하겠습니다."

필추가 알려 말하였다.

"세존께서 허락하지 않으셨습니다."

이때 여러 필추가 인연으로 세존께 아뢰니 세존께서 말씀하셨다.

"대중을 위하는 까닭이니 마땅히 그 도끼를 받도록 하라."

연기의 처소는 앞에서와 같다.

이때 필추가 평상이 갑자기 옆으로 부러졌으므로 장자에게서 끌을 빌려 사용하고서 곧 돌려주었는데 그가 곧 말하였다.

"내가 지금 곧 성자께 보시하겠습니다."

필추가 알려 말하였다.

"세존께서 허락하지 않으셨습니다."

이때 여러 필추가 인연으로써 세존께 아뢰니 세존께서 말씀하셨다.

"대중을 위하는 까닭이니 마땅히 그 도끼를 받도록 하라."

제2문의 제10자섭송 ①

제2문의 제10자섭송으로 말하겠노라.

자귀(斤)와 도끼와 세 사다리를 허락하신 것과
대나무와 나무나 새끼줄로 일을 따르는 것과
하관(下灌)[22]과 사찰을 짓는 법과
난타의 인연을 설하신 것이 있다.

연기의 처소는 앞에서와 같다.

이때 필추가 평상이 갑자기 옆으로 부러져 깎을 자귀가 필요하였으므로 장자에게서 빌려 사용하고서 주인에게 돌려주었으며, [자세한 설명은 앞에서와 같다.] 나아가 대중을 위하여 마땅히 받았다.

연기의 처소는 앞에서와 같다.

세존께서 녹자모의 옛 동산의 가운데에 머무시면서 여러 필추들에게 사찰을 짓고 경영하도록 허락하셨다. 필추들이 이미 지었으나 높고 커서 어떻게 오르는가를 알지 못하였으므로 세존께서 말씀하셨다.

"사다리를 지어라."

필추가 무엇으로 짓는가를 알지 못하였으므로 세존께서 말씀하셨다.

"세 종류의 물건으로 이를테면, 대나무와 나무와 새끼줄로 뜻을 따라서 지어라."

연기는 실라벌성에서 있었다.

이때 어느 필추가 몸에 병이 있어서 의사가 있는 곳에 나아가서 물어 말하였다.

---

22) 반욕법을 가리킨다. 따뜻한 물을 배꼽 정도에 담그는 방법이다.

"현수여. 나에게 이와 같은 병이 있으니 바라건대 처방하여 주십시오."

의사가 말하였다.

"성자여. 마땅히 하관을 한다면 반드시 나을 것입니다."

대답하여 말하였다.

"세존께서 허락하지 않으셨습니다."

의사가 말하였다.

"대사께서는 자비하고 애민하시니 들으신다면 장애가 없이 허락하실 것입니다."

이때 여러 필추가 인연으로 세존께 아뢰니 세존께서 말씀하셨다.

"만약 병이 있다면 하관을 열어서 허락하겠노라."

연기의 처소는 앞에서와 같다.

세존께서는 "필추가 사찰을 짓는다면 승방(僧房)은 마땅히 3층으로 짓고, 불전(佛殿)은 마땅히 7층으로 지으며, 문루(門樓)도 7층으로 지을 것이고, 만약 필추니의 사찰을 짓는다면 승방은 마땅히 3층으로 짓고 불전은 5층으로 지으며 문루도 5층으로 지어야 한다."고 마땅히 말씀하셨다.

필추가 어떻게 오르는가를 알지 못하였으므로 세존께서 말씀하셨다.

"문 옆의 모서리에 굽은 길을 지어서 올라가라. 세 종류의 길이 있나니 이를테면, 돌과 판자와 흙이니라."

필추들이 이해하지 못하여 아래층에는 목재로 하였고, 중간층에는 흙을 사용하였으며, 위층에는 돌을 놓았으므로 위는 무겁고 아래는 위태로워 마침내 무너졌다. 세존께서 말씀하셨다.

"아래층은 돌을 놓고, 중간층은 흙을 사용하며, 위층은 목재로 할지니라."

근본설일체유부비나야잡사 제11권

삼장법사 의정 한역

석보운 번역

제2문의 제10자섭송 ②

제2문의 제10자섭송으로 나머지로서 난타의 인연이다.

연기는 겁비라성 다근수원에서 있었다.

세존께는 아우가 있었고 난타(難陀)라고 이름하였다. 몸은 금색과 같았고 32상을 갖추었으며 세존보다 네 손가락만큼 작았다. 아내는 손타라(孫陀羅)라고 이름하였는데 용모와 위의가 단정하여 세간에 드물었고 빛나고 화려함이 초절(超絶)하여 사람들이 보는 것을 즐거워하였다. 난타가 그녀에게 사랑으로 얽히고 집착하여 잠시도 떨어지지 않았고 염애(染愛)가 마음에서 무거워서 목숨을 마치는 것을 약속하였다.

세존께서는 교화의 때가 이른 것을 관찰하여 아시고서 곧 이른 아침에 옷을 입고 발우를 지니고 구수 아난타를 시자로 삼고서 데리고 성에 들어가 걸식하셨고 다음으로 난타의 문 앞에 이르러 서서 계셨다. 대비력으로써 금색광(金色光)을 펼치시니 그 빛이 널리 비쳐서 난타의 집안이 모두 금색과 같았다. 이때 난타는 곧 이렇게 생각을 지었다.

'광명이 갑자기 비추는 이것은 확실히 여래이시다.'

시켜서 나가서 보게 하였고 나아가 세존께서 이르신 것을 보고 곧바로 빠르게 돌아가서 난타에게 알려 말하였다.

"세존께서 문 앞에 계십니다."

이 말을 듣고서 곧 빠르게 나아가서 세존을 맞이하고 예경하고자 하였다. 이때 손타라는 곧 이렇게 생각을 지었다.

'내가 만약 떠나게 놓아준다면 세존께서 반드시 분명하게 그를 출가시킬 것이다.'

마침내 옷을 잡고서 끌어당기면서 나가지 못하게 하였으므로 난타가 말하였다.

"지금 잠깐 놓아주시오. 세존께 예경하고서 나는 곧 돌아오겠소."

손타라가 말하였다.

"함께 약속한다면 곧 뜻을 따라서 가도록 하겠습니다."

이마에 장습(莊濕)[1]으로서 알려 말하였다.

"이 점이 마르기 전에 곧 마땅히 돌아오세요. 만약 늦는다면 500금전으로 벌하겠습니다."

난타가 말하였다.

"그렇게 하겠소."

곧 문 앞에 이르러 세존의 발에 정례하고서 여래의 발우를 취하여 집안으로 들어와서 좋은 음식을 가득히 채워가지고 문 앞에 이르렀는데 세존께서는 마침내 떠나셨으므로 곧 아난타에게 주었다. 세존의 현상(現相)은 발우를 취하지 못하게 하는 것이고 여래이신 대사의 위엄은 존중되므로 감히 머무시라고 부르지 못하는 것이다. 다시 거듭하여 아난타에게 주었으므로 아난타가 물어 말하였다.

"그대는 누구의 곁에서 이 발우를 얻고 취하였습니까?"

대답하여 말하였다.

"세존의 곁에서 취하였습니다."

아난타가 말하였다.

"마땅히 세존께 드리십시오."

---

1) 물기로서 얼굴을 단장하는 것을 가리킨다.

대답하여 말하였다.

"나는 지금 감히 가볍게 대사를 접촉할 수 없습니다."

묵연히 따라서 떠나갔다. 세존께서는 사찰에 이르시어 손발을 씻으시고 자리에 나아가서 앉으셨다. 난타는 발우를 가지고 세존께 받들었다. 공양하시고서 알려 말씀하셨다.

"난타여. 그대는 내가 남긴 것을 먹겠는가?"

대답하여 말하였다.

"제가 먹겠습니다."

세존께서는 곧 난타에게 주어서 먹게 하셨다 세존께서 알려 말씀하셨다.

"그대는 능히 출가하겠는가?"

대답하여 말하였다.

"출가하겠습니다."

그러나 세존께서는 옛날에 보살도를 행하실 때에 부모와 스승 및 다른 존자들께서 소유하신 가르침과 명을 일찍이 거스른 것이 없었던 까닭으로 지금의 때에도 말씀을 어기는 자가 없는 것이다. 곧 아난타에게 알려 말씀하셨다.

"그대가 난타의 머리카락을 깎아주도록 하게."

대답하여 말하였다.

"세존의 가르침과 같이 하겠습니다."

곧 이발사에게 명하여 그의 머리카락을 깎게 하였는데 난타가 보고 그 사람에게 알려 말하였다.

"그대는 지금 아는가? 나는 마땅히 오래지 않아서 역륜왕(力輪王)이 될 것이다. 그대가 만약 곧 나의 머리카락을 깎는다면 마땅히 그대의 팔뚝을 꺾겠네."

그는 곧 크게 놀라서 칼을 거두고 곧 하직하고 떠나고자 하였다. 이때 아난타가 곧 세존께 가서 아뢰니 세존께서 곧 스스로 난타의 처소로 나아가서 물어 말씀하셨다.

"난타여. 그대는 출가하지 않겠는가?"

대답하여 말하였다.

"출가하겠습니다."

이때 세존께서는 스스로 병의 물을 그의 머리에 부으셨고 정인(淨人)은 곧 깎아 주었다. 곧 이렇게 생각하였다.

'내가 지금 세존을 공경하고 받들고 있으므로 일단 출가하겠으나 날이 저물면 마땅히 집으로 돌아가야겠다.'

이미 날이 저물었으므로 길을 찾아서 갔다. 이때 세존께서는 그가 가는 길을 큰 구덩이로 변화시켰으므로 보고 곧 생각하였다.

'손타라는 이곳에서 멀리 있고 떠날 인연이 없구나. 내가 지금 서로를 생각하더라도 혹은 죽음에 이르겠구나. 그 목숨이 붙어있고 새벽에 이른다면 곧 가야겠다.'

손타라를 생각하면서 근심과 고통으로 밤을 새웠다. 이때 세존께서는 그의 뜻을 아시고서 아난타에게 알려 말씀하셨다.

"그대는 지금 마땅히 가서 그 난타를 지사인으로 짓는다고 알리게."

곧 가서 알려 말하였다.

"세존께서 그대를 지사인으로 지으셨습니다."

물어 말하였다.

"무엇을 지사인이라고 이름하고, 무슨 일을 지는 것입니까?"

대답하여 말하였다.

"사찰 안에서 대중의 일을 검교(撿挍)하는 것입니다."

물어 말하였다.

"어떻게 마땅히 지어야 합니까?"

대답하여 말하였다.

"구수여. 일반적으로 지사인은 만약 필추들이 걸식하러 나갔을 때에는 마땅히 사찰의 안을 물을 뿌리고 쓸고, 곧 전지(田地)에서 새로운 쇠똥을 취하여 차례대로 바르며, 뜻을 지어 지키어 잃어버리는 것이 없게 하고, 평장(平章)[2]할 일이 있다면 마땅히 승가에게 아뢰며, 만약 향기가 있는 꽃이 있다면 마땅히 대중에게 나누어 주고, 밤에는 문을 닫고 새벽에는 마땅히 열며, 화장실을 항상 반드시 씻고 닦을 것이고, 만약 사찰 안에 손괴된 곳이 있으면 곧 마땅히 보수해야 합니다."

이러한 가르침을 듣고서 대답하여 말하였다.

"대덕이여. 세존께서 말씀하신 것과 같이 내가 모두를 마땅히 짓겠습니다."

이때 필추들이 소식시에 옷과 발우를 집지하고 겁비라성으로 들어가서 걸식하였다. 이때 난타는 사찰에 사람이 없는 것을 보고 곧 이렇게 생각하였다.

'나는 땅을 쓸고서 곧 집으로 돌아가야겠다.'

마침내 곧 땅을 쓸고 있었는데 세존께서는 관찰하여 아시고서 신통력으로써 깨끗하게 쓸었던 곳에 오물이 다시 가득하게 하셨으므로 다시 이렇게 생각을 지었다.

'내가 이 오물을 쓸고서 곧 돌아가겠다고 말해야겠다.'

빗자루로 쓸어 담았으나 오물이 끝이 없었으므로 다시 이렇게 생각하였다.

'문이나 닫고 떠나야겠구나.'

세존께서는 곧 한 문을 닫고서 다시 다른 문을 닫을 때에 그 문이 다시 열리게 하셨으므로 드디어 번뇌가 생겨나서 다시 이렇게 생각을 지었다.

'설령 도둑이 이 사찰을 손괴하더라도 역시 무슨 걱정인가? 나는 마땅히 왕이 될 것이니, 다시 백천의 좋은 사찰을 두 배로 짓는다면 이것도 좋은 것이다. 나는 마땅히 집으로 돌아가리라. 만약 큰 길로 간다면 세존을 보는 것이 두렵겠구나.'

이렇게 사량을 짓고서 곧 작은 길로 나아갔다. 세존께서 그 생각을 아시고서 작은 길로 오셨다. 멀리서 세존을 보았고 서로가 만나지 않으려고 길옆의 나뭇가지의 그늘에 들어가서 곧 그 나무 아래에 몸을 숨겼다.

2) 공평하게 구별함을 말한다.

세존께서는 나뭇가지를 높이 들어 올려서 그의 몸을 드러내셨다. 세존께서 물으셨다.

"난타여. 그대는 어디에서 오는가? 나를 따라서 가자."

난타는 마음에서 부끄러움이 생겨나서 세존을 따라갔다. 세존께서는 이렇게 생각을 지으셨다.

'이것은 그의 아내에 대한 깊은 그리움의 집착이므로 마땅히 버리고 떠나게 해야겠구나.'

인접(引接)[3]하려는 까닭으로 겁비라성에서 나와서 실라벌성으로 나아가셨고, 이미 그곳에 이르시어 비사거녹자모원에 머무르셨다. 이때 비사거녹자모는 세존께 아우가 있었고 난타라고 이름하였으며, 몸은 금빛과 같았고, 32상을 구족하였으며, 세존보다 네 손가락이 작았는데 세존과 함께 왔고, 내가 잠시 가서 예경한다면 혹은 얼굴을 볼 수도 있다고 들었다. 이때 난타는 소식시에 옷과 발우를 집지하고 성에 들어가서 걸식하면서 차례로 다니면서 녹자모의 집에 이르렀다. 이때 비사거가 그의 용모와 위의를 보았는데 상호가 빛나고 엄숙함이 다른 사람과 같지 않았으므로 곧 이렇게 생각하였다.

'이 사람이 어찌 세존의 아우가 아니겠는가?'

곧 청정한 신심을 일으켜서 그의 두 발에 예배하였고 곧 손이 그의 몸을 접촉하였는데 유연하였다. 여인을 접촉하면 독과 가까운 것이므로 곧 손해가 되는 것이다. 난타는 성품이 음욕이 많아서 곧 염심이 일어났고 마침내 곧 정액이 흘러나와 비사거의 머리 위로 떨어졌다. 세존께서 아시고서 그 부정을 변화하여 소합향유(蘇合香油)[4]로 지으셨으므로 손에 닿은 것을 맡아보고서 이렇게 생각을 지었다.

'무슨 인연으로 이러한 곳에서 이와 같은 미묘한 향유를 얻은 것인가? 이것은 세존께서 신통으로 이것을 향물(香物)로 변화시킨 것이다.'

---

3) 부처님들이 중생을 정법(正法)이나 정토(淨土)로 인도하는 것을 가리킨다.
4) 조록나무과의 식물인 소합향나무의 진액을 모은 것이다. 맛은 맵고 성질은 따뜻하며, 정신을 맑게 하고 담(痰)을 없앤다.

마침내 희유하고 환희(歡躍)한 마음이 생겨나서 찬탄하여 말하였다.

"옳으십니다. 불타시여. 옳으십니다. 달마시여. 옳으십니다. 승가시여. 선설하는 법과 율은 불가사의하시므로 능히 이와 같은 난타의 부류와 같은 탐욕스러운 남자들도 불법의 가운데에 몸을 던져서 오로지 범행을 닦도록 하십니다."

이때 그 난타는 후회(追悔)하는 마음을 일으켰다.

'어찌 이것이 내가 중교죄(衆教罪)[5]를 범한 것이 아니겠는가?'

여러 필추들에게 알렸고 필추들이 세존께 아뢰었다. 세존께서 말씀하셨다.

"난타는 범한 것이 없느니라. 만약 이와 같은 음욕이 많은 사람이 있다면 마땅히 가죽주머니로서 담을 것이고 의혹을 이르지 말라."

세존께서 음욕이 많은 사람은 가죽주머니를 저축하라고 말씀하였다. 필추들이 어떻게 가죽으로 짓는가를 알지 못하였으므로 세존께서 말씀하셨다.

"마땅히 양·사슴·쥐의 세 종류의 가죽을 사용하라."

곧바로 날 것을 사용하였으므로 마침내 냄새가 남았다. 세존께서 말씀하셨다.

"익혀서 마땅히 사용하고 씻어서 말리도록 하라."

말리는 때에 여인을 보고 욕염(欲染)의 생각이 일어났고 마침내 정액이 흘러내려 아래의 군의를 더럽혔다. 세존께서 말씀하셨다.

"두 개를 지어 하나는 말리고 하나는 착용하라."

이때 정액이 많아서 그 가죽이 젖었고 손괴되었다.

"마땅히 곧 물건으로 채울 것이고 모래를 넣어두어라."

이때 어느 필추가 착용하고서 음식을 먹었고 제저(制底)[6]를 돌았으므로

---

5) 승가벌시사죄를 다르게 부르는 말이다.
6) 산스크리트어 caitya의 음사로서 본래는 세존의 유골을 안치하고 일정한 형식에 따라 흙이나 벽돌 등으로 높게 쌓은 구조물을 탑이라 하고, 그것을 안치하지 않은 것을 지제라고 하였으나 이후에 구별하지 않고 모두 탑이라고 불리고

세존께서 말씀하셨다.

“풀어서 보이지 않는 곳에 놓아두고 손을 깨끗이 씻고서 음식을 먹고 예경도 하라.”

뒤의 다른 때에 난타가 돌 위에 앉아서 손타라를 생각하면서 곧 돌 위에 그녀의 모습을 그리고 있었다. 이때 대가섭이 인연이 있어 그곳을 지나가면서 그 돌 위의 그림을 보고 물어 말하였다.

“난타여. 그대는 무엇을 하는가?”

대답하여 말하였다

“대덕이여. 나는 손타라의 모습을 그렸습니다.”

알려 말하였다

“구수여. 세존께서는 필추들에게 두 종류의 일을 지으라고 가르치셨소. 첫째는 정을 익히는 것이고, 둘째는 독송하는 것이오. 그대는 지금 이것을 버리고 스스로가 아내의 모습을 그리는 것인가?”

듣고서 묵연하였다. 가섭이 세존께 아뢰니 세존께서는 이렇게 생각을 지으셨다.

‘필추가 그림을 그렸으므로 이러한 허물이 생겨났다.’

세존께서 필추들에게 알리셨다.

“난타라는 어리석은 사람이 손타라를 생각하고서 그녀의 모습을 그렸느니라. 이러한 까닭으로 필추들은 마땅히 그림을 그리지 말라. 만약 그리는 자는 월법죄를 얻느니라.”

이때 여러 필추들은 세존께서 그림을 제정하신 것을 듣고 제저의 처소에서 감히 향도 바르지 못하였으므로 세존께서 아난타에게 물으셨다.

“무슨 까닭으로 여래의 머리카락과 손톱의 솔도파(窣睹波)에 향을 바르지 않고 향니(香泥)도 땅에 뿌리지 않는가?”

이때 아난타가 인연으로써 세존께 아뢰니 세존께서 말씀하셨다.

있다.

"마땅히 향니를 뜻에 따라서 바르고 닦으면서 중생의 형상은 그리지 말라. 그리는 자는 월법죄를 얻느니라. 만약 시체나 혹은 해골의 모양을 그리는 것은 범한 것이 없느니라."

세존께서는 생각하셨다.

'난타는 우치하여 의혹에 물들어서 오히려 그의 아내를 기억하고 애정을 버리지 않으므로 마땅히 방편을 지어 마음을 멈추고 쉬게 해야겠다.'

곧 알려 말씀하셨다.

"그대는 이전에 일찍이 향취산(香醉山)[7]을 보았는가?"

대답하여 말하였다

"보지 못하였습니다."

"만약 이와 같다면 내 옷자락을 잡게."

곧 나아가서 옷을 잡았다. 이때 세존께서는 오히려 거위왕(鵝王)과 같이 허공으로 올라가서 향취산에 이르렀고 난타를 데리고 좌우를 돌아보니 한 과일나무 아래에 암컷 원숭이가 보였다. 또한 눈이 하나가 없었으나 곧바로 얼굴을 들고 똑바로 세존을 바라보고 있었다. 세존께서 난타에게 알려 말씀하셨다.

"그대는 이 애꾸인 원숭이가 보이는가?"

세존께 아뢰어 말하였다

"보입니다."

세존께서 말씀하셨다.

"그대의 뜻은 어떠한가? 이 애꾸인 원숭이와 손타라를 비교하면 누가 수승한가?"

대답하여 말하였다

"그 손타라는 석가종족으로 오히려 천녀와 같은 용모와 위의가 제일이고 세상에서 둘도 없습니다. 이 원숭이는 천만억분의 일이라도 어찌

---

7) 지금의 네팔 서북쪽에 있는 카일라스(Kailas) 산으로 추정되고 있다.

그녀에게 미치겠습니까?”

세존께서 말씀하셨다.

“그대는 천궁(天宮)을 보았는가?”

대답하여 말하였다

“보지 못하였습니다.”

“다시 내 옷자락을 잡게.”

곧 옷자락을 잡았고 오히려 거위왕과 같이 허공계로 올라가서 삼십삼천에 이르러서 난타에게 알려 말씀하셨다.

“그대는 천궁의 수승한 곳을 관찰하고 바라보게.”

난타가 곧 나아가서 환희원·채신원(婇身園)·추신원(麤身園)·교합원(交合園)·원생수(圓生樹)·선법당(善法堂) 등의 이와 같은 여러 천려원(天苑園)·꽃과 과일·욕지(浴池)·유희처(遊戲處)의 수승한 즐거움과 오락을 모두 관찰하였다. 다음으로 선견성(善見城)의 가운데에 들어갔는데 다시 여러 종류의 북·악기·현악기·관악기의 미묘한 음성이 가득한 것과 회랑과 집이 서로 통하고 평상과 휘장이 빛나며 펼쳐져 있으며 여러 곳에서 모든 천자가 묘한 채녀들과 함께 서로가 오락하고 있었다. 난타가 두루 관찰하면서 한곳을 보았는데 오직 천녀만이 있고 천자가 없었다. 곧 천녀에게 물어 말하였다.

“그대들은 무슨 까닭으로 오직 여인만이 있고 남자를 볼 수 없는가?”

천녀가 대답하여 말하였다.

“세존께 아우가 있어 난타라고 이름하는데 세존께 출가하여 오로지 범행을 닦고 있습니다. 목숨을 마친 뒤에 마땅히 이곳에 태어나므로 우리들은 이곳에서 서로를 기다리고 있습니다.”

난타가 듣고 용약(踊躍)하고 기뻐하면서 빠르게 세존께서 있는 곳으로 돌아왔으므로 세존께서 물어 말씀하셨다.

“그대는 여러 천상의 수승하고 묘한 일을 보았는가?”

대답하여 말하였다.

“보았습니다.”

세존께서 말씀하셨다.

"그대는 무슨 일을 보았는가?"

그는 보았던 것과 같이 갖추어 아뢰니 세존께서 알려 말씀하셨다.

"천녀도 보았는가?"

대답하여 말하였다.

"보았습니다."

"이 여러 천녀와 손타라를 비교하면 누가 수승하고 묘한가?"

아뢰어 말하였다.

"세존이시여. 손타라를 이 천녀들과 비교한다면 오히려 향취산 안의 애꾸인 원숭이를 이 손타라와 비교하는 것과 같아서 백천만억분의 일이라도 미치지 못합니다."

세존께서 난타에게 알리셨다.

"청정한 행을 닦는 자는 이러한 수승한 이익이 있으니라. 그대도 지금 마땅히 견고하게 범행을 닦으면 마땅히 천상에 태어나서 이러한 쾌락을 받을 것이다."

듣고 환희하면서 묵연하였다. 이때 세존께서는 곧 난타와 함께 곧 천상에서 서다림으로 내려오셨다. 이때부터 난타는 천궁을 사모하면서 범행을 닦았으므로 세존께서는 그 뜻을 아시고서 아난타에게 알려 말씀하셨다.

"그대는 지금 가서 여러 필추들에게 알려 말하게. '한 사람이라도 난타와 같은 자리에서 앉을 수 없고, 같은 곳을 경행할 수 없으며, 한 횃대에 옷을 걸을 수 없고, 한곳에 발우와 물병을 놓아둘 수 없으며, 같은 곳에서 경전을 독송할 수 없습니다.'"

아난타가 세존의 언교(言敎)를 여러 필추들에게 전하였고 필추들은 모두 성지(聖旨)와 같이 받들어 행하였다. 이때 난타는 여러 사람들이 함께 모이지 않는 것을 보고 극심한 부끄러움이 생겨났다. 뒤의 한 때에 아난타가 여러 필추들과 함께 공시당(供侍堂) 안에서 의복을 꿰매고 있었는데 난타가 보고 이렇게 생각하였다.

'이 여러 필추들은 함께 나를 버리고 한곳에 있지 않더라도 아난타는 나의 아우인데 어찌 서로를 싫어하겠는가?'

곧 아난타에게 가서 같이 앉았다. 이때 아난타가 빠르게 곧 일어나서 피하였으므로 그가 말하였다.

"여러 나머지의 필추들이 일에서 나를 버리는 것은 용납할 수 있으나 그대는 나의 아우인데 어찌 곧 역시 싫어하는가?"

아난타가 말하였다.

"진실로 이것은 이치가 있습니다. 그러나 당신은 별도의 길을 가고 있고 나는 다른 길을 따르는 까닭으로 서로를 피하는 것입니다."

대답하여 말하였다.

"무엇이 나의 길이고, 무엇이 그대의 길인가?"

대답하여 말하였다.

"당신은 천상에 태어나기를 바라면서 범행을 닦고 있고, 나는 원적(圓寂)[8]에 와서 염욕을 제거하려는 것입니다."

이 말을 듣고서 두 배로 근심이 커졌다. 이때 세존께서는 그의 마음을 아시고서 난타에게 알려 말씀하셨다.

"그대는 일찍이 나락가(捺洛迦[9])를 보았는가?"

대답하여 말하였다.

"보지 못하였습니다."

세존께서 말씀하셨다.

"그대는 나의 옷자락을 붙잡도록 하게."

난타가 곧 나아가서 붙잡았으므로 세존께서는 곧 데리고 지옥의 가운데로 가셨다. 이때 세존께서는 한쪽에 서있으면서 난타에게 알려 말씀하셨

8) 산스크리트의 nirvana의 음역으로 니원(泥洹)·열반나(涅槃那) 등으로 음사되고 멸도(滅度)·적멸(寂滅)·원적(圓寂), 또는 무위(無爲)·부작(不作)·무생(無生) 등으로도 의역된다. 타오르는 번뇌의 불꽃을 지혜로 꺼서 일체의 번뇌·고뇌가 소멸된 상태를 가리키는 뜻이었으나, 뒤에 사문의 죽음을 뜻하는 말로서 사용되고 있다.

9) 산스크리트어 naraka의 음사로서 지옥으로 번역된다.

다.

"그대는 지금 가서 여러 지옥을 관찰하도록 하게."

난타는 곧 떠나가서 먼저 회하(灰河)를 보았고 다음으로 검수(劍樹)·분뇨(糞尿)·화하(火河)에 이르렀다. 그곳에 들어가서 마침내 중생들이 여러 종류의 고통을 받는 것을 관찰하였는데, 혹은 집게로 혀를 뽑았고, 이빨을 뽑았으며, 눈을 도려냈고, 혹은 이때 톱날로 그의 몸을 잘랐고, 혹은 도끼로 손발을 잘랐으며, 혹은 창으로 몸을 찔렀고, 혹은 몽둥이로 때리거나 낫으로 베었으며, 혹은 철퇴로 부수었으며, 혹은 끓는 구리물을 입에 부었고, 혹은 도산(刀山)과 검수(劍樹)에 오르게 하였고, 방아에 찧었으며, 맷돌에 갈았고, 구리기둥과 철상(鐵床)에서 여러 극심한 고통을 받고 있었으며, 혹은 맹렬하게 불타오르는 철솥에서 유정의 부류들이 많이 삶아지는 이와 같은 고통을 받는 일을 보았다. 다시 한 큰 철솥이 있었는데 가운데에 삶아지는 유정이 없었다. 이것을 보고 근심하고 두려워하며 옥졸에게 물어 말하였다.

"무슨 인연을 까닭으로 나머지의 큰 철솥에는 모든 유정을 삶고 있는데 오직 이 솥의 가운데는 비워져 끓고 있습니까?"

그가 곧 알려 말하였다.

"세존의 아우인 난타가 오로지 천상에 태어나기를 발원하면서 부지런히 범행을 닦으므로 천상에 태어나서 잠시 쾌락을 받을 것이고, 그는 목숨을 마친 뒤에는 이 솥의 가운데에 들어갈 것입니다. 이러한 까닭으로 내가 지금 솥을 끓이면서 서로를 기다리는 것입니다."

난타가 듣고서 큰 공포가 생겨나서 몸의 털이 모두 곤두섰고 진땀이 흘리면서 이와 같이 생각을 지었다.

'이 자가 만약 내가 난타라는 것을 알게 된다면 산채로 솥의 가운데에 던질 것이다.'

곧 빠르게 달려 세존께서 계신 곳으로 나아가니 세존께서 말씀하셨다.

"그대는 지옥을 보았는가?"

난타가 눈물을 흘리고 목메어 울면서 미세한 목소리로 아뢰어 말하였다.

"보았습니다."

세존께서 말씀하셨다.

"그대는 무슨 물건을 보았는가?"

곧 보았던 것과 같이 갖추어 아뢰니 세존께서 난타에게 알리셨다.

"혹은 인간을 발원하고 혹은 천상을 구하며 부지런히 범행을 닦더라도 이와 같은 허물이 있느니라. 이러한 까닭으로 그대는 지금 마땅히 열반을 구하는 것으로서 범행을 닦을 것이고, 천상에 태어나기를 즐겨하여 큰 고통에 이르지 말라."

난타는 듣고서 마음에 부끄러워서 묵연히 대답이 없었다. 이때 세존께서는 그의 뜻을 아시고서 지옥에서 나와 서다림에 이르셨으며 곧 난타와 여러 필추들에게 말씀하셨다.

"안에는 세 허물(垢)이 있으니 음욕과 진애와 우치를 말하느니라. 이것은 버릴 것이고, 이것은 마땅히 멀리 떠날 것이니 그대들은 마땅히 닦고 배울지니라."

이때 세존께서는 서다림에 머무르신지 여러 날이 되지 않았다. 인연을 따라서 중생을 교화하시려는 까닭으로 여러 문도 대중과 함께 점파국(占波國)으로 가시어 게가지(揭伽池) 옆에 머무르셨다. 이때 난타가 500필추와 함께 역시 세존을 따라서 세존의 처소에 이르러 모두가 세존의 발에 예경하고 한쪽에 앉았다. 세존께서는 대중들이 앉은 것을 보시고 난타에게 알려 말씀하셨다.

"나에게 법요가 있는데 처음도 중간도 끝도 선한 것이고, 문장의 뜻이 교묘하며, 순일(純一)하고 원만하여 청백한 범행이나니 이를테면, 입모태경(入母胎經)이니라. 그대들은 자세히 듣고 지극히 뜻을 지어 좋게 그것을 사념(思念)하라. 내가 지금 설하겠노라."

난타가 말하였다.

"오직 그러하옵니다. 세존이시여. 즐거이 듣고자 하옵니다."

세존께서 말씀하셨다.

"비록 모태(母胎)가 있더라도 들어갈 수 있는 것과 들어갈 수 없는 것이 있느니라. 무엇이 생을 받아 모태의 가운데에 들어가는 것인가? 만약 부모가 염심으로 함께 음욕의 사랑을 하는데 그 어머니의 배가 깨끗하고 월기(月期)의 때가 이르면 중유(中有)가 현전(現前)하나니 마땅히 알라. 이때를 모태에 들어간다고 이름한다. 이 중유의 모습에는 두 종류가 있으니 첫째는 형색이 단정하고, 둘째는 용모가 추루(醜陋)하다.

지옥의 중유는 용모의 추루함이 불에 탄 나무등걸과 같고, 방생의 중유는 그 색깔이 연기와 같으며, 아귀의 중유는 색깔이 물과 같고, 인간과 천상의 중유는 모습이 금색과 같으며, 색계의 중유는 형색이 선명하고 흰색이고, 무색계천(無色界天)에는 원래 중유가 없나니 색깔이 없는 까닭이니라.

중온(中蘊)의 유정은 혹은 두 손과 두 발이 있고, 혹 네발이거나 많은 발이 있으며, 혹은 다시 발이 없는 것도 있는데 그 전생의 업을 따라서 마땅히 태어날 곳에 의탁하는데 미혹된 중유는 곧 그 모습과 같다. 만약 천상의 중유라면 머리가 위로 향하고, 인간·방생·귀신은 가로로 다니면서 떠나가며, 지옥의 중유는 머리가 곧 아래로 향하는데 일반적으로 모든 중유는 모두가 신통을 갖추었고 허공에 올라서 떠나가는 것이 오히려 천안과 같아서 멀리 태어날 곳을 관찰하느니라.

월기에 이르렀다고 말하는 것은 납태(納胎)의 때를 말하는 것이다. 난타여. 모든 여인들이라면 혹은 3일을 지나거나, 혹은 5일·15일·한 달을 지나거나, 혹은 인연이 지나는 것을 기다리며 오래되면 기수(期水)에 비로소 이른다. 만약 어느 여인이 몸에 위세가 없고 많은 큰 고통을 받아서 형용이 추루하고 좋은 음식이 없다면 월기가 비록 오더라도 빠르게 마땅히 멈추는 것이니 오히려 마른 땅에 물을 뿌릴 때에 곧 마르는 것과 같다. 만약 어느 여인이 몸에 위세가 있고 항상 안락을 받아서 용의가 단정하고 좋은 음식을 얻었다면 소유한 월기가 빠르게 멈추지 않나니 오히려 젖은 땅에 물을 뿌리면 곧 마르지 않는 것과 같다.

무엇이 들어가지 않는 것인가? 만약 아버지에게서 정(精)이 나올 때에 어머니의 정이 나오지 않는 것이고, 어머니의 정이 나올 때에 아버지 정이 나오지 않는 것이며, 만약 함께 나오지 않았다면 모두 태에 들어가지 못한다. 만약 어머니가 부정(不淨)하고 아버지는 정(淨)하며, 아버지는 부정하고 어머니는 정하며, 만약 함께 부정하면 역시 태를 받지 못하느니라.

만약 어머니의 근문(根門)에 풍병(風病)을 지니고 있고, 혹은 황병(黃病)[10]·담병(痰病)[11]을 지니고 있으며, 혹은 혈기(血氣)로 태결(胎結)이 있고, 혹은 육증(肉增)이 있으며, 혹은 약을 복용하였고, 혹은 맥복병(麥腹病)과 의요병(蟻腰病)이 있으며, 혹은 산문(産門)이 낙타의 입과 같고, 혹은 가운데가 다근수(多根樹)와 같으며, 혹은 이두(犁頭)[12]와 같고, 혹은 수레의 굴대와 같으며, 등나무 가지와 같고, 혹은 나뭇잎과 같으며, 혹은 보리의 새싹과 같고, 혹은 배의 아래가 깊고, 혹은 있는 위가 깊으며, 혹은 태기(胎器)가 아니고, 혹은 항상 피가 흐르며, 혹은 다시 물이 흐르고, 혹은 까마귀의 입과 같이 항상 열려서 합쳐지지 않고, 혹은 위아래의 사변(四邊)이 넓고 좁음이 균등하지 않으며, 혹은 높고 얕은 요철(凹凸)이 있고, 혹은 내부에 벌레가 먹어서 문드러지고 파괴되었고, 부정이 있는 등의 만약 어머니에게 이러한 과실이 있다면 아울러 태를 받지 못하느니라.

혹은 부모는 존귀하나 중유가 비천하거나, 중유는 존귀하나 부모가 비천하여도 이와 같은 부류들은 역시 태를 이루지 못한다. 만약 부모와 중유가 함께 존귀하더라도 업이 화합하지 않으면 역시 태를 이루지 못하고, 만약 중유가 경계인 곳의 앞에서 남녀의 두 사랑이 없다면 역시 태를 이루지 못한다.

난타여. 어떻게 중유가 모태에 들어가는가? 만약 어머니의 배가 깨끗하

10) 급성유행성간염이나 만성간염 등에 의하여 온몸이 누렇게 되는 증상을 가리킨다.
11) 몸의 분비액(分泌液)이 큰 열(熱)을 만나서 생기는 병을 통틀어 일컫는데, 풍담(風痰), 한담(寒痰), 습담(濕痰), 열담(熱痰), 울담(鬱痰), 기담(氣痰), 식담(食痰), 주담(酒痰), 경담(驚痰) 등이 있다.
12) 보습을 가리키는 말이다. 보습은 땅을 파거나 갈고 뒤엎는 데 사용하는 중요한 농기구로서 신바닥 모양이나 버들잎 모양이 많고 길이는 보통 30~65㎝ 정도이다.

면 중유가 현전하여 욕사(欲事)를 하는 것을 보고 앞에서 설명한 것과 같은 여러 허물과 병이 없고 부모와 자식이 서로 업이 감응하면 곧 모태에 들어간다. 또한 그 중유가 태에 들어갈 때에 마음이 곧 전도(轉倒)되어 만약 이것이 아들이라면 어머니에게 사랑이 생겨나고 아버지에게 미움이 생겨나며, 만약 이것이 딸이라면 아버지에게 사랑이 생겨나고 어머니에게 미움이 생겨난다. 과거의 생에 지었던 여러 업으로 망상을 일으키고 사특한 마음을 지어서 차갑고 냉정한 생각·큰 바람·큰 비와 구름과 안개의 생각을 일으키며, 혹은 대중의 시끄러운 소리를 듣기도 하는데 이러한 생각을 짓고서 업의 우열을 따라서 다시 열 종류의 허망한 생각을 일으키느니라.

무엇이 열 종류인가? '나는 지금 집에 들어간다.', '나는 누각에 오른다.', '나는 대전(臺殿)에 오른다.', '나는 평상과 자리에 오른다.', '나는 초암(草菴)에 들어간다.', '나는 엽사(葉舍)에 들어간다.', '나는 이제 초총(草叢)[13]에 들어간다.', '나는 숲속으로 들어간다.', '나는 담장 구멍으로 들어간다.', '나는 울타리 사이로 들어간다.' 등이다.

난타여. 그때 중유가 이렇게 생각을 짓고서 곧 모태에 들어가나니 마땅히 알라. 태를 받는 것을 갈라람(羯羅藍)이라고 이름하느니라. 아버지의 정과 어머니의 피가 다른 물건이 아니고, 부모의 정과 피가 화합하는 인연을 까닭으로 식(識)이 인연에 의지하여 머무는 것이다. 비유하면 우윳병에 송곳을 넣고 사람의 노력으로 흔들어 돌리면서 멈추지 않으면 소(酥)가 나오는 것을 얻고 다른 것이 생기지 않는 것과 같음을 마땅히 알라. 부모의 부정한 정혈(精血)과 갈라람의 몸도 역시 다시 이와 같다.

다시 다음으로 난타여. 네 가지 비유가 있나니 그대는 마땅히 잘 들을지니라. 푸른 풀에 의지하여 나아가 벌레가 생겨났어도 풀은 벌레는 아니며 벌레도 풀을 떠날 수 없다. 그러므로 풀에 의지하는 인연이 화합하여 벌레가 생겨나므로 벌레는 나아가 몸에 푸른색을 짓느니라.

13) 풀숲이나 풀덤불의 풀들이 무리 지어서 자라 있는 곳을 가리킨다.

난타여. 마땅히 알라. 아버지의 정과 어머니의 피와 갈라람의 몸도 이와 같아서 인연이 화합하면 대종근(大種根)이 생기고, 쇠똥에 의지하여 벌레가 생겨났어도 쇠똥이 벌레는 아니고 벌레가 쇠똥을 떠날 수 없다. 이와 같이 쇠똥에 의지하는 인연이 화합하여 벌레가 생겨나므로 벌레는 나아가 몸에 노란색을 짓느니라.

난타여. 마땅히 알라. 아버지의 정과 어머니의 피와 갈라람의 몸도 이와 같아서 인연이 화합하면 대종근이 생기느니라. 대추에 의지하여 벌레가 생겨났어도 대추가 벌레는 아니고 벌레가 쇠똥을 떠날 수 없느니라. 그러므로 대추에 의지하는 인연이 화합하여 벌레가 생겨나므로 벌레가 곧 몸에 붉은색을 짓느니라.

난타여. 마땅히 알라. 아버지의 정과 어머니의 피와 갈라람의 몸도 이와 같아서 인연이 화합하면 대종근이 생긴다. 낙(酪)[14]에 의지하여 벌레가 생겨났으므로 벌레가 곧 몸에 흰색을 짓고, [자세한 설명은 생략한다.] 나아가 인연이 화합하면 대종근이 생기느니라.

다시 난타여. 부모의 부정한 갈라람에 의지하는 까닭으로 지계(地界)가 현전하여 굳는 것의 성품이 되고, 수계(水界)가 현전하여 젖는 것의 성품이 되며, 화계(火界)가 현전하여 따뜻한 것의 성품이 되고, 풍계(風界)가 현전하여 가볍게 움직이는 것의 성품이 되느니라.

난타여. 만약 부모의 부정한 갈라람의 몸이 다만 지계가 있고 수계가 없다면 곧 건조하여 모두를 나누어 흩어지나니, 비유하면 손으로 마른 보릿가루나 재(灰) 등을 잡는 것과 같다. 만약 수계만 있고 지계가 없다면 곧 흩어져서 기름과 물방울과 물과 같은 것이니 수계를 까닭으로 지계는 흩어지지 않는 까닭이며, 지계를 까닭으로 수계는 아래로 흐르지 않는 까닭이니라.

난타여. 갈라람의 몸에 지계와 수계가 있고 화계가 없다면 곧 썩어 없어지는 것이다. 비유하면 여름철의 그늘에 있는 고깃덩이와 같다. 난타

14) 산스크리트어 dadhi로 우유를 발효시킨 음료를 가리킨다.

여. 갈라람의 몸에 지계와 수계와 화계가 있고 풍계가 없다면 곧 능히 증장되고 광대(廣大)하지 않는다. 이런 것들이 모두 이전 업의 인(因)이 되고 다시 서로 연(緣)이 되어서 함께 서로를 부르고 감응하여 식(識)이 곧 생겨나며, 지계를 능히 유지하고, 수계를 능히 섭수하며, 화계가 능히 성숙시키고, 풍계가 능히 증장시키느니라.

난타여. 다시 어느 사람이 그 제자에게 사탕(沙糖)을 만들게 하면서 곧 공기를 불어서 그것을 크게 한다면 속이 비어서 오히려 연뿌리와 같이 되는데 몸 안에 대종(大種)인 지·수·화·풍이 업력으로 증장되는 것도 역시 이와 같다. 난타여. 부모의 부정(不淨)으로 갈라람의 몸이 있는 것이 아니고, 역시 어머니의 배도 아니며, 역시 업도 아니고, 역시 인도 아니며, 역시 연도 아니고, 다만 이러한 여러 인연이 화합하고 모이는 까닭으로 비로소 태가 있다. 새로운 종자가 바람과 햇볕에 손괴되지 않고 견실(堅實)하여 구멍이 없게 합당하고 마땅하게 저장하고서 좋은 밭에 심고 아울러 습기가 있는 인연의 화합으로 곧 싹이 나고 줄기와 가지, 잎과 꽃과 과일이 차례로 자라는 것과 같으니라.

난타여. 이 종자는 인연의 화합을 떠나서 새싹 등이 생겨나지 않았으니 이와 같이 마땅히 알라. 오로지 부모가 아니고, 다만 업이 있는 것도 아니며, 나아가 다른 인연으로 태가 생기는 것이 아니고, 부모의 정혈과 인과 연이 화합하는 것이 필요하며 비로소 태가 있는 것이니라.

난타여. 눈이 밝은 사람이 불을 구하는 까닭으로 일광주(日光珠)를 한낮에 마른 쇠똥 위에 놓는다면 곧 불이 생기나니 마땅히 이와 같이 알라. 부모의 정혈과 인연이 화합하는 까닭으로 비로소 태가 생겨난다. 부모의 부정으로 이루어진 갈라람을 색이라고 말하고, 수·상·행·식을 곧 그것을 명색(名色)이라고 이름하느니라.

이렇게 쌓이고 모인 것이 악한 명색으로 여러 유(有)에 의탁하여 태어나는데, 나아가 작은 찰나일지라도 나는 찬탄하지 않느니라. 왜 그러한가? 모든 유의 가운데에 태어나는 것은 큰 고통이기 때문이다. 비유하면 더러운 똥이 적더라도 역시 냄새가 있는 것과 같나니 이와 같이 마땅히 알라. 모든 유의 가운데에 나는 것은 잠깐이라도 역시 괴롭다고 이름한다. 이 오취온(五取蘊)인 색·수·상·행·식은 모두 태어나고 머물며 증장하고 노쇠하여 무너지나니, 태어나는 것이 곧 고통이고, 머무는 것도 곧 병이며, 증장하고 노쇠하며 무너지는 것이 곧 늙고 죽는 것이다. 이러한 까닭으로 난타여. 누가 유의 바다의 맛을 사랑하면서 어머니의 태의 가운데에 누워서 이러한 극심한 고통을 받으려 하겠는가?

다시 다음으로 난타여. 마땅히 이와 같이 알라. 일반적으로 태에 드는 것을 대체적으로 숫자로 말한다면 38의 7일이 있다. 첫째 7일의 때에는 태가 어머니의 뱃속에 있는 것이 앵두와 같고, 종기가 더러운 똥에 누워있는 것과 같으며, 냄비의 안과 같아서 신근(身根)과 식(識)이 한 곳에 있는 것을 곧 높은 열로 끓이는 극심한 고통을 받으므로 갈라람이라고 이름한다. 모양은 죽물(粥汁)과 같고, 혹은 낙장(酪漿)[15]와 같은 것을 7일 동안을 내부와 열로 끓이고 구우면 지계의 굳은 성품과 수계의 젖는 성품과 화계의 더운 성품과 풍계의 움직이는 성품이 비로소 처음으로 나타나느니라.

난타여. 둘째의 7일에는 태가 어머니 뱃속에서 더러운 똥에 누워있는 것이 냄비 가운데에 있는 것과 같아서 신근과 식이 한 곳에 있는 것은 냄비 안과 같으며 신근(身根)과 식(識)이 한 곳에 있는 것을 곧 높은 열로 끓이는 극심한 고통을 받는데, 어머니 뱃속에서 바람이 스스로 일어나므로 이것을 변촉(遍觸)이라고 이름한다. 이전의 업을 따라서 생겨나서 그 태에 접촉하는 때를 알부타(頞部陀)라고 이름한다. 모양은 진한 낙(酪)과 같고, 혹은 응고된 소(酪)와 같은데 7일에는 내부의 열로 끓이고 구우면 사계(四界)가 나타나느니라.

난타여. 셋째의 7일에는 자세한 설명은 앞에서와 같으며, 어머니 뱃속에 바람이 있는데 도초구(刀鞘口)라고 이름한다. 이전의 업을 따라서 생겨나서 그 태에 접촉하는 때를 폐시(閉尸)라고 이름한다. 모양은 쇠젓가락과

15) 소나 양의 젖을 말한다.

같고, 혹은 지렁이와 같은데 7일 동안에 사계가 나타나느니라.

난타여. 넷째의 7일에는 자세한 설명은 앞에서와 같으며, 어머니 뱃속에 바람이 있는데 내개(內開)라고 이름한다. 이전의 업을 따라서 생겨나서 그 태에 불어서 부딪치는 것을 건남(健南)이라고 이름한다. 모양은 신발(鞋)과 얼레(檴) 같고, 온석(溫石)과 같은데 7일 동안에 사계(四界)가 나타나느니라.

난타여. 다섯째의 7일에는 자세한 설명은 앞에서와 같으며, 어머니 뱃속에 바람이 있는데 섭지(攝持)라고 이름한다. 이 바람이 태에 부딪치는 것이 다섯 모양으로 나타나는데 이를테면, 두 어깨와 두 넓적다리와 머리이니라. 비유하면 봄의 때에 하늘에서 단비가 내리면 나무숲이 무성하고 자라서 가지들이 크는 것과 같이 이것도 역시 이와 같이 다섯 가지의 모양으로 나타나느니라.

난타여. 여섯째의 7일에는 어머니 뱃속에 바람이 있는데 광대(廣大)라고 이름한다. 이 바람이 태에 부딪치는 것이 네 모양으로 나타나는데 이를테면, 두 팔뚝과 두 무릎이다. 봄에 비가 내리면 비름(莧)과 풀에 줄기가 생겨나는 것과 같이 이것도 역시 이와 같이 네 가지의 모양으로 나타나느니라.

난타여. 일곱째의 7일에는 어머니 뱃속에 바람이 있는데 선전(旋轉)이라고 이름한다. 이 바람이 태에 부딪치는 것이 네 가지 모양으로 나타나는데 이를테면, 두 손과 두 다리이다. 오히려 물거품이 모인 것과 같고, 혹은 물이끼와 같은데 이것은 네 가지의 모양이 있느니라.

난타여. 여덟째의 7일에는 어머니 뱃속에 바람이 있는데 번전(翻轉)이라고 이름한다. 이 바람이 태에 부딪치는 것이 이십 가지의 모양으로 나타나는데 이를테면, 열 손가락과 열 발가락이 이곳에서 처음으로 나오는 것이 오히려 새로운 비에 나무뿌리가 처음으로 생기는 것과 같으니라.

난타여. 아홉째의 7일에는 어머니 뱃속에 바람이 있는데 분산(分散)이라고 이름한다. 이 바람이 태에 부딪치는 것이 아홉 가지의 모양으로 나타나는데 이를테면, 두 눈과 두 귀와 두 콧구멍과 아울러 입과 아래의 두 구멍이니라.

난타여. 열째의 7일에는 어머니 뱃속에 바람이 있는데 견편(堅鞭)이라고 이름하는데 태를 튼튼하게 한다. 곧 이 7일에 어머니의 태의 가운데에 보문(普門)이라고 이름하는 이 바람이 태장(胎藏)에 부는데 오히려 부낭(浮囊)으로서 공기를 불어 채우는 것과 같으니라.

난타여. 열한째의 7일에는 어머니 뱃속에 바람이 있는데 소통(疏通)이라고 이름한다. 이 바람이 태에 부딪쳐서 태를 통하게 뚫어서 아홉 구멍이 나타난다. 만약 어머니가 다니거나 서거나 눕거나 사업(事業)을 지을 때에 그 바람이 돌면서 허공과 통하여 구멍을 점차 트게 하는데, 만약 바람이 위로 올라가면 윗구멍이 열리고 아래로 향하는 때에는 곧 아랫구멍이 통하는 것이다. 비유하면 대장장이와 제자가 풀무질을 할 때에 위아래로 기운이 통하는 것이 바람을 짓는 일이 끝나면 바람이 곧 없어지는 것과 같으니라.

난타여. 열두째의 7일에는 어머니 뱃속에 바람이 있는데 곡구(曲口)라고 이름한다. 이 바람이 태에 좌우로 불어서 대장(大腸)과 소장(小腸)을 지으면 오히려 연뿌리와 같고, 이것이 몸을 의지하여 얽혀있다. 이 7일에 다시 바람이 있는데 천발(穿髮)라고 이름하는데, 그 태 안에 130마디를 짓는데 늘어남도 없고 줄어듬도 없으며 다시 바람의 힘을 까닭으로 101의 금처(禁處)를 짓느니라.

난타여. 열셋째의 7일에는 어머니 뱃속에서 이전의 바람의 힘으로써 굶주림과 목마름을 알며, 어머니가 마시고 먹으면 소유한 자미(滋味)[16]가 배꼽을 따라서 들어가며 자양으로서 몸을 의지하느니라.

난타여. 열넷째의 7일에는 어머니 뱃속에 바람이 있는데 선구(線口)라고 이름한다. 그 바람은 태에 일천의 힘줄이 생기게 하는데 몸 앞에는 250개이고 몸 뒤에도 250개이며, 오른쪽에도 250개이고, 왼쪽에도 250개가 되느니라.

16) 자양분(滋養分)이 많고 좋은 맛, 또는 그러한 음식(飮食)을 말한다.

난타여. 열다섯째의 7일에는 어머니 뱃속에 바람이 있는데 연화(蓮花)라고 이름한다. 능히 태아(胎子)에게 20종류의 맥(脈)을 지어서 여러 자미를 흡수하게 하는데, 몸 앞에는 5개이고 몸 뒤에도 5개이며, 오른쪽에도 5개이고, 왼쪽에도 5개가 된다. 그 맥에는 여러 종류의 이름과 여러 종류의 색깔이 있으므로 혹은 반(伴)이라고 이름하고, 혹은 역(力)이라고 이름하며, 혹은 세(勢)라고 이름하며, 색깔에는 청·황·적·백두(白豆)·소유(酥油)·낙(酪) 등의 색깔과 다시 여러 많은 색이 함께 서로 화합하여 섞였느니라.

난타여. 그 20맥에는 맥이 별도로 각각 40맥이 있으며 맥이 권속이 되므로 합하면 800의 흡기(吸氣)하는 맥이 있는데 몸의 앞과 뒤, 왼쪽과 오른쪽에 각각 200개가 있다. 난타여. 이 800의 맥에 각각 100의 도맥(道脈)이 권속으로 서로 연결되어 합하면 8만이 있는데, 몸의 앞과 뒤, 왼쪽과 오른쪽에 각각 2만개가 있다. 난타여. 이 8만의 맥에 다시 여러 많은 구멍이 있는데, 혹은 한 구멍·두 구멍 나아가 일곱 구멍까지 있으며, 하나하나가 각각 털구멍으로 이어져서 오히려 연뿌리에 많은 구멍이 있는 것과 같으니라.

난타여. 열여섯째의 7일에는 어머니 뱃속에 바람이 있는데 감로행(甘露行)이라고 이름한다. 이 바람은 능히 방편을 지어서 두 눈의 처소를 놓아두고, 이와 같이 두 귀·두 코·입·목구멍·가슴에 처소를 만들어서 음식이 들어갈 때에 머물고 저장할 곳을 얻게 하고, 능히 숨쉬는 기운이 통과하고 출입하게 한다. 비유하면 도공과 그의 제자가 좋은 진흙을 뭉쳐서 바퀴 위에 올려놓고서 그 그릇의 모양을 따라서 펴서 어긋남이 없도록 하는 것과 같이 이 업의 바람도 능히 이와 같이 눈 등의 처소를 따라서 펼쳐놓고, 나아가 능히 숨 쉬는 기운이 통과하고 출입하게 하는데 역시 실수가 없느니라.

난타여. 열일곱째의 7일에는 어머니 뱃속에 바람이 있는데 모불구(毛拂口)라고 이름한다. 이 바람은 능히 태아의 눈·귀·코·입·목구멍·가슴 등의 음식이 들어오는 곳을 미끄럽게 하여 숨 쉬는 기운이 통과하고 출입하도록 펼쳐놓는다. 비유하면 교장(巧匠)이 만약 남녀의 때가 있는 거울을 취하여 기름과 재와 혹은 고운 흙(細土)으로 문지르고 닦아서 깨끗하게 하는 것과 같이 이 업의 바람도 능히 이와 같이 눈 등의 처소를 펼쳐놓아서 장애가 없느니라.

난타여. 열여덟째의 7일에는 어머니 뱃속에 바람이 있는데 무구(無垢)라고 이름하는데, 능히 태아에게 육근(六根)을 청정하게 하느니라. 해와 달이 큰 구름에 덮였는데 거센 바람이 갑자기 일어나 구름을 불어서 사방으로 흩어버리면 빛이 밝아지는 것과 같이 이 업의 바람의 힘이 태아에게 육근을 청정하게 하는 것도 이와 같으니라.

난타여. 열아홉째의 7일에는 어머니 뱃속에 그 태아에게 눈·귀·코·혀의 사근(四根)을 성취하게 한다. 어머니 뱃속에 들어갈 때에 먼저 삼근(三根)을 얻는데 이를테면, 몸(身)·목숨(命)·뜻(意)이니라.

난타여. 스무째의 7일에는 어머니 뱃속에 바람이 있는데 견고(堅固)라고 이름한다. 이 바람 태에 의지하여 왼쪽 다리에 발가락과 20개의 뼈를 생겨나게 하고, 오른쪽 다리에 발가락과 20개의 뼈를 생겨나게 하며, 발뒤꿈치(足跟)와 네 무릎뼈(骨膞)에 2개의 뼈가 있게 하고, 무릎(膝)에 2개의 뼈가 있게 하며, 넓적다리(髀)에 2개의 뼈가 있게 하고, 허리종지뼈(腰髁)에 3개의 뼈가 있게 하며, 등뼈(脊)에 18개의 뼈가 있게 하며, 갈비(肋)에 24개의 뼈가 있게 하느니라.

다시 왼손과 오른손에 역시 20개의 뼈가 있게 하고, 팔목(腕)에 2개의 뼈가 있게 하며, 팔뚝(臂)에 4개의 뼈가 있게 하고, 가슴(胸)에 7개의 뼈가 있게 하며, 어깨(肩)에 7개의 뼈가 있게 하고, 목(項)에 4개의 뼈가 있게 하며, 턱(頷)에 7개의 뼈가 있게 하고, 치(齒)에 7개의 뼈가 있게 하며, 해골(髑髏)에 4개의 뼈가 있게 하느니라.

난타여. 비유하면 소사(塑師)와 그 제자가 먼저 나무를 사용하여 그 모양을 짓고 다음으로 노끈으로 얽은 뒤에 여러 진흙으로서 형상을 완성하는 것과 같이 이 업의 바람이 모든 뼈를 펼쳐놓은 것도 역시 이와 같다. 이 가운데에서 큰 뼈의 숫자가 200이고, 나머지 작은 뼈는 제외하였느니라.

난타여. 스물한째의 7일에는 어머니 뱃속에 바람이 있는데 생기(生起)라고 이름한다. 능히 태아의 몸에 살이 생겨나게 하나니 비유하면 니사(泥師)가 먼저 진흙을 잘 이겨서 담장이나 벽에 바르는 것과 같이 이 업의 바람이 살을 생겨나게 하는 것도 역시 이와 같으니라.

난타여. 스물두째의 7일에는 어머니 뱃속에 바람이 있는데 부류(浮流)라고 이름한다. 이 바람은 태아에게 피가 생겨나게 하느니라.

난타여. 스물셋째의 7일 동안도 어머니 뱃속에 바람이 있는데 정지(淨持)라고 이름한다. 이 바람은 태아에게 피부가 생겨나게 하느니라.

난타여. 스물넷째의 7일에는 어머니 뱃속에 바람이 있는데 자만(滋漫)이라고 이름한다. 이 바람은 태아에게 피부가 빛나게 하느니라.

난타여. 스물다섯째의 7일에는 어머니 뱃속에 바람이 있는데 지성(持城)이라고 이름한다. 이 바람은 태아에게 피와 살이 많아지게 하느니라.

난타여. 스물여섯째의 7일에는 어머니 뱃속에 바람이 있는데 생성(生成)이라고 이름한다. 이 바람은 태아의 몸에 머리카락·털·손톱·발톱이 생겨나게 하는데 이것들은 하나하나가 함께 맥과 서로 이어졌느니라.

난타여. 스물일곱째의 7일에는 어머니 뱃속에 바람이 있는데 곡약(曲藥)이라고 이름한다. 이 바람은 태아의 몸에 머리카락·털·손톱·발톱을 모두 성취시키느니라. 난타여. 그 태아가 이전에 지은 악업을 까닭으로 여러 재물에 간탐(慳澀)하고 인색(吝惜)하며, 견고하고 집착하여 즐거이 베풀지 않으며, 부모와 스승(師長)의 가르침을 받아들이지 않고, 신·구·의로서 악업을 짓고 밤낮으로 증장시켜서 마땅히 이러한 과보를 받느니라.

만약 인간에 태어나더라도 얻는 과보가 모두 뜻에 맞지 않아서 만약 여러 세상 사람들이 큰 것을 좋아하면 그는 짧게 하고, 만약 짧은 것을 좋아하면 그는 크게 하고, 굵은 것을 좋아하면 그는 곧 가늘게 하며, 가는 것을 좋아하면 그는 곧 굵게 하며, 만약 지절(支節)[17]이 서로 가까운 것을 좋아하면 그는 떨어지게 하며, 만약 서로가 떨어진 것을 좋아하면 그는 가깝게 하고, 만약 많은 것을 좋아하면 그는 적은 것을 좋아하고

17) 팔다리 및 손발의 모든 관절을 가리킨다.

적은 것을 좋아하면 그는 많은 것을 좋아하며, 살찐 것을 사랑하면 곧 마른 것을 사랑하고, 마른 것을 사랑하면 곧 살찐 것을 사랑하며, 겁이 많은 것을 사랑하면 곧 용감한 것을 사랑하고 용감한 것을 사랑하면 곧 겁이 많은 것을 사랑하며, 하얀 것을 사랑하면 곧 검은 것을 사랑하고 검은 것을 사랑하면 곧 하얀 것을 사랑하느니라.

난타여. 악업을 까닭으로 악보를 감응하여 얻나니, 귀머거리이거나 장님이거나 벙어리이거나 우둔하거나 추루하며, 나오는 음성도 사람들이 듣는 것을 즐거워하지 않고, 팔다리는 부러지고 앉은뱅이이며, 모습은 아귀와 같아서 친속들도 모두가 싫어하며 서로 보려고 하지 않는데 하물며 다시 다른 사람들이겠는가! 소유한 삼업으로 사람에게 말할 때에 다른 사람들이 믿고 받아들이지 않으며 뜻에 담아두지 않느니라. 왜 그러한가? 그가 이전의 세상에서 지었던 여러 악업으로 인해 이와 같은 과보를 얻는 것이니라.

난타여. 만약 그 태아가 이전에 복업을 닦아서 주는 것을 좋아하고 아끼지 않고 가난한 것을 불쌍히 여겨서 여러 재물에 인색함과 집착이 없으며 지었던 선업이 밤낮으로 증장되었다면 마땅히 수승한 과보를 받는다. 만약 인간에 태어난다면 얻는 과보가 모두 뜻에 맞아서 만약 여러 세상 사람들이 큰 것을 좋아하면 곧 크게 하고, 만약 짧은 것이 좋아하면 곧 짧게 하며, 굵고 가는 것도 합당하며, 지절(支節)도 마땅히 법도에 합당하고, 많은 것과 적은 것·살찐 것과 마른 것·용감한 것과 겁이 많은 것·얼굴빛이 모두 사랑스럽지 않은 것이 없으며, 육근이 구족되어 단정하여 초륜(超倫)[18]하고, 말이 분명하고 음성이 화합되고 아름다우며, 인상(人相)이 모두 구족되어 보는 자가 환희하고, 소유한 삼업으로 사람에게 말할 때에 다른 사람들이 믿고 받아들며 뜻에 담아두느니라. 왜 그러한가? 왜 그가 이전의 세상에서 지었던 여러 선업으로 이와 같은 과보를 얻는 것이니라.

---

18) 범상함을 넘어 뛰어남.

난타여. 태아가 만약 아들이라면 어머니의 오른쪽 옆구리에 쪼그리고 앉아서 두 손으로 얼굴을 가리고 어머니의 등을 향하고 있고, 만약 딸이라면 어머니의 왼쪽 옆구리에 쪼그리고 앉아서 두 손으로 얼굴을 가리고 어머니의 배를 향하고 있다. 생장(生藏) 아래에 있고 숙장(熱藏)이 위에 있어서 생물(生物)은 내려누르고 숙물(熟物)은 위로 치받으니, 오처(五處)를 묶어서 납작하게 꽂아놓은 것과 같으니라.

만약 어머니가 많이 먹거나 혹은 적게 먹더라도 모두 고통을 받는다. 이와 같이 만약 기름진 것을 먹고, 혹은 마른 것을 먹으며, 매우 차고, 매우 뜨거우며, 짜고 싱거우며, 맵고 시며, 혹은 너무 달고 매운 이러한 것 등을 먹을 때에 모두 고통을 받는다. 만약 어머니가 다닐 때나, 혹은 급히 달려가고, 혹은 위태롭게 앉고 오래 앉으며, 오래 눕고 뛰어오를 때에도 모두 고통을 받느니라.

난타여. 마땅히 알라. 어머니의 태의 가운데에서는 이와 같은 여러 종류의 괴로움이 있어 그 몸을 핍박받는데 갖추어 말할 수 없느니라. 인취의 가운데에서 이와 같은 고통을 받는데 하물며 악취나 지옥의 가운데에서의 고통을 비유할 수 있겠는가? 이러한 까닭으로 난타여. 지혜 있는 자는 누가 생사에 있는 것을 좋아하면서 무변한 고해에서 이러한 액난을 받고자 하겠는가?

난타여. 스물여덟째의 7일에는 어머니 뱃속의 태아는 곧 여덟 종류의 전도된 생각을 일으킨다. 무엇이 여덟인가? 이를테면, 집이라는 생각·탄다는 생각·동산(園)이라는 생각·누각이라는 생각·수풀이라는 생각·평상과 자리라는 생각·강(河)이라는 생각·연못(池)이라는 생각일지라도 실제로는 이것이 없으나 망상이 생겨나서 분별하는 것이니라.

난타여. 스물아홉째의 7일에는 어머니 뱃속에 바람이 있는데 화조(花條)라고 이름한다. 이 바람이 능히 불어서 태아의 형색을 선명하고 희며 정결하게 하고, 혹은 업력을 까닭으로 검게 하며, 혹은 다시 푸르게 하고, 다시 여러 종류의 섞인 얼굴이 되게 하며, 혹은 건조하여 윤택이 없게 하고, 흰빛과 검은 빛이 따라서 나오게 하느니라.

난타여. 서른째의 7일에는 어머니 뱃속에 바람이 있는데 철구(鐵口)라고 이름한다. 이 바람이 능히 불어서 태아의 머리카락·털·손톱·발톱을 생장(生長)하는데 희고 검은 여러 빛이 모두 업을 따라서 나타나는 것은 앞에서 말한 것과 같으니라.

난타여. 서른한째의 7일에는 어머니 뱃속에서 태아가 점차 자라고 이와 같이 서른두째의 7일·서른셋째의 7일·서른넷째의 7일까지 와서는 증장되고 광대하여 지느니라.

난타여. 서른다섯째의 7일에는 어머니 뱃속에서 지체(支體)가 구족되느니라.

난타여. 서른여섯째의 7일에는 어머니 뱃속에서 머무는 것을 좋아하지 않느니라.

난타여. 서른일곱째의 7일에는 어머니 뱃속에서 태아가 곧 세 종류의 전도된 생각이 생겨나니, 이를테면 부정상(不淨想)·취예상(臭穢想)·흑암상(黑闇想)이라는 한 부분을 말하느니라.

난타여. 서른여덟째의 7일에는 어머니 뱃속에 바람이 있는데 남화(藍花)라고 이름한다. 이 바람이 능히 불어서 태아에게 몸을 돌려서 아래로 향하게 하고 길게 두 팔을 펼쳐서 산문(産門)으로 향하게 한다. 다음으로 다시 바람이 있는데 취하(趣下)라고 이름한다. 업력을 까닭으로 바람이 불어 태아에게 머리를 아래로 향하게 하고 두 발은 위로 향하게 하여 장차 산문으로 나가게 하느니라.

난타여. 만약 그 태아가 이전의 몸이 여러 악업을 지고서 아울러 인태(人胎)에 떨어졌다면 이 인연을 까닭으로 장차 나오려고 할 때에 손발이 옆으로 뻗어져서 돌아서 나오지 못하고 곧 어머니 뱃속에서 목숨을 마친다. 이때 지혜가 있는 여인이나 혹은 좋은 의사가 소유와, 혹은 느릅나무 껍질즙과 다른 매끄러운 것을 손에 바르고서 곧 가운데 손가락에 매우 얇고 날카로운 칼을 끼운다. 그 속은 측간과 같아서 어둡고 냄새나며 더러운 악한 고구덩이이고, 무량한 벌레들이 항상 살고 있으며, 냄새나는 액즙이 항상 흐르고 정혈이 부패하므로 매우 싫은 곳이다. 얇은 가죽이 악업으로 몸의 고름을 덮고 있는데 이 더러운 곳에 손을 밀어 넣어서 예리한 칼로 아이의 몸을 조각조각 덩어리로 자른다면 그 어머니는 이것을 까닭으로 뜻으로 헤아릴 수 없는 극심하게 큰 고통을 받고 이것을 인연하여 목숨을 마치며, 설령 다시 살았더라도 죽은 것과 다르지 않다.

난타여. 만약 그 태아가 선업에 감응하여 설령 전도되었더라도 그 어머니는 손상되지 않고 안은하게 출생하여 큰 고통을 받지 않는다. 난타여. 만약 이러한 액이 없는 평범한 자라면 서른여덟째의 7일에 장차 출산하는 때에 어머니는 큰 고통을 받아서 목숨이 거의 죽어가다가 비로소 출산한다. 난타여. 그대는 이런 것을 자세히 관찰하여 마땅히 출리(出離)를 구하여야 하느니라."

근본설일체유부비나야잡사 제12권

삼장법사 의정 한역

석보운 번역

제2문의 제10자섭송 ②

제2문의 제10자섭송으로 난타 인연의 나머지이다.

세존께서 난타에게 알리셨다.

“일반적으로 태로 태어난다는 것은 고뇌가 극심하니라. 처음 태어날 때에 혹은 남자이고 혹은 여자이더라도 다른 사람의 손안에 떨어지는데, 혹은 옷으로 둘러서 햇볕에 놓아두고, 혹은 음지인 곳에 놓아두며, 혹은 흔들리는 수레에 놓아두고, 혹은 평상과 자리에 머무르고 품속에 있으나 이러한 인연을 까닭으로 모두가 산신(酸辛)[1]한 초독(楚毒)[2]과 극심한 고통이니라.

난타여. 가죽이 벗겨진 소가 담장에 가까우면 담장에 사는 벌레의 먹이가 되고, 만약 나무와 풀이 가까우면 나무벌레와 풀벌레의 먹이가 되며, 만약 빈곳에 있으면 여러 벌레에게 먹이가 되어 모두에게 고뇌를 받는 것처럼 처음으로 태어나는 것도 역시 같은 것이다.

따뜻한 물로 씻겨도 큰 고통을 받는 것이 나병인(癩病人)의 피부가 벗겨지고 짓물러서 피고름이 많이 흐르는데 몽둥이나 회초리를 맞아서

1) 맵고 시다는 뜻으로, 삶의 괴로움을 비유(比喩·譬喩)하여 일컫는 말이다.
2) 괴로움과 고초(苦楚)를 비유한 말이다.

극심한 초절(楚切)[3]을 받는 것과 같다. 몸이 태어난 뒤에는 어머니의 혈구(血垢)를 먹으면서 장대하는데 혈구라고 말하는 것은 성스러운 법과 율의 가운데에서는 곧 유즙(乳汁)이니라.

난타여. 이미 이와 같은 무변한 극심한 고통은 있으나 즐거움은 하나도 없다. 어느 지혜 있는 자가 이러한 고해에서 애련(愛戀)한 마음이 생겨날 것이고, 항상 유전(流轉)하는데 휴식(休息)이 있겠는가? 태어나고서 7일이 되면 몸 안에 이미 8만의 호충(戶虫)이 있어서 수직과 수평으로 뜯어 먹는 것이다.

난타여. 한 호충이 있어 식발(食髮)이라고 이름하는데 털의 뿌리에 의지하고 있으면서 항상 그 털을 먹는다. 두 호충이 있으며 첫째는 장장(杖藏)이라고 이름하고, 둘째는 추두(麤頭)라고 이름하는데 머리에 의지하여 있으면서 항상 머리를 먹는다. 한 호충이 있어 요안(繞眼)이라고 이름하는데 눈을 의지하고 있으면서 항상 눈을 먹는다. 네 호충이 있으며 첫째는 구축(驅逐)이라고 이름하고, 둘째는 분주(奔走)라고 이름하며, 셋째는 옥택(屋宅)이라고 이름하고, 넷째는 원만(圓滿)이라고 이름하는데 뇌에 의지하여 있으면서 항상 뇌를 먹는 것이다.

한 호충이 있어 도엽(稻葉)이라고 이름하는데 귀에 의지하면서 귀를 먹고, 한 호충이 있어 장구(藏口)라고 이름하는데 코에 의지하면서 코를 먹는다. 두 호충이 있으며 첫째는 요척(遙擲)이라고 이름하고, 둘째는 변척(遍擲)이라고 이름하는데 입술에 의지하면서 입술을 먹는다. 한 호충이 있어 밀엽(蜜葉)이라고 이름하는데 이빨에 의지하면서 이빨을 먹는 것이다.

한 호충이 있어 목구(木口)라고 이름하는데 이빨의 뿌리에 의지하면서 이빨의 뿌리를 먹고, 한 호충이 있어 침구(針口)라고 이름하는데 혀에 의지하면서 혀를 먹으며, 한 호충이 있어 이구(利口)라고 이름하는데 혀의 뿌리를 의지하면서 혀의 뿌리를 먹고, 한 호충이 있어 수원(手圓)이라고

---

3) 음조(音調)가 비통함을 가리킨다.

이름하는데 잇몸에 의지하면서 잇몸을 먹는 것이다.

다시 두 호충이 있는데 첫째는 수망(手絅)이라고 이름하고, 둘째는 반굴(半屈)이라고 이름하는데 손바닥에 의지하면서 손바닥을 먹는다. 두 호충이 있는데 첫째는 단현(短懸)이라고 이름하고, 둘째는 장현(長懸)이라고 이름하는데 손목에 의지하면서 손목을 먹는다. 두 호충이 있는데 첫째는 원비(遠臂)라고 이름하고, 둘째는 근비(近臂)라고 이름하는데 팔뚝에 의지하면서 팔뚝을 먹는다. 두 호충이 있는데 첫째는 욕탄(欲呑)이라고 이름하고, 둘째는 이탄(已呑)이라고 이름하는데, 목구멍에 의지하면서 목구멍을 먹는 것이다.

두 호충이 있는데 첫째는 이름이 유원(有怨)이라고 이름하고, 둘째는 대원(大怨)이라고 이름하는데, 가슴에 의지하면서 가슴을 먹는다. 두 호충이 있는데 첫째는 나패(螺貝)라고 이름하고, 둘째는 나구(螺口)라고 이름하는데, 살에 의지하면서 살을 먹는다. 두 호충이 있는데 첫째는 유색(有色)이라고 이름하고, 둘째는 유력(有力)이라고 이름하는데, 피에 의지하면서 피를 먹는다. 두 호충이 있는데 첫째는 용건(勇健)이라고 이름하고, 둘째는 향구(香口)라고 이름하는데, 힘줄에 의지하면서 힘줄을 먹는다.

두 호충이 있는데 첫째는 불고(不高)라고 이름하고, 둘째는 하구(下口)라고 이름하는데, 등마루에 의지하면서 등마루를 먹는다. 두 호충이 있으며 모두 지색(脂色)이라고 이름하는데 비계에 의지하면서 비계를 먹고, 한 호충이 있어 황색(黃色)이라고 이름하는데 황(黃)에 의지하면서 황을 먹으며, 한 호충이 있어 진주(眞珠)라고 이름하는데 콩팥에 의지하면서 콩팥을 먹고, 한 호충이 있어 대진주(大眞珠)라고 이름하는데 허리에 의지하면서 허리를 먹으며, 한 호충이 있어 미지(未至)라고 이름하는데 지라에 있으면서 지라를 먹는 것이다.

네 호충이 있으니 첫째는 수명(水命)이라고 이름하고, 둘째는 대수명(大水命)이라고 이름하며, 셋째는 침구(針口)라고 이름하고, 넷째는 도구(刀口)라고 이름하는데 창자에 의지하면서 창자를 먹는다. 다섯 호충이 있으니 첫째는 월만(月滿)이라고 이름하고, 둘째는 월면(月面)이라고 이름하며,

셋째는 휘요(暉耀)라고 이름하고, 넷째는 휘면(暉面)이라고 이름하며, 다섯째는 벌주(別住)라고 이름하는데, 오른쪽 옆구리에 의지하면서 그 옆구리를 먹는 것이다.

다시 다섯 호충이 있으며 앞에서와 같이 이름하는데 왼쪽 옆구리에 의지하면서 그 옆구리를 먹는다. 다시 네 호충이 있으니 첫째는 천전(穿前)이라고 이름하고, 둘째는 천후(穿後)라고 이름하며, 셋째는 천견(穿堅)이라고 이름하고, 넷째는 천주(穿住)라고 이름하는데, 뼈에 의지하면서 뼈를 먹는다. 네 호충이 있으니 첫째는 대백(大白)이라고 이름하고, 둘째는 소백(小白)이라고 이름하며, 셋째는 중운(重雲)이라고 이름하고, 넷째는 취기(臭氣)라고 이름하는데, 맥에 의지하면서 맥을 먹는 것이다.

네 호충이 있으니 첫째는 사자(獅子)라고 이름하고, 둘째는 비력(備力)이라고 이름하며, 셋째는 급전(急箭)이라고 이름하고, 넷째는 연화(蓮花)라고 이름하는데, 생장(生藏)에 의지하면서 생장을 먹는다. 두 호충이 있으니 첫째는 안지(安志)라고 이름하고, 둘째는 근지(近志)라고 이름하는데, 숙장(熟藏)에 의지하면서 숙장을 먹는다. 네 호충이 있으니 첫째는 염구(鹽口)라고 이름하고, 둘째는 온구(蘊口)라고 이름하며, 셋째는 망구(網口)라고 이름하고, 넷째는 작구(雀口)라고 이름하는데, 소변도(小便道)에 의지하면서 오줌을 먹으면서 머무는 것이다.

네 호충이 있으니 첫째는 응작(應作)이라고 이름하고, 둘째는 대작(大作)이라고 이름하며, 셋째는 소형(小形)이라고 이름하고, 넷째는 소속(小束)이라고 이름하는데, 대변도(大便道)에 의지하면서 똥을 먹고서 머문다. 두 호충이 있으니 첫째는 흑구(黑口)라고 이름하고, 둘째는 대구(大口)라고 이름하는데, 넓적다리에 의지하면서 넓적다리를 먹는 것이다.

두 호충이 있으니 첫째는 나(癩)라고 이름하고, 둘째는 소나(小癩)라고 이름하는데, 무릎에 의지하면서 무릎을 먹는다. 한 호충이 있어 우근(愚根)이라고 이름하는데 정강이에 의지하면서 정강이를 먹고, 한 호충이 있어 흑항(黑項)이라고 이름하는데 발에 의지하면서 발을 먹는 것이다.

난타여. 이와 같이 몸은 매우 싫어해야 하는 것이다. 이와 같이 색류(色類)

에는 항상 8만의 호충이 있고 밤낮으로 갈아먹으니 이러한 까닭으로 몸에 열이 있고 마르며 수척하고, 피곤하며 굶주리고 목마른 것이다. 또한 다시 마음에 여러 종류의 고뇌와 근심과 민절(悶絶)[4] 등의 여러 병이 나타나는데 뛰어난 의사가 있더라도 능히 제거하고 치료할 수 없는 것이다.

난타여. 큰 생사의 바다 가운데에는 이와 같은 괴로움이 있는데 어찌 이것에 사랑과 즐거움이 생겨나겠는가? 다시 여러 신들이 여러 병을 가지고 있는데 이를테면, 천신·용신(龍神)·팔부 등이 가진 것과 여러 귀신들 나아가 갈타포단나(羯吒布單那) 및 그 나머지 새와 짐승의 여러 귀신들이 가진 것과, 혹은 일월성신(日月星辰)이 액(厄)을 가지고 있으므로 이러한 귀신들이 여러 병을 지어서 몸과 마음을 핍박하고 괴롭히는 것도 갖추어 말할 수 없는 것이다."

세존께서 난타에게 알리셨다.

"누가 태어나고 죽는 어머니의 태에 들어가서 극심한 고통을 받는 것을 즐거워하겠는가? 이와 같이 생장(生長)하고 이와 같이 증장하면서 어머니의 유혈(乳血)을 먹으면서 망령되게 좋다는 생각을 일으키고 여러 음식으로 점차 장성하느니라. 가령 몸이 안락을 얻었고 병이 없으며, 옷과 음식을 마음대로 얻고 수명이 백세를 채우더라도 이 생의 가운데에서 잠자는 것을 반절을 제외해야 하느니라.

처음은 갓난아기이고 다음으로 동자가 되며 점차 장성하는데 근심·슬픔·걱정·어려움과 여러 병에 핍박당하여 무량한 많은 고통이 몸을 괴롭히는 것을 말하기가 어렵다. 몸 안의 여러 고통을 참기 어려울 때는 사는 것을 원하지 않고 마음에서 곧 죽음을 구하는 것이 생겨난다. 이와 같이 이 몸에는 고통이 많고 즐거움이 적으며 비록 다시 잠깐 머물더라도 반드시 마땅하게 흩어지는 것이다. 난타여. 태어난 자는 모두 죽으며 항상 있는 것이 없느니라.

---

4) 지나치게 번민(煩悶)하여 정신(精神)을 잃고 까무러침을 가리킨다.

가령 약을 먹고서 자양(資養)으로 수명을 연장하여도 결국 사왕(死王)의 죽임을 벗어날 수 없고 텅빈 밭으로 보내질 것이다. 이러한 까닭으로 마땅히 알라. 태어난다는 것은 즐거움이 없으므로 내세의 자량을 마땅히 부지런히 쌓아서 방일하게 짓지 말라. 근책하고 범행을 닦으면서 나태하지 않을 것이고, 여러 이행(利行)·법행(法行)·공덕행(功德行)·순선행(純善行)을 항상 즐기며 닦고 익힐 것이다. 항상 스스로가 몸의 선악의 두 업을 관찰하여 마음에 묶어두어 뒤의 때에 크게 후회하지 말라. 일체의 소유한 욕망과 향락하는 일은 모두 떠나고, 선악의 업을 따라서 후세에 나아갈지니라.

난타여. 수명이 100년이면 그것에는 열 단계가 있으니라. 첫째는 갓난아기로서 포대기에 누워있는 것을 말하고, 둘째는 동자로서 소꿉놀이를 하는 것을 말하며, 셋째는 소년으로서 여러 욕락을 받는 것을 말하고, 넷째는 소장(少壯)으로서 용맹하고 건강하며 힘이 많은 것을 말하며, 다섯째는 성년으로서 지혜와 담론이 있는 것을 말하고, 여섯째는 성취로서 능히 잘 사량하고 공교롭게 계획하는 것을 말하며, 일곱째는 점쇠(漸衰)로서 법식을 잘 아는 것을 말하고, 여덟째는 후매(朽邁)로서 여러 일에 쇠약한 것을 말하며, 아홉째는 극로(極老)로서 능히 하는 것이 없는 것을 말하고, 열째는 백년으로서 마땅히 죽는 것이다.

난타여. 대략 크게 나누어 간략하게 말한다면 이와 같으며, 4개월을 한 때로 의거하여 계산하면 100년의 가운데에는 300의 때가 되는데, 봄·여름·겨울이 각각 100개가 있는 것이고 1년은 12개월이므로 모두 1,200개월이 있으며, 만약 15일로 한다면 2,400개의 보름이 있고, 세 때의 가운데에는 800개의 보름이 있다. 모두 3만8천의 낮과 밤이 있고, 하루에 두 번을 먹는다면 모두 7만2천 번의 음식을 먹는데, 비록 인연이 있어 먹지 않더라도 역시 그 숫자는 있는 것이다.

먹지 못하는 인연이란 것은 이를테면, 성나서 먹지 못하는 것과 고난을 만나서 먹지 못하는 것·혹은 구하지 못하여 먹지 못하는 것·잠을 자는 것·재(齋)를 지니는 것·들뜨고 희롱하면서 먹지 못하는 것과 사무(事務)로 먹지 못하는 것 등이며, 먹었거나 먹지 않은 것을 함께 합산(合集)하면 이와 같은 것이며, 어머니 젖을 먹은 것도 합한 것이다. 사람의 목숨이 백년이라면 내가 이미 연월(年月)과 밤낮과 음식의 숫자를 갖추어 설명하였으므로 그대는 마땅히 싫어함이 생겨날 것이다.

난타여. 이와 같이 태어나서 성장하는데 몸에 여러 병이 있으니 이를테면, 머리·눈·귀·코·혀·이빨·목구멍·가슴·배·손·발의 병과 개라(疥癩)[5]·전광(癲狂)[6]·수종(水腫)[7]·해수(咳嗽)[8]·풍(風)·황(黃)·열(熱)[9]·음(陰)[10]·여러 학병(瘧病)[11]과 지절(支節)의 심한 고통인 것이다.

난타여. 사람의 몸에 이와 같은 병이 있고 다시 101의 풍병과 101개의 황병(黃病)과 101의 담음병(痰陰病)[12]과 101의 총집병(總集病)[13]이 있어서 모두 합하면 404의 병이 몸 안에서 생기는 것이다. 난타여. 몸은 종기의 화살과 같아서 여러 병으로 이루어진 것이므로 잠시도 머무는 때가 없고 생각에 머무르지 않나니 몸이라는 이것은 무상(無常)하고 고통이며 비었고 무아(無我)이니라. 항상 죽음을 가까이 하고 패배하고 무너지는 법이므로 보존하고 사랑할 것이 아닌 것이다.

난타여. 일반적으로 여러 중생에게는 다시 이와 같이 살면서 받는 고통이 있으니 이를테면, 손·발·눈·귀·코·혀·머리와 사지(四肢)를 잘리기도 하고, 다시 감옥에 갇혀 형틀에 묶이고 매를 맞는 고초(拷楚)도 받으며, 기갈과 추위·더위·비·눈을 인연하여 고통을 받으며, 모기·파리·개미·바

---

5) 개창(疥瘡)의 다른 이름으로 일반적으로 나병(癩病)이라고 부른다.
6) 정신(精神) 이상(異常)으로 실없이 잘 웃는 병인 광증(狂症)을 가리킨다.
7) 부종(浮腫)의 다른 이름으로 몸 안에 수습(水濕)이 고여서 얼굴과 눈, 팔다리, 가슴과 배, 심지어 온몸이 붓는 병을 가리킨다.
8) 기침을 다르게 부르는 말이다.
9) 황달은 간질환이 있을 때 나타나는 증세다. 간질환은 증세에 따라 분류가 되며 그중 가장 중요한 것은 간염이다.
10) 열이 몹시 오르고 심하게 앓는 병으로 두통, 식욕 부진 따위가 뒤따른다.
11) 음기가 지나치게 왕성하여 한증(寒症) 증상이 나타나는 병증을 말한다.
12) 몸이 붓거나 무겁고, 머리가 아프고 맑지 못하며 어지럽기도 하며 심하면 구역질이 나기도 한다.
13) 서로 섞인 병을 가리킨다.

람·먼지·사나움 맹수 및 여러 악한 것과 접촉하여 여러 종류의 번뇌가 무량하고 무변하여 갖추어 말하는 것은 어려운 것이다.

유정의 부류가 항상 이와 같은 견고한 고통 속에서 사랑하고 즐기면서 침몰되어 여러 욕망의 고통을 소유하는 것을 근본으로 삼으면서 버리는 것을 알지 못한다. 다시 거듭하여 추구하니 밤마다 몸과 마음을 끓어올라 번뇌를 받고, 안에서 타올라서 쉬는 것이 없나니, 이것은 사는 고통·늙는 고통·병든 고통·죽는 고통·사랑하는 이와 이별하는 고통·원수와 만나는 고통·구하는 것을 얻지 못하는 고통·오취음(五取陰) 고통이다.

4위의의 가운데에서 행(行)·입(立)·좌(坐)·와(臥)도 역시 모두 고통이나니 만약 평소에 다닐 때에 서지 않거나 눕지 않는다면 곧 고통을 받아서 즐거움이 없을 것이다. 만약 서있을 때에 다니지 않고 눕지 않거나, 만약 앉아서 다니고 서고 눕지 않거나, 만약 누워서 다니고 서고 앉지 않는다면 모두 극심한 고통을 받아서 안락이 없을 것이다.

난타여. 이러한 모든 것들은 버려야 할 고통이다. 고통을 구한다면 오직 고통이 생겨나는 것이고, 오로지 고통을 없애는 것이다. 모든 행은 인연이 상속되어 일어나는데, 여래가 명료하게 아시므로 유정의 생사의 법의 모든 행은 무상(無常)하고 진실로 구경이 아니며 변하여 무너지는 법이어서 보전하며 지킬 수 없는 것이므로 마땅히 지족(知足)을 구하고 깊이 싫어하고 두려워하고 부지런히 해탈을 구할지니라.

난타여. 선취(善趣)의 가운데의 유정의 부류들도 태어나는 곳이 부정(不淨)하여 고통의 극심함이 이와 같고 여러 종류의 허망하고 거짓인 것을 모두 말할 수가 없는데, 하물며 세 악취인 아귀·방생·지옥의 유정들이 받는 독한 고초와 참기 어려운 고통은 말할 수 있겠는가?

다시 다음으로 난타여. 모태에 들어가는 네 종류가 있느니라. 첫째는 유정이 바른 생각으로 들어가고 바른 생각으로 머물고서 바른 생각으로 나오는 것이고, 둘째는 바른 생각으로 들어가고 바른 생각으로 머물고서 바르지 않은 생각으로 나오는 것이며, 셋째는 바른 생각으로 들어가고 바르지 않은 생각으로 머물고서 바르지 않은 생각으로 나오는 것이고,

넷째는 바르지 않은 생각으로 들어가고 바르지 않은 생각으로 머물고서 바르지 않은 생각으로 나오는 것이다.

무엇이 바른 생각으로 들어가서 머물다가 나오는 것인가? 만약 한 범부의 유정의 부류가 성품에서 지계를 사랑하고 선품을 닦으며 수승한 일을 하는 것을 즐기고 여러 복된 행을 지으며 지극히 잘 방호하고 항상 바르고 곧게 생각하며 방일하지 않는다면 큰 지혜가 있어서 임종할 때에 후회가 없어서 곧 다시 생을 받으면서 혹은 칠생예류(七生預流)이거나, 혹은 예류의 집들이거나, 혹은 일래(一來)이거나, 혹은 일간(一間)으로 태어나는 것이다.

이 사람은 먼저 선행을 닦은 까닭으로 목숨을 마칠 때에 이르러 비록 고통이 와서 핍박하여 여러 고통과 번뇌를 받더라도 마음이 산란하지 않고 바른 생각으로 목숨을 마치며 다시 바른 생각으로 돌아와서 어머니의 태 안에 들어가는 것이고, 모든 법이 업을 까닭으로 태어나고 모두가 인연을 쫓아서 생겨나는 것이며 항상 여러 병과 함께 머무를 곳을 짓는다는 것을 명료하게 아는 것이다.

난타여. 마땅히 알라. 이 몸은 항상 일체의 부정한 굴(窟)과 집이고, 몸이 상주하는 것도 아니나, 이러한 우치한 물건이 사람을 유혹하고 속이고 어지럽게 하는 것이다. 이 몸은 뼈로써 기관을 만들고 힘줄과 맥이 서로 이어졌으며 모든 구멍이 통하였고 지방과 살과 골수가 함께 서로 얽혀서 가죽이 위를 덮어서 그 허물이 보이지 않는 것이다. 그 뜨거운 굴속에는 부정한 것이 가득 차있는데, 털·손톱·이빨은 자리를 나누어 차별하고, 아(我)와 아소(我所)를 집착하는 까닭으로 항상 얽히고 끌리어 자재를 얻지 못하는 것이다.

항상 콧물과 침의 더러운 것과 땀·황수(黃水)[14]·담음(痰陰)[15]·난괴(爛壞)·지이(脂膩)가[16] 흐르고, 콩팥·쓸개·간·폐·대장·소장·똥·오줌이 추악하

14) 지라의 기능 이상으로 허리와 배에서부터 붓기 시작하는 병.
15) 몸이 붓거나 무겁고, 머리가 아프고 맑지 못하며 어지럽기도 하며 심하면 구역질이 나기도 한다.

며, 나아가 여러 벌레들이 두루 가득하고, 위아래의 모든 구멍에는 항상 냄새나고 더러운 것이 흐르며, 생장(生藏)과 숙장(熟藏)은 엷은 가죽으로 덮여있고, 이것을 움직이는 측간이므로 그대는 마땅히 관찰할지니라.

일반적으로 먹을 때에는 이빨로 씹고 침으로 적시어서 목구멍으로 삼키면 수뇌(髓腦)와[17] 서로 화합하고 섞여서 뱃속으로 흘러갈지라도, 개가 마른 뼈를 물고서 망령되게 좋아하는 생각이 생겨나는 것과 같으며, 음식이 배꼽 사이에 이르면 구역(嘔逆)하여 다시 위로 되돌렸다가 다시 삼키는 것이다.

난타여. 이 몸은 원래 갈라람·안부타·폐시·건남·바라사카(缽羅奢佉)의 부정하고 더러운 물건에서 생장하고 영아에서 유전(流轉)하고 나아가 늙고 죽는 윤회에 게박되어 암흑의 구덩이 같고 썩고 무너진 우물과 같으며 항상 짜고 싱거우며 맵고 쓰며 신 것 등으로 음식맛으로 자양을 삼는 것이다.

또한 어머니 뱃속에서 불꽃이 신근(身根)을 태우므로 부정한 똥냄비에서 항상 뜨거운 고통을 겪으며 어머니가 만약 다니고 서있으며 앉고 눕는 때에는 다섯 부분을 결박당한 것과 같고 역시 불로 태우는 것과 같아서 그 견디기가 어려운 것을 능히 비유하기 어려운 것이다.

난타여. 그 태가 비록 이와 같이 똥과 더러운 구덩이에서 많은 고통이 있는 곳에 있을지라도 근기가 예리한 까닭으로 마음이 산란하지 않는다. 다시 한 부류의 박복한 유정이 있어서 어머니 뱃속에서 혹은 가로로 있고, 혹은 거꾸로 있는데, 그것은 이전의 업연의 힘인 까닭이다. 혹은 어머니가 찬 것·뜨거운 것·짠 것·신 것·단 것·쓴 것·매운 것을 먹고서 잘 조화되지 않은 까닭이며, 혹은 장수(漿水)를 지나치게 마셨거나, 혹은 음욕을 많이 행하였거나, 혹은 병을 많이 앓았거나, 혹은 근심을 품었거나, 혹은 땅에 넘어졌거나, 혹은 타박을 입었던 까닭으로 이러한 인연 등으로 어머니의 몸에 열이 높은 까닭으로 태가 역시 불타는 것이다.

---

16) 몸에서 나온 기름과 함께 살갗에 앉은 때를 말한다.
17) 골수(骨髓)와 뇌를 말한다.

불타는 까닭으로 여러 고통을 받고 괴로움이 있는 까닭으로 곧 움직이며 움직이는 까닭으로 혹은 몸이 가로이거나 뒤집혔으므로 능히 나올 수 없는 것이다. 잘 이해하는 여인이 있어 소와 기름을 손에 바르고 더러운 구멍에 넣고서 천천히 태를 움직여서 본래의 자리에 있게 한다면 손이 닿을 때에 태아는 곧 큰 고통을 받느니라.

난타여. 비유하면 어린 남녀를 사람이 날카로운 칼로 피부와 살을 베고 그 위에 재를 뿌리면 이것을 까닭으로 고뇌가 생겨나는 것과 같아서 태아가 초독(楚毒)을 받는 것도 역시 이와 같다. 비록 이러한 고통을 받을지라도 예리한 근기를 까닭으로 바른 생각이 흩어지지 않는 것이다.

난타여. 이 태아가 이와 같이 어머니의 뱃속에 있으면서 이러한 고통을 받다가 또한 출산하고자 할 때에 크게 고통스럽게 나오는데 그 업의 바람을 까닭으로 손을 교합하고 마디를 쪼그리고 큰 고통을 받는다. 어머니의 태에서 나오고자 하면 신체가 새파랗게 멍드는데 오히려 처음의 종기와 같아서 접촉하여 붙잡기 어렵고 기갈에 핍박받아 마음이 열기와 고뇌에 매달렸으나 업의 인연을 까닭으로 바람의 밀어냄을 받아서 나오는 것이다.

이미 태에서 나와서 바깥바람을 접촉하면 베인 곳에 재를 바르는 것과 같아서 손이나 옷이 닿더라도 모두 극심한 고통을 받는데, 비록 이러한 고통을 받더라도 예리한 근기를 까닭으로 바른 생각이 흩어지지 않는다. 어머니 뱃속에 들어와서 머물고 나오는 것이 모두 고통임을 알지니라. 난타여. 누가 마땅히 이와 같은 태속에 들어가는 것을 좋아하겠는가? 난타여. 누가 어머니의 뱃속에 바른 생각으로 들어가서 머물고 바르지 않은 생각으로 나오겠는가?

난타여. 만약 어느 한 부류의 범부인 유정이 있어 성품이 계를 지키고, 선품을 닦으며, 항상 수승한 일을 하여 여러 복된 행동을 짓고, 그 마음이 바르고 곧으며 방일하지 않고, 작은 지혜가 있어 죽음에 이르러서 후회가 없다면, 혹은 이것이 칠생예류이고, 혹은 예류의 집들이거나, 혹은 일래이거나, 혹은 일간인데, 이 사람은 먼저 선행을 닦아서 목숨을 마칠 때에 비록 고통이 와서 핍박하여 여러 고통을 받아도 마음이 산란하지 않고 다시 바른 생각으로 돌아와서 어머니의 태중에 들어가며, 여러 법이 업의 까닭으로 생겨나는 것을 분명히 알고 모두가 인연을 얻는 것을 따라서 일어나며, [자세한 설명은 앞에서와 같다.] 나아가 태에서 나오면서 비록 이와 같은 여러 극심한 고초를 받으나 이것이 중간의 예리한 근기인 까닭으로 들어가서 바른 생각으로 머물지라도 바르지 않은 생각으로 나오느니라. [자세한 설명은 앞에서와 같다.] 나아가 누가 마땅히 이와 같은 태속에 들어가는 것을 좋아하겠는가?

난타여. 누가 바른 생각으로 태에 들어가서 바르지 않게 머물다가 나오는 자인가? 만약 어느 한 부류의 범부인 유정이 있어 성품이 계를 지키고, 선품을 닦으며, 항상 수승한 일을 하여 여러 복된 행동을 짓고, [자세한 설명은 앞에서와 같다.] 나아가 죽음에 이르러서 후회가 없다면, 혹은 이것이 칠생예류 등이고, 목숨을 마칠 때에 여러 고통이 와서 핍박하여 여러 고통을 받아도 마음이 산란하지 않고 다시 바른 생각으로 돌아와서 어머니의 태중에 들어가는데, 이것이 아래의 예리한 근기인 까닭으로 태에 들어가는 때에 머무르고 나오는 것을 알지 못하며, [자세한 설명은 앞에서와 같다.] 나아가 누가 마땅히 이와 같은 태속에 들어가는 것을 좋아하겠는가?

난타여. 누가 들어가고 머물고 나오는 것이 함께 바르지 않은 생각인 자인가? 만약 어느 한 부류의 범부인 유정이 있어 청정한 계를 허무는 것을 즐기고, 선품을 닦지 않으며, 항상 악한 일을 하며 여러 악행을 짓고, 마음이 바르고 곧지 않으며 많이 방일하게 행하고, 지혜가 없고 재물을 탐내며 아끼고 인색하고, 손은 항상 주먹을 쥐고서 능히 펼쳐서 사람을 은혜롭게 구제하지 못하며, 항상 바라는 마음이 있어 마음이 조화롭고 수순하지 않고, 견해와 행동이 전도되었으나 죽음에 이르러 후회하여도 여러 선하지 않은 업이 모두 현전(現前)하여 마땅히 죽을 때에 맹렬한 초독의 고통과 번뇌에 핍박을 받아 모든 그 마음이 산란하여지고 여러 고뇌를 까닭으로 스스로 내가 어떤 사람이고 어디에서 왔으며 지금 어디로 가는가를 기억하고 알지 못하는 것이다.

난타여. 이것이 세 때에 모두 바른 생각이 없는 것이고, [자세한 설명은 앞에서와 같다.] 난타여. 이 여러 유정이 인간 가운데에 태어나는 것은 비록 이와 같이 무량한 고뇌가 있고, 이곳이 수승한 곳일지라도 무량한 백천 구지의 겁에도 사람의 몸을 얻기 어렵다. 만약 천상에 태어난다면 항상 떨어지는 애별리고가 있다. 목숨을 마치는 때에는 나머지 천인들이 알리기를 "원하건대 그대는 마땅히 세간의 선취에 태어나라."고 말하느니라. 무엇이 세간의 선취인가? 이를테면 인간과 친상이니라. 인취는 얻기가 어렵고 어려운 곳을 멀리 떠난다는 것은 다시 거듭 어려운 것이다.

무엇이 악취인가? 이를테면, 삼악도이다. 지옥취라는 것은 항상 극도의 고통을 받아서 뜻과 같지 않으니 그 맹렬한 초독을 비유하기는 어려운 것이다. 아귀취라는 것은 그 성품이 성냄이 많아서 유연한 마음이 없고 의심하고 속이고 죽이면서 손으로 피를 바르고 자비가 없으며 형체와 얼굴이 추루하므로 보는 자가 무서워하며 설령 인간에 가까워도 기갈의 고통을 받아서 항상 장애가 있는 것이다.

방생취라는 것은 무량하고 무변하며 옳지 않는 행·복이 없는 행·법이 없는 행·선이 없는 행·순박하고 곧음이 없는 행을 지으면서 서로가 잡아먹는데, 강한 자가 약한 자를 잡아먹느니라. 모든 방생이 만약 생겨나고 만약 자라며 만약 죽더라도 모두가 어둡고 부정한 똥과 오줌이 있는 곳에 있으며, 혹은 때로는 잠깐 밝을 곳도 있나니 이를테면, 벌·나비·모기·개미·벼룩·이(虱)·구더기 등의 부류이니라. 나머지의 부류가 다시 무량하고 무변한 것이 있는데 항상 어둠에서 생장하나니 그것들은 이전의 세상에서 우치한 사람이 경법(經法)을 듣지 않았고 몸과 말과 뜻을 제멋대로 하였으며 오욕에 탐착하여 여러 악한 일을 지었으므로 이 부류의 가운데에 태어나서 우매한 고통을 받는 것이다.

난타여. 다시 무량하고 무변한 방생의 유정이 있는데 항상 물속에서 생장하나니 이를테면, 물고기·자라·악어·두렁허리·거머리·조개·두꺼비·개구리 등의 부류이다. 이전의 세상에서 몸·말·뜻의 악업을 까닭으로,

[자세한 설명은 앞에서와 같다.]

난타여. 다시 무량하고 무변한 방생의 유정이 있는데 똥과 오줌의 냄새를 맡으면 빨리 그곳으로 가서 먹고 마시나니 이를테면, 돼지·양·닭·개·여우·담비·매·독수리·까마귀·파리·말똥구리·쇠똥구리·새·짐승 등의 부류이니라. 이전 세상의 악업을 까닭으로 그 과보를 부르고 이와 같은 과보를 받는 것이다.

난타여. 다시 무량하고 무변한 방생의 부류들이 항상 풀과 나무 및 여러 부정한 것을 그 음식으로 충당하나니 이를테면, 코끼리·말·낙타·소·나귀 등이 속하며, 나아가 목숨을 마치도록 이전의 악업을 까닭으로 이와 같은 과보를 받는 것이다.

다시 다음으로 난타여. 태어나고 죽는 유(有)의 바다는 괴롭고 고통스러운 것이니라. 맹렬한 불길이 사납게 타올라서 한 중생도 이 불에 타지 않는 자가 없느니라. 이것은 모두가 눈·귀·코·혀·몸·뜻을 까닭으로 치성한 맹렬한 불인데, 앞의 경계에서 빛깔·소리·냄새·맛·감촉·법을 탐내고 구하는 것이다.

난타여. 무엇을 치성한 맹렬한 불이라고 하는가? 이를테면, 탐하는 것·성내는 것·어리석은 것이고, 생·노·병·사의 불이며, 근심·슬픔·고뇌·독해의 불인데 항상 스스로가 태우면서도 하나도 벗어날 수 없는 것이다.

난타여. 게으른 사람은 많은 여러 고통을 받으면서도 번뇌에 얽히어 선하지 않는 법을 짓나니 윤회를 쉬지 못하여 생사가 끝이 없다. 부지런한 사람은 많은 안락을 받나니 용맹심을 일으켜 번뇌를 끊고 없애며 선법을 수습(修習)하고 선액(善軛)[18]을 버리지 않으며 휴식하는 때가 없다. 이러한 까닭으로 그대는 지금 마땅히 이 몸이 가죽·근육·뼈·혈맥(血脈) 및 골수 등이 오래지 않아서 흩어지고 무너진다는 것을 관찰하고 항상 일심으로 게으르지 않을 것이고 증득하지 못한 것을 부지런히 구하여 증오(證悟)할지니라. 이와 같이 마땅히 배울지니라.

---

18) 액[軛]은 본래 중생의 마음을 결박하는 번뇌를 뜻하나 여기에서는 선업을 쌓는 일을 가리킨다.

난타여. 나는 세간과 함께 여러 논쟁을 하지 않으나 세간에서 나에게 강제로 논쟁을 하는데, 그것은 왜 그러한가? 모든 법을 아는 자는 남과 더불어 논쟁하지 않나니 아(我)와 아소(我所)를 떠났거늘 누구와 함께 논쟁하겠는가? 견해가 없어서 망녕되게 집착을 일으키는 까닭인데, 나는 정각(正覺)을 증득하였으므로 이와 같이 말한다. '나는 모든 법을 알지 못하는 것이 없느니라.' 난타여. 내가 설한 말에 차이(差異)가 있는가?"

난타가 말하였다.

"아닙니다. 세존이시여. 여래의 말씀에는 차이가 없습니다."

세존께서 말씀하셨다.

"옳도다. 옳도다. 난타여. 여래가 설한 것은 반드시 차이가 없느니라. 여래는 진실을 말하는 자이고, 실제를 말하는 자이며, 여여(如如)를 말하는 자이고, 불이(不異)를 말하는 자이며, 불광(不誑)을 말하는 자이니라. 세간을 오랫동안 안락하게 하도록 하고, 큰 승리를 얻게 하도록 하나니, 도(道)를 깨달은 자이고, 도를 아는 자이며, 도를 설하는 자이고, 도를 여는 자이며, 큰 도사(導師)인 여래·응·정등각·명행족·선서·세간해·무상사·조어장부·천인사·불세존이시니라.

세간의 사람들은 아는 것이 없고 믿음도 없으며 항상 여러 근에 노비가 되어 오직 손바닥의 가운데를 보고 큰 이익을 보지 않으며 쉬운 일을 닦지 않고 어려운 것을 항상 짓느니라. 난타여. 다시 이것과 같은 지혜의 경계를 멈추어라. 그대는 지금 마땅히 육안이 보는 것을 관찰하여 보이는 것이 모두가 허망한 것임을 안다면 곧 해탈이라고 이름하느니라.

난타여. 그는 나를 믿지 말고 내가 하고자 하는 것을 따르지 말라. 나의 말을 의지하지 말고 나의 모습을 관찰하지 말라. 사문의 견해를 따르지 말고 사문에게 공경심을 일으키지 말라. 사문 교답마는 우리의 큰 스승이라고 이와 같이 말하지 말고, 다만 내가 스스로 증득한 법을 혼자서 고요한 곳에 있으면서 사량하고 관찰하여 항상 많이 수습하라. 마음을 사용하여 관찰한 법을 따라서 곧 그 법에 관상(觀想)을 성취하고 바른 생각으로 머물지니라. 스스로가 의지할 땅이고, 스스로가 귀의할 곳이며, 법이 의지할 땅이고, 법이 귀의할 곳이며, 별도로 의지할 땅이 없고 별도로 귀의할 곳이 없느니라.

난타여. 무엇이 필추들이 스스로가 의지할 땅이고, 스스로가 귀의할 곳인가? 법이 의지할 땅이고, 법이 귀의할 곳이며, 이와 같이 별도로 의지할 땅이 없고 별도로 귀의할 곳이 없느니라. 난타여. 만약 필추가 스스로가 내신을 따라서 관찰하여 머물고 부지런하고 용맹스럽게 생각을 잡아매어 바른 이해를 분명히 얻고서 여러 세간에서 소유한 성냄과 번뇌를 항상 생각하여 조복을 받아 이것을 따라서 관찰하여 내신의 고라고 말해야 하고, 만약 외신 및 내외신(內外身)을 관찰하는 것도 역시 다시 이와 같이 말해야 하느니라.

난타여. 다음으로 집법(集法)에서 몸을 관찰하여 머물고 멸을 관찰하여 머무르며, 다시 집멸(集滅)의 두 법에서 몸을 관찰하여 머문다면 곧 이 몸이 능히 정념(正念)이 되느니라. 혹은 다만 지혜가 있고, 혹은 견(見)이 있으며, 혹은 염(念)이 있고, 의지하여 머무름이 없다면 이 세간에서 이와 같이 취할 것이 없음을 알지니라. 난타여. 이것은 이를테면, 필추가 스스로가 내신을 따라서 관찰하여 머무는 것이고 외신 및 내외신을 관찰하는 것도 역시 이와 같으니라.

다음으로 내수와 외수 및 내외수(內外受)에 머무는 것을 관찰해야 하고, 내심과 외심 및 내외심(內外心)을 관찰하여 머물러야 하며, 내법과 외법 및 내외법(內外法)을 관찰하여 머물고, 부지런하고 용맹스럽게 생각을 잡아매어 바른 이해를 분명히 얻고서 여러 세간에서 소유한 성냄과 번뇌를 항상 생각하여 조복을 받아 집법을 관찰하여 머물고, 멸법을 관찰하여 머물며, 집멸의 두 법에서 법을 관찰하여 두 법에서 몸을 관찰하여 머문다면 곧 이 몸이 능히 정념이 되느니라. 혹은 다만 지혜가 있고, 혹은 견이 있으며, 혹은 염이 있고, 의지하여 머무름이 없다면 이 세간에서 이와 같이 취할 것이 없음을 알지니라.

난타여. 이것은 이를테면, 스스로가 의지할 땅이고, 스스로가 귀의할 곳이며, 법이 의지할 땅이고, 법이 귀의할 곳이며, 별도로 의지할 땅이 없고 별도로 귀의할 곳이 없느니라. 난타여. 만약 장부가 있어 품성이 올바르고 아첨과 속이는 것을 멀리하며 새벽의 이른 때에 나의 처소에 이르면 나는 선법으로써 근기를 따라서 가르침을 보이느니라. 그가 저녁의 때에 이르러 스스로 얻은 것을 자세히 말한다면 저녁에 법으로써 가르치며 다음 날에 얻은 것을 자세히 말하게 하느니라.

난타여. 나의 선법은 현재에서 증오를 얻게 하고 능히 열뇌(熱惱)를 제거하며 때의 기회에 잘 대응하며 쉽게 방편이 되느니라. 이것은 스스로가 깨닫는 법이니 잘 덮고서 지키면 직접 나를 앞에 마주하고서 설법을 들을 것이고 적정에 수순한다면 능히 보리에나 나아가리라. 이것은 내가 아는 것이다. 이러한 까닭으로 그대는 지금 스스로에게 이익이 있음을 보고 남에게 이익이 있음을 보며 또한 두 가지의 이익이 함께 있음을 보라. 이와 같은 법 등을 마땅히 항상 수학할지니라.

출가법에 근신(勤愼)하고 행하여 헛되게 지나감이 없게 한다면 마땅히 수승한 과보를 얻을 것이고 무위의 안락을 얻을 것이다. 다른 사람들이 공급하는 옷·음식·와구·약품 등의 물건을 받는다면 그 시주들이 큰 복과 이익을 얻을 것이고, 존귀하고 광대하며 수승한 과보를 얻게 하리라. 난타여. 마땅히 이와 같이 수학할지니라.

다시 다음으로 난타여. 하나의 색이 있더라도 사랑스럽고 즐거운 것이 아니나니, 능히 뒤의 때에 변하고 파괴되지 않는다면 옳을 것이 없느니라. 근심과 슬픔이 일어나지 않고 번뇌가 생겨나지 않는다면 역시 옳을 것이 없느니라. 난타여. 그대의 뜻은 어떠한가? 이 색이 항상한 것인가? 무상한 것인가?"

"대덕이시여. 몸은 무상한 것입니다."

"난타여. 몸이 이미 무상하다면 이것은 고통인가?"

"대덕이시여. 이것은 고통입니다."

"만약 무상하고 고통스러운 것이라면 곧 변하여 무너지는 법이니라. 나의 여러 들은 것이 많은 성스러운 제자들이 색이 나라고 헤아리고, 나에게 여러 색이 있다고 헤아리며, 색이 나에게 귀속되었다고 헤아리고,

내가 색의 가운데에 있다고 헤아리겠는가?"

아뢰어 말하였다

"아닙니다. 세존이시여."

"그대의 뜻은 어떠한가? 수·상·행·식이 항상한 것인가?"

"대덕이시여. 모두가 무상합니다."

"난타여. 몸이 이미 무상하다면 이것은 고통인가?"

"대덕이시여. 이것은 고통입니다."

"만약 무상하고 고통스러운 것이라면 곧 변하여 무너지는 법이니라. 나의 여러 들은 것이 많은 성스러운 제자들이 수가 나라고 헤아리고, 나에게 수 등이 있다고 헤아리며, 내가 수 등에 귀속되었다고 헤아리고, 내가 수 등의 가운데에 있다고 헤아리겠는가?"

"아닙니다. 세존이시여."

"이러한 까닭으로 마땅히 알라. 일반적으로 이러한 모든 색은 만약 과거이고, 만약 미래이며, 만약 현재이고, 만약 안이며, 만약 밖이고, 만약 거칠며, 만약 세밀하고, 만약 수승하며, 만약 열등하고, 만약 멀며, 만약 가깝더라도 소유한 여러 색은 모두 내가 아니고, 내가 유색(有色)도 아니며, 내가 색에 귀속된 것도 아니고, 내가 색의 가운데에 있는 것도 아니니라. 이와 같이 마땅히 바른 생각과 바른 지혜로 자세히 관찰할지니라.

수·상·행·식도 만약 과거이고, 만약 미래이며, 만약 현재이고, 만약 안이며, 만약 밖이고, 만약 거칠며, 만약 세밀하고, 만약 수승하며, 만약 열등하고, 만약 멀며, 만약 가깝더라도 소유한 여러 색은 모두 내가 아니고, 내가 유색(有色)도 아니며, 내가 색에 속한 것도 아니고, 내가 색의 가운데에 있는 것도 아니니라. 이와 같이 마땅히 바른 생각과 바른 지혜로 자세히 관찰할지니라.

만약 나의 말을 많이 들어온 성스러운 제자들이 이와 같이 관찰하여 색을 싫어하고, 다시 수·상·행·식도 역시 싫어한다면 만약 물들었어도 집착하지 않을 것이고, 이미 물들지 않고 집착이 없다면 곧 해탈을 얻을 것이며, 이미 해탈을 얻었다면 스스로가 해탈을 알고 이와 같이 말을 지으리라.

'나는 생을 이미 마쳤고 범행이 이미 섰으며 짓는 것이 이미 끝나서 후유를 받지 않으리라.'

이때 세존께서 이 법을 설하여 마치셨다. 이때 구수 난타는 멀리 먼지와 때를 벗어나서 법안의 청정함을 얻었으며 500필추가 여러 유루심(有漏心)의 해탈을 얻었다. 이때 세존께서는 거듭 가타를 설하여 난타에게 알려 말씀하셨다.

만약 사람이 정심(定心)이 없다면
곧 청정한 지혜가 없어져서
능히 여러 번뇌를 끊지 못하나니
이러한 까닭으로 그대는 부지런히 닦을지니라.

그대는 항상 묘관(妙觀)을 닦아
여러 온(蘊)의 생멸을 알아서
청정하고 만약 원만하다면
여러 천인들이 모두 기뻐한다네.

친우들과 함께 교류하면 즐겁고
왕래하며 서로를 사랑하고 생각하면서
명예를 탐하고 이양을 집착하는 것을
난타여. 그대는 마땅히 버릴지니라.

재가에 있는 자와 가까이 하지 말고
출가한 자에도 가까이 하지 않을 것이며
생사의 바다에서 생각을 일으켜서
고통의 끝을 모두 없앨지니라.

처음의 갈라람을 따라서
부추겨져 육포(肉皰)가 생겨나고
육포에서 폐시가 생겨나며
폐시에서 건남이 생겨나고

건남이 점차로 변하여서
머리 및 사지가 생겨나며
여러 뼈가 모여서 몸이 이루어지고
모두가 업의 인연을 따라서 있나니

정수리 뼈는 합하면 아홉 조각이고
턱은 두 뼈로 이어졌으며
이빨은 32개가 있고
그 뿌리도 역시 이와 같으니라.

귀의 뿌리 및 목의 뼈와
잇몸의 뼈와 콧마루와
가슴과 목구멍에도
모두 뼈가 12개가 있으며

눈두덩에는 4개가 있고
어깨뼈는 역시 두 쌍이며
두 팔과 손가락에는
모두 50개의 뼈가 있느니라.

목 뒤에는 뼈가 8개이고
척추뼈는 32개인데
이것이 각자 근본이 되어

그 숫자가 역시 48개가 있느니라.

오른쪽 옆구리 주변의 늑골(肋骨)이
서로 이어진 것이 13개이고
왼쪽 옆구리도 서로 연결되어 생겨나서
역시 13개가 있느니라.

이러한 여러 뼛조각들은
33상(相)으로 서로 이어지고
22상으로 서로 고리처럼 잡고 있으나
그 나머지는 이어지지 않느니라.

좌우 두 다리와 발에
뼈가 합하여 50개가 있어
모두 360개의 뼈가
몸의 내부를 받치고 지탱하느니라.

뼈마디가 서로 고리로 연결되어서
중생의 몸을 합하여 이루는 것을
진실한 말로 기억하여 설하는 것이니
정각의 지혜로 아는 것이니라.

발끝에서 정수리까지
섞이고 더러우며 단단하지 않으나
이것들이 함께 몸을 이룬 까닭으로
위태로운 것이 갈대집(葦舍)과 같으니라.

쐐기(楔)가 없이 오로지 뼈로 서있고

피와 살을 두루 발라 놓았으니
나무인형의 기관과 같고
역시 환상의 변화된 상(像)과 같으니라.

마땅히 이 몸을 관찰하면
힘줄과 핏줄이 서로 얽혀있고
젖은 가죽이 속을 덮었으며
아홉 곳 종기의 문이 있어서
주변에 항상 흘러넘치는 것이
똥과 오줌 등의 여러 부정이 있느니라.

비유하면 창고와 대그릇에
여러 곡식과 보리 등을 담은 것처럼
이 몸도 역시 이와 같아서
섞이고 더러움이 그 가운데에 가득하다네.

뼈의 기관은 움직이지만
위험하고 약하여 견고(堅實)하지 않으나
어리석은 자들은 항상 사랑하고 즐거워하지만
지혜로운 사람은 염착함이 없다네.

콧물과 가래침이 더럽게 항상 흐르고
피와 고름이 항상 충만하며
누런 기름과 잡스런 유즙(乳汁)과
뇌수(腦髓)가 해골 가운데에 가득하느니라.

가슴과 횡경막에는 담(痰)이 흐르고
안에는 생장(生藏)과 숙장(熟藏)이 있으며

지방과 함께 가죽의 막(膜)이 있고
오장(五臟)의 여러 장기와 위가 있느니라.

이와 같이 냄새나고 썩는 것 등은
모두 부정한 것이 함께 기거하나니
죄의 몸이며 매우 두려운 것이며
이것은 곧 원수의 집이니라.

무식하고 탐욕이 많은 사람은
어리석게도 항상 보호하지만
이와 같이 냄새나고 더러운 몸은
오히려 오래된 성곽(城郭) 같아서
밤낮으로 번뇌하고 핍박받아서
변하고 흐르며 잠시도 멈추지 않느니라.

몸은 성(城)이고 뼈는 담장이므로
피와 살로 진흙을 발라서 지으나
색깔인 탐·진·치로 그리면서
곳을 따라서 장식하느니라.

악한 뼈와 몸으로 성이 되었고
피와 살이 서로 이어져 합쳐졌으니
항상 악지식에게 당하면서
안팎의 괴로움이 서로를 끓이느니라.

난타여. 그대는 마땅히 알지니
내가 설한 것과 같이
밤낮으로 항상 생각을 붙잡으며

애욕의 경계를 생각하지 말라.

만약 멀리 욕망을 떠나겠다면
항상 이와 같이 관찰하고 지으며
부지런히 해탈처를 구하여서
빠르게 생사의 바다를 초월할지니라.

이때 세존께서 이러한 『입태경(入胎經)』을 설하여 마치셨으므로 난타 및 500필추들이 모두 크게 기뻐하면서 믿고 받들어 행하였다. 난타필추는 생사의 바다였던 험난한 곳을 넘어서 능히 안은한 구경의 열반에 이르렀고 아라한의 과보를 얻고서 스스로가 경사스럽게 게송을 설하여 말하였다.

공경하는 마음으로 받들어 목욕하였고
깨끗한 물과 바르는 향을 받들면서
아울러 여러 복의 인연을 닦아서
이러한 수승한 과보를 얻었다네.

이때 여러 필추들이 이 말을 듣고 함께 모두가 의심이 있어서 의심을 끊으려는 까닭으로 대사께 청하여 아뢰었다.

"대덕이시여. 난타필추는 이전에 무슨 업을 지은 까닭으로 그는 금색의 몸의 과보를 받았고, 32상을 갖추어 엄숙히 장엄되었으며, 세존의 몸보다 다만 네 손가락만큼 키가 작은 것이며, 음욕의 경계에 극심한 애착이 생겨났고, 대사께서 애민하게 생각하시어 생사의 바다에서 강제로 끌어냈고 방편을 나타내시어 곧 구경의 열반에 안치하셨습니까? 오직 원하옵건대 설하여 주십시오."

세존께서 필추들에게 말씀하셨다.

"난타필추는 이전에 지었던 업의 과보가 성숙되었고 모두 현전한 것이니라." [자세한 설명은 앞에서와 같다.]

곧 게송을 설하여 말씀하셨다.

가령 백겁이 지나더라도
지은 업은 없어지지 않으며
인연이 모이고 만나는 때에
과보가 돌아와서 스스로가 받는다네.

"그대들 여러 필추들이여. 과거 세상의 91겁의 사람의 수명이 8만세일 때에 비바시불(毘鉢尸佛) 여래·응공·정등각·명행족·선서·세간해·무상사·조어장부·천인사·불·세존께서 세상에 출현하셨고 6만2천의 필추와 함께 인간세상을 유행하시면서 친혜성(親慧城)의 왕의 도읍인 곳인 친혜림(親慧林)에 이르러 이곳에 머무르셨느니라.

이때 그 세존께는 어머니가 다른 아우가 있었는데, 그는 음욕의 경계에 극심하게 애착이 생겨났으므로 그 비바시여래·응·정등각께서는 생사의 바다에서 출가를 권유하셨고 방편으로 구경의 열반에 안치하셨느니라. 이때 그 나라의 왕은 유친(有親)이라고 이름하였는데, 법으로써 세상을 교화하여 백성들이 치성하였고 풍족하였으며 즐겁고 안은하였으므로 여러 속임수와 도둑과 질병이 없었고 소·양·벼와 감자 등이 여러 곳에 충만하였다.

왕의 어머니가 다른 아우는 극심하게 음염(婬染)을 탐하였으므로 왕이 듣고서 세존의 대중이 머무르는 친혜림에 모든 왕자·시위(侍衛)·대신 및 궁녀와 백성들을 거느리고 공경스럽게 세존의 처소에 나아가서 세존의 발에 정례하고 한쪽으로 물러나서 앉았다.

이때 세존께서는 그 왕과 대중들을 위하여 묘법을 선양(宣揚)하여 보여 주시고 가르쳤으며 이롭게 하시고 기쁘게 하시어 수승한 견해를 얻게 하셨으나 그 왕의 아우는 욕락에 탐착하여 문밖에도 즐겁게 나가지 않았다. 이때 대신의 아들과 나머지의 지우인 소꿉친구들까지도 나아가서 알려 말하였다.

"착한 벗이여. 아시는가? 왕과 왕자들과 아울러 내궁(內宮)과 대신과 대중들이 비바시불의 처소에 가서 몸으로 예경하고 묘법을 듣고서 수승한 견해를 얻었네. 사람의 몸은 얻기 어려우나 그대는 이미 얻었거늘 어찌하여 지금의 때에 음욕에 탐착하여 즐겁게 문밖에도 잘 나가지 않는가?"

그는 책망을 듣고 마음에서 부끄러움이 생겨나서 면앙(俛仰)[19]한 모습으로 따라서 함께 떠나갔다. 이때 세존의 아우인 필추가 여러 사람들이 함께 떠나가는 것을 보고 물어 말하였다.

"무슨 까닭으로 그대들은 그 한 사람을 함께 데리고 떠나갑니까?"

이때 그 도반이 일로써 갖추어 말하니 필추가 말하였다.

"나는 세존의 아우로서 옛날에 집에 있을 때에 여러 애욕의 경계에 극심한 탐착이 생겨났었습니다. 대사께 강제로 끌려나왔고 구경의 열반에 곧 나아가서 안은함을 얻었는데, 다시 이렇게 우치한 사람들이 있고 나의 모습과 비슷합니다. 당신들은 자비하여 강제로라도 함께 데리고 가고 있으니 진실로 크게 옳은 일입니다. 지금 무상(無上)하신 대사께 나아가 세존의 처소에 이른다면 반드시 깊은 신심이 생겨날 것입니다."

이때 그가 도반들과 함께 세존의 처소에 이르니 세존께서는 그들을 보시고 근기와 욕성(欲性)을 칭찬하시고 설법하시니 듣고서 깊은 신심을 일으켜 자리에서 일어나 오른쪽 어깨를 드러내고 합창하고 세존을 향하여 아뢰어 말하였다.

"오직 바라옵건대 대사와 여러 성중께서는 내일 저희 집에 오시어 온실(溫室)에서 목욕을 하십시오."

세존께서는 묵연히 받아들이셨다. 그는 받아들이신 것을 알고서 부처님 두 발에 예경하고 하직하고 떠나갔다. 마침내 왕의 처소에 이르러 공경을 표시하고 알려 말하였다.

"대왕이시여. 내가 세존의 처소에 나아가서 법을 듣고 신심이 생겨나서 음욕의 경계에 염리심(厭離心)을 일으켰으며, 세존과 승가께 내일 나의

---

19) 땅을 내려다보고 하늘을 쳐다본다는 뜻이다.

집에 오셔서 온실욕을 하시도록 받들고 청하였고, 여래이신 대사께서는 자비로서 받아들이셨습니다. 부처님은 인간과 천상의 공양을 받으시는 분이시니 대왕께서는 지금 마땅히 거리에 물을 뿌려서 쓸고 성곽을 엄숙하게 장엄하십시오."

왕은 이렇게 생각을 지었다.

'세존께서 오시어 성에 들어오신다면 내가 마땅히 엄숙하게 장엄해야겠구나. 그러나 나의 아우는 욕정에 탐착하여 타이르기 어려운데 세존께서 지금 조복시키셨으니 진실로 희유하구나!'

대답하여 말하였다.

"매우 좋은 일이네. 그대는 지금 가서 목욕에 필요한 물건들을 준비하도록 하게. 나는 마땅히 힘을 따라서 성곽(城隍)을 엄숙하게 장엄하겠네."

아우는 큰 기쁨이 생겨나서 왕에게 하직하고 떠나갔다. 왕이 여러 신하들에게 알려 말하였다.

"마땅히 큰소리로 모든 사람에게 알리시오. 내일 세존께서 장차 성안으로 들어오시니 여러 옛날부터 머물렀거나 먼 곳에서 왔더라도 그대들 모든 사람들은 함께 힘을 따라서 성곽을 엄숙히 장엄하고 거리를 물을 뿌려서 쓸 것이며 여러 향과 꽃을 가지고 대사께서 들어오시면 맞이하시오."

신하들이 왕의 하교를 받들어 널리 알렸고 왕의 칙명을 갖추어 널리 알게 하였다. 이때 모든 사람들은 성안의 기와조각과 자갈 등을 제거하고 두루 향수를 뿌렸으며 여러 향을 사르고 깃발을 달았으며 일산을 받치고 꽃을 뿌려서 공양하니 천제석의 환희원과 같았다. 이때 그 왕의 아우는 향탕(香湯)과 향유(香油) 등을 준비하고 욕실을 장엄하였으며 평상과 자리를 펼쳐놓았다. 비바시불께서 점차로 성에 이르고자 하였으므로 왕과 여러 신하·태자·후(后)·비(妃)·궁인·채녀와 모든 사람들이 함께 나와서 받들어 맞이하면서 멀리서 세존의 발에 예경하고 따라서 성으로 들어왔다.

이때 왕의 아우는 세존을 인도하여 온실 안으로 모셨고 향수 등을 드려서 목욕에 충당하게 하였다. 불·세존의 몸을 보니 금색과 같으셨고

32상과 80종호로 두루 장엄되셨으므로 보고 환희하여 더욱 깊은 신심이 생겨났다. 목욕을 마치고 의복을 입으셨으므로 그가 곧 세존의 두 발에 정례하고 이렇게 발원하면서 말하였다.

"제가 지금 다행스럽게 최상의 복전을 만나서 작은 공양을 베풀었습니다. 원하건대 이 선한 인연으로 미래의 세상에서는 세존과 다르지 않게 금색의 몸을 얻고, 세존의 아우가 욕정의 가운데에서 깊은 탐착이 생겨났어도 강제로 끌려나와 구경의 열반에 나아가서 안은함을 얻도록 하신 것과 같이, 원하건대 저도 마땅히 미래에는 세존의 아우가 되어 금색의 몸으로 보호받고 역시 이와 같이 제가 욕정의 경계에서 탐착할 때에도 강제로 끌려 나와서 애욕의 깊은 물속에서 열반에 나아가서 안은한 처소를 얻게 하십시오."

그대들 필추들이여. 다르게 생각하지 말라. 그 친혜왕의 욕정에 탐착하였던 아우가 곧 이 난타필추였느니라. 옛날의 때에 비바시불을 청하여 욕실에 들어가서 향탕으로 목욕하시게 하였고, 청정한 마음으로 발원한 그 선한 인연을 까닭으로 지금 세존의 아우로서 몸의 금색을 지었으며, 음욕의 경계에 탐착한 것을 내가 강제로 끌어내어 세속을 버리고 출가하게 하였고, 구경의 열반인 안은한 처소에 이르렀느니라."

이때 여러 필추들이 다시 의심이 있어서 세존께 청하여 아뢰었다.

"대덕이시여. 난타필추는 일찍이 무슨 업을 지어 지금의 몸이 32종류의 대장부의 상을 감득(感得)하였습니까?"

세존께서 알리셨다.

"그대들 필추들이여. 그가 지었던 업은 앞에서 자세히 말한 것과 같으니라. 지나간 과거에 어느 취락 가운데에 한 장자가 있었는데 크게 부유하여 재산이 많았고 살면서 부족함이 없었다. 한 동산이 있었는데 꽃과 과일이 무성하였고 샘물이 흐르는 욕지(浴池)가 있었으며 나무와 숲이 우거져서 출가자가 안은하게 머물 수 있었다. 그때에는 독각이 있어 세상에 출현하여 중생을 애민하게 생각하면서 한가롭고 고요한 곳을 즐거워하였고, 세간에는 세존께서 없었으므로 독각이 오직 복전이었다. 이때 어느 한 독각인 존자가 있어 인간세상을 유행하다가 이 취락에 이르러 두루 돌아보고 관찰하면서 그 동산의 가운데에 이르니 그 동산을 지키는 사람이 존자를 보고 알려 말하였다.

"잘 오셨습니다. 쉬면서 피로를 푸십시오."

존자가 이곳에 머물면서 그 밤중에 화광정(火光定)에 들어갔는데 동산을 지키는 사람이 보고 이와 같이 생각을 지었다.

'이 대덕이 이렇게 수승한 행을 성취하였구나.'

곧 밤에 일어나서 주인의 집으로 가서 알려 말하였다.

"대가시여. 마땅히 지금 경희(慶喜)한 마음이 생겨나실 것입니다. 화원의 가운데에 한 대덕이 오셨고 머무르고 있는데 묘행을 성취하고 신통을 구족하여 큰 광명을 나타내어 화원의 안을 널리 비추었습니다."

장자는 듣고서 빠르게 동산의 가운데에 가서 두 발에 예경하고 이와 같이 말하였다.

"성자시여. 당신께서 음식을 구하신다면 나는 복의 인연을 짓겠습니다. 바라건대 이 동산에 머무십시오. 내가 항상 음식을 베풀겠습니다."

그가 은근함을 보고 곧 받아들였고 이 동산의 가운데에 머물면서 승묘정(勝妙定)의 해탈을 즐겼다. 다시 이렇게 생각을 지었다.

'나의 이 냄새나는 몸은 생사에 윤회하는 것이고 마땅히 지어야 할 것을 아울러 이미 얻었으므로 마땅히 원적에 들어가서 영원히 무생(無生)을 얻어야겠다.'

이렇게 생각을 짓고서 곧 허공으로 올라가서 화광정에 들어갔고 여러 신통한 변화를 나타내어 큰 광명을 나타내었으므로 위에서는 불꽃이 붉게 빛나고 아래에서는 맑은 물이 흘렀다. 이렇게 몸을 버리고 신식(神識)이 생겨나지 않는 영원한 무여묘열반계를 증득하였다. 이때 그 장자는 그의 시해(屍骸)를 취하여 향나무로 다비하였고 다시 유즙을 가져다가 그 불을 껐다. 나머지의 몸과 뼈를 거두어 새로운 병속에 넣고서 다시 솔도파를 조성하였고 여러 번개(旛蓋)를 달았으며 깊은 공경과 신심이 생겨나서 32종류의 묘한 향수를 뿌리면서 아울러 크게 발원하면서 여러 상호를 구하였느니라.

그대들 필추들이여. 다르게 생각하지 말라. 그때의 장자가 곧 난타이니라. 승묘하게 공양하고 공경하였으며 믿었던 업을 까닭으로 지금 과보를 감득하여 32가지의 수승하고 묘한 상호를 얻은 것이니라."

이때 필추들이 다시 의심이 있어 거듭 세존께 청하여 아뢰었다.

"대덕이시여. 난타필추는 일찍이 무슨 업을 지어서 만약 출가하지 않고 먼지의 세속을 버리지 않았다면 반드시 마땅하게 역륜왕의 지위를 계승한 것입니까?"

세존께서 필추들에게 알리셨다.

"난타필추는 이전의 세상에서 지었던 업의 과보가 성숙한 때에 반드시 마땅하게 스스로가 받은 것이니라. [자세한 설명은 앞에서와 같다.]

과거의 세상인 이 현겁 가운데에서 사람의 수명이 2만세일 때에 가섭파불께서 세간에 출현하셨고. 십호를 구족하셨으며 바라니사의 선인이 떨어진 곳인 시록림의 가운데서 의지하며 머무셨느니라. 이때 그 성에 흘률지(訖栗枳)라는 왕이 있었고 세상을 교화하여 대법왕이 되었는데, [자세한 설명은 앞에서와 같다.] 이 왕에게 세 아들이 있었으며 대(大)·중(中)·소(小)라고 이름하였다.

그 가섭파불께서 교화를 마치시고 오히려 불이 사라지듯이 대열반에 드셨으므로 그 왕은 신심과 공경으로 세존의 나머지 몸을 거두어 전단(栴檀)·침수(沈水)·해안(海岸)·우두(牛頭)·천목향(天木香) 등으로 다비를 마치고 향유로 껐으며, 그 사리를 거두어 금보병(金寶甁)에 안치하고 큰 솔도파를 네 보물을 사용하여 조성하였는데, 가로와 세로는 한 유선나이었고 높이는 반 유선나이었다. 상륜(相輪)을 안치할 때에 왕의 가운데 아들이 직접 위와 중간을 덮었느니라.

그대들 필추들이여. 다르게 생각하지 말라. 그때의 왕의 가운데 아들이 곧 난타이니라. 옛날의 때에 공경스럽게 공양하였고 중간의 덮개를 안치한 이 선업을 까닭으로 2500생의 가운데에서 항상 역륜왕이 되어 한 주(洲)를 다스렸고, 지금 이 생(生)의 가운데에서도 만약 출가하지 않았다면 돌아와서 역륜왕이 되어서 크게 자재하였을 것이니라."

이때 여러 필추들이 다시 의심이 있어서 세존께 청하여 아뢰었다.

"대덕이시여. 난타필추는 일찍이 무슨 업을 지어서 세존의 제자들 중에서 근문(根門)을 잘 보호하는 데 제일이 되었습니까?"

세존께서 말씀하셨다.

"이것도 원력의 까닭이니라. 난타필추가 가섭파불 때에 세속을 버리고 출가하였는데 그의 친교사가 세존의 법 가운데에서 근문을 잘 보호하는 데 제일이라고 불렀느니라. 그는 모습과 목숨을 마치도록 범행을 스스로 지녔으나 현재의 몸으로는 결국 증오한 것이 없었으므로 목숨을 마칠 때에 곧 서원을 세웠느니라.

'내가 세존의 처소에서 이 모습과 목숨이 마치도록 범행을 지켰으나 현재의 몸으로는 결국 증득한 것이 없습니다. 원하건대 나는 이 수행의 선근으로 이 불·세존께서 수기하신 미래세에 마납파가 있어 정각을 이루고 명호를 석가모니라고 하신다면, 나는 그 세존의 법 가운데에 출가하여 세속을 떠나며 여러 번뇌를 끊고 아라한이 되어서, 친교사가 이 세존의 처소에서 근문을 잘 보호하는 데 최고로 제일인 것과 같이, 저도 역시 이와 같이 그 세존의 가르침의 가운데에서 근문을 보호하는 것에 제일이 되게 하십시오.'

이러한 원력을 까닭으로 지금 나의 모든 제자들 가운데에서 근문을 잘 보호하는 데 제일이 된 것이니라. 이와 같이 필추들이여. 만약 순흑업을 지으면 순흑보를 얻고, 만약 순백업을 지으면 순백보를 얻으며, 만약 잡업이라면 마땅히 잡보를 얻느니라. 이러한 까닭으로 그대들은 마땅히 순흑과 잡업을 떠나서 부지런히 순백업을 이와 같이 마땅히 닦을지니라."

근본설일체유부비나야잡사 제13권

삼장법사 의정 한역
석보운 번역

제3문의 별문 총섭송

제3문의 별문을 총섭송으로 말하겠노라.

삼의(衣)와 옷의 횃대와
강가에 사찰의 처마를 짓는 것과
얼굴과 몸을 닦는 수건과
사찰에서 자리와 칼을 마땅히 저축하는 것이 있다.

제3문의 제1자섭송 ①

제3문의 제1자섭송으로 말하겠노라.

삼의의 조엽(條葉)의 양과
평상다리와 먼지를 떨어내는 것과
경행하는 곳에서 털모포를 펼치는 것과
절구공이를 저축하는 것을 허락한 것이 있다.

연기는 실라벌성에서 있었다.

세존께서는 "필추는 마땅히 할절(割截)한 지벌라(支伐羅)[1]를 저축하라." 고 마땅히 말씀하셨다. 이때 여러 필추들이 곧 할절하였으나 장조(長條)와 단조(短條)를 능히 서로가 참차(參差)[2]하였다. 인연으로써 세존께 아뢰니 세존께서 말씀하셨다.

"장조와 단조를 마땅히 어지럽지 않게 하고 할절하면서 마땅히 가지런하게 하라."

필추들이 다시 무엇이 가지런한가를 알지 못하였으므로 세존께서 말씀하셨다.

"장조와 단조는 마땅히 그 양에 따라서 대나무 잣대를 취하여 길고 짧은 것을 정하도록 하라."

인연의 처소는 앞에서와 같다.

이때 여러 필추들이 지벌라를 지으면서 조엽이 가지런하지 않아서 곧 단정하지 않았다. 인연으로써 세존께 아뢰니 세존께서 말씀하셨다.

"만약 옷을 지을 때에는 조엽이 서로 가지런하게 하라."

필추들이 다시 무엇이 가지런한 모양인가를 알지 못하였으므로 세존께서 말씀하셨다.

"대나무 잣대를 취하여 조엽의 넓고 좁은 것을 헤아려라."

그러나 뒤에 그것을 할절하였으므로 세존께서 말씀하셨다.

"마땅히 조엽을 헤아려라."

이때 필추들이 조엽을 너무 크게 지었으므로 세존께서 말씀하셨다.

"마땅히 크게 짓지 말라. 그러나 조엽의 모양에는 세 가지가 있으니 이를테면, 대·중·소이니라. 대는 넓이를 네 손가락이거나 혹은 까마귀가 큰 발과 같은 것이고, 소는 두 뼘이거나 혹은 엄지손가락의 크기이며, 이 안의 것을 중간이라고 이름하느니라."

여러 필추들이 깨끗하지 않은 땅에서 그 옷을 꿰매고 잘라서 마침내

1) 산스크리트어 cīvara의 음사로서 가사(袈裟)나 삼의(三衣)를 가리키는 말이다.
2) 참차부제(參差不齊)의 준말로서 고르지 않아 가지런하지 않다는 뜻이다.

곧 옷이 더러워졌다. 세존께서 말씀하셨다.

"마땅히 쇠똥으로 깨끗하게 그 땅을 바르고 만다라를 짓고 마르는 것을 기다려서 그 위에서 옷을 지으라."

세존께서 만다라를 지으라고 말씀하셨으나 쇠똥을 얻는 것이 어려웠으므로 세존께서 말씀하셨다.

"마땅히 물을 그 땅에 뿌리고 깨끗하게 쓸고서 옷을 놓아두어라."

인연의 처소는 앞에서와 같다.

이때 여러 필추들이 평상다리를 너무 뾰족하게 지었으므로 마침내 곧 땅을 손괴하였다. 세존께서 말씀하셨다.

"마땅히 뾰족하게 하지 말고 평면으로 지어라."

그러나 오히려 손상에 이르렀으므로 세존께서 말씀하셨다.

"왕겨의 자루를 지어 평상다리 밑에 놓거나 혹은 면으로 평상다리를 감도록 하라."

인연의 처소는 앞에서와 같다.

어느 바라문이 인연으로 성 밖에 나아가 다니면서 피로가 심하였는데 식사 때에 서다림에 이르러 들어갔다. 그 음식을 먹는 장소에 묘한 요와 자리 및 좋은 음식이 놓여있는 것을 보고 희유한 신심과 공경심이 생겨나서 곧 자기의 윗옷을 벗어 상좌의 자리에 펼쳐놓고 문을 나와서 떠나갔다. 뒤의 다른 때에 옷에 곧 기름때가 묻어 더러워졌으므로 그 지사인이 그것을 하좌(下座)의 자리에 놓아두었다. 그 바라문이 뒤에 다른 일의 인연으로 사찰에 이르렀고 음식을 먹는 곳에 가서 보았는데 상좌의 자리에서 그 옷을 볼 수 없었고, 차례로 둘러보았는데 하좌의 자리에 놓여있었으므로 그는 곧 이렇게 생각하였다.

'내 옷은 새 옷이고 또한 값비싼 것인데 무슨 인연으로 오늘 이렇게 더렵혀졌을까? 또한 잠시 기다려서 그 까닭을 살펴보아야겠다.'

마침내 지사인이 자리를 놓을 때에 옷을 집어서 땅을 터는 것을 보았다.

그는 이와 같은 것을 보고서 더러워지는 인연을 알았고, 지사인에게 알려 말하였다.

"이러한 작은 일을 당신은 알지 못하십니까? 먼저 마땅히 물을 뿌리고 다음은 쓸어서 깨끗하게 하고서 자리를 깔면 되는 것을 알지 못하는 까닭으로 내 옷이 손상되었습니다."

싫어하고 부끄러운 생각이 생겨나서 버리고 떠나갔다. 필추가 인연으로써 세존께 아뢰니 세존께서 말씀하셨다.

"매번 음식을 먹는 곳은 마땅히 먼저 물을 뿌리고 다음은 쓸어서 깨끗하게 하고 그리고 뒤에 자리를 펼쳐 비로소 마땅히 법이 이루어지게 하라."

이때 지사인이 먼지와 흙이 있는 자리 위에 그 자리와 요를 깔았으므로 마침내 많이 더러워졌고 이전과 같은 허물을 불렀다. 세존께서 말씀하셨다.

"먼저 평상의 자리를 털고서 방석과 요를 깔아라."

필추들이 어떻게 털어야하는가를 알지 못하였으므로 세존께서 말씀하셨다.

"마땅히 하나의 옷으로서 사용하여 평상과 자리를 털어라."

이때 그 지사인이 좋은 옷으로 털었으므로 세존께서 말씀하셨다.

"마땅히 낡은 옷을 사용하라."

지사인이 낡은 옷으로 털었는데 오래지 않아서 파손되었으므로 세존께서 말씀하셨다.

"마땅히 곧 버리지 말고 가늘게 찢어서 막대 끝에 묶고서 평상과 자리를 털어라."

오래 지나서 사용할 수 없어 마침내 다시 버리게 되었으므로 세존께서 말씀하셨다.

"비록 사용하지 못하더라도 마땅히 버리지 말고 마땅히 잘게 잘라서 진흙과 쇠똥과 섞어서 벽돌과 기둥의 구멍이나 담 벽의 틈을 바르는데 사용하여 시주의 복과 이익이 오래 증장되게 하라."

인연의 처소는 앞에서와 같다.

이때 나이가 젊은 필추가 있었고 한곳을 따라서 경행을 지었다. 그가 경행할 때에 땅이 손괴되었다. 이때 어느 장자가 사찰에 들어와서 두루 살펴보다가 경행처에 이르러 곧 이렇게 생각을 지었다.

'땅이 오히려 이와 같은데 성자의 발은 그 모습은 어떠하겠는가?'

이렇게 생각을 짓고서 물어 말하였다.

"성자여. 누가 이 땅을 손괴시켰습니까?"

필추가 대답하여 말하였다.

"이곳은 내가 경행하는 곳입니다."

장자가 알려 말하였다.

"땅이 이와 같은데 그 발은 어떠하겠습니까? 바라건대 마땅히 발을 들어보십시오. 내가 시험삼아 관찰하겠습니다."

곧 들어서 보여주었는데 그 가죽이 찢어져 있었다. 장자가 보고는 자비로운 마음이 일어나서 알려 말하였다.

"성자여. 나에게 털모포가 있는데 펼쳐서 베풀고자 합니다. 그 위에서 경행하면 발이 손상되지 않을 것입니다."

대답하여 말하였다.

"장자여. 세존께서 허락하지 않으셨습니다."

그가 말하였다.

"성자여. 당신의 대사께서는 성품이 자비로운 생각을 품으셨으니 이것을 분명히 허락하실 것입니다."

필추가 인연으로써 세존께 아뢰니 세존께서 말씀하셨다.

"나는 지금 그에게 정근과 경책(警策)으로 경행하는 것을 허락하겠노라. 필추가 마땅히 모직과 담요를 뜻에 따라서 저축하여도 범한 것이 없느니라."

돌아와서 장자에게 알리니 그가 곧 깔아주었다. 필추가 곧 받았고 많은 때에 발로 밟았으므로 마침내 두 조각으로 갈라져서 각자 한쪽에 있었다. 장자가 뒤에 와서 그 낭자(狼藉)함을 보고 물어 말하였다.

"성자여. 무슨 인연으로 모포가 이렇게 찢어졌고, 만약 찢어진 곳을 보았는데 어찌 꿰매지 않았습니까?"

필추가 인연으로써 세존께 아뢰니 세존께서 말씀하셨다.

"장자가 이렇게 말하는 것은 진실로 옳은 말이다. 찢어진 곳을 보았다면 곧 꿰매거나 혹은 물건으로 보수하라. 만약 심하게 찢어져서 수리할 수 없다면 진흙 및 쇠똥과 섞어 행하는 곳에 발라서 시주의 복과 이익이 오래 증장되게 하라."

인연의 처소는 앞에서와 같다.

어느 필추가 병이 있어 의사의 처소에 가서 알려 말하였다.

"현수여. 나에게 이와 같은 병이 있으니 처방하여 주십시오."

그가 말하였다.

"성자여. 이와 같은 약을 복용한다면 마땅히 평소처럼 회복될 것입니다."

곧 처방을 주었고 곧 주처로 돌아왔으며 약을 요리하는데 절구공이와 절구가 필요하였다. 곧 다른 집에 나아가서 절구를 잠시 빌려서 사용하는 것에 충당하였다. 그 사람은 곧 주었고 약을 빻고서 절구를 되돌려 주었는데 대답하여 말하였다.

"성자여. 이것을 당신께 드리겠으니 뜻에 따라서 가져가십시오."

대답하여 말하였다.

"세존께서 아직 허락하지 않으셨습니다."

"만약 이와 같다면 땅에 놓아두고 가십시오."

필추가 인연으로써 세존께 아뢰니 세존께서 말씀하셨다.

"나는 절구와 절구공이를 저축하는 것을 허락하겠노라. 다른 사람이 보시하는 때에는 뜻에 따라서 마땅히 받도록 하라."

제3문의 제2자섭송 ①

제3문의 제2자섭송으로 말하겠노라.

옷의 횃대와 등롱(燈籠)으로
벌레가 손상시키지 않는 것과
더우면 세 면의 집을 여는 것과
난타의 몸을 기록한 것이 있다.

연기는 실라벌성에서 있었다.

필추들이 곳에 따라서 의복을 놓아두었으므로 곧 많이 더러워졌고 벌레와 개미가 구멍을 뚫었다. 필추가 인연으로써 세존께 아뢰니 세존께서 말씀하셨다.

"마땅히 곳을 따라서 의복을 놓지 않을 것이고, 마땅히 옷의 횃대를 지어라."

필추가 곧바로 벽을 뚫어서 옷을 걸어두었으므로 벽이 손괴되었다. 세존께서 말씀하셨다.

"벽을 뚫지 말라. 처음 사찰을 지을 때에 나무등걸이 나오도록 하고서 그 위에 장대를 올려놓아라."

이때 여러 필추들이 방 안에만 장대를 놓고 앞에는 짓지 않았으므로 세존께서 말씀하셨다.

"처마 앞에도 역시 지어서 빠지는 일이 없도록 하라."

인연의 처소는 앞에서와 같다.

세존께서는 "마땅히 옷의 시렁을 지어라."고 마땅히 말씀하셨다. 난야의 필추들이 대나무를 구할 곳이 없었으므로 세존께서 말씀하셨다.

"마땅히 덩굴을 가지고 가로로 묶어서 옷을 놓거나, 혹은 덩굴도 없다면 새끼줄로 시렁을 만들어라."

인연의 처소는 앞에서와 같다.

세존께서는 "밤이 어두워도 독송하라."고 마땅히 말씀하셨다. 그들이 경을 외울 때에 어느 뱀이 와서 이르렀으므로 소년이 보고 놀라서 큰소리로 외쳐 말하였다.

"큰 뱀이다. 큰 뱀이다."

범부인 필추들이 모두 놀랐고 마침내 들었던 자들이 이 인연으로 독송을 그만두었다. 인연으로 세존께 아뢰니 세존께서 말씀하셨다.

"마땅히 등불을 밝히고 경전을 독송하라."

필추들이 여름철에 불을 밝혔으므로 벌레가 손상되었다. 세존께서 말씀하셨다.

"마땅히 등롱을 지어라."

필추가 어떻게 짓는가를 알지 못하였으므로 세존께서 말씀하셨다.

"마땅히 대나무 조각으로서 만들고 얇은 천으로 가려라. 이것을 만약 구하기 어렵다면 운모(雲母)[3]의 조각을 사용하라. 이것도 다시 얻기가 어렵다면 마땅히 백목병(百目甁)으로 지어라."

필추가 백목병을 어떻게 짓는가를 알지 못하였으므로 세존께서 말씀하셨다.

"도공(瓦師)에게 등롱의 모양과 같게 짓도록 하고 옆으로 작은 구멍을 많이 뚫는다면 되느니라."

도공을 구하기가 어려웠으므로 세존께서 말씀하셨다.

"마땅히 병의 아래를 깨뜨리고 그 바닥 옆으로 많은 구멍을 내고서 등잔에 놓아두고 아래로 향하게 한다면 합당하느니라. 만약 구멍에 벌레가 있다면 마땅히 종이나 옷감 및 얇은 물건으로 덮을지니라."

인연의 처소는 앞에서와 같다.

이때 매우 더운 여름이어서 필추들이 더위에 고통을 받아서 몸이 야위고

---

3) 판상(板狀) 또는 편상(片狀)의 규산(珪酸) 광물(鑛物)로서 화강암에 많이 들어있으며, 박리(剝離)되는 성질이 있고 백색과 흑색 두 가지가 있다.

누렇게 병이 들었으며 수척하고 힘이 없었다. 이때 세존께서는 아시면서도 일부러 구수 아난타에게 물어 말씀하셨다

"무슨 까닭으로 여러 필추들이 몸이 야위고 누렇게 병이 들었으며 수척하고 힘이 없는가?"

이때 아난타가 이 일을 갖추어 아뢰니 세존께서 말씀하셨다.

"마땅히 집을 시원하게 하라."

필추들이 어떻게 짓는가를 알지 못하였으므로 세존께서 말씀하셨다.

"마땅히 사찰 밖의 가까운 곳에 세 면(三面)의 집을 지으면서 세 면에 담장을 쌓고 시렁을 지어서 한쪽이 시원하고 오는 바람이 잘 통하게 할 것이고, 사찰의 네 면이 있는 것과 다르게 하라."

필추가 곧 안에다 담장을 두고 밖에 기둥을 세웠으므로 세존께서 말씀하셨다.

"가운데에 기둥을 놓아라."

다시 창문을 달지 않아서 도리어 더위를 만나서 번민하였으므로 세존께서 말씀하셨다.

"창문을 두어라."

그들이 창문을 달면서 너무 높거나 너무 낮게 하였으므로 세존께서 말씀하셨다.

"마땅히 평상과 가지런하게 하라."

여러 새와 참새가 방안으로 들어왔으므로 세존께서 말씀하셨다.

"마땅히 창살을 두어서 들어오지 못하게 하라."

바람과 비가 날려서 흩뿌렸다.

"마땅히 차양을 달아라."

필추들이 먹을 때에 문을 닫아서 방이 어두웠으므로 세존께서 말씀하셨다.

"먹을 때에 문을 열어라. 필추들이 더울 때에 자기 방안에서 다만 아래의 군의 및 승각기를 입고 뜻에 따라서 송경하거나 아울러 설법하거나 의복을 짓더라도 네 위의에는 모두 범한 것이 없느니라."

인연의 처소는 앞에서와 같다.

이때 세존께서는 이미 난타를 머리를 깎아서 출가시키고 아울러 원구를 주시고 데리고서 향산과 삼십삼천과 나아가 나락가에 나아가서 두루 관찰시키고 서다림으로 돌아왔다. 여러 객비구들은 난타를 알지 못하였는데 그의 몸이 금색이고 삼십의 상호가 두루 장엄된 것을 보고서, 어느 늙은 필추가 이때에 세존이라고 말하면서 곧 일어나서 영접하였으나 이미 알고서는 곧 후회하는 마음이 생겨났다. 필추가 인연으로써 세존께 아뢰니 세존께서 말씀하셨다.

"난타의 옷에 마땅히 표시를 기록하라. 만약 다시 이러한 사람이 있다면 역시 표시하여서 이 사람이 정각인가? 이 사람이 다른 사람인가를 알게 하라."

제3문의 제3자섭송 ①

제3문의 제3자섭송으로 말하겠노라.

하변(河邊)에서 치목을 제정하신 것과
라호라를 문밖으로 내보낸 것과
꾸짖어야 할 것과 꾸짖지 않아야 할 것과
구적과 필추에게 마땅히 옷을 주는 것이 있다.

연기는 실라벌성에서 있었다.

이때 승혜하(勝慧河) 주변의 여러 필추들은 좋은 방편으로 책려하면서 부지런히 수행하여 여러 의혹을 끊고 아라한과를 증득하였다. 이때 여러 필추들은 위의는 상서(庠序)처럼 자세히 살펴서 능히 여러 사람들이 공경스럽게 믿었고 깊이 존중하였다. 이때 세존께서 여러 필추들에게 알려 말씀하셨다.

"승혜하 주변의 필추들 주처에서 가까운 촌방(村坊)에서 소유한 사람들은 크고 선한 이익을 얻을 것이다."

이때 구수 아난타는 세존의 말씀을 듣고 곧 뜻을 이해하였다. 대사의 근처에서 오래 시자가 되어왔던 까닭으로 혹은 그 말씀만 듣거나, 혹은 상호를 보는 때에도 모두 곧 분명하게 이해하였다. 만약 세존께서 보시고자 하신다면 찬미(讚美)를 말씀하셨으므로 존자가 알고서 믿음에 의지하여 곧 승혜하의 필추들에게 알렸다.

"여러 구수들이여. 세존께서 찬탄하시는 것은 당신들을 서로가 보시고자 오신다는 뜻입니다."

그들이 이미 듣고서 다시 서로에게 알려 말하였다.

"세존께서 우리를 찬탄하여 말씀하시는 것은 반드시 서로를 보시고자 하시는 일인데 마땅히 무엇을 해야 하는가?"

한 사람이 알려 말하였다.

"다시 무엇을 짓겠습니까? 우리가 마땅히 떠납시다."

마침내 마땅히 지어야 하는 일을 관찰하지 않았다. 만약 관찰하지 않는다면 비록 아라한일지라도 능히 미리 알 수 없는 것이다. 다시 모두가 의논하여 말하였다.

"떠나가는 것은 좋은 일입니다."

곧 여러 필추들에게 말하였다.

"당신들은 마땅히 아십시오. 세존이신 대사께서 우리들을 찬탄하신 것은 우리를 보시고자 하시는 것이므로 지금 떠납시다."

여러 필추들이 말하였다.

"만약 이와 같다면 우리들은 함께 갑시다."

곧 함께 서로를 따라서 길을 걸어서 떠나갔다. 점점 유행하여 실라벌성에 이르렀고 옛날부터 머물던 필추들이 나와서 맞이하고 안부를 물었으므로 곧 사찰의 밖이 크게 시끄러웠다. 세존께서 들으시고 아시면서도 일부러 아난타에게 물으셨다.

"사찰의 밖이 무슨 까닭으로 크게 시끄러운가?"

아난타가 말하였다.

"승혜하 주변에 여러 필추들이 모두가 함께 와서 이르렀고 사찰의 밖에 머무르고 있습니다. 사찰 안에 있는 여러 사람들이 나가서 영접하였고 다시 서로가 문신하였으므로 이렇게 시끄럽게 되었습니다."

이때 세존께서는 아난타에게 알려 말씀하셨다.

"그대는 지금 마땅히 가서 알리도록 하게. '승혜하 주변의 여러 필추들은 모두 돌아갈 것이고 이곳에 머물지 마십시오.'"

이때 존자는 세존의 가르침을 받들고 필추들에게 나아가서 알려 말하였다.

"구수들은 마땅히 아십시오. 세존의 가르침이 있었습니다. '당신들은 돌아가시고 이곳에 머물지 마십시오.'"

이때 그들은 듣고서 옷과 발우를 집지하고 인간세상을 유행하였다. 세존께서는 여러 필추들에게 알려 말씀하셨다.

"여러 촌방의 처소에 기거하면서 만약 승혜하 주변의 필추들이 머무는 곳의 근처에 있는 촌방에서 소유한 사람들은 큰 이익을 얻으리라."

아난타가 듣고서 다시 믿음에 의지하여 되돌아갔고, 필추들이 거듭 오는 것이 이와 같이 세 번에 이르렀으며, 여러 필추들이 옷과 발우를 집지하고 다시 인간세상을 유행하였다. 이때 세존께서는 다시 여러 필추들에게 알려 말씀하셨다.

"승혜하 주변의 필추들이 머무는 곳의 근처에 있는 촌방에서 소유한 사람들은 큰 이익을 얻으리라."

이때 아난타가 세존께서 자주 찬탄하는 것을 듣고 다시 믿음으로 알렸다. 그 여러 필추들이 함께 서로에게 알려 말하였다.

"구수여. 무슨 까닭으로 세존께서는 우리들을 찬탄하고 보시고자 하시면서 자주 세존의 처소에 간다면 돌려보내시는 것인가? 마땅히 우리들에게 널리 많은 사람에게 알리는 까닭으로 보내고 떠나게 하시는 것입니다. 우리들은 마땅히 여러 사람들에게 알리지 않고 묵연히 떠납시다."

이때 여러 필추들이 은밀하게 옷과 발우를 지니고 세존의 처소에 나아가서 세존의 두 발에 예경하고 한쪽으로 물러나서 앉았다. 세존께서는 구수 아난타에게 알려 말씀하셨다.

“그대는 지금 한적한 방인 정처(靜處)를 찾도록 하게. 나와 그 승혜하 주변의 필추들을 위하여 자리를 펼쳐놓도록 하게.”

존자가 가르침을 받들어 안치하는 것을 마치고서 세존의 처소에 이르러 아뢰어 말하였다.

“대덕이시여. 제가 한 곳에 자리를 펴놓았습니다. 오직 세존께서는 때가 되었음을 아십시오.”

이때 세존께서는 승혜하 주변의 필추들이 있는 곳으로 가셨고 곧 문 밖에서 두 발을 씻으시고 한 방으로 나아가서 자리에 가부좌로 단엄하게 앉으시어 염(念)을 현전하셨다. 이때 여러 필추들도 역시 각자 발을 씻고 방으로 들어가 앉아서 염을 현전하였다. 이때 세존께서는 곧 초정(初定)에 들어가셨고, 승혜하 주변의 필추들도 역시 초정에 들어갔으며, 세존께서 초정에서 나오시어 제2정·제3정·제4정에 들어가셨고, 다음으로 공처(空處)·식처(識處)·무소유처정(無所有處定)에 들어가셨으며, 다음으로 비상(非想)·비비상처정(非非想處定)에 드셨으므로 승혜하 주변의 필추들도 역시 세존을 따라서 모든 정에 나왔고 들어갔다.

세존께서 비상·비비상정에서 나오시어 무소유정에 들어가셨고, 여러 필추들도 비상·비비상정에서 나와서 무소유정에 들어갔으며, 나아가 초정에 이르셨으므로 여러 필추들도 이와 같이 다시 초정에 들어갔다. 세존께서는 생각하셨다.

‘내가 초정에 들어가니 여러 필추들도 역시 초정에 들어갔고, 내가 비상·비비상정에 들어가니 여러 필추들도 역시 이 정에 들어갔으며, 내가 나아가 비상·비비상정에 들어가니 여러 필추들도 역시 이 정에 들어갔고, 내가 다시 비상·비비상정에 나와서 나아가 초정에 들어가니 여러 필추들도 역시 모두 나와 같았다. 내가 지금 마땅히 다른 모습을 지어 정에 들어가야겠다. 곧 독각이나 성문이 행할 수 있는 경계가 아니다.’

이렇게 생각하시고 곧 그 정에 들어가셨다. 이때 여러 필추들이 함께 서로 말하였다.

"당신들은 마땅히 아십시오. 대사이신 세존께서 자정(自定)에 머무르시니 우리들도 역시 자정에 들어갑시다."

곧 자정에 들어갔다. 이때 세존께서는 새벽에 이르러 곧 정에서 나오셨는데 대중이 모두 모였으므로 세존께서는 대중의 가운데로 나아가서 자리에 앉으셨다. 이때 구수 아난타가 자리에서 일어나 의복을 정리하고 오른쪽 어깨를 드러내고 세존의 두 발에 예경하였으며 오른쪽 무릎을 땅에 붙이고서 합장하고 공경스럽게 세존께 아뢰었다.

"대덕이신 세존이시여. 자주자주 승혜하 주변의 필추들을 찬탄하시며 마음에서 서로를 보려고 하셨는데 그 여러 필추들이 모두 이곳에 이르렀는데 문급(問及)[4]이 없으십니까?"

세존께서 아난타에게 말씀하셨다.

"내가 이미 그 여러 사람들과 말을 마쳤노라. 성스러운 말과 성스러운 법과 율에 의지하여 서로를 안위하였노라."

아난타가 아뢰었다.

"세존의 말씀을 알지 못하겠습니다. 무엇이 성스러운 말과 성스러운 법과 율에 의지하여 서로를 안위하는 것이라고 이름합니까?"

"아난타여. 내가 여러 필추들과 함께 문 밖에서 발을 씻고서 차례를 따라서 방에 들어갔고 자리에 나아가서 앉았으며 각자 단정한 몸으로 머무르며 염에 현전하였노라. 내가 초정에 들어가니 승혜하 주변의 필추들도 초정에 들었고, 내가 초정에서 나와서 제2정·제3정·제4정에 들어갔으며, 다음으로 공처·식처·무소유처에 들어갔고, 다음으로 비상·비비상처정에 들어가니 승혜하 주변의 필추들도 역시 이와 같이 나를 따라서 모든 정에서 나왔으며 들어갔노라. 내가 비상·비비상정에서 나와서 무소유처정에 들어갔고, 내가 다시 나아가 초정에 들어가니 여러 필추들도 역시 이와 같이 초정에 들어갔느니라. 아난타야 내가 이렇게 생각하였노라.

---

4) 적극적인 행동을 하기 위한 질문을 뜻한다.

'내가 지금 마땅히 다른 모습을 지어 정에 들어가야겠다. 곧 독각이나 성문이 행할 수 있는 경계가 아니다.'

이렇게 생각하고 곧 그 정에 들어갔는데, 이때 승혜하 주변의 필추들도 스스로가 서로에게 알려 말하였느니라.

'대사이신 세존께서 자정에 머무르시니 우리들도 역시 자정에 머물러야 합니다.'

아난타여. 이렇게 성스러운 말과 성스러운 법과 율에 의지하여 서로가 안위하여 말하였고, 내가 이와 같이 서로를 안위를 지어 마쳤노라."

아난타가 세존께 아뢰어 말하였다.

"옳습니다. 세존이시여. 성스러운 말과 성스러운 법과 율로서 함께 서로를 안위하셨습니다. 매우 옳습니다. 세존이시여. 성스러운 말과 성스러운 법과 율로써 함께 서로를 안위하셨습니다. 세존께서 이미 승혜하 주변의 여러 필추들과 성스러운 말과 성스러운 법과 율로써 함께 위안하셨으니 그 소리가 사방에 두루두루 멀리 퍼졌습니다."

여러 사람들이 함께 서로에게 알려 말하였다.

"세존께서 승혜하 주변의 여러 필추들과 성스러운 말과 성스러운 법과 율로써 함께 위안하셨다."

이러한 일을 들었던 여러 장자와 바라문 등이 모두 와서 승혜하 주변의 필추들에게 예배하였다. 이 여러 필추들이 곧 장자와 바라문을 위하여 마땅히 법요를 설하였는데 입에서 냄새가 났다. 이때 그 여러 사람들이 좌우를 돌아보면서 함께 서로에게 알려 말하였다.

"이 냄새가 어디에서 오는 것인가?"

여러 필추들이 말하였다.

"이 냄새는 우리의 입에서 나는 것입니다."

알려 말하였다.

"성자여. 어찌 날마다 치목을 씹지 않으셨습니까?"

대답하여 말하였다

"씹지 않았습니다."

그들이 말하였다.

“무슨 까닭이십니까?”

여러 필추들이 말하였다.

“세존께서 허락하지 않으셨습니다.”

대답하여 말하였다

“성자여. 만약 치목을 씹지 않으신다면 청정을 얻을 수 없습니다.”

이때 여러 필추들은 묵연하였고 대답이 없었다. 인연으로써 세존께 아뢰니 세존께서 말씀하셨다.

“그 바라문과 장자들의 비난하고 부끄러움 짓는 것은 그 뜻에 분명히 합당하다. 나는 다른 곳에서 필추들에게 그 치목을 씹도록 가르쳤으나 그대들이 알지 못한 것이다. 이러한 까닭으로 내가 지금 모든 필추들에게 마땅히 치목을 사용하도록 하겠노라. 왜 그러한가? 치목을 씹으면 다섯 가지의 수승한 이익이 있느니라. 무엇이 다섯인가? 첫째는 능히 황열(黃熱)[5]을 제거하는 것이고, 둘째는 능히 담병(痰病)을 제거하는 것이며, 셋째는 입에 냄새가 없는 것이고, 넷째는 능히 음식을 잘 먹는 것이며, 다섯째는 눈이 밝고 맑아지는 것이니라.”

세존께서 필추들에게 매번 치목을 사용하라 하셨다. 이때 한 젊은 필추가 드러난 곳에서 짧은 치목을 씹고 있었는데 세존께서 이르시니 그 필추가 세존을 보고 깊은 부끄러움이 생겨났다. 세존을 앞에 마주하고서 어떻게 대응하지 못하여 뱉지 못하고 곧 삼켰으나 마침내 목의 가운데에 가시가 박혔다. 모든 세존의 상법은 생각에 잊어버리거나 실수가 없으신 것이다. 이때 세존께서 곧 무량한 백천의 공덕이 생겨나는 왼손을 펼치시니 만자(萬字)가 고리처럼 돌면서 능히 두려움을 제거하였고 선한 안은함을 베푸셨다. 소년의 머리를 잡고 오른쪽 손가락을 구부려서 그의 입안에서 갈고리로 그 치목과 피를 함께 꺼내셨다. 세존께서는 알려 말씀하셨다.

“그대는 무엇을 한 것인가?”

---

5) 황열 바이러스에 의한 열대성(熱帶性) 전염병의 하나로, 심한 구토(嘔吐)와 함께 갑작스러운 오한(惡寒)이나 발열(發熱)이 생겨나며 치사율이 높다.

필추가 이 일을 세존께 아뢰니 세존께서는 이러한 생각을 지으셨다.

'드러난 곳에서 치목을 씹으면 이와 같은 허물이 있는 것이다.'

모든 필추들에게 알려 말씀하셨다.

"한 소년이 드러난 곳에서 짧은 치목을 씹었고 이러한 허물이 생겨났느니라. 그러므로 모든 필추들은 드러난 곳에서 치목을 씹지 말 것이고, 역시 짧은 것으로 하지 말라. 필추로서 어기는 자는 월법죄를 얻느니라."

세존께서는 "필추는 마땅히 드러난 곳에 앉아 치목을 씹지 말라."고 마땅히 말씀하셨다. 이때 어느 소년 필추가 늙은 필추 앞에 앉아서 치목을 씹고 있었으므로 세존께서 말씀하셨다.

"마땅하지 않느니라. 가려지고 보이지 않는 곳에서의 일이 세 종류가 있나니, 대변·소변 및 치목을 씹는 것이니라."

세존께서는 "짧은 나뭇가지를 치목으로 충당하지 말라."고 마땅히 말씀하셨다. 이때 여러 육중이 곧 긴 나뭇가지를 치목으로 충당하였으므로 여러 필추들이 보고 싫어하고 부끄러워하면서 알려 말하였다.

"구수여. 그대들은 어찌 막대를 잡고서 희롱하는가?"

대답하여 말하였다.

"세존의 가르침으로 입을 씻는데 어찌 희롱이라고 말하는가? 그대는 어찌 짧은 치목을 씹다가 거의 죽음에 이르렀으나 세존께서 구호하셨고 살아난 것을 보지 못하였는가? 어찌 그대들이 우리들의 옷과 발우를 간절히 원하는 것이 아니겠는가? 우리들이 일찍 죽으면 함께 갈마를 지을 것이나 긴 치목에는 이익이 있나니, 첫째는 솥에 불을 지펴서 밥을 얻는 것이고, 둘째는 젊은 스승들을 때릴 수 있는 것이오."

그들이 듣고 모두 묵연하였다. 인연으로 세존께 아뢰니 세존께서 말씀하셨다.

"필추는 마땅히 긴 막대를 치목으로 충당하지 말라. 긴 막대를 씹는 자는 월법죄를 얻느니라."

필추들이 치목의 길고 짧음을 알지 못하였으므로 세존께서 말씀하셨다.

"이것은 세 가지가 있으니 이를테면, 긴 것·중간 것·짧은 것이다. 긴 것은 12지(指)이고, 짧은 것은 8지이며, 두 가지의 안을 중간이라고 이름하느니라."

세존께서는 "마땅히 가려진 곳에서 치목을 씹어라."고 말씀하셨다. 이때 어느 늙고 병들었으며 야위고 약하여 능히 가려지고 보이지 않는 곳으로 갈수 없는 자가 있었으므로 세존께서 말씀하셨다.

"병자는 마땅히 입을 씻는 대야를 저축하라."

필추가 곧 용도를 따라서 마땅히 옹기그릇을 방안에 놓아두었는데 발에 닿아서 곧 물이 엎어졌으며 바닥이 더러워졌다. 세존께서 말씀하셨다.

"입을 씻는 대야의 모양을 코끼리 발자국과 같이 할지니라."

이때 어느 필추가 대야를 구할 곳이 없었으므로 세존께서 말씀하셨다.

"마땅히 하수구 곁으로 가서 치목을 씹을지니라."

필추가 멀리에서 씹고 하수구에 가까이 가지 않았으므로 세존께서 말씀하셨다.

"마땅히 근처 주변의 1주의 땅에서 하라."

세존께서 치목을 씹으라고 가르치셨으나 필추들이 혀를 긁어내지 않았으므로 그 입에서 냄새가 났다. 세존께서 말씀하셨다.

"치목을 씹고서 마땅히 혀를 긁어내도록 하라."

필추들이 무엇을 사용하여 긁어내야 하는가를 알지 못하였으므로 세존께서 말씀하셨다.

"혀를 긁어내는 비치개(篦)를 저축하라."

세존께서 비치개를 저축하는 것을 허락하셨으므로 육중필추들이 곧 금·은·유리·파리(玻璃) 등의 보배로 지었다. 여러 바라문과 장자들이 보고 물어 말하였다.

"성자여. 이것은 무슨 물건입니까?"

대답하여 말하였다.

"현수여. 세존께서 우리들에게 혀를 긁어내는 비치개를 사용하라고 하셨소."

그들이 말하였다.

“어찌 그대들은 사문 석자로서 욕락을 탐하십니까?”

육중이 묵연하였다. 이때 여러 필추들이 인연으로써 세존께 아뢰니 세존께서 말씀하셨다.

“혀를 긁는 비치개에 네 종류가 있나니 필추들은 마땅히 저축하라. 무엇이 네 종류인가? 이를테면, 구리·철·두석(鍮石)·적동이니라.”

이때 여러 필추들이 곧 날카롭게 지어서 혀를 다쳤으므로 세존께서 말씀하셨다.

“마땅히 날카롭게 짓지 말라.”

그러나 이 네 종류를 구하기가 어려웠으므로 세존께서 말씀하셨다.

“치목을 쪼개고 구부려서 혀를 긁어라.”

필추들이 쪼개어 곧 혀를 긁어내는데 사용하다가 상처가 생겨났으므로 세존께서 말씀하셨다.

“치목을 쪼갰다면 두 조각을 서로 문질러 위의 꼬챙이의 가시를 없애고서 그것을 사용하라.”

필추가 치목을 씹고서 짓는 소리를 알지 못하여 조용히 버렸는데 마침내 곧 사찰을 보호하는 천신(天神)의 머리 위에 떨어졌으므로 그가 싫어하고 부끄러워하였다. 세존께서 말씀하셨다.

“조용히 버리지 말고 마땅히 소리를 지을지니라. 만약 소리를 짓지 않는 자는 월법죄를 얻느니라.”

필추가 오직 치목의 한 가지의 일에 소리를 짓고 버리고 대·소변을 보는 때와 침을 뱉거나 물을 버릴 때 나오는, 버리고 던지는 소리를 짓지 않았으므로 세존께서 말씀하셨다.

“일반적으로 이와 같은 버려야 하는 일에는 모두 반드시 소리를 지어라.”

대사께서 이미 항상 치목을 씹으라고 제정하셨으나 필추들이 길을 다니면서 갑자기 구하는 것이 어려워서 마침내 감히 먹지 못하였다. 세존께서 말씀하셨다.

“마땅히 단식하지 말라. 만약 치목이 없다면 마땅히 조두(澡豆)나 토설(土

屑)[6] 및 마른 쇠똥(牛糞)을 사용하여 물로써 깨끗이 세 번을 양치하고 뜻에 따라서 먹을 것이며 의심하지 말라."

인연의 처소는 앞에서와 같다.

이때 구수 사리자에게 두 구적이 있었는데 첫째는 준타(准陀)였고, 둘째는 라호라였다. 뒤의 다른 때에 존자 사리자가 인간세상에 가고자 하였으므로 두 제자에게 알려 말하였다.

"나는 뜻을 따라서 인간세상을 유행하고자 하는데 그대들은 머물겠는가? 가겠는가?"

준타가 알려 말하였다.

"오파타야시여. 나는 따라가기를 원합니다."

라호라가 말하였다.

"오파타야시여. 나는 이곳에 머무르겠습니다."

사리자가 말하였다.

"만약 이와 같다면 그를 누구에게 부탁해야 하는가?"

대답하여 말하였다.

"나를 존자 오타이에게 부탁하십시오. 나는 그에게 의지하여 머물겠습니다."

알려 말하였다.

"라호라여. 그는 악인이라 비법을 행하는 것이 두렵구나."

대답하여 말하였다.

"오파타야시여. 내가 아버지처럼 섬긴다면 그가 어찌 악하게 하겠습니까?"

곧 부탁하고서 인간세상으로 나아갔다. 비로소 떠나갔는데 오타이가 라호라에게 말하였다.

"그대는 와서 이러이러한 일을 지어라."

---

6) 흙먼지나 흙덩이를 가리킨다.

대답하여 말하였다.

"지을 수 없습니다."

오타이가 성내면서 말하였다.

"어리석은 물건아. 이것도 오히려 짓지 못한다면 나머지를 어찌 기쁘게 하겠는가?"

라호라가 말하였다.

"당신이 어찌 나의 친교사나 궤범사이겠습니까?"

오타이가 다시 더욱 성내면서 마침내 손으로 그의 머리를 잡고서 사찰의 문밖으로 밀쳐내었다. 곧 문밖에서 울면서 머무르고 있었다. 이때 대세주 필추니가 500의 문인들과 함께 세존의 발에 예경하려고 왔다가 그가 우는 것을 보고 물어 말하였다.

"성자 라호라여. 무슨 까닭으로 우는 것이오?"

알려 말하였다.

"교답미여. 대덕 오타이가 손으로 머리를 잡고서 사찰의 문밖으로 밀쳤습니다."

그녀가 듣고서 이렇게 생각하였다.

'내가 지금 마땅히 세존의 아들을 버리고 다른 곳으로 가지 않으리라.'

곧 문도들과 함께 둘러싸고 서있었다. 다음으로 교살라국의 왕인 승광대왕이 세존의 발에 예경하고자 동산에 들어왔다가 라호라를 보고 앞에서와 같이 묻고 대답하였으며 이렇게 생각하였다.

'내가 지금 마땅히 세존의 아들과 어머니를 버리고 다른 곳으로 가지 않으리라.'

곧 둘러싸고 서있었다. 다음으로 급고독장자가 역시 세존의 발에 예경하고자 동산에 들어왔다가 라호라를 보고 앞에서와 같이 묻고 대답하였으며 이렇게 생각하였다.

'내가 지금 마땅히 세존의 아들과 어머니와 국왕을 버리고 다른 곳으로 가지 않으리라.'

곧 둘러싸고 서있었다. 이때 문밖에 대중이 구름처럼 모였고 시끄러웠으므로 세존이신 대사께서 아시면서도 일부러 물으셨다.

"구수 아난타여. 무슨 까닭으로 문밖에 많은 사람들이 모여서 있고 시끄러운가?"

존자 아난타가 앞의 일을 공손하게 세존께 아뢰니 세존께서 말씀하셨다.

"아난타여. 어느 필추가 다른 필추를 사찰 밖으로 쫓아낸 것이 사실인가?"

대답하여 말하였다.

"대덕이시여. 진실로 이러한 일이 있었습니다."

세존께서 알려 말씀하셨다.

"필추는 다만 자기의 방에서 주인이 되는 것이므로 사찰 안에서는 마땅히 다른 필추를 사찰 밖으로 쫓아내지 말라. 어기는 자는 월법죄를 얻느니라."

세존께서 이미 필추를 사찰 밖으로 쫓아내지 못하게 하셨다. 이때 여러 필추들이 제자와 문인을 모두 감히 꾸짖지 못하였으므로 마침내 법식에 게을렀고 즐겁게 받들어 행하지 않았다. 세존께서 말씀하셨다.

"마땅히 꾸짖는 것이 필요하느니라."

필추들이 어떻게 꾸짖는가를 알지 못하였으므로 세존께서 말씀하셨다.

"다섯 종류의 꾸짖는 법이 있다. 첫째는 함께 말하지 않는 것이고, 둘째는 가르치지 않는 것이며, 셋째는 같이 수용하지 않는 것이고, 넷째는 그 선한 일을 막는 것이며, 다섯째는 의지가 되어 주지 않는 것이다.

'함께 말하지 않는다.'는 함께 말을 묻고 대답하지 않는 것이다.

'가르치지 않는다.'는 이익이 되고 손해가 되는 일을 모두 불러서 가르치지 않는 것이다.

'함께 수용하지 않는다.'는 소유한 공양을 받드는 것을 모두가 받지 않고 의식(衣食)과 법도 역시 교통(交通)하지 않는 것이다.

'선한 일을 막는다.'는 말은 선품(善品)을 수행하는 수승한 일을 모두 짓지 못하게 하는 것이다.

'의지가 되어 주지 않는다.'는 말은 스승과 제자가 서로 의지하며 함께 같은 방을 쓰는 일 등을 끊는 것이다."

세존께서는 "마땅히 제자를 꾸짖어라."고 마땅히 말씀하셨다. 필추가 일을 간택(簡擇)하지 않고 곧 꾸짖었으므로 세존께서 말씀하셨다.

"마땅히 일을 따르지 않고 꾸짖지 말라. 만약 다섯 가지의 법이 있다면 곧 합당하게 꾸짖어라. 무엇이 다섯 가지인가? 첫째는 믿지 않는 것이고, 둘째는 게으른 것이며, 셋째는 악하게 말하는 것이고, 넷째는 마음에 부끄러움이 없는 것이며, 다섯째는 악지식을 가까이 하는 것이니라."

이때 여러 필추들이 이 다섯의 법을 모두 갖추면 비로소 꾸짖었고, 만약 다섯의 법을 갖추지 않으면 꾸짖지 않았으므로 세존께서 말씀하셨다.

"다섯 법의 가운데에 한 가지만 있더라도 반드시 꾸짖어라."

제자를 꾸짖을 때에 나머지 여러 필추들이 마침내 서로를 섭수하였으므로 세존께서 말씀하셨다.

"만약 친교사나 궤범사에게 꾸중을 받을 때에 다른 사람이 섭수하여 이간(離間)의 뜻을 지으면 이것은 승가의 방편을 깨트리는 것이며 솔토라죄(窣吐羅罪)를 얻느니라."

세존께서 마땅히 섭수하지 말라고 말씀하셨다. 이때 여러 필추들이 모두 너그럽게 허락하지 않았으므로 이것을 인연으로 조화시키는 것이 어려웠고, 다시 공경하지 않았으며, 혹은 국외로 나갔고, 혹은 세속으로 돌아갔다. 세존께서 말씀하셨다.

"마땅히 다른 필추에게 시켜서 가르칠 것이고 그가 고치고 뉘우쳐서 공경을 일으키게 하라."

그가 능숙하지 못한 자를 시켰는데 그 필추에게 이르러 알려 말하였다.

"구수여. 그대의 친교사를 불러서 환희하게 하시오."

그가 다시 더욱 교만하여졌으므로 세존께서 말씀하셨다.

"마땅히 능숙한 필추가 가르쳐서 고치고 뉘우치며 깊은 공경을 일으키게 하라."

이때 그의 본래의 스승이 와서 사죄하는 것을 보고 곧 간별(簡別)하지 않고 서로가 너그럽게 잊어버렸으므로 그는 선품이 능히 증진되지 않았고,

다시 어느 소년은 이것을 인연하여 세속으로 돌아갔다. 세존께서 말씀하셨다.

"다섯 종류의 법을 갖추면 마땅히 참마(懺摩)를 지을지니라. 첫째는 신심이 있는 것이고, 둘째는 정진을 일으키는 것이며, 셋째는 공경이 생겨나는 것이고, 넷째는 아름다운 말이 나오는 것이며, 다섯째는 선지식을 가까이 하는 것이니라."

세존께서 말씀하셨다.

"이 다섯 중에서 한 가지만 있더라도 지을 수 있느니라. 그러나 여러 필추들이 꾸짖는 것이 합당하지 않으면 역시 꾸짖는 자는 월법죄를 얻느니라. 마땅히 꾸짖어야 할 것을 꾸짖지 않아도 월법죄를 얻고, 용서하는 것이 합당하지 않으나 용서하여도 월법죄를 얻으며, 마땅히 용서하는 것이 합당하나 용서하지 않는다면 월법죄를 얻느니라. 만약 앞에서의 흑품(黑品)이 있고 다섯 법에서 한 가지라도 현행(現行)하면서 공경심이 없다면 마땅히 쫓아낼지니라. 만약 그가 부끄러워하고 자비와 순종을 품은 것을 알았다면 마땅히 용서할지니라. 만약 다섯의 흑법을 갖추었다면 곧 쫓아내도록 하라. 만약 쫓아내지 않는다면 월법죄를 얻느니라."

세존께서 쫓아내라고 말씀하셨으므로 곧 알몸으로 쫓아냈다. 세존께서 말씀하셨다.

"마땅히 알몸으로 떠나게 하지 말라. 만약 그가 구적이라면 마땅히 수라(水羅)와 군지(君持) 및 위·아래의 두 가지의 옷을 주고 떠나가게 하고, 만약 그가 필추라면 마땅히 여섯의 물건을 주고서 사찰에서 나가게 할지니라. 모두 알몸으로 떠나게 하지 말라."

[여섯 물건이라는 것은 삼의(三衣)·좌구(坐具)·수라·군지 등이다. 군지는 깨끗하고 더러운 두 가지를 말한다.]

제3문의 제4자섭송 ①

제3문의 제4자섭송으로 말하겠노라.

사찰을 지으면서 처마와 그물을 두는 것과
널리 땅을 쓰는 것을 말하는 것과
법을 구하는 두 동자에게 설하는 것과
더울 때에 마땅히 집을 짓는 것이 있다.

연기는 실라벌성에서 있었다.

세존께서는 "나무 아래에서 와구(臥具)는 청정하고 얻기가 쉽다."고 마땅히 말씀하셨다. 필추는 이것에 의지하여 출가하고 아울러 근원을 받아서 필추성(苾芻性)을 이루어야 한다. 만약 큰 이익을 얻는다면 별도의 방(房)이나 누각도 모두 받을 수 있는 것이다. 필추가 사찰을 지으면서 기초를 하지 않고 앞의 처마를 설치하지 않았으므로 세존께서 말씀하셨다.

"먼저 기초를 놓는데 무릎과 가지런하게 하고, 그 위에 두꺼운 판자를 올려놓으며, 그 위에 기둥을 세우고, 도리와 대들보와 서까래를 차례로 얹으며, 그 위에는 평평한 판자를 펼쳐놓고, 그 위에 벽돌을 펼쳐놓으며, 다시 그 위에 벽돌 부스러기와 진흙을 섞어서 매우 단단하게 쌓고, 그 위에는 염식회(鹽石灰)와 진흙을 놓아두어라. 한 집은 이미 이와 같으며 나머지는 모두가 같은 부류이므로 알 것이다. 앞의 난간을 설치하는 것은 가로를 기둥에 못을 박아서 떨어지지 않도록 하라."

이때 여러 필추들이 혹은 이곳에서 음식을 먹는데 새와 참새가 와서 함께 서로를 괴롭히고 시끄럽게 하였다.

"마땅히 그물망을 설치하라."

무엇으로 그물망을 만들어야 하는가를 알지 못하였으므로 세존께서 말씀하셨다.

"다섯 종류의 그물망이 있느니라. 삼베(麻)·모시(紵)·풀(芒)·띠(茅)·닥나무 껍질 등이니라."

비록 그물망을 지었으나 설치하는 것을 알지 못하였으므로 세존께서 말씀하셨다.

"그물망의 네 귀퉁이에 짧은 쇠고리를 달고서 곧 걸어서 비를 맞지 않게 하라."

뒤에 이곳에서 음식을 먹는데 새가 오히려 들어왔으므로 물건으로 가렸고 먹는 것을 마치고 다시 열었다. 필추가 먹는 때에 개가 앞에 왔고 앉아서 먹고 남는 것을 구하였다. 필추가 주지 않았고 바라던 것이 없어졌으므로 목숨을 마쳤다. 필추가 세존께 아뢰니 세존께서 말씀하셨다.

"일반적으로 먹을 때에는 축생에게 베풀기 위하여 한 술의 음식을 남기도록 하라."

이때 난야의 필추가 남는 음식을 오직 야간(野干)에게만 주었고 나머지의 까마귀와 새는 막았다. 까마귀가 곧 성내면서 까마귀 소리를 지어 도둑의 두목에게 말하였다.

"숲 가운데의 필추가 많은 금과 보물을 가졌다."

도둑이 까마귀의 말을 이해하고서 필추의 처소에 이르러 금을 찾았으므로, 필추가 알려 말하였다.

"나는 없소."

곧 때리면서 욕하였으므로 필추가 말하였다.

"쯧쯧. 장부여. 무슨 까닭으로 나를 때리는가?"

대답하여 말하였다.

"그대는 많은 금이 있는데 어찌 도와주지 않는가?"

필추가 말하였다.

"나는 임야에서 사는데 어느 곳에서 금을 얻겠는가? 원하건대 때리지 마시오."

도둑이 말하였다.

"그대가 분명히 금이 있으면서도 만약 주지 않는 것이라면 반드시 그대의 목숨을 끊겠다."

필추가 말하였다.

"나에게 성내는 자가 있어 망령되게 이러한 말을 지은 것이다. 반드시 나에게 원한이 있는 것이오. 바라건대 마땅히 사실대로 알리시오."

도둑이 말하였다.

"까마귀가 나에게 말하였다."

필추가 말하였다.

"그것이 한을 품은 까닭이오."

물어 말하였다.

"무슨 까닭인가?"

필추가 앞의 일을 갖추어 말하니 도둑의 두목이 말하였다.

"성자여. 만약 자세하게 말하지 않았다면 내가 틀림없이 죽였을 것이오."

알았으므로 곧 풀어주었다. 필추가 세존께 아뢰니 세존께서 말씀하셨다.

"필추가 치우친 마음으로 보시하여 이러한 허물이 생겨났느니라. 이러한 까닭으로 마땅히 알라. 음식을 남길 때에는 널리 여러 군생(群生)들에게 베풀 것이고, 한 부류에만 구속되지 않을 것이며, 밥에는 물로써 담글 것이고, 떡은 반드시 잘게 나누어서 땅에 흩뿌려서 뜻에 따라서 먹게 할 것이며, 뜻에 따라서 마땅히 음식을 막지 않을 것이니라. 만약 막는 자는 월법죄를 얻느니라."

필추가 방을 지었는데 하늘에서 비가 오는 때에 처마로 물이 흘러서 손괴되었다. 세존께서 말씀하셨다.

"마땅히 가리개(懸障)를 지어서 막으라."

필추가 무엇으로 짓는가를 알지 못하였으므로 세존께서 말씀하셨다.

"판자를 사용하라."

그가 곧 두루 막아서 마침내 처소가 어두워졌으므로 세존께서 말씀하셨다.

"마땅히 두루 막지 말고 밝은 곳을 남겨두어라."

판자를 구하기 어려웠으므로 세존께서 말씀하셨다.

"거제(蘧蒢)[7] 자리 등으로 임시로 막으라."

---

7) 거(蘧)는 귀리를 가리키고 제(蒢)는 까마종이의 풀을 가리킨다.

이미 비를 만나서 젖었고 벌레와 개미 등이 곧 생겨났으므로 세존께서 말씀하셨다.

"여름의 비가 오는 때에는 설치하고 다른 때에는 제거하라."

근본설일체유부비나야잡사 제14권

삼장법사 의정 한역
석보운 번역

제3문의 제4자섭송 ②

제3문의 제4자섭송의 나머지이다.

인연의 처소는 앞에서와 같다.

이때 급고독장자가 매일 새벽에 서다림으로 가서 세존께 예경하고서 사찰 안의 땅을 쓸었다. 뒤의 한 때에 장자가 다른 인연으로 당황하여 사찰에 들어오지 못하였다. 세존께서 경행시다가 땅이 깨끗하지 않은 것을 보시고 세속심을 일으켜서 이렇게 생각하셨다.

'그 제석천주를 시켜서 향취산에서 비를 가지고 오게 한다면 어떠할까?'

모든 세존들의 상법은 세존께서 세속심을 일으키고 나아가 개미까지도 모두 세존의 뜻을 아는 것이다. 만약 출세심(出世心)을 일으키면 성문과 독각도 오히려 알지 못하는데 하물며 그 다른 유정들이 능히 헤아릴 수 있겠는가? 이때 제석천이 관찰하여 알고서 곧 이와 같이 생각하였다.

'대사께서 무슨 까닭으로 세속심을 일으키신 것인가?'

나아가 세존께서 몸으로 서다림의 땅을 쓸려고 하시는 것을 보았다. 이미 세존의 생각을 알고서 곧 향취산으로 가서 500의 상묘한 솜과 같이 가볍고 부드러운 빗자루를 취하여 세존께서 머무시는 앞에 이르렀다. 이때 세존께서는 뜻으로 그 복을 즐거워하는 중생에게 수승한 복전에 청정한 업을 심게 하려는 까닭으로 곧 스스로 빗자루를 잡고서 동산을 쓸고자 하셨다.

이때 사리자·대목건련·대가섭파·아난타 등의 여러 대성문들이 이 일을 보고 모두 빗자루를 잡고 함께 동산의 숲을 쓸었다. 세존과 성스러운 제자들이 두루 쓸고서 식당의 가운데에 나아가서 자리에 앉으셨다. 세존께서 여러 필추들에게 말씀하셨다.

"일반적으로 땅을 쓰는 것에는 다섯의 수승한 이익이 있느니라. 첫째는 자기의 마음이 청정한 것이고, 둘째는 남의 마음을 청정하게 하는 것이며, 셋째는 여러 천인이 기뻐하는 것이고, 넷째는 단엄한 업을 심는 것이며, 다섯째는 목숨을 마친 뒤에 마땅히 천상에 태어나는 것이다."

뒤의 때에 급고독장자가 동산에 들어왔다가 세존과 대제자들이 스스로 직접 빗자루를 잡고 서다림을 쓸었다는 말을 듣고서 곧 이렇게 생각하였다.

'여래이신 대사와 여러 성중들이 몸으로 빗자루를 잡고 서다림을 쓰셨는데 우리들이 어떻게 감히 발로서 밟겠는가?'

이때 그 장자가 마음에 부끄러움을 품고 서있으면서 감히 나아가지 못하였다. 세존께서는 아시면서도 일부러 여러 필추들에게 물어 말씀하셨다.

"서있는 자가 누구인가?"

필추가 아뢰어 말하였다.

"대덕이시여. 그는 급고독장자입니다. 세존과 대제자들이 각자 몸으로 빗자루를 잡고 서다림을 쓸었다는 말을 듣고 마음에 부끄러움을 품고 그 자리에 서있으며 감히 앞으로 나아가지 못하고 있습니다."

세존께서 장자에게 알리셨다.

"입으로 경법(經法)을 외우면서 마땅히 앞으로 지나가시오. 세존의 법을 소중하게 존중하고 공경하는 까닭이고, 여러 아라한의 법을 모두 존중하고 공경하는 까닭인 것이오."

장자가 곧 가타를 외우면서 세존의 처소에 나아가서 두발에 예경하고 한쪽에 물러나 앉았다. 이때 세존께서는 묘법을 설하여 열어 보여주시고 권유하여 인도하셨으며 찬탄하고 격려하며 경희롭게 하셨다. 이때 장자가 법을 듣고 용약(踊躍)하고 받들면서 하직하고 떠나갔다. 이때 여러 필추들이 함께 모두가 의심이 있어 세존께 청하여 아뢰었다.

"희유합니다. 대덕이시여. 스스로가 정법에 존중하는 마음이 생겨나서 찬탄하고 공경하였습니다."

세존께서 말씀하셨다.

"지금 여래는 염욕·성냄·어리석음을 떠났고, 생·노·병·사를 멀리 하였으며, 근심·슬픔·고뇌가 없고, 일체의 지혜를 갖추었으며, 일체의 경계에서 모든 자재를 갖추어 법에서 존중과 찬탄하는 것이니 정법은 희유한 것이 없느니라. 그대들은 마땅히 알지니라. 내가 옛날에 염욕·성냄·어리석음을 갖추었고, 생·노·병·사를 떠나지 못하였으며, 근심·슬픔·고뇌가 현재에 있었고, 법을 위한 인연으로 스스로의 신명(身命)을 버렸었느니라. 그대들은 지금 잘 들을지니라. 내가 마땅히 말하겠노라.

지나간 옛날의 바라니사 성안의 왕은 범수(梵授)라고 이름하였다. 법으로서 세상을 교화하였으므로 백성이 치성하고 안은하며 풍족하고 즐거웠으며, [자세한 설명은 다른 곳과 같다.]

이때 범수왕은 정법을 깊이 믿었고 품성이 어질고 선하여 자신도 이익되고, 다른 사람도 이익되게 하였으며, 일체를 가엾게 여겼고, 항상 은혜를 베풀었는데, 대자비가 있었고 염착심을 떠났으므로 일찍이 인색함이 없었다. 뒤의 다른 때에 왕의 대부인이 갑자기 임신하였는데 곧 이상한 생각이 생겨나서 묘법을 듣는 것을 구하였으므로 부인이 왕에게 말하였다. 왕이 관상가에게 명하여 그 까닭을 물으니 그가 왕에게 아뢰었다.

"왕비께서 성스러운 태아를 임신하신 까닭으로 마침내 이러한 생각이 생겨났습니다."

이때 대왕은 곧 법을 구하기 위하여 대신에게 칙명하여 금을 상자에 가득 채워서 두루 나라의 경계를 다니면서 금을 받들고 법을 구하였으나 결국 뜻을 이루지 못하였다. 달이 차서 아들을 낳으니 얼굴이 초절하고 여러 상호를 구족하였으며, [자세한 설명은 다른 곳과 같다.] 왕은 이렇게 생각을 지었다.

'이 아이가 단정하여서 보는 사람들을 즐겁게 하였으므로 낳기 이전의 때에 이미 묘법을 희구(希求)하였구나.'

종친들이 함께 모여서 무슨 이름을 지어야 하는가 하였는데, 한 대신이 아뢰어 말하였다.

"왕자가 태어나기 이전에 이미 묘법을 희구하였으니 마땅히 구묘법(求妙法)이라고 이름지어야 합니다."

왕이 여덟 명의 유모들이 젖을 제공하여 길렀고, [자세한 설명은 다른 곳에서와 같다.] 나아가 연꽃이 물에서 나오는 것과 같았다. 나이가 점차 장대하여 항상 묘법을 구하였으나 결국 뜻을 이루지 못하였다. 왕이 목숨을 마친 뒤에 스스로가 왕위를 계승하고서 모든 신하들에게 알렸다.

"경들은 마땅히 나를 위하여 묘법을 구하시오."

여러 신하들이 칙명을 받고 곧 금상자를 가지고 섬부주 안의 여러 곳을 구하며 방문하였으나 법을 얻을 수가 없었다. 신하들이 왕에게 아뢰었다.

"여러 곳에서 두루 구하였으나 법을 얻을 수 없었습니다."

이때 법을 구하는 왕이 소원을 채우지 못하여 항상 우울함과 번뇌를 품고 있었다. 이때 천제석이 왕의 마음을 관찰하여 법을 구하는 까닭으로 우울함과 번뇌를 품고 있는 것을 알았다. 곧 이와 같이 생각하였다.

'왕이 비록 이와 같으나 진실인가? 거짓인가를 아직 알지 못하니 내가 마땅히 가서 시험하리라.'

드디어 대약차로 변신하여 손을 들고 눈을 부릅떴으므로 모습이 무서웠는데 왕의 앞에 이르러 서서 곧 게송을 설하였다.

선법에서 항상 수행하고
모든 악행을 짓지 않는다면
이 세상과 다음 세상에서도
자거나 깨어있어도 항상 안락하리라.

왕이 이 게송을 듣고 마음에서 크게 환희하여 약차에게 알려 말하였다.

"어진 자시여. 마땅히 거듭 나를 위하여 이러한 게송을 설하십시오."

이때 그 약차가 곧 왕에게 알려 말하였다.

"왕이 내 말을 수용한다면 내가 마땅히 설하겠습니다."

왕이 말하였다.

"오직 바라건대 마땅히 말하는 것을 위하여 뜻에 따르고 어긋남이 없게 하겠습니다."

이때 약차가 말하였다.

"대왕이여. 만약 진실로 법을 즐거워한다면 불구덩이를 만들어서 7일 동안 맹렬히 숯불을 피우고 그 가운데에 몸을 던지시오. 내가 마땅히 거듭 설하겠습니다."

왕이 이 말을 듣고 두 배나 흔약(欣躍)하면서 약차에게 알려 말하였다.

"이것을 감히 어기지 않겠습니다."

왕이 곧 마땅히 나라 안에 명을 내려 알렸다.

"내 즐겁게 묘법을 듣고 7일 뒤에는 불구덩이에 들어갈 것이오. 일체의 인연이 있어 희유한 것을 즐거워하는 자는 와서 나를 보도록 하시오."

이미 마땅히 칙명하여 나라에 알려서 모두가 알게 하였다. 무량한 중생들은 때에 이르러서 함께 나아갔다. 왕이 법을 존중하는 까닭으로 지극한 정성에 감응하여 허공 가운데에서도 무량한 백천의 여러 천인들이 즐겁게 북을 울리고 연주하며 노래하였고, 향과 꽃을 공양하면서 희유한 일에 경축하면서 거듭 왕의 지극한 적성을 소중히 여기면서 모두 와서 모였다. 이때 그 약차가 7일이 되었으므로 곧 허공으로 올라가면서 보살에게 알려 말하였다.

"때에 이미 이르렀으니 불구덩이로 들어가시오."

이때 대왕은 마침내 태자를 세워서 왕위를 잇도록 하고서 널리 여러 신하들을 불러서 함께 기뻐하라고 애원하고 함께 하직하고서 점차 불구덩이의 가까운 언덕에 이르러 서있으면서 가타를 설하였다.

이와 같이 타오르는 큰 불구덩이의
해와 같은 홍염(紅焰)이 사람을 두렵게 하더라도
내가 지금 기쁘게 몸을 던지는 것은
법을 위하는 것이니 일찍부터 후회와 두려움이 없다네.

지금 내가 비록 불구덩이 속에 있더라도
결정적으로 마땅히 희유한 일을 구하는 것은
원하건대 이 복리는 사식(舍識)[1]의 자량이고
맹렬한 불꽃은 변하되어 묘한 연못을 지으십시오.

이때 대왕이 가타를 설하고서 곧 스스로의 몸으로 불구덩이로 들어갔고 몸은 비로소 떨어졌다. 이때 큰 불구덩이는 변화되어 연못을 지었는데 맑고 시원하여 사랑스러웠으며, 이때 보살의 몸은 어그러지고 손상됨이 없었다. 이때 천제석은 그 희유함을 보았고, 인간과 천인들은 귀의하고 공경하였다. 제석은 몸을 회복하고서 그 왕을 위하여 거듭 이전의 게송을 설하였다.

선법에서 항상 수행하고
모든 악행을 짓지 않는다면
이 세상과 다음 세상에서나
자거나 깨어있어도 항상 안락하리라.

이때 보살이 이 게송을 받고서 곧 연못에서 나와서 금엽(金葉)에 써서 두루 섬부주의 성읍과 취락에 모두 함께 알도록 하였고 널리 수학(修學)하게 하였느니라. 그대들 필추들이여. 다르게 생각하지 말라. 지나간 때의 법을 구하던 왕이었던 자가 곧 나의 몸이니라. 법을 구하기 위한 까닭으로

1) 식(識)의 집이라는 뜻으로 유정을 가리킨다.

신명과 몸과 목숨도 버렸거늘 어찌 지금 때의 승묘한 법에 존중심을 일으키지 않겠는가? 이러한 까닭으로 그대들은 마땅히 수학할지니라. 나는 묘법을 공경하였고 공양하였으며 존중하였고 찬탄하였으며 이와 같이 정성스런 마음으로 법을 의지하여 머물렀고 나를 이롭게 하였으며 다른 사람을 이롭게 하는 법을 모두 구족하였느니라."

필추들이 듣고서 기뻐하며 받들어 행하였다.

세존께서는 이와 같이 말씀하셨다.

"만약 땅을 쓰는 때에는 다섯의 수승한 이익이 있느니라."

이때 어느 늙은 필추가 선정과 송경의 업을 버리고 서다림으로 들어와서 직접 땅을 모두 쓸었으므로 세존께서 말씀하셨다.

"나는 지사인에게 이와 같이 말하였고, 여러 기숙인 필추와 수행자에게는 아니하였노라. 그러나 나의 선법과 율에 의지하는 출가자에게는 두 가지의 업이 있느니라. 첫째는 정을 익히는 것이고, 둘째는 독송하는 것이니라."

필추들이 세존께서 지사인에게 은밀하게 이러한 말을 지었다는 것을 알았으나, 그 지사인이 능히 서다림의 숲을 두루 쓸지 못하였다. 세존께서 말씀하셨다.

"필요에 따라서 마땅히 쓸어라. 만약 매달 8일이나 15일에는 마땅히 건치를 울려 모두를 모으고서 승가가 함께 물을 뿌리고 쓸어라."

이때 여러 필추들이 세존의 가르침을 받들어 땅을 쓰는 때에 재가의 일을 이야기하여 사찰을 수호하는 천신 및 비인의 부류와 아울러 법의 대중들이 희론(戲論)을 말하는 것을 듣고 싫어하고 천박한 생각이 생겨나게 하였다. 세존께서 말씀하셨다.

"마땅히 이렇게 하지 말라. 마땅히 법을 설하거나, 혹은 성스럽게 묵연하라."

이때 필추들이 땅을 쓸었는데 먼지와 흙이 몸에 묻었고 믿지 않은 사람들이 보고 싫어하고 천박하게 생각하였다. 세존께서 말씀하셨다.

"땅을 쓰는 것을 마쳤다면 똥과 더러움을 제거하고 마땅히 몸을 씻어라.

만약 씻지 않는 자는 손에 물을 묻혀서 먼지를 떨어내고 손을 씻고 발을 평소와 같이 닦아라."

세존께서 말씀하셨다.

"매달 8일과 15일에는 평상과 부구를 관찰하라."

필추들이 모두가 지었으므로 세존께서 말씀하셨다.

"마땅히 그렇게 하지 말라. 제자들에게 시켜서 자세히 관찰하게 하라. 벼룩(蚤)과 이(虱) 및 더러운 것들이 있는 것이 두렵구나."

세존께서는 "깨끗하게 쓸었던 땅을 보면 송경하면서 밟도록 하라."고 마땅히 말씀하셨다. 필추들이 땅에 물을 뿌리고 뒤에 깨끗하게 쓸었으며 만다라를 지으니 다른 사람들이 보는 때에 감히 발로 밟지 못하였다. 세존께서 말씀하셨다.

"마땅히 가타를 외우면서 밟고 지나가면 범한 것이 없나니 의혹을 일으키지 말라. 마땅히 알라. 여러 향대전(香臺殿)·깃발대(旛竿)·제저·여래의 그림자(形影)도 모두 가타를 외우고서 뒤에 밟을지니라. 만약 이와 같지 않다면 월법죄를 얻느니라."

이때 북방에 한 국왕이 있었다.

두 동자를 승광왕에게 보내어 나라의 신표를 삼았는데 첫째는 타색가(馱索迦)라고 이름하였고, 둘째는 파락가(波洛迦)하고 이름하였다. 그 타색가는 능히 음식을 지었고, 파락가는 평상과 자리를 지었다. 일반적으로 변방나라의 사람들은 성품이 음식에 욕심이 많은 편이다. 매번 인연으로 유행하면 곧 시장의 가운데에 들어가서 다른 사람들의 물고기와 밥을 뜻에 따라서 먹었고, 그때 집주인이 곧바로 심하게 때렸다. 이때 두 동자가 돌아가서 왕의 처소에 이르러 아뢰어 말하였다.

"대왕이시여. 우리들이 한 가게의 가운데에서 물고기와 밥을 조금 취하였습니다. 이때 그 집주인이 심하게 때려서 제가 극심하게 아프며 거의 죽음에 이르렀습니다."

왕이 말을 듣고서 시장 사람들에게 칙명으로 알렸다.

"그대들은 마땅히 알라. 소유한 음식은 스스로 반드시 잘 간직하고, 나의 이 두 동자도 마땅히 곧 때리지 말라."

뒤의 다른 때에 왕이 조회를 마치고 잠시 쉬었다. 이때 두 동자가 좌우에서 왕을 위하여 안마하면서 왕의 발을 흔들었고 왕이 말이 없는 것을 보고 한 명이 말하였다.

"왕께서 주무시는구나."

다른 사람이 말하였다.

"그렇구나."

왕이 듣고서 생각을 일으켰다.

'어찌 이 아이가 귓속말을 하는 것이 아니겠는가?'

마침내 곧 거짓으로 잠자면서 그들이 말하는 것을 엿들었다. 이때 타색가가 파락가에게 알렸다.

"뒤의 세상이 있을까?"

대답하여 말하였다.

"어찌 있겠는가?"

이때 파락가가 타색가에게 알려 말하였다.

"세간에는 모든 아라한이 있을까?"

타색가가 말하였다.

"세간에는 아라한과가 없을 것이다."

이때 왕이 그 두 동자의 말하는 것을 듣고 곧 이렇게 생각을 지었다.

'이 두 동자가 모두 악견을 갖추고 일으키는구나. 하나는 단견(斷見)이고, 다른 하나는 사견(邪見)이로구나.'

왕이 대신에게 알렸고 대신이 말을 전하여 마침내 나라 안의 멀고 가까운 곳에서 함께 이 두 동자가 사악한 견해의 사람이라는 것을 알았다. 이때 급고독장자가 대중의 가운데에서 분명히 사자후를 떨치며 이와 같은 말을 지었다.

"만약 나의 집에서 목숨을 마친다면 반드시 천상에 태어날 것이다."

왕이 이 말을 듣고 이와 같이 생각하였다.

'장자가 만약 이곳에 온다면 이 두 동자를 내가 마땅히 부촉해야겠구나.'

뒤의 다른 때에 급고독장자가 왕의 처소에 이르렀는데 스스로 어린동자를 데리고 와서 그 자리를 놓아두고 앉도록 하였다. 이때 동자는 곧바로 밖으로 나가서 다른 동자들과 함께 즐겁게 놀았다. 그 동자가 나간 뒤에 왕이 이렇게 생각하였다.

'지금이 알맞은 때이므로 두 동자를 수용하도록 서로에게 분부(分付)하리라.'

곧 슬그머니 수문인에게 알려 말하였다.

"장자의 동자를 들여보내지 말라."

수문인은 가르침을 받들어 들어가지 못하게 하였다. 장자가 오래 앉아있었고 집으로 돌아가려는 마음으로 자리에서 일어나 둘러보며 사동(使童)을 찾았다. 왕이 말하였다.

"장자여. 무엇을 둘러보시오?"

아뢰어 말하였다.

"대왕이시여. 나는 사동을 찾습니다."

왕이 말하였다.

"장자여. 나에게 두 동자가 있고 지금 장자에게 부촉하겠으니 데리고 떠나시오."

그는 왕의 뜻을 우러러 관찰하고 받아들이면서 다시 이렇게 생각을 지었다.

'무슨 인연으로 대왕께서 나에게 이 두 동자를 부촉하는 것일까?'

다시 생각하였다.

'이 두 동자가 먼저부터 악견이므로 왕이 지금 나를 시험하고자 데리고 떠나도록 하는구나.'

이때 장자가 곧 함께 집으로 돌아와서 창고지기에게 명하여 말하였다.

"이 두 동자가 필요로 하는 물건을 모두 제공하여 주시오."

또한 다시 그 시장 가게의 여러 사람들에게 알렸다.

"만약 두 동자가 필요한 것은 그대들이 주시오. 다음 날에 그 가치(價値)를 보내면 내가 두 배로 갚겠소.”

이때 두 동자가 창고에 이르러 필요한 것을 구하며 찾았고 모두 뜻에 따라서 얻었으므로 창고지기에게 알려 말하였다.

“우리들이 구하고 찾는 것을 당신이 모두 주겠습니까?”

대답하여 말하였다.

“모두 주겠다.”

동자가 다시 물었다.

“누가 이와 같이 지시하셨습니까?”

대답하여 말하였다.

“장자이시다.”

두 동자가 서로에게 알려 말하였다.

“장자께서는 우리 부모와 다르지 않구나. 우리들이 구하는 것이 모두 부족하지 않구나.”

뒤의 다른 때에 서로가 시장에 들어갔는데 여러 사람들이 멀리서 보고 모두가 불렀다.

“너희들은 이곳에 와서 뜻을 따라서 먹도록 하라.”

두 동자가 알려 말하였다.

“지나간 때에는 우리를 멀리 보아도 각자 식반(食盤)으로 가렸습니다. 오늘은 멀리서 보고 모두가 우리를 부르는데 까닭이 없지 않을 것입니다. 원하건대 말하여 주십시오.”

여러 사람들이 대답하여 말하였다.

“너희들이 이전에는 억지로 먹었고 하나도 값을 주지 않았으나 지금의 때에는 장자께서 그 값을 두 배로 주느니라. 우리들이 이러한 인연을 까닭으로 서로가 먹으라고 하는 것이다.”

두 동자가 듣고는 다시 서로에게 말하였다.

“장자의 자비가 깊어서 우리를 가엾게 생각하고 사랑하시는구나.”

돌아와서 장자에게 알렸다.

“만약 지을 일이 있다면 원하건대 마땅히 시켜 주십시오.”

알려 말하였다.

"잠시 기다려라. 뒤에 마땅히 짓도록 하겠다."

뒤의 때에 장자가 두 동자를 데리고 서다림으로 들어가서 함께 빗자루를 들고 사찰의 땅을 쓸었는데, 장자는 인연이 있어서 먼저 집으로 돌아가면서 두 동자에게 알려 말하였다.

"나는 인연으로 반드시 나가야 한다. 너희들은 또한 남아서 사중을 깨끗이 쓸고 아울러 가려진 똥과 더러운 것을 치우도록 하라. 이 일이 끝나면 곧 집으로 돌아오너라."

땅은 이미 깨끗해졌으므로 똥을 제거하고 쓸고자 하였다.

세존께서 신통력을 까닭으로 똥이 없어지지 않도록 하시었다. 이때 이 두 동자는 주인에게 효경(孝敬)하였으므로 정성과 힘을 다하여 똥을 제거하였으나 없어지지 않았다. 이때 세존께서는 아난타에게 알려 말씀하셨다.

"이 두 동자를 위하여 마땅히 밥을 남겨두게."

이때 아난타가 남긴 밥을 먹으라고 하였으나, 두 동자는 생각하였다.

'반드시 똥을 치우고서 우리들은 마땅히 집으로 돌아가겠다. 그리고 이 성자가 남긴 밥을 먹지 않겠다.'

세존께서 신통력으로 동쪽을 치울 때에는 서쪽에 다시 있게 하였고, 서쪽을 치우면 동쪽에 다시 있게 하였다. 이와 같이 고생하였는데 날이 장차 저물었다. 세존께서 아난타에게 알리셨다.

"지금 이 두 동자를 마땅히 그대의 곁에서 자도록 하게. 그대는 다시 널리 여러 필추들에게 내가 이전에 말한 것과 '두 동자의 악견을 버리게 하려는 까닭으로 악한 일은 마땅히 숨기고 선한 일은 드러내십시오. 그대들 필추께서는 정을 얻은 자들은 초야에 이르면 정에 들어가서 머무르십시오.'라고 두루 알리도록 하게."

이때 아난타가 세존의 가르침을 널리 알렸다. 이때 여러 필추들은 곧 초야에 혹은 방광(放光)하였고, 혹은 신기한 모습을 나타내었으므로 두 동자가 보고서 아난타에게 알려 말하였다.

"이것은 무슨 물건입니까?"

아난타가 말하였다.

"그것은 아라한이 여러 신통력으로 변화를 나타내는 것이다."

이때 두 동자가 알려 말하였다.

"성자여. 세상의 가운데에 아라한이 있습니까?"

아난타가 말하였다.

"어찌 그대들 두 사람은 스스로가 직접 친견하지 않고 무엇을 의심하는가?"

그러나 이 두 사람은 이전에 사견을 일으켜 응공이 없다고 말하였으나, 지금 신통을 보고 사견이 곧 없어지고 정견이 생겨났다. 세존께서는 중야(中夜)에 세속심을 일으키셨고, 이와 같았으므로 그 제석과 여러 범천이 함께 와서 이곳에 이르렀으며, [자세한 설명은 앞에서와 같다.] 이때 여러 천인들이 세존의 마음을 관찰하여 알았고 함께 세존의 처소에 이르렀는데 그들은 위력을 까닭으로 큰 광명이 있었다. 두 동자가 이것을 보고 아난타에게 물었다.

"이것은 무슨 광명입니까?"

대답하여 말하였다.

"이것은 제석과 범천 및 나머지의 천인 대중들이 세존의 처소에 왔으므로 이러한 광명이 나타나는 것이다."

물어 말하였다.

"성자여. 다른 세계가 있습니까?"

대답하여 말하였다.

"그대들은 이미 직접 보았는데 무슨 의심이 있는가?"

그 두 동자는 이전의 대에 사견으로 뒤의 세상이 없다고 말하였으나, 지금 천인 대중을 보았고 이때 정견의 마음이 생겨났다. 깊이 스스로가 경사스럽고 다행스럽게 함께 세존의 처소에 나아가서 두 발에 정례하고 한쪽으로 물러나서 앉았다. 이때 세존께서는 그들의 근성을 칭찬하셨고 사제법을 설하여 보여주시고 가르치셨으며 이롭게 하셨고 기쁘게 하시어 깨달음을 얻게 하셨고 금강지저로 20종류의 유신(有身)의 사견의 산을 끊고 예류과를 얻게 하셨다. 이미 과를 얻고서 거듭 세존의 발에 예경하고서 알려 말하였다.

"세존이시여. 우리들은 지금 여래의 선설하는 법과 율에 출가하여 근원을 받아서 필추성을 이루고 부지런히 범행을 닦는 것을 원하옵나이다."

세존께서는 곧바로 명하여 말씀하셨다.

"잘 왔느니라. 타색가여. 파락가여. 그대들은 범행을 닦을지니라."

이때 그 두 사람은 세존의 말씀에 머리카락이 저절로 떨어졌고 병과 발우가 손에 쥐어졌으며 처음으로 머리를 깎았으나 7일이 지난 것과 같았고 나아가고 멈추는 위의는 100세인 자와 같았다. 게송으로 말하겠노라.

세존께서 잘 왔다고 명하셨으므로
머리카락이 없어지고 옷이 입혀졌으며
위의는 100세인 것과 같았으며
세존의 뜻을 따라서 모두 이루어졌네.

이때 세존께서 직접 교수하셨고 그 두 필추는 게으름이 없이 정근하여 오래지 않은 시간에 아라한과를 얻었으며. [자세한 설명은 다른 곳에서와 같다.] 나아가 범천과 제석 등 여러 천인들이 함께 공경하고 존중하게 되었다. 이때 세존께서 타색가와 파락가를 제도하여 출가시켰으므로 승광대왕이 이 일을 듣고 마음에서 싫어함과 부끄러움이 생겨났다.

"어찌하여 세존께서 이 사견의 동자를 제도하셨고 그들을 출가시키셨을까? 그들이 사견이 있는 것은 함께 아는 까닭으로 이것은 선한 일이 아니다."

세존께서는 들으시고 이와 같이 생각을 지었다.

'나의 대중 가운데에서 성문제자들은 여러 의혹을 끊었고 공덕의 존중됨이 묘고산과 같은데 어찌하여 국왕이 업신여겨서 이렇게 큰 과실을 이루는가? 내가 지금 마땅히 그 두 사람의 수승한 덕을 드러내야겠다.'

이때 급고독장자가 와서 세존의 발에 예경하고 한쪽에 앉았다. 세존께서는 설법하시어 보여주셨고 가르치셨으며 이익되고 기쁘게 하시었다. 이때 세존께서 묵연히 머무르셨으므로 장자가 곧 자리에서 일어나서 합장하고 공경스럽게 아뢰어 말하였다.

"세존이시여. 오직 원하옵건대 대사와 여러 성중들께서는 내일 저희 집에 오시어 작은 공양을 받아주십시오."

세존께서는 묵연히 받아들이셨고 장자가 알고서 세존께 예경하고 떠나갔다. 이때 세존께서는 아난타에게 알려 말씀하셨다.

"그대는 지금 마땅히 가서 타색가와 파락가에게 알려 말하게. '그대들 두 사람은 내일 마땅히 장자의 집에 이르러 대중을 위하여 물을 따르도록 하라.'"

이때 존자는 세존의 가르침을 받들었고 두 사람의 처소에 이르러 세존의 가르침을 갖추어 말하였다. 이때 그 두 사람은 세존의 가르침을 받들고서 알려 말하였다.

"존자여. 세존의 가르침을 우리들이 마땅히 받들어 행하겠습니다."

곧 이렇게 생각을 지었다.

'무슨 까닭으로 세존께서 기숙과 중년(中年)을 버려두고 우리 두 사람에게 왜곡하여 고명(顧命)[2]하셨고 물을 따르도록 하셨는가? 어찌 세존께서 우리들의 그 수승한 덕을 드러내고자 하는 것이 아니겠는가! 우리들은 마땅히 세존께서 원하시는 것을 채워드려야겠다.'

이때 장자는 그 밤에 여러 종류의 청정하고 묘한 음식을 준비하였는데 이를테면, 5담식(噉食)과 5작식(嚼食)이었다. 곧 이른 아침에 상과 자리를 펴서 설치하고 물을 그릇에 채우고 장엄을 마치고 사람을 보내어 세존께

---

2) 임금이 임종 때에 세자 및 신임하는 신하에게 뒷일을 부탁하여 남기는 말을 가리킨다. 구두로 직접 전하는 것을 유명(遺命) 또는 유훈(遺訓)이라고도 하고, 이를 문서화하여 전할 때는 유조(遺詔) 또는 유교(遺敎)라 한다.

아뢰었다.

"음식이 이미 준비되었습니다. 오직 원하건대 때가 되었음을 아십시오."

이때 세존께서는 옷을 입으시고 발우를 지니시고 필추대중과 함께 장자의 집으로 나아갔다. 그 식당에 나아가서 자리를 펴고 앉으셨고, 여러 대중들도 모두가 앉으셨다. 이때 장자는 사인(使人)을 보내어서 승광왕에게 아뢰어 말하였다.

"내가 오늘 저희 집에서 세존과 승가를 청하여 작은 공양을 베풀었습니다. 오직 원하건대 대왕께서 잠시 오시어 함께 기뻐하여 주십시오."

이때 왕이 듣고 태자와 내궁인과 호종(扈從)[3]과 함께 서로를 쫓아 장자의 집에 이르렀고 함께 따라서 기뻐하면서 세존의 발에 예경하고 앉았다. 이때 구수 타색가가 상좌의 앞에 서서 손으로 병수(甁水)를 잡고 신력을 가지(加持)[4]하였고 역시 그 물이 아래로 흐르면서 상좌부터 차례로 손을 씻게 하였다. 이때 구수 파락가는 하좌의 앞에 서서 정병수(淨甁水)를 잡고 신력을 가지하였고 역시 그 물이 아래로 흐르면서 하좌부터 차례로 양치하게 하였다. 이때 승광왕이 이 일을 보고 곧 이렇게 생각을 지었다.

'이것은 어느 기숙인 대덕 필추가 직접 세존의 앞에서 감히 신력을 나타낸 것이다.'

곧 일어나서 물을 찾아서 하좌의 주변에 이르러 보니 파락가가 병수를 잡고 서있었고 뒤에 다시 물을 찾아 하좌의 주변에 이르러 보니 타색가가 정병수를 잡고 서있었다. 지극한 희유함이 생겨나서 오른손을 길게 펼치고 찬탄하면서 말하였다.

"희유하십니다. 불타여. 희유하십니다. 달마여. 옳습니다. 정법이 능히 현세의 타색가와 파락가 등에게 죄악의 견해를 버리고 이와 같은 수승한 덕을 증득하고 얻게 하셨습니다."

---

3) 임금의 행차 때에 어가(御駕) 주위에서 임금을 모시는 사람, 또는 그러한 행위.

4) 가(加)는 가피(加被)이고 지(持)는 섭지(攝持)의 뜻으로 소지(所持). 호념(護念)이라고도 한다. 부처님들의 큰 자비가 중생에게 베풀어지고, 중생의 신심(信心)이 부처님들의 마음에 감명되어 서로 감응하는 것을 가리키는 말이다.

이때 그 장자는 이미 대중이 모두 앉은 것을 보고서 곧 스스로가 손으로 여러 음식을 드렸다. 대중은 배부르게 먹고서 손을 씻고 양치하였으며 치목을 씹었고 발우와 그릇을 치우고서 곧 작은 방석을 취하여 직접 세존의 앞에 무릎을 꿇고 법을 들었다. 이때 세존께서는 승광왕과 대장자를 위하여 근기를 따라서 설법하시여 보여주셨고 가르치셨으며 이익되고 기쁘게 하시고서 자리에서 일어나 떠나갔다. 이때 여러 필추들은 주처에 이르렀으며, 함께 모두가 의심이 있어 세존께 청하여 아뢰었다.

"대덕이시여. 이 타색가와 파락가는 일찍이 무슨 업을 지어서 변방의 땅에 태어나서 한명은 단견에 빠졌고 한명은 사견에 빠졌습니까? 또한 무슨 업을 지어서 불법의 가운데에 출가하여 여러 의혹을 모두 끊고서 아라한을 증득하였습니까?"

세존께서는 필추들에게 알리셨다.

"이 두 사람은 스스로가 지은 업의 과보가 성숙되었고, [자세히 설명은 앞에서와 같다.] 나아가 과보가 돌아와서 스스로가 받은 것이니라. 그대들은 자세히 들을지니라. 지나간 먼 옛날의 이 현겁 가운데에서 사람의 수명이 2만세일 때에 가섭파불께서 세상에 출현하셨다. 이때에 이 두 사람은 그 세존의 법에 투신하여 출가하였고, 두 사람이 도반이 되어 변방의 나라로 나아갔다. 교수사가 없어서 스스로가 선정을 닦았는데 진실로 증득한 것이 없었으나 증득하고 이해하였다는 마음을 지었다. 목숨을 마칠 때에 이르러 성스러운 법을 비방하고 사견의 마음이 생겨나서 이와 같이 말하였다.

"가섭파불이 '번뇌를 모두 끊고 아라한이 되었다.'고 세간을 미혹하고 속였다. 내가 여러 의혹을 능히 끊지 못하였는데 어느 다른 사람이 아라한을 증득하겠는가?"

그대들 필추들이여. 다르게 생각하지 말라. 지나간 때에 스승이 없이 선정을 수습한 두 사람이 곧 이 타색가와 파락가였느니라. 성스러운 법을 비방하고 사견이 생겨난 까닭으로 많은 때를 지내오면서 악취에 떨어졌고, 다시 많은 생을 항상 변방의 땅에 태어나서 사견의 마음을 일으켰고 나아가 지금의 몸도 되돌려 변방의 땅에 태어나서 사견의 마음을 일으킨 것이니라.

그 두 사람이 온(蘊)·계(界)·처(處)·연생·도리를 독송하고 수지하였으며, 처와 비처에 모두 선교(善巧)하였던 까닭과 이러한 업력을 까닭으로 나의 법 가운데에 출가하고 수행하여 여러 의혹을 모두 끊고서 아라한을 증득하였느니라. 스승이 없이 신정을 익히면 이러한 허물이 있으며 이러한 까닭으로 그대들은 마땅히 스승이 없이 곧 스스로가 선정을 익히지 말라. 만약 곧 익히는 자는 월법죄를 얻느니라."

연기는 실라벌성에서 있었다.

어느 한 장자가 난야인 곳에 한 작은 집을 지었고, 이때 어느 필추가 이곳에 머물렀다. 이때는 봄에 속하여 햇볕과 더위에 핍박을 받아 형색이 누렇게 들떴고 수척하였으며 손괴되어 모양이 없었다. 주처를 옮기려고 하였으므로 장자에게 알렸다.

"당신이 마땅히 지키십시오. 나는 다른 곳으로 가고자 합니다."

장자가 물어 말하였다.

"무엇이 부족하여서 다른 곳으로 가고자 하십니까?"

필추가 대답하여 말하였다.

"나에게 부족한 것은 없으나 때는 덥고 방은 작아서 기거하는 것이 어렵습니다."

장자가 대답하여 말하였다.

"만약 더위가 두렵다면 땅굴을 만들겠습니다."

대답하여 말하였다.

"장자여. 세존께서 아직 허락하지 않으셨습니다."

필추가 인연으로써 세존께 아뢰니 세존께서 말씀하셨다.

"반드시 땅굴이 필요하다면 뜻에 따라서 마땅히 지을지니라."

장자가 지었으나 여름의 달에 이르렀을 때에 습기가 많아서 곧 견딜 수가 없었다. 뒤에 장자에게 알려 말하였다.

"나는 다른 곳으로 가고자 합니다. [앞에서와 같이 묻고 대답하였다.] 그리고 땅의 습기로 담음병(痰陰病)이 악화되어 기거하고 머무를 수 없습니다."

장자가 대답하여 말하였다.

"만약 이와 같다면 큰 집을 지읍시다."

필추가 알려 말하였다.

"세존께서 아직 허락하지 않으셨습니다."

필추가 인연으로써 세존께 아뢰니 세존께서 말씀하셨다.

"뜻에 따라서 큰집을 지으라."

장자가 곧 지었는데 처마가 없는 까닭으로 기둥이 위태로워서 무너지려고 하였다. 인연으로써 세존께 아뢰니 세존께서 말씀하셨다.

"처마를 설치하라. 만약 쓰러질 염려가 있다면 마땅히 보충의 기둥을 세우고 못으로 고정하라."

제3문의 제5자섭송 ①

제3문의 제5자섭송으로 말하겠노라.

석염(石鹽)을 뿔(角) 속에 넣는 것과
약그릇과 담요를 사용하는 것과
송경할 때에 상(床)을 놓아두고
물건으로서 발을 받치는 것이 있다.

연기는 왕사성의 죽림원에서 있었다.

이때 구수 필린타발차는 출가한 뒤에 몸에 항상 병이 있었다. 어느 같은 범행자가 와서 서로에게 문신하며 말하였다.

"상좌여. 사대가 안은하십니까?"

대답하여 말하였다.

"나에게 병이 있는데 어찌 안은하겠는가?"
다시 물어 말하였다.
"상좌여 일찍이 무슨 약을 복용하십니까?"
대답하여 말하였다.
"일찍이 석염을 복용하였습니다."
"만약 이와 같다면 어찌 복용하지 않으십니까?"
대답하여 말하였다.
"현수여. 세존께서 아직 허락하지 않으셨습니다."
필추가 인연으로써 세존께 아뢰니 세존께서 말씀하셨다.
"내가 지금 모든 필추들이 마땅히 선타바염(先陀婆鹽)을 저축하는 것을 허락하겠노라."
필추들이 곳에 따라서 내버려두었고 마침내 녹아서 없어졌다. 세존께서 말씀하셨다.
"마땅히 이와 같이 하지 말고 마땅히 통에다 넣어서 저축하라."
곧 대나무통에 넣어두었는데 역시 녹아서 없어졌다. 세존께서 말씀하셨다.
"뿔의 통을 사용하여 그 안에 소금을 넣어두어라."
곧 새로운 뿔을 사용하였는데 다시 냄새가 났고 곧 더러워졌다. 세존께서 말씀하셨다.
"마땅히 쇠똥을 사용하여 물에 끓이고 씻어서 말린다면 손실이 없을 것이다."
세존께서 석염을 마땅히 뿔 속에다 넣어두라고 하셨으나 어떻게 뚜껑을 덮는가를 알지 못하여 먼지와 흙이 들어갔다. 세존께서 말씀하셨다.
"뚜껑을 덮어라."
필추들이 이해하지 못하였으므로 세존께서 말씀하셨다.
"또한 마땅히 뿔을 사용하라."
이때 필린타발차의 병을 인연하여서, [묻고 대답한 것은 앞에서와 같다.] 약그릇을 저축하는 것이 필요하였으므로 세존께서 말씀하셨다.

"마땅히 저축하라."

연기는 실라벌성에서 있었다.

이때 장자가 있었는데 아내를 얻고서 오래지 않아 한 아들을 낳았다. 나이가 점차 장대해졌고 마침내 선설하는 법과 율에 출가하였다. 다만 담요와 자리가 없어서 빈 평상에 누웠다. 장자가 뒤의 다른 때에 사찰에 들어와 다니며 살폈는데 그 아들이 다만 평상에 누워있는데 다시 담요와 자리가 없는 것을 보고 알려 말하였다.

"성자여. 다른 필추들은 모두 담요와 자리가 있는데 그대는 무슨 까닭으로 없습니까?"

대답하여 말하였다.

"여러 사람들은 오래 전에 출가하여 이전부터 저축하여 왔으나 나는 새롭게 출가한 까닭으로 이렇게 없습니다."

대답하여 말하였다.

"만약 그와 같다면 우리 집에 좋은 담요가 있으니 가져다가 눕는데 사용하시오."

대답하여 말하였다.

"세존께서 아직 허락하지 않으셨습니다."

인연으로써 세존께 아뢰니 세존께서 말씀하셨다.

"담요를 사용하는 것을 허락하겠노라."

필추가 곧바로 속옷을 입지 않고 알몸으로 누웠으므로 곧 기름때가 많아졌다. 장자가 사찰에 들어와서 그 기름때를 보았으나 곧 알지 못하였으므로 그 아들에게 물어 말하였다.

"다시 요를 얻은 것이오?"

대답하여 말하였다.

"옛날 물건입니다."

아버지가 말하였다.

"무슨 인연으로 이렇게 때로 더러워졌소?"

대답하여 말하였다.

"갈아입을 속옷이 없어서 이렇게 더러워졌습니다."

아버지가 말하였다.

"이것은 귀하고 값비싼 물건인데 그렇게 손괴되었구려. 그대는 지금부터 마땅히 갈아입고 사용하시오."

필추가 인연으로써 세존께 아뢰니 세존께서 말씀하셨다.

"비록 그것이 개인의 물건이지만 마땅히 속옷으로 사용하라. 만약 속옷을 입지 않는다면 월법죄를 얻느니라."

인연의 처소는 앞에서와 같다.

세존께서 말씀하셨다.

"마땅히 송경하는 자는 높은 자리에 올라가라."

그 사람이 사자좌에 앉아서 두 발을 아래로 늘어뜨렸는데 두 다리가 피로하였다. 세존께서 말씀하셨다.

"마땅히 발을 받치는 상을 지어라."

필추들이 이해하지 못하였으므로 세존께서 말씀하셨다.

"만약 자리에서 이동하지 않는다면 마땅히 벽돌로 지을 것이고, 만약 이동한다면 판자를 사용하여 지어라."

비록 판자로 지었으나 옮길 때에 어려웠으므로 네 모서리에 쇠고리를 달아서 뜻에 따라서 들고 떠나게 하셨다. 이때 복을 구하는 필추와 신심이 있는 재가인들이 밟는 바닥의 위에 향가루(香泥)를 발랐다. 이때 송경사(誦經師)가 감히 발로 밟지 못하였으므로 세존께서 말씀하셨다.

"풀과 잎을 대체한 것이므로 곧 밟을 것이고 의혹의 마음에 이르지 말라."

연기의 처소는 앞에서와 같다.

세존께서 말씀하셨다

"발을 받치는 상을 지어라."

숲속의 필추들은 이러한 물건을 얻기 어려웠으므로 발을 뻗으니 괴로웠다. 인연으로써 세존께 아뢰니 세존께서 말씀하셨다.

"돌로 발을 받쳐라."

제3문의 제6자섭송 ①

제3문의 제6자섭송으로 말하겠노라.

얼굴을 씻는 수건과 성기고 얇은 옷과
침뱉는 그릇과 몸의 속옷과
철 수조(鐵槽)와 땅의 기초를 다지는 것과
월광주(月光珠)와 옷을 세탁하는 것이 있다.

연기는 왕사성에서 있었다.

필린타발차가 몸에 항상 병이 있어서 머리와 얼굴에 때가 있었고, [묻고 대답한 것은 앞에서와 같다.]

"나아가 상좌여. 이전에는 어떤 물건을 지녔었습니까?"

대답하여 말하였다.

"얼굴을 닦는 수건을 지녔었습니다."

"지금은 어찌 지니지 않으십니까?"

대답하여 말하였다.

"세존께서 아직 허락하지 않으셨습니다."

인연으로써 세존께 아뢰니 세존께서 말씀하셨다.

"병이 있거나 병이 없더라도 모두 마땅히 수건을 지니도록 하라."

연기의 처소는 앞에서와 같다.

필린타발차가 열기에 고통을 받아 몸이 누렇게 떴으며, [묻고 대답한 것은 앞에서와 같다.]

"나아가 상좌여. 이전에는 어떤 물건을 지녔었습니까?"
대답하여 말하였다.
"성기고 얇은 옷을 입었습니다."
"지금은 어찌 지니지 않으십니까?"
대답하여 말하였다.
"세존께서 아직 허락하지 않으셨습니다."
인연으로써 세존께 아뢰니 세존께서 말씀하셨다.
"더운 때에는 마땅히 성기고 얇은 옷을 입으라."

연기는 실라벌성에서 있었다.

어느 필추가 담음(痰陰)[5]을 앓았는데 평상의 양 끝에 콧물과 가래침을 뱉어서 정결하지 못하였다. 날이 밝아서 문인이 방에 들어와서 예배하고 안부를 묻는데 가래침이 이마를 더럽혔다. 필추가 보고 물었고 곧 사실로서 대답하였다. 필추가 말하였다.

"내가 시험삼아 살펴보겠네."

곧 방의 가운데에 들어가서 코와 가래침이 평상 끝에 낭자한 것을 보고는 여러 필추들에게 알렸고 함께 싫어하였고 부끄러움이 생겨나서 말하였다.

"어찌 필추가 승방의 가운데를 콧물과 가래침으로 더럽히는가?"

인연으로써 세존께 아뢰니 세존께서 말씀하셨다.

"여기는 콧물과 가래침을 뱉는 것이 합당한 곳이 아니니라. 마땅히 곧 뱉지 말라. 만약 어둠 속에 있었다면 머리를 땅에 대고서 예배하지 말고 반드시 존경에 이르렀다면 입으로 반제(畔睇)를 말하라. 다만 청이 있어 아뢰더라도 모두 이와 같이 하라. 만약 감기로 콧물과 가래침이 나온다면 마땅히 그릇에 받을지니라."

그릇을 놓을 때에 기울어져서 다시 많이 더러워졌다. 세존께서 말씀하셨

5) 체내의 濕氣가 제대로 순환하지 못해서 뭉친 병으로 몸이 붓거나 무겁고, 머리가 아프고 맑지 못하며 어지럽기도 하며 심하면 구역질이 나기도 한다.

다.

“받치는 물건을 놓아라.”

그가 새끼줄을 둥글게 놓았으나 기울어지는 까닭으로 세존께서 말씀하셨다.

“그 침을 뱉는 그릇이나 입을 씻는 그릇은 모양을 코끼리 발자국과 요철로 만들고 땅을 향하여 놓으면 안은할 것이다.”

양치물을 버리는 때에 곧 튀어나왔으므로 세존께서 말씀하셨다.

“그릇 안에 물건을 넣어라.”

필추들이 이해하지 못하였으므로 세존께서 말씀하셨다.

“풀을 잘라서 넣거나 혹은 흙 등을 넣어라.”

많은 파리가 붙었으므로 세존께서 말씀하셨다.

“마땅히 부채로 쫓으라.”

그릇에서 냄새가 났으므로 세존께서 말씀하셨다.

“자주자주 마땅히 씻어라”

씻고서 말리지 않았으므로 벌레가 생겨났다. 세존께서 말씀하셨다.

“말리도록 하라.”

다시 어느 필추가 기침이 멈추지 않았으므로 그릇을 말리는 때에 일을 곧 그만두었다. 세존께서 말씀하셨다.

“마땅히 두 개의 그릇을 저축하고 다시 번갈아서 사용하라.”

필추가 처마 아래에서 송경하면서 경행하면서 만약 콧물과 가래침이 있는 때에 곳을 따라서 뱉었으므로 세존께서 말씀하셨다.

“마땅히 그렇게 하지 말라. 버리는 자는 월법죄를 얻느니라. 사찰 가운데에서는 네 모서리의 기둥 아래에 각각 침그릇을 놓아두고 만약 침이 있다면 이곳에 버릴지니라.”

연기는 실라벌성에서 있었다.

이때 필추가 있었는데 모혈(毛血)이라고 이름하였다. 옛날의 500세상에서 태어나고 죽으면서 항상 지옥에 있었고, 뒤에 사람으로 태어났으나 집에 기거하면서 항상 몸을 꾸미고 오락(戱樂)을 싫어하지 않았다. 지옥을 생각하지 못하였으나 뒤의 다른 때에 세존의 법 가운데에 출가하여 수행하였다. 세존께서 삼장의 교설인 지옥의 고통과 방생·아귀·인간·친상의 차별을 설법을 하시는데 지옥을 듣는 때에 극심한 고통이 현전하여 몸의 여러 털구멍에서 피가 흘러나왔다. 옷이 핏물로 더럽혀졌고 항상 냄새가 있었으므로 필추가 인연으로써 세존께 아뢰었다. 세존께서 말씀하셨다.

"이와 같은 필추는 마땅히 속옷을 저축하고 몸에 입을지니라."

필추가 곧 옷 위에다가 입었으므로 마침내 비난과 수치가 생겨났다. 세존께서 말씀하셨다.

"마땅히 속에 입어라."

그가 몸이 가려워서 이 옷으로 문질렀으므로 세존께서 말씀하셨다.

"마땅히 이와 같이 하지 말라. 만약 고름과 피가 있다면 마땅히 나뭇잎을 끓여서 천천히 씻어서 없애라. 그 속옷은 자주자주 빨고 햇볕에 쬐어서 말리도록 하라."

연기는 왕사성에서 있었다.

구수 필린타발차의 몸에는 항상 병이 있었으며, [묻고 대답한 것은 앞에서와 같다.]

"나아가 상좌여. 일찍이 무슨 물건을 지니셨습니까?"

대답하여 말하였다.

"일찍이 철 수조를 지니고서 약을 끓여서 넣고 담갔었습니다."

"만약 그렇다면 어찌 지니고 사용하지 않으십니까?"

대답하여 말하였다.

"세존께서 아직 허락하지 않으셨습니다."

인연으로써 세존께 아뢰니 세존께서 말씀하셨다.

"병이 있는 자는 마땅히 철 수조를 저축할지니라."

연기는 실라벌성에서 있었다.

이때 여러 필추들이 여름 장마철인 때에 제저를 돌았으므로 진흙이 발에 묻어 더러웠다. 세존께서 말씀하셨다.

“마땅히 벽돌을 펼쳐놓고 그 위에 벽돌 부스러기와 진흙을 섞고 두드려서 바르도록 하라. 다시 조약돌을 놓아두고 석회를 바르라.”

탑이 커서 두루 바르는 것이 어려웠으므로 세존께서 말씀하셨다.

“마땅히 1심(尋)으로 가지런하게 하라.”

이것도 역시 어려웠으므로 세존께서 말씀하셨다.

“판자를 놓아두어라.”

다시 거듭 구하는 것이 어려웠으므로 세존께서 말씀하셨다.

“걸음과 걸음 사이에 벽돌을 놓아라.”

필추가 사찰의 문과 사찰의 안의 땅에서 진흙에 빠지는 일이 많았다. 세존께서 말씀하셨다.

“앞에서 지었던 일에 의거하여 마땅히 하라.”

연기의 처소는 앞에서와 같다.

한 장자가 있어서 고요한 숲의 가운데에 한 작은 집을 지었고 필추가 기거하였다. 이때는 마침 추운 계절이었고 냉기를 접촉하여 몸이 마르고 수척하였으므로 장자에게 와서 알려 말하였다.

“나는 다른 곳으로 가고자 합니다.”

대답하여 말하였다.

“소유한 것이 부족하십니까?”

알려 말하였다.

“부족한 것은 없으나 다만 추위에 고통을 받고 있습니다.”

장자가 말하였다.

“당신께서 이곳에 머물겠다면 내가 일광주를 주어서 항상 불을 얻게 하겠습니다.”

대답하여 말하였다.

“장자여. 세존께서 아직 허락하지 않으셨습니다.”

대답하여 말하였다.

"세존께서는 대자대비하시므로 반드시 수용하도록 허락하실 것입니다."

필추가 인연으로써 세존께 아뢰니 세존께서 말씀하셨다.

"만약 일광주가 필요한 자는 저축하여 때에 따라 불을 지피는 것을 허락하겠노라."

장자가 곧 필추에게 주어서 수용하게 하였다. 이때 500의 도둑들이 작은 성을 침범하고자 필추의 처소를 지나면서 알려 말하였다.

"불이 필요하오."

알려 말하였다.

"현재는 없소."

도둑이 말하였다.

"무슨 방편으로 불을 얻는 것이오."

대답하여 말하였다.

"현수여. 일광주가 있어서 능히 불을 피우는 것이오."

곧 그것을 보여주었다. 도둑들이 가서 성을 파괴하였고 돌아가면서 이곳에 이르러 그 구슬을 빼앗고자 물었다.

"구슬은 어디에 있소?"

필추가 구슬을 보여주었으므로 도둑이 취하여 떠나갔다. 필추는 추위가 걱정되어 장자의 처소에 이르러 알려 말하였다.

"나는 춥습니다." [앞의 일을 갖추어 말하였다.]

장자가 말하였다.

"구슬은 어느 곳에 있습니까?"

대답하여 말하였다.

"도둑이 가지고 떠났습니다."

장자가 말하였다.

"이것은 귀하고 값비싼 물건인데 감추지 않고 드러내었고 도둑이 가지고 떠났으니 매우 안타까운 일입니다."

필추가 인연으로써 세존께 아뢰니 세존께서 말씀하셨다.

“이러한 귀한 구슬은 마땅히 도둑에게 보여주지 말고 불을 주어라. 일광주와 같이 월광주도 같으니라.”

연기의 처소는 앞에서와 같다.

육중필추들이 빨래하는 사람에게 의복을 세탁하게 시켰다. 이때 빨래하는 사람이 많은 다른 사람의 옷을 얻었고 아직 빨지 못한 것이 많았다. 이때 오파난타가 포후시(晡後時)에 이르러 낡은 옷을 가지고 세탁하는 곳에 나아가서 알려 말하였다.

“세탁할 수 있겠는가?”

대답하여 말하였다.

“현재는 옷이 많으므로 내일 마땅히 빨겠습니다.”

곧 분노가 생겨났는데 그가 말하였다.

“성내지 말고 남겨두고 가십시오. 내가 지금 빨아드리겠습니다.”

곧 옷을 남겨두었고 여러 옷과 함께 한곳에 담가두었다. 마침내 붉은 색깔이 다른 옷을 물들게 되어버렸다. 그가 보고 근심하면서 손바닥으로 턱을 괴고서 머물렀으며 많은 사람이 와서 보고 모두 함께 비난하고 싫어하였다.

필추가 인연으로써 세존께 아뢰니 세존께서는 이렇게 생각을 지으셨다.

‘옷을 세탁하게 한 까닭으로 여러 비난과 싫어함이 생겨난 것이다.’

여러 필추들에게 알리셨다.

“오파난타의 붉은 옷이 다른 사람의 옷을 더럽혔느니라. 이러한 까닭으로 필추는 마땅히 붉은 옷을 다른 사람에게 주어서 빨게 하지 말라. 어기는 자는 월법죄를 얻느니라.”

육중이 듣고 흰 옷을 가지고 그에게 빨도록 하였는데 그가 곧 두드려서 옷이 손괴되었다. 세존께서 말씀하셨다.

“필추는 모든 옷을 마땅히 옷을 빨래하는 사람에게 시켜서 빨지 말라.”

연기의 처소는 앞에서와 같다.

육중은 세존께서 다른 사람에게 옷을 빨지 못하게 한다는 것을 들었다. 곧 옷을 가지고 빨래터에 이르러 수건으로 머리를 감싸고 우물가에서 스스로 옷을 빨았으므로 여러 사람들이 보고 비난하였다. 필추가 인연으로써 세존께 아뢰니 세존께서 말씀하셨다.

"필추는 마땅히 빨래터에 가서 스스로 옷을 빨지 말라. 짓는 자는 월법죄를 얻느니라."

연기의 처소는 앞에서와 같다.

필추가 곧 큰 판자 위에 놓고 두드려서 빨았는데 옷이 손괴되었다. 세존께서 말씀하셨다.

"이와 같이 하지 말라. 마땅히 대야 속에 넣고서 따뜻한 물에 담그고 천천히 스스로의 손으로 빨아서 깨끗하게 하라."

세존께서 손으로 빨라고 하셨으나 필추가 능히 못하였다. 세존께서 말씀하셨다.

"발을 사용하라."

이때 손과 발로써 모두 능히 못하였으므로 세존께서 말씀하셨다.

"다른 사람을 시켜 빨게 하고 마땅히 스스로가 살펴라."

근본설일체유부비나야잡사 제15권

삼장법사 의정 한역
석보운 번역

제3문의 제7자섭송 ①

제3문의 제7자섭송으로 말하겠노라.

몸을 닦는 수건과 신발과 뱀의 목과
돌그릇에 의혹이 생겨난 것과
염색한 옷에 여러 종류가 있는 것과
뜻을 따라서 가람에 그림을 그리는 것이 있다.

연기는 실라벌성에서 있었다.

필추가 씻고서 젖은 몸에 옷을 입었으므로 색이 변하고 또한 냄새가 났다. 필추가 인연으로써 세존께 아뢰니 세존께서 말씀하셨다.

"마땅히 몸을 닦는 수건을 저축하라."

이때 어느 필추가 수건을 얻지 못하였으므로 세존께서 말씀하셨다.

"씻고서 잠시 땅에 걸터앉아 세군(洗裙)으로 몸을 닦은 뒤에 옷을 입어라."

필추가 가죽신 위에 흙이 있어서 곧 두드렸는데 망계(網系)[1]가 끊어졌다.

1) 신발의 형태를 유지하는 윗부분의 중심부의 끈을 가리킨다.

세존께서 말씀하셨다.

"마땅히 이와 같이 하지 말라."

다시 물을 사용하여 씻었으므로 더욱 문드러지고 찢어졌다. 세존께서 말씀하셨다.

"마땅히 그와 같이 하지 말고 젖은 수건으로 닦아라. 이러한 까닭으로 필추는 마땅히 신을 닦는 물건을 지녀야 하느니라." [세군(洗裙)이라는 것은 비단인 천을 사용한다. 하나의 폭(幅)은 반장(半長) 6척(尺)까지 허용된다. 옆으로 허리를 둘러서 감고서 허벅지를 압박하여 벗어지지 않게 하는 것이며, 다시 편안한 허리띠는 아니다. 이것은 서쪽 나라의 법도이다.]

세존께서는 점파국(占波國) 갈가지(揭伽池) 옆에 머무르셨다.

이때 어느 용녀(龍女)는 신심이 있어 순수하고 선하였으나 그의 아들은 신심이 없고 법과 율을 의지하지 않았다. 그의 어머니가 마침내 법을 들을 것을 권유하였다.

"아들아. 지금 마땅히 성자의 곁으로 가서 정법을 들어라. 너에게 복을 얻게 할 것이다."

그 아들이 본래의 모습을 변화시켜 송경하는 곳에 이르렀는데 소년 필추가 보고 놀라서 곧 소리쳤다.

"긴 허리띠! 긴 허리띠!"

그 나머지 필추들도 욕망을 떠나지 못한 자들은 모두 무서워하였다. 곧 털실(毛繩)로 그 용의 목을 묶고서 사찰의 밖에 버렸다. 그 아들이 집으로 돌아가니 어머니가 보고 물어 말하였다.

"그대는 성자의 처소에서 정법을 들었는가?"

대답하여 말하였다.

"어머니. 이러한 자애롭지 않은 사람들의 말을 하지 마십시오."

어머니가 말하였다.

"그들이 그대에게 처소에서 무슨 비법을 지었는가?"

곧 털실로 목을 묶어서 목이 손괴된 것을 갖추어서 말하였다. 어머니가 말하였다.

"이러한 인연을 까닭으로 성자라고 말하는 것이라. 만약 나머지의 부류들이었다면 그대를 틀림없이 죽였을 것이다."

아들은 곧 묵연하였다. 이때 그의 친구들이 모두 함께 비웃으며 외치며 말하였다.

"목을 다쳤구나!"

조롱을 당할 때에 몸은 누렇고 수척하여 기력이 쇠약해졌다. 어머니가 보고 알려 말하였다.

"무슨 까닭으로 몸이 여위었으며 누렇고 이와 같은가?"

대답하여 말하였다.

"어머니. 항상 지식들이 목을 다쳤다고 조롱하며 말하였고 내가 부끄러워서 이렇게 수척해지는 것입니다."

어머니가 말하였다.

"그대가 본래의 모습을 변화하지 않은 까닭으로 마침내 이러한 화를 부른 것이다. 만약 변화시켜 간다면 털실로 묶지 않을 것이므로 지금 변화시킨 모습으로 가서 묘법을 들어라. 견문(見聞)을 따른다면 모두 그대가 마음에서 찬탄할 것이다. 만약 본래의 모습인 몸을 감추고서 듣도록 하라."

그는 신심이 부족하여 어머니의 말에 따르지 않고 묵연히 머물렀다. 어머니는 이러한 생각을 지었다.

'성자들이 털실로 용자(龍子)의 목을 묶어 법을 듣고자 하는 자에게 어려운 인연을 지어 주었던 것이다. 내가 지금 이들을 위하여 마땅히 세존께 가서 아뢰어야겠다.'

초야분(初夜分)이 지나서 몸에 광명을 나타내면서 세존의 처소에 이르러 세존의 두 발에 예경하고 한쪽에 앉았다. 그 용녀 몸의 광명을 까닭으로 갈가지의 주변이 두루 밝게 빛났다. 용녀가 세존께 아뢰어 말하였다.

"대덕이시여. 저의 아들이 신심이 없어 법을 들으라고 권유하였습니다. 송경하는 곳에 이르렀는데 성자들이 보고 털실로 그의 목을 묶어서 사찰의 밖에 버렸는데 목이 손상되었습니다. 그의 여러 벗들이 보고 목을 다쳤다고 조롱하며 외칩니다. 희롱을 당하는 까닭으로 몸이 마르고 누렇게 되었으며 기력이 없이 손괴되었습니다. 오직 원하건대 세존께서는 여러 성중들이 털실로 여러 용의 아들들을 묶지 않도록 간략하게 제정하여 막아 주십시오. 자비롭고 애민한 까닭입니다."

세존께서는 아시고서 묵연히 청을 받아들이셨다. 이때 용녀는 세존께 예경하고 떠나갔다. 이때 세존께서는 날이 밝자 승가 대중들의 앞에 나아가시어 자리에 앉으셨고 여러 필추들에게 알려 말씀하셨다.

"어제 밤에 용녀가 나의 처소에 와서 두 발에 예경하고 한쪽에 물러나서 앉았는데 그녀의 위광을 까닭으로 연못의 주변이 모두 밝게 빛났느니라. 나에게 알려 말하였느니라. '대덕이시여. 저의 아들이 신심이 없어 법을 들으라고 권유하였습니다. 송경하는 곳에 이르렀는데 성자들이 보고 털실로 그의 목을 묶어서 사찰의 밖에 버렸는데 목이 손상되었습니다. 그의 여러 벗들이 보고 목을 다쳤다고 조롱하며 외칩니다. 희롱을 당하는 까닭으로 몸이 마르고 누렇게 되었으며 기력이 없이 손괴되었습니다. 오직 원하건대 세존께서는 여러 성중들이 털실로 여러 용의 아이들을 묶지 않도록 간략하게 제정하여 막아 주십시오. 자비롭고 애민한 까닭입니다.'"

여러 필추들에게 알려 말하였다.

"그대들은 무슨 인연으로 비법의 일을 지어서 그 용신(龍神)의 마음에서 경만이 생겨나게 하였고 능히 정법을 마침내 쇠망(銷亡)에 이르게 하였던 까닭으로 여러 필추들은 털실로서 용과 뱀의 목을 묶지 말라. 만약 오는 것을 보는 때에는 곧 손가락을 튕기면서 알려 말하라.

'현수여. 보이지 않는 곳으로 향하라.'

말을 따라서 떠나가면 좋으나 만약 떠나가지 않는다면 양갑장(羊甲杖)으로 슬며시 그의 머리를 건드려서 질그릇의 항아리 속에 넣고 옆에 구멍을 뚫고 항아리의 입을 막고서 들어서 밖에 내려놓아라. 이 지팡이가 없는 자는 부드러운 끈으로 목을 묶어서 끌어내라. 이것도 역시 없으면 마땅히 지팡이로 천천히 어루만지면서 새끼줄로 목을 묶어 들어 항아리 속에 넣어서 이전과 같이 밖의 풀밭에 놓아 주어라."

뱀이 곧 성내고 불꽃을 일으켜서 이 풀밭을 태웠고 뱀도 역시 목숨을 마쳤다. 세존께서 말씀하셨다.

"마땅히 풀밭에 버리지 말라."

뒤에 노지(露地)에 버리고서 오래지 않아 관찰하였는데 곧 여러 벌레가 와서 뜯어 먹었다. 세존께서 말씀하셨다.

"버리고서 마땅히 떠나가지 말고 노지에 버렸다면 구멍으로 들어가는 것을 기다렸다가 뒤에 떠나가라."

연기는 왕사성에서 있었다.

성 안에 한 장자가 있었는데, 돌을 다루는 것을 잘 익혀서 여러 돌그릇을 만들었다. 때를 따라서 저축하였고 팔아서 많은 이익을 얻었는데 곧 이렇게 생각을 지었다.

'어떠한 방편을 지어야 많은 복업을 얻고 능히 현세에서 무궁한 이익을 얻을 수 있을까? 내가 지금 마땅히 세존과 승가를 청하여 집에서 공양하는데 돌그릇으로 잡수시게 한다면 많은 복업을 얻어서 무궁한 이익을 얻을 것이다.'

곧 세존의 처소에 나아갔으며, [자세한 설명은 앞에서와 같다.] 나아가 세존과 대중을 모셔왔으며, 집으로 나아가서 자리에 앉으셨다. 장자는 곧 새로운 그릇을 가져다가 상좌에게 음식을 드렸고 하좌에게는 오래된 그릇에 음식을 드렸다. 필추가 의심이 생겨나서 기꺼이 받지 않았으므로 세존께서 말씀하셨다.

"출처(出處)가 청정한 까닭으로 마땅히 그것을 받을 것이며 의혹에 이르지 말라."

장자의 공양으로 모두가 배부르게 먹었고 세존께서는 설법을 하시고서 자리에서 일어나 떠나가셨다.

연기는 실라벌성에서 있었다.

필추가 염색이 필요하였으므로 세존께서 허락하셨다. 필추가 젖은 염료의 나무를 삶았으나 빛깔이 변하였으므로 세존께서 말씀하셨다.

"말리고 건조한 뒤에 삶아서 사용하라."

햇볕의 가운데에서 말렸는데 염료가 좋지 않았으므로 세존께서 말씀하셨다.

"마땅히 햇볕의 가운데에서 말리지 말라."

그늘진 곳에 말렸는데 흰곰팡이(醭)가 나왔으므로 세존께서 말씀하셨다.

"뜨거운 햇볕도 놓지 않을 것이고 다시 아주 그늘진 곳도 아니된다. 때를 따라서 말리도록 하라."

다시 옷과 염료 나무를 같이 삶아서 옷을 상하였으므로 세존께서 말씀하셨다.

"별도로 삶아서 염료를 만들라."

한 번을 삶고서 곧 내버렸으므로 세존께서 말씀하셨다.

"세 번 삶고서 곧 버리도록 하라."

필추가 세 번을 삶은 염료를 모두 한 그릇에 두었으므로 세존께서 말씀하셨다.

"세 종류를 별도로 두어라."

능히 무엇이 첫 번째이고 중간 것이며 뒤의 것인가를 기억하고 알지 못하였으므로 세존께서 말씀하셨다.

"글로써 그 차례를 기록하라."

필추가 염료를 옷 위에 부었으므로 세존께서 말씀하셨다.

"마땅하지 않다. 먼저 대야의 가운데에 염료를 붓고 뒤에 옷을 넣어라."

곧 많이 염색하여 말릴 때에 흘려 내렸으므로 세존께서 말씀하셨다.

"많이 염색하지 말라."

혹은 때때로 염료가 적어서 옷이 얼룩졌으므로 세존께서 말씀하셨다.

"매우 많지도 매우 적지도 않도록 마땅히 적당하게 짐작하여 하라."

땅에 옷을 말려서 먼지와 흙으로 곧 더러워졌으므로 세존께서 말씀하셨다.

"마땅히 그와 같이 하지 말라."

다시 풀 위에서 말렸는데 염료가 한쪽으로 쏠렸다. 세존께서 말씀하셨다.

"새끼줄 위에나 장대 위에 놓아라."

곧 새끼줄 위에 걸었는데 위와 중간에서 염색한 것이 없어졌다. 세존께서 말씀하셨다.

"새끼줄 위에 옷을 널었다면 한쪽은 대나무에 끼워서 고정하라. 만약 옷이 손괴되는 것이 두려우면 물건으로 바꿔서 끼워라."

필추가 자주 뒤집지 않아서 염료가 한쪽으로 쏠렸으므로 세존께서 말씀하셨다.

"마땅히 자주 뒤집어라."

이때 어느 필추가 무겁고 큰 옷을 짓고 염색하여 새끼줄 위에 널었는데 무게를 능히 감당하지 못하였으므로 세존께서 말씀하셨다.

"풀 위에 펼쳐서 널고 자주 뒤집어라."

새로운 염료로 오래된 옷을 염색하였고 혹은 새로운 옷을 오래된 염료에 넣었으므로 세존께서 말씀하셨다.

"새로운 옷은 새로운 염료로 하고 오래된 옷은 오래된 염료로 할 것이며 마땅히 다르게 하지 말라."

새로운 옷을 그늘진 곳에 놓아두고 곧 오래된 옷을 햇볕에서 말렸으므로 세존께서 말씀하셨다.

"새로운 옷은 햇볕에서 말리고 오래된 옷은 그늘에서 말려라."

옷을 염색할 때에는 마지막 염료를 사용하여 옷을 물들이고 다음은 중간 것으로 물들였으며 마지막에 처음 것으로 물들였으므로 세존께서 말씀하셨다.

"먼저 처음 것으로 하고 다음은 중간 것으로 하며 마지막에 뒤의 것으로 하라."

옷의 염색을 마쳤으나 물에 헹구지 않았다. 옷의 색깔이 얼룩졌으므로 세존께서 말씀하셨다.

"마땅히 물로서 헹구어라."

필추가 염색을 마치고 그 날에 헹구었으므로 세존께서 말씀하셨다.

"다음 날을 기다려라."

마침 옷을 염색하는 때에 비바람이 왔으므로 필추가 당황하여 어느 곳에서 의복을 말려야 하는가를 알지 못하였으므로 세존께서 말씀하셨다.

"마땅히 처마 앞에 널어라."

곧 처마 아래서 옷을 염색하였으므로 염료가 땅을 더럽혔다. 재가인들이 보고 물었다.

"성자여. 무슨 인연으로 이곳에 피가 흘렀습니까?"

대답하여 말하였다.

"피가 아니고 내가 이곳에서 염색하였습니다."

마침내 비난과 추악함이 생겨났다. 필추가 인연으로써 세존께 아뢰니 세존께서 말씀하셨다.

"옷을 물들인 곳은 혹은 쇠똥이나 혹은 흙을 사용하여 바르도록 하라."

연기의 처소는 앞에서와 같다.

급고독장자가 이것을 창조(創造)하여 세존과 승가께 보시하였으나 담벽(檣壁)에 아직 그림을 그리지 못하여 곧 이렇게 생각을 지었다.

'내가 지금 세존께 청하여 사찰에 그림을 그려야겠다.'

세존께 이르러 발에 예경하고 한쪽에 물러나서 아뢰어 말하였다.

"대덕이시여. 사찰의 벽에 그림을 그리지 못하였으므로 제가 지금 그리고자 합니다."

세존께서 말씀하셨다.

"뜻을 따르시오."

장자가 이해하지 못하여 필추에게 말하였으나 필추도 무슨 채색을 사용해야 하는가를 알지 못하였다. 곧 가서 세존께 아뢰니 세존께서 말씀하셨다.

"옳도다. 장자여. 그대가 모르는 것을 지금 다시 묻는구려. 마땅히 청·황·적·백의 네 가지의 색깔과 여러 채색으로 그림을 그리도록 하시오."

제3문의 제8자섭송 ①

제3문의 제8자섭송으로 말하겠노라.

사찰을 짓는데 필요한 물건과
평상에 구멍을 뚫는 것과 예경하는 위의와
별도로 이발(剃髮)하는 옷을 저축하는 것과
꽃다발을 높은 곳에 매다는 것이 있다

연기의 처소는 앞에서와 같다.

이 성안에 한 장자가 있었고 음식을 필추들에게 보시하였으므로 자주 그의 집에 갔다. 마침내 장자를 삼귀의계의 가운데에 머무르게 하였다. 뒤의 다른 때에 인연으로 일곱 복업의 일을 설하였으므로 알려 말하였다.

"성자여. 나는 한 가지의 복업이라도 뜻을 일으켜서 수영(修營)하고자 합니다."

필추가 대답하여 말하였다.

"옳습니다. 마땅히 지으십시오."

물어 말하였다.

"성자여. 내가 무슨 일을 지어야 합니까?"

대답하여 말하였다.

"승가 대중들을 위하여 주처를 수영하십시오."

"성자여. 나는 지금 사찰을 지을 재물이 있으나 나를 도와 수영할 좋은 벗이 없습니다."

대답하여 말하였다.

"장자여. 당신은 마땅히 재물을 준비하십시오. 우리들이 수영하는 것을 돕겠습니다."

"옳습니다. 성자여."

금전과 물건을 주었으나 필추가 생각하며 말하였다.

'이 물건은 사방승가에게 속하는 것이다. 어떻게 짓는 기구(器具)의 비용으로 사용하겠는가? 내가 다른 곳에서 별도로 다시 구하여 찾아야겠다.'

장자의 금전과 물건을 창고에 쌓아두었다. 뒤의 때에 장자가 생각하였다.

'성자가 좋은 마음으로 나를 위하여 사찰을 지었으니 시험 삼아 가서 그것이 어떠한가를 관찰해야겠다.'

그곳에 가서 보니 하나도 경영하여 지은 것이 없었으므로 필추에게 물어 말하였다.

"사찰을 짓는 것을 허락하였는데 무슨 뜻에서 하나도 없습니까?"

대답하여 말하였다.

"지을 기구가 없는데 무엇으로 수영하여 짓겠습니까?"

알려 말하였다.

"물건을 보시하였는데 어찌 수영하지 않습니까?"

대답하여 말하였다.

"이 물건은 창고 속에 있습니다."

장자가 말하였다.

"마땅히 이 물건을 이용하여 여러 기구를 만드십시오."

대답하여 말하였다.

"이 물건은 사방승가에 귀속되어 나는 감히 사용할 수 없습니다."

장자가 말하였다.

"사찰을 짓는 것도 원래 사방승가에 귀속되므로 비용에 어찌 허물이 있겠습니까?"

대답하여 말하였다.

"장자여. 내가 가서 세존께 아뢰고 가르침이 있다면 마땅히 행하겠습니다."

장자가 말하였다.

"뜻에 따라 가서 아뢰십시오."

곧 여러 필추에게 알렸고 필추가 세존께 아뢰었다. 세존께서 말씀하셨다.

"이 물건을 사용하여 기구를 만들고 사우(寺宇)를 수영하라."

이때 그 필추가 사찰을 지을 때에 집을 다니면서 걸식하였으므로 장자가 보고 괴이하게 생각하였다.

"나를 위하여 사찰을 짓는데 무슨 인연으로 걸식을 하십니까? 사찰 안의 금전과 물건으로 음식을 충족하는데 사용하면 될 것입니다. 그것이 적다면 내가 다시 가져오겠습니다."

대답하여 말하였다.

"어찌 나 한 사람이 사방물(四方物)을 먹겠습니까?"

장자가 말하였다.

"나와 뜻이 서로가 통하는데 이것에 무슨 허물이 있겠습니까?"

필추가 말하였다.

"내가 세존께 여쭈어 보겠습니다."

필추가 세존께 아뢰니 세존께서 말씀하셨다.

"사찰을 짓는 사람은 마땅히 사찰의 물건으로 먹을지니라."

비록 음식을 허락하신 것을 들었으나 오히려 거친 음식을 먹었으므로 세존께서 말씀하셨다.

"마땅히 거친 음식은 먹지 말라."

그가 좋은 음식을 지었으므로 세존께서 말씀하셨다.

"마땅히 상묘한 음식을 끊어라. 마땅히 다른 사찰의 사례를 보아서 먹어라."

연기의 처소는 앞에서와 같다.

어느 때 어느 필추가 갑자기 배가 아파서 자주 다니면서 회전(迴轉)하였으므로 피곤하였다. 필추가 세존께 아뢰니 세존께서 말씀하셨다.

"침상에 구멍을 뚫고 때에 따라서 쉽게 회전하라."

곧 좋은 평상에 구멍을 뚫어 파손하였으므로 세존께서 말씀하셨다.

"마땅히 오래된 평상에 하라. 만약 옷감이라면 마땅히 잘라서 구멍을 뚫을 것이고, 만약 새끼줄로 엮은 것이면 비집고 열고서 구멍을 만들 것이며, 만약 병이 나은 뒤에는 일을 따라서 요리(料理)하라."

자주 회전하는 까닭으로 하부(下部)가 아팠으므로 세존께서 말씀하셨다.

"평상의 구멍 주위에 부드러운 물건을 덧대어라. 부정이 땅에 떨어지면 기와 그릇으로 받을 것이고 높이 들지 말라."

똥에서 냄새가 났으므로 그릇을 밖에다 버렸고 다시 나머지의 그릇을 찾았으며 이와 같이 계속하여 그릇을 얻을 수 없었으므로 세존께서 말씀하셨다.

"마땅히 모두 버리지 말라. 두 그릇을 저축하고 씻고 햇볕에 말려라. 만약 두 번째의 그릇이 없다면 마땅히 나뭇잎을 놓아두어라."

그 그릇을 씻었으나 냄새가 제거되지 않았다.

"마땅히 기름을 바르라."

세존께서는 "마땅히 병자를 간병하라."고 가르치셨다. 이때 늙은 필추와 젊은 필추들이 함께 와서 문병하였다. 젊은 필추가 곧 병자에게 예배하였고 늙은 필추가 답례(致敬)하였으며 이러한 인연으로 다만 접촉하였어도 병의 고통이 증가되었다. 세존께서 말씀하셨다.

"그의 몸이 부정하다면 마땅히 공경스럽게 예배하지 말라. 자신이 더럽다면 다른 사람에게 예배하는 것은 합당하지 않고, 설령 다른 사람이 예배하는 때에도 역시 마땅히 받지 말라. 만약 어기는 자가 있다면 모두 월법죄를 얻느니라."

구수 오파리가 세존께 청하여 아뢰었다.

"세존께서는 '만약 청정하지 않으면 마땅히 예배를 받지 않아야 하고 역시 다른 사람에게도 예배하지 말라.'고 마땅히 말씀하셨습니다. 대덕이시여. 부정하고 오염된 것이 모두 몇 종류가 있는가를 알지 못하겠습니다."

세존께서 알리셨다.

"오파리여. 두 종류의 부정이 있느니라. 첫째는 담작부정(噉嚼不淨)이고, 둘째는 예오부정(穢汚不淨)이니라. 담작부정이라고 말하는 것은 이를테면, 치목과 여러 음식의 뿌리·열매·떡·채소류를 씹었거나, 만약 씹어서 먹는 때와 나아가 먹고서도 깨끗하게 양치하지 않고서 왔다면 모두 부정이라고 이름하느니라. 예오부정이란 것은 이를테면, 대·소변을 보는 것과 나아가 부정한 곳에서 요리하는 것과 아울러 삭발을 할 때와 나아가 부정한 것을 씻고 빨래하는 것과 양치질을 하지 않고서 왔다면 모두 부정이라고 이름하느니라. 이와 같은 부정 등을 접촉하고 있을 때에 예배를 받거나 남에게 예배하는 것은 모두가 악작(惡作)을 부르느니라."

[금구(金口)[2]가 분명한 문장이다. 이 지방에서는 수용하지 않으므로 궤칙(軌則)[3]과 아울러 인침(湮沈)[4]에 이르게 하고 있다.]

연기의 처소는 앞에서와 같다.

구수 오파리가 세존께 청하여 아뢰었다.

"대덕이신 세존께서는 묘화(妙花)바라문이 이와 같이 말하였다고 알려 말씀하셨습니다. '교답마여. 내가 수레를 탔을 때에 혹은 말고삐를 당기거나 혹은 채찍을 들고 크게 소리를 지른다면 마땅히 이때에도 원하건대 저 바라문인 묘화가 세존의 발에 예경하고 아울러 문안하는 것으로 아십시오.' 또한 말하기를 '교답마여. 만약 다시 제가 길을 걸을 때에 혹은 가죽신을 벗거나, 큰길에서 피하거나, 혹은 어깨를 편다면 마땅히 이때에도 이전과 같이 제가 공경하고 문안하는 것으로 아십시오.' 또한 말하기를

2) 세존의 몸이 황금빛이므로 세존을 금인이라 하고, 그 입을 금구라고 한다. 또는 금강과 같이 견고한 세존의 입을 지칭하거나 세존의 말씀을 뜻하기도 한다.
3) 규범으로 삼고 배운다는 뜻과 어떤 사실을 설명하거나 증명하기 위하여 내세워 보인다는 본보기의 뜻이 있다.
4) 인멸(湮滅)과 같은 뜻으로 자취도 없이 모두 없어지는 것이다.

'교답마여. 다시 제가 자신의 무리들 가운데에서 모든 사람들과 이야기하고, 만약 앉은 자리를 옮기며, 혹은 상의(上衣)를 벗고, 혹은 머리의 모자를 벗는 것을 보신다면 마땅히 이때에도 이전과 같이 제가 공경하고 문안하는 것으로 아십시오.' 세존이시여. 알지 못하겠습니다. 여래의 성스러운 가르침의 가운데에도 역시 이것과 같은 예경법이 있습니까?"

세존께서 오파리에게 알리셨다.

"이와 같이 예경하는 것은 마땅하지 않느니라. 일반적으로 이렇게 입으로 '내가 지금 공경스럽게 예배합니다.'라고 말하는 것은 다만 입으로 존경한다는 업을 보여주는 것이고, 만약 때로 몸을 굽히면서 입으로 반제(畔睇)를 말한다면 이것이 비록 예경이나 구족된 것이 아니니라. 그러나 오파리여. 나의 법과 율에는 두 종류의 예경이 있느니라. 무엇이 두 종류인가? 첫째는 오륜(五輪)을 땅에 붙이는 것이고, 둘째는 두 손으로 장딴지(腨)를 만지는 것이다. 모든 입으로 '내가 지금 공경스럽게 예경합니다.'라고 말하는 것은 그에게 '병이 없으십시오.'라고 말하는 것이다. 만약 이와 같지 않다면 함께 월법죄를 얻느니라."

연기의 처소는 앞에서와 같다.

어느 때 여러 필추들이 어떤 옷을 입고 이발하였고 도리어 이 옷을 입고서 음식을 먹었으며 나아가 대사께 예경하였다. 신심이 없는 사람들이 보고 싫어함과 부끄러움이 생겨났다.

"사문인 석자들은 진실로 청정하지 않구나. 이발하던 옷을 입고서 음식도 먹고 도리어 이 옷을 입고 대사께 공경스럽게 예경하는데 우리들이 이들에게 존경심이 생겨나겠는가?"

필추가 세존께 아뢰니 세존께서 말씀하셨다.

"삼의를 따라서 그 한 가지도 입고서 이발하지 말라. 그러나 마땅히 별도로 이발하는 옷을 저축하고, [곧 만조(縵條)[5]이다.] 마땅히 이 옷을

---

5) 만의(縵衣)라는 가사의 일종으로서 조(條)모양이 없는 옷을 가리킨다.

이발할 때에 입어라."

이때 가난하여 이 옷을 얻기가 어려웠으므로 세존께서 말씀하셨다.

"마땅히 승각기를 사용하여 몸을 기울여 가리고 깎아라."

이발을 마친 때에 필추가 씻지 않았으므로 여러 재가인들이 보고 모두가 비난하였다.

"사문 석자들은 수염과 머리를 깎고 씻는 것을 모르니 매우 추악하구나."

필추가 세존께 아뢰니 세존께서 말씀하셨다.

"이발을 마치는 때에는 마땅히 씻어라."

이때 늙고 병들어 기력이 쇠약한 자가 있었고, 혹은 다시 물을 구하는 때에 얻는데 어려움도 있었다. 세존께서 말씀하셨다.

"이와 같은 부류들은 마땅히 오지(五支)를 씻을 것이니 이를테면, 머리와 손발이니라."

연기의 처소는 앞에서와 같다.

이때 공경스럽게 믿는 바라문과 거사들이 묘한 꽃다발을 가지고 와서 필추들에게 보시하였으나 모두가 감히 받지 못하였다. 재가인들이 알려 말하였다.

"성자여. [자세한 설명은 앞에서와 같다.] 나아가 우리들이 지금 여러 선품을 버린다면 어찌 다음 세상에 갈 수 있겠습니까? 원하건대 마땅히 받아주십시오."

필추가 세존께 아뢰니 세존께서 말씀하셨다.

"꽃다발을 보시하는 것을 보았다면 마땅히 받아라."

필추들이 받고서 곳에 따라서 내던졌으므로 그들이 보고 싫어하면서 말하였다.

"우리들이 비싼 값으로 이 꽃을 얻어 당신들에게 공양하였는데 무슨 인연으로 함부로 버리십니까?"

세존께서 말씀하셨다.

"마땅히 곧 버리지 말라."

필추들이 발조솔도파(髮爪率睹波)에 매달아 공양하였는데 그들이 말하였다.

"성자여. 어찌 우리들 발조탑(髮瓜塔)을 보지 못하였겠습니까? 우리들이 이전의 때에 탑에 공양하였고, 지금은 일부러 가지고 와서 당신들께 받들어 드린 것입니다."

필추들이 얻고서 방문 위에 걸었는데 재가인들이 보는 때에 이곳은 세존의 전각이라고 말하면서 예경하였다. 세존께서 말씀하셨다.

"문 밖에 두지 말고 마땅히 방안에 두어라."

그들이 드러나는 곳에 두었으므로 이전과 같은 허물을 초래하였다. 세존께서 말씀하셨다.

"마땅히 가려진 곳에 두고서 때때로 다시 향기를 맡아라, 다만 이러한 향기가 있는 물건은 눈에 이익이 있느니라."

필추가 어디가 가려진 곳인가를 알지 못하였으므로 세존께서 말씀하셨다.

"눕는 곳의 머리의 주변에 놓을지니라."

제3문의 제9자섭송 ①

제3문의 제9자섭송으로 말하겠노라.

좋은 자리와 평상을 보시하는 것과
향니(香泥)와 발우의 감실(龕室)과
기름 그릇과 법어(法語)를 행하는 것과
옷걸망(衣袋)을 지니는 것과 세 가지의 밧줄이 있다.

연기는 실라벌성에서 있었다.

세존께서 여러 필추들에게 알리셨다.

“만약 묘하고 좋은 평상과 자리를 얻는다면 승가는 마땅히 수용할 것이고, 다른 사람에게 허락하지 말라. 대기상(大倚床)을 얻었어도 이렇게 역시 승가는 마땅히 수용할 것이며, 다른 사람에게 허락하지 말라.”

연기의 처소는 앞에서와 같다.

공경스럽게 믿는 재가인들이 상묘한 향니를 가지고 와서 필추들에게 보시하였으나 모두가 감히 받지 못하였다. 재가인들이 알려 말하였다.

“성자여. 우리들은 지금 당신을 복전으로 삼고 있으며, [자세한 설명은 앞에서와 같다.] 나아가 우리들이 지금 여러 선품을 버린다면 어찌 다음 세상에 갈 수 있겠습니까? 원하건대 마땅히 받아주십시오.”

필추가 세존께 아뢰니 세존께서 말씀하셨다.

“마땅히 받아라.”

필추들이 받고서 마주하고서 땅에 내던졌으므로 그들이 비난하였다.

“우리들이 비싼 값으로 이 향을 얻었는데 당신들이 지금 버렸습니다.”

필추가 세존께 아뢰니 세존께서 말씀하셨다.

“마땅히 곧 버리지 말라.”

곧 가져다가 발조불탑에 발랐고, [자세한 설명은 앞에서와 같다.]

“나아가 받아서 마땅히 머리의 주변에 두고 벽 위에 바르고서 때때로 코로 맡아라. 일반적으로 여러 향이 있는 물건은 능히 눈을 밝게 하느니라.”

이때 신심있는 장자가 필추 대중을 집으로 청하여 나아가서 먹게 하였고 상묘한 향니를 필추들의 발에 바르게 하였으나 모두 감히 받지 못하였으므로 알려 말하였다.

“성자여. 여러 신심과 존경을 받는 바라문들은 다른 사람이 향니를 보시하면 그것을 받아서 머리에 바르고, 혹은 신체에 문지릅니다. 내가 지금 당신들을 존경하여 향을 발에 바르는데 무슨 인연으로 받지 않습니까?”

필추가 세존께 아뢰니 세존께서 말씀하셨다.

“그를 위하여 발에 바르는 향니를 받도록 하라.”

받고서 던져서 버리는 것을 여러 재인들이 보았고, [자세한 설명은 앞에서와 같다.]

"옳습니다. 당신들은 마땅히 나를 위하여 받으시고 곧 사찰의 가운데에 이르러 뜻을 따라서 지으십시오."

필추가 세존께 아뢰니 세존께서 말씀하셨다.

"앞에서와 같이 마땅히 마주하고서 던져서 버리지 말라."

연기의 처소는 앞에서와 같다.

이때 여러 필추들이 처소를 따라서 발우를 놓아두어 그것을 손괴되게 하였다. 필추가 세존께 아뢰니 세존께서 말씀하셨다.

"마땅히 처소를 따라서 발우를 놓아두지 말고 마땅히 발우의 감실을 만들라."

이때 필추들이 담장을 뚫어서 지었으므로 세존께서 말씀하셨다.

"마땅히 이와 같이 하지 말고 처음으로 사찰을 지을 때에 모든 방의 가운데에 발우를 놓아두는 곳을 만들라."

세존께서는 "마땅히 발우의 감실을 만들라."고 말씀하셨으나 난야의 필추는 감실을 지을 곳이 없었으므로 세존께서 말씀하셨다.

"마땅히 칡덩굴을 사용하고, 혹은 새끼줄을 얽어서 쇠똥을 바르거나, 혹은 진흙을 가지고 문질러서 발우를 그 속에 넣어두어라."

먼지와 흙이 들어갔으므로 세존께서 말씀하셨다.

"마땅히 다시 이와 같이 뚜껑을 지어 그것을 덮고 마땅히 땅에 놓아두지 말고 나뭇가지에 묶어서 매달아 두어라."

필추가 외출하면서 곧바로 몸에 지니고 떠났는데 신심이 없는 자가 보고 비웃으면서 물어 말하였다.

"성자여. 지니고 다니는 물건은 닭의 둥지인가요? 나아가 원숭이의 둥지인가요?"

세존께서 말씀하셨다.

"만약 외출할 때에는 마땅히 지니고 떠나가지 말고 머물던 처소에 남겨두어라.”

연기의 처소는 앞에서와 같다.

어느 때 필추가 있어 인간세상을 유행하다가 한 취락에 이르러 머무를 곳을 구하였고 주인이 허락하였다. 곧 발을 씻고서 다시 기름을 구걸하였으므로 그 집 딸이 기름을 가지고 와서 보시하고자 하였다. 필추가 그릇이 없어 손을 펼쳐서 받고자 하였으므로 여인이 알려 말하였다.

“성자여. 비록 기름을 구걸하는 것을 이해할지라도 그릇을 지니는 것을 모르십니까?”

알려 말하였다.

“소매(小妹)[6]여. 세존께서 아직 허락하지 않으셨습니다.”

여인은 묵연하였다. 필추가 세존께 아뢰니 세존께서 말씀하셨다.

“마땅히 기름 그릇을 지니도록 하라.”

세존께서 허락하신 것을 들은 때에 오파난타는 두 제자를 데리고 각자에게 기름 그릇을 지니게 하고 서로를 따라서 기름을 구걸하였다. 어느 한 부인이 기름을 가지고 와서 보시하면서 그릇이 지극히 큰 것을 보고 가슴을 두드리면서 알려 말하였다.

“성자여. 누가 능히 이렇게 큰 기름병을 채워주겠습니까?”

필추가 말하였다.

“기특하십니다. 아까우면 그의 뜻을 따라서 보시하십시오.”

여인은 묵연하였다. 다시 어느 신심있는 바라문 등이 스스로가 마땅히 더하여 채워주었으므로 여인은 묵연하였다.

필추가 세존께 아뢰니 세존께서 말씀하셨다.

“마땅히 큰 기름 그릇을 지니고 사람들을 쫓아서 구걸하며 찾지 말라.”

세존께서 큰 그릇을 제지하셨고 곧 작은 그릇을 지니고 곧 기름을 구걸하였으므로 사용하는데 부족하였다. 세존께서 말씀하셨다.

---

6) 어린 누이동생을 가리키는 말이다.

"마땅히 지극히 작은 그릇을 지니지 말라. 그러나 그릇에는 세 종류가 있느니라. 큰 것은 2초(抄)[7]이고, 작은 것은 1초이며 두 가지의 안에 것을 중간이라고 이름하느니라. 마땅히 이와 같이 저축하라."

연기의 처소는 앞에서와 같다.

두 필추가 있었는데 한 명은 늙었고 한명은 젊었다. 길을 따라서 다니면서 비법을 말하였다. 이때 신심이 없는 약차가 그들이 말하는 것을 듣고 이렇게 생각을 지었다.

'이들은 석가자인데 비법을 담설(談說)하면서 길을 따라서 가는구나. 내가 지금 마땅히 그들의 정기를 흡수해야겠다.'

곧 그 뒤를 따라서 떠나갔으나 다시 이렇게 생각을 지었다.

'이전의 일은 이미 지나갔으니 이것으로 추구하는 것은 옳지 않다. 다시 삿된 말을 한다면 마땅히 정기를 흡수해야겠다.'

서로를 따라서 떠났는데 이때 다시 약차를 만났다. 이 약차는 존경하고 신심이 있었다. 그가 곧 물어 말하였다.

"그대는 그들에게 무엇을 하고자 하는가?"

이 일을 갖추어 대답하였고, 그가 곧 알려 말하였다.

"이 두 행인은 반드시 법어를 논의할 것이네. 그대는 마땅히 다시 기다리고 필추를 쫓지 말게. 내가 지금 그대와 함께 담론을 펼치겠네."

대답하여 말하였다.

"지식이여. 나는 이 두 필추를 반드시 놓아주지 않을 것이네."

이때 두 약차는 곧 뒤를 따라서 떠나갔다. 그 두 필추는 비법을 말을 하면서 기로의 근처에 이르렀다. 한쪽은 급고독원을 향하였고 다른 한쪽은 녹자모사(鹿子母舍)로 향하였다. 이때 그 젊은 자가 상좌의 발에 예배하고 크게 말하였다.

"안녕히 가십시오."

---

7) 부피의 단위로서 1되(升)의 1/100이다. 작(勺)은 한 홉의 1/10분이고 한 홉은 한 되의 1/10에 해당한다.

상좌가 대답하여 말하였다.

"구수여. 원하건대 병이 없으시고 방일하지 마시오."

이때 두 필추는 각자 길을 따라서 떠나갔다. 그 불신하는 야차가 빠르게 달려가서 정기를 흡수할 자세를 취하였다. 뒤에 왔던 약차가 말하였다.

"그대는 지금 마땅히 경솔하게 짓지 말게. 그 두 필추는 이미 묘법을 설하였으나, 그대가 스스로 이해하지 못하여 오만하게 성을 내는 것이네."

그 약차가 다시 물어 말하였다.

"무엇이 법인가?"

"그대는 어찌 듣지 못하였는가? 크게 말하였네. '병이 없으시고 방일하지 마시오.' 병이 없음을 얻는 것은 세존께서 큰 이익이라고 말씀하셨고, 방일하지 말라는 것은 여러 선한 일의 근본이니 세존께서 이와 같이 설하셨네.

만약 방일하지 않는다면
능히 죽지 않는 곳을 얻으나
만약 방일하는 사람이라면
결국 죽음의 길로 돌아간다네."

그 약차는 법을 듣고는 마음에 환희가 생겨나서 길을 따라서 돌아갔다. 이때 뒤의 약차가 곧 이렇게 생각을 지었다.

'이것은 곧 내가 할 일이다. 내가 지금 마땅히 떠나가서 세존께 아뢰어 알게 해야겠다.'

세존의 처소에 이르러 두 발에 예경하고 한쪽에 있으면서 아뢰었다.

"대덕이시여. 여러 약차들이 있을지라도 비인이 주인입니다. 불법의 가운데에서 마음에 신심과 존경을 품은 자도 있으나 다시 약차도 오직 불신하는 자도 있습니다. 일반적으로 약차 대중들은 불법의 가운데에서 존경하고 믿지 않는 자가 많습니다. 여러 필추들이 길을 따라서 다니면서 이때에 비법의 말을 짓는다면 약차들이 듣고 이익이 없는 일을 지을까 두렵습니다. 오직 원하옵건대 세존께서는 모든 필추들을 제지하시어 마땅히 정념에 있으면서 길을 따라서 다닐 때에 비법의 말이 없게 하십시오. 원하옵건대 자비로운 까닭입니다."

세존께서는 아시고서 묵연히 받아들이셨다. 이때 그 약차는 세존께서 허락하신 것을 알고서 발에 예경하고서 떠나갔다. 이때 세존께서는 약차가 떠나간 뒤에 대중의 가운데에 나아가시어 자리에 앉으셨으며 여러 필추들에게 알려 말씀하셨다.

"나는 약차에게 이와 같은 말을 들었느니라. '필추가 길에 있으면서 비법의 말을 지으면서 길을 따라서 떠난다면 믿음이 없는 약차는 구하고자 엿보는데 그것은 곧 이러한 비법을 짓는 것입니다. 여러 출가자가 길을 따라서 다닐 때에 비법의 말을 지었습니다.' 이러한 까닭으로 내가 지금 모든 필추들이 길을 따라서 다닐 때에 소유할 행법을 제정하겠노라. 필추가 걸어서 길을 다닐 때에 두 종류의 일이 있느니라. 첫째는 법어를 짓는 것이고, 둘째는 성스럽게 묵연하는 것이니라. 쉬는 곳에서는 성스러운 가타를 설하도록 하라."

세간의 다섯 욕락과
혹은 다시 여러 천락(天樂)도
만약 욕락이 끝난 즐거움에 비교한다면
천분의 일에도 미치지 못한다네.

쌓이는 까닭으로 능히 태어남의 고통이 생겨나고
괴로움을 인연으로 다시 쌓는 것이 생겨나나니
팔성도로 능히 초월한다면
묘한 열반처에 이르리라.

보시를 하는 자는
반드시 그 의로운 이익을 얻나니

만약 즐거움을 위하여 보시하는 까닭으로
뒤에 반드시 안락을 얻으리라.

연기의 처소는 앞에서와 같다.

비구가 삼의를 지어서 결국 어깨 위에 올리고서 길을 따라서 걸었으므로 마침내 땀이 젖었고 아울러 먼지가 앉아서 더러워졌다. 세존께서 말씀하셨다.

"마땅히 걸망에 넣어서 어깨에 메고 다닐지니라."

필추가 어떻게 걸망을 짓는가를 알지 못하였으므로 세존께서 말씀하셨다.

"길이는 2주(肘)로 하고 넓이는 1주의 반으로 하라."

그 1주반의 중간을 접고서 그것을 꿰맸으며 한 머리 부분으로 입구를 만들었는데 그 모양이 코끼리의 코와 같았으므로 세존께서 말씀하셨다.

"마땅히 이와 같이 하지 말고 마땅히 중간으로 입구를 만들라."

단추를 달지 않았으므로 먼지가 들어갔다. 세존께서 말씀하셨다.

"마땅히 단추를 달아라."

필추가 항상 사용하는 옷을 아래에 넣고 항상 사용하지 않는 옷을 위에 넣었으므로 옷을 꺼내는 때마다 번잡하고 옷이 섞여서 어지러웠다. 세존께서 말씀하셨다.

"항상 사용하는 옷을 위에 놓고 항상 사용하지 않는 옷을 아래에 넣어라."

연기의 처소는 앞에서와 같다.

어느 때 도둑들의 무리가 있었고 길에서 사람을 겁탈하였다. 마침내 촌락에 들어왔으나 여러 사람들이 다투어 쫓아냈으므로 도둑들이 패하여 흩어졌고 곳에 따라서 의지하여 숨었다. 그때 도둑들은 물을 구하였으나 밧줄도 없었고 나아가 두레박도 없었다. 도둑의 두목이 부하를 시켜 나무에 올라가서 멀리 망을 보게 하였고, 만약 오는 자가 있으면 빌려서 사용하고자 하였다. 보고 있는데 어느 필추가 길을 따라서 오고 있었으므로 마침내 알려 말하였다.

"어느 석자가 오고 있습니다. 그들은 많은 것을 착용하므로 반드시 물병과 두레박이 있을 것입니다. 만약 가졌다면 좋으나 그에게 만약 없다면 마땅히 그의 배를 갈라서 피를 마십시다."

이렇게 의논하고서 멀리서 바라보며 기다리고 있었다. 필추가 왔으므로 물어 말하였다.

"성자여. 두레박줄과 물병이 있습니까?"

대답하여 말하였다.

"나에게는 없습니다."

이때 도둑들이 듣고서 곧 웅성거리면서 각자 칼과 몽둥이를 가지고 좌우를 보고 서로에게 눈짓을 하였다. 대중의 가운데에서 상수인 아라한이 곧 무슨 까닭으로 여러 사람들이 각자 칼과 몽둥이를 지니었는가를 관찰하였다. 관찰하여 그 도둑들이 필추를 죽이고자 하는 것을 보고 여러 도둑에게 알려 말하였다.

"무슨 까닭으로 당신들은 마음에서 요란한 것이오?"

그들이 함께 알려 말하였으므로 상좌가 알려 말하였다.

"당신들은 걱정하지 마시오. 내가 준비하겠소. 반드시 맑은 물을 얻어 마음대로 마시게 하겠소."

곧 필추들이 소유한 허리띠를 취하여 함께 서로를 이었고 다시 그 발우를 단단하게 묶어서 우물 속에 넣고 물을 취하여 관찰하였는데 벌레가 없었으므로 만족하게 마시게 하였다. 여러 사람들이 기뻐하면서 알려 말하였다.

"성자여. 그러한 물이 없었다면 우리들이 당신들을 해친다는 것은 의심의 여지가 없었을 것이오."

"훌륭하신 성자여. 마땅히 두레박줄을 지니시오."

필추가 알려 말하였다.

"마땅히 그대들의 말을 따르겠소."

도둑들은 곧 발에 예배하고 길을 따라서 떠나갔다. 이때 여러 필추들도 역시 모두 물을 마시고 군지(君持)와 조관(澡罐)에 가득히 채웠다. [군지는 주둥이가 닫힌 것이고 조관은 주둥이가 열린 것이다.] 함께 앞의 길을 찾아서 점차로 급고독원에 이르니 필추들이 보고 위로하면서 물었다.

"잘 오셨습니다. 잘 오셨습니다. 당신들은 오시면서 안은하였습니까?"

곧 갖추어 알렸고 필추가 세존께 아뢰었다. 세존께서 말씀하셨다.

"이러한 까닭으로 지금부터 여러 필추들은 반드시 두레박줄을 지니도록 하라."

필추들이 듣고 매우 큰 줄을 지녔으므로 세존께서 말씀하셨다.

"마땅히 그렇게 하지 말라."

곧 너무 짧은 것을 지녔으므로 세존께서 말씀하셨다.

"마땅히 그렇게 하지 말라. 줄에는 세 종류가 있는데 긴 것·중간 것·짧은 것이니라. 긴 것은 150주(肘)이고 짧은 것은 10주이며, 두 가지의 가운데를 중간이라고 이름하느니라."

물이 넉넉하게 있어도 오히려 긴 줄을 지니고 다녔으므로 세존께서 말씀하셨다.

"땅의 형세를 헤아려서 긴 것과 짧은 것을 지니도록 하라."

제3문의 제10자섭송 ①

제3문의 제10자섭송으로 말하겠노라.

머리를 깎는 칼과 전갑(剪甲)[8]
등의 물건을 저축하는 것과
평상의 다리와 베개와 향토(香土)를
뜻에 따라 사용하는 것이 있다.

---

8) 가위 등을 감싸는 가죽을 가리킨다.

연기의 처소는 앞에서와 같다.

이때 어느 비구가 머리카락이 길었으므로 이발사에게 나아가서 알려 말하였다.

"현수여. 내 머리를 좀 깎아주십시오."

이발사는 이렇게 생각을 지었다.

'사문인 석자들은 억지로 사람들을 시켜서 공로를 허비하게 하고 결국 그 값도 주지 않는다.'

곧 칼을 취하여 섬세하게 문지르면서 시간을 끌다가 이렇게 생각하였다.

'내가 빨리 깎는다면 다시 사람이 올 것이고 이와 같이 시간을 끌면 나는 가업이 폐지될 것이다.'

알려 말하였다.

'잠시 가셨다가 오후에 오십시오.'

말을 따라서 다시 왔는데 다시 포후시에 오라고 말하였다. 포후시에 이르렀는데 다시 내일 아침에 오라고 말하였고 항상 거짓말을 지었으므로 결국 머리카락을 깎지 못하였다. 필추의 지식이 있어 물어 말하였다.

"구수여. 무슨 인연으로 너무 자주 이 집에 오십니까? 종친이십니까? 지식입니까?"

대답하여 말하였다.

"아닙니다. 다만 머리가 길어서 깎으려고 왔으나, 그 사람이 나에게 거짓말을 하여 이렇게 자주 오는 것입니다."

지식이 알려 말하였다.

"그대는 공교의 사람에게는 진실한 말을 얻기 어렵다는 것을 듣지 못하였습니까? 내가 깎을 수 있으나 세존께서 아직 허락하지 않으셨습니다."

필추가 세존께 아뢰니 세존께서 말씀하셨다.

"만약 이발하는 필추가 있다면 마땅히 가려진 곳에서 서로 깎아주더라도 재가인들에게 비웃음이 생겨나지 않게 하라."

이때 그 필추가 이러한 가르침을 듣고서 지식의 처소에 이르러 알려 말하였다.

“구수여. 세존께서 허락하셨으니 당신이 지금 와서 내 머리를 깎아 주십시오.”

대답하여 말하였다.

“좋습니다. 비록 허락하셨으나 칼과 숫돌과 겸자(鉗子)[9] 및 전갑(剪甲)의 도자(刀子)가 필요합니다. 어찌 손가락으로 당신의 머리카락을 깎겠습니까?”

필추가 이 인연으로써 세존께 아뢰니 세존께서 말씀하셨다.

“내가 지금 승가를 위하는 까닭으로 머리를 깎는 칼과 아울러 필요한 여러 가지를 저축하는 것을 허락하겠노라.”

세존께서는 겁비라성의 다근수원에 머무르셨다.

세존께서는 석가족의 가정에서 출가시키도록 하셨고 각자 한 사람을 출가시켰으나, 평상에 다리가 없어서 눕는 것이 편안하지 않았다. 그리고 이전에는 몸이 유연하였고 눕는 물건들이 모두 화려하였으나 지금 때에 평상이 낮아 몸을 뉘여도 불안하였고 따뜻한 기운도 많이 없었다. 곧 의사에게 나아가서 물어 말하였다.

“현수여. 나에게 따뜻한 기운이 없으니 마땅히 처방하여 주십시오.”

의사가 알려 말하였다.

“함께 서로를 따라가서 거처하는 방과 눕는 평상이 어떻게 놓여있는가를 봐야겠습니다.”

의사가 눕는 평상의 머리 부분이 낮은 것을 보고 알려 말하였다.

“성자여. 평상의 머리 부분이 낮은 까닭으로 사대의 따뜻한 기운이 쇠약해진 것입니다. 평상의 다리 아래에 물건을 놓으십시오.”

대답하여 말하였다.

“세존께서 허락하지 않으셨습니다.”

---

9) 가위 같은 형상(形像)을 하였으나 날이 없고, 기관(機關)이나 기물 등을 고정시키거나 압박하는데 쓰는 금속제의 외과수술 용구를 가리킨다.

"세존께서는 대자비하시니 반드시 마땅히 허락하실 것입니다."

필추가 세존께 아뢰니 세존께서 말씀하셨다.

"평상에 마땅히 다리를 붙이도록 하라."

말씀에 의지하여 지었으나 나아가 병이 없어지지 않았으므로 다시 의사에게 말하였다.

"나에게 처방하여 주십시오."

의사가 말하였다.

"누워서 잘 때에 마땅히 베개를 베도록 하십시오."

대답하여 말하였다.

"세존께서 허락하지 않으셨습니다." [자세한 설명은 앞에서와 같다.]

세존께서 말씀하셨다.

"누울 때에 마땅히 베개를 베도록 하라."

필추가 마땅히 어떻게 짓는가를 알지 못하였으므로 세존께서 말씀하셨다.

"베개를 짓는 법은 물건을 사용하여 길이를 4주로 하고 넓이는 2주로 할 것이며, 그 4주를 접어서 두 겹으로 하여 꿰매어 자루처럼 만들고 안에 솜을 넣고서 머리를 받칠지니라."

연기는 왕사성에서 있었다.

필린타발차가 항상 병을 앓았으며, [자세한 설명은 앞에서와 같다.] 나아가 물어 말하였다.

"이전에는 무슨 물건을 지녔습니까?"

대답하여 말하였다.

"나는 이전에는 향훈토(香熏土)를 사용하였습니다."

알려 말하였다.

"지금은 어찌 지니지 않습니까?"

알려 말하였다.

"아직 세존께서 허락하지 않으셨습니다."

인연으로써 세존께 아뢰니 세존께서 말씀하셨다.

"병을 인연하였다면 향토를 지니도록 하라."

제4문의 총섭송

제4문의 총섭송으로 말하겠노라.

상좌(上座)와 담장과 목책과
인연을 파괴한 것과 병을 간호하는 것과
전다(栴茶)와 돼지와 감자와 사찰과
발우에 의지하는 것과 나무를 재배하는 법이 있다.

제4문의 제1자섭송 ①

제4문의 제1자섭송으로 말하겠노라.

상좌부터 차례로 설하는 것과
혹은 함께 끝까지 이르는 것과
비시장(非時漿)을 지어 거르는 것과
처소에 한계(限齋)를 두지 않는 것이 있다.

세존께서는 보름 마다 마땅히 장정(長淨)을 하라고 말씀하셨으나 필추들은 누가 계를 설하는가를 알지 못하였다. 세존께서 말씀하셨다.

"마땅히 상좌에게 시켜라."

계를 설할 때에 상좌가 항상 암송하였으나 어느 한 주처에서는 상좌가 능히 설하지 못하였다. 여러 사람이 알려 말하였다.

"계를 설할 때가 다가오는데 어찌 익히지 않습니까?"

대답하여 말하였다.

"구수여. 내가 스스로 힘이 없는데 어떻게 알 수 있겠는가?"

필추가 세존께 아뢰니 세존께서 말씀하셨다.

"상좌가 못한다면 제2의 상좌가 마땅히 설하라."

다시 어느 주처에서는 제2의 상좌도 능히 못하였으며, [자세한 설명은 앞에서와 같다.] 세존께서 말씀하셨다.

"제2의 상좌가 능히 하지 못한다면 제3의 상좌가 설하게 하라."

다시 어느 주처에서는 제3의 상좌도 능히 못하였으며, [자세한 설명은 앞에서와 같다.] 세존께서 말씀하셨다.

"필추들은 마땅히 차례를 따라서 계를 설하도록 하라."

이때 여러 필추들이 차례로 설하는 때에 혹은 능한 자도 있었으나, 혹은 다시 능하지 못하였다. 능한 자는 설하였으나 능하지 못한 자는 어떻게 하여야 하는가를 알지 못하였다. 세존께서 말씀하셨다.

"능하지 못한 자는 능히 설하는 자를 구하도록 하라."

다시 어느 주처에서는 계를 설하면서 능하지 못한 자의 차례에 이르렀고 돌아가며 다른 사람을 찾았으나 그가 즐거워하지 않는다면 어떻게 하여야 하는가를 알지 못하였다. 세존께서 말씀하셨다.

"그 능히 설할 수 있는 자에게 미리 청하여라."

세존께서는 상좌에게 계를 설하라고 마땅히 말씀하셨고, 상좌가 못한다면 제2의 상좌를 시키셨으며, 제2의 상좌가 못한다면 제3의 상좌를 시키셨고, 그가 만약 못한다면 차례로 짓게 하셨으며, 이렇게도 못한다면 마땅히 능한 자를 구하게 하셨고, 혹은 항상 청하여 짓게 하셨다. 어느 한 주처에서는 한 사람도 얻은 계를 모두 암송하지 못하였다. 그리고 그 상좌는 4바라시가를 암송하였고 나머지는 모두를 외우지 못하였다. 이때 여러 필추들이 곧 계를 설하지 않았으므로 세존께서 말씀하셨다.

"마땅히 모든 계를 설하는 것을 멈추지 말라. 외우는 것을 따라서 곧 설할 것이니라. 상좌는 마땅히 4타승(他勝)을 외울 것이고, 다음 좌차는 승잔(僧殘)을 외울 것이며, 다음 좌차는 2부정(不定)을 외울 것이고, 다음은 좌차는 30니살기바일저가법을, 다음은 90바일제법을, 다음은 4대설법(對

說法)을, 다음은 중학(衆學)을, 다음은 7멸쟁(滅諍)을, 마땅히 이와 같이 암송하여 지을 것이고, 계경을 마땅히 외우지 않는 일이 없도록 할지니라."

연기는 실라벌성에서 있었다.

구수 오파리가 세존께 청하여 아뢰었다.

"세존께서는 시장(時漿)과 비시장(非時漿)의 이러한 것을 말씀하셨습니다. 무엇을 시장과 비시장이라고 말하는 것입니까?"

세존께서 말씀하셨다.

"그것을 거르지 않았다면 시장이고, 그것을 깨끗이 걸렀다면 비시장이고, 나아가 물을 흘려서 물방울이 맑은 것도 비시장이니라."

연기의 처소는 앞에서와 같다.

이때 육중은 항상 많은 악한 욕심과 간탐의 번뇌에 얽혀있어서 나머지의 주처로 향하여 이치가 아니어도 수용하였는데, 혹은 일체시이고, 혹은 방분제시(房分齊時)이며, 혹은 일분시(日分時)이고, 혹은 친우시(親友時) 등이었다. 무엇을 일체시라고 말하는가? 이곳은 나의 봄의 주처이고, 이곳은 나의 여름의 주처이며, 이곳은 나의 겨울의 주처라는 것을 일체시라고 이름한다. 무엇을 분제시라고 말하는가? 이곳은 내 방이고 이곳은 다른 사람의 방이라고 이름하는 것이다.

무엇을 일분시라고 말하는가? 이곳은 차시(且時)의 주처이고, 이곳은 포시(晡時)의 주처라고 이름하는 것이다. 무엇을 친우시라고 말하는가? 이곳은 나의 궤범사의 주처이고, 이곳은 친교사의 주처이며, 이곳은 제자의 주처이고, 이곳은 문인(門人)의 주처이며, 이곳은 지식의 주처라는 것을 친우시라고 이름하는 것이다. 이와 같은 이유를 까닭으로 많은 사람이 왕래하여 여러 필추들을 괴롭혔다. 인연으로써 세존께 아뢰니 세존께서 말씀하셨다.

"필추는 마땅히 주처에서 스스로가 이와 같은 한계(限齋)를 짓지 말라. 수용하는 자는 월법죄를 얻느니라."

근본설일체유부비나야잡사 제16권

삼장법사 의정 한역

석보운 번역

제4문의 제2자섭송 ①

제4문의 제2자섭송으로 말하겠노라.

담장과 목책과 필추니의 머리깎는 도구와
두드려서 빛나는 옷을 입지 않는 것과
얻은 것이 적더라도 공평하게 나누는 것과
그대는 청정한 위의를 마땅히 아는 것이 있다.

연기는 실라벌성에서 있었다.

급고독장자가 사찰을 보시한 뒤에 도인과 재가인들의 여러 사람들이 많이 왕래하였다. 장자는 생각하면서 말하였다.

"지금 사찰의 동산에 큰 길이 이루어질 것이다. 내가 지금 마땅히 높은 담을 둘러서 쌓아야겠다."

곧 세존의 처소에 나아가서 아뢰어 말하였다.

"세존이시여. 지금 이 사찰의 동산은 곧 큰 길이 이루어질 것입니다. 담장을 쌓고자 하온데 허락하십니까?"

세존께서 말씀하셨다.

"장자여. 뜻에 따라서 짓도록 하시오."

장자가 곧 네 면을 모두 담으로 둘렀고 여름의 장마철에 이르렀는데 물이 빠지지 않아서 수렁이 되었다. 장자가 뒤의 때에 와서 세존의 발에 예경하였는데 그 물을 보고서 이와 같이 생각을 지었다.

'내가 먼저 담을 쌓을 때 물구멍을 뚫지 않게 하여서 물이 찼구나. 세존께서 만약 허락하신다면 물구멍을 뚫어야겠다.'

세존께 아뢰니 세존께서 말씀하셨다.

"뜻에 따라서 물을 흐르게 하시오."

이때 여러 소와 송아지가 그 담에 문질렀고 혹은 뿔로 받아서 상하게 하였으므로 장자는 보고서 이와 같이 생각을 지었다.

'내가 비록 담을 쌓았으나 목책을 하지 않았구나.' [자세한 설명은 앞에서와 같다.] 세존께서 말씀하셨다.

"마땅히 목책을 하시오."

이때 어느 악인이 나무를 훔쳐갔고 장자가 와서 목책을 도둑이 훔쳐가서 곳에 따라서 허물어진 것을 보았다. 장자는 이 일로써 세존께 아뢰었다.

"목책의 밖에 구덩이를 파고자 하옵니다."

"뜻에 따라서 짓도록 하시오."

장자는 곧 목책의 밖에 구덩이를 둘러서 파놓았다.

연기의 처소는 앞에서와 같다.

이때 필추니가 있었고 저쇄(底灑)라고 이름하였다. 머리카락이 매우 길어서 이발사에게 가서 머리를 깎아주기를 청하였는데 그는 이렇게 생각을 지었다.

'여러 석가녀들이 강제로 나에게 짓게 할 것이다.' [자세한 설명은 앞에서와 같다.]

"필추의 처소에 필추니 승가의 이발도구 등을 저축하는 것을 허락하겠노라. 마땅히 가려진 곳에서 서로를 깎아 주도록 하라."

연기의 처소는 앞에서와 같다.

세존께서는 이미 난타의 출가를 허락하셨다. 이때 손타라가 좋은 법의를 짓고 두드려서 광택이 있고 깨끗하도록 상아로 문질러서 난타에게 주었다. 난타는 이러한 좋은 옷을 얻어서 입고 좋은 발우를 손에 들고 여러 대중을 마주하고서 과시하면서 다녔다. 필추가 세존께 아뢰니 세존께서는 이렇게 생각을 지으셨다.

'좋은 옷을 입은 까닭으로 이와 같은 허물이 있는 것이다.'

여러 필추들에게 알리셨다.

"이것은 비법이므로 마땅히 하지 말라. 난타는 어리석은 사람으로 이러한 의복을 입고 손에는 좋은 발우를 들고 대중의 앞에서 과시하였으니 이것은 비법을 한 것이니라. 만약 어느 필추라도 세심하게 두드린 옷을 입는다면 월죄를 얻느니라."

세존께서 이미 세심하게 두드린 옷을 입지 못하도록 제정하셨다. 어느 신심이 있는 바라문과 거사 등이 세심하게 두드린 옷을 가지고 필추에게 보시하였다. 필추들은 받지 않았고, [자세한 설명은 앞에서와 같다.]

"어찌 우리들에게 선한 자량으로 뒤의 세상에 나아가지 못하게 하십니까? 원하건대 마땅히 받아주십시오."

필추가 인연으로 세존께 아뢰니 세존께서 말씀하셨다.

"뜻에 따라서 받아 취할지니라. 이미 받았다면 옷의 광택을 제거하고 마음대로 수용할지니라."

필추가 손으로 비볐으나 광택이 없어지지 않았으므로 세존께서 말씀하셨다.

"땅 위에 놓아두어 축축해지는 것을 기다려서 비벼라."

역시 제거되지 않으므로 세존께서 말씀하셨다.

"물에 적시어 없애라."

역시 완전히 없어지지 않았으므로 세존께서 말씀하셨다.

"만약 물에 적셨다면 뜻에 따라서 수용하고 의혹하지 말라. 만약 신심이 있는 바라문과 거사 등이 대중에게 세심하게 두드린 옷을 보시한다면 앞에 의거하여 마땅히 수용할지니라."

연기의 처소는 앞에서와 같다.

이때 이 성의 가운데에서 바라문과 거사 등이 중요한 곳에서 대중이 모였는데 강당 안에서 함께 대화하면서 알려 말하였다.

"그대들은 아시는가? 사문 교답마와 성문 제자들은 얻은 이양을 함께 균등하게 나누지 않으니 외도에도 미치지 못합니다."

이때 무리 가운데에 한 바라문이 있었고 이전부터 청정한 믿음이 없었으므로 여러 사람에게 알려 말하였다.

"내일 마땅히 그대들과 함께 가서 교답마 등이 균등하고 평등한가를 직접 보고자 합니다."

여러 사람들이 말하였다.

"좋습니다."

이때 바라문은 마침내 백첩 한 필을 가지고 서다림에 들어갔고 곧 그것을 상좌의 앞에서 사방승가에게 보시하고서 알려 말하였다.

"성자여. 내가 이 백첩을 대중 승가께 보시하겠습니다. 뜻에 따라 수용하십시오."

상좌가 알려 말하였다.

"대바라문이여. 원하건대 병이 없고 장수하시오. 그대의 이러한 보시는 이것이 마음의 장엄이고 이것이 마음의 자량을 돕는 것입니다. 옳은 수승한 선정을 일으켜 묘한 보리와 천상과 인간의 가운데에서 수승한 의복을 얻으시오."

이때 바라문은 이러한 말을 듣고서 거짓으로 공경을 보이면서 예배하고 떠나갔다. 이때 세존께서는 구수 아난타에게 알려 말씀하셨다.

"그대는 모든 비구들에게 전하도록 하게. '그 바라문은 고의적으로 사찰에 들어왔고 트집을 잡고자 하여 이러한 솜옷을 주고 간 것입니다. 그대들 모든 필추는 마땅히 균등하고 평등하게 조금씩이라도 나누어 취할 것이고, 혹은 옷을 수선하는데 보충하거나, 혹은 단순한 옷고름을 만들거나, 혹은 곧 손에 허락된다면 몸에 자량으로 수용하도록 하십시오.'"

이때 아난타는 세존의 가르침을 모든 필추들에게 알렸다.

"그 바라문은 고의적으로 사찰에 들어왔고 트집을 잡고자 하여 이러한 솜옷을 주고 간 것입니다. 그대들은 마땅히 평등하게 모두가 조금씩이라도 나누어 취하여, 혹은 옷을 수선하는데 보충하거나, 혹은 단순한 옷고름을 만들거나, 혹은 곧 손에 허락된다면 몸에 자량으로 수용하도록 하십시오."

필추들이 듣고서 존자에게 알려 말하였다.

"세존께서 가르치신 것과 같이 우리들은 받들어 행하겠습니다."

필추들은 얻고서 곧 평등하게 나누어서 앞에서와 같이 수용하였다. 다음 날 아침에 그 바라문은 성문 앞에 서 있었다. 이때 여러 필추들이 옷과 발우를 집지하고 성에 들어가서 걸식하면서 성문에 이르니 그 바라문이 물었다.

"성자여. 내가 대중에 보시한 면직물을 당신들은 무엇으로 수용하셨습니까?"

한 필추가 대바라문에게 알려 말하였다.

"승가 대중이 얻고서 평등하게 함께 나누었으며 나는 조각을 얻어 찢어진 옷을 수선하였습니다."

한 필추가 알려 말하였다.

"나는 얻은 것을 이용하여 옷고름을 만들었습니다."

한 필추가 알려 말하였다.

"내가 얻은 것은 손바닥과 같아서 몸에 따라 수용하였습니다."

이때 바라문이 이러한 말을 듣고서 곧 이렇게 생각하였다.

'우리들이 말한 것은 아울러 이것은 헛소문이고 방종한 모습으로 사문 석자들은 이양을 얻더라도 함께 균등하게 나누지 않는다고 비방하여 말하였구나. 내가 지금 직접 아는 필추들을 경험하니 이들은 모두 덕을 갖추었고 진실로 균등하고 평등하여 마음에 편벽된 무리들이 없으니 이 가운데에서 출가해야겠다.'

이때 바라문은 신심을 일으켜서 세존의 처소에 나아가서 세존의 두발에 예경하고 아뢰어 말하였다.

"오직 원하옵건대 세존께서는 자비로서 선설하는 법과 율에 출가하는 것을 허락하여 주시옵고 아울러 근원을 받고 필추성을 이루어 세존의 처소에서 부지런히 범행을 닦는 것을 허락하여 주십시오."

세존께서 바라문에게 알리셨다.

"옳도다. 옳도다. 그대가 능히 이러한 수승하고 높은 마음을 일으켜 출가를 구하는구나. 지혜로운 자는 모든 출가한 자에게 다섯 가지의 수승한 이익이 있는 것을 명료하게 아느니라. [자세한 설명은 아래에서 설하겠노라.], 나아가 세존과 모든 성스럽고 지혜로운 자들이 모두 찬탄하면서 마땅히 출가를 구하느니라."

세존께서 곧 바라문에게 명하여 말씀하셨다.

"잘 왔느니라. 필추여."

곧 출가하였고 곧 원구를 이루고 정념을 근책하면서 용맹스럽게 쉬지 않아서 5취의 생사윤회를 끊었고, [자세한 설명은 앞에서와 같다.] 여러 번뇌를 끊고 아라한과를 얻었으므로 제석과 범천의 여러 천인들이 모두 공경하였다. 세존께서 여러 필추에게 말씀하셨다.

"제도하면 다른 사람에게 미치는 것에서 양을 헤아려서 받는다면 이와 같은 이익을 얻느니라. 이러한 까닭으로 필추가 만약 떡과 밥을 얻은 것이 나아가 매우 적어서 오히려 나뭇잎과 같더라도 대중이 함께 나눌 것이며 만약 얻은 옷감이 나아가 매우 적어서 등잔의 심지와 같더라도 역시 대중이 함께 나눌지니라."

연기의 처소는 앞에서와 같다.

이때 이 성안에 한 바라문이 있었는데 항상 청정함을 즐거워하였고 출가하기를 발원하고 희망하면서 곧 이러한 생각을 지었다.

'모든 깨끗이 씻는 것에 내 마음에 합당한 사람이 있다면 마땅히 그의 법에 의지하여 출가하리라.'

그 바라문은 사방으로 다니면서 구하고 찾으면서 외도와 바라문의 수행처를 돌아다녔다. 혹은 대소변을 본 뒤에 씻지 않는 자도 있었고, 혹은 연못에 들어가서 100개의 토괴(土塊)로[1] 씻는 자도 있었다. 이렇게 더럽고 나쁘거나, 혹은 일이 번잡하여 모두 마음에 맞지 않아서 귀의할 곳이 없었다. 이때 바라문은 이렇게 생각하였다.

'내가 모두를 두루 다니면서 보았어도 뜻에 따를 자가 없었으나 오직 사문인 석자들을 아직 가서 관찰하지 못하였다.'

곧 서다림으로 나아갔는데 뜻밖에 구수 사리자를 보았다. 그가 군지병에 물을 서너 되를 담아서 변을 보는 곳으로 향하는 것을 보았는데 이러한 생각이 생겨났다.

'이 사문 교답마의 상수제자이다. 또한 어떻게 씻는가를 내가 관찰해야 겠다.'

곧 뒤를 따라갔다. 만약 아라한이라도 선정에 들어가는 때가 아니면 다른 사람의 마음속을 살필 수 없는 것이다. 사리자는 이미 그 사람이 따라오는 것을 보고 마침내 곧 생각을 거두어서 이 바라문이 무슨 까닭으로 나를 따라오는가를 관찰하였다. 나아가 이 사람이 마음에서 청결을 구하여 나의 처소에서 좋고 나쁜 것을 엿보고자 하는 것을 알았다. 다시 그 사람에게 선근이 있는가를 보았고 누구와 인연이 있는가를 관찰하여 마침내 그에게 이전의 선근이 있고 자기에게 인연이 얽혀 있음을 알았다.

이와 같이 관찰하고서 곧 상풍(上風)[2]에 법복을 올려놓고 오직 승각기와 아래의 군의만 입었다. 다음은 한쪽 벽돌 위에 흙가루 일곱 덩어리를 한 줄로 모았는데 각자 복숭아 반과 같게 하였다. 다른 쪽에도 다시 일곱 덩어리를 놓았고, 또한 한쪽에 별도로 한 덩어리를 놓았다. 하나의 산가지(籌片)와 세 덩어리의 흙을 가지고 측실(廁室)의[3] 가운데에 들어갔으며 그 문을 닫지 않아서 오히려 곧 그에게 멀리서 보게 하였다.

곧 용변을 보고서 산가지를 이용하여 몸을 닦고 왼손으로 한 덩어리의 흙을 취하여 아래를 깨끗이 씻고 다시 한 덩어리의 흙을 취하여 소변 본 곳을 깨끗이 씻었다. 다음으로 곧 한 덩어리의 흙으로 왼손을 씻고

1) 인위적인 작용에 의하여 만들어진 일시적인 흙덩이를 가리킨다.
2) 물의 상류 쪽에서 불어오는 바람을 가리킨다.
3) 대소변을 보도록 만들어 놓은 곳을 가리킨다.

오른손으로 병을 가지고 그 흙을 놓은 곳에 이르게 병을 왼쪽 넓적다리에 끼우고 기울여 물이 나오게 하였다. [만약 삼차목(三叉木)[4])이 있다는 것은 위치가 매우 중요하다.]

먼저의 일곱 덩어리의 흙은 하나하나로 왼손을 씻었고, 다음으로 일곱 덩어리는 두 손을 모두 씻었고 두 팔뚝까지 닦고서 또한 한 덩어리를 사용하여 병을 씻었다. 일을 마치고 천천히 떠나는데 위의가 적정하였다. 법의를 입고서 뒤에 다시 물로 두 발을 씻었다. 다음은 방에 이르러 깨끗한 병의 물로 두세 번을 양치하고서 비로소 처음으로 뜻에 따라서 소임을 지었다. 그 바라문이 이러한 일을 보고서 깊은 신심을 일으켰으며 곧 이렇게 생각을 지었다.

'옳구나. 요긴한 법이니 능히 다른 것을 더할 수 없구나. 외도들이 설령 백토(百土)로 깨끗이 씻더라도 석자가 다만 열네 가지를 쓰는 것만도 못하다.'

이렇게 생각을 짓고서 곧 사리자의 두 발에 정례하면서 알려 말하였다.

"성자여. 나는 지금 존자의 처소에서 선설하는 법과 율에 출가하고 아울러 근원을 받고 필추성을 이루어서 부지런히 범행을 닦으며 방일하지 않는 것을 원합니다."

사리자가 알려 말하였다.

"옳도다. 옳도다. 바라문이여. 그대가 능히 이 수승한 마음을 일으켰으니 이것은 좋은 일이로다. 세존께서 모든 지혜 있는 자는 다섯 가지의 이익을 보는 까닭으로 마땅히 즐거이 출가한다고 말씀하셨느니라. 무엇을 다섯 가지라고 말하는가? 첫째는 출가의 공덕으로 이것은 내가 스스로 이롭게 하는 것이고 다른 사람과 함께 있는 것이 아니라. 이러한 까닭으로 지혜로운 자는 마땅히 출가하기를 구하는 것이다. 둘째는 내 스스로가 비천한 사람으로서 다른 사람에게 구사(驅使)[5])를 당하는 것을 알았으나, 이미

4) 세 갈래로 갈라진 나무이거나 인위적으로 그런 모양으로 만든 나무를 가리킨다.
5) 사람이나 동물 또는 수단과 수법 등을 능숙하게 다루거나 사용하는 것을 가리킨다.

출가한 뒤에는 다른 사람의 공양과 예배와 찬탄을 받느니라. 이러한 까닭으로 지혜로운 자는 마땅히 출가하기를 구하는 것이다.

셋째는 이 목숨을 마치면 마땅히 천상에 태어나고 삼악도를 벗어나느니라. 이러한 까닭으로 지혜로운 자는 마땅히 출가하기를 구하는 것이다. 넷째는 세속을 버리는 까닭으로 생사에서 벗어나고 안은하고 무상한 열반을 얻느니라. 이러한 까닭으로 지혜로운 자는 마땅히 출가하기를 구하는 것이다. 다섯째는 항상 모든 부처님과 성문들과 모든 수승한 상인(上人)들이 찬탄하는 것이니라. 이러한 까닭으로 지혜로운 자는 마땅히 출가하기를 구하는 것이다. 그대는 지금 마땅히 이러한 이익을 관찰하고 은중한 마음으로 여러 세속의 그물을 버리고 큰 공덕을 구할지니라."

이렇게 설하고서 곧 출가시켰고 아울러 10학처를 주었다. 다음으로 원구를 주고 여법하게 가르치고 경계하였고 책려하였으므로 부지런히 닦아서 여러 얽매인 의혹을 끊고 무생법을 증득하여 아라한과를 얻어 삼계의 염오를 떠났으며, 금과 흙을 보는데 평등하여 다른 것이 없었고, 칼로 베거나 향을 바르더라도 두 가지의 생각이 없는 것에 명료하여 손으로 허공을 더듬는 것처럼 마음에 걸림이 없었다.

능히 큰 지혜로써 무명의 껍질을 부수었고 3명·6통·4무애변을 모두 구족하여 3유의 가운데를 따라서 애착하는 처소와 이양과 공경을 버리지 않는 것이 없었으므로 제석과 여러 천인의 처소에서 찬탄하였다. 사리자가 나한인 제자를 데리고 직접 세존의 처소에 나아가서 함께 두 발에 예경하였으며, [앞에서의 갖추어 자세히 말하였다.] 세존께서는 사리자에게 말씀하셨다.

"그대가 능히 이와 같은 옳은 방편으로써 중생을 나의 법의 가운데에 인도하였으니 인연으로 이렇게 계율을 제정하니, 청정한 일의 복과 이익은 무변하리라."

[이러한 성스러운 가르침인 금구(金口)를 직접 말씀하신 것은 일은 합당하게 봉행하고 이치에 어긋남이 어려움을 증명하는 것이다. 다만 옛날에 여러 율부의 문장에 궐유(闕遺)[6]가 있었고, 비록 다시 조금 전할지

라도 그 종지가 완전하지 않으므로 학자에게 이르면 준(准)하여 의지할 것이 없었느니라. 마침내 700년의 가운데에서는 이러한 법을 갖추지 못하게 하였고, 혹은 대나무통(筒槽)을 채우는 일이었으며, 다시 수건을 사용하여 몸을 털고 닦았고, 혹은 돌 위에서 손을 닦았으며, 원래 땅이 있는 곳을 사용하지 않은 것 등의 이것들은 곧 모두 본래의 법이 아니다. 깨끗함을 구하는 것이 뒤집어지면 염오가 이루어지는 것인데, 지금은 이미 교경(皎鏡)[7]이 선명하며, 그 공경과 오만을 행하여 감당할 수 없느니라.]

이때 여러 필추들이 함께 모두가 의심이 있어서 세존께 청하여 아뢰었다.

"무슨 업연을 까닭으로 구수 사리자는 청정한 일로써 그 바라문을 조복하여 끌어들이고 거두어서 능히 출가시켜서 원적의 처소에 이르게 하였습니까?"

세존께서 여러 필추에게 알리셨다.

"다만 오늘에 그 사람을 조복하여 안락을 얻게 한 것이 아니니라. 지나간 옛날의 때에도 청정한 일로써 일찍이 조복하여 거두어서 도둑의 무리를 버리고 삼보에 귀의하여 5계를 수지하게 하였느니라.

그대들은 마땅히 들을지니라. 지나간 먼 옛날에 한 취락에 바라문이 있었고, 아내가 한 딸을 낳았는데 위의 용모가 단정하였다. 나이가 들어서 성숙한 처녀로 집에 있었는데, 500의 도둑떼가 밤에 마을을 약탈하였다. 이때 그 도적의 두목이 목이 말라서 물이 필요하여 바라문의 집에 들어와서 그 소녀를 보고 알려 말하였다.

"여자여. 내가 지금 목이 마르니 물이 있다면 가져오너라."

처녀가 말하였다.

"잠시 기다리세요."

곧 급히 등불을 취하여 물을 관찰하였으므로 도둑의 두목이 물어 말하였다.

---

6) 마땅히 해야 할 일을 빠뜨리고 유실한 것을 가리키는 말이다.

7) 밝은 거울이라는 뜻으로 달을 비유하는 말이다.

"무엇을 관찰하는가?"

대답하여 말하였다.

"물을 관찰합니다."

물어 말하였다.

"무엇이 있다고 관찰하는가?"

대답하여 말하였다.

"물에 풀과 머리카락이 있다면 마시는 때에 병이 드는 것을 걱정하는 것입니다."

알려 말하였다.

"나는 광폭한 도둑으로서 그대의 마을을 해치고자 한다. 이러한 이치가 아닌 것에 의거한다면 마땅히 독약을 주어야 하는데, 어찌 풀과 머리카락으로 인해 내가 병이 드는 것을 걱정하는가?"

처녀가 이 말을 듣고서 가타로 설하여 말하였다.

일반적으로 도둑질이라는 것은
남의 재물을 함부로 빼앗는 것이고
그대가 짓거나 짓지 않을지라도
나는 항상 법에 의지하여 행한다네.

물이 깨끗함을 알고서 곧 그에게 주었다. 이때 도둑의 두목이 물을 마시고 마음으로 기뻐하면서 소녀에게 알려 말하였다.

"그대는 나의 누이이니 다른 생각을 일으키지 말라."

처녀가 말하였다.

"나는 진실로 필요하지 않아요. 이러한 도둑과 형제가 된다면 항상 남의 물건을 겁탈할 마음을 지을 것이고, 물건의 주인이 발견하였을 때에는 독화살로 쏠 것이므로 이러한 운명을 만나면 그 고통은 말하는 것이 어려울 것이며, 내가 오빠가 죽었다는 말을 들으면 근심이 두 배로 생겨날 거예요. 당신이 만약 능히 삼보에 귀의하고 5계를 지닌다면 내가 당신의 누이가 되겠습니다."

도둑이 곧 좋은 말로 그 소녀에게 알려 말하였다.

"그대의 말은 매우 옳은 말이다. 내가 마땅히 그대의 말대로 짓겠다."

소녀는 곧 삼귀의와 5계를 설하여서 신심을 일으키게 하였고 도둑의 무리들도 가르침을 받들어 함께 돌아갈 길을 찾았느니라. 그대들 필추들이여. 다른 생각을 일으키지 말라. 지나간 때의 도둑의 두목이 곧 이 바라문이고 그 소녀가 곧 사리자이니라. 옛날의 때에 물을 깨끗하게 하여 청정하였던 까닭으로 도둑이 계를 받아 악을 버리고서 귀의하게 하였고, 지금 다시 이렇게 깨끗하게 씻는 법으로 회유함을 생겨나게 하여 애욕의 강에서 건져내어 열반의 언덕에 오르게 하였으며, 긴 고통의 바다를 벗어나 영원한 무생(無生)을 증득하게 한 것이니라."

세존께서 여러 필추에게 알리셨다.

"그대들은 마땅히 알라. 이것은 항상 행하여야 할 일이니 항상 반드시 뜻에 있어야 한다. 이와 같이 깨끗하게 씻는 것은 큰 이익이 있나니, 몸을 청결하게 한다면 여러 천인들이 공경하여 받드느니라. 이러한 까닭으로 그대들은 지금부터 만약 필추·필추니·학계녀(學戒女)·구적·구적녀·오파색가·오파사가가 나에게 귀의하고 나를 스승으로서 삼는 자는 모두가 마땅히 사리자와 같이 깨끗이 씻어 없앨지니라.

만약 사람이 이와 같이 깨끗이 씻지 않았다면, 마땅히 탑을 돌아다니지 않을 것이고, 예불과 독경도 합당하지 않으며, 스스로가 남에게 예배하지 않을 것이고, 역시 예배도 받지도 않을 것이며, 마땅히 음식도 먹지 않을 것이고, 승상(僧床)에 앉지 않을 것이며, 역시 대중 가운데에 들어가지 말라. 몸이 깨끗하지 않은 이유와 여법하지 않은 까닭으로 능히 여러 천인들이 보아도 환희가 생겨나지 않고, 주법(呪法)을 지녔어도 모두 효험이 없느니라. 만약 범하는 자는 악작죄를 얻느니라.

만약 재공(齋供)을 짓고 사경하며 상(像)을 조성하면서 깨끗이 씻지 않는 자는 경만한 까닭으로 얻는 복이 박복하리라. 만약 아침과 저녁에 치목을 씹지 않았다면 먹는 것이 합당하지 않고, 재계도 이루어지지 않으며 얻는 죄는 앞에서와 같다. 그대들은 모두가 마땅히 나의 말과 가르침에 의지하고, 스스로를 속이거나 부정한 법을 짓지 않도록 하라. 해태(懈怠)하고 방일하는 것은 하품의 행이므로 마땅히 악도에 떨어지리라."

이때 모든 필추들은 세존의 가르침을 듣고 모두가 크게 환희하면서 여법하게 받들어 행하였다.

제4문의 제3자섭송 ①

제4문의 제3자섭송으로 말하겠노라.

찢어진 인연에는 반드시 대체할 것과
명월이 듣고 곧 알았던 것과
의지사에게 차별을 아는 것과
3인이 함께 앉는 것을 허락한 것이 있다.

연기는 실라벌성 급고독원에서 있었다.

이때 여러 필추들이 낡은 옷을 입었고 사랑하고 아끼는 마음이 없었다. 이때 옷의 가장자리가 모두 찢어졌으므로 필추가 세존께 아뢰니 세존께서 말씀하셨다.

"손상된 곳을 따라서 실로 그곳을 꿰매어라."

비록 다시 가로로 실을 꿰매어 얽었으나 다시 아래로 늘어졌으므로 다시 세로로 실로 꿰매어 견고하여 입게 하셨다. 세존께서 말씀하셨다.

"마땅히 승가지의 옷을 보는 것을 몸의 피부와 같으니라."

이때 필추들이 다시 다른 옷이 없어 항상 큰 옷을 입었으므로 겨드랑이 아래로 땀이 흘렀고 젖었으므로 냄새가 났고 더러워져서 옷이 빠르게 상하였다. 필추가 세존께 아뢰니 세존께서 말씀하셨다.

"겨드랑이 아래에는 별도로 안에 조각을 덧대어라."

필추가 어떻게 덧대는가를 알지 못하였으므로 세존께서 말씀하셨다.

“길이는 1주의 반으로 하고 넓이는 1걸수(張手)[8]의 물건을 이용하여 그것으로 덧대어라.”

세존께서 말씀하셨다.

“마땅히 하얀 빛깔의 물건을 사용하여 덧대지 말고 괴색(壞色)으로서 사용하라.”

그들이 가사(袈裟)의 색깔을 사용하였으므로 세존께서 말씀하셨다.

“이 건타(乾陀[9])색깔이 다른 것을 물들일까 걱정되므로 마땅히 적석(赤石)과 적토(赤土)를 사용하지 말라.”

필추가 꿰매어 덧대었으므로 세존께서 말씀하셨다.

“마땅히 거칠게 덧대어라.”

마침내 한쪽에만 덧대었으므로 세존께서 말씀하셨다.

“양쪽을 조각으로 함께 덧댈 것이고, 뒤집어서 입도록 하라. 만약 냄새가 있다면 때때로 떼어내서 세탁하라.”

연기의 처소는 앞에서와 같다.

어느 바라문이 아내를 얻고 오래지 않아서 한 딸을 낳았고 명월(明月)이라고 이름하였다. 나이가 들어 점차 장성하였고, 이때 대세주가 제도하여 출가시켰고 근원을 주었다. 이때 대세주가 500의 필추니를 데리고 세존의 처소로 나아가서 두 발에 예경하고 한쪽에 물러나 앉았다. 세존께서는 위하여 설법하셨으며 나아가 묵연히 머무르셨다. 이때 대세주가 법을 듣고서 자리에서 일어나 옷을 한 어깨로 정리하고 합장하며 공경스럽게

---

8) 책수·장수(磔手·張手)라고도 말하며, 보통 엄지와 중기를 펼친 크기이다. 1걸수는 12지(指)이고, 손가락은 중지의 폭으로 통상 1.9㎝이므로 1걸수는 22.8㎝가 된다. 중국에서는 이것을 8치(寸, 약 24.5㎝)라고 하는 설이 유력하지만 ‘태내불’과 ‘염지불’ 등에 많이 사용하였던 1걸수 반상은 1척2촌으로 하는 것으로 환산하였고 1척3촌이라는 설도 있다.

9) 산스크리트어 gandha의 음사로서 인도에서 자라는 교목을 가리킨다. 적황색의 나무껍질은 승가에서 옷을 염색하면서 사용한다.

아뢰어 말하였다.

"세존이시여. 이미 필추들을 위하여 비나야를 설하셨습니다. 오직 원하옵건대 자비로서 역시 필추니를 위하여 설하여 주십시오."

세존께서 말씀하셨다.

"이러한 여래이신 대사가 있는 처소에서 직접 필추니를 마주하고 비나야법을 설하지 않습니다. 그러나 필추니 대중에서 한 번을 듣고 곧 능히 지니는 자가 있다면 내가 마땅히 설하겠습니다."

이때 명월필추니가 대중의 가운데에 앉아 있었는데 곧 일어나서 합장하고 아뢰어 말하였다.

"세존이시여. 원하건대 설하여 주십시오. 존중받는 말씀을 받는 것을 희망하며 한 번을 듣는다면 기억하겠습니다."

세존께서 그녀를 위하여 설하셨고 한 번에 남김없이 기억하였다. 세존께서 여러 필추들에게 알리셨다.

"나의 법을 들은 성문 필추니의 대중 가운데에서 한 번을 듣고 곧 이렇게 기억하는 자는 명월필추니가 제일이니라."

세존께서는 이렇게 생각을 지으셨다.

'일체의 처소에서 명월필추니를 구할 수 있는 것도 아니고, 나아가 비슷한 필추니도 얻을 수가 없다. 이러한 까닭으로 필추도 역시 마땅히 필추니의 비나야를 수지하고서 필추니를 위하여 설하게 하고, 다시 마땅히 가르치고 불러서 묻는다면 대답하도록 해야겠구나.'

이와 같이 생각하시고 여러 필추들에게 알리셨다.

"생각하는 일과 같고, 나아가 묻는 것이 있다면 대답하여 주어라."

세존께서는 '계율에 의지하는 까닭이고, 계율에 머무르는 까닭이며, 법에서 수습한 것이고, 정과 같고 혜에 같은 것이며 이치에 상응(相應)해야 한다.'고 마땅히 말씀하셨다.

"이 명월필추니는 나에게 수순하였으며 계율에 의지하는 까닭이고 계율에 머무른 까닭으로 정과 혜가 상응하여 용맹이 일어났고 정근하고 책려하였으며, [자세한 설명은 앞에서와 같다.] 아라한과를 얻었고 5취륜

(趣輪)을 부수었으며 생사의 바다에서 벗어났으므로, [자세한 설명은 앞에서와 같다.] 나아가 제석과 범천과 여러 천인들이 함께 공양하였느니라."

이때 여러 필추들이 함께 모두가 의심이 있어 세존께 청하여 아뢰었다.

"이 명월필추니는 일찍이 무슨 업을 지었고, 그 업이 이숙이 되어 크게 총명하고 지혜로움을 얻었으며, 큰 변재를 있어 듣고 수지하는 사람 가운데에서 설하는 것이 제일이 되었고, 세존의 가르침 가운데에 출가하여 수행하였으며, 여러 번뇌를 끊고 아라한을 증득하였습니까?"

세존께서 필추들에게 알리셨다.

"이 명월필추니도 일찍이 지은 업과가 성숙되었고, [자세한 설명은 다른 곳에서와 같다.] 그대들 필추들이여. 지나간 먼 옛날의 91겁의 사람의 수명이 8만세일 때에 세존께서 출현하셨고 비발시불(毘鉢尸佛)이라고 이름하셨으며 10호를 구족하였고 6만2천의 필추와 함께 친혜성(親慧城)에 가시어 승혜림(勝慧林) 가운데에 머무르셨느니라.

이때 그 성안에 한 장자가 있었고 아내를 얻고 오래지 않아서 한 딸을 낳았는데 나이가 들어 점차 장대하였다. 그녀의 아버지는 믿고 공경하였으므로 수의의 때에 이르러 마침내 딸을 데리고 필추니의 사찰에 갔고, 손칼과 바늘을 필추니 대중에게 주어 뜻에 따라서 보시를 짓게 하였다. 이때 그 딸이 이러한 선한 일을 보고 마음에서 환희가 생겨나서 아버지에게 알려 말하였다.

"나도 역시 마음을 따라서 여러 필추니 대중과 함께 수의사를 짓고자 합니다."

아버지가 말하였다.

"옳다. 네 뜻을 따라서 지어라."

그 딸이 곧 손칼과 바늘과 금·은과 진귀한 보배와 여러 가지의 특이한 물건을 취하여 필추니 대중에게 받들어 보시하였고 수의사를 지었으며 곧 대중의 상수에게 합장하고 예배하면서 서원을 발원하면서 말하였다.

"원하건대 내가 이렇게 필추니 대중의 가운데에서 공경하는 마음으로 복을 보시한 선근이 있다면 미래의 세상에서 내가 큰 지혜를 얻고 큰 변재를 구족하여 들은 것을 지니게 하십시오."

그대들 필추들이여. 다르게 생각하지 말라. 그때의 여자가 이 명월이었느니라. 그 옛날에 필추니 대중에게 손칼 등을 보시한 선근이 있었고, 다시 "원하건대 나는 미래에 큰 변재를 얻고 들으면 지니고 구족하게 하십시오."라고 큰 서원을 발원한 그 업을 까닭으로 지금 이러한 과보를 받은 것이니라.

또한 가섭파불 때에 출가하여 필추니로 수행하였고, 나아가 목숨을 마치도록 계를 지니고 허물이 없었으나 결국 증득한 것이 없었다. 그때 친교사인 필추니가 그 세존의 법의 가운데에서 듣고 지니는 것이 제일이었다. 이때 그녀의 제자가 이와 같이 발원하였다.

"나의 친교사는 이 세존의 법 가운데에서 총지(總持)가 제일입니다. '미래의 세상에 사람의 수명이 100세일 때에 세존께서 계시어 출세하시는데 명호가 석가모니이니라.'고 수기하신 것과 같이, 그 법의 가운데에 내가 마땅히 출가한다면 세존께서 역시 나에게 필추니 대중에서 총지가 제일이라고 수기하도록 하십시오."

옛날에 발원한 힘을 까닭으로 지금 이러한 과보를 받았느니라. 그대들은 마땅히 알라. 만약 순흑업은 순흑보를 받으며, [자세한 설명은 앞에서와 같다.] 이러한 까닭으로 그대들은 마땅히 닦고 배울지니라."

연기의 처소는 앞에서와 같다.

어느 젊은 필추가 늙은 필추와 함께 인간세상을 유행하면서 실라벌성에 이르렀다. 늙은 필추는 녹자모의 집으로 향하였고 젊은 필추는 급고독원으로 나아가서 한 필추에게 청하여 의지사를 삼고 다소간 머물렀다. 이때 그 의지사에게 알려 말하였다.

"아차리야여. 내가 그 사찰에 옷과 발우를 두었으므로 잠시 가서 가져오겠습니다."

알려 말하였다.

"그대는 갔다가 빨리 오게."

대답하여 말하였다.

"그곳에서 다른 일을 찾지 못한다면 곧 돌아오겠습니다."

발에 예배하고 떠나서 그곳에 이르렀다. 이미 대중들에게 이전부터 "만약 하루를 유숙하더라도 의지사가 없으면 머무를 수 없다."는 청규가 있었으므로 곧 한 필추에게 나아가서 의지를 삼았다. 이미 날이 밝아 마음에서 돌아가고자 스승의 방에 이르러 문을 두드리고 나아가서 알려 말하였다.

"아차리야께 경례합니다. 사대가 평안하십니까?"

스승이 말하였다.

"편안하지 않네."

그는 곧 생각하면서 말하였다.

"스승께서 지금 병이 있는데 내가 곧 버리고서 떠난다면 이것은 마땅하지 않다. 세존께서 이렇게 제정하신 것은 의지가 서로에게 필요하면 서로를 돌보라는 까닭이다. 내가 지금 마땅히 머무르고 낫는 것을 기다렸다가 가야겠다."

곧 친절히 간호하여 병이 마침내 나았으므로 알려 말하였다.

"와구를 관찰하였으니 나는 지금 떠나고자 합니다."

알려 말하였다.

"그대에게 부족한 것은 없는가?"

대답하여 말하였다.

"나에게는 부족한 것은 없습니다. 그러나 나의 본래의 마음은 이곳에 머무르는 것이 아니고 다만 잠시 와서 나의 옷과 발우를 취하는 것이었습니다. 이곳은 대중에게는 가령 하루를 유숙하더라도 역시 의지사가 필요하였고, 나는 대중의 법을 두려워하여 의지사로 청하였습니다. 스승께서 병이 있는 것을 보고 이렇게 생각을 지었습니다. '스승께서 지금 병이 있는데 내가 곧 버리고서 떠난다면 이것은 마땅하지 않다.'"

뜻을 갖추어 자세히 말하였으므로 스승이 말하였다.

"옳도다. 옳도다. 구수여. 함께 머무는 문인은 친교사와 궤범사에게 함께 돌보고 모시는 것이 마땅히 이와 같아야 하네. 만약 여러 다른 문인들이 함께 머물더라도 두 스승의 처소에서 역시 마땅히 이와 같다면 증장하는 선법이 연꽃이 물에서 솟아나는 것과 같다네. 이러한 선한 일을 하였으니 그대는 마땅히 떠나가게. 항상 근신하고 방일을 짓지 말게."

드디어 스승의 발에 예배하고 하직하고서 떠나갔다. 점차 나아가서 급고독원에 이르러 스승의 처소에서 합장하고 예경하니 스승이 말하였다.

"잘 왔네. 구수여. 무슨 까닭으로 늦었는가?"

그가 곧 일을 갖추어 자세히 말하여 알게 하였다. 스승이 말하였다.

"옳도다. 구수여. 그대가 능히 이와 같이 그 스승의 처소에서 공경하고 진중하게 서로를 보살폈으니 능히 선근이 밤낮으로 증장되는 것이 연꽃이 물에서 솟아나는 것과 같을 것이네."

스승은 이렇게 생각을 지었다.

'이전과 같이 의지사인가? 다시 의지를 주어야 하는가?'

필추가 세존께 아뢰니 세존께서 말씀하셨다.

"인연이 있어서 잠시 떠났다가 곧 돌아왔으므로 마땅히 이전의 스승에게 의지할 것이고, 수고롭게 다시 정하지 말라."

연기의 처소는 앞에서와 같다.

한 필추가 있어 오직 정려를 닦았는데, 어느 젊은 필추가 와서 의지사로 청하였다. 곧 의지사가 되면서 이와 같이 생각하였다.

'세존께서는 <오히려 백정(屠兒)이 될지언정 다른 사람을 출가시키고 원구를 주지 않았고, 교계(敎誡)하지 않는다면 아니된다.>고 마땅히 말씀하셨고, 공주(共住)도 이미 그렇다면 문인(門人)도 역시 그러하다. 나는 선정(禪寂)을 닦으므로 교수에는 인연이 없다. 마땅히 다른 사람에게 부탁하여 독송을 가르치도록 해야겠다.'

한 필추에게 나아가서 알려 말하였다.

"구수여. 이 사람에게 독경을 가르쳐 주십시오."

대답하여 말하였다.

"함께 약속한다면 내가 마땅히 독경을 가르치겠습니다. 만약 부족한 것이 있다면 능히 나에게 제공하면서 부족하지 않게 하겠습니까?"

대답하여 말하였다.

"만약 부족한 것이 있다면 내 스스로 제공하겠습니다."

곧 독경하는 것을 가르쳤다. 뒤의 다른 때에 그 필추가 병을 얻었고, 그 의지사가 여법하게 제공하여서 마침내 곧 병이 나았다. 그의 의지사가 곧이어 병을 얻었으나 그는 그의 스승을 돌보고 간호하지 않았다. 이와 같이 세 번에 이르렀으나 돌보고 모시지 않았으므로 알려 말하였다.

"그대는 떠나가서 다른 의지사를 구하게."

대답하여 말하였다.

"의지가 되어 주시어 이러한 일의 은혜를 입었고 하나의 부족함도 없었는데 지금 어찌 쫓아 보내십니까?"

알려 말하였다.

"그대는 부족함이 없으나 나는 부족함이 있네. 그대의 병고에는 내 스스로가 제공하고 간호하였으나 내가 병을 세 번이나 앓았어도 그대는 한 번도 돌보지 않았네. 그대가 이와 같이 공경하지 않는 일을 지었는데, 만약 그대에게 의지사가 되어 준다면 그에게 가서 머물도록 하게."

그가 듣고는 묵연하였고 능히 대답하지 못하였다. 필추가 세존께 아뢰니 세존께서 말씀하셨다.

"의지사에게 제공하고 모셔야 하느니라. 마땅히 스승을 보면 부모와 다르지 않게 하라. 만약 어기는 자는 월법죄를 얻느니라."

이때 독경을 가르치는 아차리야의 몸에 병이 있었으나 법을 받는 제자가 돌보고 모시지 않았다. 나아가 그 병이 나았는데 되돌아와서 독경을 물었으므로 스승이 말하였다.

"그대는 떠나라. 나의 몸에 병고가 있었으나 일찍이 서로를 돌보지 않았네. 누가 다시 능히 이전같이 가르치고 독경을 익히겠는가? 다른 사람을 찾아서 함께 지시(指示)하게."

다시 곧 대답이 없었다. 필추가 세존께 아뢰니 세존께서 말씀하셨다.

"의지사도 마땅히 제공하고 모셔야 하고, 독경을 가르치는 스승에게도 역시 제공하여야 한다."

뒤의 다른 때에 의지사와 경을 가르치는 스승이 함께 병을 얻었는데 누구에게 제공을 해야 하는가를 알지 못하였다. 필추가 세존께 아뢰니 세존께서 말씀하셨다.

"만약 가능하다면 함께 돌보고 모셔야 하고, 만약 그럴 힘이 없다면 의지사에게 제공하여야 한다. 만약 독경을 가르치는 스승은 없더라도 처소를 따라서 머무르며 얻을 수 있으나, 의지사가 없다면 머무는 것이 합당하지 않느니라."

연기의 처소는 앞에서와 같다.

이때 한 필추가 있었는데 다른 사람을 출가시키고 아울러 원구를 주고 곧 버려두고 인간세상을 유행하였다. 그의 제자는 옷과 음식 및 법으로서 서로를 섭수하는 이양이 없었으므로 곧 다른 사람에게 의지를 구하였다. 그 스승은 곧 옷과 음식 및 법으로써 서로 도우며 제공하였다. 세존께서 말씀하신 것과 같이 사섭사(四攝事)가 있으니 보시·애어(愛語)·이행(利行)·동사(同事) 등이었다. 이때 그 문인은 그 스승의 처소에서 두 배나 공경하였으므로 마음에서 버리고 떠나지 않았다.

뒤의 다른 때에 그의 친교사가 유행의 일을 마치고 급고독원으로 돌아왔다. 젊은 필추들이 모두 일어나서 영접하였고 늙은 필추들도 함께 잘 왔다고 외쳤으나, 그 옛날 제자는 보고도 일어나지 않았다. 여러 필추들이 알려 말하였다.

"존자가 오는 것을 보고 젊은이들은 모두 영접하였고 늙은이도 잘 왔다고 외쳤는데 무슨 인연으로 그대는 지금 본사(本師)가 오는 것을 보고도 몸을 움직이지 않으니 어찌 도리에 합당하겠는가?"

대답하여 말하였다.

"어찌 그가 나에게 출가시켜 원구를 주었고 능히 옷과 음식 및 법으로 함께 서로를 도왔으니 나에게 기억하고서 보고 영접하라는 것이 아니겠습니까?"

필추가 말하였다.

"이와 같이 말하지 말라. 세존께서는 '만약 다시 어느 사람이 스승에게 의탁하여 불법의 가운데에서 머리를 깎고 법복을 입었으며 청정한 신심으로 출가하여 수행하고자 한다면 그 사람은 스승에게 나아가 목숨이 마치도록 사사(四事)를 공양하여도 능히 은혜를 갚을 수 없다.'고 마땅히 말씀하셨다. 그대의 이와 같은 말은 마땅한 이치가 아니다."

그는 곧 묵연하였다. 필추가 세존께 아뢰니 세존께서 말씀하셨다.

"제자인 문인이 겨우 스승을 보는 때라도 곧 반드시 일어서야 하고 친교사를 보면 의지사를 버려야 하느니라."

세존께서 마땅히 친교사를 보면 의지사를 버리라고 말씀하셨으나 모든 필추들이 어떻게 하는지 몰랐다. 이것은 아래에서 자세히 말하겠노라.

연기의 처소는 앞에서와 같다.

이때 한 필추가 있었고 어느 젊은 필추에게 의지사가 되어 주었다. 보름이 지나고 장정(長淨)의 때에 이르러 젊은 필추가 스승의 처소에 와서 알려 말하였다.

"아차리야시여. 내가 지금 경례합니다. 청이 있습니다. 장정을 수지하고자 합니다."

스승이 말하였다.

"현수여. 무슨 인연으로 내가 그대의 스승이겠는가?"

그가 말하였다.

"나는 아차리야를 의지사로 지었습니다."

스승이 말하였다.

"그대처럼 오만하고 서로를 공경하지 않는데 누가 의지가 되겠는가? 그대의 뜻을 따라 떠나가서 다른 스승을 찾게."

그는 곧 묵연하였고 필추가 세존께 아뢰니 세존께서는 이렇게 생각을 지으셨다.

'필추들이 날마다 세 때에 스승에게 예경하지 않는 까닭으로 이와 같은 허물이 있는 것이다. 이러한 까닭으로 마땅히 제자인 문인에게 마땅히 날마다 세 때에 두 스승에게 예경하도록 알려야겠다.'

곧 모든 필추들에게 알려 말씀하셨다.

"이러한 까닭으로 그대들 제자인 문인은 날마다 세 때에 두 스승에게 예경하도록 하라."

연기의 처소는 앞에서와 같다.

이때 어느 필추가 한 젊은 필추에게 의지가 되어 주었고 은혜로 이양을 제공하면서 사랑하기를 자식처럼 생각하였다. 이때 그 제자가 어느 다른 인연을 만나서 다른 처소가 필요하여 가면서 그 스승에게 알려 말하였다.

"아차리야시여. 방안의 와구를 관찰하여 주시기를 청합니다. 나는 지금 인간세상을 유행하고자 합니다."

스승이 말하였다.

"그대에게 부족한 것은 없는가?"

대답하여 말하였다.

"아차리야시여. 나에게 부족한 것은 없습니다. 그러나 인간세상 곳곳을 유행(遊歷)하고 오래지 않아서 돌아오겠습니다."

알려 말하였다.

"그대가 떠났으나 만약 길의 중간에서 후회가 생긴다면 곧 돌아오게."

알려 말하였다.

"깊고 옳은 가르침을 받들어 마땅히 돌아오겠습니다."

길의 중간에 이르러 곧 후회가 생겨나서 이렇게 생각을 지었다.

'나의 의지사께서 필요한 것은 모두 제공하여 주셨는데 내가 버리고 다른 곳으로 간다는 것은 마땅히 도리가 아니다. 지금 돌아가야겠다.'

마침내 곧 주처로 돌아왔으므로 스승이 보고 물어 말하였다.

"그대가 지금 다시 왔는데 소유한 것을 잊었는가?"

대답하여 말하였다.

“나는 잊은 것이 없습니다. 그러나 나는 길의 중간에서 이와 같이 생각하였습니다. ‘나의 의지사께서 필요한 것은 모두 제공하여 주셨는데 다시 무슨 일을 구하면서 밖으로 유행하겠는가?’ 이것으로 돌아왔습니다.”

스승이 말하였다.

“매우 옳네.”

스승이 다시 생각하였다.

“곧 옛날의 의지사인가? 다시 되어야 하는가?”

필추가 세존께 아뢰니 세존께서 말씀하셨다.

“만약 의지사가 돌보는 생각을 가졌다면 문인이 돌보는 생각이 없어도 이것은 곧 의지를 버리지 않았다고 이름하느니라. 만약 의지사가 돌보는 생각이 없더라도 문인에게 돌보는 생각이 있다면 이것도 역시 의지를 버리지 않았다고 이름하느니라. 만약 두 사람이 함께 돌보는 생각을 가졌다면 역시 버렸다고 이름하지 않느니라. 만약 두 사람이 함께 버렸다면 의지를 잃었다고 이름하느니라.”

연기의 처소는 앞에서와 같다.

한 필추가 있어 대중을 인도하는 상수였으므로 많은 젊은 필추들이 와서 배우고 익히면서 따랐다. 스승이 다른 때에 홀연히 병을 얻었을 때 배우는 이들 아무도 일찍이 돌보고 모시지 않았다. 이와 같이 세 번에 이르렀으나 모두 돌보고 문신하지 않았다. 뒤에 병이 나았으므로 제자들이 모두 와서 스승에게 청하여 말하였다.

“우리들에게 독경을 수습하는 법을 가르치시거나 혹은 암송을 가르쳐 주십시오.”

스승이 말하였다.

“구수여. 내가 세 차례나 앓았으나 그대들은 한 사람도 돌보거나 간병하지 않았네. 만약 그대들의 이와 같은 오만을 보고 능히 이끌어 가르치는 자가 있다면 그에게 나아가서 독송하도록 하게.”

필추가 세존께 아뢰니 세존께서 말씀하셨다.

“독송을 가르치는 스승도 역시 공경하고 시봉해야 하느니라.”

이에 그들이 모두 한꺼번에 시봉하여 곧 선품이 어그러졌으므로 세존께서 말씀하셨다.

“마땅히 차례대로 하라.”

이때 한 늙은 필추가 있었는데 먼저 나아가서 의지가 되었으므로 다른 사람들이 알려 말하였다.

“노장은 내일이 당번입니다.”

대답하여 말하였다.

“무슨 까닭으로 스승에게 시봉하는 것을 당번을 짓는가? 그대들은 안은하시오. 내가 항상 시봉하고 공양하겠소.”

여러 사람들이 알려 말하였다.

“이것은 좋은 일입니다. 세존께서는 ‘병든 사람을 간병하는 것은 곧 나를 간병하는 것이다.’고 말씀하신 것과 같으니, 그대는 선한 장부입니다. 뜻에 따라 지으십시오.”

그는 곧 시봉하였고 이러한 인연으로 병이 나았으므로 와서 스승에게 청하여 말하였다.

“독경하는 것을 나에게 가르쳐 주십시오.”

알려 말하였다.

“또한 기다리게. 아직 그대의 차례가 안 되었네.”

뒤에 스승에게 청하여 말하였다.

“암송하는 것을 나에게 가르쳐 주십시오.”

대답하여 말하였다.

“아직 그대의 차례가 안 되었네.”

그가 스승에게 대답하여 말하였다.

“간병하고 시봉한 것은 내가 당번이었는데 독송하고 경을 배우는 것은 다른 사람의 차례일 뿐입니다. 마땅히 좋은 곳에 머무르고자 나는 떠나서 다른 곳으로 가겠습니다.”

스승이 말하였다.

“아직 머무르게. 필요한 것이 있다면 내가 모두 지어 주겠네.”

그는 곧 묵연하였다. 필추가 세존께 아뢰니 세존께서 말씀하셨다.

“항상 공양하고 시봉하는 자는 다른 자와 같이 얻을 수 없느니라. 차례를 건너뛰어서 다른 사람에게 미치지 않도록 하라.”

이때 두 사람이 있었는데, 한 사람은 총명하였고 한 사람은 어리석었다. 총명한 자에게는 이때 긴 문장으로서 가르쳤으나 어리석은 자에게는 가르치지 않았다. 세존께서 말씀하셨다.

“마땅히 다시 차례대로 가르쳐라.”

연기의 처소는 앞에서와 같다.

육중필추가 문도의 집에 갔고 평상을 가져오게 하였으며 여섯 사람이 함께 앉았으므로 그 평상이 마침내 부서졌다. 한꺼번에 크게 웃으니 다른 필추가 보고 알려 말하였다.

“구수여. 이러한 비법을 짓고 부끄러운 마음을 알지 못하면서 나아가 크게 웃는 것인가?”

그들이 함께 대답하여 말하였다.

“우리가 어찌 술을 마시고 파와 마늘을 먹었겠는가?”

알려 말하였다.

“이것은 역시 오래되지 않았고 필요하므로 마땅히 지금 고치시오.”

물어 말하였다.

“우리들이 어찌 비법인가?”

대답하여 말하였다.

“어찌 평상이 무거워서 부서졌다고 보지 않는가?”

대답하여 말하였다.

“어찌 나무가 죽었고 교장(巧匠)[10]의 몸이 죽었겠는가?”

그가 곧 묵연하였다. 필추가 세존께 아뢰니 세존께서 말씀하셨다.

"마땅히 한 평상에 여섯 사람이 함께 앉지 말라."

그들이 곧 다섯 사람이 앉았는데 이전과 같았고 네 사람이 앉아도 역시 이와 같았다. 세존께서 말씀하셨다.

"네 사람도 마땅하지 않다. 한 평상에 세 사람은 앉을 수 있다. 만약 큰 나무가 말랐다면 두 사람이 앉을 것이고 작은 것에는 한 사람만 앉을지니라. 어기는 자는 월법죄를 얻느니라."

제4문의 제4자섭송 ①

제4문의 제4자섭송으로 말하겠노라.

간병하면서 성죄(性罪)를 제외하는 것과
원구를 받았다면 나무에 오르지 않는 것과
왕의 신하에겐 계를 주지 않는 것과
손을 끊는 것은 마땅히 하지 말라.

연기의 처소는 앞에서와 같다.

구수 오파리가 세존께 청하여 아뢰었다.

"세존께서는 '만약 병이 있는 사람을 본다면 마땅히 제공하라.'고 말씀하셨습니다. 무슨 물건 등을 이용하여 제공하고 모셔야 합니까?"

세존께서 말씀하셨다.

"오파리여. 다만 성죄를 제외하고서 나머지의 청정한 것으로 뜻에 따라서 제공할지니라."

연기의 처소는 앞에서와 같다.

이때 구수 오파난타에게 근원을 받으려는 한 구적이 있었다. 스승은

---

10) 솜씨가 교묘(巧妙)한 목수(木手)를 가리킨다.

곧 갈마사와 병교사(屛敎師)와 아울러 7증사(證師)를 청하였다. 드디어 구적을 데리고 자리를 가지고 먼저 단(壇)의 가운데에 이르러서 땅에 물을 뿌리고 쓸었다. 그는 자리를 펼쳤으나 다른 사람들은 아직 오지 않았다. 오파난타는 좌우를 돌아보다가 나무에 꽃이 피어있는 것을 보고 곧 구적에게 명하였다.

"그대는 꽃을 취하고 다니면서 승가 대중들에게 주도록 하게."

그가 곧 나무에 올라갔으나 땅에 떨어졌고 손을 다쳐서 근원을 받지 못하였다. 필추가 세존께 아뢰니 세존께서 말씀하셨다.

"그대들은 마땅히 알라. 전륜왕의 제1 태자가 장차 관정을 받아 다음 왕위에 오르고자 할 때의 도중에는 수호가 두 배가 되는 것과 같이 근원을 받고자 하는 사람도 역시 이와 같이 애호(愛護)를 잘 받아야 하느니라. 이러한 까닭으로 장차 근원을 받고자 하는 사람이 높은 나무에 오르는 것은 마땅하지 않느니라. 만약 나무에 오르고자 하는 자는 월법죄를 얻느니라."

연기의 처소는 앞에서와 같다.

한 장자가 있어 광대(廣大)라고 이름하였고, 승광왕의 처소를 맡아서 관리하였다. 일찍이 어느 때에 사소한 과실이 있었던 인연으로 왕에게 가책(訶責)을 당하였는데 장자는 곧 이러한 생각을 지었다.

'일반적으로 이러한 국왕은 오랫동안 편안하게 모시기 어려운 것이므로 마땅히 멀리 피해야겠다. 나는 지금 떠나가서 출가하는 것을 구해야겠다.'

이와 같이 생각하고 서다림으로 나아갔다. 육중필추는 항상 한 사람이 문의 주변에 머물렀다. 이때 오파난타가 문 앞에 머무르면서 광대가 오는 것을 보고 곧 아름다운 말로 알려 말하였다.

"잘 오셨소. 무슨 까닭으로 초승달과 같이 보기 어려운 것이오?"

대답하여 말하였다.

"대덕이여. 어찌 듣지 못하셨습니까? 세상 사람들에게 이러한 말이 있습니다. '드물게 만나면 존경을 하지만 자주 본다면 가볍게 생각한다.'"

물어 말하였다.

“광대여. 무슨 인연으로 오셨소?”

대답하여 말하였다.

“성자여. 일반적으로 국왕은 오래 섬기는 것이 어렵습니다. 지금은 비록 뜻을 얻었어도 결국 몸은 사라질 것입니다. 나는 출가하고자 합니다. 반드시 능히 제도하십시오.”

알려 말하였다.

“현수여. 능히 이러한 마음을 일으킨 것은 지극히 좋은 일이오. 일반적으로 출가한 자에게는 다섯 가지의 수승한 이익이 있고, [자세한 내용은 일설과 같다.] 모든 세존들과 성문 및 여러 지혜가 있는 자들이 함께 칭찬하시는 것이고 지금이 바로 올바른 때이오.”

곧 이끌고 가서 출가시켰고 원구를 받게 하였다. 이때 승광왕이 여러 신하들에게 물었다.

“광대가 보이지 않는데 병이 있는 것이오?”

대답하여 말하였다.

“그는 병이 있는 것이 아니고 대왕의 가책을 인연으로 곧 떠나갔고 서다림으로 나아가서 출가하였습니다.”

왕이 말하였다.

“누가 이러한 일을 지었소?”

대답하여 말하였다.

“성자 오파난타입니다.”

왕이 이 말을 듣고 노여움을 품고서 사자에게 가서 알리게 하였다.

“성자여. 내가 꾸짖은 자를 곧 출가시켰으니 지금 나와 악생태자·승만·행우를 모두 함께 출가시키고 스스로가 왕이라고 말하면서 성읍을 다스리시오.”

사자가 사찰에 이르러 왕의 말을 갖추어 말하였다. 오파난타가 왕의 이러한 말을 듣고 사자에게 알려 말하였다.

“그대는 내 말을 가지고 그대의 국왕에게 전하시오. ‘와서 사찰에 이른다면 악생과 승만·행우를 함께 출가시키겠소. 내가 마땅히 왕이 된다면 이것도 또한 무슨 손해이겠는가? 내가 어찌 광대의 집에 나아가서 현혹하고 유혹하여 출가시킨 것인가? 그가 스스로 와서 구하였고 내가 곧 제도한 것이오. 때를 따른 이익이고 얻을 복은 무변한 것이오.'"

왕이 이러한 말을 듣고 다시 비난과 싫어함이 일어났다.

이때 여러 필추가 인연으로써 세존께 아뢰니 세존께서는 이렇게 생각을 지으셨다.

'왕의 대신을 제도하여 이와 같은 과실이 있는 것이다. 이러한 까닭으로 곧 이러한 사람들을 제도하는 것은 마땅하지 않다.'

여러 필추들에게 알려 말씀하셨다.

"그대들은 마땅히 알라. 오파난타는 이렇게 우치한 사람이므로 대신인 광대를 제도하여 왕의 싫어함을 일으켰느니라. 이러한 까닭으로 필추는 마땅히 대신을 제도하여 출가시키지 말라. 와서 출가를 구하며 청하는 것을 본다면 마땅히 자세하게 물어보라. '그대는 왕의 신하가 아닌가?' 만약 자세히 묻지 않고 출가시킨다면 월법죄를 얻느니라."

세존께서는 계율을 제정하여 마치셨다. 이때 외국인이 왔는데 모두가 알지 못하였고, 또한 본국의 왕이 원래 허락한 것인가를 알지 못하였다. 필추의 처소에 이르러 출가를 청하였으나 모두가 의심이 생겨나서 출가시키지 않았다. 세존께서 말씀하셨다.

"만약 이러한 부류의 외국인이라면 마땅히 출가시키고 의혹하지 말라."

연기의 처소는 앞에서와 같다.

이때 구수 아난타가 일찍이 한 때에 새로이 수염과 머리카락을 깎고 이른 아침에 옷과 발우를 지니고 성에 들어가 걸식하면서 네거리에 이르렀다. 한 바라문이 있었는데 대학사(大學士)였으며, 경치 좋고 눈에 띄게 높은 집의 시원한 곳에서 500의 바라문 자식들에게 사명론(四明論)[11]의

11) 베다(veda)로서, 지식을 뜻하므로 이와 같이 말한다.

독송을 가르치고 있었다. 이때 그 학사는 오만하게 스스로를 높이고 예절이 없었으며 마음에서는 독해를 품고 사람을 경멸하였다. 그가 존자 아난타를 보고 제자에게 명하여 말하였다.

"그대가 능히 손으로 이 대머리 사문의 머리를 때릴 수 있겠는가?"

대답하여 말하였다.

"나는 할 수 있습니다."

이때 그 제자는 스승의 명을 받들어 곧바로 주먹으로 존자의 머리를 때렸다. 이에 아난타가 사방을 돌아보았다. 바라문은 성이 나서 다시 제자를 시켜 또 그의 머리를 때리게 하였다. 존자는 생각하면서 말하였다.

"내가 어찌 돌아본 것인가? 마땅히 묵묵히 떠나야겠다."

이미 서다림에 이르렀고 음식을 먹고 발우를 씻고서 여러 필추들에게 알렸다.

"구수여. 마땅히 어느 곳의 네거리에는 가지 마십시오."

물어 말하였다.

"무슨 허물과 근심이라도 있습니까?"

대답하여 말하였다.

"그곳에는 바라문이 있는데 품성이 독해스럽고 예절이 전혀 없습니다. 모든 제자들에게 사명론의 독송을 가르치고 있는데 한 제자를 시켜서 주먹으로 나의 머리를 때렸습니다."

필추들이 물어 말하였다.

"그대는 무슨 잘못으로 그를 성나게 하였습니까?"

대답하여 말하였다.

"나에게는 잘못이 없었으나 역시 이러한 잘못이 있습니다."

물어 말하였다.

"그 일은 무엇입니까?"

대답하여 말하였다.

"나는 원래는 잘못이 없었으나 그가 머리를 때리게 하였고, 내가 돌아본 까닭으로 거듭 다시 와서 때렸으므로 먼저는 잘못이 없었으나 뒤에는 잘못이 있습니다."

이때 오파난타가 듣고서 물어 말하였다.

"존자여. 무슨 말을 하였소?"

대답하여 말하였다.

"사소한 일이 있었습니다."

오파난타가 말하였다.

"내가 대강 들었으니 바라건대 다시 자세히 말해 보시오."

곧 갖추어 말하였다. 이때 오파난타가 곧 세 번 머리를 끄덕이고 입속으로 창야(唱諾)[12)]하고 이와 같이 생각을 지었다.

'내가 지금 스스로가 이해하고서 그 소인을 다스려야겠구나.'

이발사에게 머리를 깎아 깨끗하게 한 뒤 기름을 문질러서 발랐다. 이른 아침에 옷을 입고 발우를 지니고 실라벌성으로 들어가서 점차로 그 바라문이 가르치는 곳에 이르렀으나 그 바라문은 다른 일이 있어서 필추를 보지 못하였다. 이때 오파난타가 곧 집 앞에서 경행하며 다녔다. 바라문이 보고 한 제자에게 명하여 말하였다.

"그대는 가서 손을 뒤집어 저 대머리 사문을 때려라."

오파난타가 이 말을 듣고는 바라문에게 알려 말하였다.

"너 이 무지한 물건아! 어찌 남을 보내어 이용하는가? 네가 와서 때려라."

바라문이 크게 성내면서 곧 스스로 가서 주먹으로 그의 머리를 때렸다. 오파난타가 곧 그의 어깨를 잡고 알려 말하였다.

"어리석은 물건이로다. 오파난타가 네놈에게 맞았구나. 내가 지금 너를 끌고 함께 왕에게 가야겠다."

곧 그의 어깨를 잡고서 끌고 앞으로 나아갔으므로 바라문이 큰 소리로 불렀고 제자들이 함께 왔다. 다시 한 팔을 잡고서 서로가 잡아당겼고 나머지 사람도 계속 왔으나 모두가 이끌려갔다. 오파난타는 기력이 셌으므로 바라문과 그 500의 제자들이 모두 이끌려서 왕성의 문 앞에 이르렀다.

---

12) 상대방에게 공손히 읍(揖)을 하면서 동시에 공경스러운 인사말[頌詞]을 하는 것을 말한다.

육중의 법에서 그렇듯이 만약 분노를 품고 왕성의 문 앞에 이르는 때에는 왕의 궁전이 흔들렸다. 왕이 보고 좌우의 시위에게 알려 말하였다.

"문 앞에 나가서 관찰하게. 어찌 성자 육중이 오지 않았겠는가!"

곧 나가서 살펴보니 오파난타가 500의 바라문 제자를 데리고 문 앞에 이르렀다. 시위가 돌아가서 왕에게 아뢰었다.

"성자 오파난타가 지금 문밖에 있습니다."

왕이 말하였다.

"불러오게."

오파난타가 곧 얼굴을 보고 물어 말하였다.

"대왕이시여. 만약 성자 아난타가 출가하지 않았다면 마땅히 어떠한 지위에 있어야 합니까?"

왕이 말하였다.

"성자여. 마땅히 역륜왕이 되었을 것입니다."

"대왕은 어떠한 사람이겠습니까?"

대답하여 말하였다.

"나는 시종이었을 것입니다."

다시 말하였다.

"대왕께서는 이전에 '모든 필추들을 본다면 태자와 같이 할 것이고, 모든 필추니들을 보는 일 등은 왕비와 왕후와 같이 하라. 이러한 일에 방일하는 것은 예외가 없다.'고 제정하셨고 대왕은 우리들에게 함께 애념이 생겨나게 하셨습니다. 그러나 어느 바라문이 왕의 가르침인 칙명을 어기고 곧 주먹으로 성자 아난타의 머리를 때렸고, 그가 다시 성내면서 역시 나의 이마를 때렸으니 그 일이 합당합니까?"

왕이 듣고 크게 노하여 가까운 신하에게 알려 말하였다.

"경은 지금 가서 그 바라문의 손을 자르시오."

대신이 곧 바라문을 데리고 네거리에 이르러 대중들에게 알려서 알게 하였다. 이때 그의 부모와 친족 및 여러 지우들이 모두 와서 슬프게 울어서 비처럼 흘러내렸고 큰소리로 이와 같이 말하였다.

“아이고 내 아들아! 아이고 내 아들아!”

모두가 앞으로 나아가 법관에게 알려 말하였다.

“옳으신 대신이시여. 나의 자식은 죄가 있고 왕께서 손을 자르라고 하시는 것은 이미 국법을 범하였으므로 심한 형벌은 아닙니다. 그러나 바라문은 오른손으로 살아갑니다. 왼손을 잘라주신다면 이것은 진실로 지극한 은혜입니다.”

대신이 듣고 왼손을 잘랐다. 뒤의 다른 때에 바라문이 손의 상처가 점차 나았으므로 드디어 왼손을 감추고 오른손으로 귀절을 짚으면서 글을 읽었다. 오파난타가 멀리서 손을 드는 것을 보고서 두 배나 분노하여 돌아가 왕의 처소에 이르렀고 아뢰어 말하였다.

“대왕이시여. 왕의 법에는 칙령을 어긋나지 않아야 이것이 쾌락(快樂)이 이루어집니다. 대왕이 아시는 나라 가운데에 이러한 일은 없습니다.”

알려 말하였다.

“성자여. 나에게 무슨 일이 있습니까?”

대답하여 말하였다.

“이전의 때에 바라문의 손을 자르라고 칙령을 하셨는데 그의 손은 지금도 온전합니다.”

왕이 신하를 불렀고 왔으므로 물어 말하였다.

“바라문의 손을 어찌 자르지 않았소?”

대답하여 말하였다.

“잘랐습니다.”

“만약 그렇다면 어찌 성자 오파난타가 여러 사람에게 손을 들어서 독송을 가르치는 것을 본 것이오.”

대신이 알려 말하였다.

“그의 부모가 슬프게 울면서 애원하였습니다. 모든 바라문은 오른손으로 생활하므로 마땅히 왼손을 잘라 달라고 권유하였습니다. 이리하여 곧 그의 왼손을 자른 것입니다.”

왕이 말하였다.

"그의 부모를 위하여 왼팔을 잘랐다면 지금은 나의 칙명을 까닭으로 다시 오른팔을 자르시오."

곧 가서 잘랐다. 이때 바라문은 두 손이 없어졌으므로 두 팔을 늘어뜨리고 머물렀다. 뒤의 때에 오파난타가 곁으로 지나가면서 물어 말하였다.

"무슨 까닭으로 팔을 늘어트리고 옛날과 같이 와서 내 머리를 때리지 않는가?"

그는 듣고 괴로워하면서 묵묵히 대답이 없었다. 이때 여러 바라문과 장자 및 거사와 여러 사람들이 모두 비난과 수치심이 생겨나서 이와 같이 말하였다.

"사문 석자가 자비심이 없이 형륙(刑戮)[13]을 행하였고 매우 고통스러운 일인 다른 사람의 손을 잘랐구나."

필추가 세존께 아뢰니 세존께서는 이렇게 생각을 지으셨다.

'필추가 다른 사람의 손을 자를 때에는 이와 같은 허물이 있는 것이다. 이러한 까닭으로 필추는 마땅히 다른 사람의 손발을 자르지 않아야 한다.'

여러 필추들에게 알려 말씀하셨다.

"오파난타는 우치한 사람이므로 사문의 법이 아닌 것을 지었으나 마땅히 할 일이 아니니라. 나의 법 가운데에 출가하여 세속을 버렸거늘 이러한 악업을 짓는가? 만약 어느 필추가 다른 사람의 손발을 끊는다면 솔토라저야죄를 얻느니라."

이때 여러 필추들이 모두 함께 의심이 들어 세존께 청하여 아뢰었다.

"대덕이시여. 무슨 인연을 까닭으로 구수 아난타는 그 바라문을 보호하였고 오파난타는 보복하려는 뜻이 있었습니까?"

세존께서 말씀하셨다.

"다만 오늘에 아난타는 보호하는 마음을 일으켰고 오파난타는 보복하려는 일을 행하여서 그의 손을 자른 것이 아니니라. 그대들은 마땅히 들을지니라. 지나간 옛날에 한 동산의 가운데에 꽃과 과일 및 연못이

---

13) 죄인을 형벌(刑罰)에 의하여 죽이는 것을 말한다.

어디에서나 충만하였다. 이때 은거한 사람이 있어 의지하여 머물면서 오직 뿌리와 과일을 먹고 물을 마시면서 스스로 즐거워하였고 가죽옷을 입었어도 다시 소원이 없었다. 과일나무의 아래에 가부좌로 앉아서 법의(法義)를 사량하고 있었는데, 나무 위에 있던 원숭이가 과일을 반연하여 떨어뜨렸고 그의 머리가 깨어졌다. 이때 은거한 사람이 가타로 설하여 말하였다.

나는 결국 너에게 고통스러운 몸을 죽이는
생각을 일으키지 않았으나
네가 스스로 지은 허물을 까닭으로
마땅히 목숨을 끊는 과보를 부르리라.

이때 은거한 사람은 이전부터 사냥꾼과 친구였다. 사냥꾼은 인연으로 외출하여 그 숲속 가운데 과일나무 아래에 이르렀다. 은거하는 사람은 일이 있어 이곳을 버리고 떠났으므로 그가 없는 것을 보고 마침내 그 나무 아래에서 잠시 쉬고 있었다. 이때 그 원숭이가 곧 다시 큰 과일로 사냥꾼의 머리를 때렸다. 이때 그 사냥꾼은 이전부터 머리카락이 없었으므로 과일이 떨어지자 마침내 머리에서 피가 흘렀다. 고통에 얽힌 마음으로 머리를 들어 나무를 관찰하여 원숭이가 나뭇가지 위에서 뛰면서 던지는 것을 보았다. 곧바로 활을 당겨 독화살을 쏘아 원숭이가 나무 위에서 떨어졌고 이것을 인연하여 목숨이 끊어졌느니라.

그대들 필추들이여. 다르게 생각하지 말라. 옛날의 때에 은거한 사람은 곧 아난타이고, 지나간 날의 원숭이는 곧 바라문이며, 그 사냥꾼은 곧 오파난타이니라. 지나간 때에도 아난타는 그를 보호하였으나 오파난타는 그에게 보복하였느니라. 나아가 현재에도 역시 다시 이와 같이 한 명은 보호하였고 다른 한명은 멀리한 것이니라. 이러한 까닭으로 마땅히 알라. 이전의 업의 인연은 결국 없어지지 않느니라." [자세한 설명은 다른 곳에서와 같다.]

근본설일체유부비나야잡사 제17권

삼장법사 의정 한역
석보운 번역

제4문의 제5자섭송 ①

제4문의 제5자섭송으로 말하겠노라.

전다(栴茶)와 소타이(蘇陀夷)와
대의(大衣)를 잠시 사용하는 것과
사모(師謨)와 바소달(婆蘇達)과
발우를 취하고서 물건을 생각하는 것과
아시다(阿市多)와 호월(護月)과
도둑의 생각으로 스스로 옷을 취하는 것이 있다.

이 게송의 자세한 주석은 도계(盜戒)와 다르지 않는 까닭으로 다시 주석하지 않겠으니 그곳에서 찾아보아서 알라.

제4문의 제6자섭송 ①

제4문의 제6자섭송으로 말하겠노라.

돼지와 감자와 다라과(多羅果)와

담요를 흑희(黑喜)가 되돌려 준 것과
칼과 바늘을 놓아두는 것과
유리그릇을 사용하지 않는 것이 있다.

연기의 처소는 앞에서와 같다.

때는 마침 흉년이었고 도둑들이 있었다. 남의 돼지를 훔쳐 깊은 숲속으로 가서 잡아먹고 뼈와 머리와 다리를 버리고서 떠나갔다. 육중의 상법에는 이른 아침에 일어나면 사찰의 누각 위에 올라가서 사방을 둘러보면서 만약 멀리서 연기가 있거나 까마귀 떼가 어지럽게 내려앉는 것을 보면 곧 서로가 의논하고 함께 가서 살펴보았다. 깊은 숲속에서 연기가 오르고 까마귀가 내려앉는 것을 보고 마침내 서로에게 알려 말하였다.

"난타·오파난타여. 저기에는 반드시 먹을 것이 있을 것이네. 우리들이 가보세. 혹 소득이 있을 것이네."

그곳에 이르러 곧 돼지의 뼈와 머리와 다리를 보았고 함께 서로가 의논하여 말하였다.

"찌꺼기라도 만족스럽네. 삶아서 먹도록 하세."

곧 직접 삶았다. 이때 돼지 주인이 흔적을 찾아서 마침내 이르렀고 그 고기를 삶는 것을 보고 알려 말하였다.

"성자여. 대선의 옷을 입고도 이런 마땅하지 않는 일을 짓는 것입니까?"

알려 말하였다.

"현수여. 만약 우리들이 살생의 일을 짓는다면 어찌 능히 좋은 노루와 사슴의 상묘한 고기를 취하여 음식으로 충당하지 않고서, 어찌 이러한 돼지의 머리와 뼈와 다리를 스스로 삶아서 먹겠는가? 어느 사람이 훔쳐서 좋은 고기는 먹어버렸고 뼈와 머리와 다리를 남겨 버린 찌꺼기를 충당하였는데 우리에게 무슨 허물이 있겠는가?"

그가 말하였다.

"성자여. 그러나 출가한 사람은 마땅히 이러한 악한 일을 짓는 것은 마땅하지 않습니다."

필추가 세존께 아뢰니 세존께서 말씀하셨다.

“마땅히 이와 같은 찌꺼기를 취하지 말라. 짓는 자는 월법죄를 얻느니라.”

연기의 처소는 앞에서와 같다.

이때 도둑이 있어 다른 사람의 감자를 취하여 중간을 먹고 뿌리와 덩굴은 버리고 떠나갔다. 육중이 다니면서 보고 마침내 서로에게 알려 말하였다.

“존자여. 많은 감자 찌꺼기가 있소. 함께 거두어 가지고 갑시다.”

곧 거두어 취하였다. 이때 감자 주인이 흔적을 찾아와서 육중이 함께 감자 찌꺼기를 거두는 것을 보고 알려 말하였다.

“성자여. 대선의 옷을 입고도 비법의 일을 하십니까?”

대답하여 말하였다.

“현수여. 만약 우리들이 훔치는 일을 짓는다면 어찌 능히 좋은 감자를 취하여 뜻에 따라서 먹지 않고, 다시 다른 사람이 버린 물건을 취하겠는가? 그러나 이 감자는 어느 사람이 훔쳐 와서 좋은 것은 먹고서 나쁜 것은 버렸소. 우리들이 취하여 거두었는데 이것에 무슨 허물이 있겠는가?”

그가 말하였다.

“성자여. 이러한 비난받고 싫어할 일을 출가한 사람이 짓는 것은 마땅하지 않습니다.”

필추가 세존께 아뢰니 세존께서 말씀하셨다.

“마땅히 이와 같은 찌꺼기의 물건을 취하지 말라. 짓는 자는 월법죄를 얻느니라.”

연기의 처소는 앞에서와 같다.

이때 도둑이 있어 다라과(多羅果)[1]를 훔쳐서 깊은 숲속에서 좋은 것은

---

1) 다라나무는 야자나무의 한 종류이고 야자열매를 가리킨다.

골라서 먹고 나쁜 것을 버리고 떠나갔다. 육중이 인연이 있어 다니다가 이 남은 물건을 보았으며, [감자의 일과 같다.] 나아가 재가인에게 꾸중을 들었다. 필추가 세존께 아뢰니 세존께서 말씀하셨다.

"취하는 자는 월법죄를 얻느니라."

연기의 처소는 앞에서와 같다.

이때 이 성안에는 향을 파는 동자가 있었다. 좋은 털담요가 있었는데 몹시 애락하여 다른 물건과 같이 생각하지 않았다. 뒤에 병이 인연하여 비록 치료하였으나 효험이 없어 장차 죽게 되었다. 드디어 그는 여러 친척들을 모으고 알려 말하였다.

"내가 죽은 뒤에 화장을 하지 말고 이 털담요로 내 몸을 덮어서 숲속에 버려 주십시오."

그곳에 있었던 여러 친척들이 함께 위안하여 말하였다.

"그대는 두려워하지 말게. 어찌 병을 만났다고 모두가 죽겠는가? 오래지 않아 스스로 마땅히 평소처럼 회복될 것이네."

그러나 목숨이 다하면 붙잡기 어려운 것이므로 기운이 끊어졌다. 그 털담요에 매우 애착이 생겨난 까닭으로 죽은 뒤에 대영귀(大癭鬼)로 태어났다. 이때 그의 친족들은 5색천으로 상여를 장식하고 털담요로 시체를 덮어서 숲속에 이르러 보내주었다. 어느 필추가 보고 시다림의 흑희(黑喜) 필추에게 알려 말하였다.

"구수여. 어느 향을 팔던 사람이 병을 인연하여 죽었는데, 좋은 털담요를 사용하여 시체를 덮어서 숲속에 버렸습니다. 이것은 분소의 물건이니 가서 그것을 취하십시오."

그는 곧 빠르게 나아가 시림에서 그 털담요를 취하였다. 그때 그 대영귀가 곧 갑자기 시신을 일으켜 굳게 그 담요를 붙잡고 이와 같이 말하였다.

"성자 흑희여. 나의 털담요를 취하지 마십시오. 일반적으로 그 시림의 사람들은 가슴에 품은 뜻이 있습니다."

곧 귀신에게 알려 말하였다.

"어리석은 사람아. 그대가 털담요에 애착한 까닭으로 아귀의 가운데에 태어났는데 지금 다시 나락가로 가고자 하는가? 그대는 지금 마땅히 놓아라."

흑희는 애착하여 귀신과 함께 서로가 다투었으며, 발로 밟고서 강제로 끌고 서다림으로 떠나갔다. 이때 그 시귀(屍鬼)는 다시 성이 커졌고 놓지 않고 따라가면서 알려 말하였다.

"성자여. 내 털담요를 돌려주시오."

그는 듣지 않고 곧 사찰 안으로 들어갔다. 그러나 서다림에는 많은 천인·용·야차 등의 여러 대신(大神)들이 그곳을 수호하고 있었으므로 이 귀신은 박복하여 감히 들어가지 못하고 사찰의 문 앞에 머물러 울고 있었다. 세존께서는 아시면서도 일부러 아난타에게 물어 말씀하셨다.

"무슨 까닭으로 문 앞에서 비인(非人)이 울고 있는가?"

곧 세존께 아뢰어 말하였다.

"흑희필추가 그의 털담요를 취하였습니다."

세존께서 이렇게 생각을 지으셨다.

'이 비인을 보니 애착이 깊이 생겨나서 만약 그 담요를 얻지 못한다면 반드시 뜨거운 피를 토하고 인연으로 목숨을 마치겠구나.'

아난타에게 알려 말씀하셨다.

"그대가 곧 마땅히 가서 그 흑희에게 비인의 담요를 돌려주라고 하게. 만약 돌려주지 않는다면 그는 피를 토하고 죽을 것이네. 담요를 주고 앞세워 그 숲속의 가운데에 이르러 알려 말하도록 하게. '그대가 누우면 털담요를 덮어주겠다.'"

이때 아난타는 가르침을 받들어 흑희필추에게 말하였고, [자세한 설명은 앞에서와 같다.] 나아가 뒤에 담요로서 덮으라고 말하였다. 흑희가 듣고서 아난타에게 알려 말하였다.

"세존의 가르침을 감히 어기지 않겠습니다."

곧 귀신에게 알려 말하였다.

"털담요를 사랑한다면 앞서 가라."

숲에 이르러 눕게 하였고 말을 따라서 곧 누웠다. 곧 털담요로 그 위를 덮었다. 이때 그 비인이 곧 발로 흑희필추를 밟았으나 흑희는 큰 힘이 있어 간신히 죽음에서 벗어났다. 필추가 세존께 아뢰니 세존께서 말씀하셨다.

"필추는 마땅히 시림에서 옷을 쉽게 취하지 않을 것이고, 역시 다시 주면서도 이와 같이 짓지 말라. 만약 옷을 취하는 때에는 발에서 머리로 향하여 취하고 만약 옷을 줄 때에는 머리에서 발을 향하여 주도록 할지니라. 필추들이여. 마땅히 알라. 시다림에서 취하는 옷은 다섯 가지의 과실이 있느니라. 무엇이 다섯 가지인가? 첫째는 채색이 나쁜 것이고, 둘째는 냄새가 나며, 셋째는 힘이 없는 것이고, 넷째는 이(虱)가 많은 것이며, 다섯째는 약차가 지니는 것이니라. 만약 그 시체가 아직 상하지 않은 곳에서는 옷을 취하지 말라."

세존이 제정하신 것을 듣고서 육중이 곧 개를 데리고 떠났는데 믿지 않는 자들이 보고 비웃으면서 물어 말하였다.

"성자여. 당신은 개를 데리고 그 숲속으로 가는데 어찌 가축을 죽이고자 합니까?"

필추가 세존께 아뢰니 세존께서 말씀하셨다.

"마땅히 개를 데리고 다니지 말라."

곧 칼로 손상시키고 그 옷을 취하니 세존께서 말씀하셨다.

"마땅히 이와 같이 하지 말라. 벌레와 개미 등이 시신을 손상시켰다면 그 뒤에 마땅히 옷을 취하라."

그 옷을 얻고서 따라서 곧 입으니 세존께서 말씀하셨다.

"곧 입지 말라. 7·8일을 숲속의 가운데에 놓아두고 바람과 햇볕에 마르기를 기다려서 뒤에 씻고 물들여서 비로소 입도록 하라."

곧 입고 사찰에 들어와서 제저를 돌면서 예경하였다. 필추가 세존께 아뢰니 세존께서 말씀하셨다.

"시림의 필추가 소유할 행법을 내가 지금 마땅히 제정하겠노라. 시림의 필추로서 죽은 사람의 옷을 입었다면 사찰에 들어오지 않을 것이고 제저에 예경하지도 말라. 만약 즐거이 예경하고자 한다면 마땅히 1심(尋)의 밖을 벗어날 것이고, 승방과 평상 및 부구 등을 수용하거나 대중에 들어가 앉지도 않을 것이며, 재가인을 위하여 마땅히 법의 뜻을 널리 설하지도 않을 것이고, 재가에도 가지 말라.

만약 인연이 있어서 간다면 문 밖에 서있으면서 주인이 들어오라고 하면 '나는 시림에 머무릅니다.'고 대답하여 말하라. 만약 '다행스럽게 성자인 두다인(杜多人)[2]이 우리집을 지나치다가 왔으므로 우리가 지금 큰 이익을 얻었다.'와 같은 말을 들었다면 곧 마땅히 집에 들어가라. 평상이나 자리에 앉지 않을 것이고, 만약 앉으라고 말한다면 '나는 시림에 머무릅니다.'고 대답하여 말하라. 만약 괜찮다고 말하면 마땅히 앉을 것이고 의혹에 이르지 말라. 시림의 필추로서 가르침에 의지하지 않는 자는 월법죄를 얻느니라."

연기의 처소는 앞에서와 같다.

이때 여러 필추들이 소유한 칼과 바늘을 어느 곳에나 놓아두었고 곧 녹이 생겨나서 손괴되었다. 필추가 세존께 아뢰니 세존께서 말씀하셨다.

"곳에 따라서 놓아두지 말고 마땅히 바늘집에 꽂아두어라."

필추들이 마땅히 어떻게 짓는가를 알지 못하였으므로 세존께서 말씀하셨다.

"마땅히 담요의 조각이나 혹은 포면(布綿)의 조각에 황랍(黃臘)[3]을 끓여서 안을 문지르고 칼과 바늘을 덮어두면 녹이 생기지 않느니라."

연기의 처소는 앞에서와 같다.

이때 토라난타(吐羅難陀) 필추니가 그전부터 유리그릇을 저축하여 빌려주었다. 어느 필추니가 갈증에 핍박받아 마시는 물을 구하고자 하였으므로 그 필추니의 처소에 나아가서 물어 말하였다.

---

2) 두타행(頭陀行)을 실천하는 사문을 가리킨다.
3) 벌집의 밀납을 다르게 부르는 말이다.

“성자여. 내가 갈증으로 고통 받습니다. 유리그릇을 주신다면 물을 마시고자 합니다.”

알려 말하였다.

“이것이 그 그릇이니 그대가 가지고 사용하세요.”

사용할 때에 땅에 떨어뜨려 곧 깨어졌다. 뒤의 다른 때에 토라난타가 그릇 빌려준 것을 기억하고 그에게 가서 그녀에게 찾았다.

“나의 그릇을 돌려주세요.”

그녀가 말하였다.

“성자여. 손으로 잡았는데 허술하여 땅에 떨어뜨려 깨졌습니다. 다른 것을 만들어 마땅히 돌려주겠습니다.”

대답하여 말하였다.

“나에게 옛날 물건을 주세요.”

이와 같이 많은 시간이 흐른 까닭으로 서로가 번민하고 걱정하여 여러 필추에게 알렸다. 필추가 세존께 아뢰니 세존께서는 이렇게 생각을 지으셨다.

‘필추니가 유리그릇으로 물을 마셨으므로 이러한 과실이 있는 것이다. 그러므로 필추니는 마땅히 이러한 유리그릇으로 물을 마시거나 음식을 먹으면 아니된다. 만약 수용하는 자는 월법죄를 얻느니라.’

제4문의 제7자섭송 ①

제4문의 제7자섭송으로 말하겠노라.

사찰의 가운데에 마땅히 그림을 그리는 것과
불을 피우는 것과 목욕하는 것과
발우 물과 낙엽을 밟지 않는 것과
신을 신고 먹어서는 아니되는 것이 있다.

연기의 처소는 앞에서와 같다.

급고독장자가 동산을 보시한 뒤에 이와 같이 생각을 지었다.

'만약 채색(彩畫)하지 않는다면 곧 단엄하지 않으므로 세존께서 만약 허락하신다면 내가 장식을 해야겠다.'

곧 가서 세존께 아뢰니 세존께서 말씀하셨다.

"뜻에 따라서 마땅히 그리시오."

세존의 허락을 듣고서 여러 채색과 아울러 화공들을 불러서 알려 말하였다.

"이 채색은 사찰의 가운데에 그릴 것이오."

대답하여 말하였다.

"어느 곳부터 무슨 물건을 그리고자 합니까?"

알려 말하였다.

"나도 잘 모르겠소."

마침내 가서 세존께 여쭈었으므로 세존께서 말씀하셨다.

"장자여. 문 양쪽에는 마땅히 몽둥이를 잡은 약차를 그릴 것이고, 다음 옆의 한 면에는 큰 신통변화를 그릴 것이며, 또한 한 면에는 5취생사륜(五趣生死輪)을 그릴 것이고, 처마 아래에는 본생(本生)의 일을 그릴 것이며, 불전(佛殿) 문 옆에는 화만(花鬘)을 지닌 약차를 그릴 것이고, 강당에는 노숙(老宿)필추가 법요를 선양하는 것을 그릴 것이며, 식당에는 음식을 받들고 있는 약차를 그릴 것이고, 창고 문의 옆에는 보배를 지닌 약차를 그릴 것이며, 수당(水堂)에는 물병을 지닌 용이 묘한 영락을 걸친 것을 그릴 것이고, 욕실(浴室)과 화당(火堂)에는 천사경(天使經)의 법식에 의지하는 것을 그릴 것과 아울러 여러 지옥의 변상을 그릴 것이며, 첨병당(瞻病堂)에는 여래가 스스로의 몸으로 간병하는 모습을 그릴 것이고, 대·소변을 보는 곳에는 무서운 시체의 모습을 그릴 것이며, 방안에는 마땅히 백골과 해골을 그릴 것이오."

이때 장자는 세존을 따라서 듣고 발에 예경하고 떠나갔다. 가르침에 의지하여 장식하여 그림을 마쳤다. 이때 생각이 없는 필추가 곳을 따라서 불을 피웠고 연기가 그림을 손상시켰다. 필추가 세존께 아뢰니 세존께서 말씀하셨다.

"내가 필추들에게 불을 피우는 집을 짓는 것을 허락하겠노라. 만약 필요하다면 이곳에서 불을 피울 것이고 다른 곳에서는 아니된다. 범하는 자는 월법죄를 얻느니라."

그때 병자가 있어 불이 필요하였으나 처마 아래에서 감히 불을 피우지 못하였으므로 세존께서 말씀하셨다.

"사찰의 밖에서나 혹은 사찰 가운데의 뜰에서 피워서 연기가 없어지는 것을 기다리고 비로소 불을 가지고 들어가도록 하라."

연기의 처소는 앞에서와 같다.

필추가 처마 아래에서 목욕하여 습기가 벽화를 손상시켰으므로 세존께서 말씀하셨다.

"마땅하지 않느니라. 사찰 안의 가까운 한 모서리에서 얼굴은 불상(佛像)을 향하고 씻거나 혹은 별도로 목욕실을 지어라."

목욕실의 가운데에 진흙이 있었으므로 세존께서 말씀하셨다.

"벽돌을 놓고 마땅히 물구멍을 만들 것이며, 만약 깨끗하지 않을 때마다 씻거나, 혹은 물도랑 가까이에서 씻을지니라."

연기의 처소는 앞에서와 같다.

이 성 가운데에 바라문이 있었는데 그 아들이 병이 났으므로 의사가 있는 곳에 이르러 물어 말하였다.

"내 아들이 이와 같은 병이 있으니 바라건대 처방하여 주십시오."

그 사람은 신심이 있고 공경하였으므로 알려 말하였다.

"당신은 성중들의 처소에 가서 발우의 물을 구걸하여 취하고 물을 사용하여 몸을 씻어준다면 마땅히 회복될 것입니다."

이때 바라문은 듣고서 곧 떠났고 급고독원의 가운데에 갔는데 육중이 문 앞에 있었다. 오파난타가 문 앞에 보고 알려 말하였다.

"잘 오셨소. 어찌 나타나는 것이 오히려 초승달과 같이 매우 드물구려."

그가 말하였다.

"반제합니다. 성자여. 내가 진실로 드물게 왔으므로 지금 서로가 반갑게 보지만 만약 자주 왔다면 당신은 무시하는 마음이 생겨났을 것입니다."

물어 말하였다.

"당신은 무슨 까닭으로 오셨소?"

대답하여 말하였다.

"성자여 내 아들이 병이 무거워 의사에게 가서 물으니 말하기를, '성자들의 발우 물을 구걸하여 씻기면 병이 회복된다.'고 하였습니다. 내가 그리하여 구걸하러 왔습니다. 바라건대 베풀어 주십시오."

오파난타가 알려 말하였다.

"잠시 있으시오. 내가 가서 물을 가져오겠소."

곧 사찰 안으로 들어가서 먹은 발우를 씻고 먹고서 남은 떡·미숫가루·채소·과일·여러 잎사귀를 넣고 물을 휘저어서 가지고 사찰 밖으로 나와서 바라문에게 알려 말하였다.

"이것이 발우의 물이니 취하여 사용하시오."

바라문이 말하였다.

"성자여. 우리 아이가 차라리 죽을지라도 어찌 능히 이렇게 더러운 물을 사용하여 몸을 씻기겠습니까?"

오파난타가 알려 말하였다.

"만약 그대의 신심이 견고하다면 그 아들도 역시 병이 회복되는 것을 성취할 것이오."

이때 바라문은 깊이 업신여기는 마음이 생겨났다. 필추가 세존께 아뢰니 세존께서는 이렇게 생각을 지으셨다.

'장차 더러운 물건을 발우의 가운데에 넣었으므로 이와 같은 과실이 있는 것이다. 이러한 까닭으로 내가 지금 필추들에게 알려야겠다.'

"더러운 것을 발우의 안에 넣지 말라. 만약 짓는 자는 월법죄를 얻느니라. 그리고 필추들이 다른 사람에게 발우의 물을 주면서 소유할 행법을 내가 지금 마땅히 제정하겠노라. 먼저 그 발우를 세 번 깨끗하게 씻고 물을 담아서 불경의 송주(頌呪)를 수차례 외우고 뒤에 주도록 하라. 만약 의지하지 않는 자는 월법죄를 얻느니라."

연기의 처소는 앞에서와 같다.

어느 때 여러 필추들이 매번 음식을 먹을 때에 발우를 나뭇잎 위에 놓아두고 발로서 밟으니 재가인들이 보고 비웃었다.

"사문 석자들은 진실로 청정하지 않구나. 발우를 나뭇잎에 놓아두고 발로 밟고서 음식을 먹는구나."

필추가 세존께 아뢰니 세존께서 말씀하셨다.

"필추는 마땅히 나뭇잎을 밟고서 먹지 말라. 짓는 자는 월법죄를 얻느니라."

세존께서는 광엄성(廣嚴城)에 머무르셨다.

이때 필추가 있었고 가죽신을 신고서 음식을 먹었는데 재가인들이 비난하며 말하였다.

"사문 석자는 음식을 먹으면서 청정하지 않구나."

세존께서 말씀하셨다.

"마땅히 이와 같이 신발을 신고서 먹지 말라. 짓는 자는 월법죄를 얻느니라."

이때 여러 병자가 신발을 벗고 먹었는데 곧 병이 악화되었다. 세존께서 말씀하셨다.

"만약 병자라면 신발을 벗지 말고 밟고서 먹을지니라."

제4문의 제8자섭송 ①

제4문의 제8자섭송으로 말하겠노라.

발우가 없는 것과 큰 도둑을 제도한 것과
안거에 의지사가 없는 것과
5년의 이양을 같이 하는 것과
무거운 짐을 지면 아니되는 것이 있다.

연기는 실라벌성에서 있었다.

오파난타가 한 제자를 제도하였는데 발우를 주지 못하였다. 여러 사람들이 음식을 먹을 때에 각자 스스로가 발우를 씻어 깨끗한 곳에 두고 나가서 탑에 예경하였다. 새로 출가한 자가 발우를 보고 생각하였다.

'이곳에 남는 발우가 있으므로 내가 지금 가지고 가서 먹은 뒤에 돌려주리라.'

곧 상좌 아야교진여의 발우를 취하고자 하였으므로 다른 사람이 알려 말하였다.

"구수여. 그것은 존자의 발우이니 그대는 마땅히 가져가지 말라."

다시 거듭하여 존자 마승과 현선 등의 발우를 취하였으므로 필추가 물어 말하였다.

"그대는 발우가 없는가?"

대답하여 말하였다.

"나는 없습니다."

"누가 발우도 없는데 그대를 제도하여 출가시켰는가?"

대답하여 말하였다.

"오파타야이신 오파난타가 나를 출가시켰습니다."

필추들이 비난하고 부끄러워하면서 그의 악행을 없애고자 하였다.

"누가 발우도 주지 않고 다른 사람을 출가시키는가?"

필추가 세존께 아뢰니 세존께서 말씀하셨다.

"마땅히 발우도 없이 다른 사람을 출가시키지 말라. 짓는 자는 월법죄를 얻느니라. 일반적으로 다른 사람을 출가시키고자 한다면 먼저 마땅히 육물(六物)[4]·삼의·부구·발우·수라를 준비하여 주어야 하느니라."

구수 오파리가 세존께 청하여 아뢰었다.

"발우가 없는 것을 알고서도 근원을 주면 근원이 성립됩니까?"

세존께서 말씀하셨다.

"성립은 될지라도 주었던 대중은 월법죄를 얻느니라."

"어느 때 필추가 그것이 작은 발우이고, 혹은 깨어진 큰 발우이며, 혹은 하얀 발우를 주어서 근원을 받게 하여도 근원이 성립됩니까?"

세존께서 말씀하셨다.

"성립은 될지라도 주었던 대중은 월법죄를 얻느니라."

연기의 처소는 앞에서와 같다.

이때 큰 도둑이 있었고 다른 사람의 물건을 훔치는 때에 주인에게 들켜서 물건을 버리고 도주하였다. 서다림의 도로를 가면서 피곤하여 한 나무 아래에서 손으로 턱을 괴고 머물렀다. 이때 오파난타가 하루의 초분에 옷과 발우를 집지하고 성에 들어가 걸식하면서 길에서 도둑을 보고 물어 말하였다.

"그대는 어떤 사람인가?"

대답하여 말하였다.

"나는 가난한 사람입니다."

물어 말하였다.

"만약 그와 같다면 어찌 출가하지 않는가?"

대답하여 말하였다.

"나의 사정을 말씀드리고 비로소 출가를 의논하겠습니다. 나는 큰 도둑인데 누가 마땅히 거두어 주겠습니까?"

대답하여 말하였다.

"세존의 교법은 자비롭게 생각하는 것을 으뜸으로 삼는데 누가 자비롭

---

4) 수행자가 늘 휴대해야 할 여섯 가지 생활 도구. 삼의(三衣), 곧 구조가사(九條袈裟)·칠조가사(七條袈裟)·오조가사(五條袈裟)와 물을 거르는 녹수낭(漉水囊), 식기인 발우(鉢盂), 앉거나 누울 때 까는 좌구(坐具).

지 않겠는가? 함께 서로를 접인(接引)하세. 그대는 반드시 뜻을 일으킨다면 내가 출가시켜 주겠네."

"좋습니다. 성자여. 나는 지금 출가하겠습니다."

오파난타는 곧 출가시켰고 아울러 근원을 주고서 알려 말하였다.

"현수여. 어찌 사슴이 능히 사슴을 기르겠는가? 실라벌성의 여러 곳은 매우 넓고 곧 조부가 계시는 곳이니 마땅히 걸식하여서 스스로가 몸을 공양하게."

이 말을 듣고서 하루의 초분에 옷과 발우를 집지하고 성에 들어가서 걸식하면서 차례로 다닐 때에 그곳의 여러 재가인들이 함께 모두가 기억하여 알고서 마침내 서로에게 알려 말하였다.

"이 자는 큰 도둑인데 지금 출가하였구나."

다시 함께 비난하며 말하였다.

"좋구나. 사문 석자는 큰 도둑인 것을 알고서도 역시 출가를 시켰구나. 밝은 낮에는 집을 다니면서 처소를 알고서 밤에는 곧 도둑이 되어서 다른 사람의 재물을 훔치겠구나."

필추가 세존께 아뢰니 세존께서는 이렇게 생각을 지으셨다.

'도둑을 제도하여 출가시키면 이와 같은 허물이 있는 것이다.'

여러 필추들에게 알려 말씀하셨다.

"만약 큰 도둑이라면 출가시키지 말라. 제도하는 자는 월법죄를 얻느니라."

이때 어느 필추가 도둑인가를 알지 못하여서 출가시키지 않았고 마침내 어려운 인연을 지어 출리도(出離道)가 어긋났다. 세존께서 말씀하셨다.

"만약 도둑인 것을 알았다면 출가시키지 않을 것이고, 만약 알지 못한다면 뜻을 따라서 마땅히 출가시켜라. 만약 어느 사람이 와서 출가를 구하다면 마땅히 먼저 물어라. '그대는 큰 도둑이 아닌가?' 묻지 않고 출가시킨다면 월법죄를 얻느니라."

연기의 처소는 앞에서와 같다.

이때 주처가 있었고 한 필추가 있었으므로 많은 문인이 와서 의지하였다. 이 스승이 목숨을 마쳐서 의지사가 없었으므로 함께 서로에게 말하였다.

"우리는 이미 의지가 없으니 무엇을 지어야 하는가?"

필추가 세존께 아뢰니 세존께서 말씀하셨다.

"그 모든 문인들은 마땅히 다시 덕이 있는 사람을 찾아서 함께 방을 제공하고 지사(知事)[5]를 면제하며 시봉하는 사람과 와구를 모두 빠트리지 말라. 만약 그러한 사람을 얻는다면 좋으나 그러한 자가 반드시 없는 때에는 모든 필추들은 마땅히 이곳에서 두 번의 포쇄타(褒灑陀)를 지나치지 말라. 어기는 자는 월법죄를 얻느니라."

다시 필추가 있었고 한 주처에서 의지하고자 하였으나 그 의지사가 갑자기 죽었으므로 여러 사람들이 의논하여 말하였다.

"우리는 어떻게 해야 하는가?"

세존께 아뢰니 세존께서 말씀하셨다.

"이들도 역시 의지사를 구할 것이고 앞에서와 같이 제공하여야 한다. 만약 얻는다면 좋으나, 만약 그러한 자가 없다면 이곳에서 하안거를 하지 말라. 어기는 자는 월법죄를 얻느니라."

다시 필추가 있었고 한 주처에서 전안거를 하였으나 어느 한 의지사가 병을 만나서 죽었으므로 여러 사람들이 의논하여 말하였다.

"우리는 어떻게 해야 하는가?"

"마땅히 의지사를 구할 것이고 앞에서와 같이 제공하여야 한다. 만약 얻는다면 좋으나, 만약 그러한 자가 없는 때에는 다른 곳으로 가서 의지사를 구하여 후하안거를 하라. 어기는 자는 월법죄를 얻느니라."

다시 필추가 있었고 한 스승에게 의지하여 후하안거를 하였는데 스승이 마침내 죽었으므로 세존께서 말씀하셨다.

"2개월을 함께 서로가 살피고 근신하면서 머무르고 2개월이 지나면 어느 의지사를 앞에서와 같이 제공하여야 한다. 만약 없다면 다시 두

---

5) 사찰에서 맡고 있는 소임을 가리킨다.

번의 장정을 지나가지 말고 다른 곳으로 가서 의지사를 구하라. 어기는 자는 월법죄를 얻느니라."

다시 필추가 있었고 한 주처에서 출가하여 원구를 받았는데 본래의 스승이 죽었으므로 어떻게 해야 하는가를 알지 못하였다. 세존께서 말씀하셨다.

"소유한 사업을 모두 앞에서와 같이 의지사를 짓도록 하라. 어기는 자는 월법죄를 얻느니라."

연기의 처소는 앞에서와 같다.

한 취락에 큰 장자가 있었는데 한 주처를 지어 여러 일을 갖추고서 사방승가에 희사하였다. 뒤의 다른 때에 관청에 구속당하였고 필추들이 듣고 사찰을 버리고 다른 곳으로 갔으며 삼보의 재물은 도둑들이 훔쳐갔다. 뒤에 장자는 풀려나왔고 필추들이 알고 돌아와서 서로를 위문하였다. 장자는 이미 필추들이 사찰을 버리고 떠났고 수용한 물건이 없어진 것을 알았다. 장자가 알려 말하였다.

"성자여. 무슨 인연으로 사찰을 버리고 다른 곳으로 가셨습니까?"

대답하여 말하였다.

"우리는 장자가 왕에게 붙잡혔다는 소식을 듣고 마음에 두려움이 생겨나서 마침내 곧 도주하였습니다."

대답하여 말하였다.

"내가 비록 구금되었으나 나머지 다른 종친들이 어찌 모두 구속되었겠습니까? 그들이 능히 공급할 것인데 무슨 일이 급하셨습니까?"

그들은 듣고서 묵연하였다.

필추가 세존께 아뢰니 세존께서 말씀하셨다.

"마땅히 도주하지 말고 마땅히 사찰을 소유한 시주의 종친에게 물어라. '사찰의 주인이 구금되었으나 당신들 모두가 능히 서로에게 제공하고 구제할 수 있습니까?' 만약 할 수 있다면 좋으나 만약 할 수 없다면 5년을 인연을 따라 걸식하고 수호하면서 머물러라. 사찰의 주인이 풀려나면 좋으나 만약 풀려나지 못한다면 근처의 사찰을 따라서 5년을 하나의 이양을 같이 할 것이고 장정은 별도로 하라.

마땅히 갈마를 지으려면 자리를 펼쳐놓고 건치를 울리고 말로서 아뢰어라. 대중에게 알리고 모두 모인다면 한 필추에게 백갈마를 짓도록 하고 마땅히 이와 같이 지어라.

'대덕 승가께서는 들으십시오. 지금 어느 주처의 사찰을 지은 시주가 왕과 도둑에게 구속되었습니다. 만약 승가께서는 때에 이르렀음을 인정하신다면 승가께서는 마땅히 허락하십시오. 승가시여. 지금 이 주처와 어느 주처가 5년 동안을 이양을 같이 짓고 장정은 별도로 짓겠습니다. 이와 같이 아룁니다.'

다음은 갈마를 짓는다.

'대덕 승가께서는 들으십시오. 지금 어느 주처의 사찰을 지은 시주가 왕과 도둑에게 구속되었습니다. 승가시여. 지금 이 주처와 어느 주처가 5년 동안을 이양을 같이 짓고 장정은 별도로 짓는 것을 허락하시다면 묵연히 계시고 만약 허락하지 않는다면 말씀하십시오. 승가시여. 이 주처와 어느 주처가 5년을 이양을 같이 짓고 장정은 별도로 짓겠습니다. 승가께서 이미 허락하신 것은 묵연하신 까닭입니다. 나는 지금 이와 같이 지니겠습니다.'

만약 5년 안에 시주가 오면 좋으나 만약 오지 않는다면 나아가 10년을 이와 같이 이양은 같이 짓고 장정은 별도로 지어라. 시주가 오면 좋으나 만약 오지 않는다면 소유한 와구 및 여러 물건을 가까운 사찰에 맡기고 사찰의 문을 닫고 뜻에 따라 마땅히 떠나가라. 만약 시주가 왔을 때에는 맡아두었던 물건을 모두 마땅히 그에게 돌려주어라. 만약 돌려준다면 좋으나 돌려주지 않는다면 필추가 월법죄를 얻느니라."

연기의 처소는 앞에서와 같다.

육중필추가 몸에 무거운 짐을 짊어졌으므로 재가인이 보는 때에 곧 비난과 비웃음이 생겨났다.

"우리들 재가인은 부모와 처자가 있고 왕의 관인(官人)의 일을 모두가 서로를 양육하고자 스스로의 몸으로 짐을 짊어지는 그것이 마땅하지만 당신들은 누구를 위하여 노고를 짓습니까?"

그들은 듣고서 묵연하였다. 필추가 세존께 아뢰니 세존께서 말씀하셨다.

"필추는 마땅히 몸에 무거운 짐을 짊어지지 말라. 짓는 자는 월법죄를 얻느니라."

이때 육중이 이렇게 제정하신 것을 듣고서 곧 머리·등·허리·허벅지 등으로 무거운 짐을 들어 올렸으므로 오히려 비난과 추루함을 불렀다.

"마땅히 이와 같이 무거운 짐을 지니고 들어 올리지 말라. 짓는 자는 월법죄를 얻느니라."

제4문의 제9자섭송 ①

제4문의 제9자섭송으로 말하겠노라.

4의(四依)로 6물(六物)을 구하는 것과
도둑이 필추의 옷을 훔치는 것과
물건을 맡기는데 다섯 가지가 다른 것과
반드시 염색하는 방법을 알아야 하는 것이 있다.

연기의 처소는 앞에서와 같다.

이때 바라문이 있었고 출가를 구하고자 서다림으로 갔다. 사찰에 들어가서 보았는데 여러 필추들이 석장(錫杖)을 잡고 발우를 지니고 걸식을 행하려고 하였다. 그는 필추들을 보고 이와 같이 생각을 지었다.

'내가 지금 그들이 어느 곳을 가는가를 물어보아야겠다.'

물어 말하였다.

"성자여. 어느 곳을 가시려고 합니까?"

대답하여 말하였다.

"우리는 걸식하고자 합니다."

물어 말하였다.

"어찌 여러 필추들은 모두 걸식하는 것입니까?"

대답하여 말하였다.

"여러 대덕들로 알려진 분들은 시주가 많아서 음식을 가지고 와서 보시하지만 지식이 없는 자는 스스로 걸식해야 합니다."

그는 이렇게 생각을 지었다.

'내가 만약 출가한다면 오히려 걸식과 같을 것이므로 무엇이 다르겠는가? 와서 석자가 된다면 괴로움을 벗어나지 못하겠구나.'

다시 이렇게 생각을 지었다.

'내가 지금 다시 다른 필추들에게 물어보아야겠다. 오직 걸식에 의지하여 출가를 짓는 것인가? 다시 다른 일을 할 수 있는가?'

곧 다른 사람의 처소로 나아갔는데 그가 보고 물어 말하였다.

"무슨 까닭으로 당신은 지금 오셨습니까?"

대답하여 말하였다.

"성자여. 일이 있어서 왔습니다. 지금 청하여 묻고자 합니다. 당신들은 무엇을 의지하여 출가하였습니까?"

대답하여 말하였다.

"잘 물었습니다. 우선 마땅히 편안히 앉으십시오. 내가 그대를 위하여 말하겠습니다."

그 사람은 마음에서 출가를 구하였으므로 예배하고 앉으니 필추가 알려 말하였다.

"불법 가운데에 출가하는 자는 네 가지의 일을 의지하여 출가하고 근원을 받고서 필추성을 이루는 것입니다. 무엇이 네 가지인가? 세존께서는 '분소의(糞掃衣)를 입으면 청정하여 얻는 것이 쉬우므로 걸식으로 생활할 것이고, 나무 아래에서 거처할 것이며, 진기약(陳棄藥)을 사용하면 청정하여 얻는 것이 쉬우니라.'고 알리셨습니다. 이것에 의지하여 출가하여 필추성을 이루는 것입니다.”

이때 바라문이 이러한 말을 듣고는 알려 말하였다.

“성자여. 누가 능히 이것을 의지하여 생활할 수 있겠습니까? 나의 본래의 뜻은 출가할 구하는 것이었으나 이러한 난행(難行)을 보았으니 나는 지금 떠나가겠습니다.”

마침내 출가와 근원을 주는 것에 큰 장애가 되었다. 필추가 세존께 아뢰니 세존께서는 이렇게 생각을 지으셨다.

‘아직 출가하지 않은 사람에게 먼저 네 가지의 의지를 알리면 이와 같은 허물이 있구나.’

“이러한 까닭으로 필추는 출가하지 않은 자와 근원을 받지 않은 자에게는 마땅히 그에게 네 가지의 의지법을 말하지 말라. 만약 근원을 받은 뒤에 곧 설명할 것이니라. 미리 설명하는 자는 월법죄를 얻느니라.”

연기의 처소는 앞에서와 같다.

한 장자가 있었고 아내를 얻고 오래지 않아서 곧 한 아들을 낳았다. 나이가 들어 점차 장대하였는데 그 아버지가 성내면서 꾸짖으니 곧 이렇게 생각을 지었다.

‘아버지를 모시는 일이 어려우니 마땅히 출가해야겠다.’

곧 서다림으로 갔다. 이때 오파난타가 보고서 물어 말하였다.

“무슨 까닭으로 왔는가?”

대답하여 말하였다.

“나는 출가하고자 합니다.”

“이것은 좋은 일이네. 세존께서는 ‘일반적으로 출가하는 자에게는 다섯 가지의 수승한 이익이 있다.’고 마땅히 말씀하셨으며, [자세한 설명은 앞에서와 같다.] 세존께서 찬탄하신 것과 같으나 출가하는 자는 반드시 여섯 가지의 물건을 구하여야 하네.”

물어 말하였다.

“여섯 가지의 물건은 무엇입니까?”

대답하여 말하였다.

"세 가지의 옷과 발우와 수라와 부구이네."

알려 말하였다.

"나는 없습니다."

오파난타가 말하였다.

"그대는 지금 떠나가 있게. 내가 곧 필요한 것을 구해주겠네."

그는 하직하고 떠났으나 아버지가 이미 버린 것을 알고서 본래의 집으로 돌아가지 않고 친척의 집으로 갔다. 친척들은 이 장자의 아들이 출가를 구하는 것을 알고, 놓아주지 않았으며 곧 아내를 얻게 했다. 구수 오파난타는 여섯 가지의 물건을 구하였다. 뒤의 다른 때에 성에 들어가 걸식하다가 동자를 보고 알려 말하였다.

"현수여. 내가 여섯 가지의 물건을 구하였으니 그대는 지금 와서 마땅히 출가하게."

대답하여 말하였다.

"성자여. 나도 역시 필요한 여섯 가지의 물건을 구하였습니다."

물어 말하였다.

"무슨 여섯 가지의 물건인가?"

대답하여 말하였다.

"이를테면, 눈·귀·코·혀·몸·뜻입니다."

오파난타가 물어 말하였다.

"그것이 무슨 물건인가?"

그가 곧 대답하여 말하였다.

"나의 여러 권속들이 나를 위하여 아내를 얻어 주어서 육근을 구족하였습니다. 이것을 까닭으로 나는 지금 능히 출가할 수 없습니다."

이러한 인연으로써 마침내 출가하여 근원을 받는 데 큰 장애가 되었다. 필추가 세존께 아뢰니 세존께서 말씀하셨다.

"지금부터는 뒤에 만약 가난한 사람이 와서 출가하여 근원을 받고자 한다면 마땅히 필요한 여섯 가지의 물건을 빌리게 하라. 왜 그러한가?

선한 법과 율에 출가하여 근원을 받고 필추성을 이루는 것은 진실로 만나기 어려운 것이니라. 근원을 받은 뒤에 스스로가 다니면서 구하고 다른 사람의 것은 돌려주도록 하라."

연기의 처소는 앞에서와 같다.

이때 여러 필추들이 있었고 인간세상을 유행하다 길의 가운데에서 도둑을 만났으며 필추들이 소유한 옷과 물건을 겁탈 당하였다. 도둑들이 서다림으로 가서 훔친 물건들을 팔고 있었는데 겁탈 당한 필추도 역시 서다림에 이르렀다. 자기의 옷과 발우를 보았고 모두가 알아보았으므로 곧 큰 소리로 여러 사람에게 알려 말하였다.

"도둑 잡아라! 도둑 잡아라! 우리들의 옷과 발우를 이놈들이 겁탈하여 왔습니다."

외치는 소리가 멀리까지 들렸으므로 도둑들은 곧 달아났다. 필추들은 각자 자기의 옷과 발우를 취하여 처소를 따라서 머물다가 이렇게 생각을 지었다.

'이들 여러 물건들을 다시 취하는 것이 합당한가?'

필추가 세존께 아뢰니 세존께서 말씀하셨다.

"마땅히 그들을 놀라게 하지 말라. 그들이 겁탈한 물건도 곧 그들의 물건이니라."

세존께서 말씀하신 것과 같이 그들이 겁탈한 것은 곧 그들의 물건인 것이다. 다시 필추가 있어 인간세상을 유행하다가 도둑에게 그의 물건을 빼앗겼고, 도둑의 손이 필추의 옷과 발우에 닿았는데 필추가 곧 버렸다. 마침내 옷과 발우가 없어서 수용하는 것을 그만두었다. 세존께서 말씀하셨다.

"필추가 물건을 잃었더라도 마땅히 다음에 곧 버린다는 마음을 짓지 말라. 나아가 그 도둑이 이미 마음속으로 귀속되었다고 지었으나 안은하지 않고서 왔다면 때를 보아서 마땅히 취하라."

다시 필추가 있었고 앞에서와 같이 도둑을 만났는데 도둑이 급고독원에 나아가서 그 옷과 물건을 팔았다. 필추가 옷을 보고 모두 기억하였고 그 도둑을 잡아서 관청으로 끌고 갔다. 곧 칼을 씌우고 매질하여 독한 고초를 받아서 많은 고뇌가 있었다. 필추가 세존께 아뢰니 세존께서 말씀하셨다.

"마땅히 도둑을 잡아 관청에 맡기지 말고 설법하여 주고 그 물건을 구걸하라. 만약 주지 않는다면 마땅히 반값으로 되돌려 받고, 만약 또 주지 않는다면 온전한 값을 주어라. 왜 그러한가? 옷과 발우를 성취하여 갑자기 얻기는 어려운 것이니라."

연기의 처소는 앞에서와 같다.

이때 여러 필추들이 사용하던 쇠똥흙(牛糞土)과 치목(齒木) 및 여러 염색 물감을 밖에 외출하여 다닐 때에 아끼는 마음이 없어서 버리고 떠나갔다. 이때 여러 필추들이 비록 보았으나 의혹하는 마음이 있어 모두 감히 사용하지 못하고 버리고 떠났으므로 마침내 곧 썩어서 손괴되었다. 필추가 세존께 아뢰니 세존께서 말씀하셨다.

"친우라는 생각을 짓고 사용하라. 일반적으로 이러한 친우인 사람에게 맡기는 것에는 다섯 가지가 있느니라. 첫째는 마음으로 서로가 애민하는 것이고, 둘째는 가까워 뜻을 얻는 것이며, 셋째는 존중하는 것이고, 넷째는 오래된 까닭으로 마음이 통하는 것이며, 다섯째는 사용한다는 것을 듣는다면 마음에서 환희가 일어나는 것이니라. 이러한 다섯 사람의 물건이라면 비록 주인에게 묻지 않고 사용할 때에도 허물이 없느니라. 또한 다시 다른 사람이 물건을 버리는 것을 보고 알았다면, 주인이 없다고 생각하면서 사용하면 역시 허물이 없느니라."

연기의 처소는 앞에서와 같다.

세존께서 옷을 염색하는 것을 허락하셨다. 곧 사찰 밖의 노지와 경행처에서 염색하였으므로 먼지와 흙에 오염되고 바람과 비에 젖었다. 필추가 세존께 아뢰니 세존께서 말씀하셨다.

"사찰 안에서 염색하라."

사찰 안에서 염색할 때에 염색물감이 땅에 떨어져서 오히려 핏빛과 같았다. 재가인이 보는 때에 이와 같이 말하였다.

"성자여. 이곳에서 소나 양을 잡았습니까?"

대답하여 말하였다.

"살생한 것이 아닙니다. 염색물감이 땅에 떨어졌습니다."

알려 말하였다.

"성자여. 염색물감이 땅에 떨어졌는데 어찌 청소하여 없애지 않습니까?"

세존께서 말씀하셨다.

"염색한 곳에 쇠똥이나 진흙을 바르고 문질러서 깨끗하게 하라."

그가 마침내 거듭 발라서 석회의 땅을 손상하였으므로 세존께서 말씀하셨다.

"석회의 땅은 물로 씻고 다른 곳에는 마땅히 바르도록 하라. 만약 어기는 자는 월법죄를 얻느니라."

제4문의 제10자섭송 ①

제4문의 제10자섭송으로 말하겠노라.

나무를 재배하는 법을 아는 것과
도둑이 담요로 신통을 짓는 것과
만약 좋은 배자를 얻었다면
마땅히 자르거나 채색하지 않는 것이 있다.

연기는 왕사성 죽림원 가운데에서 있었다.

이때 세존께서는 승신산(勝身山)에서 천제석에게 견제를 얻게 하셨고, 그 영승왕(影勝王)이 곧 이곳에서 큰 법회를 열어서 모든 마갈타에 있는 사람들이 함께 구름처럼 모였다. 사람들이 모였을 때에 산에 나무가 없어서 더위에 피곤하였으므로 필추들에게 알려 말하였다.

"좋습니다. 당신들은 이곳에 나무를 심어 그늘지게 하십시오."

대답하여 말하였다.

"세존께서 허락하지 않으셨습니다."

알려 말하였다.

"현수여. 어찌 위배된 곳이 있겠습니까?"

필추가 묵연하였다. 세존께서 말씀하셨다.

"나는 여러 나무를 심는 것을 허락하겠노라."

필추가 여러 나무를 심고서 곧 버려두었으므로 그 나무들이 곧 죽었다. 이때 여러 사람들이 2년 뒤에 다시 와서 집회하였는데 이전과 같이 더위에 핍박당하였으므로 물어 말하였다.

"성자여. 이전에 나무를 심었습니까?"

대답하여 말하였다.

"이미 심었습니다."

"지금 무슨 까닭으로 없습니까?"

알려 말하였다.

"심어놓고서 버리고 떠났으며 지키지 않아서 꺾어지고 부러졌으며 다시 많이 말라 죽었습니다."

재가인이 말하였다.

"당신들도 처음 태어나서 부모가 만약 곧 기르지 않았다면 반드시 손괴되었을 것입니다. 나무도 반드시 곧 보호하면서 자라는 것을 기다려야 합니다."

필추가 세존께 아뢰니 세존께서 말씀하셨다.

"마땅히 여러 종류의 나무를 심어놓고 곧 버리고 다른 곳으로 가지 말라."

필추가 어떻게 기르고 보호하는가를 알지 못하였으므로 세존께서 말씀하셨다.

"겨울에 손괴되는 것이 걱정되므로 마땅히 풀로써 덮어라."

들불에 곧 탔으므로 세존께서 말씀하셨다.

"마땅히 네 주면을 담을 쌓아서 막으라."

다시 더위에 손괴되었으므로 세존께서 말씀하셨다.

"마땅히 구멍을 뚫어라."

여름의 우기에 대나무와 같았고 물이 차서 썩어서 손괴되었으므로 세존께서 말씀하셨다.

"여름에는 둘러싼 벽을 없애서 물구멍이 통하게 하라."

그 나무가 크지 않았으나 버리고 떠나가서 이전과 같이 손괴되었다. 필추가 세존께 아뢰니 세존께서 말씀하셨다.

"여러 나무를 심는 행법을 내가 지금 마땅히 제정하겠노라. 만약 그것이 꽃나무라면 꽃이 피어나면 따라서 갈 것이고, 만약 그것이 과일나무라면 열매가 맺으면 곧 떠나가라."

이때 필추가 있었고 요긴한 인연과 사무가 있어서 반드시 가고자 하였으나 어떻게 하는가를 알지 못하였다. 세존께서 말씀하셨다.

"마땅히 동산을 지키는 사람이나 친한 벗에게 맡기고 뜻에 따라 떠나가라."

연기의 처소는 앞에서와 같다.

이때 북방의 건타라왕(健陀羅王)이 상묘한 털옷을 영승왕에게 주었고 영승왕은 이를 가지고 가서 존자 필린타파차에게 받들어 보시하였다. 존자가 곧 입고 아란야로 향하였는데 도둑들이 이 일을 들었다.

"왕께서 상묘한 털옷을 존자에게 주었고, 존자가 입고 아련야에 있다."

함께 서로가 의논하여 말하였다.

"이것은 좋은 물건인데 우리들이 어떻게 하여야 하는가?"

한 사람이 알려 말하였다.

"가서 빼앗아 취하면 되는데 다시 무엇을 말하겠는가?"

곧 즉시 밤에 아란야에 이르러 지팡이로 그 문을 두드렸으므로 존자가 물어 말하였다.

"그대는 어떠한 사람인가?"

대답하여 말하였다.

"성자여. 우리는 도둑들입니다."

물어 말하였다.

"무엇을 찾고자 하는가?"

대답하여 말하였다.

"상묘한 털옷을 취하고자 합니다."

"만약 이와 같다면 창문의 가운데로 팔을 뻗게."

도둑이 곧 손을 펼쳤다. 이때 존자는 생각을 지어 가지(加持)하였다.

'이 담요가 끊어지지 않고 타지도 않으면서 나가더라도 끝이 없어라.'

그 도둑이 마침내 곧 한쪽 끝을 잡아당겼으나 끝이 없어서 곧 크게 쌓여서 끝을 알 수 없었다. 마침내 칼로 잘랐으나 능히 칼로 자르지 못하였고 다시 불로 태웠으나 불이 능히 붙지 않았으므로 알려 말하였다.

"성자 필린타파차여. 무슨 인연으로 나를 괴롭히십니까?"

대답하여 말하였다.

"어리석은 사람아. 그대가 나를 괴롭히지 않았다면 내가 어찌 그대를 괴롭히겠는가? 그대는 용맹스러운 노력을 다하여 당기도록 하라. 나는 마침내 놓지 않겠노라."

도둑들이 서로에게 알려 말하였다.

"존자에겐 큰 신통력이 있으므로 우리는 그의 적수가 아니다. 마땅히 도망쳐서 왕에게 잡히지 않도록 하자."

곧 털옷을 버렸고 흔적을 없애고서 떠나갔다. 필추가 세존께 아뢰니 세존께서 이렇게 생각을 지으셨다.

'상묘한 털옷을 입고 난야의 가운데에 머무른 이러한 까닭으로 이와 같은 허물이 있는 것이다.'

여러 필추들에게 알려 말씀하셨다.

"필린타파차가 이러한 상묘한 털옷을 입고 난야의 가운데에 머무른 것은 이치가 아니니라. 이러한 까닭으로 필추는 마땅히 이러한 값비싼 털옷을 입고 광야의 가운데에 머물지 말라. 만약 짓는 자는 월법죄를 얻느니라. 만약 난야에 있는 필추가 이러한 좋은 털옷을 얻었다면 마땅히 마을의 가운데에 놓아두고 사람에게 지키게 하라."

뒤에 어느 난야의 필추가 다른 사람에게 좋은 털옷을 얻고서 재가인의 집에 맡겨두고 몸만 숲속으로 갔으나 마침내 옷에 벌레가 먹었다. 세존께서 말씀하셨다.

"마땅히 이와 같이 하지 말고 옷안에 고삼(苦參)[6] 잎을 넣거나, 혹은 아위(阿魏)[7]를 넣거나, 혹은 고련(苦楝)[8] 잎을 넣어두어라. 이러한 것 등이 만약 없다면 시렁 위에 얹어놓고 때때로 햇볕에 말려라."

연기는 실라벌성에서 있었다.

급고독장자는 항상 와서 세존과 존자에게 예경하였다. 이때는 한천(寒天)[9]에 속하였는데 여러 필추들이 등을 움츠리고 누워있었다. 장자가 선품을 닦지 않고 처소를 따라 누워있는 것을 보고 물어 말하였다.

"성자여. 세존의 가르침을 오로지 수행하여야 합니다. 무슨 까닭으로 성자들은 그 선품을 닦지 않고 처소를 따라 누워있습니까?"

대답하여 말하였다.

"장자여. 추위를 참고 있습니다. 어느 여가에 오로지 닦겠습니까?"

장자가 듣고는 예배하고서 하직하고 떠나갔다. 집에 이르러서 500장(張)의 백첩의 배자를 가져다가 사찰 안에서 승가에게 받들어 보시하였다. 필추들이 얻고서 자르고 그것을 실로 꿰매었으며 적석(赤石)으로 염색하여

---

6) 너삼 또는 뱀의 정자나무라고도 한다. 양지 바른 풀밭에서 자라고 녹색이지만 어릴 때는 검은빛을 띠고 있다. 한방에서는 뿌리를 말린 것을 사용하는데, 인삼의 효능이 있어 소화불량·신경통·간염·황달·치질 등에 처방한다.

7) 미나리과 식물로 식물의 줄기에서 흘러내린 진을 말린 것이다. 맛은 맵고 쓰며 소화를 촉진하고 거담(祛痰) 작용을 하며 기생충을 구제한다.

8) 멀구슬나무의 이명이고, 열매는 금령자(金鈴子)이다.

9) 겨울철을 가리키는 말이다.

뜻에 따라서 입었다. 장자가 뒤에 와서 여러 방마다 살펴보았으나 배자의 면직물이 모두 보이지 않았으므로 필추들에게 물어 말하였다.

"성자여. 내가 보시한 배자가 지금 어찌 보이지 않습니까?"

필추가 사실을 갖추어 대답하니 알려 말하였다.

"성자여. 내가 이와 같은 승묘한 배자를 드렸는데 무슨 인연으로 자르고 물들였습니까. 오직 원하건대 본래대로 수용하십시오."

필추가 세존께 아뢰니 세존께서 말씀하셨다.

"승기물(僧祇物)[10]을 마땅히 자르거나 꿰매지 말고 본래대로 사용하라. 자르는 자는 월법죄를 얻느니라."

10) 승가에게 귀속된 물건을 가리킨다.

근본설일체유부비나야잡사 제18권

삼장법사 의정 한역
석보운 번역

제5문의 총섭송

제5문의 총섭송으로 말하겠노라.

다비(焚屍)하는 것과 힐난과 세 번을 설하신 것과
사타(捨墮)와 내 몸이 죽는 것과
결계에서 필추가 마땅하지 않는 것과
다섯 가지의 가죽을 사용하지 않는 것이 있다.

제5문의 제1자섭송 ①

제5문의 제1자섭송으로 말하겠노라.

다비하면서 삼계(三啓)를 외우는 것과
목련이 매를 맞은 인연으로 죽은 것과
마땅히 넓고 크게 짓지 않는 것과
여러 보배를 많이 얻은 것이 있다.

연기는 실라벌성 서다림에서 있었다.

이때 이 성안에 한 장자가 있었고 아내를 얻고 오래지 않아서 곧 한 아들을 낳았다. 나이가 들어 점차 장대하여 불법의 가운데에 출가하였으나 병을 만나서 죽었다. 이때 여러 필추들이 곧 죽은 시신과 그의 옷과 발우를 길 옆에 버렸는데 재가인이 있어 보고서 이와 같이 말하였다.

"사문 석자는 몸이 죽으면 버리고 떠나는구나."

누가 말하였다.

"우리들이 시험삼아 봅시다."

보고 곧 알아보았고 여러 사람에게 알려 말하였다.

"이 사람은 장자의 아들입니다."

각자 함께 싫어함이 생겨났다.

"석자의 법에 출가한 자는 의지와 믿음이 없구나. 만약 재가에 있었다면 여러 친족들이 반드시 여법하게 화장하였을 것이다."

필추가 세존께 아뢰니 세존께서 말씀하셨다.

"필추의 몸이 죽었다면 마땅히 공양하라."

필추들이 어떻게 공양하는가를 알지 못하였으므로 세존께서 말씀하셨다.

"마땅히 다비(焚燒)하라."

구수 오파리가 세존께 청하여 아뢰었다.

"세존께서는 '이 몸의 가운데에는 8만호(戶)의 벌레가 있다.'고 마땅히 말씀하셨습니다. 어떻게 다비할 수 있습니까?"

세존께서 말씀하셨다.

"이러한 모든 벌레들은 사람이 태어나면 따라서 태어나고 사람이 죽으면 따라서 죽는 것이다. 이것은 허물이 없느니라. 몸에 상처가 있다면 벌레가 없는가를 관찰하고서 비로소 다비(燒殯)하라."

다비하려는 때에 땔감이 없을 수 없었으므로 세존께서 말씀하셨다.

"강물 속에 버려라. 만약 강물이 없다면 땅을 파고 묻도록 하라."

여름 동안에 땅이 습하여 개미와 벌레가 많았으므로 세존께서 말씀하셨다.

"숲속의 척박하고 깊은 곳에서 그의 머리를 북쪽으로 하고 오른쪽의 옆구리로서 눕히고서 풀이나 짚단으로 머리를 받쳐줄 것이며 풀이나 나뭇잎으로 그의 몸을 덮어 주도록 하라. 죽은 자를 보내주는 필추는 능한 자에게 『삼계무상경(三啓無常經)』을 외우게 하고 아울러 가타를 설하여 그를 위하여 축원하라."

장례를 마치고 사찰에 돌아와서는 곧 목욕하지 않고 처소를 따라서 흩어졌으므로 재가인들이 보고 비난하며 함께 말하였다.

"석자들은 매우 정결하지 않다. 몸으로 시신을 가까이 하였는데 씻지도 않는구나."

세존께서 말씀하셨다.

"이것은 마땅하지 않다. 마땅히 몸을 씻을지니라."

그들이 곧 함께 씻었으므로 세존께서 말씀하셨다.

"만약 시신에 접촉한 자는 옷까지도 모두 씻을 것이고, 접촉하지 않은 자는 다만 손발을 씻을지니라."

그들이 사찰에 돌아와서 제저에 예경하지 않았으므로 세존께서 말씀하셨다.

"마땅히 제저에 예경할지니라."

연기는 황사성에서 있었다.

구수 사리자와 대목련이 때때로 지옥·아귀·방생·인간·천상의 5취의 가운데로 갔고 순행하고 관찰하면서 무간지옥에 이르렀다. 이때 사리자가 대목련에게 말하였다.

"구수여. 마땅히 이 무간지옥의 유정을 위하여 맹렬한 화염의 고통을 멈추게 하세."

이때 대목련은 이러한 말을 듣고 곧 허공으로 올라가서 큰 지옥 위에서 많은 비를 마치 수레의 굴대와 같이 내리게 하였고 지옥 가운데의 맹렬한 불꽃은 공중에 비를 따르는 곳에서는 쇠망하였다. 이때 사리불이 이 일을 보고 목련에게 알려 말하였다.

"구수여. 잠시 멈추게. 내가 그 불을 꺼보겠네."

대답하여 말하였다.

"뜻을 따르게"

이때 사리자는 승해삼마지(勝解三摩地)에 들어가서 큰 비를 퍼부었고 무간지옥을 아울러 진흙으로 만들었으므로 모두가 청량함을 얻었고 고통을 쉬었다. 마침내 외도인 포자나(哺刺拏)[1]는 이전에 다른 사람에게 악한 사교(邪教)를 말하였던 까닭으로 큰 몸뚱이의 과보를 받았고 그 혓바닥이 500의 철쟁기(鐵犁)로 밭처럼 갈려져서 피가 흐르고 있었다. 두 존자를 보고 알려 말하였다.

"대덕이시여. 당신들이 만약 섬부주의 가운데에 가신다면 나의 말을 내 문도들에게 알려 주십시오. '내가 살아있을 때에 입으로 삿된 법을 말하여 다른 사람을 속였던 까닭으로 그 악업의 힘으로 무간지옥의 가운데에 떨어졌고, 내 혓바닥의 위를 500의 철쟁기가 밭처럼 갈아서 피가 흘러서 극심한 고통을 받고 있다. 그러므로 그대들이 나의 본래의 탑에 공양한다면 나의 몸에 고통이 두 배로 다시 증가하므로 지금 이후부터는 공양하지 말라.'"

이때 두 존자가 그의 말을 듣고서 묵연히 받아들였다. 지옥으로부터 나와서 왕사성에 이르렀으며 서로를 따라서 함께 성 안으로 들어갔다. 곧 길 가운데에서 외도들을 만났는데 함께 모두 지팡이를 지녔고 상투를 틀고 서 있었다. 외도들이 의논하여 말하였다.

"내가 저 사문 석자를 때리고자 한다."

한 사람이 알려 말하였다.

"지금이 마땅한 때이다. 그러나 허물이 있다면 곧 때려도 손해가 없을 것이므로 머뭇거리지 말라. 내가 또한 먼저 묻겠으니 나의 뜻을 칭찬하면 좋고 만약 마음속에서 끝내 칭찬하지 않는다면, 그때 그를 때려도 늦지 않다."

---

1) 육사외도의 한 사람인 부란나가섭(富蘭那迦葉, Purana Kassapa)을 가리킨다. 인과응보를 부정하고 윤리에 대한 회의를 표명하여 도덕이 필요가 없다고 주장했다.

사리자가 앞에 이르니 물어 말하였다.

"필추여. 정명(正命)의 대중 가운데에 사문이 있는가?"

사리자가 곧 이렇게 사유하였다.

'무슨 마음으로 물었는가?'

관찰하여 곧 때리려는 것을 알고서 게송으로 설하여 말하였다. [노형외도는 스스로가 정명이라고 말하였다.]

정명의 대중 가운데에 사문이 없어도
석가의 대중 가운데에는 사문이 있다네.
만약 아라한에게 탐애가 있다면
곧 범부도 소인도 우치인도 없으리라.

이때 그 외도는 게송의 뜻에 밝지 못하여 존자에게 알려 말하였다.

"그대는 우리를 찬탄하였으니 마땅히 뜻에 따라 가시오."

존자는 곧 도로를 따라서 떠나갔다. 존자 목련은 전생의 업이 성숙되었으나 천천히 걸어서 오고 있었다. 외도가 보고 물어 말하였다.

"필추여. 정명의 대중 가운데에 사문이 있는가?"

만약 비록 아라한이더라도 미리 관찰하지 않으면 비록 지혜가 역시 행해지지 않는 것이다. 대답하여 말하였다.

"그대들 대중 안에 어찌 사문이 있겠는가? 세존께서는 '이것은 첫째 사문이고, 이것은 제2의 사문이며, 이것은 제3의 사문이고, 이것은 제4의 사문이며, 이것을 제외한다면 다시 사문이 없느니라. 바라문은 다만 헛된 이름만 있으나 이것을 사문이고 바라문이라고 말하더라도 그 실체는 없느니라. 이와 같아서 나는 인간과 천인 가운데와 성문들에게 거짓된 말이 없는 사자후를 지었노라.'고 말씀하셨느니라. 또한 그대들의 스승 포자나는 인간세상에 있으면서 사악한 법을 말하여 사람을 속이고 미혹한 까닭으로 무간지옥에 태어나서 큰 몸뚱이를 받았으며, 그 혓바닥의 위를 500의 철쟁기가 밭처럼 갈아서 피가 흘러서 극심한 고통을 받고 있는데 나에게 '인간세상에서 사악한 법을 말하여 중생을 속이고 미혹한 까닭으로 지금 악취에 떨어져서 혓바닥을 갈리는 고통을 받고 있습니다.'고 부탁하여 말하였고, 모든 문도의 대중들에게 '그대들은 다시 나의 탑에 공양하지 말라. 매번 공양할 때마다 나의 몸은 고통이 두 배나 증가하므로 지금 이후부터는 나의 말과 가르침을 기억하라.'고 알려줄 것을 말하였느니라."

여러 사람들이 듣고는 곧 분노가 생겨나서 이와 같이 말하였다.

"여러분은 마땅히 아십시오. 이 대머리 사문이 다만 우리에게 억지로 과실을 논한 것이 아니고 우리들의 큰 스승님까지도 역시 비방하였습니다. 지금 어떻게 해야 하겠습니까?"

한 사람이 알려 말하였다.

"곧 반드시 심하게 때립시다. 다시 무슨 말이 있겠습니까? 어찌 허물이 있다면 때린다고 평장(平章)[2]하지 않았습니까? 지금 이미 우리들의 큰 스승을 비방하였으니 이것은 큰 허물이고 때리는 것은 곧 이치에 합당합니다."

여러 사람이 곧 몽둥이로 존자의 몸을 때렸고 몸이 두루 난숙(爛熟)[3]한 까닭으로 갈대를 때린 것처럼 사방으로 흩어졌다. 이때 사리자가 뒤에 오던 그가 늦도록 오지 않는 것을 이상하게 생각하여 마침내 곧 되돌아가서 보았는데 그 몸이 부서진 모습이 갈대를 두드려서 땅에 펼쳐놓은 것과 같았다. 물어 말하였다.

"구수여. 무슨 뜻으로 이와 같은가?"

대답하여 말하였다.

"사리자여. 이렇게 업이 성숙되었으니 알았어도 무엇을 하겠는가?"

사리자가 말하였다.

"구수여. 대사께서는 성문의 대중들 가운데에서 신통이 최고의 제일이라고 칭찬하시며 말씀하셨는데 어찌 이러한 모습에 이르렀는가?"

---

2) 공평하게 분별하는 것을 말한다.

3) 본래의 어떤 사물이나 현상이 충분하게 발전되었거나 성숙된 것을 가리킨다. 이곳에서는 매우 엄중하게 몸이 손상된 것을 뜻한다.

대답하여 말하였다.

"업력을 지닌 까닭으로 나는 신(神)이란 글자도 오히려 기억하지 못하였는데 하물며 신통을 일으키겠는가?"

이때 사리자가 7조 가사로 그의 몸을 오히려 갓난아기처럼 감싸서 안고 사찰에 이르렀다. 모든 사람들이 놀랐으므로 모였고 사리자에게 물었다.

"존자여. 무슨 인연으로 몸이 이러한 모습에 이르렀습니까?"

대답하여 말하였다.

"몽둥이를 지닌 외도들이 때려 만신창이가 되었습니다."

마침내 하의를 느슨하게 하고서 살며시 땅 위에 눕혔다. 이때 여러 필추들이 사리자에게 물어 말하였다.

"어찌 대사께서는 존자 목련은 성문의 대중 가운데에서 신통이 제일이라고 말씀하시지 않았습니까?"

대답하여 말하였다.

"말씀은 사실입니다. 당신들은 마땅히 아십시오. 업력은 가장 큰 것입니다. 그러나 목련은 큰 기력이 있어 오른쪽 발가락으로 천제석의 전승궁(戰勝宮)을 능히 요동시켰고 몇 번이나 붕괴시키고자 하였으므로 여래께서는 성문 가운데에서 대위력과 신통이 제일이라고 찬탄하셨습니다. 그러나 이전 세상의 업력을 지녔던 까닭으로 신(神)이라는 글자도 생각하지 못하였는데 하물며 통(通)을 일으키겠습니까?"

이때 목련은 이와 같이 생각하였다.

'내가 부정하고 쓸모없는 몸으로 직접 세존을 곁에 모시면서 가르침을 받들어 행하면서 힘을 따르고 능력을 따라서 어긋남이 없었으나 세존이신 교주께 은혜를 갚은 것은 적구나. 누가 덕의 바다에서 능히 모두 갚을 수 있겠는가? 내가 이러한 몸으로는 감당할 수 없고 무변한 고통의 그릇에 깊은 염증이 생겨났으므로 벗어나서 마땅히 적정을 구하여 마땅히 오래 머물지 않으니라.'

곧 명행(命行)[4]을 남겨두고 수행(壽行)[5]을 버렸다. 이때 아직 성도를 얻지 못한 필추들은 이러한 일을 보고 극심한 우뇌가 생겨나서 출리심(出離心)을 일으켰다. 곧 숲 속의 아란야의 처소로 가서 하와구(下臥具)를 수용하면서 적은 욕심으로 인간세상을 등지고 오로지 적정을 닦았다. 이때 왕사성의 성안과 아울러 나머지 주처의 사람들에게도 널리 알려졌다.

"몽둥이를 지닌 외도들이 성자 대목건련을 심하게 때려서 지절(支節)[6]이 모두 만신창이가 되었고 파손되어 갈대를 두드렸던 것과 같았다. 이때 사리자가 스스로의 옷으로 오히려 갓난아기와 같이 감싸서 안고서 죽림원에 이르렀다. 겨우 쇠잔한 목숨이 붙어있고 극심한 고통을 받고 있으며 오래지 않아서 죽을 것이다."

이때 여러 백 천의 대중이 모두 죽림원으로 모여들었다. 여러 신하들이 왕에게 아뢰었다.

"몽둥이를 지닌 외도들이 성자 대목련을 함께 때렸고, 지절이 파손되어 갈대를 두들겼던 것과 같았습니다. 이때 사리자가 스스로의 옷으로 오히려 갓난아기와 같이 감싸서 안고서 죽림원에 이르렀습니다. 겨우 쇠잔한 목숨이 붙어있고 극심한 고통을 받고 있으며 오래지 않아서 죽을 것입니다."

왕이 듣고서 깊은 통석(痛惜)[7]이 생겨나서 곧 내궁의 태자와 재상 및 성안의 여러 사람들이 모두 구름처럼 모여서 죽림원의 가운데에 나아갔다. 모든 사람들이 왕을 보고 곧바로 길을 열었다. 존자의 처소에 이르러 눈물을 흘리면서 오히려 큰 나무가 넘어지듯이 땅에 쓰러졌고 존자의 발을 잡고 슬프게 울면서 목이 잠긴 소리로 말하였다.

"성자여. 무슨 인연으로 갑자기 이러한 모습에 이르렀습니까?"

대답하여 말하였다.

"대왕이시여. 이것은 전생에 몸으로 스스로가 지은 업이 성숙된 것입니

---

4) 산스크리트어 jīvita-saṃskāra의 음사로서 목숨을 유지시키는 힘을 가리킨다.
5) 삶을 이어가는 힘을 가리킨다.
6) 팔다리의 모든 마디를 가리킨다.
7) 몹시 애석하게 여기거나 또는 가슴아파한다는 뜻이다.

다. 알았더라도 무엇을 하겠습니까?"

왕이 매우 진노하여 대신들에게 알려 말하였다.

"경들은 곧 마땅히 사방으로 달려가서 흩어져 그 외도들을 찾으시오. 만약 잡으면 빈 집에 가두고서 불로써 태우시오."

존자가 알려 말하였다.

"대왕이시여. 이와 같은 일을 짓지 마십시오. 내가 이전에 지은 업은 오히려 폭포와 같아서 나의 몸으로 흐르므로 다른 사람은 대신하여 받지 못합니다."

왕이 신하들에게 알려 말하였다.

"이와 같더라도 상명(上命)을 위반하기 어려운 것이오. 만약 붙잡은 때에는 마땅히 나라에서 쫓아내시오."

왕이 다시 알려 말하였다.

"내가 소유한 모든 것을 받들겠으니 성자께서는 뜻을 따라서 수용하십시오."

왕이 말하였다.

"성자여. 어찌 대사께서는 성문 대중들 가운데에서도 존자는 신통이 제일이라고 칭찬하며 말하지 않으셨습니까? 어찌 날아오르지 않고 이러한 고통을 만났습니까?"

대답하여 말하였다.

"대왕이시여. 대사께서는 이렇게 말씀하셨습니다. 그러나 업력을 지녔으므로 나는 신자도 오히려 기억하지 못하였는데 하물며 통을 일으켰겠습니까? 여래이신 대사께서는 두 가지 말씀을 하시지 않습니다."

직접 가타를 설하여 말하였다.

가령 백겁이 지나더라도
지은 업은 없어지지 않으며
인연이 모여 만나는 때에
과보가 돌아와서 스스로가 받는다네.

“내가 지금 과보를 받는 것을 알았는데 다시 무슨 말을 하겠습니까?”

이때 미생원왕(未生怨王)[8]이 옷자락으로 눈물을 닦으면서 의사들에게 명하여 말하였다.

“7일 동안에 성자의 모든 몸의 지절을 평소와 같이 회복시키지 못한다면 나는 마땅히 그대들의 현재의 봉록(封祿)을 거두겠노라.”

다시 대신들에게 몸으로 살피고 공양하여 은근하도록 하였고 존자의 발에 예배하고 하직하고 떠나갔다. 이때 대목련이 사리자에게 알려 말하였다.

“구수여. 마땅히 알게. 원하건대 부디 은혜로 용서하게. 원하건대 부디 은혜로 용서하게. 나는 열반에 들어야겠네.”

사리자가 듣고 알려 말하였다.

“우리들 두 사람은 함께 선법을 구하여 동시에 출가하였고 같이 감로를 증득하였으니 같이 원적(圓寂)[9]으로 돌아가고자 하네.”

사리자가 말하였다.

“마땅히 이와 같이 지을 것이네”

존자 마승은 대목련의 몸이 고초를 만난 것을 듣고 와서 그곳에 이르렀으며 문신하고 위문하면서 알려 말하였다.

“구수여. 마땅히 아시게.”

산도 아니고 바다 가운데도 아니며
땅에도 그러한 방소(方所)[10]가 없고

---

8) 산스크리트어 ajātaśatru의 음사로 미생원(未生怨)이라 번역된다. 마가다국의 왕으로 기원전 550년경~기원전 520년경에 재위하였고, 부왕(父王) 빔비사라(bimbisāra)를 감옥에 가두어 죽이고 즉위하였으며, 코살라국(kosala國)과 카시국(kāśi國)과 브리지국(vṛji國)을 정복하였으나 아들인 우다야바드라(udaya-bhadra)에게 살해당하였다.

9) 열반(涅槃)을 의미한다. 본래는 모든 무지(無知)와 사견(私見)을 버리고 깨달았다는 뜻이었으나, 뒤에 사문들의 죽음을 뜻하는 말로 변화되었다.

10) 방향과 장소를 의미하며 공간을 가리키는 말이다.

역시 공중과 땅속에 있는 것이 아니며
이전의 업은 능히 피할 수 없다네.

그림자가 사람을 따르는 것과 같이
편안히 머무를 것이 없고
선악의 업이 없어지지 않는 것은
무상존(無上尊)께서 말씀하셨네.

이때 대목련과 사리자가 곧 존자 마승의 발에 예배하고 오른쪽으로 세 번을 돌고서 알려 말하였다.

"아차리야시여."

지을 것을 나는 이미 끝냈으니
지금 이것으로 마지막을 하직하고서
마땅히 무여의(無餘依)의
청량한 열반계에 들어가겠습니다.

이때 존자 마승이 사리자에게 알려 말하였다.

그대는 지을 일을 이미 이루었고
능히 선서를 따라서 법륜을 굴렸으며
지금은 즐거이 열반에 들어가고자 하므로
세간의 법은 장차 밝은 등불이 소멸될 것이네.

그 의사들이 이미 왕명을 받들었으므로 함께 서로에게 의논하며 말하였다.

"왕께서 엄숙한 칙명을 내리셨는데 우리들은 어떻게 해야 합니까?"

한 사람이 알려 말하였다.

"알았어도 무엇을 하겠습니까? 성자가 나이가 높으시고 몽둥이를 심하게 맞았으므로 오히려 갈대를 두드렸던 것과 같습니다. 어찌 치료할 수 있겠습니까? 그러나 이 존자는 크게 자비로운 힘이 있으시므로 우리들이 귀명하면 그분이 스스로 은혜를 내리실 것입니다."

여러 사람들이 말하였다.

"이것은 좋은 계책입니다."

곧바로 함께 떠나서 존자의 처소에 나아가서 발에 예배하고 아뢰었다.

"대왕께서 모든 의사들에게 가르침이 있었습니다. '7일 동안에 성자의 모든 몸의 지절을 평소와 같이 회복시키지 못한다면 내가 마땅히 그대들의 현재 봉록을 거두겠노라.' 그러나 성자께서는 연세가 높으시고 이러한 고해(苦害)를 당하셨으므로 평소와 같이 회복되기는 어렵습니다. 오직 원하옵건대 자비로서 방편력을 내려주십시오. 저희들의 봉록이 삭제되지 않게 하여 주십시오."

이때 존자가 의사들에게 알려 말하였다.

"만약 이와 같다면 그대들은 떠나가서 왕께 아뢰시오. '성자 목련께서 7일이 되면 왕사성에 들어와서 차례로 걸식할 것입니다.'"

여러 사람들이 기뻐하면서 하직하고 함께 왕의 처소에 나아가서 왕에게 아뢰어 말하였다.

"성자 목련께서 7일이 되면 왕사성으로 들어와서 차례로 걸식을 할 것입니다."

왕이 듣고 기뻐하면서 "만약 실제로 이와 같다면 좋은 것이다."고 말하였다.

7일에 이르자 신통력으로써 고통을 없애고 왕사성에 들어가서 차례로 걸식하면서 대왕의 궁문에 이르니 문지기가 보고는 들어가서 왕에게 알려 말하였다.

"존자 대목련께서 지금 문 앞에서 대왕님을 뵙고자 하나이다."

왕이 듣고 기쁨을 이기지 못하고 빠르게 일어나서 자리를 펴놓고 문 앞에 이르렀다. 존자를 보고 오륜을 땅에 붙여서 은근하게 예배하고 존자를 청하여 들어와서 자리에 앉게 하였으며 아뢰었다.
"성자여. 존체가 기거하시면 평화를 얻으셨습니까?"
존자가 대답하여 말하였다.
"대왕이여. 마땅히 들으십시오.

내가 지금 어찌 피고름의 몸을 사용하겠습니까?
온갖 고통을 짊어지고 쉬었던 것이 없었으나
지금은 이미 원사(蚖蛇)의 독을 없앴으므로
안은하게 마땅히 열반성으로 나아가겠습니다.

열반성의 가운데에서 여러 근심이 끊어졌고
인연으로 생겨난 온갖 고통은 모두가 없는 것이므로
세존과 성중들이 계시는 가운데에서 기거한다면
윤회하는 어리석은 사람들은 능히 들어가지 못합니다.

대왕이시여. 마땅히 아십시오. 이것은 나의 숙업으로 반드시 받아야 하는 과보입니다. 몸은 두드렸던 갈대와 같아서 치료할 수 없습니다. 가령 옛날의 대의왕이라도 능히 치료하여 회복시키지는 못할 것입니다. 원하건대 모든 의사들을 석방하십시오."
왕이 말하였다.
"의사들은 모두 석방하였습니다."
왕은 이것을 듣고 눈물을 흘리면서 일어나 존자의 발에 예경하였고 존자는 알려 말하였다.
"대왕이시여. 방일하지 마십시오."
간략히 설법하였고 곧 하직하고 떠나갔다. 이때 사리자는 정에 들어가서 무슨 까닭으로 구수 목련이 비록 이러한 고통을 만났으나 성에 들어가서 걸식하였는가를 관찰하였고 나아가 장차 열반에 들어가고자 하는가를 보았다. 존자 사리자는 목련이 얻어맞은 것을 본 뒤에 마음에서 비련이 생겨났고 마침내 병고를 앓았으므로 이와 같이 생각을 지었다.

'구수 목련이 만약 열반한다면 내가 머무르면서 무엇을 하겠는가? 나도 지금 마땅히 먼저 원적에 들어가야겠다.'

이렇게 생각하고서 구수 아난타의 처소에 이르러 별도로 하직하였고, [자세한 설명은 경에서 말한 것과 같다.] 다음으로 세존의 처소에 가서 세존의 발에 정례하고 한쪽에 앉아서 세존께 아뢰어 말하였다.

세존의 가르침을 나는 이미 지녔고
힘을 따라서 다른 사람에게 설하였으며
성중들을 이미 공양하며 모셨고
몸을 애착하는 마음이 없습니다.

부지런히 노력하여 스스로의 일을 마쳤고
이미 열반의 행을 닦았으며
몸과 말과 뜻의 세 가지의 업은
바른 길에 의지하여 어긋남이 없습니다.

나는 삶에 애착이 없고
죽음에도 역시 근심이 없으니
이러한 까닭으로 나는 열반하겠으니
다시 이것보다 좋은 즐거움은 없습니다.

이렇게 말을 지어 마치니 세존께서 사리자에게 알리셨다.

"그대가 이와 같은 수승한 법의 가운데에서 뒤에 왔으나 최초로 떠나가는 것에는 무슨 뜻이 있는가?"

이때 사리자는 합장하고 공경스럽게 가타를 설하여 말하였다.

세존께서 열반에 들어가시는 것을 보고 견딜 수 없고

수승한 목련도 역시 이와 같으며
여래의 법도 장차 지금 일을 마친
까닭으로 나는 먼저 원적을 증득하겠습니다.

지금 대성인의 가운데 존귀하신 분께 아뢰옵나니
저는 지금 본래 태어난 곳으로 가고자 하며
여러 친족들을 위하여 법요를 설하고
마땅히 윤회하는 오온의 몸을 버리겠습니다.

세존께서 사리자에게 알리셨다.
"그대는 열반하고자 하는가?"
세존께 아뢰어 말하였다.
"세존이시여. 저는 열반하고자 합니다."
또한 물으셨다.
"그대는 열반하고자 하는가?"
세존께 아뢰어 말하였다.
"선서(善逝)시여. 저는 열반하고자 합니다."
또한 사리자에게 말씀하셨다.
"만약 그대가 열반에 들어가고자 하는 것은 제행이 무상하고 이것은 생멸하는 법이네. 따라서 그대가 하고자 하는 것을 내가 다시 무슨 말을 하겠는가?"
이때 사리자가 마지막으로 세존께 예경하고 합장하여 공경스럽게 오른쪽으로 세 번을 돌고서 하직하고 떠나갔다. 다음은 대목련의 처소에 이르러 알려 말하였다.
"구수여. 나에게 중병이 있는데 그대는 모두 알고 있었는가? 나는 지금 나라타(那羅陀) 취락의 친족들이 있는 곳으로 가고자 하네. 그들을 위하여 설법하고 마땅히 열반으로 나아가겠네."
대답하여 말하였다.

"구수여. 뜻에 따라서 마땅히 짓게. 나도 역시 이와 같이 임위(林圍)의 취락으로 가서 여러 친속들을 위하여 법요를 설하고 마땅히 열반에 들겠네."

다음으로 난타·아난타·아니로타·힐리벌다(頡離伐多)·발타가(跋陀迦)·라호라 등의 여러 성문들에게 가서 모두 이별하면서 말하였다.

"열반에 들고자 합니다."

이때 그 존숙들이 알려 말하였다.

"근신(謹愼)하십시오."

사리자의 시자인 준타(準陀)가 필추 대중들과 나라연의 마을로 나아갔고, [나란타사(那爛陀寺)의 동남쪽 20여리에 있다.] 구수 라호라도 역시 필추 대중과 뒤를 따라서 갔다. 이때 사리자가 곧 자애로운 말로 라호라에게 알려 말하였다.

만약 해탈을 구하는 뜻이 있다면
마땅히 일체가 무상함을 알 것이며
세간에는 애착할 일이 없으므로
확실하게 마땅히 관찰하며 방일하지 말라.

몸과 목숨은 무상하고 즐거움이 없으며
오히려 그림의 물과 같이 잠시도 멈추지 않으므로
일체가 모두 꿈과 같음을 명료하게 안다면
위태롭게 태어나고 같이 모이는 것도 역시 이와 같으니라.

세존을 공경하고 법을 공경하며 승가에 공양하고
세존의 정법장(正法藏)을 의지로 삼을 것이며
그대 라호라는 나의 부촉과 같이
노숙들께 마땅히 친근하라.

삼장의 가르침 가운데에서 의심이 있는 곳을
내가 없다면 다시 능히 대답하지 못할 것이니
만약 있다면 마땅히 세존께 여쭌다면
그대를 위하여 의심을 풀어주고 진실한 뜻을 알려 주시리라.

구수 라호라가 대답하여 말하였다.

제가 이렇게 차례를 관찰하니
세존께서도 역시 오래지 않아서 멸도하실 것인데
나뭇가지들이 마른 것과 같이 사지(四枝)인
그 몸이 어찌 오래 머물겠습니까?

이때 라호라는 사리자의 발에 예경하고 오른쪽으로 세 번을 돌았고 제행이 모두 무상함을 명료하게 알고서 곧 돌아서 떠나갔다. 존자 사리자는 구적인 준타를 시자로 삼고 마갈타국의 인간세상을 유행하여 점차 나라타 취락의 북쪽에 있는 승섭파림(升攝波林)에 이르러 의지하면서 머물렀다. 여러 친족들을 위하여 법요를 연설하였고 삼귀의와 오학처를 주고서 머물게 하였다. 사리자가 장차 열반하고자 한다는 말을 들은 때에 무량한 백천의 중생들이 모두 구름처럼 모여들었다.

존자는 이와 같은 사람이 교화를 마땅히 감당할 수 있는가를 관찰하였고 그 근성에 수순하여 방편으로 설법하여 열어서 보였으며, 권유하여 인도하였고, 칭찬하고 격려하였으며, 경희롭게 하였다. 그 중생들에게 혹은 난법(煖法)을 얻게 하였고, 혹은 정인(頂忍)과 세간제일을 얻게 하였으며, 혹은 예류·일래·불환을 얻게 하였고, 혹은 출가하여 응공과(應供果)를 얻게 하였으며, 혹은 무상한 보리의 종자를 심게 하였고, 혹은 독각·성문의 종자를 심게 하였다.

이때 존자가 친속과 여러 대중을 제도하여 청정한 믿음이 생겨나게 하였고, 하루의 초분에 허공으로 올라가서 대광명을 널리 펼쳤으며, 여러 신통변화를 나타내고서 무여의묘열반계에 들어갔다. 원적할 때에 대지가 진동하였고 사방에서 불꽃이 일어났으며 유성이 떨어졌고 허공 가운데에서 하늘의 북이 울렸다.

모든 필추 대중은 혹은 북구로주(北俱盧洲)와 동서의 2주에 있었고, 혹은 묘고산과 나머지의 일곱의 산과 설향산(雪香山) 등의 여러 언덕·굴·강가에 기거하면서 처소를 따라서 선수(禪修)하면서 해탈을 받았다. 이때 그 여러 사람들은 대지가 진동하는 것을 보고 곧 이렇게 생각을 지었다.

'무슨 뜻으로 대지가 홀연히 진동하는가?'

생각을 거두어 관찰하여 그 친교사가 이미 열반에 드신 것을 보고 모두 이렇게 생각을 지었다.

'우리들은 지금 친교사가 섬부주에 마땅히 안은하게 머물 수가 없겠구나.'

이렇게 생각하고서 존자의 제자인 8만의 아라한 모두가 동시에 열반에 들었다. 이때 대목건련이 하루의 초분에 옷과 발우를 집지하고 신통력으로서 몸을 지탱하면서 왕사성에 들어가서 차례로 걸식하였고 본래의 처소에 돌아와서 음식을 먹었고 옷과 발우를 거두고 발을 씻고서 세존의 처소에 나아가서 두 발에 예경하고 세존께 아뢰어 말하였다.

이 몸은 모두가 피와 고름이 쌓인 것이고
견고함이 없어 위태롭고 항상 동요하는 것이므로
오히려 독병(毒餠)과 같아서 저는 버리겠사오니
오직 바라옵건대 대사께서는 애민하게 용서하십시오.

또한 게송을 설하여 말하였다.

저는 지금 빚이 없어서
뜻에서 곧 만족하오며
무변한 생사의 바다에서

두려움을 벗어나서 저 언덕에 오르겠습니다.

저의 도반인 사리자는
대지혜로 이미 원적하였으므로
저도 지금 뒤를 따라 가겠으니
오직 바라옵건대 대웅(大雄)께서도 아십시오.

세존께서 목련에게 알리셨다.
"그대는 열반하고자 하는가?"
세존께 아뢰어 말하였다.
"세존이시여. 저는 열반하고자 합니다."
또한 물으셨다.
"그대는 열반하고자 하는가?"
세존께 아뢰어 말하였다.
"선서시여. 저는 열반하고자 합니다."
또한 목련에게 말씀하셨다.
"만약 그대가 열반을 얻고자 하는 것은 제행이 무상하고 이것은 생멸하는 법이네. 따라서 그대가 하고자 하는 것을 내가 다시 무슨 말을 하겠는가?"
이때 대목련은 마지막으로 세존께 예경하고 합장하여 공경스럽게 오른쪽으로 세 번을 돌고서 하직하고 떠나갔다. 이때 대목련은 임원(林園)의 마을로 가서 여러 친속들을 위하여 법요를 설하였고, [자세한 설명은 앞에서와 같다.] 역시 삼귀의와 오계를 받았고 발심하고 과를 얻은 그 숫자가 무량하였다. 존자가 마침내 포시(晡時)[11]에 열반에 들었고, 따르던 제자 7만7천의 아라한 모두도 동시에 열반에 들었다. 이때 두 성자가 열반한 뒤에 친속과 바라문과 거사 등이 그 몸의 뼈를 취하여 솔도파를

11) 지난날 오후 3시부터 5시까지를 말한다.

조성하였는데 영조(營造)한 여러 사람은 모두가 천상에 태어나거나 해탈을 얻는 승묘한 업을 지었다.

이때 구수 아난타와 라호라는 사리자와 대목련이 열반에 들어간 것을 듣고 슬피 울어서 눈물이 가득하였는데 세존의 처소에 나아가서 세존 발에 예경하고 함께 한쪽에 섰다. 구수 아난타가 세존께 아뢰어 말하였다.

"세존이시여.
저는 사리자와 목련이 입멸한 것을 듣고
두루 널리 몸과 마음이 모두 동요하여
눈에 보이는 모두가 갑자기 암명(暗冥)하오며
가령 법을 들어도 마음이 미혹되고 혼란스럽습니다."

이때 세존께서 그 두 사람에게 알려 말씀하셨다.

"그대들은 괴로워하지 말 것이니
은혜도 사랑도 모두 이별하는 것이며
이전에도 그대들에게 말하였나니
이러한 까닭으로 슬퍼하지 말라.

태어나는 자는 죽음을 벗어나지 못하고
세계도 항상 고정된 것이 없으므로
오취의 가운데에서 윤회하면서
결국에는 남는 자가 없느니라."

이때 구적인 준타가 오파타야를 위하여 다비로 공양하고서 유골인 사리를 취하였고 아울러 옷과 발우를 지니고 왕사성으로 나아갔다. 이미 주처에 이르러 옷과 발우를 놓아두고 두 발을 씻고 구수 아난타의 처소에 이르러 발에 정례하고 한쪽에 앉아서 알려 말하였다.

"대덕께서는 아십니까? 나의 오파타야이신 대덕 사리자께서 이미 열반하셨습니다. 이것이 남겨진 몸과 아울러 삼의와 발우입니다."

이때 아난타가 곧 준타를 데리고 세존의 처소로 나아가서 세존의 발에 정례하고 한쪽에 앉아서 세존께 아뢰어 말하였다.

"제가 사리자의 멸도를 듣고서
몸이 바보와 같이 되어서
방위(方隅)도 분별하지 못하고
법을 들어도 마음에서 이해하지 못합니다.

지금 구적인 준타가 저의 처소에 와서 이와 같이 말하였습니다. '대덕께서는 아십니까? 나의 오파타야이신 대덕 사리자께서 이미 열반하셨습니다. 내가 이미 다비하여 공양하였으며 남겨진 몸인 사리와 아울러 옷과 발우입니다.' 아울러 모두를 지니고 이곳에 이르렀습니다. 이것을 지금 어떻게 해야 합니까?"

세존께서 아난타에게 알리셨다.

"사리자 필추는 모든 계온(戒蘊)을 지니고 열반에 들어갔는가?"

"그렇지 않습니다. 세존이시여."

"모든 정온(定蘊)·혜온(慧蘊)·해탈온(解脫蘊)·해탈지견온(解脫智見蘊)을 지니고 열반에 들었는가?"

"그렇지 않습니다. 세존이시여."

"또한 내가 스스로 깨닫고서 설한 법으로 이를테면, 사념주·사정근·사신족·오근·오력·칠각분·팔성도의 이러한 법을 지니고 열반에 들었는가?"

"그렇지 않습니다. 세존이시여. 구수 사리자는 이와 같은 무루인 법온(法蘊)과 37보리분법(菩提分法)을 지니고 열반에 들어가지 않았습니다. 그러나 구수 사리자는 계를 갖추었고 많이 들었으며 욕심이 적어 만족함을 알았고 적정행을 즐기어 항상 부지런하고 용맹하였습니다. 정념이 현전하여 정지혜(正知慧)·속질혜(速疾慧)·출리혜(出離慧)·취입혜(趣入慧)·대리혜

(大利慧)·관광혜(寬廣慧)·심심혜(甚深慧)·무등혜(無等慧)·공해(空慧) 등을 구족하였습니다. 열어 보였고 권유하여 인도하였으며 칭찬하여 격려하였고 경희롭게 하였으며 들으면 모두가 명료하게 이해하였고 대중에 있으면서 법을 드날렸으나 겁먹고 나약함이 없었습니다. 그리고 나는 사리자와 함께 불법의 가운데에서 같이 함께 수용하였으나 지금 이미 열반하였고 이러한 기억과 생각이 나에게 근심하고 슬프게 하는 까닭으로 즐거움이 없습니다."

세존께서 아난타에게 알리셨다.

"아난타여. 그대는 근심하고 슬퍼하며 즐거움이 없게 하지 말라. 이러한 도리와 같은 것이 있다면 허용될 수 없느니라. 인연을 좇아서 생겨난 법을 항상 머무르게 하고자 하여도 이러한 곳은 없느니라. 이미 모든 법의 성품은 항상 무너져서 없어진다는 것을 알았으니 마땅히 근심하지 말라.

아난타여. 내가 이전에도 일찍이 여러 곳에서 말하였느니라. 일체의 은혜와 사랑과 환락(歡樂)의 일은 모두 항상하지 않아서 결국은 이별로 돌아가느니라. 비유하면 큰 나무의 뿌리는 깊고 견고하지만 줄기에서 가지가 뻗고 꽃과 과일이 많이 피었고 모두가 가득히 열렸다면 그 가지에서 뻗어 나왔던 것이 반드시 먼저 꺾이는 것이고 큰 보배산의 높은 봉우리가 높고 험준하면 반드시 먼저 떨어지는 것과 같다. 지금도 역시 이와 같아서 세존의 상수인 필추가 승가에서 현재의 세상에 머물렀으나 사리자가 먼저 열반한 것이니라.

또한 아난타여. 만약 사리자가 갔던 곳에는 그 지방에서 명성이 충만할 것이므로 나는 근심이 없노라. 이러한 까닭으로 그대도 지금 근심하지 말라. 세상의 모습은 이와 같이 결국은 이별로 돌아가나니 만약 내가 현재에 있거나, 혹은 다시 세상을 떠나가더라도 이와 같이 마땅히 알고 스스로가 주저(洲渚)[12]로 생각할 것이고, 스스로를 구하고 보호할 것이며,

---

12) 본래는 파도(波濤)가 밀려 닿는 모래섬을 뜻하나 본 번역에서는 의지처의 뜻으로 번역한다.

법을 의지처로 생각할 것이고 법을 구하고 보호한다면 별도의 의지처가 없고 별도의 귀의처도 없느니라.

또한 아난타여. 그대는 스스로가 주저로 생각할 것이고 나아가 별도로 귀의처가 없느니라. 그리고 나의 법제자 가운에서는 능히 계를 지니는 자가 곧 제일이 되느니라. 무엇을 필추가 스스로를 의지처라고 생각하고, 스스로를 구하고 보호하며, 법을 주저라고 생각하고, 법을 구하고 보호하며, 별로로 의지처가 없고 별도로 귀의처가 없다고 말하는가?

만약 필추가 내신(內身)을 관하면서 부지런히 정념을 행하고, 모든 세간의 성냄과 근심이 망령되게 생겨나는 번뇌임을 알며, 혹은 외신(外身)에 있어서나, 혹은 내신에 있어서나, 혹은 내외신에 있어서도 이와 같이, [자세한 설명은 앞에서와 같다.] 수(受)·심(心)·법(法)을 관하면서 부지런히 정념을 행하면서 모든 세간의 성냄과 근심이 망령되게 생겨나는 번뇌임을 안다면 이러한 것을 스스로를 의지처로 생각하고 나아가 의지처가 되고 별도로 귀의처가 없느니라."

이때 아난타가 세존의 말씀을 듣고 세존의 발에 정례하고 물러나서 하직하고 떠나갔다. 이때 여러 필추들이 함께 모두가 의심이 있어서 세존께 청하여 아뢰었다.

"성자 목련은 일찍이 무슨 업을 지어서 외도들에게 몸이 분쇄를 당하였습니까?"

세존께서 알려 말씀하셨다.

"그대들 필추들이여. 대목건련은 스스로가 지은 업이어서 다른 사람이 대신하여 받을 수 없는 것이고, 나아가 [자세한 설명은 앞에서와 같다.] 지나간 옛날에 한 성이 있었고 한 바라문의 아내가 사내아이를 낳았느니라. 나이가 들어 장대하여 그는 아내를 얻었고 아들은 아내를 지극히 사랑하였다. 어머니가 신부에게 성을 내었는데 아들은 분한 마음을 품고서 그 어머니를 공경하고 존중하지 않았으므로 어머니가 아들을 꾸짖으면서 말하였다.

"그대는 그 아내를 사랑하면서 나에게는 어긋나게 하는가?"

며느리가 이 말을 듣고서 마침내 악한 생각이 생겨났다.

'이 늙은 어머니는 나이가 들어 고운 얼굴도 지나갔는데 내 남편의 곁에서 능히 잠시도 떠나지 못하고 다시 내 남편에게 억지로 허물을 말하는구나.'

이것을 쫓아서 이후부터 항상 시어머니의 허물을 구하였다. 뒤의 다른 때에 며느리는 시어머니의 사사롭고 은밀한 일을 보고 마침내 그 남편에게 알렸으므로 함께 분노하였다. 아들이 그 아내에게 말하였다.

"어리석은 노모(老耄)[13]가 오히려 마음을 쉬지 못하고 나와 같은 소년에게 억지스러운 말로서 책망하는 것이오."

마침내 악심을 일으켜서 참해(磣害)[14]하며 말하였다.

"어떤 힘센 사람을 얻을 수 있다면 저 늙은이의 몸을 때려서 갈대처럼 부수겠다."

그대들 필추들이여. 다르게 생각하지 말라. 지나간 때의 바라문의 아들이 곧 대목련이니라. 부모에게 악한 생각을 일으켰고 옳지 않은 말을 지었던 까닭으로 500생의 가운데에서 몸이 항상 갈대를 두드린 것처럼 부서졌고 나아가 오늘날에 최후생의 몸으로서 나의 제자 성문들 가운데에서 신통이 제일이었으나 오히려 이전의 과보를 받았느니라. 이러한 까닭으로 그대들은 마땅히 알라. 이전에 지은 업은 반드시 스스로가 받는 것이고, 대신할 사람이 없으며, 나아가 [자세한 설명은 앞에서와 같다.] 마땅히 이와 같이 배울지니라."

여러 필추들이 듣고서 받들어 행하였다. 이때 여러 필추들이 다시 세존께 청하여 말하였다.

"무슨 인연을 까닭으로 여러 외도들이 사리자는 때리지 않았으나 목련을 해쳤습니까?"

세존께서 필추들에게 알리셨다.

---

13) 80세 이상의 노인. 노(老)는 80세, 모(耄)는 90세를 뜻하므로 일반적으로 나이가 많은 노인을 의미한다.

14) 망측하고 해친다는 뜻이다.

"다만 오늘에 한 사람은 놓아주고 한 사람은 때린 것이 아니고 과거에도 역시 그러하였느니라. 그대들은 들을지니라. 지나간 옛날에 한 마을의 주변에 많은 아이들이 모여서 놀고 있었다. 두 마납파(摩納婆)[15]가 길을 따라서 오는 것을 보고 마침내 서로 의논하여 말하였다.

"우리들이 지금 이 두 사람을 때릴 것인가?"

또한 함께 의논하여 말하였다.

"마땅하지 않다면 곧 때리자. 우선 그들에게 물어서 만약 뜻에 맞으면 우리들이 때리지 말고 뜻에 맞지 않으면 곧 그들을 때리자."

한 사람이 물어 말하였다.

"어느 때에 추위가 있는가?"

한 마납파는 생각하면서 말하였다.

"무슨 뜻으로 서로가 묻는가? 그들의 모습을 보니 트집을 잡아서 서로가 때리고자 하는구나."

곧 대답하여 말하였다.

겨울도 여름도 물을 것이 없고
다만 바람이 일어나는 것에 있다네.
바람이 생기면 곧 추위가 있고
바람이 없으면 추위도 분명히 없다네.

동자들이 말을 듣고 곧 놓아주었고 떠나갔다. 다음으로 두 번째 동자에게 물으니 그가 알려 말하였다.

겨울에는 반드시 추위가 있고
여름에는 추위는 있지 않네.

---

15) 산스크리트어 Manavaka의 음사로서 마납바(摩納婆) 또는 마나바(摩那婆)라고 한역되고 유동(儒童) 또는 선혜(善慧)라고 의역된다. 세존께서 연등불 처소에서 수행하시던 때의 '젊은 수행자'라는 뜻으로 통용되고 있다.

이 일은 사람들이 모두 아는데
지혜가 없어 모두가 의심하는구나.

이때 여러 동자들이 듣고 성내고 싫어하면서 심하게 때리고 갔느니라. 그대들 필추들이여. 지나간 때에 놓아주어서 갔던 자는 곧 사리자였고, 그때 맞은 자는 곧 대목련이었으며, 지금도 역시 이와 같으니라."

이때 여러 필추들이 다시 거듭 의심이 있어 세존께 청하여 아뢰었다.

"희유하십니다. 대덕이시여. 구수 아난타의 큰 근심과 번민을 세존께서 대자비로 능히 열어 풀어 주셨습니다."

세존께서 여러 필추들에게 알리셨다.

"내가 지금 경희(慶喜)[16]의 근심과 번민을 풀어 준 것은 희유할 것이 아니니라. 내가 지나간 옛날에도 경희를 위하여 근신과 슬픔을 없애주었느니라. 그대들은 마땅히 들을지니라. 과거의 세상인 때에 가시국(迦尸國) 바라니사성의 왕은 범수(梵授)라고 이름하였고, 나아가 [자세한 설명은 앞에서와 같다.] 풍요롭고 안락하였다. 그 왕에게 아들이 있었고 선생(善生)이라고 이름하였으며 선생에게는 아들이 있었는데 얼굴과 모습이 단정하였다. 종친들이 모여서 이름을 지어 주고자 여러 사람들이 의논하여 말하였다.

"이 아기는 가시국왕의 손자이므로 마땅히 가시손타라(迦尸孫陀羅)라고 이름합시다."

뒤의 다른 때에 선생왕자가 갑자기 목숨을 마쳤다. 이때 범수왕은 아들을 사랑하였던 까닭으로 두 손으로 시체를 끌어안고 슬프게 통곡하면서 가슴을 쳤고 크게 울부짖으면서 민절(悶絶)하였다. 이때 가시손타라는 방편의 지혜가 있었으므로 이와 같이 생각을 지었다.

'대왕께서 고뇌하시다가 혹시 죽음에 이르겠구나. 내가 지금 마땅히 맺힌 근심을 풀어 드려야겠다.'

---

16) 아난타를 한역으로 다르게 부르는 말이다.

곧 왕의 처소에 나아가서 발에 절하고 대왕에게 알려 말하였다.

"대왕이시여. 제가 하려는 것이 있습니다."

왕이 말하였다.

"그대는 무엇을 하려고 하는가?"

일러 말하였다.

"나의 수레를 만드시면서 해와 달을 사용하여 바퀴를 만들고 정묘(精妙)하게 장식하여 빠르게 가져 오십시오. 만약 주지 않으신 채 제7일에 이른다면 나는 가슴이 마땅히 터져서 결국에는 죽을 것입니다."

왕이 이것을 듣고서 더욱 근심하고 두려워하면서 그 손자에게 알려 말하였다.

"누가 이러한 쓸모없는 것을 짓는가?
이것은 어리석은 자가 말하는 것이고
분명히 내가 할 수 없는 것을 알고서도
강제로 구하여 찾고자 하는구나."

그 손자가 아뢰어 말하였다.

"대왕이시여. 저는 어리석지 않고
나라의 주인께서 어리석은 것입니다.
이렇게 냄새나는 시신을 끌어안고
아들을 부르면서 슬퍼하십니다.

해와 달이 비로소 나온다면
널리 인간세상을 비추고
능히 사방의 어둠을 없애며
대광명을 열고 일으킵니다.

부왕께서는 아들이 떠나가서
다른 취에 태어나는 것을 지금 모르시는데
지옥이나 방생이나 아귀가 아니면
인간이나 천상의 다른 도(道)의 가운데 입니다

아닌 곳에 반연하지 마시옵고
대왕께서 잘 생각하고 관찰하시어
은근하고 반드시 뜻을 결정하신다면
오직 법에 귀의하십시오.

왕이 동자의 말을 듣고
몸과 마음이 모두 흔약(欣躍)하였으므로
근심의 독화살을 뽑아 없애고
곧 아들의 시체를 버리었다네."

그대들 필추들이여. 다르게 생각하지 말라. 지나간 때의 가시손타라가 곧 나의 몸이었고 선생이란 자는 사리자였으며 그 법수왕은 곧 아난타였느니라."

곧 게송을 설하여 말씀하셨다.

왕의 손자는 곧 나의 몸이었고
나의 아버지는 사리자였으며
아난타는 범수이었나니
지나간 옛 일을 마땅히 알라.

이때 세존께서는 왕사성에서 교살라국(憍薩羅國)으로 가셨고 인간세상을 유행하시면서 실라벌성의 급고독원에 이르셨다. 이때 구수 아난타가 사리자의 남겨진 몸의 사리에 향과 꽃으로 공양하였다. 이때 급고독장자는 사리자가 열반에 들었고 남겨진 몸의 사리에 구수 아난타가 직접 공양한다는 것을 들었다. 곧 그의 처소에게 나아가서 두 발에 예배하고 알려 말하였다.

"성자여. 아십니까? 존자 사리자께서 지금 이미 열반하셨으나 그 분은 내가 이전부터 존중하였고 오랜 시일이 지나자 공경과 믿음이 더욱 깊어졌습니다. 당신께서 그 분의 사리가 있는 곳에 공양하시고자 한다면 나도 역시 공양을 베풀려는 마음이 있으므로 원하건대 나에게 주십시오."

알려 말하였다.

"장자여. 나도 이와 같습니다. 이전부터 존중하고 공경하였더라도 서로에게 주어야 하는 까닭이 없습니다."

[자세한 설명은 앞에서와 같다.] 나아가 급고독장자가 세존의 처소에 나아가서 아뢰어 말하였다.

"세존이시여. 오직 원하건대 자비롭고 애민하시므로 저에게 구수 사리자가 남기신 몸의 사리를 주십시오. 공양을 베풀고자 합니다."

세존께서 아난타에게 알리셨다.

"그대는 같은 범행자의 유골에는 공양하면서 여래의 처소에서는 공양이 없어서 이렇게 은혜를 갚지 못하고 있네. 이러한 일을 능히 짓는 자는 이것이 여래께 진실로 공양이고 이것이 큰 보은이네. 이를테면, 능히 다른 사람을 출가시켜 근원을 주고, 혹은 의지사가 되어서 그에게 독송을 가르치며 선사를 근책하고 오로지 벗어나는 도를 구하면서 헛되지 않도록 하는 것이네.

왜 그러한가? 아난타여. 여래이신 세존께서도 3무수대겁(無數大劫)의 가운데에서 여러 중생들을 위하여 무량한 백천만 종류의 난행(難行)과 고행을 갖추어 받았으므로 비로소 무상정등보리를 증득하였네. 아난타여. 나를 의지한 까닭으로 선지식이 되었던 까닭이고, 모든 유정이 생·노·병·사·우(憂)·비(悲)·고(苦)·뇌(惱)에서 모두 해탈을 얻었네. 이러한 까닭으로 그대는 지금 장자에게 남겨진 몸의 사리를 주어 그가 공양하도록 하게."

이때 아난타가 세존의 가르침을 받들어 곧 사리를 가져다가 장자에게 주었다. 무슨 까닭으로 아난타가 세존의 가르침을 거역하지 않았는가? 세존께서 옛날의 때에서 보살도를 행할 때에 부모와 스승과 존중받을 처소에서 소유하였던 말과 가르침을 일찍이 거역하지 않았으므로 지금 가르침의 말씀에 감히 거역함이 없는 것이다. 이때 장자는 사리를 얻고서 세존께 예경하고 떠나갔다. 지니고 본래의 집으로 돌아가서 높고 드러난 곳에 안치하고 그 가족과 아울러 여러 권속들과 함께 소유한 향과 꽃과 묘한 물건을 갖추어 공양하였다.

이때 이 성안의 사람들은 존자 사리자가 마가타국 나라취락에서 이미 열반하였고 소유한 사리는 구적인 준타가 가져다가 아난타에게 부촉하였으며 존자 아난타가 가지고 와서 이곳에 이르렀고 세존께서 급고독장자에게 주도록 하셨으며 장자가 지니고 본래의 집으로 돌아가서 공양한다는 말을 들었다. 이때 승광왕과 승만부인 및 행우부인과 아울러 여러 장자·오파색가·비사거·오파사가와 나머지의 사람들이 함께 향과 꽃과 기묘한 공양구를 가지고 장자의 집으로 나아가서 공양하였다. 혹은 일찍이 사리자를 인연한 까닭으로 도를 증득한 자들이 옛날의 은혜를 추모하여 역시 와서 공양하였다.

뒤의 다른 때에 급고독장자가 인연이 있어 외출하면서 문을 잠그고 떠나갔다. 이때 여러 대중들이 함께 공양을 가지고 문에 와서 이르렀는데 그 문이 닫힌 것을 보고는 함께 비난하고 싫어하였다.

"장자는 무슨 인연으로 복을 짓는 길을 막는가?"

장자가 돌아오니 집안 식구가 알려 말하였다.

"많은 사람들이 와서 공양을 베풀고자 하였으나 문이 잠긴 것을 보고 함께 비난하고 싫어하면서 '복업을 막는다.'고 말하였습니다."

장자가 듣고서 곧 이렇게 생각을 지었다.

'이것도 곧 인연이니 세존께 가서 아뢰어야겠다.'

세존의 발에 예경하고 한쪽에 앉아서 아뢰어 말하였다.

"세존이시여. 많은 사람들이 존자 사리자의 사리에 마음에서 공경과 존중이 우러나서 여러 묘한 물건들을 가지고 각자 공양을 베풀고자 저의 집에 왔었습니다. 제가 다른 인연이 있어서 문을 잠그고 떠났는데 여러 사람들이 와서 보고 모두가 싫어하면서 말하였습니다.

'장자가 문을 닫아서 우리의 복된 길을 막았구나.'

만약 세존께서 허락하신다면 제가 지금 드러난 곳에 존자의 사리로서 솔도파를 세워서 여러 사람들이 마음을 따라서 공양하도록 하겠습니다."

세존께서 말씀하셨다.

"장자여. 뜻을 따라서 마땅히 지으시오."

장자는 곧 생각하였다.

'어떻게 지어야 하는가?'

세존께서 말씀하셨다.

"마땅히 벽돌을 사용하여 두 겹으로 기초를 짓고 다음으로 탑신(塔身)을 안치하고, 그 위에 복발(覆鉢)[17]을 안치할 것이며, 뜻에 따라서 높이고 낮추도록 하시오. 그 위에 평두(平頭)[18]를 안치하는데 높이는 12척(尺)[19]으로 하고 넓이는 23척으로 할 것이며 크기는 대·소·중에 의거하여 윤간(輪竿)을 세우고 다음으로 상륜(相輪)을 붙이는데 그 상륜은 거듭하는 숫자로 하나·둘·셋·넷에서 나아가 열셋까지로 하고 다음으로 보병(寶甁)을 안치하시오."

장자는 스스로가 생각하였다.

'오직 사리자의 솔도파를 이와 같이 지어야 하는가? 나머지도 역시 같은가?'

곧 가서 세존께 아뢰니 세존께서 장자에게 알리셨다.

---

17) 탑(塔)의 노반(露盤) 위에 그릇을 엎어놓은 모양 같다고 하여 붙인 것으로 반구형 돔을 형상화해 놓은 것이다.

18) 뭉뚝한 머리를 말한다.

19) 1치[寸]의 10배이다. 자는 손을 폈을 때의 엄지손가락 끝에서 가운뎃손가락 끝까지의 길이에서 비롯된다. 자의 한자인 '尺'은 손을 펼쳐서 물건을 재는 형상에서 온 상형문자(象形文字)이며, 처음에는 18㎝ 정도였던 것으로 추정된다. 이것이 차차 길어져 한(漢)나라 때는 23㎝ 정도, 당(唐)나라 때는 24.5㎝ 정도로 되었으며, 이보다 5㎝ 정도 긴 것도 사용되었다고 한다.

"만약 여래의 솔도파를 조성한다면 마땅히 앞에서와 같이 구족하여 지을 것이고, 만약 독각을 위한 것이라면 보병은 안치하지 않을 것이며, 만약 아라한이라면 상륜이 4층이고, 불환이라면 3층이며, 일래라면 2층이고, 예류라면 마땅히 1층으로 하시오. 범부와 선인(善人)은 다만 평두로 할 것이고 윤개(輪蓋)를 없이 하시오."

세존께서 마땅히 이와 같이 지으라고 말씀하셨으나 필추가 어떻게 안치하는가를 알지 못하였다. 세존께서 말씀하셨다.

"세존께서 머무시는 법의 처소와 같이 가운데에 마땅히 대사의 제저를 안치하고, 여러 대성문은 마땅히 양쪽에 안치하며, 나머지 존숙들의 부류는 대소를 따라서 안치하고, 범부와 선인은 마땅히 사찰의 밖에 있게 하라."

장자가 이미 솔도파를 조성하였으며 세존께 아뢰어 말하였다.

"만약 허락하신다면 제가 존자 사리자의 솔도파를 경축하기 위하여 대시회(大施會)를 베풀겠습니다."

세존께서 말씀하셨다.

"뜻을 따라서 지으시오."

이때 승광왕은 대장자가 세존께 청하여 존자 사리자의 탑에 경축하는 법회를 베푼다는 말을 듣고서 왕은 이렇게 생각을 지었다.

'내가 마땅히 도와야겠구나.'

곧 성의 가운데에서 방울을 흔들면서 널리 알렸다.

"현재 성안에서 소유한 사람들의 물건과 나머지 사방의 먼 상인이라도 만약 이 법회에 와서 참관하면서 화물(貨物)을 팔고 마음대로 교역을 하더라도 그에게 세금을 받지 않겠노라."

이때 500의 상인들이 있었는데 큰 바다에서 흑풍(黑風)을 만나 선박이 부서지려고 하였다. 이때 여러 사람들이 이전에 존자 사리자의 처소에서 일찍이 삼귀의와 오계를 받았으므로 각각 염불하였다. 다시 여러 천인들에게 의지하여 함께 서로가 도움을 청하여 거센 파도를 빠져나와서 평안하게 이곳에 도착하였고 승광왕의 이와 같은 가르침을 듣고서 함께 이러한 생각이 생겨났다.

'왕은 옛날의 업을 까닭으로 이러한 높은 지위를 받았으나, 지금도 싫어함이 없이 다시 단사(檀捨)[20]를 닦는데 우리들이 어찌 복을 경영하지 않겠는가?'

상인들이 모두 공경하고 믿는 마음을 일으켜 곧 많은 금·은·진보(珍寶)·진주·패옥(貝玉)으로써 법회의 가운데에서 진심으로 공양하고 희사하고 떠나갔다. 필추들이 받고 그 물건을 어떻게 처분하는가를 알지 못하였다. 세존께서 말씀하셨다.

"소라조개는 불어서 소리가 생겨나는 것이므로 마땅히 섬부영상처(贍部影像處)에 주어 사용할 것이고, 그 나머지의 소유한 진보는 마땅히 어느 정도를 남겨두었다가 사리자의 탑의 수리가 필요하다면 주어라. 만약 옷감이 있어 매달아 공양할 수 있으면 마땅히 어느 정도를 남겨두었다가 재일(齋日)에 비단을 매달아 공양할 것이며, 나머지의 여러 물건인 의상과 첩포(疊布) 및 전패(錢貝) 등은 현전승가의 대중이 마땅히 함께 그것을 나누어라. 이것은 같은 범행자의 재물이므로 이치에 합당하게 수용하려는 까닭이니라. 이것은 사리자탑의 물건을 이렇게 처분하라는 것이다. 만약 세존탑의 물건이라면 모두 탑에 넣는데 수용하라."

제5문의 제2자섭송 ①

제5문의 제2자섭송으로 말하겠노라.

힐문하면서 억념(憶念)시키는 것과
그에게 허락하고 하지 않음을 묻는 것과
교수하는 일을 하지 않는 것과
장정(長淨)과 수의(隨意)가 있다

20) 산스크리트어 dāna의 음사로서 보시(布施)라고 번역된다.

세존께서는 실라벌성에 머무르셨다.

이때 육중필추가 자세히 보고 듣지 않고서 의심하였고 곧바로 필추를 힐난하여 물었다. 여러 필추들이 듣고 각자 수치스러움이 생겨나서 몸이 여위고 수척하였으며 얼굴빛이 누렇게 시들었고 기력이 감소하여 능히 독송하거나 이치와 같이 사유하지 못하였다. 나아가 세존께서 여러 필추들에게 알리셨다.

"지금부터 필추는 자세히 보고 듣지 않고 의심하여 다른 필추를 힐난하지 말라. 만약 이와 같이 다른 사람을 힐책(詰責)하는 자는 월법죄를 얻느니라. 힐문은 이미 그와 같으며, 억념·문신·교수하지 않는 것·장정·수의도 이와 같이 마땅히 알라. 이러한 부류도 모두 월법죄를 얻는 것을 마땅히 알라."

근본설일체유부비나야잡사 제19권

삼장법사 의정 한역
석보운 번역

제5문의 제3자섭송 ①

제5문의 제3자섭송으로 말하겠노라.

세존의 삼전법륜(三轉法輪)과
처음으로 다섯 사람을 제도하신 것과
이름과 친족 등을 부르지 않는 것과
구시(俱尸)에서 간략하게 가르친 것이 있다.

나는 이와 같이 들었다.

어느 때 세존께서 바라니사의 선인이 떨어진 곳인 시록림에 머무르셨다. 이때 세존께서 다섯 필추들에게 알려 말씀하셨다.

"그대들 필추들이여. 이러한 고성제의 법을 듣는 곳에서 이치와 같게 작의(作意)한다면 능히 안지명각(眼智明覺)이 생겨나리라. 그대들 필추들이여. 이러한 고집과 고멸이 고멸도성제(苦滅道聖諦)의 법에 순응하는 이치와 같게 작의한다면 능히 안지명각이 생겨나리라.

그대들 필추들이여. 이러한 고성제의 명료한 법이라는 것을 이와 같이 마땅히 알고 법을 듣는 곳에서 이치와 같게 작의한다면 능히 안지명각이 생겨나리라. 그대들 필추들이여. 이러한 고집성제의 명료한 법이라는 것을 이와 같이 마땅히 끊고 법을 듣는 곳에서 이치와 같게 작의한다면 능히 안지명각이 생겨나리라.

그대들 필추들이여. 이러한 고멸성제의 명료한 법이라는 것을 이와 같이 마땅히 증득하고 법을 듣는 곳에서 이치와 같게 작의한다면 능히 안지명각이 생겨나리라. 그대들 필추들이여. 이러한 고멸성도제를 수순하며 명료한 법이라는 것을 이와 같이 마땅히 닦고 법을 듣는 곳에서 이치와 같게 작의한다면 능히 안지명각이 생겨나리라.

그대들 필추들이여. 이러한 고성제의 명료한 법이라는 것을 이와 같이 이미 알았고 법을 듣는 곳에서 이치와 같게 작의한다면 능히 안지명각이 생겨나리라. 그대들 필추들이여. 이러한 고집성제의 명료한 법이라는 것을 이와 같이 이미 끊었고 법을 듣는 곳에서 이치와 같게 작의한다면 능히 안지명각이 생겨나리라.

그대들 필추들이여. 이러한 고멸성제의 명료한 법이라는 것을 이와 같이 이미 증득하였고 법을 듣는 곳에서 이치와 같게 작의한다면 능히 안지명각이 생겨나리라. 그대들 필추들이여. 이러한 고멸도성제를 수순하여 명료한 법이라는 것을 이와 같이 이미 닦았고 법을 듣는 곳에서 이치와 같게 작의한다면 능히 안지명각이 생겨나리라.

그대들 필추들이여. 만약 내가 이러한 사성제법에서 삼전십이상(三轉十二相)이 명료하지 않았다면 안지명각이 모두 생겨나지 않아서 얻지 못하였으리라. 내가 곧 여러 천인·마군·범천·사문·바라문과 일체 세간에서 번뇌심을 버리고 벗어나지 못하였다면 해탈을 얻지 못하였을 것이고, 능히 무상보리를 증득하지 못하였을 것이다.

그대들 필추들이여. 내가 이러한 사성제법에서 삼전십이상을 명료하게 이해한 까닭으로 모든 안지명각이 생겨나서 얻었고, 나아가 여러 천인·마군·범천·사문·바라문과 일체 세간에서 번뇌심을 버리고 벗어났으며 마음에 해탈을 얻었고, 곧 능히 무상보리를 증득하였느니라.

이때 세존께서는 이렇게 법을 설하시는 때에 구수 교진여와 나아가 8만의 여러 천인들이 진구(塵垢)를 멀리 벗어나 법안정(法眼淨)을 얻었다.

세존께서 교진여에게 알리셨다.

"그대는 이러한 법을 이해하였는가?"

대답하여 말하였다.

"이해하였습니다. 세존이시여."

"그대는 이러한 법을 이해하였는가?"

대답하여 말하였다.

"이미 이해하였습니다. 선서시여."

교진여가 명료하게 법을 이해하였던 까닭으로 이것을 인연하여 곧 아약교진여(阿若憍陳如)라고 이름하였다. [아약(阿若)은 명료하게 이해하였다는 뜻이다.]

이때 땅에 기거하던 약차가 세존께서 설하시는 것을 듣고는 큰소리로 인간과 천상에 알리며 외쳤다.

"당신들은 마땅히 아십시오. 세존께서 바라니사의 선인이 떨어진 곳인 시록림의 가운데에서, [자세한 설명은 앞에서와 같다.] 십이행상(十二行相)의 법륜을 세 번을 굴리셨고, 이것을 까닭으로 능히 천인·마군·범천·사문·바라문과 일체 세간에 큰 요익이 될 것입니다. 같은 범행자에게는 빠르게 안은한 열반의 처소에 이르게 할 것이고, 인간과 천상은 늘어나고 아소라(阿蘇羅)는 줄어들 것입니다."

그 약차가 이와 같이 알렸던 까닭으로 허공의 여러 천인과 사대왕들이 모두가 듣고 알게 되었다. 이와 같이 전전하여 찰나에 육욕천(六欲天)에 이르렀고 잠깐사이에 나아가 범천에까지 그 소리가 널리 퍼졌다. 범천의 대중들이 듣고서 다시 모두에게 두루 알렸으며, [자세한 설명은 앞에서와 같다.] 이러한 인연으로 이 경전을 『삼전법륜경(三轉法輪經)』이라고 이름하였다. 이때 다섯 필추 및 인간과 천상의 대중들은 세존께서 설하시는 것을 듣고서 환희하면서 받들어 행하였다.

이때 세존께서는 다섯 필추를 위하여 세 번의 법륜을 굴리셨고 그들을 출가시켰으며 근원을 주셨고 필추성을 이루게 하셨다. 이때 다섯 필추는 세존의 처소에서 자주 이름과 씨족으로써 부르고 혹은 구수라고 말하였으므로 세존께서는 여러 필추들에게 알리셨다.

"그대들은 마땅히 여래의 처소에서 이름이나 씨족으로 부르거나 혹은 구수라고 말하지 말라. 왜 그러한가? 만약 어느 필추가 여래의 처소에서 이름과 씨족 및 구수라고 부른다면 이 사람은 어리석은 사람이니라. 장야(長夜)의 가운데에서 많은 괴로움을 받으면서 이익이 없는 것을 짓는 것이니라. 이러한 까닭으로 그대들은 다시 마땅히 여래의 처소에서 이름 등을 부르지 말라. 만약 다시 부르는 자는 월법죄를 얻느니라."

이때 젊은 필추가 있었는데 불·세존을 제외하고 다른 기숙 필추의 처소에서 이름 등을 불렀고 나아가 구수라고 불렀다. 필추가 세존께 아뢰니 세존께서 말씀하셨다.

"젊은 필추는 역시 다시 마땅히 기숙의 처소에게 이름과 씨족을 부르거나 혹은 구수라고 말하지 말라. 그러나 두 종류의 호칭으로 부르는 일이 있나니, 혹은 대덕이라 말하고, 혹은 구수라고 말하는 것이다. 젊은 필추는 노필추를 부를 때에 대덕이라고 말하고, 노필추가 젊은 필추를 부를 때는 구수라고 말하라. 만약 이와 같지 않는 자는 월법죄를 얻느니라."

세존께서 구시나성(俱尸那城)의 장사가 태어난 땅의 사라쌍수(娑羅雙樹) 사이에 머무르셨다.

이때 세존께서는 열반에 이르러서 필추들에게 알려 말씀하셨다.

"내가 그대들을 위하여 이미 널리 비나야장(毘奈耶藏)을 설하였으나 아직 간략하게 설하지 못하였느니라. 내가 지금 다시 그것을 간략한 가르침으로 설하겠으니 그대들은 마땅히 자세히 듣고 잘 생각하며 지극하게 뜻을 지을지니라. 그대들 필추들이여. 혹은 때에 내가 이전부터 오면서 막은 것이 아니고 허락한 것도 아닌 일이 있을 것이다. 그러나 이러한 일에 만약 청정하지 않은 것에 어긋나고 청정한 것에 수순한다면 이것은 곧 옳고 청정한 것이므로 마땅히 행할 것이고, 만약 청정한 것에 어긋나고 청정하지 않은 것에 수순한다면 이것은 부정한 것이므로 행하지 말라. 이것을 받들어 지니고 의혹에 이르지 말라."

제5문의 제4자섭송 ①

제5문의 제4자섭송으로 말하겠노라.

사타물(捨墮物)을 나누지 않는 것과
모기장을 뜻에 따라서 저축하는 것과
삼지(三股)[1] 장대와 솥을 짓는 것과
마땅히 갈치나(羯恥那)를 펼치는 것이 있다.

연기는 실라벌성에서 있었다.

이때 필추가 있어 장의(長衣)로 사타를 범하였고 곧바로 옷을 가지고 상좌 앞에 버렸다. 그 지사인이 이 옷을 보고는 이와 같이 생각을 지었다.

'오늘 승가가 많은 이익된 물건을 얻었구나. 그것을 팔아서 나누어야겠다.'

마침내 곧 불러서 팔았고 대중이 함께 나누었다. 이때 그는 곧 수행을 그만두었고 필추가 세존께 아뢰니 세존께서는 이렇게 생각을 지으셨다.

'사타를 범한 옷을 승가에게 버리고 주었으므로 이와 같은 허물이 있는 것이다. 이러한 까닭으로 마땅히 사타를 범한 옷은 승가에게 주지 않아야 한다.'

여러 필추들에게 알리셨다.

"지난 날에 필추가 사타를 범하여 버린 옷을 승가에게 주었고 마침내 그것을 나누었던 일로 수행을 그만두었느니라. 이러한 까닭으로 마땅히 버려서 승가에게 주지 말고 다른 사람에게 주어라. 만약 알지 못하는 자가 비록 승가에게 주어도 역시 마땅히 나누지 말라. 만약 장의(長衣)를 버려서 승가 대중에게 주었고 마침내 나누었더라도 이 두 가지는 모두가 월법죄를 얻느니라."

---

1) 끝이 Y자형으로 갈라진 막대로서 손이 닿지 않는 곳에 물건을 걸 때에 사용한다.

세존께서 말씀하셨다.

"장의를 버렸다면 다른 사람에게 주어라."

이때 장의를 범한 필추가 있어 옷으로서 버리고 주었는데 무식한 사람이 이미 옷을 얻고서 묵연히 머물렀고 옷을 돌려주는 것을 알지 못하였다. 필추가 세존께 아뢰니 세존께서 말씀하셨다.

"마땅히 다른 사람을 보내어 무식한 자를 가르쳐라. 만약 돌려주면 좋으나 만약 주지 않는다면 마땅히 강제로 빼앗아서 그것을 수지하라. 이 버리는 옷은 나아가 작법이 옳아도 완전히 주는 것이 옳지 않느니라. 그러나 옷을 버리고 구하는 법을 아는 자를 구한 뒤에 마땅히 버릴지니라."

연기는 광엄성에서 있었다.

이때 여러 필추들이 모기에 물렸고 가려운 곳을 손톱으로 긁었던 때에 온몸에서 피가 흘렀다. 재가인들이 보고는 그것이 무슨 까닭인가를 물었다. 필추가 갖추어 대답하였으므로 그들이 말하였다.

"성자여. 당신들은 어찌 모기장을 저축하지 않습니까?"

대답하여 말하였다.

"세존께서 허락하지 않으셨는데 어떻게 저축하겠습니까?"

알려 말하였다.

"세존께서는 대비하시므로 이것을 마땅히 허락하실 것입니다."

필추가 세존께 아뢰니 세존께서 말씀하셨다.

"여러 필추들이 모기장을 저축하는 것을 허락하겠노라."

필추가 마땅히 어떻게 짓는가를 알지 못하였으므로 세존께서 말씀하셨다.

"둘레는 12주(肘)로 하고, 위에는 뚜껑을 얹을 것이며, 뚜껑의 길이는 4주로 하고, 넓이는 2주로 할 것이며, 몸의 높고 낮음을 따라서 끈으로 매달고 곧 꿰매어라."

문을 남겨두었으므로 오히려 모기가 들어왔다. 세존께서 말씀하셨다.

"마땅히 모두 꿰매지 말고 조금 남겨두고서 서로를 덮어서 문을 지을 것이고 더우면 마땅히 부채질을 하라. 만약 밑으로 모기가 들어온다면 담요나 자리로서, 혹은 다른 물건으로 그것을 눌러서 들어오지 못하게 하라."

연기의 처소는 앞에서와 같다.

세존께서 말씀하셨다.

"물은 마땅히 걸러서 사용하라."

이때 필추들이 손으로서 수라를 잡았으므로 마침내 피로함이 생겨났다. 세존께서 말씀하셨다.

"장대에 매달고 수라의 위를 열고서 물을 거르라."

마땅히 이렇게 사용하는 때에도 나아가 오히려 피로함이 생겨났으므로 세존께서 말씀하셨다.

"삼지의 장대를 가지고 끈으로써 장대를 묶어라."

끈이 잘 묶여지지 않았으므로 세존께서 말씀하셨다.

"가까운 위에 마땅히 세 구멍을 뚫어서 노끈으로 단단히 묶을 것이고, 혹은 철환(鐵鐶)을 놓아두고 넓게 세 곳으로 열고서 수라를 묶고 양쪽에서 수라를 열어서 물을 받아라."

물을 부을 때에 넘쳐서 땅으로 흘렀으므로 세존께서 말씀하셨다.

"주의하면서 물을 붓고 넘치지 않게 하라."

항아리의 아래에 받침이 없어 곳에 따라서 기울어졌으므로 세존께서 말씀하셨다.

"받침을 놓아서 항아리가 움직이지 않게 하라."

물이 수라 가운데에서 급하게 걸러졌고 머무르지 않았으므로 벌레가 기절하였다. 세존께서 말씀하셨다.

"마땅히 수라의 가운데에 물건을 넣어라."

필추가 이해하지 못하였으므로 세존께서 말씀하셨다.

"혹은 모래나 혹은 마른 쇠똥을 물에 적셔서 마땅히 수라의 가운데에 넣어라."

물이 오히려 머물지 않았으므로 세존께서 말씀하셨다.

"마땅히 물을 받는 그릇을 지어라."

필추가 어떻게 그릇을 짓는가를 알지 못하였으므로 세존께서 말씀하셨다.

"그릇에는 두 종류가 있느니라. 첫째는 구리로 짓는 것이고, 둘째는 기와그릇이니라."

필추가 손으로 그 그릇을 잡고 있었으므로 마침내 피로함이 생겨났다. 세존께서 말씀하셨다.

"마땅히 손으로 잡지 말고 그릇의 가장자리에 세 구멍을 뚫어서 끈으로 그것을 묶고 매달아서 세발 모양 위에 올려놓고 방편으로 단단하게 하라. 마땅히 모서리에 놓아두면 그릇 가운데에 있으면서 벌레의 목숨이 보존될 것이다. 만약 그 수라가 세밀하여 물이 내려오지 않는다면 마땅히 매끄러운 막대로 그 바깥을 두드려라."

필추가 가득하지 않은 항아리의 안을 살폈으나 능히 벌레를 볼 수 없었다. 세존께서 말씀하셨다.

"물을 항아리에 가득하게 붓고 물이 움직이지 않으면 비로소 관찰하라."

물 위에 먼지가 있어 벌레를 관찰하여도 보이지 않았으므로 세존께서 말씀하셨다.

"먼지를 제거하고 곧 관찰하라."

만약 작은 벌레가 보여서 다른 사람에게 손가락으로 가리켜서 보는 때에 작은 벌레는 빠르게 달아났다. 보아도 분명하지 않았으므로 세존께서 말씀하셨다.

"마땅히 풀끝이나 풀줄기 등으로 가리켜서 보아라."

필추가 벌레를 보았을 때에 우물 위에서 그 수라를 뒤집었으므로 벌레가 비록 물에 떨어졌으나 많이 기절하였고 혹은 때에 죽었다. 세존께서 말씀하셨다.

"마땅히 방생(放生)하는 그릇을 지어서 물속에서 엎도록 하라."

필추가 곧 이러한 두레박을 사용하여 가득 채워서 내려 보냈고 가득 채워서 끌어올렸으나 벌레는 여전히 이전처럼 의지하고 있었다. 세존께서 말씀하셨다.

"마땅히 이 그릇에 벌레를 담아서 내려 보내고 물에 이르면 뒤집어 비우고서 끌어올려라."

필추가 이해하지 못하였다.

"마땅히 별도로 방생하는 그릇을 지어라."

이때 어느 그릇도 얻지 못하였으므로 세존께서 말씀하셨다.

"끈으로 수라를 묶어 방편으로 던져놓고 벌레가 떠나간 것을 짐작하여 뒤에 끌어올려라."

[그 방생하는 그릇은 다만 인도(西國)을 오래 다닌 사람은 이해할 것이다. 동하(東夏)[2]에서 먼저 왔더라도 낙막(落漠)[3]한 까닭으로 역시 그 법식을 맡겨두는 것이 필요하다. 만약 자세히 설명하지 않는다면 밝은 깨달음이 없는 까닭이다. 그 그릇은 구리·철·옹기·나무 등으로 마음대로 사용한다. 만약 몸을 따라서 헤아려 가지고 떠나면서 구리로 지은 것을 사용한다면 두세 되(升)를 수용할 수 있는데, 곧 이것은 옛날부터 전해진 구리두레박이다. 마침내 구리 계통으로 짓고자 하면 손으로 구멍을 뚫고 바닥 가까이에서 한쪽에 구리 고리를 걸어놓고 작은 대나무를 위부분에 붙인다.

만약 걸식하러 가는 때에는 구멍을 왼쪽 어깨에 놓고 옷으로 감싸며, 오른손으로 가지고 다닌다. 걸식을 마치면 한집에 이르러 어시발우(飯鉢)를 놓아두고 스스로가 곧 끈을 씻는데, 1조(條)이고 거친 노끈과 같이 허락된다. 우물의 깊고 얕음을 따라서 두레박을 묶어 물을 취하고, 작은 수라로 짐작하여 거르면 만족하게 얻는다. 곧 끈으로서 위 구멍에 고리를 단단하게 묶어 끈을 들어 올려서 세우고 두레박의 끈을 가지런하게 한다.

고리를 묶어서 세울 때에 평평하게 주의하여 기울어지지 않아야 하고, 아울러 미리 먼저 분명하게 짓지 않으면 직면한 때에 구하면서 찾더라도 얻을 수 없다. 곧 작은 수라로서 두레박의 벌레를 뒤집고 서서히 아래로

2) 한국을 가리켜 이르는 말이다.
3) 근거나 조리가 불충분한 것을 가리키는 말이다.

내려서 물에 이르면 고리를 늘어트리고 줄을 당겨서 뒤집히게 한다. 두·세 번을 아래로 씻고 비로소 우물 밖으로 끌어올린다. 이것이 걸식하는 법식이다.

만약 사찰에 있는 자는 곧 일상적으로 사용하는 우물에서 철두레박을 찾아 그것을 뒤집어 앞에서와 같이 놓아두고 소유한 다른 처소에서 바닥 가까이에서 철고리(鐵鐶)을 붙이는데 세 마디의 손가락까지 허용된다. 두레박의 고리를 안의 가운데에서 들어 올려서 세우고 끈을 가지런하게 한다. 앞에서와 같이 고리를 붙이고 벌레가 있는 가운데를 뒤집으며 아래의 물에 이르면 법에 준하여 뒤집는다. 가령 깊은 우물이면 역시 그것도 깊게 하며 만약 별도로 끈을 저축하는데 노요(勞擾)[4]를 염려하는 것이다. 만약 우물이 깊거나, 혹은 별도의 그릇을 저축하거나, 혹은 강과 연못으로 보내어서 물을 옮기면서 마치는 때에 돌아온다면 반드시 그릇을 씻어야 하는데 이것이 그 법식이다.

일반적으로 여래의 성스러운 가르침은 자비가 근본이나, 계율이 제정된 것은 죄에는 성죄(性罪)[5]와 차죄(遮罪)[6]가 있고, 차죄는 가벼우나 성죄는 무거우며, 성죄 중에서도 살생은 가장 무겁다. 이러한 까닭으로 지혜로운 사람은 이치에 마땅하게 보존하고 보호하라. 만약 장차 이것이 가볍다면 어찌 다시 무엇이 무겁겠는가? 만약 능히 짓는 자는 현재 긴 수명의 과보를 얻을 것이고, 내세에는 마땅히 정토에 태어날 것이다.

또한 신주(神州)[7] 지역에는 400여 성(城)이 있고 출가하여 활동하는 사람도 1만 명을 헤아린다. 물을 거르는 일에 마음이 있는 자는 적고 세속의 삶에서는 항상 부처님의 가르침을 경시하므로 하나하나의 문도에 구전(口傳)하는 것은 옳지 않다. 바라건대 여러 행하는 사람은 서로에게 전하고 가르치고 익히도록 하라. 설령 교학에서 삼장에 통하였고, 좌선에

4) 피로에서 생겨나는 마음의 동요를 가리킨다.
5) 행위 자체가 곧 죄가 되는 것을 가리킨다.
6) 행위 자체는 죄가 아니지만 그것을 인연하여 발생하는 죄를 가리킨다.
7) 전국시대에 추연(騶衍)이라는 학자가 중국을 '적현신주(赤縣神州)'라고 이름하였고, 이후에 사람들이 중국을 신주라고 부른 것에서 연유한 말이다.

서 4선(四禪)을 증득하였으며, 항상 생각이 무생이고, 마음이 맑아 공의 이치이더라도, 만약 목숨을 보호하지 않는다면 세존의 꾸중을 벗어나지 못할 것이다. 십악 중 가장 무거운 죄를 누가 대신 받겠는가?

또한 마땅히 어느 백정(屠兒)이 양을 끌고 사찰에 들어오는 것을 보았다면 여러 입을 풀어주어 오래 살도록 지나치지 않아야 한다. 대중이 함께 그것을 보고 손가락을 튕겨서 선을 칭찬하라. 어찌 방안에서 물을 사용하는 날에 알면서도 천의 생명과 만의 생명을 죽이겠는가? 이미 가르침의 이치를 알았다면 마땅히 세밀한 수라로 세심하게 관찰하라. 스스로가 이익되고 물건이 이익되게 잘 보호하고 잘 생각하라. 다시 어느 사람에게 밭을 갈아서 두렁에 심게 하면서 규칙을 구하는 것은 작은 이익이므로 보이지는 않아도 허물이 크니라. 물과 땅의 생명을 함께 상하고 죽이는데 셀 수가 없느니라. 이러한 죄와 허물을 그것과 같이 하고자 어찌 곧 알고서도 손을 잡고 천문(泉門)[8]에서도 다른 사람에게 판단(分判)을 맡기겠는가?

옛 경전에서는 "살생하는 사람은 마땅히 지옥·아귀·축생에 떨어지고, 설령 사람이 되어도 목숨이 짧고 병이 많다."고 말하였느니라. 오호(嗚呼)라! 이러한 고통을 누가 마땅히 수용하겠는가? 벗어날 수 있다면 옳도다. 매우 옳도다. 용화(龍花)[9]의 처음 법회에 함께 자비로운 인연을 맺으라. 자세한 것은 별도로 전하므로 이것으로 번민하지 말라.]

이때 여러 필추들이 매번 수라를 사용하고 결국 자주 세탁하지 않았고 물을 짜서 말리지 않았으며 햇볕을 쪼이지도 않았고 뒤집지도 않아서 수라가 빨리 손괴되었으므로 세존께서 말씀하셨다.

"일반적으로 수라를 사용하는 자는 마땅히 세탁하는 일 등을 하라. 만약 짓지 않는 자는 월법죄를 얻느니라."

이때 어느 필추가 대중의 물을 거르는데 대중이 많아서 마침내 피로함이 생겨났다. 세존께서 말씀하셨다.

---

8) 저승의 문을 가리키며, 황천(黃泉)이라고도 말한다.
9) 용화교주인 미륵불을 다르게 부르는 말이다

"만약 대중은 많아서 거르는 것이 지체된다면 제공하는 자는 마땅히 거르는 물가마를 지어라."

필추가 어떻게 짓는가를 알지 못하였으므로 세존께서 말씀하셨다.

"구리·철·옹기 등으로 마땅히 가마의 모습과 같이 짓고 바닥에는 구멍을 만드는데 크기는 잔(盞)과 같으면 되느니라. 연대(蓮臺)의 모양으로 높이는 4지(指)로 지을 것이고, 위에는 거친 젓가락과 같은 구멍을 많이 만들 것이며, 그 위에 모직(疊褁)이나 혹은 견포(絹布)를 사용할 것이고, 가는 끈으로서 감고서 가운데에서 물을 거르라. 사용을 마치면 씻어서 엎어놓을 것이며, 앞에서와 같이 하라."

이때 여러 필추가 이(虱)와 빈대(壁虱) 및 여러 벌레들을 까닭으로 멀리 땅에 버렸으므로 그것들이 곧 기절하였다. 필추가 세존께 아뢰니 세존께서 말씀하셨다.

"일반적으로 이러한 생명을 마땅히 멀리 버리거나 역시 마땅히 곳을 따라서 곧 내던지지 말라. 이는 오래된 면에 놓아줄 것이고, 만약 이것이 없다면 나무구멍이나 담의 틈새에 놓아줄 것이며, 빈대는 푸른 풀 속에 놓아줄 것이고, 이것이 만약 없다면 시원한 곳에 놓아줄 것이니라. 만약 다시 다른 벌레가 있다면 적당한 곳에 놓아주어라."

구수 오파리가 세존께 청하여 아뢰었다.

"거른 물은 관찰하지 않고 마실 수 있습니까?"

세존께서 말씀하셨다.

"아니된다. 관찰하지 않은 까닭이니라."

"대덕이시여. 거르지 않은 물도 관찰하면 마실 수 있습니까?"

세존께서 말씀하셨다.

"있느니라. 관찰한 까닭이니라."

연기의 처소는 앞에서와 같다.

세존께서는 "대중이 안거를 마치면 마땅히 갈치나의(羯恥那衣)를 지어라."고 마땅히 말씀하셨다. 이때 승광왕은 세존께서 허락하신 것을 듣고 곧 갈치나의를 대중에게 맡겨서 받들었고, 승만부인·행우부인·급고독장자와 여러 거사 등의 공경하고 신심있는 부류들이 함께 많은 옷을 보내어 승가가 수용하고 충당하도록 하였다. 이때 여러 필추들이 다만 하나의 옷을 취하여 갈치나의를 짓고 나머지는 모두 주인에게 돌려보냈으므로 왕이 이것을 듣고 알려 말하였다.

"성자여. 우리들이 이 물건을 이미 승가께 희사하여 주었는데 어찌 지금 다시 거듭 받아서 취하겠습니까?"

필추가 세존께 아뢰니 세존께서 말씀하셨다.

"이러한 까닭으로 나는 지금 모든 필추들에게 이러한 옷을 받아 취하는 것을 허락하겠노라. 그 많은 옷은 마땅히 많은 사람에게 보내도록 하라. 장의(長衣)[10]를 짓는 자는 마땅히 그 하나를 취하여 짓고 작법하여 수지할 것이며, 나머지는 마땅히 저축하여 두었다가 마땅히 승가를 위한 안거의 이양의 물건으로 지어라."

제5문의 제5자섭송 ①

제5문의 제5자섭송으로 말하겠노라.

죽은 뒤에 별도로 부탁하는 것과
맡긴 사람의 몸이 죽은 것과
다른 곳에도 위임할 수 있는 것과
만약 죽었다면 다른 사람으로 대신하는 것이 있다.

연기는 실라벌성에서 있었다.

이때 이 성안에 한 장자가 있었고, 세 아들을 낳았는데 그중 셋째가 불법에 출가하여 인간세상을 유행하였다. 떠난 뒤에 오래지 않아서 아버지

10) 갈치나의를 한역으로 번역한 말이다.

가 곧 병을 만나서 장차 죽음에 가까워졌으므로 여러 친척을 모으고서 두 아들에게 알려 말하였다.

"집안에서 소유한 모든 것을 거두어 오라."

그들은 곧 가져다가 모아놓았고 3등분하여 두 아들에게 각각 한몫을 주었고 그 나머지 한몫을 출가한 아들에게 주라고 하였다. 이렇게 유언을 짓고서 인연하여 곧 목숨을 마쳤다. 이러한 게송이 있다.

쌓아놓은 것은 모두 흩어지고
높이 오른 것은 반드시 떨어지며
합쳐지고 모인 것은 결국 이별하며
목숨이 있는 것은 모두 죽음으로 돌아가네.

이때 그 두 아들이 여법하게 화장하고 근심하며 기거하였다. 그 출가한 아들이 아버지의 죽음을 듣고 곧 이러한 생각이 생겨났다.

'나에게 형제가 있으니 지금 귀의하는 것을 말하고 그들을 위하여 설법해야겠다.'

이미 집에 이르렀고 형제는 서로를 보고 함께 슬픈 정을 나누었다. 형이 말하였다.

"아우는 울지 말게. 아버님께서 돌아가는 날에 그대에게 한몫의 재물을 남겼고 서로에게 주셨네."

아우는 이렇게 생각을 지었다.

'세존께서는 죽은 뒤에 주는 것은 좋은 일이 성립되지 않는다고 말씀하셨다.'

마침내 받지 않았다. 필추가 세존께 아뢰니 세존께서 말씀하셨다.

"재가인으로 죽은 자는 바라는 마음이 있으나, 필추가 죽은 때에는 마음에 바라는 것이 없느니라. 이것은 재가인이 바라는 마음이 있으므로 취하는 때에도 허물이 없느니라. 뜻에 따라서 마땅히 수용하라."

연기의 처소는 앞에서와 같다.

이때 어느 필추가 몸에 병을 앓았고 다른 필추에게 알려 말하였다.

"마땅히 나를 잘 살피고 간호하여 주십시오. 내가 가진 옷과 발우를 마땅히 그대에게 주겠습니다."

그 다른 필추가 곧 간호하였는데 오래지 않아서 목숨을 마쳤다. 그는 목숨을 마친 것을 보고 곧 옷과 발우를 취하여 자기의 방안에 놓아두었다. 이때 여러 필추들이 함께 와서 차문(借問)[11]하였다.

"죽은 필추의 옷과 발우는 지금 어디에 있는가?"

대답하여 말하였다.

"그가 이미 나에게 주었습니다."

그 일을 갖추어 알렸다. 필추가 세존께 아뢰니 세존께서 말씀하셨다.

"그 어리석을 사람은 살아있을 때에 어찌 서로에게 주지 않고 죽은 뒤에야 비로소 베풀었는가? 이와 같이 죽은 뒤에 준다는 법은 없느니라. 마땅히 그 물건을 찾아서 대중이 함께 나누고 나눈 것에 의거하여 마땅히 줄지니라."

연기의 처소는 앞에서와 같다.

이때 한 필추가 있었는데 다른 한 필추를 마주하고서 옷과 물건을 나누고서 갑자기 목숨을 마쳤다. 그 필추가 곧 그 물건을 취하여 자기의 방안에 놓아두고서 죽은 필추의 시신(屍骸)을 메고 가서 다비를 마치고 방안으로 돌아왔다. 이때 지사인이 죽은 필추의 방에 들어가서 차례로 살펴서 관찰하고 살펴서 옷과 발우 및 여수라(濾水羅)[12]를 찾았고 이 물건들을 가지고 대중 안에 이르니 필추들이 물어 말하였다.

"이 물건은 왔으나 나머지 많은 물건은 어찌 가져오지 않았는가?"

대답하여 말하였다.

"방안에 오직 이것이 있었고 다시 다른 물건은 없었습니다."

---

11) 찾아서 묻는 것을 가리킨다.

12) 물을 거르는 그릇을 가리킨다.

다른 사람이 알려 말하였다.

"한 필추가 있는데 그의 지우입니다. 만약 그에게 묻는다면 있고 없음을 알 것입니다."

그에게 물으니 대답하여 말하였다.

"나를 마주하고 분별(分別)[13]하였고, 내가 그의 옷을 취하였습니다."

필추가 세존께 아뢰니 세존께서 말씀하셨다.

"이것은 작법이니라. 마땅히 곧 남겨줄 것이고 빼앗아서 함께 나누지 말라."

연기의 처소는 앞에서와 같다.

이때 한 필추가 있었고 다른 필추와 마주하고서 옷을 분별하였다. 그가 갑자기 목숨을 마쳤으므로 이 필추는 곧 옷을 가져다가 승가에게 주었다. 대중이 물어 말하였다.

"이것이 누구의 물건인가?"

대답하여 말하였다.

"나의 물건으로 그와 마주하고 분별하였는데 그가 마침내 목숨을 마쳤으므로 내가 이 물건을 가지고 대중에게 희사하여 주었습니다."

필추가 세존께 아뢰니 세존께서 말씀하셨다.

"작법에 마땅하느니라. 비록 마주하고 물건을 분별하였더라도 그에게 귀속되지 않으니 마땅히 스스로가 취하여 수용하라."

연기의 처소는 앞에서와 같다.

다시 필추가 있었고 다른 필추를 마주하고서 옷과 물건을 분별하였는데 마주하였던 필추가 갑자기 환속하였다. 뒤의 다른 때에 그는 한 필추가 있었고 일찍이 나의 처소에서 그 옷을 분별한 것을 기억하였다.

'내가 비록 환속하였으나 그 물건은 나에게 귀속된 물건이므로 내가

---

13) 사물을 종류에 따라 나누는 것을 가리킨다.

마땅히 나아가서 찾으리라.'

그의 처소에 이르러 알려 말하였다.

"성자여. 당신이 일찍이 나를 마주하고서 옷을 분별하였으니 지금 나에게 주십시오."

필추가 세존께 아뢰니 세존께서 이렇게 생각을 지으셨다.

'여러 필추들이 그 필추에게 위임(委寄)하는 자로 삼았고, 곧 오히려 그와 마주하여 분별을 지었으므로 이러한 허물이 있는 것이다. 이러한 까닭으로 내가 지금 여러 필추에게 제정해야겠다.'

"마땅히 그 위임하는 자를 마주하고서 옷과 물건을 분별하지 말라. 짓는 자는 월법죄를 얻느니라."

연기의 처소는 앞에서와 같다.

다시 필추가 있어 다른 필추를 마주하고 옷과 물건을 분별하였는데 그 마주하였던 필추는 다투는 사람이었다. 항상 다른 필추들과 다투어서 분란을 일으켰고 분노를 품고서 곧 떠나고자 하였다. 그 옷을 분별한 사람이 떠나가는 것을 보고 울면서 알려 말하였다.

"가지 마십시오."

다시 고통스럽게 만류하였으나 기꺼이 머물지 않았다. 여러 사람들이 알려 말하였다.

"그대는 이렇게 투쟁을 좋아하여 대중들을 요란스럽고 고뇌하게 하는 사람을 머물게 하지 말라."

대답하여 말하였다.

"어찌 내가 머물지 못하게 하겠습니까? 나는 항상 이 사람을 마주하고서 옷과 물건을 분별하여 왔고 다른 곳에 위임할 사람이 없습니다."

필추가 세존께 아뢰니 세존께서 말씀하셨다.

"만약 위임하는 필추가 설령 해외(海外)에 기거하여도 다만 몸이 있다면 멀리 가리키면서 위임하여도 역시 허물이 없느니라."

이때 어느 필추가 아주 먼 지방에서 다른 필추를 가리키면서 위임하는 사람으로 지었으나 그가 곧 목숨을 마쳤다. 필추가 들었을 때는 이미 여러 날이 지나서 어떻게 해야 하는가를 알지 못하였다. 필추가 세존께 아뢰니 세존께서 말씀하셨다.

"처음에 이미 들었다면 소유한 새로운 물건과 옛 물건을 곧 다른 사람에게 위임을 짓도록 하라."

제5문의 제6자섭송 ①

제5문의 제6자섭송으로 말하겠노라.

결계의 밖에서 욕을 주지 않는 것과
장차 가는 것과 전전(展轉)하지 않는 것과
설계(說戒)와 수의사(隨意事)에서
어기는 자는 모두 허물을 부르는 것이 있다.

연기의 처소는 앞에서와 같다.

이때 육중필추는 비록 결계 밖에 기거하였으나 결계 안에 기거하는 자에게 욕(欲)을 주었다. 필추가 세존께 아뢰니 세존께서 말씀하셨다.

"마땅히 결계의 밖에 있으면서 결계 안의 사람에게 욕을 주지 말라."

세존께서 허락하지 않으시는 것을 보았을 때에 필추가 있어 경계 밖으로 나가는 것에 다다라서 승가에 발족(發足)하는 일이 있었으며 육중이 곧 즉시 강제로 욕을 설하였다. 필추가 세존께 아뢰니 세존께서 말씀하셨다.

"경계를 나가고자 하는 자는 마땅히 욕을 취하지 말라."

육중필추가 듣고 마침내 경계 밖에서 다시 서로에게 욕을 주었고 나아가 여섯 사람이 전전하면서 서로에게 욕을 주었다. 필추가 세존께 아뢰니 세존께서 말씀하셨다.

"마땅히 경계 밖에서 전전하면서 욕을 주지 말라. 짓는 자는 월법죄를 얻느니라."

연기의 처소는 앞에서와 같다.

세존께서는 "보름이면 마땅히 계를 설하라."고 마땅히 말씀하셨다. 육중이 곧 경계의 밖에서 욕을 주어서 청정하고자 하였으므로 세존께서 말씀하셨다.

"마땅히 이와 같이 하지 말라."

또한 장차 떠나고자 하는 자의 욕을 취하였고, 또한 경계의 밖을 전전하면서 청정한 욕을 취하였으며, [자세한 설명은 앞에서와 같다.] 세존께서 말씀하셨다.

"모두 마땅히 짓지 말라. 짓는 자는 월법죄를 얻느니라."

세존께서는 "안거를 마칠 때에 필추는 삼사(三事)[14]에서 보고 들으며 의심하는 일에 수의사를 지어야 한다."고 마땅히 말씀하셨다. 육중필추는 곧 경계의 밖에서 수의사를 지었고, 또한 떠나고자 하는 자를 머물게 하였으며, 또한 경계의 밖에서 전전하면서, 역시 [앞에서의 설명과 같다.]

세존께서 말씀하셨다.

"모두 마땅히 하지 말라."

제5문의 제7자섭송 ①

제5문의 제7자섭송으로 말하겠노라.

마땅히 사람 숫자를 아는 것과
뜻을 따라서 산가지(籌)를 행하는 것과
재가인과 함께 앉지 않는 것과
노소(老小)[15]는 마땅히 여름을 따르는 것이 있다.

연기의 처소는 앞에서와 같다.

14) 육근(六根)과 육경(六境)과 육식(六識)의 상호작용인 18경계를 가리킨다.
15) 사문들의 법랍(法臘)의 많고 적음을 가리킨다.

이때 이 성안에 어느 바라문이 일을 인연하여 밖에 나갔다가 서다림에 들어갔는데 희유한 마음을 생겨났다.

“내가 지금 시험삼아 사찰의 안에 현재 몇 사람이 머무르는가를 물어 보아야겠다.”

필추를 보고 물었다.

“몇 사람이 있습니까?”

필추가 알려 말하였다.

“나는 능히 알지 못합니다.”

바라문이 말하였다.

“승광대왕도 교살라국에서 소유한 병사의 숫자도 오히려 알고 있는데 사찰 안에 있는 승가의 문도들을 무슨 인연으로 헤아리지 못합니까?”

그가 묵연히 대답이 없었다. 필추가 세존께 아뢰니 세존께서 말씀하셨다.

“마땅히 사람의 숫자를 알아두어라.”

필추가 곧 즉시 하나하나 따로 세었으나 혹은 손가락을 구부리면서 잊고 능히 기억하지 못하였다. 필추가 세존께 아뢰니 세존께서 말씀하셨다.

“마땅히 산가지로 행하고 이미 숫자를 모았다면 대중에게 알려서 알게 하라.”

필추가 어느 때에 마땅히 세어야 하는가를 알지 못하였으므로 세존께서 말씀하셨다.

“마땅히 안거하는 때에 세어라.”

다시 어느 장자가 서다림에 들어가서 여러 필추들이 부지런히 독송을 익히고 생각을 집중하여 정밀하게 선사하는 것을 보았다. 이러한 일을 보고 깊은 청정한 신심이 생겨나서 승가의 숫자를 알고 중간에 음식을 베풀고자 하였으므로 곧 필추에게 물었다.

“이 주처에 모두 몇 사람이 있습니까?”

필추가 그 숫자를 알렸으므로 예배하고 떠나갔다. 이미 집안에 이르러 집안사람에게 알려 말하였다.

"내가 내일 세존과 승가에게 집으로 오시어 공양하도록 청하였소. 이와 같이 사람을 허락하였으니 그 승가 대중을 따라서 그대들은 마땅히 준비하시오."

알려 말하였다.

"매우 좋습니다. 곧 집안에 여러 공양을 준비하겠습니다."

이때 그 장자가 대중이 모이는 때에 마침내 사찰 안에 이르렀고 지사인에게 알려 말하였다.

"당신은 마땅히 나를 위하여 승가에 알리십시오. '장자 누구가 내일 세존과 여러 대중에게 집으로 오시어 공양하도록 청하였습니다.'"

알려서 알도록 하였고 하직하고 떠나갔다. 다른 필추들이 있어 인간세상을 유행하면서 급고독원에 이르렀다. 이때 그 장자는 곧 그 밤에 여러 종류의 좋은 음식을 준비하였다. 좌석을 펼쳐놓고 물항아리·치목·조두 등을 놓아두었다. 아침에 사람에게 시켜 가서 세존과 대중에게 '그때에 이르렀으니 원하건대 강림하십시오.'라고 아뢰게 하였다. 필추의 승가 대중은 하루의 초분에 옷과 발우를 집지하고 장자의 집으로 나아갔다.

이때 대사께서는 사찰에 머무시면서 사람에게 음식을 취하도록 하시었다. 다섯 가지의 인연이 있으시면 여래이신 대사께서는 직접 공양청에 나아가시지 않으셨다. 무엇이 다섯 가지인가? 첫째는 스스로가 연좌(宴坐)[16]하시는 것이고, 둘째는 여러 천인을 위하여 설법을 하시는 것이며, 셋째는 병자를 보살피시는 것이고, 넷째는 와구를 관찰하시는 것이며, 다섯째는 학처를 제정하시는 것이다. 이 가운데에서 학처를 제정하시기 위한 것이었다. 이때 그 장자는 헤아린 승가의 숫자에 의거하여 좌석을 놓아두었고 음식도 역시 같았다. 나아가 많은 사람이 그 집에 와서 이르는 것을 보고 전자(典座)[17]에게 알려 말하였다.

---

16) 고요히 앉아서 참선하는 것을 가리킨다.

17) 육지사(六知事)의 하나로서 선원(禪院)에서 식사·의복·방석·이부자리 등을 담당하는 소임을 가리킨다.

"성자가 알려주신 사람의 숫자에 의거하여 내가 준비하였는데 이미 이전의 숫자를 넘었으니 어떻게 해야 합니까?"

전좌가 알려 말하였다.

"객들이 있어 새롭게 왔습니다. 그대는 기뻐하십시오."

대답하여 말하였다.

"당신이 만약 먼저 말하였다면 내가 마땅히 음식을 준비하였을 것입니다."

필추는 묵연하였다. 이때 대중에는 배부른 자도 있었고 굶주린 자가 있었다. 필추가 세존께 아뢰니 세존께서 말씀하셨다.

"전좌는 마땅히 객의 숫자를 관찰하여 시주에게 알려야 하느니라. 다시 필추가 있어 중간에 와서 이르렀다면 세존께도 말하고, 이것도 역시 알려서 알게 하라. 내가 지금 그 대중들의 상좌를 위하여 행법을 설하겠노라. 상좌는 마땅히 먼저 문도 대중과 음식을 관찰하여 만약 사람이 많고 음식이 적다면 마땅히 시주에게 알려 말하라. '현수여. 사람은 많고 음식은 적으니 평등하고 균등하게 나누십시오.' 만약 사람은 적고 음식은 많다면 알려 말하라. '현수여. 음식이 많으니 뜻에 따라 나누십시오.' 만약 그 상좌가 잘 관찰하지 않고 계율에 의지하지 않는 자는 월법죄를 얻느니라. 또한 시주의 집에 이르러 마땅히 반드시 물의 벌레를 거른 것과 치목 및 흙가루를 관찰하고 아울러 충분히 준비하여 부족하지 않도록 할 것이며, 음식을 먹기 이전과 이후에 손을 씻고 양치를 하는 법이 아울러 여법하게 하라. 만약 검교(撿挍)하지 않는 상좌와 차좌는 모두 월법죄를 얻느니라."

연기의 처소는 앞에서와 같다.

육중필추가 여러 재가인과 같은 자리에 앉았다. 이때 공경하는 신도가 보고 비난하고 비웃으며 알려 말하였다.

"성자여. 당신은 출가하여 항상 범행을 닦는데 어찌하여 항상 음욕을 행하는 부정한 사람과 한 자리에 앉으십니까?"

그들이 듣고 묵연하였다. 필추가 세존께 아뢰니 세존께서 말씀하셨다.

"여러 신심이 있는 재가인의 말이 도리에 합당하다. 그러므로 여러 필추들은 마땅히 여러 재가인과 같은 자리에 앉지 말라. 앉는 자는 월법죄를 얻느니라."

세존께서 제정하신 것을 듣고 마침내 구적과 함께 앉으니 신도가 알려 말하였다.

"당신은 이미 근원인데 무슨 인연으로 소사(小師)와 함께 앉습니까?"

대답하여 말하였다.

"이 사람은 재가인이 아니고 출가한 사람인데 이것에 무슨 허물이 있는가?"

그가 듣고 묵연하였다. 필추가 세존께 아뢰니 세존께서 말씀하셨다.

"역시 다시 근원을 받지 않은 자와 같은 자리에 앉지 말라."

세존께서는 허락하지 않으셨다. 이때 늙은 필추가 젊은 자와 같이 앉았고 다시 젊은 자가 늙은 자와 함께 한 자리에 있으면서 서로를 공경하지 않았다. 필추가 세존께 아뢰니 세존께서 말씀하셨다.

"노소가 마땅히 섞여서 앉지 말라. 만약 하안거가 없는 자는 두 안거인 자와 같이 앉을 수 있고, 한 안거인 자도 두 안거인 자와 자리를 같이 앉을 수 있으며, 만약 두 안거 이상인 자는 세 안거 이상인 자와 모두 함께 앉을 수 있느니라."

세존께서 이미 제정하여 마치셨다. 이때 여러 필추들이 재가인의 집에 있으면서 다만 세 안거 이상인 자와 같은 자리에서 앉았으므로 좌석을 구하는 것이 어려웠다. 세존께서 말씀하셨다.

"만약 재가인의 집에서 자리를 얻기 어렵다면 비록 친교사나 궤범사라도 같이 앉을 수 있고, 물건으로 가운데를 막고 의혹에 이르지 말라."

제5문의 제8자섭송 ①

제5문의 제8자섭송으로 말하겠노라.

마땅히 부드러운 자리에 앉지 않는 것과
다른 사람의 사미를 유혹하지 않는 것과
물건으로 맹세하고 노름하지 않는 것과
역시 호랑이가 남긴 것을 먹지 않는 것이 있다.

연기의 처소는 앞에서와 같다.

법을 들을 때에 마땅히 좌석을 펼쳤다. 이때 어느 구적이 역시 부드러운 좌석에서 졸음에 집착하는 인연으로 마침내 오줌을 싸서 그 자리와 요를 더럽혔다. 필추가 세존께 아뢰니 세존께서 말씀하셨다.

"구적은 마땅히 부드러운 자리와 요에 앉지 말라."

이때 구수 사리자의 구적인 준타가 와서 법문을 듣는 때에 필추가 곧 딱딱한 나무토막에 앉게 하였으므로 물어 말하였다.

"대덕이여. 무슨 까닭으로 나에게는 딱딱한 자리를 주십니까?"

대답하여 말하였다.

"부드러운 자리는 세존께서 막으셨네."

구적이 알려 말하였다.

"대덕이여. 내가 어찌 그와 같은 허물이 있겠습니까?"

세존께서 말씀하셨다.

"만약 용심(用心)하는 구적이 있다면 부드러운 자리를 줄 것이나 나머지는 마땅하지 않느니라."

연기의 처소는 앞에서와 같다.

이때 필추가 있어 구적을 꾸짖고서 마침내 곧 쫓아내었으므로 서다림의 문밖에서 울면서 머물렀다. 이때 오파난타가 보고 물어 말하였다.

"그대는 어찌 울고 있는가?"

대답하여 말하였다.

"스승에게 야단맞았습니다."

알려 말하였다.

"따라 오게. 내가 마땅히 그대에게 옷·발우·발랑·허리띠 등의 필요한 것들을 주어 부족하지 않게 하겠네."

마침내 불러서 방으로 돌아갔다. 세존께 아뢰니 세존께서 말씀하셨다.

"제자를 꾸짖을 때에는 마땅히 분명히 버리는 것이 아니니라. 고삐를 묶어서 버리듯이 하고 권속이라는 생각을 남겨두고 다시 당기어 거두어야 하느니라. 마땅히 필추에게 구적을 말로 타이르게 하라."

그가 말하였다.

"나는 지금 그 친교사가 필요가 없습니다. 대덕 오파난타가 나에게 필요한 것을 모두 제공하였습니다. 나는 다시 능히 옛 스승의 처소에는 가지 않겠습니다."

그 스승이 이 말을 듣고 싫어하고 비난하면서 말하였다.

"내가 출가시켰는데 오파난타가 드디어 유혹하여 데리고 갔구나."

필추가 세존께 아뢰니 세존께서 말씀하셨다.

"필추는 마땅히 다른 사람의 제자를 유혹하지 말라. 곧 유혹하여 데리고 가는 자는 솔토라저야죄를 얻느니라. 이것은 승가를 파괴하는 방편인 까닭이니라."

연기의 처소는 앞에서와 같다.

이때 육중필추가 일에 인연이 있는 때에는 곧 불·법·승보를 끌어들여 축원하고 맹세하거나, 혹은 오파타야와 아차리야를 끌어들여 축원하고 맹세하였으므로 신심있고 존경하는 재가인들이 축원하고 맹세하는 때에 이와 같이 말하였다.

"우리들은 재가인이나 오히려 세존과 스승을 끌어들여 맹세하지 않습니다. 당신들은 출가하였는데 어찌 세존과 스승을 끌어들여 맹세하십니까? 이것은 마땅하지 않습니다."

그들은 묵연히 대답이 없었다. 필추가 세존께 아뢰니 세존께서 말씀하셨다.

"재가인들이 비난과 수치가 생겨난 때는 합당하고 그것은 마땅하다.

그러므로 출가자는 본래 진실한 말을 구하고 마땅히 맹세를 하지 말라. 만약 짓는 자는 월법죄를 얻느니라."

연기의 처소는 앞에서와 같다.

이때 육중필추들이 일이 있어 이르렀고, 곧 옷·발우·허리띠 등의 물건으로 노름을 하였다. 재가인들이 보는 때에 모두 비난하고 부끄러워하면서 알려 말하였다.

"당신들은 어찌 재가인들과 같습니까? 일의 인연이 있어 왔으면서 곧 옷과 발우로 노름을 하니 이것은 이치에 맞지 않습니다."

대답하여 말하였다.

"어찌 이치가 아닌 것이 있는가? 우리가 파와 마늘을 먹었고 술을 마셨는가?"

그들은 곧 묵연하였다. 필추가 세존께 아뢰니 세존께서 말씀하셨다.

"재가인들이 비난하고 부끄러워하는 것은 진실로 합당하고 마땅하다. 필추는 마땅히 물건으로 노름을 하지 말라. 짓는 자는 월법죄를 얻느니라."

연기의 처소는 앞에서와 같다.

육중필추들은 매일 이른 아침에 사찰의 누각에서 멀리 들판을 바라보았고, 혹은 연기가 솟거나, 혹은 까마귀가 내려오면 곧 그곳으로 가서 무슨 물건이 있는가를 보았다. 일찍이 한 때에 이전과 같은 일을 보고서 직접 가서 보았는데, 수풀 속에 호랑이가 고기를 남겨두었다. 기뻐하면서 가지고 서다림으로 돌아왔는데 그 호랑이가 기운을 찾아 왔으며 사찰에 이르러 밤에 문 밖에서 큰소리로 울부짖었다. 세존께서 아시면서도 일부러 아난타에게 물어 말씀하셨다.

"무슨 뜻으로 호랑이가 와서 큰소리로 울부짖는가?"

아난타가 아뢰었다.

"그 호랑이가 남겨 감춰두었던 고기를 존자 근희(近喜)[18)]가 사찰 안으로 가져왔습니다."

세존께서 말씀하셨다.

"필추가 호랑이가 남긴 것을 먹었는가?"

세존께 아뢰어 말하였다.

"먹었습니다."

"아난타여. 만약 사자왕이라면 좋은 미록(麋鹿)[19]을 죽여 좋은 살과 신선한 피를 마시고서 버리고 떠나느니라. 그러나 그 호랑이의 부류는 고기를 먹고 배가 부르면 남은 고기를 감춰두느니라. 이러한 까닭으로 필추는 호랑이가 남긴 것을 먹지 말라. 먹는 자는 월법죄를 얻느니라. 그러므로 대중의 상수인 상좌가 소유할 행법을 내가 지금 마땅히 제정하겠노라. 일반적으로 상좌는 육식을 행하는 것을 본다면 이때 마땅히 말로서 물어야 한다. '이것은 무슨 고기인가? 호랑이가 남긴 것은 아닌가? 또한 마땅히 먹지 않아야 할 물건은 아닌가?' 묻지 않고 받으면 월법죄를 얻느니라."

제5문의 제9자섭송 ①

제5문의 제9자섭송으로 말하겠노라.

스스로 몸을 감추지 않는 것과
말로 아뢰는 것 등을 하지 않는 것과
만약 값비싼 모피(毯)를 얻었다면
그것을 팔아서 마땅히 나누는 것이 있다.

연기의 처소는 앞에서와 같다.

한 성의 가운데에 이전부터 승가의 사찰이 있었다. 이때 난타와 오파난

18) 오파난타를 음사한 말이다.

19) 중국에 서식하는 사슴으로 몸통은 당나귀, 발굽은 소, 머리는 말, 뿔은 사슴과 비슷하지만 전체적으로 어느 것과도 다르므로 중국에서 사불상이라고 하였다.

타가 인간세상을 유행하던 인연으로 이 사찰에 이르렀다. 이때 대중은 많은 이익되는 물건을 얻었다. 그때 여러 필추들이 비록 이 두 사람을 보았으나 그 악행을 알았으므로 한 사람도 고생한다고 말하는 사람이 없었다. 오파난타가 난타에게 알려 말하였다.

"아차리야여. 이 여러 흑발(黑鉢)들이 항상 오만하니 우리들이 마땅히 번뇌의 인연을 짓게 하세. 먼저 우리가 함께 한곳에 몸을 숨기고 그들이 어떻게 이익되는 물건을 분장(分張)하는가를 관찰하세."

대답하여 말하였다.

"매우 옳습니다. 마땅히 이와 같이 지읍시다."

드디어 곧 몸을 숨기고 물건을 나누는 것을 훔쳐보았다. 이미 나누었는데 알려 말하였다.

"이렇게 나눈 것은 옳지 않소. 이러한 분장을 나쁜 것이오. 당신들은 대중들에게 말하여 아뢰시오. '옷을 나누고자 합니다.'"

알려 말하였다.

"나눌 때는 보이지 않고서 지금 어느 곳에서 왔는가?"

필추가 세존께 아뢰니 세존께서 말씀하셨다.

"이양을 나누고자 할 때에는 먼저 대중에게 아뢰어 알게 하라. '승가에 이이되는 물건이 있어서 지금 함께 나누고자 합니다. 있는 필추들은 마땅히 곧 떠나지 마십시오.'"

이때 여러 필추들은 다시 그 물건을 모으고서 널리 대중에게 알려 알게 하였다.

"마땅히 먹으러 나가지 마십시오."

곧 그 물건을 나누었다. 이때 그 두 사람이 다시 숨었고 나아가 대중들이 나누는 것을 마치자 이전과 같이 나와서 알렸다.

"이것은 나누는 것이 성립되지 않소."

알려 말하였다.

"먼저 이미 대중에 알렸는데 당신들은 어느 곳에서 왔는가?"

두 사람이 알려 말하였다.

“비록 알려서 알았더라도 건치를 울리시오.”

필추가 세존께 아뢰니 세존께서 말씀하셨다.

“말로 아뢰어 알게 하고 다시 건치를 울리고서 물건을 나누어라.”

이때 여러 필추들은 다시 물건을 거두었고 널리 대중에게 알려 알게 하였으며 다시 건치를 울리고서 함께 그 물건을 나누었다. 두 사람은 다시 숨었다가 나누는 것을 마치자 곧 나와서 이전과 같이 힐책하였다. 모든 사람들이 알려 말하였다.

“어찌 대중에 알리는 말과 건치의 소리를 듣지 못하였는가.”

곧 즉시 알려 말하였다.

“비록 대중에 알려 알게 하였고 건치를 울렸더라도 당신들은 어찌 산가지를 함께 행하지 않았소.”

필추가 세존께 아뢰니 세존께서 말씀하셨다.

“말로 아뢰어 알게 하고 다시 건치를 울리고 아울러 산가지를 행하고 비로소 물건을 나누어라.”

이때 여러 필추들은 다시 물건을 거두었고 세 가지의 일을 하였다. 이전과 같이 숨었다가 나누는 것을 마치자 곧 나와서 이전과 같이 힐책하였다. 여러 사람들이 알려 말하였다.

“구수여. 무슨 까닭으로 이와 같이 고의적으로 승가 대중을 괴롭히는가? 아뢰어 알렸고 건치를 울렸으며 아울러 산가지도 행하였는데 고의적으로 나타나지 않고 끝나는 것을 기다려서 비로소 나타나는가?”

대답하여 말하였다.

“당신들은 고의적으로 우리가 승가를 괴롭힌다고 말하는가? 당신들이 어찌 대중을 마주하고서 행하였겠는가? 이것은 모두 필요하지 않으므로 우리는 지금 떠나가겠소.”

필추가 세존께 아뢰니 세존께서 말씀하셨다.

“비록 세 가지의 일을 지어 대중을 마주하고 행하였으나 만약 나타나지 않으면 곧 반드시 주지 말라. 이것은 잘 나누었다고 말하는 것이니 의혹에 이르지 말라. 그리고 여러 필추들은 마땅히 고의적으로 여러 승사(僧事)를 괴롭히지 말라. 만약 고의적으로 괴롭히는 자는 월법죄를 얻느니라."

연기의 처소는 앞에서와 같다.

이때 급고독장자가 사찰을 사방승가에 회사하고서 곧 여러 종류의 상묘한 채색으로 안과 밖에 도화(圖畫)하였다. 이 성안의 사람들은 장자가 두루 도화하였다는 것을 듣고 다투어 와서 보았으므로 마침내 무량한 백천의 사람들이 모두 사찰에 모여들었다. 성 안에 한 바라문이 있었는데 수승한 사람이었고 대중이 흠모하고 숭상하였으므로 대왕가(大王家)에서 한 모담(毛緂[20])을 얻었다. 곧바로 입고서 완호(玩好[21])의 마음을 서다림에 들어가서 두루 사우(寺宇)를 구경하였다. 희유한 생각이 일어나서 곧 모담을 사방승가에게 보시하였다. [이 가운데서 사방(四方)이라고 말은 상주승가(常住僧伽)가 아니고 현전승가의 뜻이다.]

세존께서는 "현재 옷감이 있으면 나아가 잘라서 등주(燈炷[22])이더라도 평등하게 함께 나누어야 한다."고 마땅히 말씀하셨다. 필추들이 마침내 곧 조각으로 잘라서 여럿이 함께 나누었다. 이때 바라문이 밤에 이렇게 생각하였다.

'그 모담은 상묘하니 내가 마땅히 값을 치르고 다시 사가지고 와야겠다.'

아침에 일어나서 사찰에 들어갔고 그 문에서 여러 필추들을 보고 물어 말하였다.

"성자여. 내가 보시한 모담을 어떻게 수용하였습니까?"

필추가 알려 말하였다.

"당신은 기뻐하십시오. 우리들이 잘라서 대중이 함께 나누었습니다."

한 사람이 말하였다.

"나는 그것으로 모자를 지었습니다."

한 사람은 신을 지었다고 말하였고, 한 사람은 허리띠를 지었다고

---

20) 색깔이 선명한 모피를 가리킨다.
21) 사랑하여 곁에 두고 즐기며 좋아하는 마음을 가리킨다.
22) 등불의 심지를 가리킨다.

말하였으며, 한 사람은 발건(鉢巾)을 지었다고 말하였으므로, 알려 말하였다

"성자여. 그것은 상묘한 모담인데 무슨 인연으로 잘라버렸습니까? 마땅히 팔아 전패(錢貝)를 얻고서 대중이 함께 나누십시오."

필추가 세존께 아뢰니 세존께서 말씀하셨다.

"그 바라문이 말한 것이 이치에 맞느니라. 이러한 까닭으로 필추가 만약 이와 같이 값비싼 모담을 얻었을 때에는 팔아서 전패를 취하고 그리고서 뒤에 함께 나눌지니라."

제5문의 제10자섭송 ①

제5문의 제10자섭송으로 말하겠노라.

다섯 가죽을 마땅히 수용하지 않을 것이고
나머지의 부류도 역시 같이 그러하니라.
만약 치질을 앓을 때에는
곰가죽의 신발을 마땅히 신는 것이 있다.

연기의 처소는 앞에서와 같다.

이때 육중필추들이 스스로가 서로에게 말하였다.

"난타·오파난타여. 이 성 안에 있는 사람들에게 우리들이 모두 구걸하여 떡값을 얻었으나 왕가 코끼리의 조련사의 주변에서는 일찍이 보시하는 것을 보지 못하였으니 지금 나아가서 구해보세. 혹시 줄 수도 있을 것이네."

한사람이 알려 말하였다.

"마땅히 이와 같이 짓도록 하세. 그러나 미리 약간의 계책이 필요하네. 마땅히 사자의 가죽으로 신발을 만들어 신고서 코끼리를 묶어놓은 곳에서 바람을 따라서 걷는다면 코끼리가 냄새를 맡았을 때에 곧 놀라서 달아날 것이네."

대답하여 말하였다.

"좋은 계책이네. 우리들이 지금 일단 가서 그들에게 구걸하여 보세. 만약 얻으면 좋으나 만약 주지 않는다면 코끼리를 놀라게 하여도 늦지 않네."

이른 아침에 코끼리 조련사에게 가서 알려 말하였다.

"현수여. 당신들은 어찌 크게 복을 구하는 마음이 없는가? 일찍이 우리들에게 작은 떡과 과일값을 보시한 일이 없지 않는가?"

그가 말하였다.

"성자여. 우리들이 어찌 당신들에게 얽매이고 귀속되었고 당신들에게 떡과 과일값을 함께 서로가 제공해야 합니까?"

육중이 듣고 머리를 끄덕였고 응낙하고서 버리고 떠나갔다. 마침내 다른 날에 사자 가죽신을 신고 그 코끼리들이 있는 곳에서 바람의 위쪽을 따라서 걸어 다녔다. 이때 그 코끼리들이 사자의 냄새를 맡고서는 정신을 잃고 똥·오줌을 싸면서 놀라서 달아났다. 이때 그 코끼리 조련사가 갈고리로 코끼리의 정수리를 찍었으나 능히 멈추게 하지 못하였다. 육중이 멀리서 보고 알려 말하였다.

"현수여. 어서 잡아끄시오. 어서 잡아끄시오."

대답하여 말하였다.

"갈고리로 찍어도 멈추지 않는데 어떻게 손으로 잡아끌 수 있겠습니까?"

육중이 알려 말하였다.

"우리가 능히 멈추게 하겠소."

대답하여 말하였다.

"성자여. 만약 능히 멈추게 한다면 이것은 큰 은혜가 될 것입니다."

육중이 말하였다.

"함께 맹세를 하시오. 만약 우리에게 떡과 과일값을 준다면 우리가 마땅히 멈추게 하겠소."

알려 말하였다.

"곧 드리겠습니다."

그들이 곧 빠르게 걸어서 코끼리의 바람의 아래쪽으로 걸어갔다. 코끼리가 냄새를 맡지 않아서 곧 놀라서 달아나지 않았다. 모든 코끼리 조련사들이 물어 말하였다.

"성자여. 당신은 주문을 아십니까?"

대답하여 말하였다.

"우리에겐 다른 기술은 없소."

"만약 이와 같다면 어떻게 코끼리에게 무섭게도 하고 무섭지도 않게 합니까?"

그들이 곧 사실로써 그 코끼리 조련사에게 알리니 그가 말하였다.

"성자여. 당신들은 어찌 이러한 비법을 지어 요익하지 않는 일을 합니까? 만약 그 왕가의 가장 좋은 큰 코끼리가 이것을 인연하여 놀라고 달아나서 산림으로 들어간다면 당신들은 반드시 마땅히 큰 벌을 받을 것입니다."

육중은 듣고 미소를 지으며 묵연하였고 말이 없었다. 필추가 세존께 아뢰니 세존께서는 이렇게 생각을 지으셨다.

'여러 필추들이 사자 가죽신을 신은 까닭으로 이와 같은 과실이 있는 것이다.'

곧 여러 필추들에게 알려 말씀하셨다.

"그대들은 지금부터 마땅히 다시 사자 가죽신을 신지 말라. 만약 이것을 신는 자는 월법죄를 얻느니라."

세존께서 허락하지 않는 것을 듣고 곧 호랑이의 가죽으로 신발을 지었으므로 세존께서 말씀하셨다.

"이것도 역시 마땅하지 않느니라. 그리고 다섯 종류의 조아(爪牙)[23] 있는 짐승의 가죽을 사용하지 말라. 이를테면, 지혜로운 코끼리·지혜로운 말·사자·호랑이·표범이니라."

세존께서 허락하지 않으셨다. 이때 구수 오파리가 세존께 청하여 아뢰었

23) 짐승의 손톱과 어금니를 가리킨다.

다.

“만약 다시 나머지의 조아가 있는 짐승들의 가죽을 사용할 수 있습니까?”

세존께서 말씀하셨다.

“역시 마땅히 사용하지 말라. 사용하는 자는 악작죄를 얻느리라.”

연기의 처소는 앞에서와 같다.

이때 필추가 몸에 치질이 있어서 의사의 처소에 나아가서 알려 말하였다.

“현수여. 나에게 치질이 있으니 바라건대 처방하여 주십시오.”

알려 말하였다.

“마땅히 곰의 가죽으로 신발을 지어서 신으면 병이 회복될 것입니다.”

대답하여 말하였다.

“세존께서는 허락하지 않으셨습니다.”

의사가 말하였다.

“세존께서는 크게 자비하시므로 반드시 마땅하게 허락하실 것입니다.”

필추가 세존께 아뢰니 세존께서 말씀하셨다.

“병을 위한다면 마땅히 신어라.”

여러 겹을 얻는 것이 어려웠으므로 세존께서 말씀하셨다.

“만약 없다면 마땅히 취하여 한 겹으로 접고 아울러 털로 신바닥을 대체하라.”

근본설일체유부비나야잡사 제20권

삼장법사 의정 한역
석보운 번역

제6문의 총섭송

제6문의 총섭송으로 말하겠노라.
[이 2섭송부터 제31권까지가 절반이다.]

맹수의 힘줄이 마땅하지 않는 것과
등광왕(燈光王)과 용건(勇健)장자와
타사(馱娑)를 제도한 것과 필추니의 법과
교답미를 인연하여 허락하신 것과

필추니가 앞에 있지 않는 것과
장자가 남는 와구를 준 것과
물을 뿌려 더럽히면 합당하지 않는 것이
제6문의 총섭이므로 마땅히 알라.

제6문의 제1자섭송 ①

제6문의 제1자섭송으로 말하겠노라.

맹수의 힘줄과 가죽끈으로
앞을 감싼 것과 다시 뒤를 감싼 것과
양각(兩角)과 첨두(尖頭)의
여러 신발에서 모두 합당하지 않는 것이 있다.

연기는 실라벌성에서 있었다.

세존께서는 "필추는 마땅히 발톱과 어금니가 있는 다섯 맹수의 가죽을 사용하지 말라."고 말씀하셨으니 이를테면, 지혜로운 코끼리·지혜로운 말·사자·호랑이·표범 등이었다. 이때 육중이 그 짐승의 힘줄을 사용하였고 이전과 같은 허물이 있었다. 세존께서 말씀하셨다.

"이러한 힘줄로 신발을 꿰매지 말라."

육중이 곧 가죽을 사용하여 이전과 같은 허물이 있었으나 다시 그러한 가죽을 사용하여 신발을 수선하였다. 세존께서 말씀하셨다.

"모두가 이용하는데 합당하지 않으므로 이와 같이 알라. 신는 신발의 앞을 감싸거나 뒤를 감싸거나, 양각과 첨두 및 삼신발(麻履)에도 모두 붙이지 말라. 모두 월법죄를 얻으나, 두세 겹의 가죽신은 제외하노라."

[이것과 같은 부류는 서국(西國) 사람들이 모두 신지 않는 것이다. 만약 이것이 외국의 추운 마을에서 생활을 하려는 인연이라면 지니고서 마음에서 곧 사용하는 것이다.]

안의 섭송 ①

안의 섭송으로 말하겠노라.

사대왕(四大王)이 처음 태어날 때에
광명이 널리 모두를 비추었고
부모들이 이러한 일을 인연하여
각자 그들의 이름을 지었다네.

이때 보살은 도사천궁(睹史天宮)에 머무르셨다.

왕사성 안에 있는 왕은 대련화(大蓮花)라고 이름하였고 법으로 세상을 교화하여 백성이 치성하였고 안은하였으며 풍족하였고 즐거웠으며 여러 도둑들이 없었다. 실라벌성에서는 왕을 범수(梵授)라고 이름하였고, 창서니성(唱誓尼城)에서는 왕을 대륜(大輪)이라고 이름하였으며, 교섭미성(憍閃毘城)에서는 왕을 백군(百軍)이라고 이름하였다. 이 네 명의 왕들은 모두 법왕이었고 법으로써 세상을 교화하였으며, [자세한 설명은 다른 곳에서와 같다.]

이때 보살이 천궁 위에서 다섯 종류의 일로 세간을 관찰하였다. 무엇이 다섯인가? 첫째는 먼 조상을 관찰하였고, 둘째는 시절을 관찰하였으며, 셋째는 지방과 나라를 관찰하였고, 넷째는 가까운 종족을 관찰하였으며, 다섯째는 어머니의 씨족을 관찰하는 것이다. 6욕천의 여러 천인들은 세 번을 어머니의 배를 청정하게 하였다.

마야부인(摩耶夫人)은 잠의 꿈을 인연하여 여섯 어금니를 가진 하얀 코끼리가 내려와서 뱃속으로 들어가는 것을 보았다. 이때 대지가 여섯 종류로 진동하였고 대광명이 비추어져 세계에 두루 가득하였다. 하늘의 광명보다도 수승하여 세계 가운데의 어두운 곳에서도 해와 달이 비추지 않았어도 모두 명료하게 비추어 소유한 중생들은 모두 서로를 볼 수가 있었다. 보살이 태어날 때의 이야기는 아래와 같다. 4대국(大國)의 왕이 모두 태자를 낳았는데 대광명이 녹은 금빛과 같은 것을 보고 각자 스스로가 말하였다.

"내가 아들을 낳았고 그 위신력을 까닭으로 능히 희유하고 기이한 광명이 천지를 밝히는 것이다."

각자 신성하고 상서로움에 부합하는 이름을 지었다. 이때 대연화왕은 여러 사람들에게 알려 말하였다.

"내 아들이 태어날 때에 햇빛의 그림자와 같이 하늘과 땅을 환하게 비추어 승묘하고 희유하며 기이하였으므로 마땅히 내 아들의 이름을 영승(影勝)이라고 말하겠노라." [범어로는 빈비사라(頻毘娑羅)이다.]

범수왕은 여러 사람들에게 알려 말하였다.

“내 아들이 태어날 때에 수승한 광명이 널리 세간에 비추었으므로 마땅히 내 아들의 이름을 승광(勝光)이라고 말하겠노라.”

그 대륜왕은 여러 사람들에게 알려 말하였다.

“내 아들이 태어날 때에 큰 등불빛이 두루 모두 밝게 비춘 것과 같았으므로 마땅히 내 아들의 이름을 등광(燈光)이라고 말하겠노라.”

그 백군왕은 여러 사람들에게 알려 말하였다.

“내 아들이 태어날 때에 광명이 해가 나오면 명료하지 않은 것이 없었으므로 마땅히 내 아들의 이름을 출광(出光)이라고 말하겠노라.”

각자 스스로가 아들의 공능(功能)이라고 말하였으나 모두가 보살의 힘의 까닭인 것을 알지 못하였다.

안의 섭송 ②

안의 섭송으로 말하겠노라.

뱃속에서도 천인이 수호하였고
태어나서는 연꽃을 밟았으며
손을 들어서 홀로 존귀하다고 외쳤고
관욕(灌洗)하니 꽃과 옷이 떨어졌다네.

이때 보살이 어머니의 뱃속에 강림하셨으므로 천제석이 4천자에게 각자 무기를 지니고 그 어머니를 수호하게 하였고, 사람과 비인이 곧 해치지 못하게 하였다. 보살이 태에 있으면서도 태중(胎中)의 피가 때(垢)로 오염되지 않게 하였으니, 비유하면 여러 보배가 한 곳에 모였어도 서로 오염되지 않는 것과 같이 보살이 뱃속에 있으면서도 역시 이와 같았다. 또한 청정하고 묘한 유리 보물을 다섯 채색 위에 놓아둔 것 같아서 눈이 밝은 사람이 분명히 보고 구별하는 것처럼 어머니가 뱃속을 보아도 분명히 역시 이와 같았다. 어머니가 비록 잉태하였으나 몸에 피로가 없었고, 자연스럽게 다섯 종류의 학처를 받들어 지녔으니 이를테면, 형체와 목숨을 마치도록 살생하지 않고, 도둑질하지 않으며, 사음하지 않고, 망어를 하지 않으며, 음주를 하지 않은 것이었으며, 여러 장부에게 음염(婬染)의 뜻을 끊은 것이다.

열 달이 되어 람비니(藍毘尼) 숲으로 가서 무우수(無憂樹) 가지를 잡고 잠시 서서 머무르는 때에 곧 오른쪽 옆구리로 보살을 낳았다. 이때 대지가 여섯 종류로 진동하였고 큰 광명을 비추니 태에 들어갈 때와 다르지 않았다. 보살이 태어나는 때에 제석이 직접 자신의 손으로 받들어 연꽃 위에 올려놓으니 부축하여 모시지 않았으나 발로 일곱 송이의 꽃을 밟고 일곱 걸음을 걸으셨다. 두루 사방을 관찰하고 손으로 위와 아래를 가리키면서 이와 같이 말씀하셨다.

"이것이 곧 나의 최후생의 몸이니라. 하늘 위에서도 하늘 아래에서도 오직 내가 홀로 존엄하나니라."

범왕은 일산을 받들었고 천제석은 불자(拂子)를 잡았으며 허공 가운데에서는 용왕이 물을 뿌렸는데 하나는 따뜻하였고 다른 하나는 차갑게 보살을 관욕(灌浴)시켰다. 처음 탄생하였을 때에 그 어머니 앞에 자연히 샘물이 나타났고 향기로운 샘물이 솟아올라서 뜻을 따라서 수용하게 하였다. 또한 허공 가운데에서 여러 천인들이 온발라화·발두마화·구물두화·분타리화와 아울러 여러 종류의 기묘한 향가루를 뿌렸고, 하늘의 묘한 음악이 자연스럽게 울렸으며, 하늘의 묘한 옷과 영락이 허공에서 어지럽게 떨어졌다. 다시 여러 많은 기묘한 영험과 상서로움은 있었으며, [자세한 설명은 다른 곳에서와 같다.]

안의 섭송 ③

안의 섭송으로 말하겠노라.

아사다(阿私多)가 관상을 보았고
나라타(那剌陀)가 스승을 권유하였으며
500의 상서가 현전하였고
부왕은 세 가지의 이름을 지었다네.

이때 남방의 큰 산중에 어느 오랜 선인이 있었고 아사다라고 이름하였으며 세계가 이루고 무너지는 시절을 잘 알았다. 이때 또 한 사람이 있어 나라타라고 이름하였고 총명하고 변재가 있었으며 지혜로웠는데 자주 와서 참알(參謁)하였다. 아사다 선인과 함께 세간이 생성되고 무너지는 일을 논의하는 것을 듣고 매우 찬탄하면서 곧 신선의 처소에서 출가하였다. 뒤의 다른 때에 이 선인과 함께 바위굴 가운데에 있으면서 이상하고 희기(希奇)한 광명이 비치는 것을 보고 곧 가타로서 그 스승에게 물어 말하였다.

무슨 까닭으로 이러한 광명이
오히려 해와 같이 두루 비치며
숲 속의 처소까지 충만하고
갑자기 나타나서 이렇게 희기합니까?

선인이 대답하여 말하였다

만약 이것이 햇빛이라면 곧 뜨거울 것이나
지금 이렇게 청량하고 희기함을 나타내므로
반드시 이것은 무상한 모니존께서
모태에서 처음 나오시므로 이러한 상서로움이 나타난다네.

이것은 보살이 태에서 나오는 모습으로
광명이 청정하여 세상에서 희유하므로

비유하면 금빛이 시방에 가득함과 같아서
솟아올라 삼유(三有)를 비추니 모두가 명철(明徹)하다네.

나라타가 스승에게 알려 말하였다.

"오파타야여. 만약 이와 같다면 지금 함께 가서 보살을 보십시오."

스승이 말하였다.

"그대는 지금 아시는가? 보리살타는 대위신력이 있어서 무량한 여러 천인들이 모두 구름처럼 모였으므로 우리들이 비록 이르더라도 머리숙여 알현할 까닭이 없네. 성안에 들어가서 이름을 짓는 것을 기다린다면 그와 같이 다시 나와서 우리들을 만나는 것을 희망할 것이네."

보살이 태어날 때에 천탁가(闡鐸迦) 등의 500의 시자가 동시에 태어났고, 천추가(闡稚迦) 등의 500의 시녀가 역시 동시에 태어났으며, 좋은 코끼리와 말이 모두 500의 새끼를 낳았고, 500의 복장(伏藏)이 자연히 열렸으며, 여러 나라의 여러 왕들이 모두 신물(信物)을 받들었다. 대신이 보고 정반왕(淨飯王)에게 아뢰어 말하였다.

"대왕이시여. 오늘날에 나라의 기운이 흥성하였고, 왕자가 탄생하셨으며, 아름다운 상서가 함께 감응하였고, 500의 시남(侍男)과 500의 시녀(侍女)와 좋은 코끼리와 좋은 말이 각각 500마리가 태어났으며, 500의 복장이 자연히 열려서 나타났고, 여러 나라가 조공(朝賓)하였으므로 진기한 것이 모두 모였습니다."

왕이 알리는 것을 듣고 마음으로 크게 기뻐하면서 대신에게 알려 말하였다.

"태자가 태어난 뒤에 여러 일이 모두 이루어졌으니 마땅히 일체사성(一切事成)이라고 이름지으시오." [범어로는 살사알타실타(薩婆頞他悉陀)라고 말한다.]

이것이 보살에게 최초로 세운 자(字)이며 일체사성이라고 이름하였다.

이때 보살은 4보의 수레를 타고 무량한 백천 인간과 천인이 공경하고 따르면서 겁비라성(劫比羅城)으로 들어왔다. 여러 석가족들은 체(體)가 오만을 품었고 성(性)에 말이 많았으나 보살이 성에 들어가니 모두가 묵연하였으며 모니(牟尼)에게는 말이 없었다. 왕이 이것을 보고 여러 신하에게 알려 말하였다.

"여러 석가족은 체가 오만을 품었고 성에 말이 많았으나 보살이 성에 들어가니 모두 묵연하였고, 모니에게는 말이 없었으므로 마땅히 태자에게 석가모니라고 이름하시오."

이것이 보살에게 두 번째로 세워진 이름이다.

이때 이 성안에 옛날부터 약차가 있어 머물렀는데 석가증장(釋迦增長)이라고 이름하였고, 이때 사람들은 공경하고 존중하여 사당을 세워서 모셨다. 다만 이 석가종족에서는 아들이나 딸을 낳는다면 깨끗이 목욕시켜서 안고서 약차가 있는 곳으로 가서 공경스럽게 예배하였다. 이때 정반왕이 좋은 소(酥)와 꿀을 태자의 입에 넣어주고 대신에게 알려 말하였다.

"태자를 안고 가서 약차에게 예배하시오."

대신이 안고서 이르렀다. 이때 그 약차가 멀리서 태자를 보고 곧 스스로 몸을 나타내어 보살이 있는 곳에 이르러 그 발에 정례하였다. 신하가 돌아와서 왕에게 아뢰니 왕이 듣고는 희유한 마음이 생겨났다.

"지금 우리 태자는 천신(天神) 가운데에서도 다시 존승(尊勝)하니 마땅히 천중천(天中天)이라고 이름을 세우겠소."

이것이 보살에게 세워진 제3의 이름이다.

안의 섭송 ④

안의 섭송으로 말하겠노라.

태자를 양모에게 맡겼고
대인의 상호를 보게 하였으며
아사다가 멀리에서 이르러
직접 모니의 모습을 보았다네.

이때 부왕이 곧 태자를 여러 양모들에게 맡겨서 때에 따라 씻기고 젖을 먹였으며 항상 그 몸과 마음을 안은하고 기쁘게 하였다. 양모가 곧 상묘한 바르는 향으로서 몸에 바르고 문질렀으며 여러 영락을 갖추어 부왕에게 건넸다. 왕이 곧 안고서 보고 기뻐하면서 곧 즉시 모든 바라문에게 명하여 나라 안에 있는, 점치고 관상을 보며 운명을 헤아릴 줄 아는 사람에게 태자를 관찰하도록 하였으며 알려 말하였다.

"그대들은 마땅히 잘 살펴보시오. 나는 옛 신선께서 이와 같이 말하는 것을 들었소. '32대장부의 상을 갖춘 자는 두 가지의 일이 있다. 만약 집에 있으면 마땅히 전륜왕이 되고, 널리 사주(四洲)를 다스리면서 법으로써 세상을 교화하고 칠보를 성취한다. 이를테면, 윤보(輪寶)·상보(象寶)·마보(馬寶)·주보(珠寶)·여보(女寶)·주장신보(主藏臣寶)·주병신보(主兵臣寶)이며, 일천의 아들을 구족하는데 용맹(勇健)하고 충량(忠良)하며 능히 원수(怨敵)를 굴복시켜 주위의 온 천하에 여러 근심이 없고, 백성들이 풍족하고 즐겁고 안은하게 살 것이다. 만약 출가하면 머리와 수염을 깎고 가사를 입고서 등정각을 이루어 대명(大名)이 세간에 충만할 것이다.'"

이때 여러 관상가들이 왕의 말을 듣고 모두 함께 관찰하고 왕에게 아뢰어 말하였다.

"진실로 대왕님이 말씀하신 일과 같습니다. 32상을 만약 성취했던 자는 오직 두 가지의 일이 있으니 이를테면, 전륜왕과 부처입니다. 나아가 대명이 있고 찬탄되어 세간에 충만할 것입니다."

왕이 다시 물어 말하였다.

"그의 관상은 어떠하오?"

이때 그 관상가들이 모두 갖추어 대답하였다.

하나하나의 32상을 별도로 가리켰으며, 광문(廣文)에 갖추어져 있다. [모든 나머지의 경장 및 유장과 논장 등에서 차별이 없는 까닭으로 번거롭게 번역하지 않는다.]

이때 아사다 선인이 나라타에게 알려 말하였다.

"마납파여. 이 보살이 이미 성 가운데에 들어갔고 세 가지의 이름이 세워졌으니 우리들이 마땅히 가서 예배하고 얼굴을 뵙도록 하세.”

각자 솟아올라 신통으로 허공으로 날아서 떠나갔다. 그들은 보살의 위신력을 까닭으로 겁비라성에서 1역(驛) 떨어진 곳에서 드디어 신통을 잃고 발로 걸어서 떠나갔다. 이미 성에 들어와서 왕궁의 문에 이르러 문지기에게 말하였다.

“그대는 가서 왕께 아시다 선인이 문 앞에 이르렀다고 아뢰시오.”

사자가 가서 왕에게 아뢰니 왕이 말하였다.

“들어오도록 하시오. 누가 큰 신선을 막겠는가?”

곧 왕의 처소로 나아가니 왕이 신선이 이른 것을 멀리서 보고 외쳤다.

“잘 오셨습니다. 길상한 일을 받듭니다.”

발을 씻게 하고 묘한 사자좌에 앉게 하고 왕이 발에 절하고서 알려 말하였다.

“대선(大仙)이여. 무슨 일로 오셨습니까?”

선인이 가타로 설하여 말하였다.

국왕이여. 내가 지금 온 것은
태자를 보고자 하는 것이고
모니존을 우러러 보는 것이니
도사(導師) 가운데에서 제일입니다.

왕이 말하였다.

“태자는 잠이 들었습니다.”

대답하여 말하였다.

“비록 잠이 들었어도 내가 잠시 보고자 합니다.”

왕이 곧 안고 나타났는데 보살의 두 눈동자가 감겨있지 않는 것을 보았다. 선인이 이미 보고서 가타로 설하여 말하였다.

좋은 말은 잠이 많지 않아서

한밤중에 잠시 자는 것이니
할 일이 아직 완성되지 않았는데
무슨 인연으로 편안히 자겠는가!

선인이 다시 물어 말하였다.
"여러 관상가들은 어떻게 예언하고 말하였습니까?"
왕이 말하였다.
"대선이시여. 그들은 말하였습니다. '마땅히 전륜왕이 되어 사천하를 교화할 것입니다.'"
선인이 가타로 대답하여 왕에게 말하였다.

관상가의 말에는 오류가 많나니
말겁(末劫)에는 전륜왕이 없으며
이러한 수승한 복연(福緣)이 있다면
미혹을 끊고 마땅히 성불하리라.

만약 이렇게 4주를 교화한다면
윤왕의 상이 나타나지 않으나
분명히 대사의 관상이시므로
성불은 분명히 의심이 없다네.

선인은 두루 관찰하여 성불의 관상을 보았다. 다시 거듭 마땅히 무상(無上)한 감로를 얻고자 묘한 법륜을 굴리는 멀고 가까움을 관찰하였다. 마침내 29세에 왕성을 버리고 떠나가서 6년을 고행하여 마땅히 정각을 성취하는 것을 보았다. 다시 자신의 몸이 머무르는 때의 기회를 얻는 것과 세존을 뵐 수 있는가를 관찰하였고 세존을 뵙지 못할 것을 알았고 곧 우뇌가 생겨나서 눈에 눈물이 가득하였다. 왕이 보고 근심하면서 게송을 설하여 물어 말하였다.

남자이거나 여자이거나 와서 보는 자는
함께 모두 몸과 마음에 두루 환희하였고
당신이 지금 직접 상을 보는 것은 일상이 아닌데
무슨 인연으로 두 눈에 눈물이 가득한 것이오?

가령 태자의 상이 좋지 않고
목숨이 짧고 병이 많으며 상서롭지 않더라도
오직 원하건대 대선은 사실대로 말하여서
나의 마음에 근심이 늘어나지 않게 하시오.

선인이 대답하여 말하였다.

가령 벽력(霹靂)이 하늘에서 떨어지고
두려움이 와서 태자의 몸에 다가오더라도
이러한 무상의 모니존에게는
털끝이라도 능히 손괴하지 못한다네.

가령 맹렬한 불꽃이 바람에 타오르고
서릿발 같은 날카로운 칼이 앞에 나타나며
독약과 흑사(黑蛇)가 일시에 오더라도
태자의 처소에 이르면 모두가 흩어진다네.

나는 일찍 죽어 세존을 보지 못함을 근심하며
눈에 눈물이 가득하고 흘러서 참기 어렵나니
무상한 법을 버려두고 나는 이전에 죽으므로
사업이 있어도 능히 성취하지 못한다네.

이 분은 큰 복이 있어 여러 번뇌를 제거하고

감로법을 증득하여 도사가 되실 것이니
만약 능히 가르침을 듣고 설함과 같이 행한다면
함께 적멸한 무위처(無爲處)에 돌아가리라.

왕은 태자가 감로법을 증득한다는 것을 듣고 묵연히 말이 없었다. 일반적으로 여러 세속의 사람이라면 모두가 삿된 마음으로 요란하여 나오는 말이 첨광(諂誑)[1]하여 진실을 의지하지 못하는 것이다. 이때 그 선인은 왕에게 알려 말하였다.

"요즈음 대왕께선 매번 이렇게 생각을 지으셨을 것입니다. '어느 때에 아사다 선인에게 발로 걸어서 성에 들어오고 내가 함께 서로를 보며 나아가 여러 사람들에게 은근한 존경을 얻겠는가? 내가 애민한 까닭으로 걸어서 이곳을 다니며 이를 것이다.' 지금의 때에 일을 마쳤으니 곧 성을 나가고자 합니다. 성곽과 읍을 깨끗하게 청소하고 수영(修營)하십시오."

이때 정반왕이 여러 신하들에게 칙명하여 엄숙히 도로를 정리하고 닦게 하였고 널리 성읍에 알려서 모두 함께 수영하게 하였다. 항맥(巷陌)[2]과 강장(康莊)[3]을 바르고 닦아서 청정하게 하였고 건단향의 물을 뿌렸고 점바가화(占博迦花)를 흩었으며 당번(幢幡)과 번개(幡蓋)로 하늘을 가렸고 향기로운 연기는 길에 가득하여 보는 자가 애락하여 환희원과 같았다. 다시 요령(搖鈴)을 흔들면서 널리 모두에게 알렸다.

"모든 사람은 마땅히 아시오. 이전부터 성에 머무르는 사람이거나, 혹은 다른 지방에서 새롭게 이른 사람들도 모두 명심하고서 내일 이른 아침에 대신선이 나가는 것을 보시오."

대중들이 듣고 각자 길 가운데에 이르렀고 선인이 성 밖을 걸어서 나가는 것을 보고 함께 희유함이 생겨났으며 아쉽게 바라보면서 돌아갔다.

---

1) 알랑거리거나 속이다. 교활하다.
2) 도시의 길거리와 골목을 가리킨다.
3) 사방으로 통하고 팔방으로 이르는 큰 길을 말하는데 5거리를 강(康)이라고 말하고 6거리를 장(莊)이라고 말한다.

이때 아사다 선인이 본래의 산으로 돌아가서 마음을 선적(禪寂)에 바로잡아 지혜의 방편으로서 신통을 일으켰다. 목숨을 마치게 되었고 드디어 곧 병을 만나서 비록 약을 복용하였으나 목숨이 얼마 남지 않았다. 이때 나라타가 와서 스승의 발에 절하고 알려 말하였다.

"대사이시여. 내가 본래 출가하여 감로미(甘露味)를 구하였습니다. 스승께서 얻으신 것을 원하건대 나누어 주십시오."

스승이 말하였다.

"나도 역시 그대와 같아서 본래 출가할 때에 감로를 구하는 뜻이었으나 결국 얻은 것이 없어서 헛된 생애였네. 그 설산 옆에 있는 겁비라성에 태자가 세상에 태어났는데 세상의 관상가들이 함께 예언하였네. '마땅히 정각을 이루어 천인사(天人師)라 이름할 것이고 일체지라고 찬탄할 것이다.' 그대는 마땅히 그에게 출가를 구하게. 높은 아만심을 버리고 스스로가 겸손(謙下)하면서 부지런히 범행을 닦고 방일을 짓지 말게. 마땅히 그때에는 감로미를 얻을 것이네."

가타로 설하여 말하였다.

여래께서 출세하여도 만나는 것은 어렵고
지금 때에 만났으니 매우 희유하므로
그대가 방일하지 말고 진심으로 구한다면
마땅히 태어남이 없는 감로미를 얻으리라.

이렇게 말하고는 곧 목숨을 마쳤다. 어느 게송에서는 말하는 것과 같다.

쌓인 것은 모두가 흩어지고
높은 것은 반드시 떨어지며
만난 것은 모두가 이별하고
태어난 것은 모두 죽음으로 돌아간다네.

이때 아사다 선인이 목숨을 마친 뒤에 제자 나라타는 여법하게 화장하였다. 장례를 마치고 근실과 슬픔을 없애고서 마침내 바라니사로 나아가서 여러 신선들의 안에서 함께 머물렀다. 그 나라타는 이전 가다연나(迦多演那)의 종족이었으므로 이때 사람들은 가다연나 선인이라고 이름하였고 대중들이 모두 존경하였다. 이때 올서니왕의 소생인 태자를 등광이라고 이름하였는데 왕은 여덟 유모에게 맡겨서 돌보고 양육하였으며 이러한 일에 부족함이 없게 하였다. 나아가 나이가 들어 점차 장대하여 기예에 널리 통하였고 문무를 종합적으로 익히지 않은 것이 없었다.

석가보살이 동자로 놀 때에 등광태자도 역시 동자로 놀았고, 보살이 태자의 관정을 받을 때에 등광도 역시 태자의 관정을 받았다. 보살이 4문으로 나가서 생로병사의 걱정을 보고 드디어 세 부인의 처소에서도 염리심이 생겨났으니, 이를테면, 우호(牛護)부인·녹양(鹿養)부인·명칭(名稱)부인이었다. 이들을 상수로 6천의 채녀(婇女)들을 함께 모두 버리고서 그 밤중에 성을 넘어서 떠나갔다. 빈 숲으로 가서 출가의 업을 닦는데 선인을 의지하여 수승정(殊勝定)을 배웠고 욕계욕(欲界欲)을 떠났으며 다음으로 갈라마자(羯羅摩子)를 따라서 무소유정(無所有定)을 익혔고 무소유처욕(無所有處欲)을 끊었으므로 다시 지도할 것이 없었다.

곧 6년을 오로지 고행을 닦았으나 별도의 깨달음을 증득하지 못하여 이익이 없다고 생각하고서 마침내 곧 뜻에 머물러 유종(遊縱)[4]하면서 좋은 음식을 먹었고 소유(酥油)를 몸에 발랐으며 따뜻한 물로 목욕도 하였고 취락으로 가서 난타(難陀)와 난타력(難陀力)의 두 목우녀(牧牛女)에게서 16배의 상묘한 우유죽(乳糜)을 드셨는데 가리가(迦利迦) 용왕이 존중하고 찬탄하였다. 선길(善吉)의 주변의 길상초(吉祥草)를 취하여 보리수 아래로 나아가서 스스로 그 풀을 깔고 몸을 단정하게 하고 생각을 바르게 하였으며 가부좌로 앉아서 마음으로 생각하고 입으로 말씀하셨다.

"만약 모든 번뇌를 끊지 못한다면 나는 결국 가부좌를 풀지 않겠다."

4) 마음을 따라서 유행한다는 뜻이다.

이때 보살은 자비한 마음의 그릇과 몽둥이로 36억천의 마군 대중의 항복을 받으시고 무상의 지혜를 증득하셨다. 범청의 청을 받고 바라니사로 가시어 삼전십이행의 법륜을 굴리셨다.

등광왕은 역시 이때에 관정대왕위(灌頂大王位)를 받고 법으로써 교화하여 올서니국의 백성은 치성하고 안은하며 풍요롭고 즐거웠으며, [자세한 설명은 다른 곳과 같다.] 왕의 힘을 까닭으로 백성은 노래하고 서로가 즐겁게 모였으며, 다음으로 처소를 따라서 수승하고 높은 천신에게 공양하였으며. 500의 연못을 팠고 500의 도랑물을 사람들이 수용하게 하여서 부족함이 없게 하였다.

제6문의 제2자섭송 ①

제6문의 제2자섭송으로 말하겠노라.

등광이 왕이 된 것과
다섯의 수승한 물건이 있는 것과
기이한 인연의 일이 펼쳐졌는데
자세히 설명한 것은 건타라(健陀羅)이다.

이때 등광왕에게는 다섯의 수승한 물건이 있었다. 무엇이 다섯 가지인가? 첫째는 수승한 수컷 코끼리로서 위산(葦山)이라고 이름하였고, 둘째는 수승한 어미 코끼리로서 현선(賢善)이라고 이름하였으며, 셋째는 수승한 낙타로서 해족(海足)이라고 이름하였고, 넷째는 말로서 의경(衣頸)이라고 이름하였으며, 다섯째는 수승한 사자(使者)로서 비오(飛烏)라고 이름하였다. 그 수컷 코끼리는 하루에 100역(驛)을 갔고, 어미 코끼리는 80역을 갔으며, 낙타는 70역을 갔고, 말은 50역을 갔으며, 비오는 50역을 갔다.

그 왕은 비록 이와 같은 수승한 물건을 가지고 있어 쾌락하고 안은하였으나 사대가 조화롭지 못하여서 갑자기 잠을 못자는 병이 있었다. 이러한 병을 까닭으로 소(酥)를 싫어하였고 술을 사랑하였다 이때 여러 의사들이 여러 종류의 묘약으로 소와 조화시키고 달여서 왕에게 복용하도록 받들었으나 왕은 즐겁게 수용하지 않았다. 이때 태자와 중궁(中宮)이 함께 소약(酥藥)으로 능히 잠을 못자는 것을 치료하고자 모두가 소약을 왕에게 바쳤으나 다시 잠자는 것을 싫어하였다. 왕은 나아가 칙명하여 말하였다.

"만약 어느 사람이라도 내 앞에서 소라는 말을 한다면 마땅히 그 머리를 베겠다."

왕이 이미 잠이 없었으므로 초야에는 내궁인들과 함께 환희하게 희롱하였고, 중야의 때에 이르면 코끼리와 말의 우리에서 검렬(檢閱)하였으며, 후야의 때에는 여러 창고를 관찰하면서 스스로 날카로운 칼을 가지고 지키는 사람에게 물어 말하였다.

"누가 경각(警覺)[5]을 하는가?"

만약 한 번 묻고 나아가 두 번 물을 때까지 대답하지 않는 자는 겨우 용서하였으나 세 번까지 물어도 대답하지 않는 자는 곧 그의 머리를 베었다. 이렇게 엄하고 혹독하였던 까닭으로 등광이라는 이름은 묻히고 함께 다른 자호(字號)를 붙어서 맹폭등광(猛暴燈光)이라고 이름하였다. 왕이 다른 때에 대부인과 내궁에게 말하였다.

"내가 직접 경각하는데 그대들은 어찌 잠을 자는가?"

대답하여 말하였다

"대왕이시여. 우리들도 역시 경각하겠습니다."

이와 같이 연속하여 밤에 잠자지 못하여 함께 왕에게 아뢰어 말하였다.

"만약 우리들에게 밤을 새워 잠자지 못하게 하신다면 이것은 곧 왕의 뜻에 맞출 방법이 없습니다. 또한 이렇게 잠자지 못한다면 우리들의 업은 그만두어야 합니다."

왕이 말하였다.

"만약 그대들의 업이 아니라면 누가 다시 마땅히 하겠는가?"

---

5) 잘못을 하지 않도록 정신을 차리고 깨어 있는 것을 말한다.

대답하여 말하였다

"태자가 마땅히 지어야 합니다."

이때 왕이 곧 태자에게 가서 알려 말하였다.

"어찌 경각하지 않는가?"

대답하여 말하였다

"제가 경각하겠습니다."

뒤에 드디어 할 수 없어서 왕에게 아뢰어 말하였다.

"만약 항상 저에게 경각하게 하신다면 곧 왕업(王業)을 그만두어야 합니다. 이것은 저의 일이 아닙니다."

왕이 말하였다

"누가 다시 마땅히 해야 하는가?"

대답하여 말하였다

"대신이 마땅히 지어야 합니다."

왕이 곧 대신에게 가서 알려 말하였다.

"어찌 경각하지 않는가?"

대답하여 말하였다

"우리가 경각하겠습니다."

뒤에 드디어 할 수 없어서 왕에게 아뢰어 말하였다.

"만약 항상 저에게 경각하게 하신다면 누가 왕을 보좌(補佐)하여 여법하게 세상을 교화하겠습니까? 이것은 우리의 일이 아닙니다."

왕이 말하였다

"누가 다시 마땅히 해야 하는가?"

대답하여 말하였다

"산병(散兵)[6]이 마땅히 지어야 합니다."

왕이 곧 산병에게 가서 알려 말하였다.

---

6) 정식으로 편입되지 않은 임시 군인이나 적 앞에서 서로 적당한 거리를 두고 각자 자유롭게 행동하여 사격의 위력을 나타내도록 시키는 일이나 또는 그 병졸을 가리킨다.

"어찌 경각하지 않는가?"

대답하여 말하였다

"우리들이 경각하겠습니다."

뒤에 드디어 할 수 없어서 왕에게 아뢰어 말하였다.

"만약 항상 우리에게 경각하게 하신다면 당연히 어찌 왕을 위하여 함께 다른 적과 교전하겠습니까? 이것은 우리의 일이 아닙니다."

왕이 말하였다

"누가 다시 마땅히 해야 하는가?"

대답하여 말하였다

"백성이 마땅히 지어야 합니다."

왕이 곧 즉시 백성에게 나아가서 앞에서와 같이 묻고 대답하였다. 이때 그 나라 사람들이 차례로 지키면서 다시 경각하였다. 이때 향을 파는 동자가 마땅히 그 차례가 되었는데 왕의 포악하여 혹시 마땅히 나를 죽이지 않을까 생각하였고 마침내 밤중에 손으로 턱을 괴고서 근심하였다. 이때 그 지식이 보고 물어 말하였다.

"그대는 무슨 까닭으로 근심하는가?"

그가 일을 갖추어 지식에게 대답하였고 그가 곧 알려 말하였다.

"그대의 집에서 멀지 않은 곳에 사람이 있어 건타라(健陀羅)라고 이름하는데 어찌 서로에게 경각의 일을 하라고 구하지 않는가?"

동자가 알려 말하였다.

"나의 목숨이 아까운 것과 같이 그가 어찌 즐겁게 하겠습니까?"

"설령 보고 구하더라도 분명히 하지 않을 것이니 그에게 금전이나 물건을 준다고 알려 말한다면 틀림없이 마땅히 지을 것이네."

곧 가서 서로가 구하니 그 사람이 알려 말하였다.

"만약 능히 나에게 500금전을 준다면 내가 짓겠소."

곧 즉시 그에게 허락하니 건타라가 말하였다.

"아직은 반을 주시오. 만약 내가 목숨이 붙어서 돌아온다면 주어도 늦지 않소. 내가 죽는다면 이것은 그대에게 귀속하는 것이니 뜻에 따라서 사용하시오.”

곧 즉시 반을 주었다. 그는 금전을 얻어서 많은 술과 고기 및 여러 떡과 과일 등을 많이 사가지고 왕의 호위병(執杖人)들에게 모두 먹게 하였으므로 모두가 배부르게 먹었다. 여러 사람에게 알려 말하였다.

“왕께서 명령하신 경각에 내가 마땅히 차례가 되었습니다.”

여러 사람에게 물어 말하였다.

“대왕께서 마땅히 어찌 경각의 일을 지으십니까?”

그들이 모두 갖추어 인연을 알려주었으므로 건타라가 말하였다.

“바라건대 그대들은 나를 사랑하여 주십시오.”

대답하여 말하였다

“우리들은 그대에게 좋은 음식을 받았고 뱃속에서 아직 소화되지 않았는데 어찌 하지 않겠는가?”

물어 말하였다.

“우리들이 그대를 위하여 무슨 일을 지어야 하는가?”

대답하여 말하였다.

“만약 왕이 오셔서 누가 경각이냐고 묻는 때에 나를 불러서 깨워주십시오.”

대답하여 말하였다.

“그렇게 하겠네.”

이때 건타라가 중야에 털담요로 무릎을 덮고 앉아서 잠깐 졸고 있었다. 왕이 초야에 궁인과 함께 희롱하고 웃다가 중야의 때에 코끼리와 말을 살펴보고 곧 후야에 지키는 사람에게 물었고 여러 사람들이 건타라에게 알려 말하였다.

“그대는 깨어서 졸지 말게. 대왕께서 오고자 하네.”

그는 마침내 경각하였고 왕이 곧 알려 말하였다.

“경각하는 자가 누구인가?”

건타라가 듣고 이렇게 생각을 지었다.

‘내가 만약 처음 말에 곧 대답하였으나 뒤의 때에 그렇지 않다면 분명히

마땅하게 내 머리를 베어서 땅에 떨어트릴 것이다.'

곧 마땅히 말하지 않았다. 왕이 다시 누가 경각하느냐고 불렀으나 그는 도리어 묵연하였다. 세 번째 다시 명하였다.

"누가 경각하는가?"

대답하여 말하였다

"대천(大天)이시여. 저는 건타라입니다."

왕이 말하였다

"건타라여. 그는 무슨 일을 생각하는가?"

그는 지혜가 있어서 세간사(世間事)에 능히 담설(談說)를 잘하였으므로 대답하여 말하였다

"대왕이시여. 저는 세상일을 사량합니다."

안의 섭송 ①

안의 섭송으로 말하겠노라.

부엉이와 학이 젖을 먹는 것과
참억새(芒草)와 꼬리와 몸통이 같은 것과
반박(斑駁)[7]과 털이 같은 것과
모래 그릇에 물이 넘치지 않는 것과

소금과 보리가루를 물에 차별(差別)한 것과
옷과 기와도 변하면 흙이 되는 것과
이것을 건타라가 말한 것과
세간의 십사(十事)를 생각하는 것이 있다.

---

7) 여러 빛깔이 한데 뒤섞여진 형태이거나 여럿이 한데 섞이어 모습이 서로 차이가 있어 서로 같지 아니한 것을 가리킨다.

왕이 말하였다.

"그대는 세상일에서 무엇을 사량하는가?"

건타라가 말하였다

"세상에는 기이한 일이 있습니다. 다시 부엉이라는 새는 털이 있거나 없거나 저울로 달아보면 무게는 서로가 같습니다."

왕이 말하였다.

"그것이 사실인가?"

대답하여 말하였다

"왕께서 마땅히 눈으로 시험하십시오."

왕이 말하였다.

"만약 그렇다면 좋다. 내가 스스로 직접 보겠다."

건타라가 새벽이 이르자 부엉이를 얻어서 왕에게 달아서 보여주고서 뒤에 그 털을 제거하고 달았는데 곧 서로 같았다. 왕이 말하였다.

"이것에 무슨 인연이 있는가?"

대답하여 말하였다

"바람이 털을 부치는 까닭입니다."

왕이 말하였다.

"그대에게 묘한 지혜가 있구나."

대답하여 말하였다

"대왕을 까닭으로 그렇습니다."

왕이 마침내 묵연하였다. 이때 건타라가 근심으로 하룻밤을 보내고 손으로 머리를 문지르면서 옛 집으로 돌아왔다. 이때 향을 파는 동자는 나머지의 반의 물건을 가지고 건타라에게 돌려주었다. 이때 나라 안에서 다만 마땅히 차례가 되면 모두 500금전으로 건타라를 고용하여 그에게 경각을 구하였고 다시 차례를 알게 하였다. 왕이 뒤의 밤에 물어 말하였다.

"누가 경각인가?"

대답하여 말하였다

"저는 건타라입니다."

왕이 말하였다.

“그대는 무엇을 생각하는가?”

대답하여 말하였다

“대왕이시여. 저는 세상일을 생각합니다.”

왕이 말하였다.

“어떤 세상일인가?”

대답하여 말하였다

“목이 긴 백학(白鶴)에게 물에 우유를 섞어서 마시게 하면 다만 그 우유만 마시고 물은 남겨 놓습니다.”

“이 일이 사실인가?”

대답하여 말하였다

“왕께서 마땅히 눈으로 시험하십시오.”

왕이 말하였다.

“만약 그렇다면 좋다.”

새벽에 이르자 곧 학을 가져다가 왕이 마주하고 마시게 하였는데 결과는 말과 같았다. 왕이 물었다.

“이것에 무슨 인연이 있는가?”

대답하여 말하였다.

“새의 입에는 신(醋) 성질이 있어 만약 우유를 마시는 때에 곧 락(酪)이 되므로 물이 남게 됩니다.”

왕이 말하였다.

“그대에게 묘한 지혜가 있구나.”

대답하여 말하였다

“대왕을 까닭으로 그러합니다.”

왕이 마침내 묵연하였다. 다시 다른 밤에 왕이 물었다.

“누가 경각인가?”

이전과 같이 대답하여 말하였다

“저는 건타라입니다.”

왕이 말하였다.

“그대는 무엇을 생각하는가?”

대답하여 말하였다

“저는 세상일을 생각합니다.”

왕이 말하였다.

“어떤 세상일인가?”

대답하여 말하였다

“세상에는 참억새가 있는데 물건으로서 두드린 것과 두드리지 않은 것을 저울로 달아보면 무게가 같으나 다른 풀은 그렇지 않습니다.”

“이 일이 사실인가?”

대답하여 말하였다

“왕께서 마땅히 눈으로 시험하십시오.”

왕이 말하였다.

“만약 그렇다면 좋다.”

새벽에 이르자 곧 참억새를 가져다가 왕이 마주하고 달아 보았는데 결과는 말과 같았다. 왕이 물었다.

“이것에 무슨 인연이 있는가?”

대답하여 말하였다.

“두드릴 때에 곧 바람이 들어가 있습니다.”

나아가 마침내 왕이 묵연하였다. 다시 다른 밤에 왕이 물었다.

“누가 경각인가?”

대답하여 말하였다

“저는 건타라입니다.”

왕이 말하였다.

“그대는 무엇을 생각하는가?”

대답하여 말하였다

“저는 세상일을 생각합니다.”

왕이 말하였다.

"어떤 세상일인가?"

대답하여 말하였다

"고령서(告靈鼠)가 있는데 꼬리와 몸이 같습니다."

"이 일이 사실인가?"

대답하여 말하였다

"왕께서 마땅히 눈으로 시험하십시오."

왕이 말하였다.

"만약 그렇다면 좋다."

새벽에 이르자 곧 쥐를 가져다가 왕이 마주하고 길이를 비교하였는데 진실로 말한 것과 같았다. 왕이 물었다.

"이것에 무슨 인연이 있는가?"

대답하여 말하였다.

"제가 봄의 때에 나무 아래에서 보니 꼬리와 몸통이 같았습니다."

나아가 마침내 왕이 묵연하였다. 다시 다른 밤에 왕이 물었고, 대답하여 말하였다

"제가 경각입니다."

왕이 말하였다.

"그대는 무엇을 생각하는가?"

대답하여 말하였다

"저는 세상일을 생각합니다."

왕이 말하였다.

"어떤 세상일인가?"

대답하여 말하였다

"대왕이시여. 제가 꿩(雉鳥)을 생각하는데 그 몸 위에 얼룩이 있는 것을 따라서 도리어 그 만큼의 줄기털(莖毛)이 있으나 나아가 꼬리는 제외됩니다."

"이 일이 사실인가?"

대답하여 말하였다

"왕께서 마땅히 눈으로 시험하십시오."

왕이 말하였다.

"만약 그렇다면 좋다."

새벽에 이르자 한 꿩을 얻어서 왕이 마주하였는데 진실로 말한 것과 같았다. 왕이 물었다.

"그대는 어떻게 알았는가?"

대답하여 말하였다.

"제가 이전에 세어보아서 알았습니다."

왕이 말하였다.

"그대에게 묘한 지혜가 있구나."

대답하여 말하였다

"대왕을 까닭으로 그렇습니다."

왕이 마침내 묵연하였다. 또한 다시 물어 말하였다.

"누가 경각인가?"

대답하여 말하였다

"저는 건타라입니다."

왕이 말하였다.

"그대는 무엇을 생각하는가?"

"대왕이시여. 모래를 가득히 채운 그릇에 도리어 물을 부어도 물이 넘치지 않습니다. 모래와 물이 같은 곳에 있어도 서로가 걸림이 없습니다."

"이 일이 사실인가?"

대답하여 말하였다

"왕께서 마땅히 눈으로 시험하십시오."

새벽에 곧 그릇에 모래를 채우고 물을 부어도 그 물이 넘치지 않았다. 왕이 마침내 묵연하였다. 또한 왕이 물었다.

"누가 경각인가?"

대답하여 말하였다

"제가 경각입니다."

“그대는 무엇을 생각하는가?”

대답하여 말하였다

“저는 세상일을 생각합니다.”

왕이 말하였다.

“어떤 세상일인가?”

대답하여 말하였다

“제가 생각하니 한 되의 소금과 한 되의 물을 섞어도 그 물은 늘어나지 않습니다.”

“이 일이 사실인가?”

대답하여 말하였다

“왕께서 마땅히 눈으로 시험하십시오.”

새벽에 이르러 물과 소금을 섞는 것을 왕이 직접 스스로가 시험하고서 왕이 물었다.

“무슨 까닭인가?”

대답하여 말하였다.

“소금이 물을 따라서 나왔고 물을 옛날부터 의지하였습니다.”

왕이 마침내 묵연하였다. 또한 왕이 물었다.

“누가 경각인가?”

이전에 의지하여 대답하니 왕이 말하였다.

“그대는 무엇을 생각하는가?”

대답하여 말하였다

“저는 세상일을 생각합니다.”

왕이 말하였다.

“어떤 세상일인가?”

대답하여 말하였다

“제가 생각하오니 한 되의 물과 한 되의 보릿가루를 섞어도 서로 붙지 않습니다.”

“이 일이 사실인가?”

대답하여 말하였다

"왕께서 마땅히 눈으로 시험하십시오."

새벽에 이르러 물과 보릿가루를 취하여 왕을 마주하고 섞는 시험을 하고서 왕이 물었다.

"무슨 까닭인가?"

대답하여 말하였다.

"제가 본국에서는 사람들이 보릿가루를 많이 먹었으므로 항상 이러한 것을 보았습니다."

왕이 말하였다

"그대는 기억하는 일에도 능하구나."

대답하여 말하였다.

"이것은 대왕의 힘입니다."

왕이 마침내 묵연하였다. 또한 왕이 물었다.

"누가 경각인가?"

이전과 같이 묻고 대답하였으며 나아가 말하였다.

"어떤 세상일인가?"

대답하여 말하였다

"제가 세상 사람들을 보니 항상 낮과 밤으로 베를 짜는데 짜여진 비단 등이 누구에게 귀속되고 떠나가는가를 알지 못하겠습니다."

왕이 말하였다.

"나도 역시 이 물건이 어디로 가는가를 모르겠노라."

건타라가 말하였다.

"이러한 것들의 여러 물건은 결국은 흙이 되어 돌아갑니다."

왕이 말하였다.

"진실로 그대의 말과 같이 결국은 흙이 되어 돌아가는 것이다."

왕이 다시 물었다.

"누가 경각인가?"

이전과 같이 묻고 대답하였으며 나아가 말하였다.

"어떤 세상일인가?"

대답하여 말하였다

"제가 보니 세간의 여러 도공(陶師)들이 낮과 밤으로 멈추지 않고 기와와 그릇을 많이 짓는데 이 물건이 어디로 떠나가는가를 알지 못하겠습니다."

왕이 말하였다.

"나도 역시 이 물건이 어디로 가는가를 모르노라."

건타라가 말하였다.

"이러한 것들의 여러 물건은 진흙으로 변화합니다."

왕이 말하였다.

"진실로 그대의 말과 같이 흙이 되는 것이다."

안의 섭송 ②

안의 섭송으로 말하겠노라.

맹광이 직접 어머니께 물었고
전갈로부터 태어난 것을 알았으며
그에게 500금전을 주었고
그를 국외로 돌려보냈네.

이때 대왕은 건타라에게 지혜가 많고 묻고 대답하는데 공교한 방편이 많은 것을 보고 곧 다시 물어 말하였다.

"그대는 능히 세상의 여러 종류의 사업에 명료한 지혜가 많구나. 내가 이렇게 잠자지 못하는 것에 무슨 인연이 있는가?"

건타라가 말하였다.

"오직 바라옵건대 대왕께서는 그 죄를 너그럽게 용서하시고 두려움을 없애 주신다면 감히 대왕께 말씀드리겠습니다."

왕이 말하였다.

"그대에게 두려움을 없애 주겠으니 뜻에 따라 그것을 말하라."

이때 건타라가 곧 왕에게 아뢰어 말하였다.

"대왕께서는 전갈(蠍)에서 태어나셨습니다."

왕이 말하였다.

"그대는 지금 나를 욕하는 것인가?"

건타라가 말하였다.

"대왕께서 진실을 말하라 하셨는데 어찌 감히 욕을 하겠습니까? 만약 그것을 믿지 않으신다면 내일 아침에 이르러 대왕님께서 스스로 시험하신다면 아실 것입니다."

왕이 알려 말하였다.

"좋다."

날이 밝았고 이때 건타라는 땅을 파서 구덩이를 짓고 쇠똥을 채우고서 그 위에 부구를 펼쳐놓고 왕에게 누워서 쉬게 하였더니 곧 잠이 들었다. 왕은 스스로가 증명하여 알았으나 아직도 진실과 거짓에 의심이 있어 드디어 궁중으로 들어가서 그 어머니에게 물어 말하였다.

"내가 지금 일이 있고 중요하여 반드시 물어 알고자 합니다. 마땅히 진실을 말씀하십시오. 나는 무엇을 좇아서 태어났습니까?"

어머니가 말하였다.

"대왕이여. 지금 나에게 두려움을 없애주시게. 내가 마땅히 말하겠네."

왕이 말하였다.

"어머님께선 안심하십시오."

곧바로 알려 말하였다.

"그대의 부왕께서는 옛날에 여러 채녀들이 많았고 다른 나라에 인연이 있어서 가셨는데 해가 지났을 때에 내가 음욕심을 일으켰고 곧 한 전갈을 보고 이렇게 생각을 하였네. '이것이 장부이고 내가 함께 음욕을 행한다면 즐겁지 않겠는가?' 이때 그 전갈이 남자로 변하서 나와 함께 교통(交通)하였는데 곧 임신하였고 이것을 인연하여 그대를 낳은 것이네."

왕이 듣고서 이와 같이 생각하였다.

'그 건타라는 크고 밝은 지혜가 있어 능히 나의 근본이 전갈을 따라서 태어난 것을 알고 있다. 내가 두려움을 없애주는 것을 베풀었으니 죽일 수도 없구나. 지금 마땅히 크게 상을 주고 그를 나라에서 나가도록 하여 여러 사람에게 이 일을 알리지 못하게 해야겠다.'

마침내 건타라에게 500금전을 주어 그를 나라에서 나가도록 하였다.

옮긴이 | **釋 普雲(宋法燁)**

대한불교조계종 제2교구 본사 용주사에서 출가
중앙승가대학교 문학박사
현재 대한불교조계종 제2교구 본사 용주사 성보박물관장, 대한불교조계종 교수아사리(계율),
중앙승가대학교 불교학부 겸임교수

논저 |
논문으로 「『安樂集』에 나타난 계율에 관한 고찰」 등 다수. 번역서로 『근본설일체유부비나야』 50권, 『근본설일체유부필추니비나야』 20권, 『근본설일체유부백일갈마』 외 19권, 『안락집』(상·하) 등이 있다.

근본설일체유부비나야잡사(상) 根本說一切有部毘奈耶雜事(上)

三藏法師 義淨 漢譯 | 釋 普雲 國譯

2017년 12월 30일 초판 1쇄 발행

펴낸이 · 오일주
펴낸곳 · 도서출판 혜안
등록번호 · 제22-471호
등록일자 · 1993년 7월 30일

주 소 · ㊝ 04052 서울시 마포구 와우산로 35길 3(서교동) 102호
전 화 · 3141-3711~2 / 팩시밀리 · 3141-3710
E-Mail · hyeanpub@hanmail.net

ISBN 978-89-8494-607-1 93220

값 36,000 원